Ökonomik der Kooperation

Band 3

herausgegeben von

Theresia Theurl

ARTIBUS INGENUIS J·C·B· M· 1·8·0·1

Kai Riemer

Sozialkapital und Kooperation

Zur Rolle von Sozialkapital im Management zwischenbetrieblicher Kooperationsbeziehungen

Mohr Siebeck

Kai Riemer, geboren 1974; 2000 Diplom für Wirtschaftsinformatik; 2004 Promotion; z. Zt. wissenschaftlicher Assistent an der Universität Münster, Institut für Wirtschaftsinformatik, European Research Center of Information Systems (ERCIS).

ISBN 3-16-148599-8
ISSN 1619-9901 (Ökonomik der Kooperation)

Die Deutsche Bibliothek verzeichnet diese Publikation in der Deutschen Nationalbibliographie; detaillierte bibliographische Daten sind im Internet über *http://dnb.ddb.de* abrufbar.

Das Buch wurde von der Druckerei Gulde in Tübingen auf alterungsbeständiges Werkdruckpapier gedruckt. Den Einband besorgte die Buchbinderei Held in Rottenburg nach einem Entwurf von Uli Gleis in Tübingen.

Für Stephi und Lily

Geleitwort

Unternehmensübergreifende Kooperationen werden heute von vielen Unternehmen als organisatorische Reaktion auf herausfordernde Rahmenbedingungen im wirtschaftlichen, technischen und regulativen Bereich vereinbart. Dieses empirische Faktum kann mit den einzelwirtschaftlichen Wirkungen erfolgreicher Netzwerkstrategien begründet werden. Nicht alle Kooperationen stellen sich jedoch tatsächlich als erfolgreich heraus. Manche Fehler werden bereits am Beginn gemacht, so etwa wenn die Kooperationsentscheidung nicht als bewusste strategische Positionierung verstanden wird, wenn die falschen Partner oder eine unangemessene Institutionalisierung gewählt werden.

Obwohl inzwischen die grundlegenden Erfolgsbedingungen bekannt sind, ist ihre Umsetzung eine herausfordernde Aufgabe, die nicht immer gelingt. Ein effektives Kooperationsmanagement zählt ebenso dazu wie die Ergänzung der formellen Spielregeln des Zusammenwirkens durch die weichen Faktoren, die sich erst im Zuge der Zusammenarbeit herausbilden können. Sie stehen im Fokus der vorliegenden Arbeit von Kai Riemer, die sich mit der Rolle von Sozialkapital in Kooperationen auseinandersetzt. Dabei werden einerseits die Wirkungen von Investitionen in Sozialkapital thematisiert, andererseits aber seine Implikationen für das Kooperationsmanagement. Es gelingt, theoretische Überlegungen durch die Einbeziehung von Fallbeispielen zu schärfen und die Entwicklungen praktizierter Kooperationen durch die Anwendung der gewonnenen Erkenntnisse zu verstehen. Vor diesem Hintergrund können die theoretisch fundierten Konsequenzen für das Management dazu dienen, die Voraussetzung für den Erfolg von Kooperationen weiter zu konkretisieren.

Münster im März 2005 — Theresia Theurl

Vorwort

Kooperationen in Allianzen und Geschäftsnetzwerken erlangen seit zwei Jahrzehnten an Bedeutung. Dabei stellen sich Kooperationen einerseits als prekäre und riskante Arrangements heraus, andererseits erweisen sie sich, insbesondere auf der sozialen Ebene der Zusammenarbeit zwischen den Mitarbeitern, als noch unzureichend erforscht. Bestehende Theorien der Kooperationsforschung stellen sich entsprechend als untersozialisiert heraus, d.h. die soziale Ebene der Zusammenarbeit wird regelmäßig zwar als wichtig erkannt, aber weitgehend ausgeblendet.

Es ist ein zentrales Anliegen dieser Arbeit, zu einem verbesserten Verständnis von Kooperationsphänomenen beizutragen. Zu diesem Zweck wird mit der Sozialkapitaltheorie eine relativ neue Theorie angewendet, die die Grundlage für einen reichhaltigen Erklärungsansatz des Kooperationsphänomens bietet und darüber hinaus die Ableitung von Maßnahmen des Managements zwischenbetrieblicher Kooperationen erlaubt. Die Sozialkapitaltheorie selbst stellte sich dabei zu Beginn meiner Arbeit als ein offener Theorierahmen dar, der zunächst eine genauere Ausarbeitung und Fundierung erforderte, so dass dies einen nicht unerheblichen Teil der vorliegenden Arbeit ausmacht.

Die Arbeit ist aus meiner Dissertation hervorgegangen, die der Universität Münster im Sommer 2004 unter dem Titel „Partner-Relationship-Management (PRM) – Zur Rolle von Sozialkapital im Management zwischenbetrieblicher Kooperationsbeziehungen“ vorlag.

Mein besonderer Dank gilt meinem akademischen Lehrer Prof. Dr. Stefan Klein, der mich in meiner Zeit an seinem Lehrstuhl in jeder Hinsicht unterstützt und mir alle Freiheiten zu selbständiger Forschung eingeräumt hat, sowie Frau Prof. Dr. Theresia Theurl für die Übernahme des Zweitgutachtens und die Aufnahme meiner Arbeit in ihre Herausgeberreihe.

Des Weiteren danke ich meinen Kollegen Dr. Robert Johnston und Dr. Simon Milton von der University of Melbourne für ihre umfassende akademische Unterstützung, sowie Frau Prof. Dr. Liz Sonenberg, die mir den Aufenthalt in Melbourne ermöglicht hat. Zudem danke ich meinen meinen Kollegen am Lehrstuhl für WI und IOS in Münster; meinen Kollegen im EU-Forschungsprojekt DOMINO, in dessen Rahmen die Empirie zu dieser Arbeit entstand; Prof. Dr. Heinz-Lothar Grob als Beisitzer meiner Disputation; Prof. Dr. Rolf Wigand für seine hilfreiche Unterstützung; Dr. Dorian Selz für seine Hilfe während der empirischen Studie; allen Interviewpartnern, die die empirische Studie erst möglich gemacht haben; und nicht zuletzt meinen Eltern und Schwiegereltern für ihre Unterstützung.

Der größte Dank aber gebührt meiner Frau Stephanie, die mich während der ganzen Zeit tatkräftig unterstützt und ermuntert hat; ohne sie wäre diese Arbeit nicht möglich gewesen.

Münster im März 2005

Kai Riemer

Inhaltsverzeichnis

Abbildungsverzeichnis

Tabellenverzeichnis

Tabellenverzeichnis

1. Kapitel

Einleitung und Übersicht

Seit einigen Jahren kann in fast allen Branchen ein verstärkter Trend zu zwischenbetrieblicher Leistungserstellung, Kooperation und Netzwerkbildung ausgemacht werden. Trends wie Globalisierung der Märkte, ein sich änderndes Kundenverhalten, die steigende Innovations- und Wissensintensität und allgemein die Technologisierung von Produkten und Leistungen haben dazu geführt, dass Unternehmen nicht mehr in der Lage sind, alle benötigten Ressourcen intern zu erstellen oder den Zugang zu allen relevanten Märkten selbst zu erschließen. Es kommt somit vermehrt zu Kooperationsbeziehungen mit Lieferanten, Kunden, sowie direkten Wettbewerbern. Beziehungen mit externen Partnern können jedoch zu strategischer Abhängigkeit führen und signifikante Risiken für den Fall des Scheiterns bergen. Kooperationsbeziehungen und interorganisationale Netzwerke sind zudem komplexe, multidimensionale Arrangements, die explizite Aufmerksamkeit durch das Management erfordern. Die zwischenbetriebliche Beziehung kann dabei sowohl als relevanter Managementgegenstand als auch als Untersuchungsobjekt für die Forschung identifiziert werden.

Während sich bestehende Arbeiten der Domäne zumeist mit den ökonomischen Auswirkungen und strategischen Managementaspekten zwischenbetrieblicher Beziehungen beschäftigen, ist die soziale Dimension weitgehend unerforscht. Probleme auf der sozialen bzw. der interpersonalen Ebene innerhalb der Kooperationsbeziehungen werden jedoch als typische Problembereiche und Gründe für das Scheitern zwischenbetrieblicher Kooperationen gesehen. Das Management der sozialen Ebene kann deshalb als ein Erfolgsfaktor für das Gelingen insbesondere von komplexen und strategisch wichtigen Kooperationsbeziehungen angesehen werden. Überraschenderweise führt die soziale Dimension jedoch in der bestehenden Forschung zumeist ein Schattendasein im Sinne einer Residualgröße: Auf die Relevanz der sozialen Aspekte wird regelmäßig verwiesen, Arbeiten, die die soziale Dimension zum Untersuchungsgegenstand machen, existieren jedoch nur wenige. Existierende Arbeiten konzentrieren sich zudem meist sehr eng auf die Rolle von Vertrauen in der zwischenbetrieblichen Kooperation.

Die vorliegende Arbeit fokussiert vor diesem Hintergrund auf die soziale Dimension des Managements zwischenbetrieblicher Kooperationsbeziehungen. Dabei stellt sich heraus, dass auch die typischen Theorieansätze der Domäne für die Erforschung der sozialen Dimension nur wenig geeignet sind. So ist die Transaktionskostentheorie (TKT) als vorherrschender Theorieansatz als untersozialisiert zu kritisieren, da ihr einerseits ein untersozialisiertes Bild ökonomischer Akteure zugrunde liegt und sie andererseits durch die weitgehende Konzentration auf Transaktionen die relationale Einbettung von Akteuren in Beziehungen mit anderen Akteuren nicht hinreichend abbildet. Während Transaktionen in der TKT als weitgehend atomare Interaktionen modelliert werden, basieren Beziehungen explizit auf einer Historie von Interaktionen und einer Erwartung über zukünftige gemeinsame Interaktionen zwischen den Akteuren.

Aus diesem Grund wird zur Erforschung der sozialen Dimension des Beziehungsmanagements in der vorliegenden Arbeit das Sozialkapitalkonstrukt ausgewählt, dass sich im Kern explizit auf soziale Beziehungen bezieht. Sozialkapital bezeichnet dabei den Wert sozialer Beziehungen für Akteure bei der Verfolgung ihrer Ziele. Dies trägt der Sichtweise Rechnung, dass Ziele häufig nur in Kooperation mit anderen Akteuren erreicht werden können. Ein Kernargument der Arbeit ist somit, dass soziale Beziehungen ein relevantes Betrachtungsobjekt sowohl für das Beziehungsmanagement als auch für die Forschung in der Domäne sind. Die Kernfragen der Arbeit beziehen sich demzufolge auf die Rolle von Sozialkapital in (verschiedenen Typen von) zwischenbetrieblichen Kooperationsbeziehungen, sowie auf die Implikationen für das Beziehungsmanagement. Zur Beantwortung dieser Fragen muss zudem eine geeignete Ausarbeitung und Anwendung des Sozialkapitalkonstrukts auf den Gegenstandsbereich der zwischenbetrieblichen Kooperationsbeziehungen erfolgen.

Struktur und Aufbau der Arbeit

Die Studie beginnt mit einer Einführung in den Gegenstandsbereich zwischenbetrieblicher Kooperationsbeziehungen. Hierzu werden im nächsten Kapitel zunächst Motive für die zwischenbetriebliche Kooperation und entsprechende Managementherausforderungen identifiziert, die ein dediziertes Beziehungsmanagement rechtfertigen. Ausgehend von der Diskussion eines solchen Managementansatzes wird die soziale Dimension des Managements zwischenbetrieblicher Beziehungen als relevanter Untersuchungsbereich für die vorliegende Arbeit identifiziert. Es folgt die oben bereits angesprochene Diskussion der Eignung der TKT, sowie die Argumentation für eine Beziehungssicht und die Fokussierung auf soziale, interpersonale Beziehungen als primären Untersuchungsgegenstand. Grundverständnis, Annahmen und Forschungsfragen schließen das Kapitel ab und bereiten die Grundlage für die weitere Untersuchung. Die zugrunde liegende Annahme ist, dass die Rolle und Relevanz von Sozialkapital als Wert sozialer Beziehungen von der strategischen Relevanz der Kooperation und dem damit einhergehenden Risiko abhängt.

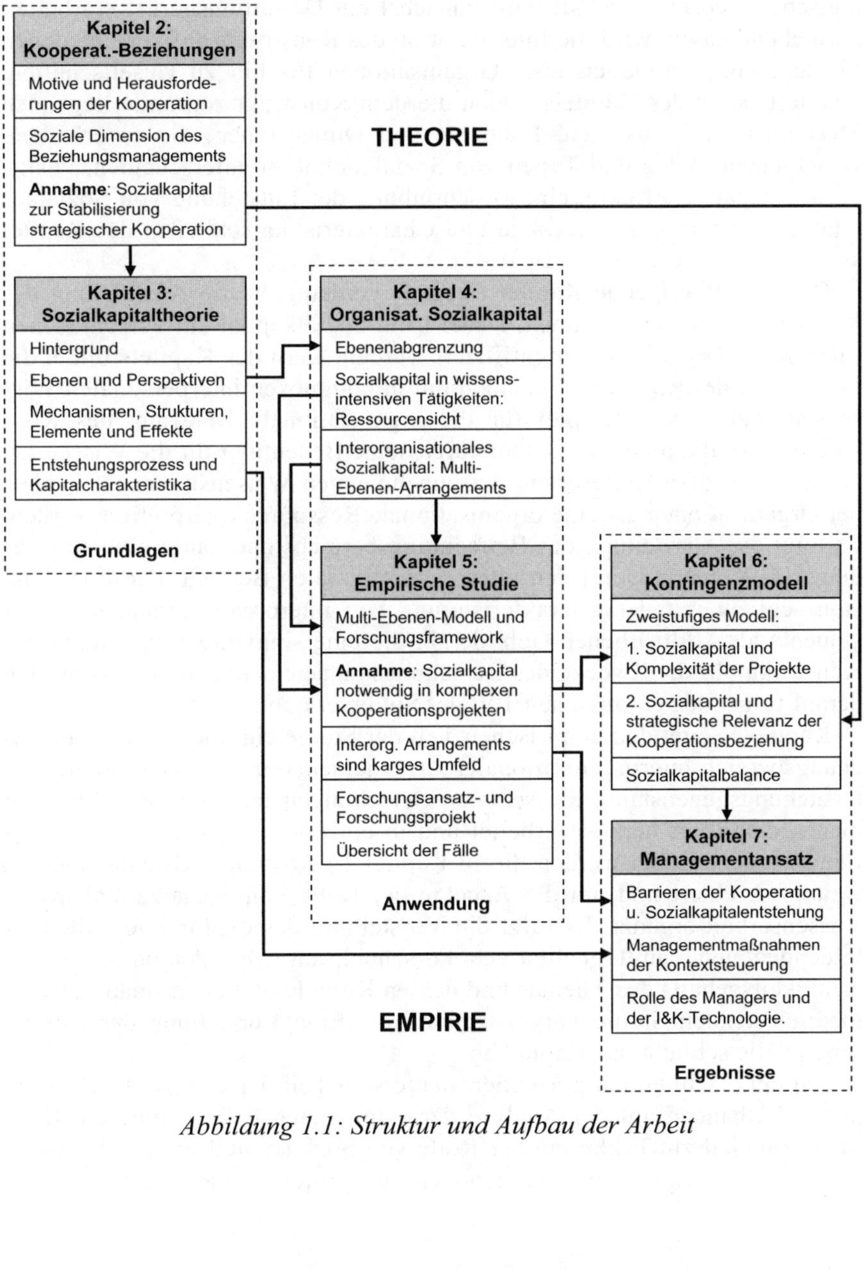

Abbildung 1.1: Struktur und Aufbau der Arbeit

Kapitel 3 führt in die Sozialkapitaltheorie ein und erarbeitet aufbauend auf der existierenden Literatur einen Theorierahmen für die Anwendung des Konstrukts in der Organisationsforschung. Nach einer Diskussion der Herkunft des Konstrukts und einer Einordnung in die ökonomische und soziologische Theorielandschaft wird zunächst ein Definitionsgerüst erarbeitet. Ausgehend davon wird die Interpretation des Konstrukts auf verschiedenen Ebenen, von Individuen über Organisationen bis hin zu Gesellschaften, erläutert. Kern des Kapitels bilden die dem Konstrukt zugrunde liegenden Mechanismen, Strukturen, Elemente und Dimensionen, die es erlauben, verschiedene Arten und Typen von Sozialkapital zu unterscheiden. Positive wie negative Effekte, eine Beschreibung der Entstehung von Sozialkapital, sowie typische Merkmale und Charakteristika schließen das Kapitel ab.

Das darauf folgende Kapitel (Kap. 4) verdeutlicht die Anwendung des Konstrukts in Organisationen. Dabei kann Sozialkapital auf verschiedenen Ebenen der Organisation identifiziert werden. Kern des Kapitels bildet die Diskussion der Rolle von Sozialkapital in komplexen interpersonalen Wissenstätigkeiten als Beispiel für die organisationale Relevanz des Konstrukts. Sozialkapital kann dabei durch seine Bedeutung für die Wissensarbeit und vor dem Hintergrund der zunehmenden Wissensintensität moderner Organisationen als eine organisationale Ressource interpretiert werden. Es folgt die Ausweitung des Betrachtungsbereichs und damit eine Anwendung des Konstrukts auf den interorganisationalen Bereich. Diese Diskussion schließt mit der Charakterisierung von interorganisationalen Arrangements als Multi-Ebenen-Gebilde ab, die eine sinnvolle Anwendung des Konstrukts für die Zwecke des Beziehungsmanagements und damit für den darauf folgenden empirischen Teil der Studie erlaubt.

Kapitel 5 leitet den empirischen Teil der Studie ein, indem der Untersuchungsbereich interorganisationaler Arrangements und der eigentliche Untersuchungsgegenstand, die sozialen Beziehungen innerhalb der Arrangements, detailliert herausgearbeitet und in ein Forschungsframework überführt werden. Dabei werden die in Kapitel 2 getroffenen Grundannahmen weiter verfeinert und um die Aspekte der Rolle von Sozialkapital in der Wissensarbeit ergänzt. Es folgt die Vorstellung des explorativen, theoriebildenden und damit qualitativen Forschungsansatzes, der aufgrund des Neuigkeitsgehalts des Themas und dessen Komplexität einer quantitativen, theorietestenden Studie vorgezogen wurde. Eine Vorstellung der empirischen Fälle schließt das Kapitel ab.

Kapitel 6 schließlich präsentiert den ersten Teil der empirischen Ergebnisse. Aufbauend auf der Analyse der empirischen Fälle konnte ein Kontingenzmodell zur Erklärung der Rolle von Sozialkapital in verschiedenen Typen zwischenbetrieblicher Kooperationsprojekte und entsprechender

Beziehungen identifiziert werden. Die Haupterkenntnis ist, dass die Relevanz der sozialen Beziehungen zwischen den beteiligten Mitarbeitern in zwischenbetrieblichen Kooperationen von Variablen wie der Komplexität der Projekte und der strategischen Relevanz der Kooperation abhängen und nicht in jedem Fall gleich wichtig sind. Dies führt zu einer Segmentierung der Beziehungen in der sozialen Dimension, die entsprechend für das Management dieser Beziehungen relevant ist.

Als zweiter Teil der empirischen Ergebnisse werden in Kapitel 7 die Implikationen für das Management und entsprechende Managementmaßnahmen zur Förderung von Sozialkapital präsentiert. Weitere Erkenntnisse zur Rolle des Managers[1] und dem Einsatz von Kommunikationstechnologie im Rahmen des Beziehungsmanagements schließen die Arbeit ab.

Abbildung 1.1 macht deutlich, dass die Arbeit auf verschiedene Weise untergliedert werden kann. Sie besteht aus einem theoretischen und einem empirischen Teil, der die durchgeführte empirische Studie vorstellt und die entsprechenden Ergebnisse präsentiert. Darüber hinaus kann die Arbeit in die drei Bereiche theoretische Grundlagen, Anwendung auf den Gegenstandsbereich und Ergebnispräsentation untergliedert werden. Die ersten beiden Hauptkapitel präsentieren dabei die erarbeiteten Grundlagen der zwei Hauptwissensdomänen der Arbeit, Kooperationsbeziehungen und Allianzen einerseits und Sozialkapitaltheorie andererseits. Kapitel 4 und 5 wenden zunächst die Sozialkapitaltheorie auf Organisationen an und führen dann die Erkenntnisse der ersten beiden Kapitel im Rahmen der Sozialkapitalanwendung auf interorganisationale Arrangements zusammen. Dies mündet in der Ausarbeitung der empirischen Studie. Die letzten beiden Hauptkapitel präsentieren die Ergebnisse der Arbeit.

---

[1] Es sei hier darauf hingewiesen, dass ausschließlich aus Gründen der besseren Lesbarkeit in dieser Arbeit durchgängig die maskuline Form zur Bezeichnung etwaiger Akteure verwendet wird und auf die Ausschreibung in Form von z. B. Manager/Managerin oder Forscher/Forscherin verzichtet wird.

2. Kapitel

Notwendigkeit eines Beziehungsmanagementansatzes

Dieses Kapitel dient der Motivation des Forschungsthemas der Arbeit und führt in den Gegenstandsbereich zwischenbetrieblicher Kooperationsbeziehungen und deren Management ein. Hierzu werden zunächst kurz Trends und Motive vorgestellt, die die Verbreitung von Kooperationsbeziehungen begünstigen (siehe Kap. 2.1). Dann folgt eine Diskussion typischer Managementherausforderungen, die ein explizites Management zwischenbetrieblicher Kooperationen mit der Beziehung als relevantem Betrachtungsgegenstand rechtfertigen (Kap. 2.2). Ausgehend davon wird die Ausgestaltung eines entsprechenden Beziehungsmanagementansatzes diskutiert (Kap. 2.3). Dies führt schließlich zur Unterscheidung verschiedener Dimensionen des Beziehungsmanagements, von denen in der weiteren Untersuchung die soziale Dimension betrachtet wird (Kap. 2.4). Dabei wird die Transaktionskostentheorie, der vorherrschende Theorieansatz der Domäne, als untersozialisiert kritisiert und auf die Relevanz sozialer Beziehungen und eines entsprechenden Theoriekonstrukts verwiesen. Anschließend wird das Grundverständnis sozialer Akteure skizziert, bevor dann die Sozialkapitaltheorie als relevante Theorie für den weiteren Verlauf der Arbeit identifiziert und die Grundannahmen und Forschungsfragen der Arbeit abgeleitet werden (Kap. 2.5).

2.1 Markttrends, Motive und Formen zwischenbetrieblicher Wertschöpfung

Zur Einführung in den Gegenstandsbereich des zwischenbetrieblichen Beziehungsmanagements werden in diesem Kapitel zunächst typische Marktentwicklungen der letzten Jahrzehnte vorgestellt, die zu einem vermehrten Aufkommen zwischenbetrieblicher Kooperationsbeziehungen mit teils hoher strategischer Relevanz geführt haben. Dabei ändert sich das Rollenverständnis zwischen Kunde und Lieferant im Bereich der Beschaffung zunehmend von einer marktlichen Rollentrennung hin zu einem partnerschaftlichen Verständnis. Dies führt nicht zuletzt zum Aufbau strategischer Allianzbeziehungen, die auch zur gemeinsamen Forschung und Produktentwicklung dienen. Solche Allianzen werden zunehmend auch mit direkten Wettbewerbern aufgebaut.

2.1.1 Marktentwicklungen begünstigen Kooperationsbeziehungen

Zurzeit findet eine tief greifende Veränderung der Markt- und Wettbewerbssituation in nahezu allen Branchen statt, die Unternehmen zur Kooperation mit Lieferanten und zur Bildung von bilateralen Allianzen und komplexen Netzwerkarrangements bewegt[1]. Hierbei findet Kooperation nicht nur vertikal entlang bestehender Wertschöpfungsketten statt, sondern erstreckt sich ebenso auf horizontale Kooperationen mit Wettbewerbern[2]. Der Trend zur zwischenbetrieblichen Vernetzung von Unternehmen kann auf folgende Faktoren zurückgeführt werden[3]:

- *Globalisierung*: Nicht zuletzt durch neue technologische Entwicklungen in der Datenübertragung kommt es zur weltweiten Ausdehnung von Märkten und Wettbewerb. Deregulierungs- und Privatisierungsinitiativen, die neue Markteintritte in ehemals abgeschottete Märkte erlauben, begünstigen dies. Für Unternehmen öffnen sich einerseits neue Märkte, andererseits können neue Wettbewerber auf den eigenen Märkten auftreten[4]. Unternehmen reagieren auf diese Herausforderungen mit der Bildung von Allianzen und Netzwerken zur globalen Beschaffung in entfernten Märkten, zum gemeinsamen Eintritt in neue Märkte oder um den Druck durch neue Wettbewerber zu mildern.
- *Änderung des Kundenverhaltens und fragmentierte Märkte*: Änderungen im Kundenverhalten und entsprechende Trends zur Individualisierung von Produkten und Leistungen führen zu fragmentierten Märkten[5]. Dies führt zur Spezialisierung und Entstehung kleinerer und schlanker Organisationseinheiten und Unternehmen, die flexibler hinsichtlich ihrer Produktstechniken sind und schnell auf Marktgegebenheiten reagieren können[6]. Diese Veränderungen erfordern die Kooperation mit anderen Parteien in der Wertschöpfungskette, um gemeinsam integrierte Leis-

---

[1] „In recent years, we have witnessed remarkable growth in various forms of co-operation among organizations." (Ebers 1999, S. 3).

[2] Diese Form der Kooperation wird auch als „co-opetition" bezeichnet (als Wortkombination aus Cooperation und Competition, vgl. Hamel et al. 1989) und bringt damit den zugleich kooperativen wie auch kompetitiven Charakter dieser Verbünde zum Ausdruck.

[3] Zu Gründen und Motiven zwischenbetrieblicher Kooperation siehe beispielhaft: Contractor/Lorange 1988, Ring/van de Ven 1992, S. 484, Alter/Hage 1993, Ebers 1999, S. 8ff., Knoke 1999, S. 27, Möller/Halinen 1999, Arino et al. 2001, S. 109, Riemer et al. 2001, Riemer/Klein 2002, S. 5ff.

[4] Vgl. Bleecker 1994, S. 10.

[5] Vgl. Franke 2001, S. 44.

[6] „..., in the new thinking, smaller units are expected to concentrate on core activities for which they have developed a distinctive competence. These are thought to be more responsive to market requirements and better able to adapt to external changes quickly." (Child/Gunther McGrath 2001, S. 1137); vgl. auch Powell 1987, S. 78.

tungen für Kunden anbieten zu können. Dies mündet in so genannten Mass-Customization-Strategien[1]. Realisierung und Erfolg des Mass-Customization erfordern Partnerschaften und eine enge Abstimmung der involvierten Spieler entlang der Wertkette.

- *Steigende Innovations- und Wissensintensität*: Es können eine stetig steigende Komplexität und Informatisierung von Produkten und Leistungen, sowie daraus folgend immer kürzere Produktlebenszyklen beobachtet werden, was den Druck zu immer neuer Innovation auf die Unternehmen erhöht[2]. Dies führt dazu, dass selbst große Unternehmen nicht mehr alle benötigten Ressourcen intern vorhalten und entwickeln können[3]. Unternehmen versuchen daher zunehmend Innovation und die Entwicklung neuer Technologien extern durchzuführen[4]. Forschungs- und Entwicklungspartnerschaften erlauben die Integration externer Ressourcen, das Lernen von Partnerunternehmen und die gemeinsame Entwicklung neuer Technologien und Produkte[5].
- *Technologische Entwicklungen*: Neue kostengünstige Möglichkeiten der Datenübertragung und –verarbeitung, basierend auf Internettechnologien, offenen Datenstandards und neuen Web-Services, erlauben neue Formen der Zusammenarbeit und beschleunigen das Entstehen neuer zwischenbetrieblicher Organisationsformen[6]. Die Diffusion von Internettechnologien und die Akzeptanz des internetbasierten Einkaufs auch auf Endkundenseite (E-Commerce) hat den Weg für die Gestaltung neuartiger netzwerkbasierter Geschäftsmodelle bereitet, die es Anbietern erlauben, verschiedenste elektronische Leistungen von Partnerfirmen unter einer Marke zu integrieren und für Endkunden zu bündeln[7]. Diese Form der Zusammenarbeit wird ausführlich von WERBACH beschrieben und als internetbasierte Syndizierung bezeichnet[8].

Netzwerkbildung und zwischenbetriebliche Kooperationen erweisen sich als viel versprechende Reaktionen auf diese Trends. Bereits in den 1980er

---

[1] Vgl. Powell 1987, S. 81 und Saabeel et al. 2002, S. 1.

[2] Siehe Quinn 1992.

[3] Siehe Ciborra 1992.

[4] „...most of the new approaches to innovation involve ways of obtaining technology from outside the firm, as an alternative to internal R&D." (Powell 1987, S. 72).

[5] Siehe beispielsweise Eisenhardt/Schoonhoven 1996.

[6] „The significantly lower costs of obtaining, processing, and transmitting information and the emerging (electronic) information links between firms spur radical changes in the ways companies operate." (Riemer et al. 2001, S. 825).

[7] „The diffusion of Internet has yielded a unique opportunity to efficiently integrate services and information from different market players to set-up innovative services for consumers." (Riemer et al. 2002, S. 892).

[8] Siehe Werbach 2000.

und frühen 1990er Jahren konnte eine erste Welle zwischenbetrieblicher Kooperationen in Allianzen und Joint Ventures beobachtet werden[1]. In der letzten Zeit kann jedoch ein Trend weg von Arrangements mit gegenseitiger Kapitalbeteiligung hin zu flexibleren und informelleren Kooperationsarrangements ausgemacht werden; DUYSTERS ET AL. beobachten dies am Beispiel von Technologieallianzen[2]. Kontinuierliches Lernen und Innovation sind wichtig für die Wettbewerbsfähigkeit von Unternehmen. Unternehmen suchen Zugang zu neuen Technologien und Ressourcen zunehmend extern durch flexible Kooperationsbeziehungen, da die klassische hierarchische Organisationsform sich als nicht besonders geeignet erwiesen hat, kreative Lernprozesse zu fördern[3]. Aus diesem Grund findet die Entwicklung neuer Technologien und Produkte (bspw. Software) zunehmend in interorganisationalen Arrangements statt. Daneben lassen sich weitere Motive anführen.

2.1.2 Motive zwischenbetrieblicher Kooperation

Motive für die zwischenbetriebliche Kooperation lassen sich zunächst einmal grundlegend in kosten- und erlösorientierte Ziele unterscheiden[4]: (1) Unternehmen versuchen mit zwischenbetrieblichen Kooperationen ihre Kostenbasis durch das Erzielen gemeinsamer, operativer Vorteile in der zwischenbetrieblichen Leistungserstellung zu verbessern. Hierzu gehören Einsparungen durch gemeinsame Beschaffung, das Outsourcing[5] von Aktivitäten, die nicht zum Kernportfolio des Unternehmens gehören und von externen Dienstleistern kostengünstiger erbracht werden können, sowie zwischenbetriebliche Prozessintegration mit Lieferanten. Zahlreiche Initiativen des Wertkettenmanagements (Supply-Chain-Management – SCM) zielen auf die Optimierung von zwischenbetrieblichen Bestell- und Liefer-

---

[1] Vgl. Duysters et al. 1999, S. 343, sowie Arthur D. Little 2001.

[2] „In particular, new, more flexible forms of strategic technology alliances seem to have taken over the dominant role that used to be played by joint ventures and other forms of equity agreements.“ (Duysters et al. 1999, S. 343).

[3] „One implication is that the only way to sustain superior performance is to promote faster learning. Ironically, the control and reliance on conformity to rules implied in the bureaucratic form has been shown to inhibit the very accidental, fortuitous, and processes that facilitate exploratory learning.” (Child/Gunther McGrath 2001, S. 1136).

[4] Siehe Contractor/Lorange 1988, aber auch Ebers 1999, S. 6. Weitere Quellen, die sich mit Motiven der Kooperation beschäftigen sind van der Zee/de Man/Geurts 2000 und Glaister/Buckley 1996, S. 304ff.

[5] „Der Begriff Outsourcing stammt aus dem anglo-amerikanischen Raum und setzt sich zusammen aus den Wörtern outside, resource und using und beschreibt die Übertragung von Unternehmensprozessen auf zumeist externe Dienstleister mit den Zielen der Optimierung und Kostensenkung.“ (Birkelbach/Behr 2004, S. 97).

prozessen ab, um gemeinsame Kostenvorteile mit Lieferanten (oder Kunden) zu realisieren[1]. (2) Erlösorientierte Ziele beziehen sich auf das Ausweiten der Geschäftsaktivitäten durch zwischenbetriebliche Kooperation. Hierzu gehört das Erschließen neuer Märkte durch Kooperation mit Wettbewerbern oder branchenfremden Unternehmen, der Zugang zu externen Technologien und Ressourcen, sowie die Kooperation mit Anbietern von Komplementärprodukten zur Bündelung von Leistungen und Realisierung von Synergiepotenzialen. Letztere Strategie erlaubt das Anbieten neuer Leistungen und das Erschließen neuer Kundengruppen. Neben kosten- und erlösorientierten Motiven kann eine weitere Motivkategorie unterschieden werden: (3) Entwicklungsorientierte Ziele beziehen sich auf das gemeinsame Entwickeln neuer Technologien, Ressourcen und Produkte. Hierbei können Entwicklungsrisiken und -kosten wirksam auf mehrere Parteien verteilt werden. Diese Form der Kooperation ergibt sich aus der Beobachtung, dass einzelne Unternehmen durch die zunehmende Technologisierung nicht mehr alle notwendigen Ressourcen intern entwickeln bzw. besitzen können[2]. Der Zugang zu Innovationen, Technologien und Ressourcen hängt immer häufiger von der Partizipation in externen Kooperationen ab[3]. Auch die Konfiguration komplexer Produkte und Leistungen, insbesondere im Umfeld neuer, technologiebasierter Dienstleistungen wie dem E-Commerce, basiert zunehmend auf der Kooperation mit externen Partnern[4].

Insgesamt können zwischenbetriebliche Kooperationsinitiativen zunehmend als Quelle nachhaltiger Wettbewerbsvorteile gesehen werden. DYER und SINGH sprechen daher von “Interorganizational competitive advantage“ und argumentieren, dass die Ressourcen eines Unternehmens eng mit denen anderer Unternehmen in einem Netzwerk existierender, externer Verflechtungen verknüpft sind[5]. Oft werden geschäftskritische Technologien von externen Lieferanten kontrolliert. Ziel des Unternehmens muss es daher sein, die Potenziale dieser Beziehungen bestmöglich zu nutzen. Aus

---

[1] Zu Kostenwirkungen der gemeinsamen Geschäftsoptimierung mit Lieferanten siehe Cannon/Homburg 2001.

[2] Siehe Prahalad/Hamel 1990, aber auch Ireland et al. 2002, S. 428 für einen Überblick über weitere Arbeiten in diesem Bereich.

[3] Siehe beispielhaft Cohen/Levinthal 1990, Powell et al. (1996), Powell 2000, Brown/Duguid 2000, Kale et al. 2000.

[4] „A single company (…) typically does not possess all necessary resources to set-up the intended Web service. Thus, the configuration of a network to acquire and integrate external resources and the management of this network become critical success factors for this specific class of e-Business models.“ (Riemer et al. 2002, S. 893)

[5] Dyer/Singh 1998, S. 660f. Ähnlich argumentiert Kanter wenn sie von „Collaborative Advantage” spricht (Kanter 1994).

diesem Grund kommt dem zwischenbetrieblichen Beziehungsmanagement wachsende Bedeutung zu.

2.1.3 Vertikale und horizontale Kooperationsbeziehungen

Aufbauend auf den beschriebenen Motiven werden nun beispielhaft vertikale Kooperationsbeziehungen mit Lieferanten sowie strategische Allianzen vorgestellt, die auch mit direkten Wettbewerbern aufgebaut werden. Dies dient zur näheren Beschreibung des Gegenstandsbereichs und zur Verdeutlichung der strategischen Relevanz externer Beziehungen. Hierzu werden zunächst die Entwicklungen im Beschaffungsbereich vom marktlichen Einkauf hin zur zunehmenden Anbahnung strategischer Lieferantenbeziehungen beschrieben. Strategische Allianzen als die tief gehendste Form der Beziehungskooperation werden im Anschluss diskutiert.

2.1.3.1 Entwicklungen in der Beschaffung vom marktlichen Einkauf zur strategischen Lieferantenkooperation

Grundsätzlich kann kein Unternehmen ohne Lieferanten auskommen. Die Rolle der Beschaffung im Unternehmen jedoch und damit auch die Rolle der Lieferanten haben sich geändert und erfahren wachsende Aufmerksamkeit durch das Management[1]. Traditionell wurde der Einkaufsbereich fast ausschließlich unter Kostengesichtspunkten betrachtet[2]. Nicht zuletzt durch die sich verändernde Markt- und Technologiesituation und den Outsourcing-Trend gelten der Wertschöpfungsbeitrag und damit die Bedeutung von Lieferanten in vielen Branchen als signifikant ansteigend. Aus diesem Grund ändert sich das Beschaffungsverständnis zunehmend von einer transaktionsorientierten hin zu einer beziehungsorientierten Sichtweise[3] und Lieferantenbeziehungen werden zunehmend als Ressourcen des Unternehmens aufgefasst, die ein explizites Management erfordern[4]. LANGFIELD-SMITH und GREENWOOD haben diesen Trend beispielhaft für die westliche Automobilindustrie illustriert (siehe Kasten)[5]. Während man-

---

[1] Siehe Stuart 1997.

[2] Vgl. exemplarisch Tang 1999, S. 40.

[3] „...organizational buying is dramatically shifting from the transaction oriented to the relational oriented philosophy, and will shift from a buying process to a supplier relationship process." (Sheth/Sharma 1997, S. 91).

[4] „No business can do without suppliers, and as a rule, there is a substantial continuity in the relationships with suppliers. Therefore, the relationships in the supply base of a company represent one of the most important assets of the company. As with all other assets, the value is not absolute but context dependent." (Gadde/Håkansson 2001, S. 136).

[5] Vgl. Langfield-Smith/Greenwood 1998, S. 332ff.; siehe auch Riemer/Klein 2002.

che Lieferanten als Quelle von Kostenverbesserungen wirken[1], können andere direkt zur Verbesserung der Produktqualität und des Servicegrades beitragen[2]. Voraussetzung hierfür sind eine längerfristig angelegte Beziehung, das richtige Beziehungsklima und ein geeigneter Managementansatz, um Verbesserungsvorschläge der Lieferanten zu initiieren und zu honorieren[3]. Weitere Initiativen wie tief gehende Prozessvernetzungen im Sinne eines Just-in-Time-Ansatzes können zur Verbesserung des Servicegrads des Unternehmens gegenüber den Kunden beitragen[4]. Solche Abstimmungen gehen meist mit einer Reduzierung der Lieferantenanzahl einher[5]. Die Übernahme bestimmter Servicedienstleistungen durch die Lieferanten, z. B. solcher die sich direkt auf die gelieferten Teile und Komponenten beziehen, kann den Servicegrad weiter erhöhen. Hinzu kommt der Trend, Sekundärdienstleistungen wie z. B. Catering, Büroorganisation, Immobilien, Fuhrpark, IT oder Logistik zunehmend extern im Rahmen des Outsourcings zu beziehen[6]. Dabei wird das Outsourcing zunehmend komplexer und bezieht sich oftmals auf ganze Geschäftsprozesse[7].

Die Ausführungen machen deutlich, dass die genannten Vorteile der Lieferantenintegration nicht ohne weiteres zu erreichen sind. Zudem zeigt sich, dass nicht alle Lieferantenbeziehungen gleich behandelt werden können. Unwichtigere müssen von strategisch wichtigen Lieferantenbeziehungen unterschieden werden. Letztere erfordern ein gezieltes und auf langfristigen Beziehungsaufbau ausgerichtetes Beziehungsmanagement. Dies gilt für das Management klassischer Lieferanten, in zunehmendem Maße aber auch für das Management von Outsourcing-Beziehungen mit Informationstechnologie-Lieferanten. Das IT-Outsourcing zeichnet sich durch eine wachsende Komplexität aus und verlangt daher ebenfalls zunehmend nach einer Beziehungssicht und einem Beziehungsmanagementansatz[8]. Selbiges trifft natürlich insbesondere auf strategische Allianzbeziehungen zu, die im Weiteren kurz beschrieben werden.

---

[1] Vgl. Cannon/Homburg 2001, S. 31.
[2] Vgl. Araujo et al. 1999, S. 498.
[3] Vgl. z. B. Tang 1999, S. 41.
[4] Siehe Frazier/Spekman/O'Neal 1988.
[5] Vgl. Harland 1996, S. 66.
[6] Vgl. Harland 1996, S. 66.
[7] Siehe Riedl/Kepler 2003 und Nettesheim et al. 2003.
[8] Siehe Klepper 1995, Kern/Willcocks 2002 und Lee et al. 2003.

Entwicklung der Lieferantenfunktion in der Automobilindustrie

LANGFIELD-SMITH und GREENWOOD beschreiben die Evolution der Beschaffungsfunktion und damit die der Lieferantenrolle am Beispiel der Automobilindustrie in vier Phasen:

1. Bis Mitte der 1970er Jahre wurden Lieferanten im Sinne eines kostenoptimalen Einkaufs fast ausschließlich unter Effizienzaspekten ausgewählt. Die Beschaffung war durch preisbasierten Einkauf und lose Beziehungen zwischen Lieferanten und Kunden gekennzeichnet. Lieferanten trugen zudem nur wenig zur Verbesserung von Qualität und Wettbewerbsfähigkeit bei[1].
2. Unter dem Druck stagnierender Märkte kam es in den 1970er Jahren zu einem starken Anstieg des Wettbewerbs zwischen den Lieferanten. Die Automobilhersteller legten ihren Lieferanten immer neue Kostenreduktionsprogramme auf. Die Beziehungen zwischen Lieferanten und Hersteller entsprachen immer noch dem von PORTER seinerzeit vorgeschlagenen Verhaltensmuster, eine Schwächung der eigenen Verhandlungsposition durch strategische Abhängigkeit von Lieferanten zu vermeiden[2]. Hierzu gehört, dass man gleiche Produkte von einer Vielzahl von Anbietern bezieht[3], nur kurzfristige Verträge eingeht und nur das notwendige Maß an Informationen austauscht[4]. Trotz der angespannten Situation war dies der Beginn einer zunehmenden Einbeziehung der Lieferanten in die Aktivitäten der Hersteller.
3. Mitte der 1980er Jahre verstärkte sich der Trend zur Abstimmung mit Lieferanten. Neben den Kosten wurden Qualität und Lieferzeit zu den bestimmenden Kenngrößen. Lieferanten wurden zunehmend in die langfristige Planung und das Qualitätsmanagement mit einbezogen. Aus Japan adaptierte Managementkonzepte wie das Total-Quality-Management (TQM) sahen ausdrücklich Maßnahmen zur Integration der Lieferanten vor (z. B. regelmäßige Qualitätszirkel). Darüber hinaus wurde die operative Prozessanbindung der Lieferanten verstärkt. Dies führte zu einer reduzierten Zahl von Lieferanten und verlängerten Vertragslaufzeiten.
4. Im letzten Jahrzehnt führte diese Entwicklung zu einer weiteren Integration und einer engeren Abstimmung und Koordination mit den Lieferanten. Getrieben wurde dies nicht zuletzt durch die Externalisierung von Leistungen (Outsourcing), die ein enges Management der nun extern erbrachten Leistungen notwendig machte[5]. Entstanden sind komplexe Lieferantennetzwerke, die als ganzheitliche Systeme wahrgenommen und gemanagt werden. Diese Art der Organisationsform wurde nicht zuletzt von asiatischen Unternehmen wie Toyota übernommen, die bereits seit langem eine enge Einbindung von Lieferanten in externen Unternehmensnetzwerken, so genannten Keiretzu pflegen[6]. Zudem findet in der Automobilindustrie, wie auch in anderen Industrien, eine weitergehende Integration über mehrere Wertschöpfungsstufen im Rahmen des Wertkettenmanagements statt, bei der Netzwerke von miteinander verbundenen Unternehmen entstehen, die langfristig in bestimmten Bereichen, meist (informations-) logistischer Abstimmung, kooperieren[7].

---

[1] Siehe Turnbull et al. 1992.
[2] Siehe Porter 1985 und vgl. Gadde/Håkansson 2001, S. 138.
[3] Vgl. Porter 1980, S. 123 und Langfield-Smith/Greenwood 1998, S. 333.
[4] Vgl. Tang 1999, S. 39.
[5] Vgl. Möller, Halinen 1999, S. 414.
[6] Vgl. Pennings/Lee 1999, S. 54ff.; siehe auch Dyer/Nobeoka 2000.
[7] Vgl. Spekman et al. 1998, S. 630.

2.1.3.2 Strategische Allianzen und Geschäftsnetzwerke

Die weit reichendste Lieferanteneinbindung ist die der gemeinsamen Produkt- und Technologieentwicklung in strategischen Allianzen[1]. Anstelle der gelegentlichen Einbeziehung in Produktverbesserungen werden Lieferanten hierbei explizit und langfristig in die Entwicklungsaktivitäten und die Wertschöpfungsprozesse der Unternehmung eingebunden. Dies kann einerseits geschehen, um den eigenen Entwicklungsprozess effizienter und schneller zu gestalten, indem man die Lieferanten möglichst früh in den Produktentwicklungsprozess einbezieht. Andererseits können solche Allianzen aus der Sicht des Unternehmens zwingend notwendig werden, wenn möglichst schnell der Zugang zu externen Ressourcen und neuen Technologien hergestellt werden muss[2].

In jedem Fall erfordert die Kooperation in einer strategischen Allianz eine langfristige Perspektive und den Aufbau einer Beziehung mit entsprechendem Engagement von beiden Seiten[3]. Von einer Allianz spricht man konsequenterweise erst dann, wenn die beteiligten Parteien grundsätzlich gemeinsame Ziele über einen längeren Zeitraum verfolgen[4]. Dabei basiert eine strategische Allianz nicht nur auf gemeinsamen Zielen sondern auch auf dem Teilen, der gemeinsamen Nutzung und dem gemeinsamen Aufbau von Ressourcen[5]. Dabei werden einerseits gemeinsame Ressourcen für die Allianz benötigt, andererseits haben Allianzen häufig den Aufbau neuer Ressourcen zum Ziel[6]. In forschungsintensiven Branchen wie der Biotechnologie-Industrie stellt die zwischenbetriebliche Kooperation von Unternehmen unterschiedlicher Wertschöpfungsstufen mittlerweile das vorherrschende Wertschöpfungsprinzip dar[7]. Strategische Allianzen werden aus diesem Grund zunehmend als probates Mittel des Wissenstransfers und der Wissensgenerierung gesehen[8].

---

[1] Vgl. Stuart 1997, S. 226 und Sobrero/Toulan 2000.

[2] Vgl. Sobrero/Toulan 2000, S. 24.

[3] „The supplying firm and the customer firm must both make strong commitments that require a long-term perspective in developing their business with each other." (Blankenburg Holm et al. 1999, S. 468).

[4] „An alliance can be defined as an inter-firm collaboration over a given economic space and time for the attainment of mutually defined goals." (Glaister/Buckley 1996, S. 301).

[5] „An alliance is a formal agreement between two or more business organizations to pursue a set of private and common goals through the sharing of resources (e.g. intellectual property, people, capital, organizational capabilities, and physical assets) in contexts involving contested markets and uncertainty over outcomes." (Arino et al. 2001, S. 110).

[6] Vgl. Ireland et al. 2002, S. 428.

[7] Siehe Oliver 2001, sowie Walker et al. 1997.

[8] Siehe beispielhaft Mowery et al. 1996.

Horizontale Allianzen mit Wettbewerbern

Strategische Allianzen beschränken sich bei weitem nicht auf die Kooperation entlang der Wertschöpfungskette, d. h. auf vertikale Allianzen zwischen Lieferanten und Kunden. HAMEL ET AL. beschreiben die Vorteile horizontaler Allianzen, also der Kooperation zwischen Wettbewerbern als Maßnahme der Marktbeherrschung und des Ressourcenzugangs[1]. Laut DOZ und HAMEL besteht das Ziel strategischer Allianzen häufig darin, den Wettbewerb im Markt durch Kollaboration mit Wettbewerbern zu verringern und damit durch Zusammenarbeit die Profitabilität beider Partner zu verbessern[2]. Des Weiteren dienen Allianzen dazu, komplementäre Produkte zu bündeln[3], sowie Zugang zu neuen Märkten zu erlangen (siehe Diskussion in Kap. 2.1.2). Die Kooperation in bilateralen Allianzen und insbesondere in strategischen Unternehmensnetzwerken mit mehreren Partnern verlagert den Wettbewerb dabei von der Ebene der Einzelfirmen hin zu einem Wettbewerb zwischen Unternehmensgruppen[4]; selbiges gilt auch für die vertikale Kooperation in Wertkettennetzwerken[5]. Wie in dieser Arbeit argumentiert wird, ist der Erfolg solcher Allianzen eng verbunden mit der Effektivität des zwischenbetrieblichen Managements und der Fähigkeit, Beziehungen zu bilden und zu pflegen. Das nächste Unterkapitel wird Herausforderungen des zwischenbetrieblichen Managements von Lieferantenbeziehungen und strategischen Allianzen aufzeigen, die ein dediziertes Partner-Relationship-Management motivieren. Abbildung 2.1 verdeutlicht abschließend die grundsätzlichen Unterschiede zwischen marktlicher Beschaffung, losen Lieferantenbeziehungen auf Armeslänge, und strategischen Beziehungen wie Allianzen und Joint Ventures; letztere zeichnen sich im Gegensatz zu Allianzen durch die gemeinsame Neugründung eines Unternehmens mit wechselseitiger Kapitalbeteiligung aus.

---

[1] Siehe Hamel et al. 1989, Carlin et al. 1994, sowie Arino/Garcia-Pont 1998.

[2] Vgl. Doz/Hamel 1998, S. 4.

[3] Zu komplementären Allianzen siehe auch Arino/Garcia-Pont 1998.

[4] „Competition between alliance blocks is a new form of rivalry: groups of firms link together for a common purpose by means of strategic alliances, and competition between alliance blocks is superimposed on competition between individual firms." (Vanhaverbeke/Noorderhaven, 2001, S. 1), siehe auch Gomes-Casseres 1994; Arino/Garcia-Pont 1998.

[5] „Success is no longer measured by a single transaction; competition is, in many instances, evaluated as a network of co-operating companies competing with other firms along the entire supply chain." (Spekman et al. 1998, S. 630).

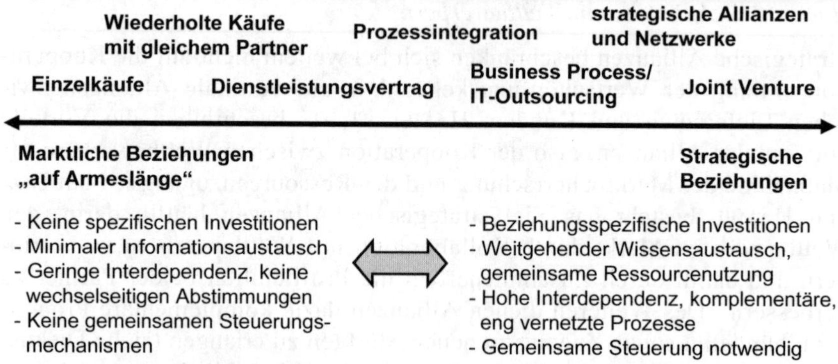

Abbildung 2.1: Unterscheidung marktlicher und strategischer Beziehungen[1]

2.2 Managementherausforderungen zwischenbetrieblicher Kooperation

Strategische Kooperationsbeziehungen stellen instabile, mitunter schwer zu managende Arrangements dar. Viele strategische Allianzen scheitern und erfüllen ihre Ziele nicht (Kap. 2.2.1) und es stellen sich zahlreiche Managementherausforderungen, die ein dediziertes Beziehungsmanagement notwendig machen (Kap. 2.2.2). Die Prozesse erfolgreichen Managements von Allianzen und das Beziehungsmanagement jedoch sind unterforschte Phänomene, die weiterer Untersuchung bedürfen (Kap. 2.2.3).

2.2.1 Gründe für das häufige Scheitern von Allianzen

Unternehmen versprechen sich vom Aufbau und von der Teilnahme an strategischen Allianzen zahlreiche Vorteile. Allerdings hat sich in der Praxis gezeigt, dass viele Allianzen unüberbrückbare Managementfragen aufwerfen und daher häufig von vorzeitigem Scheitern bedroht sind[2]. In zahlreichen Studien wurde festgestellt, dass zwischen 50% und 60% aller Allianzen, aus verschiedensten Gründen, vollständig scheitern oder mindestens von einem Partner als nicht erfolgreich wahrgenommen werden[3]. Dabei ist die Zahl der Allianzen die an anfänglichen, später aber erfolgreich gelös-

---

[1] Basiert auf Dyer/Singh 1998, S.661f. und Knoke 1999, S. 28.

[2] Siehe hierzu folgendes Zitat: „Let the potential alliance partner beware: all is not as it seems. It is true that one can leverage resources, jumpstart technology and facilitate market development. (...) The espoused gains are many and well documented. The data, however, paint a different and more somber picture“ (Spekman et al. 1996).

[3] Siehe hierzu Bleeke/Ernst 1991, Spekman et al. 1996, Duysters et al. 1999.

ten, Problemen leiden sogar noch größer[1]. DUYSTERS ET AL. unterscheiden dabei als Gründe für das Scheitern von Allianzen einerseits strategische und finanzielle Aspekte sowie andererseits verhaltensorientierte Aspekte, die sich auf Vertrauen und Commitment beziehen[2]. Aufbauend auf dieser Zweiteilung können zahlreiche Gründe für das Scheitern von Allianzen angeführt werden (vgl. Tabelle 2.1); vieler dieser Gründe gelten in gleichem Maße auch für andere Formen der strategischen Zusammenarbeit. Insbesondere die verhaltensorientierten Faktoren, die sich auf die soziale Ebene der Zusammenarbeit beziehen, werden im Verlauf dieser Arbeit betrachtet. Zunächst werden typische Managementherausforderungen zwischenbetrieblicher Kooperation aufgezeigt, die in der Literatur zu strategischen Allianzen diskutiert werden.

Dimension	**In verschiedenen Studien genannte Faktoren**
Strategisch, finanziell	Strategie, Ziele, Erwartungen, Partnerasymmetrie, ökonomische Anreize, Zielerreichung, finanzielle Aspekte, Prozesskomplexität, geographische und operationelle Unterschiede
Verhaltensorientiert	Vertrauen, Commitment, Unternehmenskulturen, Aspekte gemeinsamen Lernens, Personal/Mitarbeiter

Tabelle 2.1: Gründe für das Scheitern von Allianzen[3]

2.2.2 *Managementherausforderungen*

Zwischenbetriebliche Beziehungen stellen mitunter fragile und riskante Arrangements dar, die die Unternehmung in Situationen strategischer Abhängigkeit, hoher Interdependenz und Konflikte führt. Im Folgenden werden einige Herausforderungen interorganisationaler Arrangements identifiziert, die ein dediziertes zwischenbetriebliches Beziehungsmanagement notwendig machen.

---

[1] „…while two thirds of cross-border alliances run into serious managerial and financial trouble within the first two years, many overcome their problems." (Duysters et al. 1999, S. 344).

[2] Vgl. Duysters et al. 2003, S. 8, die erste Dimension wird von den Autoren auch als „hard factors" bezeichnet, während die verhaltensorientierten Aspekte als „soft factors" bezeichnet werden.

[3] Basierend auf einer Analyse in Duysters et al. 1999, sowie auf Bleeke/Ernst 1991, Spekman et al. 1996.

2.2.2.1 Strategische Abhängigkeit

Die Vorteile von Kernkompetenzkonzentration, Outsourcing, zwischenbetrieblicher Arbeitsteilung und flexiblem externem Zugang zu Ressourcen können im Gegenzug zu einer gestiegenen Abhängigkeit von den Partnern führen. Durch die Integration externer Partner in strategisch wichtige Bereiche wie die Forschung und Entwicklung oder die operative Leistungserstellung macht sich das Unternehmen abhängig von der Leistungsfähigkeit, Zuverlässigkeit und Kooperationsbereitschaft der Partnerunternehmen. Diese strategischen Abhängigkeitssituationen führen zu einem gestiegenen unternehmerischen Risiko im Falle eines Scheiterns der externen Beziehungen; strategische Abhängigkeit erhöht die Verwundbarkeit der Unternehmung[1]. Die strategische Abhängigkeit wird dabei noch erhöht durch spezifische Investitionen in einzelne externe Partnerschaften, z. B. in Technologien, Prozessanpassungen oder spezielle Produktionstechniken, die sich nicht anderweitig verwenden lassen und bei einem Scheitern der Beziehung verloren sind[2]. Der Ressourcenabhängigkeitstheorie (Resource Dependence Theory) folgend, investieren Unternehmen in stabile externe Beziehungen, „um Kontrolle über Ressourcen zu erlangen und gleichzeitig die Unsicherheiten aus den damit entstehenden Abhängigkeitsbeziehungen zu reduzieren.“[3]

2.2.2.2 Zwischenbetriebliche Interdependenz

Eine weitere Herausforderung stellt die hohe Interdependenz der Tätigkeiten in strategischen Beziehungen mit hoher wechselseitiger Integration dar. Interdependenz bezieht sich dabei laut ARINO und GARCIA-PONT auf die Vernetzung von Tätigkeiten. Diese resultiert in einer wechselseitigen Abhängigkeit des Handelns zweier Parteien: eine Aktion des einen Partners hat direkten Einfluss auf das Handeln des anderen Partners und umgekehrt[4]. Das heißt aus Sicht eines Unternehmens, dass das eigene Handeln, aber auch die Ergebnisse der betrieblichen Tätigkeiten, eng mit dem Handeln der Partnerunternehmen verbunden sind. Das stellt hohe Herausforderungen an das Management zwischenbetrieblicher Kooperationen, da, obwohl die Kompetenzen, die Tätigkeiten und auch die Entscheidungsfindung auf verschiedene Partner verteilt sind, ein ganzheitliches System ge-

---

[1] „The more strategic the relationship, the greater the vulnerability.“ (Hall 1995, S. 13).

[2] Vgl. Bensaou 1999, S. 35f.

[3] Klein 1996a, S. 205; zur Ressourcenabhängigkeitstheorie siehe Pfeffer/Salancik 1978.

[4] „There is interdependence when the actions of one party can originate a reaction of the second party, which in turn affects the first.“ (Arino/Garcia-Pont 1998, S. 288).

genseitiger Abhängigkeiten gemanagt werden muss[1]. Das Ergebnis ist eine hohe Komplexität, die wechselseitige Abstimmungen mit den Partnern und kooperatives Verhalten notwendig macht. Da die erfolgreiche Bearbeitung gemeinsamer Tätigkeiten von der nachhaltigen Kooperation des Partners abhängt, herrscht eine höhere Unsicherheit als im Management interner Prozesse[2]. Diese Unsicherheit muss durch ein geeignetes Beziehungsmanagement adressiert werden.

2.2.2.3 Divergente Zielsysteme der Kooperationspartner

Hinzu kommt, dass Allianzen aufgrund verschiedener, oft divergenter Zielsysteme und unterschiedlicher strategischer Vorstellungen und Erwartungen der beteiligten Partner ein hohes Konfliktpotenzial aufweisen (vgl. auch Tabelle 2.1). Konflikte ergeben sich laut ARINO und GARCIA-PONT dann aus den Zielen zweier Parteien, wenn die Erfüllung des einen Ziels die Erfüllung des anderen Ziels beeinträchtigt[3]. Dabei können die folgenden Situationen unterschieden werden: Erstens können die kooperierenden Partner unterschiedliche Vorstellungen für die gemeinsame Allianz haben, zweitens können die Partner neben dem gemeinsam ausgehandelten Allianzziel noch eigene, aber abweichende Ziele verfolgen und drittens besteht die Möglichkeit versteckter Ziele („hidden agendas"), die ein Partner opportunistisch zu Lasten des anderen Partners zu verfolgen versucht. So ergibt sich generell ein Konflikt zwischen individuellen und gemeinsamen Zielen, da trotz der angestrebten Kooperation stets individuelle Unternehmen mit eigenen kommerziellen Interessen zusammenkommen[4]. Das Verfolgen eigener Ziele auf Kosten der Partner stellt letztlich kompetitives Verhalten da, das die eigenen über die gemeinsamen Ziele stellt. Der Umgang mit kompetitivem Verhalten der Partner, bzw. das Vermeiden kompetitiven Verhaltens, stellt somit eine der Hauptherausforderungen zwischenbetrieblichen Beziehungsmanagements dar, da kompetitives Verhalten letztlich zum Scheitern der Allianz führen kann[5].

---

[1] „This meshing makes the management of interdependent systems particularly complex, because although authority is dispersed, the actions taken by any member of an interdependent network influence others." (Child/Gunther McGrath 2001, S. 1139).

[2] Vgl. Ring/van de Ven 1992, S. 487.

[3] „ There is conflict when the preferences of the parties involved are correlated in a negative fashion, the fulfilment of which in each case requires different action to be taken." (Arino/Garcia-Pont 1998, S. 288).

[4] Vgl. Ireland et al. 2002, S. 433.

[5] Vgl. Ireland et al. 2002, S. 434.

2.2.2.4 *Interorganisationale Distanz*

Eine weitere Herausforderung zwischenbetrieblicher Beziehungen liegt in der Distanz zwischen den beteiligten Partnerunternehmen. Unternehmen unterscheiden sich in wesentlichen Aspekten voneinander, die die Integration gemeinsamer Prozesse auf verschiedenen Ebenen schwierig gestalten; folgende Formen von Distanz können unterschieden werden[1]:

- *Technologische Distanz* bezieht sich auf Inkompatibilitäten der in den Unternehmen eingesetzten Technologien, sowohl produktionstechnisch, logistisch, als auch mit Blick auf die gemeinsame Technologieentwicklung.
- *Kulturelle Distanz* bezieht sich auf die Länderherkunft der Partner wie auch die jeweiligen Unternehmenskulturen, die sich signifikant voneinander unterscheiden können, was zu Problemen beispielsweise bei der Konsensfindung führen kann[2].
- *Soziale Distanz* bezieht sich auf den Grad der Vertrautheit zwischen den Individuen in den Partnerunternehmen, die zu Beginn der Kooperation naturgemäß gering ist. Dies kann zu Missverständnissen führen[3].
- *Räumliche Distanz* bezieht sich auf den Umstand, dass sich die Partnerunternehmen selten am gleichen Ort befinden, so dass die zusätzliche räumliche Distanz die gemeinsamen Interaktionen erschwert.

Interorganisationale Distanz erschwert also Prozesse der zwischenbetrieblichen Abstimmung und Integration und kann somit als weitere Managementherausforderung zwischenbetrieblicher Kooperation gesehen werden.

2.2.2.5 *Zur Dialektik zwischenbetrieblicher Kooperation*

Die bisherigen Ausführungen machen deutlich, dass in strategischen Kooperationsbeziehungen einige grundsätzliche Widersprüche existieren, die berücksichtigt und dediziert gemanagt werden müssen[4]:

- Der Notwendigkeit zur Kooperation steht die Möglichkeit kompetitiven Verhaltens des Partners gegenüber[5].
- Zur gemeinsamen Entscheidungsfindung ist Konsens notwendig, divergente Ziele der Partner begünstigen jedoch Konflikte.

---

[1] Vgl. Ford et al. 2002, S. 109.

[2] Siehe hierzu auch Hall 1995.

[3] „... because hybrid partners have not previously worked together, they may misperceive one another's actions." (Powell 1987, S. 83).

[4] Vgl. Klein 1996a, S. 93, dort finden sich weitere immanente Paradoxien interorganisationaler Arrangements.

[5] Duysters et al. sprechen von einer „...clear tension between cooperation and competition." (Duysters et al. 1999).

- Kooperation benötigt Integration, verschiedene Formen der Distanz stehen einer effektiven Integration jedoch entgegen.

IRELAND ET AL. sprechen in diesem Zusammenhang von relationalen Risiken, die sich auf die Unsicherheit hinsichtlich des Verhaltens von Kooperationspartnern im Sinne opportunistischen Verhaltens und dem Nichteinlösen von Verpflichtungen beziehen[1]. Das Herstellen von Kooperation und das Vermeiden kompetitiven Verhaltens kann somit als ein vordringliches Ziel des zwischenbetrieblichen Beziehungsmanagements ausgemacht werden[2]. Dabei gilt es, auf gemeinsame Vorteile abzuzielen und so eine Win-Win-Situation herzustellen, von der alle Parteien gleichermaßen profitieren[3].

Zusammenfassend kann festgehalten werden, dass (1) strategische Kooperationsbeziehungen durch die tief gehende Integration externer Partner in die Leistungsprozesse des Unternehmens strategische Abhängigkeiten hervorrufen. Hieraus ergeben sich signifikante Risiken für den Fall des Scheiterns der Kooperation, die ein effektives Beziehungsmanagement notwendig machen. (2) Zudem existiert in der Regel eine hohe Interdependenz der zwischenbetrieblichen Tätigkeiten und Prozesse, die die Kooperation der beteiligten Parteien zwingend notwendig macht. (3) Darüber hinaus können die beteiligten Parteien divergente, inkompatible Ziele verfolgen, was in kompetitivem, opportunistischem Verhalten resultieren kann. Hieraus ergibt sich eine erhebliche Unsicherheit und Komplexität der zwischenbetrieblichen Leistungserstellung[4]. (4) Verschiedene Formen der interorganisationalen Distanz schließlich erschweren zwischenbetriebliche Integrationsprozesse, was insbesondere in Kombination mit hoher Interdependenz zu signifikanten Koordinations- und Abstimmungsproblemen führen kann. Das Management strategischer Kooperationsbeziehungen kann somit als ein komplexes und unterspezifiziertes Unterfangen angesehen werden und die Fähigkeit eines effektiven Beziehungsmanagements wird konsequenterweise als Quelle von Wettbewerbsvorteilen unter den sich

---

[1] „Relational risk is concerned with the probability and consequent actions when a partner does not appropriately commit to an alliance and fails to behave as expected. (…) Opportunistic behaviours that are oriented to the individual firm's benefit rather than to the good of the alliance demonstrate relational risk." (Ireland et al. 2002, S. 434).

[2] „Ensuring cooperation and avoiding competition between partners is a major alliance management challenge." (Ireland et al. 2002, S. 434).

[3] „When common benefits arise, a win-win situation can be created." (Duysters et al. 1999).

[4] „Yet such alliances are complex to manage successfully because of the opportunity and incentive to cheat and profit at the partner's expense. Consequently, strategic alliances are frequently subject to high instability, poor performance and premature dissolution." (Zeffane 1995, S. 29).

ändernden Marktbedingungen gesehen, die zwischenbetriebliche Kooperation zunehmend notwendig machen[1]. Abbildung 2.2 fasst die diskutierten Managementherausforderungen strategischer Kooperationsbeziehungen zusammen.

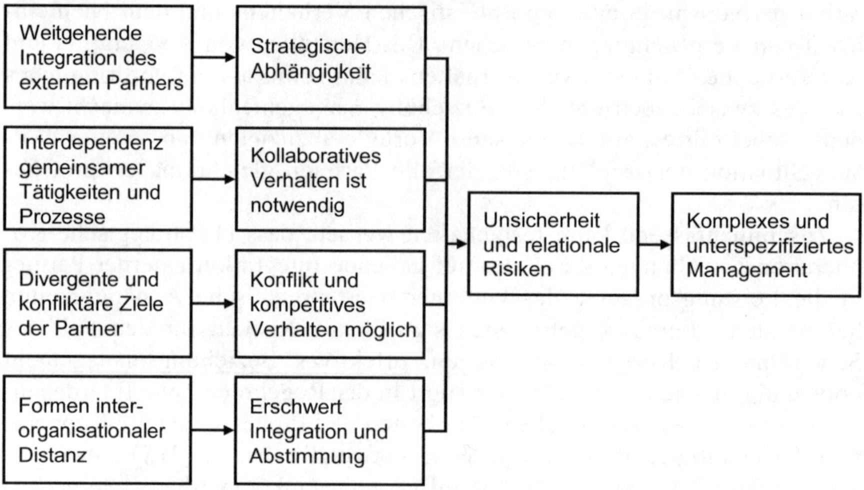

Abbildung 2.2: Managementherausforderungen strategischer Kooperationsbeziehungen

2.2.3 Beziehungsmanagement als untererforschtes Phänomen

Während strategische Kooperationsbeziehungen signifikante Vorteile versprechen, ist deren Realisierung aufgrund zahlreicher Managementherausforderungen schwierig und von einem effektiven Management zwischenbetrieblicher Beziehungen abhängig[2]. Zudem zeigt sich, dass das Management zwischenbetrieblicher Beziehungen ein bislang untererforschtes Phänomen ist. Laut IRELAND ET AL. konzentriert sich die bisherige Forschung zu Allianzen auf die theoretische und empirische Erklärung der Entstehung von Allianzen[3]; dies umfasst sowohl die oben angeführte Motivdiskussion,

---

[1] „Whatever the duration and objectives of a business alliance, being a good partner has become a key corporate asset. I call it a company's collaborative advantage. In the global economy, a well-developed ability to create and sustain fruitful collaborations gives companies a significant leg up." (Kanter 1994, S. 96).

[2] „While strategic alliances have the potential to enhance a firm's performance, doing so is challenging because of the difficulty in managing them" (Ireland et al. 2002, S. 414).

[3] Vgl. Ireland et al. 2002, S. 414.

wie auch die von Kontingenzen, die die Entstehung strategischer Kooperation in Allianzen und Netzwerken begünstigen[1]. Während somit relativ viel über Vorteile zwischenbetrieblicher Kooperationsbeziehungen geschrieben wurde, ist über Erfolgsfaktoren und Managementaspekte noch zu wenig bekannt[2]. KALE ET AL. argumentieren etwas umfassender und identifizieren drei Strömungen bisheriger Allianzforschung[3]:

1. Die erste Gruppe umfasst Arbeiten zur Allianzentstehung und damit zu Markttrends, Motiven (siehe Kap. 2.1) und Kontingenzen der Allianzbildung, aufbauend auf unterschiedlichen theoretischen Positionen[4].
2. Die zweite Gruppe von Arbeiten konzentriert sich auf die Wahl verschiedener Steuerungs- und Stabilisierungsmechanismen (Governance-Mechanismen) in zwischenbetrieblichen Beziehungen. Dieser Forschungszweig basiert vorwiegend auf transaktionskostenökonomischen Betrachtungen und konzentriert sich auf die Erklärung verschiedener Ausgestaltungsmöglichkeiten von Allianzen hinsichtlich der Stabilisierung durch verschiedene Vertragsformen und Organisationsformen mit und ohne Eigenkapitalbeteiligung. Erklärungen basieren dabei auf der Höhe der zwischenbetrieblichen Transaktionskosten: Je höher die Spezifität der zwischenbetrieblichen Leistung und damit die zu erwartenden Transaktionskosten, desto wichtiger sind stabilisierende Governance-Mechanismen wie wechselseitige Eigenkapitalbeteiligungen oder Verträge[5].
3. Eine dritte Gruppe von Arbeiten beschäftigt sich schließlich mit der Erforschung des Erfolges und der Leistungsfähigkeit von Allianzen. Hierbei steht weitgehend eine deskriptive Erfolgsfaktorenforschung im Vordergrund, die in empirischen Studien den Einfluss verschiedener Faktoren auf den Erfolg von Allianzen bzw. den Erfolg der beteiligten Unternehmen untersucht[6].

Die Ausführungen von KALE ET AL. machen deutlich, dass das eigentliche Management zwischenbetrieblicher Beziehungen und Allianzen bislang einen eher untergeordneten Stellenwert in der Forschung einnimmt. Dabei

---

[1] Siehe hierzu insbesondere Ebers 1999, S. 8ff.

[2] Vgl. Barringer/Harrison 2000, S.397.

[3] Vgl. Kale et al. 2000, S. 218.

[4] Siehe hierzu auch Barringer/Harrison 2000.

[5] Vgl. Kale et al. 2000, S. 218 oder auch Hoyt/Huq 2000, S.2. Obwohl die Transaktionskostentheorie (TKT) zu den am häufigsten angewendeten Theorien zur Erklärung von Kooperationsphänomenen gehört, sind die zugrunde liegenden theoretischen Annahmen nicht sehr hilfreich für die Erklärung von Managementphänomenen (siehe unten in Kap. 2.4.2).

[6] Siehe beispielhaft Mohr/Spekman 1994, für einen umfassenden Überblick empirischer Studien zu Allianzen siehe Ireland et al. 2002, S. 416ff.

kann argumentiert werden, dass das Beziehungsmanagement aufgrund der wachsenden Relevanz zwischenbetrieblicher Kooperation zunehmend an Bedeutung gewinnt und daher in den Vordergrund unternehmerischen Handelns rücken sollte. Letztlich muss die Unternehmung dem Aufbau stabiler Beziehungen zu den Kooperationspartnern zunehmende Bedeutung schenken, um die relationalen Risiken und die damit einhergehende Verwundbarkeit des eigenen Geschäfts durch ein explizites Beziehungsmanagement zu minimieren[1]. Da es sich hierbei um ein komplexes, aber untererforschtes Phänomen handelt[2], sind weitere Arbeiten in diesem Bereich notwendig, die explizit auf ein besseres Verständnis der Managementprozesse und der spezifischen, das Management betreffenden, Faktoren zwischenbetrieblicher Beziehungen abzielen[3]. Die vorliegende Arbeit leistet hier einen entsprechenden Beitrag.

Dabei kann das zwischenbetriebliche Management auf verschiedenen Ebenen betrachtet werden und sich zudem auf verschiedene Bezugsobjekte konzentrieren. Im Rahmen dieser Arbeit wird auf dyadische Beziehungen und die Betrachtung der sozialen, interpersonalen Ebene zwischenbetrieblicher Zusammenarbeit fokussiert. Das folgende Unterkapitel grenzt die Arbeit von verwandten Untersuchungsbereichen ab.

2.3 Beziehungsmanagement – Abgrenzung und Einordnung

Es können eine weite und eine enge Definition des Beziehungsmanagements unterschieden werden. Nach der weiten Definition erstreckt sich das Beziehungsmanagement („Partner-Relationship-Management (PRM)“) auf „alle Maßnahmen zur Planung, Durchführung und Kontrolle der Initiierung, Stabilisierung, Verbesserung und Beendigung von zwischenbetrieblichen Beziehungen mit Geschäftspartnern wie Lieferanten, Kunden, Wettbewerbern oder Non-Profit-Organisationen mit dem Ziel, die Wettbewerbssituation des Unternehmens zu sichern und zu verbessern. Hierzu gehört die Bewertung und Auswahl wichtiger Partnerschaften (im

---

[1] „To prevent vulnerability from leading to failure, something more is needed. A relationship must be developed beyond the deal. ...the relationship is the key link. (...) We need to switch from implicit to intelligent management of the relationship." (Hall 1995, S. 16).

[2] „Therefore, effective alliance management is a significant challenge and an underinvestigated phenomenon.“ (Ireland et al. 2002, S. 414).

[3] „Although most extant literature emphasizes structural factors such as partner fit and equity to explain alliance success, the results of this study highlight the need to pay greater attention to how a firm manages the alliance, post formation, ..." (Kale et al. 2000, S. 232).

Sinne eines Beziehungsportfolios), wie auch das Management der einzelnen Partnerbeziehung.“[1] Die enge Definition bezieht sich nur auf den letzten Aspekt des Managements einzelner Beziehungen. Die vorliegende Arbeit folgt grundsätzlich der engen Definition. Da jedoch die weite Definition die enge enthält und somit das eigentliche Beziehungsmanagement ein Teil eines übergeordneten Managements von Beziehungen und Netzwerken ist, wird zunächst die weite Definition überblicksartig vorgestellt, um das für diese Arbeit zugrunde liegende Verständnis zu verdeutlichen und die Arbeit einzuordnen.

2.3.1 Unternehmensbeziehungen als relevanter Forschungsgegenstand

Die Einnahme einer Beziehungsperspektive statt einer transaktionsorientierten Sichtweise zwischenbetrieblicher Geschäftsabwicklung ist grundsätzlich nicht neu[2]. Jedoch wird die zwischenbetriebliche Beziehung zunehmend selbst als relevanter Betrachtungsgegenstand der Managementforschung gesehen. Dies folgt nicht zuletzt der Beobachtung, dass die organisationale Beschaffung zunehmend in stabilen Arrangements erfolgt[3], so dass es zu langfristigen Verbindungen zwischen Unternehmen kommt, wenn diese sich wiederholende Transaktionen miteinander durchführen[4]. Eine Beziehung wird dabei gekennzeichnet durch eine Historie gemeinsamer Transaktionen zwischen zwei Unternehmen, sowie der Erwartung gemeinsamer Transaktionen in der Zukunft[5]. Eine solche Erwartung besteht insbesondere im Falle strategischer Allianzen, bei denen sich Partnerunternehmen mit dem Ziel langfristiger Zusammenarbeit zusammenfinden und eine Beziehung aufbauen. Die Merkmale und Qualität der bestehenden Beziehung zwischen den Unternehmen (d. h. die Historie von Transaktionen) werden dabei zunehmend als wichtig für den Erfolg zwischenbetrieblicher Allianzen angesehen[6]. Einem dedizierten Beziehungsmanagement kommt dabei signifikante Bedeutung zu. Diese Erkenntnis kann auch im Umfeld des IT-Outsourcing beobachtet werden. Auch in dieser Domäne

---

[1] Riemer/Klein 2002, S. 7.

[2] Siehe z. B. Dywer et al. 1987.

[3] „...organizational buying is dramatically shifting from the transaction oriented to the relational oriented philosophy” (Sheth/Sharma 1997, S. 91), siehe auch Kap. 2.1.3.1.

[4] „...we use the term *business relationship* to denote these extremely important longlasting exchange relations between two firms doing business with each other.“ (Blankenburg Holm et al. 1999, S. 468, Hervorhebung im Original).

[5] „..., relational exchanges assume that the parties have a past (one that is known and remembered), and that they may be associated with each other again in the future.” (Arino et al. 2001, S. 111).

[6] „...management must focus on a broader concept – the quality of the inter-partner relationship – as a critical determinant of alliance success.” (Arino et al. 2001, S. 110).

wird die Einnahme einer partnerschaftlichen Position gegenüber IT-Zulieferern und die Pflege zwischenbetrieblicher Beziehungen zunehmend als wichtig erkannt[1]. Zudem wird auch hier die Beziehung als relevanter Untersuchungsgegenstand betont, deren dediziertem Management steigende Bedeutung zukommt[2]. Beziehungen können somit sowohl als relevantes Bezugsobjekt des Managements wie auch als wissenschaftlicher Untersuchungsgegenstand gesehen werden.

2.3.2 Übersicht verschiedener Unternehmensbeziehungen

Bisher wurden beispielhaft kooperative Beziehungen mit Lieferanten und Allianzen mit Wettbewerbern diskutiert. Unternehmen können jedoch auch mit anderen Partnern wie Kunden, Vertriebspartnern oder dritten Institutionen aus dem Non-Profit-Sektor langfristige Beziehungen eingehen. Folgende Beziehungen lassen sich unterscheiden:

- *Beziehungen mit Lieferanten*: Lieferanten können neben der Lieferung von physischen Produkten auch Anbieter von Dienstleistungen sein. Zudem existieren so genannte Systemlieferanten, die integrierte Produktgruppen oder Dienstleistungsbündel anbieten, die einen wesentlichen Anteil an der primären Wertschöpfung des Unternehmens ausmachen können. In bestimmten Fällen können Lieferanten einen signifikanten Anteil der eigentlichen Leistung eines Unternehmen beisteuern, wenn sich das Unternehmen z.B. als Intermediär auf Bündelungstätigkeiten beschränkt[3]. Das Lieferantenmanagement („Supplier-Relationship-Management (SRM)“) kann als Teilbereich eines umfassenden Partner-Beziehungsmanagements gesehen werden, das im Sinne der weiten Definition auch das Management von Lieferantenportfolios zum Ziel hat[4].
- *Beziehungen mit Wettbewerbern*: Hierzu gehören die bereits hinlänglich diskutierten strategischen Allianzen. Hier spielt die Erweiterung des Leistungsportfolios, das organisatorische Lernen vom Allianzpartner

---

[1] Siehe Lee et al. 2003.

[2] „Until recently, most IT outsourcing research has focused on its determinants, costs, benefits, the decision process, vendor selection and contracting, whereas the relationship was often neglected (…). This disregard seems paradoxical as the relationship's impact on the overall outsourcing initiative, be it developmental, selective or total outsourcing, has been shown to make the difference between success, less success and even failure of such ventures.” (Kern/Willcocks 2002, S. 4).

[3] Dies ist beispielsweise im schon angesprochenen Fall der internetbasierten Syndizierung von elektronischen Dienstleistungen der Fall, wenn ein Unternehmen als Anbieter Inhalte und Services von anderen Unternehmen unter einer Marke bündelt und auf einer Web-Site anbietet (siehe Werbach 2000).

[4] Siehe Riemer/Klein 2002, Olson/Ellram 1997 und Tang 1999.

und die Erweiterung des Kompetenz- und Ressourcenprofils eine wichtige Rolle[1].

- *Beziehungen mit Kunden*: Der Diskussion der Kollaboration mit Lieferanten steht spiegelbildlich die Kundenseite gegenüber. Die gleiche Beziehung kann aus Lieferanten wie auch Kundensicht betrachtet werden. Aus Sicht des Lieferanten findet dabei die Kooperation mit für das eigene Geschäft strategisch wichtigen Kunden statt, so dass auch hier die Abhängigkeit und Integration einen dedizierten Managementansatz notwendig macht. Dieser Bereich wird in der Literatur unter den Begriffen des „Customer-Relationship-Management (CRM)“ und des „Key-Account-Managements“ diskutiert[2].
- *Beziehungen mit Vertriebspartnern*: Auf der Vertriebsseite können nicht nur Partnerschaften mit Kunden, sondern, im Falle eines indirekten Vertriebs, auch mit Vertriebspartnern unterschieden werden. Diese Form wird zuzeit im Kontext von Vertriebsinformationssystemen bzw. der softwaregestützten Vertriebssteuerung diskutiert[3].
- *Beziehungen mit anderen Institutionen* umfassen Forschungsinstitutionen wie Universitäten, sowie andere Anspruchsgruppen des Unternehmens. Ein solch umfassendes Partnerverständnis wird häufig auch als Stakeholder-Management bezeichnet und soll die Einbettung des Unternehmens in einen größeren Kontext von Anspruchsgruppen verdeutlichen[4].

Für die Zwecke der vorliegenden Arbeit wird eine Konzentration auf kommerzielle Beziehungen mit direkten Geschäftspartnern vorgenommen; Beziehungen mit Non-Profit-Partnern bleiben außen vor. Ansonsten werden sowohl vertikale Beziehungen zwischen Lieferanten und Kunden, als auch horizontale Beziehungen mit Wettbewerbern bzw. branchenfremden Unternehmen in die Betrachtung einbezogen.

---

[1] Siehe hierzu Kale et al. 2000, Khanna et al. 1998, Mowery et al. 1996.

[2] Siehe Millman 1996.

[3] „Partner relationship management (PRM) is the automation of complex and difficult to execute tasks between companies and their indirect sales and service channels, before, during and after a transaction.“ (Ericson 2002, S. 1).

[4] Siehe z. B. Donaldson/Preston 1995.

2.3.3 Ebenen zwischenbetrieblichen Managements

Unternehmen sind eingebettet in ein Netzwerk externer Beziehungen mit verschiedenen Partnern; ganze Branchen können als Netzwerke miteinander verbundener Unternehmen interpretiert werden. Das Management dyadischer Unternehmensbeziehungen ist somit eingebettet in den Kontext eines übergeordneten Netzwerkmanagements. Entsprechend können verschiedene miteinander verbundene Betrachtungsebenen unterschieden werden. Da sich die vorliegende Arbeit auf das Management von Dyaden konzentriert, ist sie eng verbunden mit anderen Domänen wie dem Netzwerk- und Wertkettenmanagement, die sich auf übergeordnete Betrachtungsebenen konzentrieren; die Ergebnisse dieser Arbeit leisten somit auch einen Beitrag für das Verständnis in diesen Domänen.

2.3.3.1 Unterscheidung verschiedener Untersuchungsebenen

Laut DUYSTERS ET AL. kann das Management von Allianzen auf drei verschiedenen Betrachtungsebenen untersucht werden: 1) Die dyadische Sichtweise fokussiert auf die einzelne Beziehung, 2) die Unternehmensebene behandelt Auswirkungen externer Beziehungen für das Unternehmen, sowie notwendige Kompetenzen für das Allianzmanagement, während 3) die Netzwerkebene den größeren Zusammenhang herstellt und auf beziehungsübergreifende Interdependenzen abstellt[1]. Andere Autoren betrachten Beziehungen und Netzwerke zudem aus einer übergeordneten Industrie- bzw. Marktsicht[2]. MÖLLER und HALINEN unterscheiden vier Betrachtungsebenen und zeigen jeweils verschiedene mögliche Forschungsfragen auf, die laut Aussage einer weiteren Untersuchung bedürfen. Dabei führen die Autoren neben den schon erwähnten Ebenen eine Portfolio-Ebene ein, die sich auf das fokale Netzwerk von Beziehungen aus der Sicht eines Unternehmens beziehen[3]. Tabelle 2.2 beschreibt die verschiedenen Betrachtungsebenen und verdeutlicht typische Fragestellungen. Auf der Beziehungsebene findet sich die generelle Fragestellung des Managements zwischenbetrieblicher Beziehungen, die in der vorliegenden Arbeit untersucht wird.

---

1 Vgl. Duysters et al. 2003, S. 6ff.

2 Vgl. Arino/Garcia-Pont 1998, S. 284f. und Ebers 1999, S. 18ff.

3 Vgl. Möller/Halinen 1999, S. 414.

Betrachtungsebene		Beschreibung	Fragestellungen
1	Branchen als Netzwerke	Netzwerke als vorherrschende Organisationsform innerhalb einer Branche. Netzwerke sind oft nicht sichtbar, aber das Verstehen von Netzwerken, ihrer Strukturen, Prinzipien und Prozesse ist notwendig zur Positionierung innerhalb der Branche.	Findet der Wettbewerb auf der Ebene von Netzwerken statt? Wie analysiert man Netzwerke, bzw. den Wettbewerb auf Netzwerkebene? Wie identifiziert man Netzwerke? Was sind die Netzwerkgrenzen?
2	Unternehmensnetzwerke	Unternehmen formen Netzwerke, sichtbare oder implizit vorhandene. Die Positionierung in Netzwerken und die Steuerung komplexer, zwischenbetrieblicher Abläufe bestimmen zunehmend den Alltag von Unternehmen.	Wie werden Unternehmensnetzwerke gebildet und gemanagt? Welche Netzwerktypen gibt es (Lieferantennetze, Kundennetzwerke, Allianz-Netzwerke, Virtuelle Unternehmen etc.) und was sind Managementimplikationen?
3	Beziehungsportfolio	Unternehmen unterhalten eine steigende Anzahl externer (Wertschöpfungs-) Beziehungen. Die Priorisierung von Beziehungen und das Erkennen von Interdependenzen zwischen diesen werden zu einer maßgeblichen Herausforderung.	Wie identifiziert man die wichtigsten externen Beziehungen (Segmentierung)? Wie entwickelt man ein optimales Beziehungsportfolio? Wie sollte man unterschiedliche Arten von Beziehungen managen?
4	Beziehungen	Unternehmen sind zunehmend auf externe Ressourcen und von Partnern erbrachte Leistungen angewiesen. Aus diesem Grund kommt dem Beziehungsmanagement entscheidende Bedeutung zu.	Kann man Beziehungen im klassischen Sinne managen? Wo liegen die Grenzen zwischenbetrieblichen Managements?

Tabelle 2.2: Forschungsfragen auf verschiedenen Betrachtungsebenen des Netzwerk- und Beziehungsmanagements[1]

[1] In Anlehnung an Möller/Halinen 1999, S. 414.

2.3.3.2 Beziehungsmanagement als Teil des Netzwerkmanagements

Reduziert man Unternehmensnetzwerke auf ihre wesentlichen Bestandteile, so kann man folgende Definition zugrunde legen: Ein Netzwerk ist eine Menge von Beziehungen zwischen einer Gruppe von Akteuren, wobei die Beziehungen das Verhalten der Akteure beeinflussen[1]. Das Management von Beziehungen kann somit als ein wesentlicher Bestandteil und Untersuchungsgegenstand in der Forschung zum Netzwerkmanagement angesehen werden. Zwischenbetriebliche Beziehungen werden zunehmend aus einer ganzheitlichen Netzwerkperspektive betrachtet, da die Beziehungen oft in vertikalen Prozessen und horizontalen Verflechtungen miteinander verknüpft sind[2]. Während also das Beziehungsmanagement als ein Teil des Netzwerkmanagements aufgefasst werden kann, beinhaltet letzteres auch die beziehungsübergreifende Koordination und das Management komplexer Netzwerke als eigenständige Organisationseinheiten[3]. Da sich der Wettbewerb in Märkten wie der Luftfahrtindustrie zunehmend auf die Netzwerkebene verlagert, muss dort die Strategiebildung, strategische Positionierung und das Management der Ressourcenbasis unternehmensübergreifend auf Netzwerkebene erfolgen. Hierzu kann entweder eine eigene Managementeinheit gegründet werden oder eine Unternehmung verantwortet als zentraler Akteur das Management eines ganzen Netzwerks[4]. Unternehmensnetzwerke begründen zunehmend einen eigenen Forschungszweig, der explizit auf Fragen der Netzwerkebene abstellt[5]. Fragen des Beziehungsmanagements stellen einen Teilbereich aus dem Kanon dieses Forschungsbereichs dar.

2.3.3.3 Beziehungsmanagement als Teil des Wertkettenmanagements

Neben einer Einbettung in die Diskussion zu Unternehmensnetzwerken wird das Beziehungsmanagement häufig auch im Rahmen des Wertkettenmanagements („Supply-Chain-Management (SCM)") diskutiert. Wertkettennetzwerke können zwar als eine bestimmte Netzwerkform und damit als Teil der Netzwerkforschung aufgefasst werden, jedoch stellt die For-

---

[1] „A network is a specific set of linkages among a defined set of actors, with the additional property that the characteristics of these linkages as a whole may be used to interpret the social behaviour of the actors involved." (Vgl. Mitchell 1969, S. 2, zitiert aus Sydow/Windeler 2000, S. 3).

[2] Vgl. Möller/Halinen 1999, S. 414.

[3] Zum Management komplexer Netzwerke siehe beispielsweise Slowinski et al. 1995.

[4] Siehe hierzu z. B. Wildemann 1997 oder Lorenzoni/Baden-Fuller 1995, Hess/ Schuman 2000.

[5] Siehe beispielhaft Klein 1996a, Wildeman 1997, Sydow/Windeler 2000.

schung zum Wertkettenmanagement eine eigenständige, wenn auch mit dem Netzwerkmanagement vernetzte, Domäne dar.

Neben dem Management einzelner Beziehungen streben Unternehmen immer häufiger die Abstimmung von Prozessen entlang der gesamten Wertschöpfungskette vom Vorlieferanten bis zum Endkunden an. Dabei kann das Wertkettenmanagement als übergreifender Ansatz interpretiert werden, der Initiativen zur unternehmensübergreifenden Koordination von Material- und Informationsflüssen beinhaltet[1]. Das Konzept steht in Beziehung zu den oben diskutierten Beziehungsmanagementansätzen (siehe Abbildung 2.3). Das Aufkommen dieser Managementansätze wird jedoch vorwiegend getrieben durch die Einführung neuartiger Management-Informationssysteme, die die teilautomatisierte Koordination der Geschäftsabwicklung mit den jeweiligen externen Partnern zum Ziel haben[2]. Dieser eher reduzierten Sichtweise des Beziehungsmanagements als informationssystembasierte Koordination wird hier nicht gefolgt. Da die Managementansätze jedoch zunehmend ganzheitlich und mit Blick auf strategische, organisationale wie auch technologische Gesichtspunkte diskutiert werden, leistet die vorliegende Arbeit einen entsprechenden Beitrag in der strategisch-organisationalen Dimension[3].

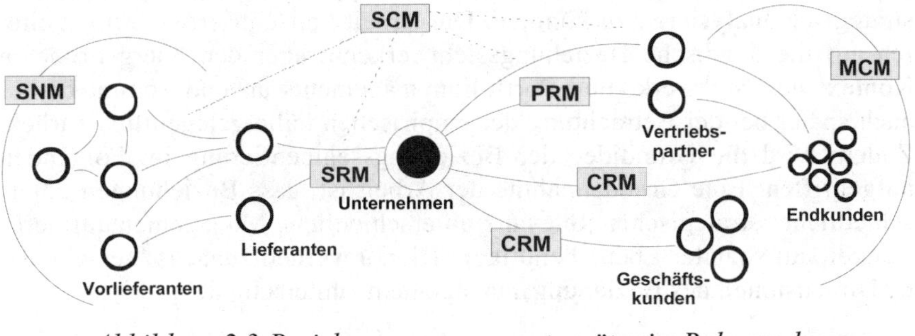

Abbildung 2.3:Beziehungsmanagementansätze im Rahmen des Wertkettenmanagements[4]

---

[1] Siehe beispielhaft Krüger/Steven 2000 und Müller et al. 2003.
[2] Vgl. Riemer/Klein 2002, S. 9 und 19.
[3] Siehe Riemer/Klein 2002, sowie Kiefer 2002.
[4] Vgl. Riemer/Klein 2002, S. 8; *Anmerkung*: Die Kürzel „SNM" und „MCM" stehen für „Supplier-Network-Management" und „Multi-Channel-Management" und bezeichnen das Netzwerkmanagement jeweils auf Lieferanten- wie auf Kundenseite.

2.3.3.4 Beziehungsmanagement als Teil des Portfoliomanagements

Unternehmen unterhalten mitunter zahlreiche externe Beziehungen mit verschiedenen Partnern. Um die erhofften Vorteile aus den Beziehungen zu realisieren, müssen diese abhängig von Art und Typ unterschiedlich gemanagt werden. Hierzu ist es notwendig, explizit verschiedene Typen von Partnern und Beziehungen im Rahmen einer Segmentierung zu unterscheiden, um diejenigen zu identifizieren, die aufgrund von Erfolgsbeitrag und wahrgenommenem Risiko mehr Aufmerksamkeit verdienen und benötigen als andere[1]. Dies wird zusätzlich dadurch motiviert, dass meist nur knappe Management-Ressourcen zur Verfügung stehen, die in die bestmögliche Verwendungsrichtung gelenkt werden sollen[2]. Dabei muss insbesondere zwischen solchen Partnerbeziehungen unterschieden werden, die primär operativen Zwecken dienen und solchen von denen sich die Unternehmung den Aufbau strategischer Wettbewerbsvorteile erhofft[3]. Portfolioansätze wurden insbesondere im Bereich des Lieferantenmanagements beschrieben[4]; finden sich aber auch zum Management strategischer Allianzen[5]. Dabei wird die Portfolioanalyse von einigen Autoren als Managementwerkzeug gesehen, das zur Kategoriebildung und Komplexitätsbeherrschung eingesetzt wird[6]. Ein Portfolio dient somit zur Unterscheidung und graphischen Visualisierung verschiedener Partnertypen, um diese eingehender strategisch analysieren zu können[7]. Die Arbeit konzentriert sich im Weiteren auf die dyadische Beziehungssicht, erkennt aber den übergeordneten Kontext des Netzwerk- und Portfoliomanagements an und kommt darauf auch später bei der Betrachtung der empirischen Fälle gelegentlich zurück. Zudem wird die Grundidee der Beziehungssegmentierung im Folgenden aufgegriffen: Eine Grundannahme der Arbeit ist, dass Beziehungen unterschiedlicher strategischer Relevanz unterschiedliche Managementaufmerksamkeit auf sozialer Ebene benötigen. Hierzu werden zunächst verschiedene Dimensionen des Beziehungsmanagements unterschieden.

---

[1] „The business marketer must manage his portfolio of relationships as a totality, according to the respective contributions of each one to its corporate success, the risks that each involves, the demands that each makes on his resources and the effects that each has on his other relationships." (Ford et al. 2002, S. 99). Zur Lieferantensegmentierung siehe auch Dyer et al. 1998.

[2] Vgl. Olsen/Ellram 1997, S. 101 und 103.

[3] Vgl. Stuart 1997, S. 233.

[4] Siehe Stuart 1997, Olsen/Ellram 1997, Riemer/Klein 2002.

[5] Siehe Draulans et al. 1999.

[6] Vgl. Olsen/Ellram 1997, S. 103.

[7] Eine beispielhafte Beschreibung der Portfolioanalyse am Beispiel von Lieferantenbeziehungen und eine Typisierung von Beziehungen anhand verschiedener Käufer-Verkäufer-Konfigurationen finden sich in Riemer/Klein 2002.

2.3.4 Dimensionen zwischenbetrieblichen Beziehungsmanagements

Interorganisationale Kooperationsbeziehungen sind komplexe Arrangements, die auf verschiedenen Ebenen (siehe unten) und aus verschiedenen Blickwinkeln untersucht werden können. WILSON und JANTRANIA unterscheiden die ökonomische, strategische und verhaltensorientierte Dimension zwischenbetrieblicher Beziehungen. Nahezu deckungsgleich verweisen LEE ET AL. im Kontext des IT-Outsourcing auf die ökonomische, strategische und soziale Dimension (siehe auch Abbildung 2.4)[1]:

- Die *ökonomische Dimension* des Beziehungsmanagements bezieht sich auf die ökonomischen Vorteile der Kooperation für die Partner, das Ausbalancieren von ökonomischen Anreizen, aber auch die Kostenseite in Bezug auf Transaktions- und andere Kosten. Eine typische Theorie in dieser Dimension ist die Transaktionskostentheorie; zudem kann die in Kapitel 2.2.3 angesprochene deskriptive Erfolgsforschung der ökonomischen Dimension zugeordnet werden. Hierzu gehört die Ermittlung von Faktoren, die den ökonomischen Erfolg zwischenbetrieblicher Beziehungen ausmachen.
- Die *strategische Dimension* umfasst die Diskussion der Ziele und strategischen Motive der Kooperationsbeziehung (siehe Kap. 2.1.2). Hierzu gehört insbesondere eine ressourcenorientierte Betrachtung, einerseits in Bezug auf die durch strategische Kooperationen extern zu beziehenden Ressourcen, und andererseits auf die in Kooperationsbeziehungen zu investierenden Ressourcen zur Sicherstellung des Kooperationserfolges. Entsprechend sind als typische Theorien in diesem Bereich der Ressourcenbasierte Strategieansatz, sowie die Ressourcenabhängigkeitstheorie zu nennen.
- Die *soziale (oder verhaltensorientierte) Dimension* schließlich bezieht sich auf die in der interorganisationalen Beziehung agierenden Individuen, verschiedene Unternehmenskulturen, den Aufbau von Vertrauen und die sozialen Beziehungen zwischen Individuen der an der Kooperation beteiligten Unternehmen. Der Schwerpunkt existierender Literatur in diesem Bereich konzentriert sich auf das Vertrauenskonstrukt als theoretische Grundlage. Vertrauen wird dabei meist als eine Voraussetzung für Kooperation in zwischenbetrieblichen Beziehungen gesehen.

---

[1] Siehe Wilson/Jantrania 1997 und Lee et al. 2003.

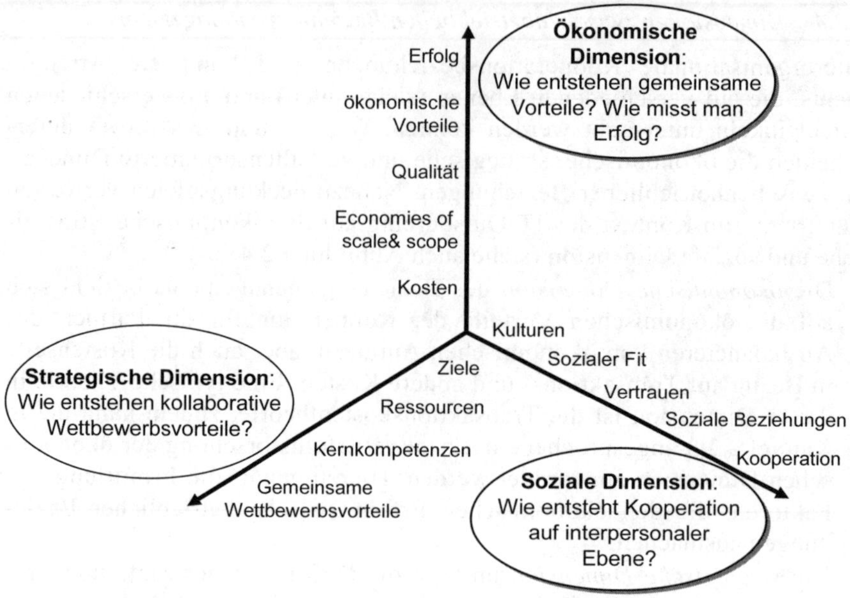

Abbildung 2.4: Dimensionen zwischenbetrieblichen Beziehungsmanagements[1]

Die vorliegende Arbeit konzentriert sich maßgeblich auf die soziale Dimension des Beziehungsmanagements. Es wird argumentiert, dass die sozialen Aspekte zwischenbetrieblicher Kooperation in der Forschung unterrepräsentiert sind und häufig nur als Residualgrößen gesehen werden, die allenfalls am Rande Beachtung finden. Außerdem konzentrieren sich solche Arbeiten, die sich mit der sozialen Dimension beschäftigen, meist auf das Vertrauenskonstrukt. Das Vertrauenskonstrukt jedoch lässt zahlreiche Aspekte interpersonaler Zusammenarbeit außer Acht. Aus diesem Grund verfolgt die vorliegende Arbeit mit der Sozialkapitaltheorie die Anwendung eines theoretischen Ansatzes, der die soziale Managementebene holistisch und damit umfassender beleuchtet als dies mit dem Vertrauenskonstrukt möglich ist. Die soziale Dimension zwischenbetrieblichen Beziehungsmanagements wird im Folgenden näher vorgestellt, um schließlich die Forschungsfrage der Arbeit abzuleiten.

---

[1] Adaptiert von Wilson/Jantrania 1997 und Lee et al. 2003.

2.4 Soziale Dimension zwischenbetrieblichen Beziehungsmanagements

Zwar wird in existierenden Arbeiten die zwischenbetriebliche Dyade häufig als Untersuchungsgegenstand gewählt, in der vorliegenden Arbeit jedoch werden explizit die sozialen, interpersonalen Beziehungen innerhalb der organisationalen Dyade in den Mittelpunkt der Untersuchung gestellt. Im Weiteren wird diese soziale Beziehungsdimension zunächst als untererforschtes Phänomen identifiziert. Ausgehend davon wird die Transaktionskostentheorie (TKT), als vorherrschender Theorieansatz zur Erklärung interorganisationaler Kooperationsphänomene, als untersozialisiert kritisiert, was letztlich den Bedarf nach anderen Theorieansätzen zur Erklärung der sozialen Beziehungsdimension aufzeigt.

2.4.1 Soziale Beziehungsdimension als untererforschtes Phänomen

In jedweder Form von Organisation, egal ob innerbetrieblich oder zwischenbetrieblich, findet die eigentliche Arbeit auf der sozialen, interpersonalen Ebene zwischen den Mitarbeitern statt. Dabei spielen nicht nur formell spezifizierte Abläufe eine Rolle, sondern insbesondere auch die persönlichen, informellen Kontakte der Mitarbeiter[1]. Tatsächlich findet ein Großteil organisationaler Tätigkeiten auf informeller Ebene innerhalb der sozialen Netzwerke im Unternehmen statt[2]. Da interorganisationale Arrangements hinsichtlich ihrer formellen Strukturen im Vergleich zu Unternehmen erheblich unterspezifiziert sind, ist zu erwarten, dass der informellen Zusammenarbeit auf interpersonaler Ebene eine noch größere Bedeutung zukommt. ZEFFANE verweist denn auch auf die Notwendigkeit, die Rolle der informellen sozialen Kontakte für die Effektivität interorganisationaler Arrangements besser zu verstehen[3]. Ein Kernargument der vorliegenden Arbeit ist, dass ein effektives Beziehungsmanagement ohne das Einbeziehen der interpersonalen Ebene unmöglich ist, da es letztlich die Mitarbeiter sind, die unternehmensübergreifend miteinander interagieren und für die Durchführung von Projekten, die Abstimmung von Prozessen und die tägliche Zusammenarbeit verantwortlich sind. Insbesondere in komplexen strategischen Arrangements ist damit zu rechnen, dass zahlreiche Mitarbeiter an der Kooperation beteiligt sind. SOBRERO und TOULAN

---

[1] „The real work in most companies is done informally, through personal contacts." (Cross/Prusak 2002, S. 105).

[2] „In fact, much of the real work of an organization gets done through this informal organization with its complex networks of relationships that cross functions and divisions.“ (Zeffane 1995, S. 30).

[3] „Therefore, an understanding of these contacts is fundamental to the promotion of the administrative effectiveness of inter-firm relationships." (Zeffane 1995, S. 31).

z.B. beschreiben gemeinsame Produktentwicklungsinitiativen mit Lieferanten und verweisen auf die hohe Managementkomplexität, die durch die Teilnahme mehrerer Mitarbeiter beider Seiten innerhalb des interorganisationalen Arrangements entsteht[1].

Die sozialen Aspekte der Zusammenarbeit werden in der Praxis bisher jedoch vielfach nicht ausreichend berücksichtigt; laut KANTER widmen Manager der formellen Überwachung der Partner hinsichtlich der finanziellen Aspekte vielfach deutlich mehr Aufmerksamkeit als dem Allianzmanagement auf der sozialen Ebene[2]. In gleicher Weise beobachten KERN und WILLCOCKS, dass Manager den finanziellen und formellen Aspekten der Zusammenarbeit in Outsourcing-Partnerschaften überproportionales Gewicht beimessen und trotz oftmals nicht zufrieden stellender Leistungen der Beziehung zu wenig für die Verbesserung der sozialen Interaktionen tun[3]. Dabei entstehen in der interorganisationalen Zusammenarbeit häufig Probleme, beispielsweise durch die oben bereits angesprochene kulturelle Distanz zwischen den Partnern (siehe Kap. 2.2.2). Wie DÜRMÜLLER anmerkt: „Sehr häufig entstehen große Probleme in der Zusammenarbeit, weil sich die beteiligten Kooperationspartner in ihren Kulturen fundamental unterscheiden. Durch die Fokussierung des Managements auf die rationale Ebene werden diese Risiken oftmals zu wenig wahrgenommen."[4] Effektives Allianzmanagement hat somit unter anderem die Abstimmung der jeweiligen Unternehmenskulturen, sowie darüber hinaus die sinnvolle Kombination der verschiedenen Fähigkeiten und Kompetenzen der beteiligten Individuen innerhalb der Beziehung zum Ziel[5]. Der Erfolg zwi-

[1] „Managing this process is complicated even more by the fact that these relationships are comprised not simply of one person on each side but rather of many." (Sobrero/Toulan 2000, S. 41).

[2] „Yet, too often, top executives devote more time to screening potential partners in financial terms than to managing the partnership in human terms." (Kanter 1994, S. 96), hierzu auch Dürmüller: „Während den so genannten harten Faktoren der Führung im Allgemeinen noch relativ viel Beachtung geschenkt wirkt, kommen die Aktivitäten zur Verbesserung der zwischenmenschlichen Beziehungen im Projekt leider oft zu kurz." (Dürmüller 2002, S. 40).

[3] „Practitioners have tended to become over-focused on the financial and product/service exchanges. All too often they complain of little manifest development, and business optimisation, of the 'relationship', but do all too little on the informational and social exchange fronts." (Kern/Willcocks 2002, S. 15).

[4] Dürmüller 2002, S. 36.

[5] „Effective alliance management requires integration of partners' cultures and the skills of the human capital involved with an alliance." (Ireland et al. 2002, S. 437). Zwar sprechen die Autoren hier von einer „Integration" der Unternehmenskulturen, laut Hall kommt es aber weniger auf eine wirkliche Integration als vielmehr auf ein sinnvolles Management der Auswirkungen der kulturellen Unterschiede an; siehe Hall 1995.

schenbetrieblicher Arrangements kann somit als abhängig von einem effektiven Management der sozialen Dimension gesehen werden.

In ähnlicher Weise wie die soziale Dimension für die Praxis von zahlreichen Autoren als wichtige, aber unterrepräsentierte Dimension im Beziehungsmanagement erkannt wird, stellt sich das Bild in der Forschung zu Kooperationsbeziehungen dar: Autoren verweisen explizit auf die Relevanz der sozialen, interpersonalen Beziehungen in interorganisationalen Arrangements, merken gleichzeitig jedoch weiteren Forschungsbedarf an. HUTT ET AL. erkennen in ihrer Allianz-Fallstudie einen direkten Zusammenhang zwischen den interpersonalen Beziehungen der Individuen der kooperierenden Unternehmen und der Effektivität der Zusammenarbeit. Trotzdem, so die Autoren, bleiben die sozialen Aspekte in ökonomischen Theorien, wie auch in der Forschung zu Allianzen, bisher weitgehend unberücksichtigt[1]. Beiträge zum Management von Allianzen fokussieren meist auf die formelle Ebene und damit auf Aspekte wie die formelle Koordination, vertragliche Absprachen und finanzielle Koordinationsmechanismen[2]. Konsequenterweise plädieren DICKSON und WEAVER für weitere Studien, die die Faktoren der sozialen Ebene von Allianzen explizit berücksichtigen[3]. KERN und WILLCOCKS sehen die soziale Dimension gar als die am meisten vernachlässigte Dimension in IT-Outsourcing-Beziehungen an[4]. Es kann festgehalten werden, dass die soziale Dimension eine wesentliche Rolle im zwischenbetrieblichen Beziehungsmanagement spielt, jedoch weiterhin erheblichen Forschungsbedarf aufweist.

2.4.2 Transaktionskostentheorie als vorherrschender Ansatz vernachlässigt die soziale Dimension

Die Ausführungen zu den Managementherausforderungen in Kapitel 2.2.2 haben gezeigt, dass interorganisationale Beziehungen bisweilen instabile Arrangements sein können, die gleichzeitig durch strategische Abhängig-

---

[1] „While these personal relationships between „boundary spanning" members, who work closely together, serve to shape and modify the evolving partnership, economic theories of exchange virtually ignore the role of people and their importance in the management of interorganizational relations. Surprisingly, human or people factors appear to have remained unconsidered or, at worst, dismissed in the alliance research tradition." (Hutt et al. 2000, S. 51) ; siehe auch Olk/Earley 2000, S. 307.

[2] Siehe beispielhaft Reuer et al. 2002.

[3] „...scholars should not ignore individual-level factors in seeking explanations for alliance use" (Dickson/Weaver 1997, S. 420f.). Andere Autoren, die für weitere Arbeiten zur sozialen Ebene plädieren, sind Kanter 1994 und Zeffane 1995.

[4] „Social exchanges are possibly the most underrated and ignored dimension by researchers who have looked at the outsourcing relationship." (Kern/Willcocks 2002, S. 14).

keit und mögliche Konflikte gekennzeichnet sind, meist hervorgerufen durch opportunistisches Verhalten der beteiligten Parteien. Dies führt zu signifikanten Unsicherheiten und relationalen Risiken, die im Rahmen des Beziehungsmanagements Beachtung finden müssen. Die vorherrschende Theorie, die zur Erklärung ökonomischer Austauschprozesse im zwischenbetrieblichen Bereich und zur Wahl geeigneter Steuerungsmechanismen (Governance) in zwischenbetrieblichen Arrangements benutzt wird, ist die Transaktionskostentheorie (TKT)[1]. Obwohl häufig zur Erklärung der Phänomene benutzt, kann die TKT als „untersozialisiert" kritisiert werden, da relationale und soziale Aspekte nur unzureichend Berücksichtigung finden.

2.4.2.1 Erklärungsansatz der Transaktionskostentheorie

Die TKT dient grundsätzlich zur Erklärung der Entstehung interorganisationaler (hybrider) Organisationsformen, die gleichzeitig gekennzeichnet sind durch Merkmale von Hierarchien und Märkten. Sie dient damit zur Erklärung verschiedener Koordinationsformen zur Organisation und Steuerung arbeitsteiliger Leistungserstellung[2]; dabei bietet sie folgenden Erklärungszusammenhang an: Je höher die Spezifität einer Leistung ist, desto eher wird das Unternehmen diese Leistung intern in hierarchischer Organisation erbringen, da die Transaktionskosten für die vertragliche Stabilisierung und Kontrolle der externen Partner unrentabel hoch wären oder Verträge nicht ausreichend spezifiziert werden können[3]. Leistungen niedriger Spezifität können extern über den Markt bezogen werden. Für Leistungen mittlerer Spezifität bieten sich somit interorganisationale Arrangements als hybride Koordinationsform an[4]. Grundsätzlich also muss die gewählte Koordinationsform zur Art der Transaktion passen.

Ausgehend von der Argumentation auf dieser Ebene wird die TKT auch für die Auswahl verschiedener Steuerungs- und Kontrollmechanismen (Governance) innerhalb von interorganisationalen Arrangements herangezogen. Die TKT besagt hier unter anderem, dass Unternehmen, in der Abwesenheit geeigneter Governance-Mechanismen zur Stabilisierung interorganisationaler Arrangements, immer durch opportunistisches Verhalten der

---

[1] Die TKT wurde maßgeblich entwickelt von Williamson 1975, 1985 und 1991.

[2] Vgl. Williamson 2000, S. 597.

[3] Dies kann im Übrigen als die Erklärung für das Entstehen von Unternehmen aus TKT-Sicht gesehen werden: Unternehmen entstehen, da viele Transaktionen nicht im Rahmen marktlicher Koordination erbracht werden können, weil die Spezifität eine vertragliche Stabilisierung ausschließt. Vgl. Noorderhaven 1995, S. 48; siehe auch Williamson 1985.

[4] Zu hybriden Organisationsformen siehe auch Powell 1987.

Partner bedroht sein werden[1]. Dabei gilt für die Wahl geeigneter Governance-Mechanismen wiederum, dass je höher die Spezifität der über den externen Partner bezogenen Leistung und damit auch das Risiko des Verlusts beziehungsspezifischer Investitionen ist, desto wichtiger wird der Einsatz stabilisierender Governance-Mechanismen wie ausgefeilter Verträge oder wechselseitiger Eigenkapitalbeteiligungen[2]. Während die Relevanz der TKT zur Erklärung der Entstehung hybrider Organisationsformen bzw. zur Wahl der optimalen Koordinationsform zwischenbetrieblicher Leistungserstellung unbestritten ist, wird die Anwendung der TKT zur Erklärung der Stabilisierungsmechanismen innerhalb von hybriden Arrangements vielfach kritisiert.

2.4.2.2 Nichtberücksichtigung relationaler Beziehungsentwicklung

Dabei zeigt sich, dass die TKT interorganisationale Kooperationsphänomene nicht zufrieden stellend und ganzheitlich zu erklären vermag, insbesondere was Implikationen für das Management angeht. Der TKT folgend erfordern die Risiken zwischenbetrieblicher Leistungserstellung, hervorgerufen durch Integration, spezifische Investitionen und resultierender strategischer Abhängigkeit, formelle Absicherungen. Diese Absicherungen können in Form von Verträgen oder durch den Austausch eines Pfandes erfolgen, um die interorganisationale Beziehung gegen das Risiko opportunistischen Verhaltens abzusichern[3]. Allerdings entspricht diese Denkweise laut NOORDERHAVEN weder der empirischen Realität, da nicht selten kooperative Arrangements ohne oder mit nur wenigen Absicherungsmechanismen existieren, noch bildet sie das Verhalten von Akteuren zufrieden stellend ab[4]. Dies beruht laut RING und VAN DE VEN insbesondere auf der unzureichenden Berücksichtigung relationaler Aspekte wie z.B. Vertrauen[5]. Zahlreiche Autoren kritisieren die TKT zudem für die enge Konzentration auf

---

[1] „TCT predicts that, in the absence of some form of governance mechanism, agreements between organizations will always be subject to risks from opportunistic behavior." (Hoyt/Huq 2000, S. 2); *Anmerkung*: „TCT" steht für „Transaction Cost Theory".

[2] Vgl. Kale et al. 2000, S. 218, Noorderhaven 1995, S. 50.

[3] Vgl. Noorderhaven 1995, S. 45, siehe auch Kale et al. 2000. Anstelle von Pfand wird auch von „Geiseln" („hostages") gesprochen; diese können z. B. durch den Austausch von Eigenkapital realisiert werden, das im Falle des Konflikts als „Geisel" genommen werden kann, um eine Konfliktlösung zu erzwingen.

[4] Siehe Noorderhaven 1995.

[5] „Thus, although TCE provides a sound theoretical foundation for the exploration of market versus hierarchical mechanisms for solving strategic dependencies, it suffers from not adequately exploring other available governance structures (...) and the key role of trust (...) in any interorganizational relationship." (Ring/van de Ven 1992, S. 484); *Anmerkung*: „TCE" steht als Synonym zu TKT für „Transaction Cost Economics".

Opportunismus als vorherrschende Verhaltensform in Kooperationssituationen. Auf diese Weise werden Vertrauen und die Entwicklung von Beziehungen über einen längeren Zeitraum nicht berücksichtigt[1]. Die TKT nimmt laut FAULKNER und DE ROND eine statische Perspektive ein und konzentriert sich auf Transaktionen als weitgehend atomare Ereignisse ohne zufrieden stellende Berücksichtigung von Vergangenheit und Zukunft. Auf diese Weise kann das Entstehen sozialer Beziehungen und mit ihnen das Entstehen von Vertrauen als stabilisierendes Element nicht erklärt werden[2]. Vertrauen und soziale Beziehungen können dabei jedoch gerade der Vermeidung von Opportunismus dienen (siehe unten).

2.4.2.3 Konzentration auf opportunistisches Verhalten

Die TKT legt opportunistisches Verhalten der Akteure zugrunde; opportunistisches Verhalten kann sich jedoch leicht als „sich selbst erfüllende Prophezeiung" erweisen[3]. GOSHAL und MORAN argumentieren, dass, wenn grundsätzlich opportunistisches Verhalten auf Seiten des Kooperationspartners angenommen und folgerichtig auf detaillierte Verträge, formelle Kontrolle und Überwachung als Steuerungsmechanismen vertraut wird, es unwahrscheinlich ist, dass in einer solchen Beziehung kooperatives Verhalten entsteht[4]. Umfangreiche Kontrollmaßnahmen können Misstrauen hervorrufen und wirken so wenig integrierend. Sie erzeugen oder verstärken vielmehr kompetitive Attitüden beim Partner, als dass sie kompetitives Verhalten verhindern. Auf diese Weise wird opportunistisches Verhalten durch Maßnahmen, die eigentlich Opportunismus eindämmen sollen, oftmals gerade erst erzeugt. Ein solcher Ansatz kann auf diese Weise zu höheren Transaktionskosten führen, anstelle der eigentlich gewünschten Vermeidung von Transaktionskosten. Dieser Argumentation folgend kann der TKT eine zu enge Sichtweise menschlichen Verhaltens vorgeworfen werden, da sie sich einseitig auf rationale Akteure und deren egoistisches,

---

[1] „Numerous researchers have criticized the transaction cost economics perspective on alliances for its singular focus on partner opportunism and its advocating the use of contractual agreements or equity to resolve it. This approach fails to capture an important element in alliance partnerships, namely the role of interfirm trust and the evolution of interpartner relationships." (Kale et al. 2000, S. 220).

[2] „..., whilst it provides a sound framework for exploring the choice between market and hierarchy as governance modes, it does not take into account how the relational aspects of cooperation evolve over time... Rather, it emphasizes the rational aspects of transacting from a static, non-evolutionary perspective, largely ignoring the influence of trust and bonding between partner firms on reducing the risk of opportunism..." (Faulkner/de Rond 2001, S. 11).

[3] Hoyt und Huq sprechen von „self fulfilling prophecy", vgl. Hoyt/Huq 2000, S. 3.

[4] Siehe Ghoshal/Moran 1996.

opportunistisches Verhalten konzentriert. PARKHE merkt an, dass die Annahme, dass sich Manager in zwischenbetrieblichen Arrangements bevorzugt opportunistisch verhalten, angezweifelt und das Modell von WILLIAMSON als zu sehr auf die kurzfristige und egoistische Ausnutzung des Partners kritisiert werden kann[1]. Die TKT wird denn auch von GRANOVETTER als „untersozialisiert" kritisiert; er argumentiert, dass holistischere Theorieansätze notwendig sind, die die sozialen Aspekte interpersonaler Interaktion besser abbilden[2].

Die TKT basiert auf dem Bild individualistisch, kurzfristig und opportunistisch handelnder Akteure, die sich gegen kompetitives Verhalten absichern müssen. Die relationale Einbettung in Beziehungen und die Existenz sozialer Stabilisierungsmechanismen bleibt unberücksichtigt. Laut BIGGART und CASTANIAS können soziale Beziehungen nach der TKT-Logik zudem allenfalls als Kostenfaktor bei der Stabilisierung des zwischenbetrieblichen Austausches und somit als Teil der Transaktionskosten gesehen werden. Die Autoren argumentieren jedoch, dass soziale Beziehungen auch Transaktionskosten reduzieren können und dass das in solchen sozialen Beziehungen entstehende Vertrauen als Schutz vor opportunistischem Verhalten dienen kann[3]. Laut NOORDERHAVEN haben die Kooperationsparteien zudem häufig kein Interesse an kurzfristig opportunistischem Verhalten, da dies nicht in ihrem eigenen längerfristigen Interesse ist, wenn es die kooperative Zusammenarbeit mit dem Partner vorsieht. Wenn beide Parteien wissen, dass der andere Partner der gleichen Ansicht ist und sich daher kooperativ verhalten wird, dann sind formelle Absicherungsmechanismen überflüssig[4]. Zahlreiche Autoren argumentieren denn auch, dass informelle Mechanismen, basierend auf sozialen Beziehungen

[1] „However, scholars have increasingly challenged the „assumption that managers have an underlying propensity to behave opportunistically" (...) suggesting that Williamson's solution to the problem of cooperation is unduly skewed toward short-term exploitation." (Parkhe 1993, S. 802, Hervorhebung im Original).

[2] Siehe Granovetter 1992; siehe auch später die Diskussion zu unter- und übersozialisierten Theorieansätzen in Kapitel 3.1.4.1 im Rahmen der Einführung der Sozialkapitaltheorie.

[3] „..., transaction cost economics insightfully suggests the ways in which social relations are costly and can add to transaction costs. We believe that it can logically be extended to look at the ways in which social relations reduce costs. (...) economics, in emphasizing the calculativeness of economic actors, has overlooked the alternative of trust as an institutional safeguard to opportunism." (Biggart/Castanias 2001, S. 493).

[4] „Parties to intensive long-term relations often do not want to behave opportunistically, and they also often think that doing so would go against their own interests. If both parties know that their counterpart perceives the relationship in this way, safeguards are superfluous." (Noorderhaven 1995, S. 47).

und relationalen Aspekten wie Vertrauen, formelle Absicherungsmechanismen ersetzen oder ergänzen können.

2.4.3 Soziale Stabilisierung als Ergänzung formeller Mechanismen

Aufbauend auf der Kritik an der TKT kann argumentiert werden, dass formelle Verträge einerseits als alleiniges Mittel gar nicht in der Lage sind, interorganisationale Arrangements zu stabilisieren, und andererseits in interorganisationalen Arrangements häufig auf vertragliche Stabilisierung zugunsten informeller Mechanismen verzichtet wird[1]. Obwohl Allianzen häufig mit sehr umfangreichen und detaillierten Verträgen versehen werden, können diese Verträge kein alleiniger Garant für eine erfolgreiche Allianzbildung sein, so dass zusätzliche Maßnahmen zur Stabilisierung und Erfolgssicherung notwendig sind[2]. Zudem verhindern in der Regel zahlreiche Unwägbarkeiten und Ambiguitäten die vollständige Spezifizierung von Verträgen zur Absicherung zwischenbetrieblicher Austauschbeziehungen. HUTT ET AL. argumentieren, dass Verträge naturgemäß unvollständig sind und somit eine zusätzliche soziale Stabilisierung erforderlich ist, die den Aufbau sozialer Beziehungen zwischen den Individuen notwendig macht[3]. GADDE und HÅKANSSON merken an, dass es meist zu kostenintensiv oder gar unmöglich ist, alle Eventualitäten in Verträgen zu antizipieren und festzuhalten; vielmehr hat die Beziehung selbst, mithin ein effektives Beziehungsmanagement, die notwendige Absicherung zu gewährleisten[4]. Auch wenn Verträge formuliert werden, um opportunistischem Verhalten jederzeit mit Abbruch der Beziehung begegnen zu können, werden diese meist als unzureichend für die Sicherung und Stabilisierung der Zusammenarbeit gesehen[5].

---

[1] Vgl. Noorderhaven 1995, S. 51.

[2] „Those who have seen strategic alliance agreements know that they are sometimes so detailed and complex that they are measured by the inch rather than by the page. Beyond the legal issues, there are a host of creative efforts to overcome the obstacles that would otherwise deter the formation of the alliance.“ (Zajac 1998, S. 320).

[3] „Legal documents that establish an alliance and specify the boundaries in elaborate detail are never complete and exhaustive. Countless ambiguities become evident (...). To resolve these issues and move the alliance forward, personal relationships must develop and supplement formal role relationships.“ (Hutt et al. 2000, S. 59).

[4] „These difficulties are so great that it is often pointless – or far too costly – to try to formulate agreements to cover all conceivable situations. Instead, the relationship has to provide the security.” (Gadde/Håkansson 1997, S. 409).

[5] „Yet, although the outsourcing relationship is contractually governed to ensure opportunistic behaviour can be regulated at any point by termination, our research underlines that the contract is no panacea nor does it ensure successful relations.” (Kern/Willcocks 2002, S. 16).

2.4.3.1 Informelle Stabilisierung durch Beziehungs- und Vertrauensbildung

Es kann somit argumentiert werden, dass Verträge naturgemäß unvollständig und zudem ungeeignet sind, im Konfliktfall eine zufrieden stellende Lösung für die beteiligten Akteure zu garantieren. Ziel der Akteure sollte es somit sein, die bestehenden Verträge niemals zu benötigen, weil die Qualität der Beziehung auf sozialer Ebene dies nicht notwendig macht. Vertragliche und kooperative Mechanismen können somit als komplementäre Maßnahmen zur Stabilisierung und Steuerung interorganisationaler Beziehungen angesehen werden[1]. Die Konzentration auf formelle Mechanismen, wie durch die TKT verfolgt, kann somit als untersozialisiert und unzureichend angesehen werden. Vielmehr ist die Existenz einer stabilen Beziehung zwischen den Partnerunternehmen, basierend auf erfolgreichen Interaktionen in der Vergangenheit, verantwortlich für das Entstehen von Vertrauen in die zukünftige Kooperationswilligkeit des Partners. Diese Erwartung zukünftig kooperativen Verhaltens macht dabei vertragliche Arrangements weniger notwendig. NOORDERHAVEN argumentiert denn auch, dass es interorganisationale Arrangements gibt, die zu Anfang auf vertraglicher Absicherung basierten, aber mit zunehmender Kooperationsdauer und der Erfahrung wechselseitig kooperativen Verhaltens zunehmend auf formelle Absicherung verzichten, weil das kooperative Verhalten in der Beziehung institutionalisiert wird und etwaige Risiken in den Hintergrund treten[2]. Durch wiederholte positive Interaktionen entsteht Vertrauen in den Partner, da die Partner die Motivation und Fähigkeit des jeweils anderen Partners zur Einhaltung der gemeinsamen Vereinbarungen einzuschätzen lernen[3]. Vertrauen wird denn auch zunehmend als Grundlage effektiver Kooperationsbeziehungen gesehen[4].

Diesen Ausführungen liegt zudem die Beobachtung zugrunde, dass kooperatives Verhalten aus Sicht der Akteure ökonomisch vorteilhafter sein kann als kurzfristig opportunistisches Verhalten. Eine solche Erweiterung des Modells ökonomischer Akteure erfordert nicht zuletzt die Abkehr von

---

[1] „We argue that contract and cooperation are not substitutes but complements (...) contract provides an institutional framework guiding the course of cooperation, while cooperation overcomes the adaptive limits of contracts." (Luo 2002, S. 903), siehe hierzu auch Poppo/Zenger 2002.

[2] Vgl. Noorderhaven 1995, S. 52.

[3] „To summarize, with an evolving history, each partner has the opportunity to assess the willingness and ability of the other to abide by the letter and spirit of the partnership agreement." (Parkhe 1993, S. 803).

[4] „Overall, there is an emerging consensus among alliance scholars that mutual trust creates the basis for an enduring and effective relationship between contracting firms." (Kale et al. 2000, S. 220).

kurzfristigen, transaktionsbasierten Ansätzen hin zu beziehungsbasierten Theorieansätzen, die eine Interaktionshistorie und Erwartungen über die Zukunft mit einbeziehen. Darüber hinaus ist die Betrachtung der interpersonalen, sozialen Beziehungsebene als eigentliches Vehikel der Vertrauensentstehung notwendig.

2.4.3.2 Soziale Beziehungen als relevanter Betrachtungsgegenstand

Wie in dieser Arbeit argumentiert wird, ist für das Verständnis des Kooperationsphänomens die explizite Betrachtung der sozialen Dimension, d. h. der interpersonalen Interaktionen und Beziehungen innerhalb interorganisationaler Arrangements, notwendig. Vertrauen wird häufig auf der Ebene von Unternehmen diskutiert, entstehen kann Vertrauen jedoch nur auf sozialer Ebene in den interpersonalen Interaktionen zwischen den Individuen. Soziale Beziehungen sind die Vehikel für die Entstehung von Vertrauen und bilden die Grundlage für die effektive Behandlung und Überwindung von Konflikten und damit für die soziale Stabilisierung von Beziehungen[1]. Soziale Beziehungen und Netzwerke und das in sozialen Beziehungen entstehende interpersonale Vertrauen werden denn auch explizit als wichtige Komponente zur Stabilisierung interorganisationaler Arrangements genannt, da die Existenz formeller Mechanismen wie Verträge, wie bereits angesprochen, als nicht besonders effektiv für den eigentlichen Managementprozess angesehen wird[2]. Interpersonale Beziehungen können laut OLK und EARLEY gar ein Substitut für formelle vertragliche Absicherungsmechanismen darstellen. Stabile soziale Beziehungen reduzieren demnach die Notwendigkeit vertraglicher Arrangements[3]. Soziale Beziehungen sind auch im Konfliktfall für die soziale Stabilisierung und reibungslose Konfliktlösung in der Beziehung entscheidend; oder wie DÜRMÜLLER beobachtet: „Schließlich entscheiden jedoch gerade diese Beziehungen darüber, ob in schwierigen Situationen Probleme gemeinsam gelöst werden können oder eben nicht.“[4]

---

[1] Vgl. Arino et al. 2001, S. 123

[2] „Alliances cannot be 'controlled' by formal systems but require a dense web of interpersonal connections and internal infrastructures that enhance learning.“ (Kanter 1994, S. 97); siehe zudem Dubois und Håkansson: „formal agreements are generally not regarded as especially effective in dealing with the uncertainties in the process. Instead, informal mechanisms such as trust and confidence are pointed out as key attributes." (Dubois/Håkansson 1999, S. 45).

[3] „Interpersonal relationships have also been linked to the degree to which the collaboration relies upon formal mechanisms to ensure compliance. A strong interpersonal relationship has been argued to reduce the need for contractual mechanisms (...)." (Olk/Earley 2000, S. 309).

[4] Dürmüller 2002, S. 40

Es bleibt festzuhalten, dass aus Sicht des Beziehungsmanagements der sozialen Ebene in interorganisationalen Arrangements erhebliche Relevanz zukommt; gleichzeitig kann festgestellt werden, dass die soziale Dimension untererforscht ist und dass die soziale Ebene zwischenbetrieblicher Beziehungen über die Interpretationsleistung der TKT hinausgeht[1]. Zwar wird die generelle Relevanz der sozialen Dimension in der Literatur anerkannt und zudem häufig argumentiert, dass interpersonale Vertrauensbeziehungen als stabilisierendes Element gelten, welche Rolle soziale Beziehungen jedoch in verschiedenen interorganisationalen Arrangements spielen und wie das Management solche Beziehungen fördern kann, blieb bisher unerforscht. Somit wird zum besseren Verständnis des Kooperationsphänomens ein Theorieansatz benötigt, der der Relevanz der sozialen Dimension besser gerecht wird als dies die TKT kann, und der zudem die Ableitung geeigneter Maßnahmen des Beziehungsmanagements erlaubt. Die Sozialkapitaltheorie wird im nächsten Unterkapitel als ein solcher Ansatz eingeführt.

2.5 Untersuchungsgegenstand und Grundverständnis der Arbeit

Die obigen Ausführungen machen deutlich, dass ein reichhaltigeres Akteursverständnis notwendig ist, als es die TKT anbietet. Zudem ist eine Präzisierung des Untersuchungsraumes der zwischenbetrieblichen Beziehung notwendig, um eine genaue Einbettung der sozialen Ebene zwischenbetrieblicher Aktivitäten vornehmen zu können. Ziel dieses Kapitels ist es, den Untersuchungsgegenstand und das theoretische Grundverständnis für den weiteren Verlauf der Arbeit zu konkretisieren. Hierfür wird zunächst das der weiteren Untersuchung zugrunde liegende Verständnis sozialer Akteure erläutert, bevor dann ein Modell zwischenbetrieblicher Beziehungen zur Einordnung und Abgrenzung des Untersuchungsgegenstands vorgestellt wird. Schließlich wird die Sozialkapitaltheorie als Theorieansatz zur Untersuchung der sozialen Ebene eingeführt.

2.5.1 Charakteristika sozialer Akteure

Die Ausführungen zur TKT haben gezeigt, dass für ein besseres Verständnis von Kooperationsphänomenen allgemein und der Untersuchung des Beziehungsmanagements im Besonderen ein reichhaltigeres Bild der handelnden Akteure notwendig ist. Während der TKT ein untersozialisiertes

[1] „The social content of the relationship, consisting in bonds of friendship, mutual trust and confidence, goes beyond the instrumental reasoning of TCE." (Noorderhaven 1995, S. 46).

Akteursbild zugrunde liegt, werden im Weiteren die Charakteristika sozialer Akteure vorgestellt, wie sie für diese Arbeit verwendet werden[1]. Ein solches Akteursbild unterscheidet sich durch eine erweiterte Motivsicht, ein differenziertes Verhaltensbild, sowie die Anerkennung einer sozialen Einbettung in Beziehungen und soziale Netzwerke. Zudem muss im Sinne einer Ebenenbetrachtung explizit zwischen betrieblichen Akteuren und Individuen unterschieden werden.

Motive

Akteure verfolgen nicht nur kurzfristige egoistische Motive, die auf Erlangung des eigenen Vorteils abzielen. Ihre Motive erlauben explizit die Kooperation mit anderen Akteuren und damit das Zurückstellen der eigenen Interessen. Motiven der Kooperation liegt dabei eine Erwartung über Vorteile in der Zukunft zugrunde. Akteure können somit kurzfristig altruistisch handeln, was dem Verständnis der TKT widerspricht. Dies bedeutet jedoch keinesfalls, dass die Akteure aus ihrer Sicht irrational handeln. Kooperation und die daraus erwachsenden Vorteile werden vielmehr explizit ins ökonomische Kalkül mit einbezogen. Die aus der Kooperation erwachsenden Vorteile müssen dabei nicht notwendig direkte, abschätzbare Vorteile sein. Es sei angemerkt, dass das Motivverständnis gegenüber der TKT erweitert und nicht grundsätzlich geändert wird, d. h. Akteure können nach wie vor kurzfristig und auch egoistisch handeln, dies wird jedoch nicht als das notwendigerweise vorherrschende Verhalten angesehen.

Verhaltensannahme

Ausgehend von den Motiven ändert sich somit auch die grundlegende Verhaltensannahme im Modell sozialer Akteure. Akteure handeln demnach nicht vorwiegend opportunistisch. Akteure verhalten sich bewusst kooperativ unter der Erwartung reziprok kooperativen Verhaltens der Gegenseite in der Zukunft (Prinzip der Reziprozität). RIPPERGER spricht in diesem Zusammenhang von „reziprok altruistischem Verhalten“: Akteure verhalten sich altruistisch, d. h. selbstlos, in der Erwartung, dass ihr Verhalten in der Zukunft erwidert wird[2]. Akteure interagieren demnach nicht nur mit

[1] Die Ausführungen hier stellen eine kurze Einführung dar, die notwendig ist, um die Grundannahmen und die Forschungsfrage der Arbeit zu verdeutlichen. In Kapitel 3 wird im Zuge der Ausführungen zur Sozialkapitaltheorie das Akteursverständnis noch einmal tiefer gehend abgeleitet und in das Spannungsfeld ökonomischer und soziologischer Positionen eingeordnet.

[2] Vgl. Ripperger 2003, S. 155f. Altruistisches Verhalten ist in diesem Zusammenhang nicht als irrational zu bezeichnen, da die ökonomische Erwartung von Vorteilen in der Zukunft besteht.

anderen Akteuren in atomaren Transaktionen, sie interagieren wiederholt miteinander, so dass eine Erwartung über die Zukunft und das zukünftige Verhalten anderer Akteure in Entscheidungen in der Gegenwart mit einfließt. Eine solche Modellierung von Interaktionen wurde bereits in der Spieltheorie als Mehrrundenspiel beschrieben[1]. Die Verhaltensannahme wird dabei erweitert und es wird anerkannt, dass Kooperation und der Verzicht auf die eigene (kurzfristige) Nutzenmaximierung rational und aus Sicht des Akteurs sinnvoll sein kann, wenn daraus in der Zukunft Vorteile erwachsen, z. B. durch kooperatives Verhalten der Gegenseite. Dieses Akteursbild kann als eine Erweiterung des klassischen Bildes des Homo Oeconomicus gesehen werden[2]. Das Verhalten der Akteure wird zudem beeinflusst durch die soziale Einbettung in ein Netzwerk aus Beziehungen.

Soziale Einbettung

Akteure existieren nicht isoliert von anderen Akteuren, sondern sind sozial eingebettet in Beziehungen und Netzwerke. Akteure interagieren nicht nur in atomaren sondern wiederholten Transaktionen miteinander. Dabei geht der hier verfolgte Ansatz über die Modellierung eines Mehrrundenspiels als Folge von Einzeltransaktionen hinaus, da bewusst der Aufbau von Beziehungen zwischen den Akteuren betrachtet wird. Beziehungen manifestieren sich dabei als eine Historie von Interaktionen und schließen die Erwartung über die Zukunft mit ein. Beziehungen stellen ein komplexes Konstrukt dar, da sich in ihnen Normen und Regeln als institutionalisierte Verhaltensweisen bilden können, die das Verhalten der Akteure beeinflussen und die das Modell über eine Aneinanderreihung von Entscheidungssituationen hinaushebt. Akteure bauen bewusst Beziehungen zu anderen Akteuren auf und beziehen diese in ihr ökonomisches Kalkül mit ein; dies stellt ebenfalls eine Abkehr von der reinen Transaktionssicht dar. Beziehungen können einen Wert für Akteure bei der Verfolgung ihrer Ziele darstellen, z. B. durch die Einschätzbarkeit des Verhaltens anderer Akteure und die Sicherung deren kooperativen Verhaltens; dieser Beziehungswert wird im Weiteren als Sozialkapital bezeichnet.

Das Verhalten der Akteure wird zudem durch die existierenden Beziehungen und Netzwerke beeinflusst. Ein Beispiel stellt das Reputationsprinzip dar, dass sich nur durch die Einnahme einer Netzwerksicht erläutern lässt. Akteure verhalten sich demnach auch kooperativ, um von anderen Akteuren im Netzwerk als guter Kooperationspartner wahrgenommen zu

---

[1] Das Mehrrundenspiel und das Prinzip der Reziprozität wurde von Axelrod in die Spieltheorie eingeführt und anhand des Computerprogramms „Tit For Tat" verdeutlicht, siehe Axelrod 1984.

[2] Für eine ausführliche Diskussion siehe Kap. 3.1.4.3.

werden. Kooperation wird explizit ökonomische Relevanz beigemessen und die eigene Reputation kooperativen Verhaltens stellt einen Wert bei der Suche nach neuen Kooperationspartnern dar; dieser Wert kann ebenfalls als eine Form von Sozialkapital interpretiert werden. Der Verzicht auf kurzfristig opportunistische Nutzenmaximierung kann somit auch durch die soziale Einbettung erklärt werden. Die Ausführungen stellen zudem eine Abkehr von einem rein individualistischen Erfolgsbegriff dar. Es wird explizit anerkannt, dass Kooperation und die Einbettung in Netzwerke und Beziehungen mitverantwortlich sind für den Erfolg von Akteuren (siehe Kap. 3.1.1).

Unternehmen und Individuen als handelnde Akteure

Die TKT unterscheidet nicht explizit zwischen Unternehmen und Individuen als handelnde Akteure. Um Kooperationsphänomene zu verstehen und insbesondere um Implikationen für ein Beziehungsmanagement abzuleiten, ist diese Unterscheidung jedoch notwendig. Entsprechend sind interorganisationale Beziehungen keine atomaren Gebilde, vielmehr sind die handelnden Akteure in einer solchen Beziehung stets Individuen, deren Interaktionen den Beziehungsaufbau und den Kooperationserfolg bestimmen und die im Management der interorganisationalen Beziehung explizit berücksichtigt werden müssen. Aus diesem Grund wird ein Multi-Ebenen-Modell interorganisationaler Beziehungen eingeführt.

2.5.2 Multi-Ebenen-Modell interorganisationaler Beziehungen

Ein geeignetes Modell zur Unterscheidung der interorganisationalen und interpersonalen Ebenen in zwischenbetrieblichen Arrangements ist der Interaktionsansatz der skandinavischen *International Marketing and Purchasing Group (IMG)*. Das Interaktionsmodell der IMG geht maßgeblich zurück auf Arbeiten von HÅKAN HÅKANSSON und zahlreicher Kollegen[1] und wird beispielsweise von NOORDERHAVEN als Gegenentwurf zur TKT verstanden[2]. Das Modell unterscheidet explizit zwischen organisationaler und personaler Ebene in Unternehmen und zwischen einer langfristigen Beziehungs- und einer kurzfristigen Interaktionssicht in zwischenbetrieblichen Arrangements. Dabei bildet die organisationale Beziehung das institutionalisierte, langfristige Konstrukt für die kurzfristigen Austauschprozesse; hierzu gehören auch die interpersonalen Interaktionen. Das Modell in Abbildung 2.5 visualisiert zwei Unternehmen und deren Interaktionen miteinander auf diesen zwei grundsätzlichen Ebenen. Die Beziehung ist

[1] Siehe Håkansson 1982.
[2] Siehe Noorderhaven 1995.

zudem eingebettet in eine direkte Beziehungsatmosphäre und darüber hinaus in das weitere Markt- und Unternehmensumfeld.

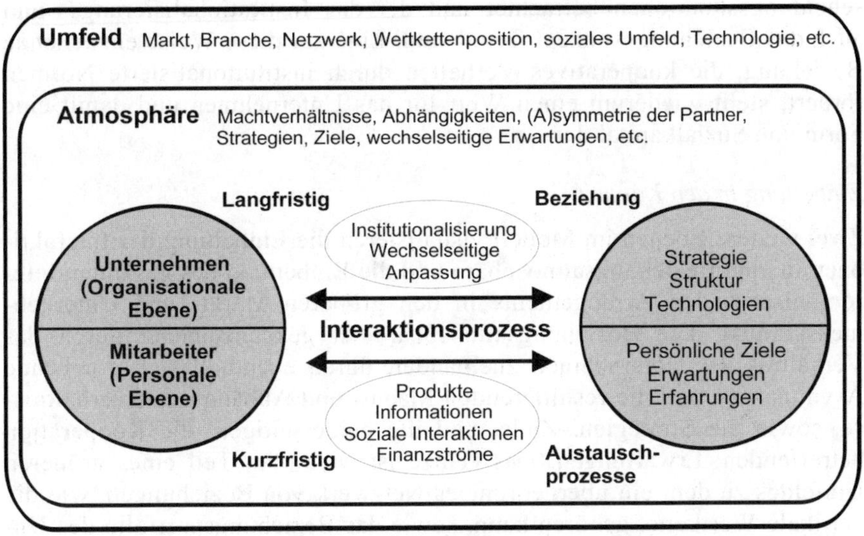

Abbildung 2.5: Interaktionsmodell zur Visualisierung zwischenbetrieblicher Beziehungen[1]

Unterscheidung von Beziehung und Interaktion

Das Interaktionsmodell unterscheidet eine Beziehungs- und eine Interaktionsebene. Die Beziehung stellt sich dabei als institutionalisierte Historie von Interaktionen dar, in der sich Verhaltensweisen und wechselseitige Anpassungen manifestieren. In der Beziehung können auf diese Weise gewisse Verhaltensweisen wie kooperatives Verhalten durch fortlaufende Wiederholung über Zeit als Routine institutionalisiert werden. Es entstehen Normen und Regeln kooperativen Verhaltens, die das Handeln der Individuen in der Beziehung bestimmen. Auch Vertrauen, das in sozialen Interaktionen zwischen Individuen entsteht, kann depersonalisiert und in der Beziehung institutionalisiert werden, so dass sich dieses Vertrauen auch auf neue Interaktionen zwischen anderen Individuen aus den beteiligten Unternehmen überträgt: Angehörigen der Unternehmen wird qua Zugehörigkeit vertraut. Institutionalisiertes Verhalten kann auf diese Weise an die Stelle rationalen, situativen Entscheidungsverhaltens treten, so dass oppor-

[1] Darstellung in Anlehnung an Håkansson 1982.

tunistisches Verhalten durch das Befolgen von Normen und Regeln weniger wahrscheinlich wird[1]. Dies weicht in erheblichem Maße von der Sichtweise der TKT ab, die atomare Transaktionen und damit punktuelle Entscheidungssituationen betrachtet und der das Institutionalisierungs- und auch das Beziehungskonzept fremd sind. Eine auf diese Weise entstehende Beziehung, die kooperatives Verhalten durch institutionalisierte Normen fördert, stellt wiederum einen Wert für das Unternehmen und damit eine Form von Sozialkapital dar.

Einbettung in den Kontext

Zwei weitere Ebenen im Modell visualisieren die Einbettung der Interaktionen in eine Beziehungsatmosphäre und die Einbettung des gesamten interorganisationalen Arrangements in den größeren Markt- und Unternehmenskontext. Die Beziehungsatmosphäre ist gekennzeichnet durch das Verhältnis der Unternehmen zueinander, durch eventuell sich ergebende Asymmetrien und die resultierenden Macht- und Abhängigkeitsverhältnisse, sowie die Strategien, Ziele, und die beiderseitigen, die Kooperation betreffenden, Erwartungen. Das Ganze ist wiederum Teil eines größeren Umfeldes zu dem ein übergeordnetes Netzwerk von Beziehungen, wie die vertikale Wertkette, gehören kann, sowie das Beziehungsportfolio des Unternehmens, aber auch die Branche und der Marktkontext. Es ergibt sich eine Ebeneninteraktion dahingehend, dass das Umfeld als Kontext Einfluss auf das interorganisationale Arrangement hat und dementsprechend auf den Interaktionsprozess und die Beziehungsbildung wirkt.

Soziale Beziehungen in interorganisationalen Arrangements als Kern der Arbeit

Nicht explizit im Interaktionsmodell visualisiert, für den weiteren Verlauf der Argumentation jedoch entscheidend wichtig, ist die Unterscheidung zwischen der organisationalen und der interpersonalen Beziehungsebene: Unternehmen können eine interorganisationale Beziehung unterhalten; letztlich unterhalten aber auch die Mitarbeiter der Unternehmen Beziehungen miteinander, von denen wiederum die Unternehmen profitieren können und deren Merkmale (wie Vertrauen und kooperatives Verhalten) sich in der interorganisationalen Beziehung institutionalisieren können. Der Kern der Arbeit bezieht sich dabei gerade auf den Wert dieser sozialen Beziehungen und Netzwerke für die übergeordnete interorganisationale Bezie-

[1] „Institutionalized behaviour by its very nature is shielded from the rational pursuit of self-interest: routinized rule-following behaviour is substituted for rational calculative decision making." (Noorderhaven 1995, S. 49).

hung bzw. für die Unternehmung, die eine interorganisationale Beziehung unterhält. Soziale Beziehungen, so die Argumentation, können Sozialkapital darstellen, da sie zahlreiche Vorteile für den Erfolg der Kooperationsbeziehung mit sich bringen. Eine solche Argumentation folgt einer Investitionslogik, die ein bewusstes Investieren vor dem Hintergrund der zu erwartenden Vorteile verfolgt. Dieses Kalkül wird nun im nächsten Unterkapitel weiter konkretisiert, um die Grundannahmen und Forschungsfragen der Arbeit abzuleiten.

2.5.3 Investitionslogik in zwischenbetrieblichen Beziehungen

Ausgehend von dem vorgestellten Multi-Ebenen-Modell der IMG kann argumentiert werden, dass diesem Interaktionsansatz eine Investitionslogik zugrunde liegt: Die zwischenbetriebliche Kooperation mit externen Partnern verfolgt strategische Ziele, von deren Erreichen sich die Unternehmung ökonomische Vorteile erhofft[1]. Eine externe Kooperationsbeziehung kann als eine langfristige Investition gesehen werden, die das Ziel verfolgt, kooperative Vorteile zu erlangen und die den Einsatz von Ressourcen erfordert. Damit ist eine zwischenbetriebliche Beziehung laut HÅKANSSON und GADDE mit anderen Investitionen vergleichbar[2]. Der Aufbau strategischer Beziehungen benötigt Zeit und verursacht Kosten, die wie bei anderen Investitionen anfallen noch bevor Erträge erwirtschaftet werden können[3]. Diese Sichtweise bedingt eine zweifache Ressourcensicht: Einerseits werden Beziehungen aufgebaut, um den Zugang zu Ressourcen zu erlangen oder neue Ressourcen aufzubauen; andererseits ist für die erfolgreiche Umsetzung der Beziehung selbst die Investition von Ressourcen notwendig. Während zwischenbetriebliche Beziehungen verschiedene Investitionen strategischer und ökonomischer Art in Produkte, Prozesse und Technologien erfordern, ist das Argument dieser Arbeit, dass auch auf sozialer Ebene Investitionen erfolgen müssen, um die interorganisationale Beziehung auf diese Weise zu stabilisieren und die effektive Zusammenarbeit der Individuen in der Beziehung zu fördern, bzw. oftmals überhaupt erst zu ermöglichen.

---

[1] Vgl. Kap. 2.1.2

[2] „One way of elucidating this long-term characteristic is to see a relationship as an investment which, in terms of resources, makes it comparable to machinery or equipment used over a long period of time.“ (Håkansson/Gadde 1997, S. 402).

[3] „High-involvement relationships are time consuming to develop because they follow investment logic. Investment logic implies that costs precede revenues.” (Gadde/Håkansson 2001, S. 140).

Beziehungsinvestitionen auf sozialer Ebene

Laut FORD ET AL. benötigen zwischenbetriebliche Beziehungen die Investition sowohl materieller wie auch immaterieller Ressourcen. Letztere schließen die soziale Ebene ein und beziehen sich z. B. auf die Investition von Humankapital und damit den Einsatz von Mitarbeitern in der Kooperationsbeziehung und den Aufbau von Kontakten zwischen den Unternehmen, um einen effektiven Informationsaustausch zu gewährleisten[1]. Der Aufbau von Kontakten und Beziehungen wird im Rahmen dieser Arbeit als Sozialkapitalinvestition interpretiert[2].

Wie oben bereits diskutiert wurde (vgl. Kap. 2.4.3.1), benötigt die Kooperation in interorganisationalen Beziehungen Vertrauen zur Stabilisierung und Sicherung. Der Aufbau einer Vertrauensbeziehung, sowie einer Reputation der Vertrauenswürdigkeit als Grundlage der Beziehungsbildung, braucht Zeit, verursacht Kosten und kann somit als Investition zugunsten zukünftiger Erträge aufgefasst werden[3]. Dies beginnt mit der Platzierung von Vertrauen in einen neuen Partner in der ersten Interaktion; diese wird von RIPPERGER als „riskante Vorleistung" bezeichnet[4]. Der Vertrauensgeber begibt sich durch kooperatives Verhalten in eine verletzliche Position, in der Hoffnung, dass seine Vorleistung nicht enttäuscht und im Sinne der Reziprozität durch Kooperation des Partners in der Zukunft erwidert wird. Diese Vorleistung wird von RIPPERGER denn auch explizit als eine Form der Investition gesehen. Der Aufbau von Vertrauen in einer Kooperationsbeziehung erfordert also explizite Investitionen auf der sozialen Ebene der Beziehung durch kooperatives Verhalten der Individuen. Eine Vertrauensbeziehung entsteht erst durch eine Serie als positiv wahrgenommener Interaktionen, in denen das Vertrauen sukzessive vertieft wird[5]. Die für die Kooperation notwendige Bereitschaft zu kooperativem Verhal-

---

[1] „Business relationships require investments of tangible and intangible resources by marketers and by customers. These are likely to include human resource investments to develop contacts between companies, to give and receive information and advice." (Ford et al. 2002, S. 106).

[2] Sozialkapital als Wert sozialer Beziehungen kann dabei im Übrigen als komplementär zum Humankapital angesehen werden, das sich auf die Fähigkeiten der Mitarbeiter bezieht.

[3] „Achieving a trusting relationship, or more generally, a reputation for trustworthiness, is therefore not costless or spontaneous. Its cultivation requires deliberate strategies of forbearance, with eyes trained on future payoff, and accumulated evidence of nonreneging behaviours." (Parkhe 1993, S. 804).

[4] Vgl. Ripperger 2003, S. 85.

[5] „Security in a relationship cannot be created on a single occasion, but must develop over time. The connection must by built up through a process of interaction in which reciprocal trust can successively be deepened." (Håkansson/Gadde 1997, S. 409).

ten verlangt nach kurzfristigem Verzicht auf eigene Vorteile zugunsten zukünftiger gemeinsamer Erträge, was letztlich als Investition aufgefasst werden kann[1].

2.5.4 Grundannahmen und Forschungsfragen

Während sich das IMG-Modell nicht explizit mit der Rolle der sozialen Ebene im Kooperationsprozess befasst, wird diese Ebene in der vorliegenden Arbeit bewusst zum Hauptuntersuchungsgegenstand gemacht. Aus der Sicht des Beziehungsmanagements wird damit der Aufbau sozialer Beziehungen bewusst ins ökonomische Kalkül der zwischenbetrieblichen Beziehungsbildung miteinbezogen. Der Aufbau sozialer Beziehungen im Rahmen des Beziehungsmanagements folgt der angesprochenen Investitionslogik. Er wird als Investition in Sozialkapital aufgefasst, von dem zahlreiche kooperative Vorteile ausgehen können. Die Grundannahme der Arbeit ist somit, dass soziale Beziehungen als Grundlage effektiver zwischenbetrieblicher Kooperation in Gegenwart der oben diskutierten Managementherausforderungen einerseits (siehe Kap. 2.2.2) und als notwendige Ergänzung formeller Stabilisierungsmechanismen andererseits (siehe Kap. 2.4.3) vorteilhaft sind. Sozialkapital bezieht sich dabei auf den Wert, den soziale Beziehungen und Netzwerke für Akteure bei der Verfolgung ihrer Ziele darstellen. Sozialkapital werden dabei zahlreiche Vorteile (aber auch Nachteile) zugeschrieben, die im Laufe dieser Arbeit herausgearbeitet werden.

Sozialkapitaltheorie als geeigneter Theorieansatz

Die Sozialkapitaltheorie folgt explizit dem Investitionsgedanken und hebt die Vorteile sozialer Beziehungen für die Kooperation heraus. Die Annahme ist, dass Unternehmen von Investitionen in Sozialkapital innerhalb interorganisationaler Arrangements profitieren können, da dieses sich positiv auf die Kooperation zwischen den Individuen und damit auch auf die Zielerreichung auswirkt. Dabei kann argumentiert werden, dass je höher die strategische Relevanz der externen Kooperationsbeziehung für das Unternehmen ist und damit auch tendenziell der ökonomische Beitrag, desto wichtiger ist der Kooperationserfolg, der wiederum positiv von der Kooperation auf der sozialen Ebene beeinflusst wird. Es wird somit angenommen, dass Sozialkapital erstens einen positiven mittelbaren Einfluss auf den Erfolg der zwischenbetrieblichen Beziehung hat, da die interpersonale

[1] „We define mutual commitment as a willingness on the part of both partners to make short-term sacrifices to realize long-term benefits in the relationship." (Blankenburg Holm et al. 1999, S. 473).

Kooperation verbessert und die Beziehung sozial stabilisiert wird. Zweitens wird angenommen, dass die Relevanz der sozialen Ebene und damit auch des Sozialkapitals mit der strategischen Relevanz der interorganisationalen Beziehung aus Sicht des Unternehmens variiert.

Annahmen

Dem Modell der drei Dimensionen des Beziehungsmanagements folgend[1], kann folgender Grundzusammenhang identifiziert werden, der im weiteren Verlauf der Arbeit untersucht wird (siehe auch Abbildung 2.6):

- Mit der strategischen Relevanz der zwischenbetrieblichen Beziehung steigt der ökonomische Beitrag der Beziehung und damit die Abhängigkeit und das relationale Risiko in Bezug auf die Kooperation des Partners in der Beziehung.
- Zudem steigt mit der strategischen Relevanz tendenziell die Prozessintegration zwischen den Partnern und damit die Interdependenz und die Managementkomplexität.
- Ausgehend davon kann angenommen werden, dass mit der strategischen Relevanz auch die Wichtigkeit der sozialen Ebene bei der Stabilisierung und Förderung effektiver Kooperation ansteigt.
- Damit kann eine höhere Relevanz von Sozialkapital in Beziehungen höherer strategischer Wichtigkeit angenommen werden.

Forschungsfragen

Ausgehend von den Grundannahmen stellt sich damit folgende erste Forschungsfrage:

- *Welche Rolle und Relevanz kann Sozialkapital in verschiedenen Beziehungen unterschiedlicher strategischer Relevanz zugeschrieben werden?*

Aufbauend darauf kann eine zweite Forschungsfrage formuliert werden, die sich auf die Implikationen für das Beziehungsmanagement bezieht:

- *Welche Herausforderungen stellen sich für das Beziehungsmanagement hinsichtlich der Bildung sozialer Beziehungen und was sind geeignete Maßnahmen mit der das Management die Bildung sozialer Beziehungen zwischen den Mitarbeitern der Unternehmen (und damit die Bildung von Sozialkapital) anregen kann?*

---

[1] Vgl. Kap. 2.3.4

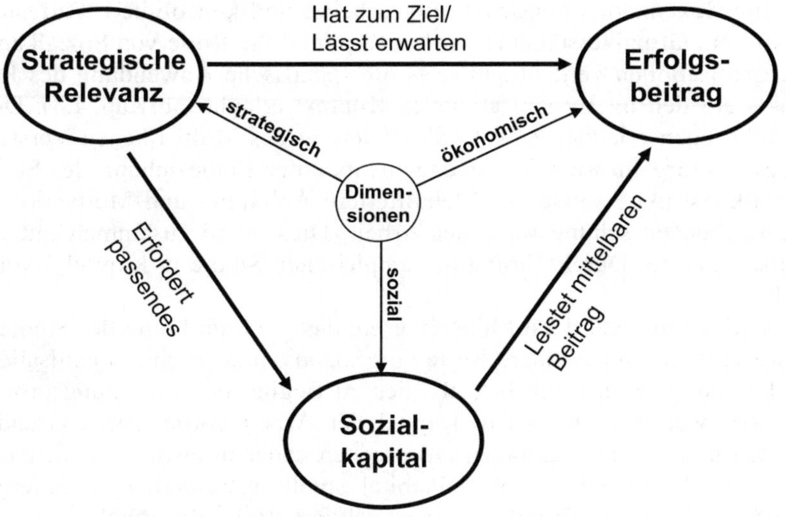

Abbildung 2.6: Investitionskalkül von Sozialkapital in Kooperationsbeziehungen

2.5.5 Überblick über den weiteren Aufbau der Arbeit

Aufbauend auf dem vorgestellten Grundverständnis interorganisationaler Beziehungen und ausgehend von der Idee der Investition in die soziale Ebene interorganisationaler Beziehungen wird zunächst die Sozialkapitaltheorie eingeführt. Dabei sei darauf hingewiesen, dass die Sozialkapitaltheorie relativ neu ist und bisher eine zwar brauchbare aber noch nicht in allen Aspekten fertig ausgearbeitete Sammlung von Konzepten darstellt. Es handelt sich bisher eher um ein Konstrukt, das in verschiedenen Domänen Anwendung gefunden hat und zu dem verschiedene, teils konkurrierende, Theorieansätze existieren, was nichtsdestotrotz eine viel versprechende Grundlage für die Untersuchung der sozialen Dimension zwischenbetrieblicher Beziehungen darstellt. Allerdings wurde die Sozialkapitaltheorie in der für diese Arbeit benötigten Form noch nicht auf den interorganisationalen Kontext angewendet.

Neben der Durchführung einer empirischen Studie zur Rolle von Sozialkapital in verschiedenen zwischenbetrieblichen Kooperationsbeziehungen bestehen deshalb zwei wesentliche Beiträge der Arbeit darin, einerseits die Strukturierung und Aufarbeitung des Theoriegerüsts vorzunehmen und das Konstrukt andererseits auf den interorganisationalen Kontext anzuwenden, bevor aufbauend darauf die empirische Studie beschrieben werden kann. Zunächst wird deshalb in Kapitel 3 allgemein die bestehende Literatur zum Sozialkapitalkonstrukt aufgearbeitet und konsolidiert. Aufbauend auf diesem Grundverständnis wird in Kapitel 4 die Rolle von Sozialkapital in Organisationen verdeutlicht, was die spezifische Anwendung des Konstrukts auf den interorganisationalen Kontext erlaubt (ab Kap. 4.4). Diese Ausführungen erlauben eine Konkretisierung des Multi-Ebenen-Verständnisses interorganisationaler Arrangements unter Einbeziehung des Sozialkapitalkonstrukts, sowie eine detailliertere Ableitung und Motivation der empirischen Forschungsfrage der Arbeit. Diese wird zusammen mit dem Aufbau und der Durchführung der empirischen Studie in Kapitel 5 vorgestellt.

Es sei schon jetzt darauf hingewiesen, dass sich im Laufe der Studie eine wesentlich umfassendere Rolle von Sozialkapital in interorganisationalen Beziehungen ergeben hat, als dies zu Beginn des Forschungsprojekts absehbar war. Die in diesem Kapitel der Arbeit vorgestellten Grundannahmen und Forschungsfragen entsprechen daher in etwa dem Ausgangspunkt der Untersuchung. Sozialkapital spielt insbesondere in unternehmensübergreifenden Projekten eine wichtige Rolle, die durch wissensintensive Tätigkeiten und hohe Komplexität gekennzeichnet sind. Damit kann die Rolle von Sozialkapital über die zu Beginn der Untersuchung angenommene Rolle der sozialen Stabilisierung hinausgehen[1]. Die empirischen Ergebnisse werden schließlich in zwei Teilen präsentiert: Kapitel 6 erklärt die Rolle von Sozialkapital in verschiedenen interorganisationalen Arrangements, während Kapitel 7 Managementimplikationen und Maßnahmen eines sozialkapitalorientierten Managements vorstellt.

---

[1] Obwohl es sich hierbei um Erkenntnisse der empirischen Studie handelt, wird einem logisch-didaktischen Verlauf folgend die allgemeine Rolle von Sozialkapital in wissensintensiven Tätigkeiten schon vor der Beschreibung des empirischen Teils der Studie erläutert, da dies zur Verdeutlichung des Forschungsproblems notwendig ist. Siehe hierzu auch die Anmerkungen zur Abweichung von Gliederung und tatsächlichem Studienablauf in Kap. 5.3.5.

3. Kapitel

Sozialkapitaltheorie

Wie bereits angedeutet, stellt die Sozialkapitaltheorie ein noch im Aufbau befindliches Gerüst theoretischer Konstrukte dar, die sich auf den Wert sozialer Beziehungen und Netzwerke beziehen, jedoch in unterschiedlichen Domänen und aus den verschiedensten Perspektiven Anwendung gefunden haben. Da es bisher kein konsistentes Begriffsverständnis gibt, ist ein Ziel dieses Kapitels und ein wesentlicher Beitrag der Arbeit, ein umfassendes, strukturiertes und in sich konsistentes Rahmenwerk zur Sozialkapitaltheorie zu schaffen, das im Weiteren die Anwendung im organisationalen bzw. im interorganisationalen Kontext erlaubt. Zu diesem Zweck ist zunächst eine Einführung in das Konstrukt und seine historische Entwicklung notwendig. Im Zuge dessen wird zudem das im letzten Kapitel eingeführte Verständnis sozialer Akteure vertieft. Dem folgt die Ableitung eines Definitionsgerüsts, das die wesentlichen der Sozialkapitaltheorie zugrunde liegenden Begriffe definiert und die Grundprinzipien und Mechanismen erläutert; im Anschluss daran wird der weitere Aufbau des Kapitels erläutert.

3.1 Einführung und Hintergrund

Das Sozialkapitalkonstrukt ist aus der Erkenntnis entstanden, dass soziale Beziehungen Wert stiftend sind und Vorteile für Individuen und Organisationen mit sich bringen. Wie später gezeigt wird, ist Sozialkapital ein interdisziplinäres Konstrukt, das in zahlreichen Kontexten Anwendung gefunden hat. Forscher verschiedener Domänen folgen dabei derselben Grundhypothese: Der Erfolg von Akteuren in allen sozialen Systemen ist eng verbunden oder sogar abhängig vom Aufbau, der Pflege und dem Ausbau von Beziehungen mit anderen Akteuren[1]. Besser vernetzte Akteure erzielen in vielen Situationen bessere Ergebnisse[2].

---

[1] Vgl. Tymon/Stumpf 2003, S. 12.
[2] „Better connected people enjoy higher returns" (Burt 2001, S. 32).

3.1.1 Der Sozialkapitalbegriff als Metapher

Sozialkapital kann zunächst als Metapher verstanden werden für den Wert, den soziale Strukturen (Beziehungen und Netzwerke) für Individuen oder Gruppen bei der Umsetzung ihrer Ziele darstellen können. Soziale Strukturen sind demnach als eine Art Kapital zu sehen, das zur Wertschöpfung eingesetzt werden kann. Unter Kapital versteht man allgemein Güter eines bestimmten Wertes, die zur Produktion anderer Güter eingesetzt werden können[1]. Sozialkapital bezeichnet den Wert von sozialen Beziehungen, und kann besonders in Kombination mit anderen Kapitalformen als Ressource zur Wertschöpfung verwendet werden. Im Allgemeinen wird Sozialkapital dabei als komplementär zu Humankapital gesehen[2]: „Während sich Humankapital auf die Eigenschaften und Fähigkeiten der Menschen als Individuen bezieht, sind es deren Beziehungen untereinander, die erst Sozialkapital konstituieren.“[3]. Humankapital kann dabei im Sinne des individuellen Wissens („what one knows“) gesehen werden, während Sozialkapital den Zugang zu anderen Wissensträgern erlaubt („who one knows“)[4]. Genau wie andere Kapitalformen, z. B. monetäres, physisches oder Humankapital, kann auch Sozialkapital produktiv zur Wertschöpfung eingesetzt werden. Sozialkapital kann somit als Erklärung für die Unterschiede im Leistungsniveau von Individuen und Gruppen dienen, die eine ansonsten vergleichbare Wissensbasis oder Mitgliederverteilung im Sinne einer vergleichbaren Humankapitalbasis aufweisen[5].

Abkehr von einem rein individualistischen Erfolgsbegriff

Die obigen Erkenntnisse sind in gewissem Sinne eine Abkehr vom Prinzip des strikten ökonomischen Individualismus, der Einzelakteure als im Wettbewerb miteinander stehend sieht. Erfolg wird dabei als individualistisches Konstrukt ausgelegt: Individuen haben Erfolg aufgrund ihres Wissens und ihrer Fähigkeiten; Unternehmen sind erfolgreich auf Basis einer

---

[1] „Capital: (1) : a stock of accumulated goods especially at a specified time and in contrast to income received during a specified period; *also* : the value of these accumulated goods (2) : accumulated goods devoted to the production of other goods (3) : accumulated possessions calculated to bring in income“; siehe Marriam-Webster-Dictionary, http://www.merriam-webster.com.

[2] Vgl. Coleman 1988.

[3] Ripperger 2003, S. 165.

[4] Baker 2000, S. 2; auch: „The old adage is right: It's not just what you know, it's whom you know and how you relate to them.“ (Baker 2001, S. 9).

[5] „Social capital is a metaphor about advantage“ (Burt 2000, S. 346f.), siehe auch Coleman 1990, S. 305.

überlegenen Strategie und Ressourcenkombination[1]. Sozialkapital trägt dem Umstand Rechnung, dass Erfolg häufig ein relationales Konstrukt ist: Individuen profitieren von einem Netzwerk von Kontakten bei der Suche nach Informationen und beruflichen Positionen und erhalten allgemein Hilfe und Unterstützung bei der Verwirklichung ihrer Ziele. In ähnlicher Weise basiert der Erfolg von Unternehmen in vielfältiger Weise auf Beziehungen und Netzwerken. Externe Beziehungen zu anderen Marktteilnehmern (z.B. Lieferanten) sichern den Zugang zu Ressourcen und die Kooperation bei der Verwirklichung von Projekten. Interne Beziehungen und soziale Netzwerke zwischen den Individuen ermöglichen effektive Wertschöpfungsprozesse. Sozialkapital kann somit als eine Ressource gesehen werden, die eingebettet in soziale Netzwerke und Beziehungen ist und die, wie andere Kapitalformen auch, gemanagt werden muss um ihr volles Potenzial auszuschöpfen[2]. Bevor eine historische Betrachtung und weitere theoretische Positionierung des Konstrukts erfolgt, werden zunächst einige Beispiele für Sozialkapital in verschiedenen Kontexten vorgestellt.

3.1.2 Verschiedene Beispiele für Sozialkapital

Die obigen Ausführungen lassen bereits erkennen, dass soziale Netzwerke und Beziehungen verschiedene Vorteile auf unterschiedlichen Betrachtungsebenen für Akteure in unterschiedlichen Situationen haben können. Als Grundlage für die weiteren Erläuterungen im Rahmen dieses Kapitels werden zunächst dreizehn Sozialkapitalbeispiele in Form kurzer Vignetten präsentiert, die im weiteren Verlauf der Ausführungen wiederholt zur Veranschaulichung theoretischer Sachverhalte herangezogen werden.

---

[1] Vgl. Baker 2000, S. 3.
[2] Vgl. Leana/van Buren 1999, S. 538f.

1. Karriereerfolg	Belliveau et al. 1996; Bills 1992; Burt 2000, S. 379ff.; Erickson 2001; Finlay/Coverdill 1999; Flap/Boxman 1999, 2001; Granovetter 1973, 1974; Runia 2002

Empirische Studien haben gezeigt, dass der Karriereerfolg, insbesondere von Managern, eng mit ihrem Sozialkapital verbunden ist. GRANOVETTER hat gezeigt, dass informelle, insbesondere schwache bzw. lose Beziehungen hilfreich sind bei der Suche nach einem neuen Beruf. Ein Kontaktnetzwerk hoher Diversität erlaubt besseren Zugang zu neuen Berufsoptionen und somit einen schnelleren Karriereaufstieg. Die positive Rolle von Sozialkapital bei der Jobsuche wird auch von anderen Studien belegt[1]. ERICKSON fand zudem heraus, dass das Sozialkapital von Managern auch Grund für die Einstellung durch ein Unternehmen sein kann, da sich Unternehmen organisationale Vorteile vom Wert individueller Netzwerke erhoffen[2].
Dem „Networking" und dem Aufbau und der Nutzung von Sozialkapital auf der Basis persönlicher Netzwerke können somit positive Auswirkungen auf Karrierezugang wie auch den weiteren Karriereerfolg zugeschrieben werden. In mehreren Studien fand BURT einen signifikanten Zusammenhang zwischen der Position von Managern in ihren sozialen Netzwerken im Unternehmen und ihrem Erfolg. Erfolg wurde dabei in unterschiedlichen Studien durch die Zeitspanne bis zum Erreichen einer Position oder die Höhe des Gehaltes operationalisiert.
Sozialkapital spielt jedoch auch umgekehrt bei der Rekrutierung von Mitarbeitern eine Rolle, wenn sog. „Headhunter" Personen für zu besetzende Positionen suchen[3]. Headhunter, die zentrale Positionen in sozialen Netzwerken einnehmen und in der Lage sind, mehrere unverbundene Netzwerke miteinander zu verbinden, sind erfolgreicher bei der Vermittlung von Kandidaten.

Beispiel 1: Sozialkapital und Karriereerfolg

2. Kollegennetzwerk	Lesser 2000

LESSER berichtet von seinen eigenen Erfahrungen, die er bei einer großen internationalen Unternehmensberatung gemacht hat. Die Einstellung neuer Mitarbeiter bei diesem Unternehmen wird typischerweise begleitet von einer intensiven dreiwöchigen Schulung in einem firmeneigenen Zentrum mit gleichzeitiger Unterbringung. Dabei liegt der Schwerpunkt neben der Schulung in typischen Methoden und Techniken der Firma auf dem „Networking" mit neuen Kollegen und Senior-Mitarbeitern. Die Rekruten werden aktiv angehalten mit den anderen Neulingen Kontakte zu knüpfen und in Geschichten älterer Mitarbeiter wird der Nutzen dieser Netzwerke immer wieder betont. Um die neuen Mitarbeiter zusammenzubringen, sieht die Schulung viel Zeit für soziale Aktivitäten und informelles Miteinander vor.
LESSER berichtet weiter, wie ihm dieses Kollegennetzwerk während seiner späteren Tätigkeit beim Zugang zu Ideen, Meinungen aber auch Projektteilnahmen im Unternehmen von Nutzen war. Zudem sieht er die Bildung der Beziehungen als wichtig an, um die Regeln und die Funktionsweise des Unternehmens zu erlernen. Die Beziehungen gelten zudem als wichtig für das Funktionieren des Gesamtunternehmens.

Beispiel 2: Kollegennetzwerke im Unternehmen als Sozialkapital

---

[1] Siehe beispielsweise Flap/Boxman 1999 und 2001, sowie Bills 1992.
[2] Vgl. Erickson 2001, S. 128.
[3] Vgl. Burt 2000, S. 369, sowie Finlay/Coverdill 1999.

3. Diamantenhandel	Coleman 1988, S. 16f.; vgl. auch Portes/Landolt 1996, S. 18f.
COLEMAN berichtet über den Diamantengroßhandel in New York. Dieser Handel ist fest in der Hand jüdischer Händler, die unter sich eine enge, geschlossene Gemeinschaft mit familiären Banden bilden, in der der Handel ohne formelle Kontrollmechanismen auskommt. So ist es übliche Praxis, dass ein Händler einem Anderen einen Beutel Diamanten zur Begutachtung bzw. Schätzung überlässt, obwohl er damit riskiert, dass dieser einzelne Steine austauscht oder sich anderweitig bereichert. Durch die starke Vernetzung der Händler untereinander und dadurch dass jeder jeden kennt, ist jedoch laut COLEMAN ein Fehlverhalten nicht möglich, ohne dass der betreffende Händler sofort entdeckt würde und sein Fehlverhalten allen anderen Mitgliedern der Gruppe bekannt wäre[1]. Diese Netzwerkgeschlossenheit („closure") schafft Vertrauen und Transparenz zwischen den Individuen und garantiert die Einhaltung sozialer Normen der Ehrlichkeit und Kooperation. Diese Merkmale sozialer Struktur stellen Sozialkapital für die Gruppe und die einzelnen Mitglieder dar. Durch sie werden die Transaktionskosten im Handel mit Diamanten signifikant reduziert oder bestimmte Transaktionen gar erst ermöglicht.	

Beispiel 3: Netzwerkgeschlossenheit in Handelsgemeinschaften

4. Innovationsteams	Burt 2000, S. 395; Reagans/Zuckerman 2001.
Empirische Studien haben gezeigt, dass Innovationsteams in Unternehmen die besten Leistungen erbringen, wenn sie bestimmte Formen von Sozialkapital besitzen. BURT berichtet von Teams, die die Entwicklung neuer Total-Quality-Management-Prozesse (TQM) zum Ziel hatten, während REAGANS/ZUCKERMAN Forschungs- und Entwicklungsteams untersuchen. Die Erkenntnisse decken sich und legen zwei Perspektiven bei der Betrachtung des Sozialkapitaleinflusses auf den Teamerfolg nahe. Zunächst einmal benötigen Teams externe Beziehungen zu Personen außerhalb der Gruppe, um Zugang zu Informationen und Wissen zu erhalten, die notwendig für die Innovationstätigkeit sind. Hierbei hat sich gezeigt, dass die Leistung der Teams eng einhergeht mit der Diversität der Beziehungen und damit auch der gewonnenen Informationen. Externe Beziehungen der Teammitglieder stellen somit Sozialkapital für das Team dar, da sie den Ressourcenzugang ermöglichen. Darüber hinaus müssen die Teammitglieder auch untereinander vernetzt sein. Diese internen Beziehungen sind notwendig, um effektive Zusammenarbeit zu ermöglichen. Da die Tätigkeiten innovativer und typischerweise komplexer Natur sind, sind enge Netzwerke und Beziehungen vorteilhaft, da nur diese das Verstehen zwischen den Mitarbeitern ermöglichen. Die Studien haben herausgefunden, dass solche Teams die beste Leistung zeigen, die sowohl externes wie auch internes Sozialkapital besitzen.	

Beispiel 4: Sozialkapital in Innovationsteams

[1] Folgendes Zitat fasst die Auswirkungen abweichenden Verhaltens zusammen: „Anyone found guilty of malfeasance can kiss good-bye his future chances for taking part in this lucrative market." (Portes/Landolt 1996, S. 19).

5. Serviceprozess	Llewellyn/Armistead 2000
LLEWELLYN und ARMISTEAD untersuchen die Funktionsweise und Ausführung von Serviceprozessen in der Kundenbetreuung eines großen Telekommunikationsunternehmens. Diese Serviceprozesse dienen der Bearbeitung von Kundenanfragen und machen die Weitergabe von Dokumenten und Verantwortlichkeiten zwischen Unternehmensbereichen notwendig. Die Autoren berichten, dass Mitarbeiter für die Bearbeitung der Aufgaben im Prozess nicht nur den vorgezeichneten, formellen Pfaden folgen, sondern häufig effektivere Lösungen anstreben, für die sie ihre informellen, persönlichen Beziehungen mobilisieren. Dies ist insbesondere bei unvorhergesehenen Umständen wie Notfällen auf Kundenseite oder technischen Fehlern bzw. Ausfall von Telekommunikationsdiensten der Fall. Die Mitarbeiter nutzen ihr Sozialkapital in erheblichem Maße, um die Servicequalität zu verbessern und pragmatische Lösungen für die Kunden zu finden. Dabei erlauben persönliche, abteilungsübergreifende Beziehungen schnellen und flexiblen Zugang zu wichtigen Informationen. Zudem erlauben diese Beziehungen den effektiven Austausch von Hilfe und Unterstützung zwischen der Individuen der verschiedenen Abteilungen. Die Autoren sehen dies als Beispiel dafür, wie Organisationen vom Sozialkapital der Mitarbeiter profitieren können, wenn die sozialen Beziehungen formelle Abteilungsgrenzen überbrücken.	

Beispiel 5: Sozialkapital in organisationalen Serviceprozessen

6. Communities-of-Practice	Lesser/Storck 2001
LESSER und STORCK beschreiben so genannte „Communities-of-Practice (CoPs)" als informelle Gruppen bzw. soziale Netzwerke in (insbesondere großen) Unternehmen, in denen sich Mitarbeiter zu verschiedenen Arbeitsthemen austauschen, Ideen diskutieren und andere Mitarbeiter kennen lernen. Mitarbeiter können als Teil der CoP auf Expertise anderer Mitglieder zurückgreifen, neue Ideen offen diskutieren, sowie über technische Entwicklungen auf dem Laufenden bleiben. Manche Communities pflegen zudem einen Wissenspool, in dem zum Beispiel bei Softwareprogrammierern frei zugänglicher Programmcode gespeichert und verteilt wird. LESSER und STORCK sehen Communities-of-Practice als Vehikel, das die Sozialkapitalentstehung und Nutzung im Unternehmen fördert. In CoPs bilden sich soziale Beziehungen und Netzwerke quasi als Nebenprodukt der Tätigkeiten der Mitglieder, die wiederum den Individuen und der Organisation bei ihrer Arbeit von Nutzen sein können. So erlauben CoPs neuen Mitarbeitern schnell Kontakte zu knüpfen und relevante Experten zu bestimmten Themen zu finden. Durch Teilnahme an CoP-Aktivitäten entstehen schnell erste Beziehungen, die auf Grund der Vernetzung innerhalb der CoP Zugang zu weiteren Mitarbeitern erlauben. Die Sozialkapitalentstehung wird also beschleunigt (Sozialkapital hilft Sozialkapital entstehen zu lassen). Darüber hinaus haben die entstehenden Netzwerke Sozialkapitalcharakter dahin gehend, dass sie im Tagesgeschäft das Auffinden von Informationen und die Inanspruchnahme von Unterstützung durch andere Mitarbeiter erlauben. Dies verbessert die Prozessqualität im Unternehmen. CoPs fördern zudem das Entstehen gegenseitigen Verstehens, so dass Mitglieder in die Lage versetzt werden, komplizierte Sachverhalte mit Mitarbeitern aus unterschiedlichen Unternehmensteilen zu diskutieren. Dies wirkt sich positiv auf die Innovationsfähigkeit des Gesamtunternehmens aus.	

Beispiel 6: Sozialkapital in organisationalen Wissensgemeinschaften

7. Ingenieurnetzwerk	Greve/Salaff 2001
GREVE und SALAFF beschreiben die Rolle von Sozialkapital bei der Entwicklung einer innovativen Lösung zur Betankung von Öltankern mit Hilfe von Bojen. Die Lösung stellt eine radikale Innovation dar, deren Entwicklung nur durch die gute Vernetzung der beteiligten Ingenieure auf der Basis ihrer informellen sozialen Kontakte möglich war. Über einen 5 Jahres-Zeitraum waren insgesamt 113 Individuen in 32 Organisationen disziplin- und branchenübergreifend in das Projekt involviert. Verschiedene, unabhängig voneinander entwickelte Technologien wurden hierfür zusammen gebracht. Hierzu gehörten sowohl IT-Lösungen zur Simulation von Ankersystemen, wie auch neuartige Hochdruckpumpsysteme. Die Initiatoren der Technologie unterhielten ein reichhaltiges Netzwerk von Beziehungen mit Ingenieuren in Forschungseinrichtungen und vielen spezialisierten Unternehmen aus den Bereichen Beratung, Ölgewinnung, Entwicklung, Schifffahrt und Logistik. Die Autoren zeigen auf, wie die sozialen Netzwerke erst bei der Generierung der Idee, dann beim Zugang zu Wissen und Technologien und schließlich in Form kleinerer Teilnetze bei der direkten Umsetzung und dem Testen der Technologie eine kritische Rolle spielten. Zudem waren die sozialen Beziehungen wichtig, um wesentliche Entscheidungsträger zu überzeugen, die Budgets für die Projekte zu bewilligen. Die Initiatoren nahmen dabei stets eine zentrale Rolle in diesem Netzwerk ein, die es ihnen erlaubte, Personen zusammenzubringen und von diversen Informationsquellen zu profitieren. Diese sozialen Netzwerke stellten sowohl aus Sicht der beteiligten Ingenieure, wie auch der Unternehmen signifikantes Sozialkapital dar, da sie die Innovation ermöglichten und somit schlussendlich monetären Wert in beträchtlicher Höhe schufen. Die Relevanz von Sozialkapital zeigt sich nicht zuletzt an dem Umstand, dass die Technologie letztendlich so komplex war, dass keine Person alleine das gesamte System verstehen konnte.	

Beispiel 7: Sozialkapital in unternehmensübergreifenden Innovationsprojekten

8. Beratungsunternehmen	Pennings/Lee 1999, S. 59ff.
In Unternehmensberatungen und Wirtschaftsprüfungsgesellschaften spielt Sozialkapital eine wesentliche Rolle bei der Leistungserstellung und beim Kundenzugang. Da es sich bei der Beratung um spezifische Dienstleistungen handelt, ist der Klient in die Leistungserstellung integriert; Berater arbeiten beim Klienten vor Ort und haben Einblick in sensitive Unternehmensdaten. Aus diesem Grund sind stabile Loyalitätsbeziehungen zwischen Klient und Beratungsunternehmen notwendig. Zudem ist die Qualität von Beratungsleistungen schwer zu beurteilen, auch aus diesem Grund basiert das Beratungsgeschäft zu weiten Teilen auf stabilen Berater-Klienten-Beziehungen, die aus Sicht des Beratungsunternehmens Sozialkapital darstellen, da sie den Zugang zum Klienten und damit Folgegeschäfte sichern. Sozialkapital in diesen Kundenbeziehungen reduziert zudem die Relevanz komplizierter Beratungsverträge; die soziale Stabilisierung spart Kosten auf beiden Seiten. Die Beziehungen werden in der Regel von den Beratern selbst unterhalten und stellen nur zum Teil Beziehungen zwischen Unternehmen dar, da der Berater die eigentliche Vertrauensperson ist. Dies hat Konsequenzen für das Unternehmen im Falle des Weggangs des Mitarbeiters. Es besteht die Gefahr, dass das Sozialkapital verloren geht, da es sich spezifisch auf die interpersonale Beziehung bezieht und nicht ohne weiteres auf einen neuen Mitarbeiter übertragbar ist. Das Beratungsunternehmen muss sich also gegen den Verlust der Kundenbeziehungen im Falle eines Ausscheidens von Mitarbeitern absichern, da die Berater ein erhebliches Droh- und Verhandlungspotenzial besitzen.	

Beispiel 8: Sozialkapital in Beratungsunternehmen

9. Keiretzu	Pennings/Lee 1999, S. 54ff.
Asiatische Unternehmensnetzwerke wie die Keiretzu in Japan und die Chaebol in Südkorea bieten gute Beispiele für eine Sozialkapitalinterpretation im zwischenbetrieblichen Kontext. Unternehmen in Keiretzu gruppieren sich um die Hersteller der Endprodukte (Original Equipment Manufacturers – OEM), typischerweise Automobilhersteller. Mitgliedschaften in Keiretzu sind sehr stabil und die Koordination im Netzwerk basiert weitgehend auf Konsensmechanismen; interner Wettbewerb findet nur sehr begrenzt statt, d.h. von jedem Lieferantentyp sind jeweils nur ein oder zwei Unternehmen Mitglied im Netzwerk. Die Unternehmen im Netzwerk sind durch intensive, stabile zwischenbetriebliche Vertrauensbeziehungen verbunden, die eine lange Historie aufweisen. Sozialkapital äußert sich in mehreren positiven Effekten für die Unternehmen. Zum einen erlaubt die Mitgliedschaft im Keiretzu den Zugang zu Ressourcen der Partnerunternehmen. Hierzu gehört auch der Zugang zu Finanzkapital, da typischerweise auch Banken den Keiretzu angehören. Zum anderen erlauben die zwischenbetrieblichen Beziehungen effektive Kooperation, was sich in kürzeren Prozesslaufzeiten (lead times) und niedrigeren Transaktionskosten äußert, da aufwendige Kontrollmaßnahmen durch die Existenz stabilen Vertrauens eingespart werden können. Beziehungen zwischen den Unternehmen existieren sowohl auf institutioneller wie auf interpersonaler Ebene und werden durch die Rotation von Mitarbeitern zwischen den Unternehmen gepflegt.	

Beispiel 9: Sozialkapital in Unternehmensnetzwerken

10. Brokeragenturen	McNaughton/Bell 2001
McNaughton und Bell interpretieren externe Unternehmens-Beziehungen und Netzwerke von Unternehmen als Unternehmenssozialkapital („corporate social capital – CSC"). Sie argumentieren, dass gerade kleine und mittlere Unternehmen (KMUs) oftmals nicht ausreichend in externe Beziehungen (mithin in Sozialkapital) investieren, was wiederum deren Wachstum limitiert. Am Beispiel von öffentlich finanzierten Brokeragenturen, die den Aufbau von Beziehungen fördern sollen, erläutern sie die Funktionsweise von CSC. Unternehmenssozialkapital bietet Zugang zu externen Ressourcen, sowie zu neuen Märkten und macht Unternehmen innovativer. KMUs sind in der Regel sehr vorsichtig im Umgang mit externen Beziehungen, da sie Autonomie- und Informationsverlust fürchten. Das Argument ist, dass öffentlich geförderte Agenturen den Aufbau von externem Unternehmenssozialkapital fördern können, um lokale Industriestrukturen zu fördern und die Wettbewerbsfähigkeit von KMUs zu verbessern. Neben der direkten Brokertätigkeit der Agenturen und der Anwendung von Managementmodellen zur Netzwerketablierung sehen sie die Entwicklung einer positiven Prädisposition der beteiligten Manager hinsichtlich kooperativer Attitüde und Management-Fähigkeiten als wesentliche Voraussetzung der Sozialkapital-Bildung im externen Netzwerk. Abschließend warnen die Autoren vor eventuelllen negativen Implikationen externer Netzwerke („social liabilities").	

Beispiel 10: Die Rolle von Brokeragenturen bei der Sozialkapitalschaffung

11. Biotechnologie-Netzwerke	Walker et al. 1997
WALKER ET AL. untersuchen die Strukturen von Unternehmensnetzwerken im Biotechnologiesektor und fokussieren auf verschiedene Formen von Sozialkapital zwischen Unternehmen, abhängig von der vorherrschenden Netzwerkstruktur. Die Biotechnologieindustrie ist gekennzeichnet durch ein hohes Maß an Innovation, Unternehmensgründungen, sowie Kooperation zwischen einzelnen Unternehmen. Wesentliche Technologiepatente, die die notwendige Grundlage für weitergehende Entwicklungen bilden, werden von unterschiedlichen Unternehmen gehalten. Aus diesem Grund ist zwischenbetriebliche Kooperation notwendig und weit verbreitet. Die Autoren gehen der Frage nach, ob Sozialkapital auf Basis lückenhafter oder dichter Netzwerke in der Industrie vorherrscht: Netzwerkpositionen und Beziehungen in lückenhaften Netzwerken erlauben es Unternehmen, Wettbewerbsvorteile durch Brokern und exklusiven Ressourcenzugang zu erlangen (z. B. exklusiver Zugang zu zwei Technologien, die dann verknüpft werden können). Dichte Netzwerke dagegen erlauben intensivere Kooperation durch die Einhaltung von Normen und das Entstehen von Reputation im Netzwerk. Dadurch, dass die Partner untereinander vernetzt sind, wird kooperatives Verhalten positiv, opportunistisches Verhalten hingegen negativ sanktioniert. Industrien sind typischerweise durch das Dominieren von entweder dichten oder losen Netzwerken gekennzeichnet. Die Studie zeigt, dass in der Biotechnologieindustrie dichte Netzwerke vorherrschen. Dies wird zurückgeführt auf die Besonderheiten des Sektors, die die enge Kooperation von Unternehmen notwendig machen, um neue Produkte gemeinsam zu entwickeln. Dies ist notwendig, da die Kerntechnologien auf mehrere Spieler im Markt verteilt sind. Für die Wertschöpfung sind also längerfristige Vertrauensbeziehungen notwendig, wie sie in dicht gewobenen Netzwerken entstehen können. Sozialkapital in Form dichter Netzwerke ist somit wichtig für Kooperation und Netzwerksteuerung. Lückenhafte Netzwerke stellen dagegen eher kompetitives Verhalten in den Vordergrund, bei dem einzelne Spieler Ressourcenvorteile zu erlangen versuchen. Dies wird als Merkmal reiferer Industrien gesehen, in denen eher lose, marktliche Beziehungen und eine transaktionsbasierte Sicht dominieren.	

Beispiel 11: Zur Rolle verschiedener Netzwerkstrukturen in der Biotechnologie-Industrie

12. Igbo-Gemeinschaft	Onyeiwu/Jones 2003
Die Studie von ONYEIWU und JONES untersucht Veränderungen im Lebensstil der Igbo, einer Volksgruppe in Nigeria aus Sicht der Sozialkapitaltheorie. Die Igbo leben in Gemeinschaften von ca. 2000 Personen in kleinen und mittelgroßen Dörfern. Der traditionelle Lebensstil der Igbo, vorherrschend bis in die 1970er Jahre, basierte auf einem hohen Maß an kooperativem und altruistischem Verhalten. So war es üblich, sich unentgeltlich untereinander beim Hausbau zu helfen, wobei das Verhalten auf starken Normen der Reziprozität bestand, so dass sich mittelfristig ein Ausgleich von „Geben und Nehmen" ergab. Auch war es üblich, für Arbeiten keinen Lohn im Voraus zu vereinbaren, sondern sich auf die Fairness des Arbeitgebers zu verlassen. All dies basierte auf engen interpersonalen Beziehungen in dicht vernetzten Gemeinschaften, die starke Werte und Normen kooperativen Verhaltens, sowie ein signifikantes Maß an Vertrauen beinhalteten. Die Geschlossenheit der Gemeinschaft sorgte für die Beobachtung, Einhaltung oder Sanktionierung der Normen, so dass unkooperatives Verhalten ausgegrenzt wurde. Dies stellte Sozialkapital für die Gemeinschaft dar, das effektive Abläufe des öffentlichen Lebens ohne das Vorhandensein typisch westlicher Marktinstitutionen ermöglichte. Auch für die Mitglieder der Gemeinschaft bedeuteten diese Strukturen eine Form von Sozialkapital, das in Zeiten schlechter Ernte oder persönlicher Krisen mobilisiert werden konnte. So ergab sich ein sich selbst verstärkender Effekt, der kooperatives Verhalten förderte und somit neues Sozialkapital hervorbrachte. Kooperation in einer solchen Situation stellt rationales Verhalten auf Basis des Reziprozitätsprinzips dar. In den 1980er Jahren jedoch wurde dieses Verhalten durch Veränderungen von Außen durchbrochen und kooperatives Verhalten zugunsten individualistischeren Verhaltens verdrängt. So hat das Aufkommen von Marktinstitutionen wie die Einführung der britischen Währung oder die Änderung der Handelsstrukturen dazu geführt, dass die Igbo zunehmend Transaktionen außerhalb ihrer Gemeinschaften durchgeführt haben. Hierzu gehören die Annahme von Arbeitsverhältnissen oder der Handel. Diese Transaktionen waren zum einen nach westlichem Vorbild strukturiert, zum anderen führten sie zu einer Vernachlässigung der Sozialkapitalpflege innerhalb der Gemeinschaft. Mit der Einführung von westlichen Märkten und individualistischem Verhalten wurde, so die Autoren, der Wert von Sozialkapital verringert und der sich selbst verstärkende Effekt durchbrochen. Individualistisches Verhalten und der Zugang zu monetärem Kapital substituieren aus individueller Sicht den Wert des Sozialkapitals.	

Beispiel 12: Sozialkapital in dörflichen Lebensgemeinschaften

<table>
<tr><td>13. Guanxi</td><td>Bian 2001</td></tr>
<tr><td colspan="2">BIAN beschreibt das Prinzip sozialer Austauschbeziehungen in der chinesischen Gesellschaft. Laut der chinesischen Philosophie werden alle Menschen in ein komplexes Netzwerk familiärer Beziehungen hineingeboren. Guanxi werden zwischenmenschliche Beziehungen genannt, die das Austauschen von Gefallen fördern. Guanxi bezeichnen Beziehungen im erweiterten Familienkreis, der die Verwandtschaft und soziale Gemeinschaft mit einbezieht. Die Beziehungen basieren auf dem Prinzip des „social eating“, wechselseitiger Essenseinladungen, die als Grundlage sozialen Austauschs und der Beziehungspflege dienen. Akteure, die Guanxi pflegen und andere Akteure zum Essen einladen, gewinnen soziales Ansehen („having face“) und vertiefen ihre sozialen Beziehungen. Guanxi stellen Sozialkapital für Akteure dar, da sie den Zugang zu Ressourcen wie z. B. Hilfe und Unterstützung bei der Ausübung öffentlicher Tätigkeiten, aber auch Zugang zu materiellen Ressourcen wie kostenloser Arbeitskraft oder finanzieller Kredite ermöglichen.
Guanxi basieren auf dem Prinzip der Reziprozität, d. h. aus der Erfüllung sozialer Obligationen, die sich aus Einladungen anderer Akteure ergeben. Auf diese Weise werden die Erwartungen wechselseitiger Reziprozität erfüllt und der Akteur gewinnt an Ansehen. Dieses Ansehen fungiert als sozialer Kredit, der eingelöst werden kann und stellt so Sozialkapital dar. Laut BIAN basiert nicht nur das ländliche Leben in China auf diesem kollektivistischen Prinzip sozialer Austauschbeziehungen; Guanxi wurden auch übertragen auf das städtische Geschäftsleben und sind eine wichtige Voraussetzung für geschäftlichen Erfolg.</td></tr>
</table>

Beispiel 13: Sozialkapital in chinesischen Austauschbeziehungen

3.1.3 Herkunft und Historie des Sozialkapitalbegriffs

Sozialkapital ist ein relativ neues Konstrukt, dessen erstmalige Erwähnung in der Literatur unklar ist. Zwar wurde der Begriff zwischen 1920 und 1980 in unabhängig voneinander entstandenen Arbeiten in der Politologie und der Soziologie mehrmals verwendet, jedoch erzielte er keine größere Aufmerksamkeit und es dauerte bis in die 1980er Jahre bis der Begriff in eine explizit formulierte Theorie mündete[1].

Der Pädagoge und Gesellschaftswissenschaftler HANIFAN gilt als der Erste, der Sozialkapital im Jahr 1920 als Konstrukt zur Erklärung sozialer, gesellschaftlicher Phänomene nutzte[2]. Nach der Rückkehr in seine Heimat West-Virginia (USA) sah er sich mit den gesellschaftlichen Problemen des ländlichen Lebens konfrontiert und prägte daher den Sozialkapitalbegriff zur Erklärung des fehlenden Gemeinwesens in der Region. Er bezog Sozialkapital auf die Vorteile, die sich aus Mitgefühl, Gemeinsinn und die Einbettung in gesellschaftliche Strukturen wie Freundeskreis, Nachbarschaft und Gemeinde ergeben. Zwar nimmt seine Interpretation schon einige

[1] Vgl. Putnam/Goss 2001, S. 17 und Gabbay/Leenders 1999, S. 2.
[2] Zu Hanifan siehe Putnam/Goss 2001, S. 16f.

Merkmale der späteren Definition vorweg, seine Arbeit erregte zum damaligen Zeitpunkt jedoch keine größere Aufmerksamkeit.

3.1.3.1 Entstehung des Sozialkapitalbegriffs in der Soziologie

In den Jahren 1950 bis 1970 waren es der Soziologe JOHN SEELEY, die Urbanistin JANE JACOBS, sowie der Ökonom GLENN LOURY, die den Begriff in ihren Studien benutzten[1]. SEELEY nutzte den Begriff um die Vorteile der Mitgliedschaft in Clubs und Vereinen als Grundlage zur Karriereentwicklung zu beschreiben. JACOBS (1965) wies auf den „kollektiven Wert informeller Nachbarschaftsbeziehungen in der modernen Großstadt" hin[2], während LOURY (1977) mit Sozialkapital die in familiären und nachbarschaftlichen Beziehungen eingebetteten Ressourcen beschreibt, die sich positiv auf die kognitive und soziale Entwicklung von Kindern auswirken[3].

Aber erst die wiederum unabhängig voneinander entstandenen Arbeiten der beiden Soziologen BOURDIEU und COLEMAN haben für eine theoretische Ausarbeitung gesorgt[4]. Obwohl die Arbeiten von BOURDIEU (1979, 1985) früher entstanden sind, war es COLEMANS Sozialkapitaltheorie (1988, 1990), die als erste umfassende Aufmerksamkeit erfuhr. BOURDIEU untersucht das Zusammenspiel verschiedener Kapitalformen auf Märkten, sowie im gesellschaftlichen Leben, und bezieht sich dabei insbesondere auf immaterielle Kapitalformen wie kulturelles und soziales Kapital. Das soziale Kapital sieht er als eine eigenständige Ressource, die aus der Nutzung „eines dauerhaften Netzes von mehr oder weniger institutionalisierten Beziehungen gegenseitigen Kennens und Anerkennens" resultiert[5]. Danach unterhalten soziale Akteure bewusst Beziehungen, um ihre Profitchancen beim Einsatz anderer Kapitalformen zu verbessern. Insbesondere Reputationseffekte kommen dabei zum Tragen[6]. COLEMAN nutzte Sozialkapital zur Beschreibung der gesellschaftlichen Einbettung von Bildung und Erziehung und um die Rolle von Sozialkapital bei der Entstehung von Humankapital zu demonstrieren[7]. In seinem 1990 erschienenen Buch integriert er Sozialkapital in den breiteren Kontext soziologischer Theorien und legt damit den Grundstein für die weitere Anwendung in derSoziologie, aber auch in der Ökonomie und der Organisationsforschung[8].

---

[1] Vgl. Putnam/Goss 2001, S. 17f. und Gabbay/Leenders 1999, S. 2.
[2] Vgl. Putnam/Goss 2001, S. 18.
[3] Vgl. Coleman 1990, S. 300 und Gabbay/Leenders 1999, S. 13.
[4] Vgl. Hazleton/Kennan 2000, S. 81.
[5] Vgl. Schwingel 1995, S. 87.
[6] Vgl. Treibel 1997, S. 210.
[7] Siehe Coleman 1988.
[8] Siehe Coleman 1990.

Neben COLEMAN gibt es weitere Soziologen, die zwar nicht explizit das Sozialkapitalkonstrukt aber doch die zugrunde liegenden Ideen des Wertes sozialer Strukturen und die damit einhergehenden Mechanismen sozialer Netzwerke und deren Auswirkungen auf ökonomische Sachverhalte auf eher formaler Ebene untersuchten. Die wohl einflussreichsten in diesem Feld sind MARK GRANOVETTER, NAN LIN und RONALD S. BURT. GRANOVETTER hat schon früh auf den Wert sozialer, insbesondere schwacher Beziehungen zur Erlangung ökonomischer Vorteile, wie beispielsweise den Zugang zu beruflichen Positionen, hingewiesen[1]. Des Weiteren hat er die herrschende ökonomische Lehre als untersozialisiert kritisiert und auf die Einbettung ökonomischer Transaktionen in soziale Strukturen hingewiesen[2]. Aufbauend auf den Arbeiten von GRANOVETTER hat LIN demonstriert, wie Akteure soziale Ressourcen (z. B. Beziehungen) nutzen, um ihre Ziele (z.B. Zugang zu beruflichen Positionen) zu verfolgen[3]. BURT beschäftigt sich allgemein mit dem Wert sozialer Strukturen wie Beziehungen und Netzwerke und dem Vorteil, den Akteure aus einem Netzwerk von Beziehungen und speziell aus bestimmten Netzwerkpositionen ziehen. Hierbei stellt er auf den Zugang zu Ressourcen wie Informationen, Berufschancen oder unternehmerischen Opportunitäten ab[4].

3.1.3.2 Adaption des Begriffs in Politologie und Entwicklungspolitik

Ebenfalls sehr einflussreich in der Verbreitung des Konstrukts war der Politologe ROBERT PUTNAM, dessen Arbeit „Bowling alone" weit reichende Aufmerksamkeit in der Politologie und den Gesellschaftswissenschaften erlangt hat[5]. Seinen Arbeiten ist es auch zu verdanken, dass das Thema auf die Agenda der Weltbank und anderer politischer Institutionen aufgenommen wurde, die Sozialkapital zur Untersuchung des gesellschaftlichen Zusammenlebens in verschiedenen Nationen benutzen und, aufbauend auf diesen Erkenntnissen, normative Vorschläge zur politischen Gestaltung und zur Stärkung von Sozialkapital in sozialen Gemeinschaften machen[6]. Hierzu gehören Studien zur Rolle von Sozialkapital in der Entwicklungspolitik[7], zum Zusammenhang zwischen Sozialkapital, Nachhaltigkeit und

---

[1] Siehe Granovetter 1973.

[2] Siehe Granovetter 1985.

[3] Siehe z. B. Lin 1982 oder Lin et al. 1981; vgl. auch Coleman 1990, S. 302.

[4] Siehe Burt 1992, 1997a, 1997b, 2000, 2001.

[5] Siehe Putnam 1995; siehe auch Field 2003 zu den Arbeiten von Bourdieu, Coleman und Putnam.

[6] Siehe in dieser Tradition z. B. die Ausführungen von Krishna 1999.

[7] Siehe Woolcock 1998.

wirtschaftlichem Wachstum[1], sowie zum Konzept der Bürgergesellschaft und der Rolle ehrenamtlicher Tätigkeit und des Gemeinsinns als Sozialkapitalindikator in Gesellschaften[2]. Diese Arbeiten begründen einen weitgehend eigenständigen Zweig der Sozialkapitalforschung, der heute, trotz signifikanter Strukturanalogien, das Konstrukt in abgewandelter und im Fokus ebenfalls stark erweiterter Form anwendet[3]. PORTES und LANDOLT kritisieren den Forschungszweig für seine breite, teils undifferenzierte und meist zu positive Interpretation des Sozialkapitalbegriffs, für Schwächen bei der Operationalisierung von Sozialkapital auf Gesellschaftsebene und den damit einhergehenden Schwächen normativer Empfehlungen[4].

3.1.3.3 Sozialkapital in der Organisationsforschung

Mittlerweile hat das Sozialkapitalkonstrukt auch in die Betriebswirtschaftlehre und Organisationsforschung Einzug gehalten. Angefangen mit Studien zum Einfluss von Sozialkapital auf die Karriereentwicklung[5] und bei der Vergütung von Managern[6] wird das Konstrukt mittlerweile auch in anderen Bereichen der organisationalen Forschung benutzt. Eine wachsende Anzahl Studien beschäftigen sich mit Fragestellungen zur Rolle von Sozialkapital in verschiedenen Organisations- und Wertschöpfungsbereichen; hierzu zählen z. B.:

- Sozialkapital in der Karriereentwicklung moderner Wissensarbeiter[7],
- die Rolle von Sozialkapital bei der Schaffung neuen Wissens und der Wertschöpfung in wissensintensiven Unternehmen[8],
- Sozialkapital zur Erzielung kompetitiver Vorteile durch Aufbau dynamischer Kompetenzen auf Unternehmensebene[9],
- Sozialkapital und die Effektivität innerbetrieblicher Forschungsteams[10],
- Sozialkapital als Grundlage effektiver Organisation und die Rolle der Personalführung bei der Generierung organisationalen Sozialkapitals[11],

---

[1] Siehe Seralgeldin/Grootaert 1999 oder Woolcock 2001a, 2001b.

[2] Siehe z. B. Skocpol 2001.

[3] Siehe z. B. das Sammelwerk von Dasgupta/Seralgeldin 1999.

[4] Siehe Portes/Landolt 1996: „…the more social capital is celebrated for a growing list of wonderful effects, the less it has any distinct meaning.“ (S. 18) und „Stretching the concept does not only lead to circular or banal statements, harmless in their own way, but to policy recommendations that can be dangerous.” (S. 21).

[5] Siehe Lin et al. 1981 und Lin 1982.

[6] Siehe Boxman et al. 1991.

[7] Siehe Tymons/Stumpf 2003.

[8] Siehe Nahapiet/Goshal 1998, Tsai/Goshal 1998 und Tsai 2001.

[9] Siehe Blyler/Coff 2003.

[10] Siehe Reagans/Zuckerman 2001.

[11] Siehe Leana/van Buren 1999.

- Sozialkapital in innerbetrieblichen Dienstleistungsprozessen[1],
- Allianzen als Sozialkapital auf Unternehmensebene beim Zugang zu externen Marktressourcen[2].

Mehrere kürzlich erschienene Sammelwerke zum Thema Sozialkapital in Organisationen[3] sowie die Behandlung in eher populärwissenschaftlicher Managementliteratur[4] belegen ebenfalls die steigende Relevanz des Themas. Aus den oben genannten Beispielen lässt sich bereits deutlich ablesen, dass Sozialkapital aus verschiedenen Perspektiven und für die Untersuchung unterschiedlicher Betrachtungsgegenstände benutzt wird. Es ist daher unerlässlich, das Konstrukt und seine Ausgestaltung näher zu untersuchen. Aus diesem Grund gibt es bereits erste Übersichts- und Klassifikationsbeiträge[5]. Die vorliegende Arbeit wird diese Klassifikationen aufarbeiten und ergänzen, um aufbauend auf einem ganzheitlichen und multiperspektivischen Sozialkapitalverständnis einerseits den Fokus der vorliegenden Studie zu verdeutlichen und andererseits die verschiedenen Perspektiven und Dimensionen zu nutzen, um die Rolle von Sozialkapital im empirischen Kontext der Arbeit detailliert herauszuarbeiten.

Das nächste Unterkapitel ordnet Sozialkapital in die traditionellen Betrachtungsweisen von Soziologie und ökonomischer Lehre ein, um darauf aufbauend ein konsistentes Verständnis von Sozialkapital für den weiteren Verlauf der Arbeit zu erarbeiten. Dabei sind die Arbeiten der Soziologie, (Sozio-) Ökonomie und natürlich der Organisationsforschung sinnvolle Grundlage bei der Definition und Ausgestaltung des Sozialkapitalkonstrukts, während die Arbeiten der Politologie und Entwicklungspolitik wegen ihrer breiten und oftmals sehr vagen Operationalisierung des Konstrukts nur am Rande mit einbezogen werden. Zwar sind diese nützlich, um Strukturanalogien des Konstrukts auf verschiedenen Betrachtungsebenen aufzuzeigen, sie bilden jedoch ausdrücklich nicht die Grundlage der vorliegenden Arbeit.

3.1.4 Sozialkapital im Spannungsfeld von Soziologie und Ökonomie

Klassische Theorien zur Beschreibung und Erklärung sozialen Handelns in Soziologie und Ökonomie stehen teils in signifikantem Widerspruch zueinander[6]. Die Soziologie sah Akteure lange Zeit als soziale Wesen, deren Handeln maßgeblich durch die Internalisierung externer Einflussfaktoren

[1] Siehe Llewellyn, Armistead 2000.
[2] Siehe Koka/Prescott 2002.
[3] Siehe z.B. Leenders/Gabbay 1999, Lesser 2000, Gabbay/Leenders 2001.
[4] Siehe Baker 2000 und Cohen/Prusak 2001.
[5] Siehe Nahapiet/Goshal 1998, Portes 1998 und Adler/Kwon 2002.
[6] Siehe hierzu z. B. Coleman 1988, Granovetter 1992.

wie sozialer Normen und Regeln bestimmt wird. Ziel dieser Position war es, das Handeln von Akteuren im sozialen Kontext zu erklären. Im Gegensatz dazu handeln Akteure aus Sicht der Ökonomie individualistisch und rein aus eigenem Antrieb, indem sie versuchen, ihre eigenen unabhängigen Ziele zu verwirklichen. Ziel der ökonomischen Position ist dabei die Erklärung von ökonomischen Transaktionen basierend auf dem Prinzip rationaler Nutzenmaximierung. Diese individualistische Sichtweise begründete die neoklassische ökonomische Theorie[1].

3.1.4.1 Über- und untersozialisierte Positionen

Beide Positionen haben laut COLEMAN und GRANOVETTER grundlegende Defekte: Die soziologische Position sieht den Akteur, vereinfacht gesagt, ohne internen eigenen Antrieb („engine of action"), der nur durch externe Einflüsse, wie die Meinungen Anderer und die im sozialen Umfeld vorherrschenden Normen und Werte, gesteuert wird[2]. WRONG nennt diese Sichtweise deshalb auch die *übersozialisierte Position*[3]. Im Gegensatz dazu ist die ökonomische Sichtweise laut COLEMAN zu zentriert auf das individualistische, egoistische und rationale Verhalten von Individuen im Sinne des *Homo Oeconomicus*. COLEMAN bezeichnet diese Konzentration auf das Individuum und sein egoistisches und rationales Handeln als eine Fiktion moderner Gesellschaft. Die Sichtweise geht laut seiner Aussage zurück auf Philosophen des 17./18. Jahrhunderts, die dem Gruppenphänomen von Religion und ethnischer Identität ein neues Konzept entgegenstellen wollten, das die Rechte des Individuums besser betonte.

Diese Ansicht hat sich vermutlich deshalb in der Ökonomie als vorherrschendes Menschenbild durchgesetzt, weil Individuen die einzig tangiblen Akteure in der Gesellschaft wie auch im Wirtschaftssystem sind. Diese Sichtweise wird von GRANOVETTER als *untersozialisierte Position* kritisiert, die keinerlei Einbettung des Akteurs in soziale Strukturen wie z. B. soziale Beziehungen zulässt[4]. Trotz dieses Gegensatzes kritisiert

---

[1] Vgl. Coleman 1990, S. 14.

[2] „... a conception of people as overwhelmingly sensitive to the opinions of others and hence obedient to the dictates of consensually developed norms and values, internalized through socialization so that obedience is not perceived as a burden." (Granovetter 1992, S. 28).

[3] Er spricht von einer „oversocialized conception of sociology" (Wrong 1961), siehe auch Granovetter 1992, S. 28f.

[4] „In contrast to the oversocialized view pilloried by Wrong (1961), classical and especially neoclassical economics operate with an atomized, *undersocialized* conception of human action. The theoretical arguments disallow by hypothesis any impact of social structure or relations on production, distribution, or consumption." (Granovetter 1992, S. 29, Hervorhebung im Original).

GRANOVETTER die klassische ökonomische wie auch die soziologische Position gleichermaßen für ihre „atomisierte Definition" von Akteuren und ihren Aktionen. Die untersozialisierte Position geht von atomaren Akteuren aus, die rein den eigenen Nutzen maximierend handeln, während die übersozialisierte Position Akteure ebenfalls als atomar ansieht, da sie durch einen Internalisierungsprozess externe Normen ihres sozialen Umfelds, die fortan ihr Handeln bestimmen, verinnerlichen. Normen sind also nach dieser Ansicht nicht Teil einer die Akteure umgebenden sozialen Struktur, sondern werden durch einen Internalisierungsprozess zu Merkmalen der Akteure. Akteure nehmen beispielsweise das Verhalten einer gesellschaftlichen Klasse an[1].

Laut GRANOVETTER werden jedoch Theorien benötigt, die berücksichtigen, dass Akteure in soziale Strukturen eingebettet sind, die ihr Handeln und ihre Entscheidungen beeinflussen; dies führt weg von einer rein atomaren Sichtweise von Akteuren, hin zu einer erweiterten Sichtweise, die Akteure in ein Netzwerk von Beziehungen einbettet[2]. Auch wenn neuere Theorien wie die Spieltheorie versucht haben, soziale Aspekte wie Kooperation nachzubilden, blieb die ökonomische Theorie weitgehend zentriert auf das Individuum und atomare Interaktionen (Transaktionen) zwischen diesen. Die Grundannahme dabei ist nach wie vor, dass Individuen ausschließlich rational und egoistisch im reinen Eigeninteresse handeln. Empirische Untersuchungen jedoch haben gezeigt, dass Akteure durch ihren direkten sozialen Kontext und Faktoren wie Normen und Vertrauen beeinflusst und gelenkt werden und dass soziale Netzwerke sehr wohl für ökonomische Transaktionen eine Rolle spielen[3]. Bestrebungen von Ökonomen wie WILLIAMSON ist es zu verdanken, dass Institutionen, die die Bildung sozialer Systeme im Wirtschaftssystem erklären, in die ökonomische Diskussion Eingang gefunden haben[4]. Zwar kritisiert GRANOVETTER auch diese Neue Institutionenökonomie (NIÖ) als in Teilen untersozialisiert, da die

---

1 „But the apparent contrast between under- and oversocialized views, masks an irony of great theoretical importance: *Both share a conception of action and decision carried out by atomized actors.* In the undersocialized account, atomization results from narrow utilitarian pursuit of selfinterest; in the oversocialized one, from the fact that behavioural patterns have been internalized and are thus affected only peripherally by ongoing social relations." (Granovetter 1992, S. 30, Hervorhebung im Original).

2 „Embeddednes refers to the fact that economic action and outcomes, like all social action and outcomes, are affected by actors' dyadic (pairwise) relations and by the structure of the overall network of relations. As a shorthand, I will refer to these as the relational and the structural aspects of embeddedness." (Granovetter 1992, S. 33).

3 Vgl. Onyeiwu/Jones 2003, S. 233f.

4 Für einen Überblick siehe Williamson (2000).

Institutionen als das Produkt rational handelnder Akteure gesehen werden[1], die NIÖ stellt jedoch einen ersten Schritt zur Integration sozialer Aspekte in ökonomische Modelle dar, indem sie Kooperation als ein Phänomen sieht, das auch durch soziale Institutionen, Kultur und psychologische Faktoren erklärt werden kann. Institutionen beeinflussen demnach soziales Handeln über komplexe Faktoren wie Regeln, Normen, Routinen etc.[2].

3.1.4.2 Wiedervernetzung ökonomischer und soziologischer Positionen

Die NIÖ auf der einen Seite und soziologische Theorien, wie die Austauschtheorie nach BLAU[3], auf der anderen Seite haben eine Revision der Betrachtung ökonomischer Systeme eingeleitet, indem sie einerseits soziale Institutionen in die ökonomische Theorie einführen und andererseits Rationalität als Merkmal von Akteuren in die soziologische Theorie übernehmen. Diese Tendenzen zur Wiedervernetzung von Ökonomie und Soziologie bildeten den weiteren Rahmen für die Entstehung der Sozialkapitaltheorie. Ausgehend von der Position GRANOVETTERS argumentieren BIGGART und CASTANIAS, dass die soziale Beziehung als struktureller Betrachtungsgegenstand benötigt wird, um ein besseres Bild ökonomischer Aktivität zu gewinnen[4]. Die Sozialkapitaltheorie basiert im Kern auf sozialen Beziehungen und kann somit als eine Antwort auf diese Bestrebungen gesehen werden.

Wie bereits im letzten Kapitel ausgeführt, waren es die Soziologen BOURDIEU und COLEMAN, die mit ihrem integrierten, sozioökonomischen Blickwinkel die Sozialkapitaltheorie begründeten. Laut COLEMAN basiert die Sozialkapitaltheorie auf dem Import ökonomischer Prinzipien rationalen Handelns zur Interpretation sozialer Systeme ohne die bestehenden soziologischen Prinzipien aufzugeben[5]. Sie interpretiert also soziologische Kooperationsphänomene aus einer ökonomischen Perspektive durch die Anwendung der aus der Ökonomie stammenden Kapitalmetapher und integriert sie damit zugleich in den Bestand ökonomischer wie auch organisationstheoretischer Konstrukte[6]. Sozialkapitaltheorie integriert somit soziale Struktur als grundlegende Komponente in ein von individuellen, ratio-

---

[1] „… institutional arrangements are assumed to be the product of rationally calculating individuals. In other words, economic calculus yields institutions; institutions are the „solution" to economic „problems"" (Biggart/Castanias 2001, S. 478, Hervorhebung im Original); vgl. auch van Dijk 1997, S. 3.

[2] Vgl. Onyeiwu/Jones 2003, S. 236.

[3] Siehe Blau 1964.

[4] „A structural unit of analysis is necessary to get at social processes in economic life." (Biggart/Castanias 2001, S. 478).

[5] Siehe Coleman 1990.

[6] Vgl. Araujo/Easton 1999, S. 71.

nal handelnden Akteuren dominiertes Theoriegerüst[1]. Relationalen, nicht nur auf das Individuum fixierten, Konstrukten wie sozialen Beziehungen kommt dabei eine wesentliche Rolle zu, da sie in direkter Beziehung zu Vertrauen und kooperativem Verhalten stehen[2].

Die ökonomische Interpretation sozialer Strukturen und Interaktionen steht damit jedoch latent im Widerspruch zur weithin verbreiteten Sichtweise des *Homo Oeconomicus*. Die Sozialkapitaltheorie geht von der Möglichkeit altruistischen bzw. kooperativen Verhaltens in Abwesenheit einer direkten ökonomischen Gegenleistung aus, was aus Sicht des *Homo Oeconomicus* ein irrationales Verhalten darstellt (z. B. jemandem ohne direkte Gegenleistung einen Gefallen tun)[3]. Ein solches Verhalten ist jedoch einzig dann als irrational anzusehen, wenn das ökonomische Modell nur eine kurzfristige Sichtweise unter Konzentration auf atomare Interaktionen zulässt und wiederum auf die Existenz von Beziehungen zwischen den Akteuren verzichtet. Altruistisches Verhalten und der Aufbau einer sozialen Beziehung können jedoch rationale Gründe aus Sicht des Akteurs haben, so dass ein Verhalten, das aus einer reinen Transaktionssicht irrational erscheint, aus einer Beziehungssicht rational sein kann[4]. Soziale Beziehungen können ökonomische Funktionen ausüben, d. h. im Sinne von Sozialkapital wertvoll sein. Soziale Beziehungen können ökonomischen Austausch fördern, und dürfen nicht primär als Marktdefekt oder Hindernis ökonomischen Austauschs gesehen werden, wie dies in manchen ökonomischen Modellen der Fall ist[5]. Akteure können die Beziehungen und ihr Wissen über andere Beziehungen bewusst für ihre Zwecke nutzen[6]. Da der Bildung von Sozialkapital ein mittelbarer ökonomischer Nutzen zugeschrieben wird, bleibt die Position grundsätzlich vereinbar mit dem ökonomischen Prinzip der Nutzenmaximierung, auch wenn eine komplexere Betrachtung von Motiven und Zielen von sozialen Akteuren angestrebt wird und die Existenz relationaler Konstrukte und sozialer Einflussfaktoren für das ökonomische Handeln in die Diskussion mit einbezogen werden.

---

[1] Vgl. Sandefur/Laumann 2000, S. 83.

[2] Vgl. van Dijk 1997, S. 3.

[3] Vgl. Adler/Kwon 2002, S. 24.

[4] „...social relations should not be conflated with irrationality. Social ties can be subject to rational calculus, no less than interest rates and returns on investment." (Biggart/Castanias 2001, S. 491).

[5] Vgl. Biggart/Castanias 2001, S. 491.

[6] „...economic actors use their knowledge of their social relations and the relations of others to advance their interests." (Biggart/Castanias 2001, S. 480).

3.1.4.3 *Vom Homo Oeconomicus zum Homo Reciprocans*

Aufbauend auf dem Grundprinzip der Reziprozität, das dem Sozialkapitalkonstrukt zugrunde liegt, lässt sich die Metapher des *Homo Oeconomicus* sinnvoll weiterentwickeln. BOWLES und GINTIS argumentieren, dass Akteure weder vollständig egoistisch noch vollkommen altruistisch handeln. Vielmehr sehen sie Akteure als *Homo Reciprocans*, die altruistisches Verhalten nur solchen Akteuren gegenüber zeigen, die sich ihrerseits kooperativ verhalten[1], mit denen mithin eine Beziehung aufgebaut und unterhalten wird. Damit einher geht auch eine mehrdimensionale Betrachtung der Ziele und Motivationen von Akteuren. Akteure müssen nicht notwendig nur egoistisch, im Sinne direkter Nutzenmaximierung, agieren. Insbesondere wenn der Zeithorizont bei der Betrachtung erweitert wird, kann kurzfristig irrationales Verhalten im Sinne des *Homo Oeconomicus* als sinnvoll und rational im Sinne des *Homo Reciprocans* verstanden werden. Denn die Grundidee des Sozialkapitalkonstrukts ist, dass soziale Strukturen für Akteure bei der Verwirklichung ökonomischer wie auch anderer persönlicher Ziele Ressourcen darstellen können. Sozialkapital wird damit zum Bindeglied für die Integration des Konstrukts ökonomisch rational handelnder Akteure mit den Prinzipen der Kooperation und relationalen Einbettung in soziale Strukturen: Akteure können letztlich bewusst soziale Strukturen im Sinne einer Investition fördern, um sie zur Erreichung ihrer Ziele zu nutzen. Dies führt weg von formalen Modellen individualistischer Spieltheorie, hin zu einer Theorie sozialer, aber gleichzeitig rationaler Akteure.

Da das Sozialkapitalkonstrukt auf dem Prinzip der Reziprozität beruht, bei dem Akteure nur mittelbar für kooperatives Verhalten entlohnt werden, liegt auch dem Sozialkapitalkonstrukt die Annahme individuellen Verhaltens im Sinne des *Homo Reciprocans* zugrunde, was keine generelle Abkehr, wohl aber eine Erweiterung des *Homo Oeconomicus*-Konstrukts darstellt. Kooperatives Verhalten ist in diesem Sinne selbst verstärkend: Kooperatives Verhalten erzeugt Sozialkapital, was wiederum kooperatives Verhalten begünstigt. Das Beispiel gemeinnütziger Organisationen (siehe Kasten) zeigt, dass eben solche Organisationen, die auf reziprokem Verhalten basieren, mehr Sozialkapital generieren als individualistisch entlohnende Organisationen.

---

[1] Siehe Bowles/Gintis 1999.

Das Prinzip des Homo Reciprocans am Beispiel gemeinnütziger Organisationen

Die Metapher des *Homo Reciprocans* lässt sich gut verdeutlichen am Beispiel von Kollektiv-Organisationen, d. h. Freiwilligenorganisationen, die Werte für ihre Mitglieder oder die Öffentlichkeit schaffen[1]. Wenn Mitglieder durch ihre Arbeit oder ihren Beitrag in diesen Organisationen öffentliche Güter („public goods") erstellen, das heißt Wert schaffen, der der Öffentlichkeit oder allen Mitgliedern gleichsam zugute kommt[2], dann ergibt sich unter Annahme eines typischen *Homo Oeconomicus* Verhaltens das so genannte „Free-Rider" Problem, bei dem einzelne Individuen das öffentliche Gut ausnutzen[3]. Wenn der eigene Nutzenzuwachs des egoistischen Akteurs bei Einbringen von mehr eigenen Ressourcen verschwindend gering ist, die Abnahme des Nutzens des öffentlichen Guts bei Entzug der eigenen Ressourcen aber auch verschwindend gering ist, dann besteht die optimale egoistische Strategie darin, gar nichts beizutragen. Folgen alle Akteure diesem Kalkül, wird das öffentliche Gut nicht mehr produziert. OLSON hat deshalb die „by-product"-These aufgestellt, die eine direkte individualistische Vergütung („private goods") als Ausgleich für geleistete Beiträge vorschlägt. Diese privaten Güter stellen dann die Hauptmotivation für den Beitrag der Akteure dar und das öffentliche Gut entsteht als Nebenprodukt („by product")[4]. Studien belegen jedoch, dass diese Auffassung der empirischen Realität widerspricht. KNOKE argumentiert daher, dass man das Modell der Motivation von Akteuren erweitern muss[5]. Es zeigt sich nämlich, dass bei Anwendung eines Privatgütermodells mit individualistischer Auszahlung nur „teilnahmslose" („apathetic") Akteure mit individualistischer Motivation angezogen werden, die nicht wirklich zur Produktion öffentlicher Güter beitragen. Organisationen aber, die auf diese individuellen Auszahlungen verzichten, ziehen Akteure an, die intrinsisch zu kooperativem Verhalten motiviert sind[6]. Diese können als *Homo Reciprocans* interpretiert werden, die kooperieren, wenn andere auch kooperieren, sprich zur Produktion des öffentlichen Guts beitragen.

---

[1] So genannten „collective action organisations", nach Knoke 1988.

[2] Online-Communities, Newsforen und Tauschbörsen sind typische Alltagsbeispiele, aber auch Umweltorganisationen und politische Organisationen.

[3] Vgl. Knoke 1988, S. 312.

[4] Vgl. Olson 1965, zitiert in Knoke 1988.

[5] „…members vary enormously in their preferences for and responses to a diversity of incentives offered by collective-action organizations. Members' motives range from personal help with job searches, to social partying, to changing legal statutes that affect the lives of persons not belonging to the organization. Adherence to equity norms, standards of fairness, altruism, and emotional ties to persons and groups may all play some part in individual decisions to become involved in a collective-action association. Reducing such complexity to simple utilitarian calculi of net benefits minus costs distorts reality and ignores organizations' capacities to tailor their inducements to fit the diversity of members' interests. Efforts to test Olson's model and its alternatives have frequently shown that a variety of motives are important." (Knoke 1988, S. 313).

[6] Vgl. Knoke 1988, S. 326.

3.1.5 Zur Relevanz von Sozialkapital im organisationalen Umfeld

Mehrere parallel verlaufende Entwicklungen der letzten Jahre führen zu einer erhöhten Bedeutung von Sozialkapital für die unternehmerische Wertschöpfung. Zudem rückt Sozialkapital vermehrt in den Mittelpunkt der Betrachtung, da sich verändernde gesellschaftliche wie organisatorische Gegebenheiten die natürliche Entwicklung von Sozialkapital zunehmend erschweren. Sozialkapital wird oftmals vor Allem durch seine Abwesenheit als wichtig empfunden.

Die gestiegene Bedeutung von Sozialkapital geht einher mit der zunehmenden Bedeutung von Wissen als Faktor zur Leistungserstellung in der heutigen Gesellschaft. Insbesondere implizites, d.h. nicht speicherbares, Wissen einzelner Individuen, aber auch die kollektiven Fähigkeiten von Arbeitsgruppen werden als Produktionsfaktor immer entscheidender. Wissen verdrängt Arbeit als den wichtigsten Produktionsfaktor. Aus diesem Grund dominiert Humankapital seit längerem die Diskussion um Investitionen in Unternehmen. Sozialkapital erlangt dabei als notwendiger Komplementär zu Humankapital gleichzeitig hohe Bedeutung, wird jedoch vielfach noch nicht ausreichend in Betracht gezogen[1]. Sozialkapital stellt eine wichtige Ressource in den Prozessen des Wissenszugangs und -austausches von Unternehmen, sowie bei der Wissensverarbeitung auf Gruppenebene in Organisationen dar[2]. Ein weiterer Grund für die steigende Bedeutung von Sozialkapital liegt in der steigenden Vernetzung der Märkte. In Zeiten, in denen wesentliche Ressourcen zur Leistungserstellung außerhalb des Unternehmens liegen, wird die Fähigkeit, Beziehungen im externen Netzwerk zu bilden, zu einer Kernfähigkeit von Unternehmen[3]. Der steigende Anteil von Outsourcing und Partnerschaften bei der Leistungserstellung verlangt von Unternehmen die Fähigkeit effektiven Managements von Beziehungen. Sozialkapital auf individueller wie auch auf Unternehmensebene erlangt somit kritische Bedeutung für den Unternehmenserfolg.

Darüber hinaus haben gesellschaftliche wie wirtschaftliche Veränderungen die natürliche Bildung von Sozialkapital erheblich erschwert[4]. Globalisierung und die damit einhergehende Bildung multinationaler Unternehmen führen zu zunehmender Virtualisierung von Organisationsstrukturen und Arbeitsumfeldern. Verteiltes Arbeiten und die Nutzung elektronischer Kommunikationsmedien erschweren dabei die Kontaktaufnahme und Pflege von engen Beziehungen mit Kollegen. Sozialkapital entsteht in einem

---

[1] Vgl. Lesser 2000, S. 9f.
[2] Vgl. Landry et al. 2001, S. 74.
[3] Vgl. Lesser 2000, S. 11.
[4] Vgl. Lesser 2000, S. 12f.

solchen Kontext nicht mehr beiläufig und die Pflege von Beziehungen, mithin die Investition in Sozialkapital, benötigt explizite Aufmerksamkeit und dedizierten Aufwand[1].

Die gestiegene Aufmerksamkeit für das Konstrukt ist nicht zuletzt auch auf die Anwendung populärer Managementkonzepte zurückzuführen, die die Bildung von Sozialkapital weiter erschweren oder zum Verlust von Sozialkapital in Organisationen führen. Maßnahmen wie das „Business Process Reengineering" beispielsweise haben zur Umstrukturierung von Konzernen und Organisationen geführt, bei denen bestehende soziale Strukturen zerstört und damit bestehendes Sozialkapital vernichtet wurde. Dabei lässt eine zu starke Fokussierung auf Humankapital als Ressource die sozialen Strukturen zwischen den Mitarbeitern häufig außer Acht. Die sich zunehmend verändernden Beschäftigungsstrukturen sind hierfür ein Beispiel. Mitarbeiter werden oftmals als Wissensträger von einem Projekt zum Nächsten verschoben, was die Bildung tief gehender und dauerhafter Beziehungen erheblich erschwert und somit die Bildung von Sozialkapital beeinträchtigen kann. Auch können externe Experten auf Basis flexibler Kontrakte Wissen in die Organisation bringen, lassen aber eventuell die Motivation zur Bildung der sozialen Netzwerke vermissen, die für ein gemeinsames Verständnis der Arbeit und effektive Wissensarbeit in Teams wichtig sind. In Gegenwart erschwerter Bedingungen für die Entstehung von Sozialkapital ist eine explizite Beschäftigung mit dem Konstrukt notwendig. Häufig wird die Wichtigkeit von Sozialkapital erst in Situationen bemerkt, in denen es fehlt. Deshalb tritt es vermehrt dann in den Vordergrund, wenn die beiläufige, automatische Bildung im alltäglichen Kontext nicht mehr gegeben ist.

Die sich ändernden organisatorischen Rahmenbedingungen und die zunehmende Bedeutung von Wissen als Ressource stehen im Widerspruch zueinander, was die Aufmerksamkeit der Organisationsforschung auf Sozialkapital und dessen Management in Gegenwart neuer Organisationsstrukturen lenkt[2]. Hierzu gehören insbesondere interorganisationale Arrangements wie sie in der vorliegenden Arbeit untersucht werden. Zudem ist anzunehmen, dass die steigende Popularität netzwerkbezogener Begriffe in der Managementliteratur, wie der des „Networking", auf diese Faktoren

---

[1] „As individuals are expected to work on projects that are often comprised of multinational, crossfunctional teams, it has become more difficult to build the common basis for understanding necessary to build constructive relationships." (Lesser 2000, S. 12).

[2] Zu Herausforderungen virtueller Unternehmen bei der Bildung von Sozialkapital siehe Riemer/Klein 2003.

zurückgeht[1]. Es kann angenommen werden, dass die aktive Bildung von Sozialkapital für den einzelnen Akteur deshalb als so relevant eingestuft wird, weil die Entstehung von Sozialkapital heute von vielen Faktoren beeinträchtigt wird. Somit kann argumentiert werden, dass Sozialkapital heute nicht nur wichtiger ist als früher, sondern dass dessen Bildung und Pflege schwieriger und zeitaufwendiger geworden sind und deshalb Maßnahmen wie das „Networking" vermehrt thematisiert werden.

3.2 Definitionsgerüst und Grundprinzipien

Sozialkapital ist ein komplexes und multidimensionales Konstrukt. ADLER und KWON sehen es als Überkonzept („umbrella concept"), das mehrere Sichtweisen sowie auch andere Konzepte unter einem Dach vereint und in einen sinnvollen Zusammenhang bringt. Da sich das Konstrukt noch in seiner Entstehungsphase befindet, haben sich nur vereinzelt Theorien herausgebildet, die kausale Abhängigkeiten aufdecken oder situative Voraussagen über Sozialkapitalwirkungen zulassen[2]. Es ist vielmehr notwendig, aufbauend auf einer Definition der wichtigsten Begriffe und Konstrukte eine multiperspektivische Betrachtung anzustreben. Ziel dieser Arbeit ist es unter anderem, Anwendungen des Konstrukts in verschiedenen Kontexten sinnvoll zusammenzuführen und die Sozialkapitaltheorie als multiperspektivischen Theorierahmen auszuarbeiten, der die genauere Spezifikation von Forschungsproblemen und Forschungsvorhaben, insbesondere im interorganisationalen Kontext, ermöglicht. Aus diesem Grund widmet sich dieses Kapital zunächst der Begriffsdefinition, bevor dann Perspektiven, Betrachtungsebenen, Dimensionen, Netzwerkstrukturen, Nutzen und Effekte explizit aufgezeigt und in ein konsistentes Modellgerüst überführt werden, das dann die Theoriegrundlage für die vorliegende Arbeit bilden wird.

3.2.1 Definitionen

Ziel des folgenden Definitionsgerüstes ist es, zweckbezogen eine in sich geschlossene Begriffswelt zu entwickeln, die die Idee, Funktionsweise, sowie Teilkonzepte des Sozialkapitalkonstrukts veranschaulicht und die Grundlage für die Unterscheidung verschiedener Perspektiven, Betrachtungsebenen und Dimensionen liefert. Hierdurch wird die konzeptionelle

[1] Siehe beispielhaft Raymond/Savigar 2002 in der Zeitschrift *Viewpoint*, sowie den Schwerpunkt zu Beziehungen in der Juli/August-Ausgabe der Zeitschrift *brand eins*, insbesondere die Artikel Anderson (2003) und Goerdeler (2003).

[2] Vgl. Adler/Kwon 2002, S. 18.

Grundlage für die Durchführung der empirischen Studie, wie auch für die spätere Ableitung von Managementimplikationen gebildet. Zudem soll der allgemeine Erklärungsgehalt des Konstrukts erhöht und die Anwendbarkeit in Forschung und Praxis verbessert werden.

Konstrukte	**Definitionen**
Sozialsystem, soziales System	Eine Menge von Akteure, die miteinander in Situationen mit gemeinsamem Umweltbezug (Kontext) interagieren[1]. Akteure sind dabei verbunden durch Beziehungen verschiedener Art[2]. Sozialsysteme besitzen Struktur und Verhalten, d. h. sie basieren auf einer Dualität von sozialer Struktur und sozialer Interaktion (siehe unten). Sozialsysteme können hierarchisch geschachtelt sein und besitzen eine Innen- wie Außensicht (Kontext). Der situative Kontext hat Einfluss auf die Interaktionen zwischen den Akteuren.
Akteur	Akteure können Individuen oder Kollektive sein. Akteure können Mitglied in mehreren geschachtelten wie auch überlappenden Sozialsystemen sein. Sozialsysteme können selbst Akteure darstellen. Akteure haben Ziele, die sie durch Aktionen und soziale Interaktionen mit anderen Akteuren zu verwirklichen suchen[3].
Kollektiv	Zusammenfassung einzelner Akteure, die als Ganzes betrachtet werden. Kollektive stellen intern soziale Systeme dar, können jedoch auch als Akteure betrachtet werden, die mit anderen Kollektiven in eine (übergeordnete) soziale Struktur eingebettet sind. Dies folgt der Schachtelung von Sozialsystemen.
Soziale Interaktion[4]	Gemeinsame Handlungen zweier (oder mehrerer) Akteure in einer durch Interdependenz gekennzeichneten Situation. Oder auch: zeitlich enge Aneinanderreihung interdependenter Aktionen zwischen Akteuren, die als Folge von Aktionen und Reaktionen beschreibbar ist. Interaktion benötigt Kommunikation (nicht notwendigerweise verbal). Akteure können sich in Interaktionen kooperativ oder unkooperativ verhalten und werden dabei vom sozialen Kontext des Sozialsystems und den bestehenden sozialen Strukturen in ihrem Handeln beeinflusst (siehe insbesondere die Ausführungen zur *Reziprozitätsnorm*).

[1] In Anlehnung an Parsons 1951 und Ackermann/Parsons 1976.

[2] Vgl. Sandefur/Laumann 1998, 2000, S. 71f.

[3] Diese Ziele müssen nicht notwendigerweise explizite Ziele sein, die vom Akteur planendes Handeln erfordern. Hierzu gehören auch implizite Ziele, die im Alltagsleben durch sich wiederholende Routinen verfolgt werden.

[4] Für eine umfassende Definition sozialer Interaktion vgl. Wiswede 1998, S. 150ff.

Konstrukte	Definitionen
Soziale Struktur[1]	Soziale Struktur besteht aus sozialen Beziehungen und Netzwerken zwischen Akteuren. Dyadische Beziehungen zwischen Individuen sind die elementaren Bausteine sozialer Struktur[2]. Beziehungen können Teil formeller Organisation (hierarchische, formalisierte Beziehungen) oder informell definiert sein (z. B. freundschaftliche Beziehungen)[3].
Soziale Beziehung	Eine soziale Beziehung manifestiert sich als Historie erfolgreicher Interaktionen zwischen zwei Akteuren[4]. Soziale Beziehungen sind gekennzeichnet durch *Struktur* und *Gehalt*: eine Beziehung ist eine Verbindung bestimmter Intensität/Stärke zwischen zwei Akteuren mit inhaltlichen (auch affektiven) Merkmalen, die die Verbindung charakterisieren[5]. Diese Merkmale werden gebildet als Resultat vergangener Interaktionen und umfassen beispielsweise Vertrauen und die Einschätzbarkeit des Beziehungspartners (hierzu mehr im Verlauf des Kapitels). Beziehungen liegt zudem die Erwartung zukünftiger gemeinsamer Interaktionen zugrunde (vgl. Abbildung 3.1).
Stärke von Beziehungen	Soziale Beziehungen können starke Beziehungen transitiver Natur sein, die eine reichhaltige Historie von Interaktionen besitzen und Teil einer dichten kohäsiven sozialen Struktur sind[6]. Beziehungen können auch schwache Beziehungen nicht-transitiver Natur sein, die nur gelegentlich aktiviert werden und keine reichhaltige Historie aufweisen[7].

[1] Neben der Primärstruktur auf Basis der sozialen Beziehungen werden in der Soziologie so genannte Sekundärmerkmale sozialer Struktur wie die Normenstruktur, die Rollenstruktur, die Status- und Machtstruktur, sowie die Kommunikationsstruktur unterschieden; letztere bezieht sich z. B. auf die Existenz formeller und informeller Kommunikationskanäle (vgl. Wiswede 1998, S. 165f.).

[2] Vgl. Coleman 1990, S. 43.

[3] Vgl. Sandefur/Laumann 2000, S. 70.

[4] Vgl. Granovetter 1992, S. 35. Eine soziale (wenn auch noch schwache) Beziehung besteht demnach erst, wenn sich die Akteure kennen (Vgl. van Dijk 1997, S. 6), das heißt, wenn mindestens eine Interaktion zwischen den Akteuren stattgefunden hat.

[5] Vgl. Sandefur/Laumann 2000, S. 70f; siehe auch van Dijk 1997, S. 6ff.

[6] Siehe hierzu auch die Theorie dichter Netzwerkstrukturen in Kapitel 3.4.2.

[7] Hierzu: Theorie schwacher Verbindungen nach Granovetter (siehe Wiswede 1998, S. 167 und Granovetter 1974).

Konstrukte	Definitionen
Dualität von Struktur und Handeln	Laut GIDDENS ist Handeln die nicht immer zielgerichtete, aber kompetente Aktivität von Individuen[1]. Unter Strukturen versteht GIDDENS die „Regeln und Ressourcen“, die in die Produktion und Reproduktion sozialer Systeme eingehen[2]. Angelehnt an GIDDENS' Sichtweise sind soziale Beziehungen eine Form sozialer Struktur, die einerseits Ressourcen darstellen, aber auch regelnd das Handeln von Akteuren beeinflussen können (z. B. über Normen oder Obligationen und Erwartungen über die Zukunft)[3], und zudem soziale Interaktionen zwischen den Akteuren erleichtern bzw. ermöglichen.
Reziprozitätsnorm	Die Reziprozitätsnorm ist eine universell gültige Norm, die in allen Sozialsystemen vorhanden, wenn auch unterschiedlich stark ausgeprägt, ist. Die Reziprozitätsnorm besagt, dass 1) altruistisches nicht mit opportunistischem Verhalten erwidert werden sollte und 2) dass, durch altruistisches, kooperatives Verhalten anderer Akteure erfahrene Vorteile langfristig durch eigene Akte altruistischen Verhaltens ausgeglichen werden sollten[4]. Somit begründet die Reziprozitätsnorm „ein wechselseitiges System sozialer Obligationen“[5]. Die Reziprozitätsnorm ist die Grundlage für die Entstehung von Sozialkapital, da sie die grundlegende Bereitschaft zu altruistischem/kooperativem Verhalten der Akteure beeinflusst. Es kann angenommen werden, dass in sozialen Systemen, in denen die Reziprozitätsnorm stärker ausgeprägt ist, die Entstehung von Sozialkapital begünstigt wird.

[1] Nicht zielgerichtetes Handeln nach Giddens entspricht dem Handeln nach impliziten Zielen im vorliegenden Modell.

[2] Siehe Giddens 1988, zitiert in Treibel 1997, S. 238f.

[3] Giddens Strukturbegriff ist weiter gefasst und bezieht sich auch auf Elemente, die im vorliegenden Modell zum Kontext gerechnet werden (wie explizite Regeln am Arbeitsplatz). Das vorliegende Modell hebt die Rolle von sozialen Strukturen (Beziehungen und Netzwerken) hervor, deshalb wird diese verdeutlichende Abgrenzung vorgenommen.

[4] Vgl. Ripperger 2003, S. 153f.

[5] Ripperger 2003, S. 154.

Konstrukte	Definitionen
Aufgaben	Ziel von Akteuren ist häufig die Bewältigung von Aufgaben. Viele dieser Aufgaben lassen sich nur in Kooperation mit anderen Akteuren bewältigen. Dann sind zur Bewältigung dieser Aufgaben soziale Interaktionen notwendig, die durch soziale Struktur ermöglicht werden. Aufgaben können verschiedene Komplexitätsgrade besitzen, was zu gesteigerter Interdependenz zwischen Akteuren führt und somit höhere Anforderungen an die sozialen Interaktionen stellt. Aufgaben sind ein Teil des situativen Kontexts in sozialen Systemen.
Soziales Netzwerk	Bestimmte Form sozialer Struktur; Beziehungsgeflecht zwischen mehreren Akteuren, das sich durch einen bestimmten Kontext, ein Ziel, sowie die Ähnlichkeit der in ihnen zusammengefassten Beziehungen auszeichnet, z. B. Anwaltsnetzwerk, Kollegennetzwerk, Interessennetzwerk. Im Gegensatz zu Gruppen können soziale Netzwerke sehr groß sein. Ein Egonetzwerk (oder fokales Netzwerk) bezeichnet das soziale Netzwerk eines Akteurs, d. h. die direkten und vermittelten Beziehungen des Akteurs.
Soziale Gruppe	Eine Menge von Individuen, die einen gemeinsamen Kontext teilen. Die Größe der Gruppe ist in der Regel nur so groß, dass alle Mitglieder noch miteinander Face-to-Face interagieren können[1]. Zwischen den Mitgliedern müssen noch keine Interaktionen stattgefunden haben, d. h. es muss nicht notwendig schon eine Struktur bestehen[2]. Das Gruppenkonzept betont die Außengrenzen, d. h. die Zugehörigkeit oder Nicht-Zugehörigkeit zu einer Menge von Akteuren. Der gemeinsame Kontext kann die Entstehung von sozialen Strukturen begünstigen oder behindern.
Gruppenkohäsion	Bestimmt sich aus der Dichte der sozialen Struktur einer Gruppe. Eine kleine Gruppe mit hoher Vernetzung wird als kohäsiv bezeichnet. Hohe Kohäsion begünstigt die Entstehung und effektive Überwachung von Normen in der Gruppe und kann zudem zur Abschottung nach Außen führen[3].

[1] Vgl. Wiswede 1998, S. 161.

[2] Zugrunde gelegt wird die so genannte „Minimaldefinition" von Gruppen, d. h. Mitglieder der Gruppe müssen nicht unbedingt schon durch soziale Struktur miteinander verbunden sein. Das erlaubt die Untersuchung der Entstehung von sozialen Strukturen in Gruppen. Die Maximaldefinition bezieht bereits die Existenz von Zielen, Motiven, Normen und Rollen mit ein (vgl. Wiswede 1998, S. 162). Diese werden hier jedoch als Merkmale sozialer Struktur gesehen, die sich erst über einen Zeitraum hinweg herausbilden müssen. Zur Maximaldefinition sozialer Gruppen siehe auch Schäfers 1995b.

[3] Vgl. Wiswede 1998, S. 165.

Konstrukte	Definitionen
Ressourcen	Elemente, die für Akteure von Wert sind. Ressourcen können von Akteuren besessen werden (explizite Ressourcen) oder aber eingebettet sein in soziale Strukturen (implizite Ressourcen). Explizite Ressourcen sind durch Transaktionen zwischen Akteuren übertragbar (z. B. Dokumente, Geld). Implizite Ressourcen sind nicht ohne weiteres übertragbar, sondern nur durch Mitgliedschaft in sozialer Struktur vom Akteur nutzbar (z. B. Normen, Vertrauen, sozialer Rückhalt) oder adaptierbar (z. B. implizites Wissen).
Humankapital	Eigenschaften, Fähigkeiten und Wissen eines Individuums.
Sozialkapital	Allgemein: Der Wert sozialer Strukturen für einen Akteur. Spezifischer: Die expliziten wie impliziten Ressourcen, die einem Akteur auf Basis seiner sozialen Beziehungen bei der Verfolgung seiner Ziele zur Verfügung stehen. Dies schließt eine interne wie externe Sicht auf Sozialkapital mit ein, da auch Sozialsysteme als Akteure interpretiert werden können, die externe Beziehungen unterhalten können, aber auch interne soziale Strukturen aufweisen, die Sozialkapital bei der Verfolgung der Ziele des kollektiven Akteurs darstellen können.
Soziale Verbindlichkeiten	Soziale Struktur und Sozialkapital sind unterschiedliche Konzepte. Soziale Strukturen können auch soziale Verbindlichkeiten darstellen. Soziale Strukturen stellen nur Sozialkapital dar, wenn sie Nutzen stiften bei der Verfolgung von Zielen[1]. Sozialkapital ist somit ein zielspezifisch definiertes Konstrukt[2].

Tabelle 3.1: Definitionsgerüst der Sozialkapitaltheorie

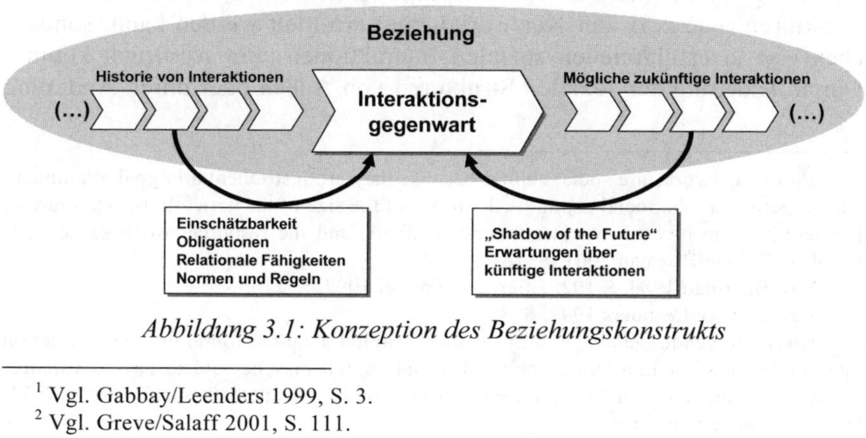

Abbildung 3.1: Konzeption des Beziehungskonstrukts

[1] Vgl. Gabbay/Leenders 1999, S. 3.
[2] Vgl. Greve/Salaff 2001, S. 111.

3.2.2 Grundidee und Abgrenzung des Sozialkapitalkonstrukts

Die Grundidee des Sozialkapitalkonstrukts ist, dass soziale Strukturen für Akteure bei der Umsetzung von Zielen einen Wert darstellen. Die Beziehungen, die ein Akteur mit anderen Akteuren unterhält, sowie die Mitgliedschaft in sozialen Netzwerken erlauben es dem Akteur, sich die Kooperation anderer Akteure in sozialen Interaktionen zu sichern, auf Ressourcen zuzugreifen oder Ressourcen zu nutzen, die ohne die sozialen Strukturen unerreichbar wären[1]. „Anders ausgedrückt, das Beziehungsnetz ist das Produkt individueller oder kollektiver Investitionsstrategien, die bewusst oder unbewusst auf die Schaffung und Erhaltung von Sozialbeziehungen gerichtet sind, die früher oder später einen unmittelbaren Nutzen versprechen. Dabei werden Zufallsbeziehungen, z. B. in der Nachbarschaft, bei der Arbeit oder sogar unter Verwandten, in besonders ausgewählte oder notwendige Beziehungen umgewandelt, die dauerhafte Verpflichtungen nach sich ziehen“[2].

Sozialkapital manifestiert sich in der Dualität von sozialer Struktur und sozialer Interaktion: Soziale Strukturen bilden die Grundlage effektiver sozialer Interaktion. In diesem Sinn stellen Charakteristika der sozialen Strukturen eine Form von Kapital dar, da sie soziale Interaktionen zur Bewältigung von Aufgaben erleichtern oder bestimmte Arten komplexer Interaktionen zwischen Akteuren erst ermöglichen. Wichtig ist die Unterscheidung sozialer Struktur und sozialen Kapitals als unterschiedliche Konzepte[3]. Soziale Strukturen stellen nicht notwendigerweise Sozialkapital dar, sie können auch wertlos sein oder im Gegenteil negative Effekte für Akteure haben. Ob und in welchem Maße soziale Strukturen Kapital darstellen hängt erheblich von den Zielen des Akteurs und dem jeweiligen Kontext ab[4]. Die Messung von Sozialkapital ist aus diesem Grund schwierig oder gar unmöglich, da Sozialkapital nicht durch das bloße Messen von Strukturen (wie z. B. der Netzwerkdichte) ermittelt werden kann, sondern eben erst in erfolgreichen sozialen Interaktionen zum Ausdruck kommt. Durch Änderung der sozialen Strukturen von Außen oder durch Änderung

---

[1] „Social networks are social capital because they are instrumental in goal attainment, e.g., in getting a job. Social capital is the result of the size of the network, the structure of the network, the investments in network members, and the resources of these network members." (Flap/Boxman 2001, S. 161).

[2] Vgl. Bourdieu 1983, S.192, zitiert aus Treibel 1997, S. 210.

[3] Vgl. Gabbay/Leenders 1999, S. 3.

[4] Hierzu folgendes Zitat: „A form of social capital acquired to aid one type of action may hinder other actions; thus, forms of social capital may be said to have a *valence*, contingent upon goals which the actor wishes to attain." (Sandefur/Laumann 2000, S. 71, Hervorhebung im Original).

des situativen Kontexts oder der Ziele von Akteuren können bestehende soziale Strukturen ihren Wert ändern oder gänzlich verlieren[1]. Strukturen, die vormals Sozialkapital darstellten, können so zu sozialen Verbindlichkeiten werden („social liabilities")[2].

Wichtig ist zudem eine konzeptionelle Trennung von Human- und Sozialkapital. Während Humankapital die Fähigkeiten und das Wissen der Akteure bezeichnet, verbessert Sozialkapital als Komplementärressource den effektiven Einsatz dieses Humankapitals in sozialen Systemen durch die positiven Wirkungen in sozialen Interaktionen. Dabei sei hier explizit darauf hingewiesen, dass soziale Kompetenzen der Individuen zum Humankapital und nicht zum Sozialkapital gerechnet werden. Diese Sichtweise wird nicht von allen Autoren geteilt. SAUERLAND beispielsweise zählt zu Sozialkapital auch soziale Fähigkeiten der Individuen wie z. B. Sprachkenntnisse, die zwar auch positive Wirkungen in sozialen Interaktionen mit sich bringen, aber nach der hier verwendeten Definition nicht als Merkmale sozialer Strukturen gelten, sondern als soziale Fähigkeit zum Humankapital zu rechnen sind[3]. SAUERLAND spricht denn auch selbst vom „sozialen Humankapital", das er jedoch unter Sozialkapital fasst[4]. Einer solchen Sichtweise wird hier aus Gründen definitorischer Klarheit nicht gefolgt.

3.2.3 Überblick über das weitere Vorgehen

In Kapitel 3.3 wird Sozialkapital auf verschiedenen *Betrachtungsebenen* und sowohl aus interner wie auch aus externer Perspektive definiert[5]. Da soziale Akteure selbst Sozialsysteme sein können, erstreckt sich die Strukturbetrachtung auf eine Innen- wie eine Außensicht[6]. Die externe Sozialkapitaldefinition bezieht sich auf die Beziehungen des Akteurs mit anderen Akteuren, während sich die interne Perspektive auf die Innenvernetzung des Sozialsystems bezieht. Ausgehend von der Perspektivenunterscheidung können verschiedene Betrachtungsebenen unterschieden werden, zwischen denen sich durch die Schachtelungseigenschaft von Sozialsystemen Interdependenzeffekte ergeben.

---

[1] Hierzu wieder Sandefur und Laumann: „Because social capital is appropriable social structure, changes in the social structure will affect both its existence and its value." (Sandefur/Laumann 2000, S. 81).

[2] Siehe Gabbay/Leenders 1999.

[3] Vgl. Sauerland 2003, S. 18.

[4] Vgl. Sauerland 2003, S. 14f.

[5] Siehe Adler/Kwon 2002.

[6] Dies gilt natürlich nur für kollektive Akteure wie Gruppen und Organisationen und nicht für Individuen.

Kapitel 3.4 geht der Frage nach, welche *strukturellen Formen sozialer Netzwerke* Sozialkapital für Akteure darstellen. Auf BURT geht die Theorie der strukturellen Lücken („structural holes") zurück, nach der insbesondere lose gewobene, lückenhafte soziale Netzwerke Sozialkapital hervorbringen[1]. Im Gegensatz dazu vertritt COLEMAN die Position, dass Sozialkapital vielmehr durch ein dichtes Netzwerk untereinander verbundener Beziehungen im Sinne der Gruppengeschlossenheit („closure") entsteht[2]. Welche Form eher Sozialkapital darstellt hängt stark von Kontingenzen wie der Perspektive, den Zielen und Aufgaben von Akteuren sowie dem Kontext ab.

Aufbauend auf den zwei Theoriepositionen werden in Kapitel 3.5 verschiedene *Kategorien von Sozialkapitaleffekten* unterscheiden[3]. Dabei ist Sozialkapital erstens für die Ressourcenverteilung in sozialen Systemen verantwortlich. Zweitens erlaubt Sozialkapital die Beeinflussung von anderen Akteuren durch Einnahme bestimmter Netzwerkpositionen in lückenhaften Netzwerken. Nicht zuletzt sind entsprechende Strukturen für die Kooperationswilligkeit und -fähigkeit der Akteure in sozialen Systemen verantwortlich.

Für ein tiefer gehendes Verständnis von Sozialkapital ist es notwendig, sich mit den *Elementen und Merkmalen sozialer Struktur* detaillierter zu beschäftigen (siehe Kap. 3.6). Da soziale Beziehungen als Grundlage von Sozialkapital aus strukturellen Elementen wie auch inhaltlichen Elementen (Gehalt der Beziehung) bestehen, können in verschiedenen Dimensionen Merkmale unterschieden und näher erläutert werden, die zum Sozialkapital beitragen, bzw. für sich genommen Sozialkapital darstellen.

Neben der genaueren Ausarbeitung der Ursachen und Wirkungen von Sozialkapital sind weitere *Eigenschaften und Charakteristika des Konstrukts* zu unterscheiden (Kap. 3.7). Hierzu gehören die Besonderheiten des Entstehungs- oder auch „Investitionsprozesses", sowie die Rolle sozialer Kompetenzen als wichtige, wenn auch indirekte, Voraussetzungen der Sozialkapitalentstehung. Der Vergleich von Sozialkapital anhand typischer *Kapitalcharakteristika* mit anderen Sozialkapitalformen (Kap. 3.8), sowie eine Auseinandersetzung mit typischer *Kritik am Sozialkapitalkonstrukt* (Kap. 3.9) schließen die theoretischen Ausführungen ab.

---

[1] Siehe Burt 1992.

[2] Siehe Coleman 1990.

[3] Siehe Sandefur/Laumann 2000 und Adler/Kwon 2002.

3.3 Perspektiven und Betrachtungsebenen des Sozialkapitalkonstrukts

Nachdem die Herkunft und theoretische Einbettung der Sozialkapitaltheorie sowie Definitionen grundlegender Begriffe und Konstrukte vorgestellt wurden, wird nun die multiperspektivische Natur des Konstrukts anhand verschiedener Perspektiven und Betrachtungsebenen diskutiert.

3.3.1 Interne und externe Perspektive der Sozialkapitaldefinition

Als grundlegendes Strukturierungsmerkmal der Sozialkapitaltheorie können Sozialkapitaldefinitionen in eine externe und eine interne Perspektive unterschieden werden, und in solche, die beide Perspektiven umfassen[1]. Definitionen, die der externen Perspektive folgen, fokussieren auf die Beziehungen von Akteuren mit anderen Akteuren, während die interne Perspektive die sozialen Strukturen in Kollektiven, d. h. in sozialen Systemen wie Gruppen und Organisationen thematisiert. Diese Unterscheidung ist wichtig, da die Mechanismen internen und externen Sozialkapitals verschieden sind und beide Arten gleichzeitig unterschiedliche Rollen in der Verfolgung der Ziele eines Akteurs spielen können.

3.3.1.1 Externe Sozialkapitaldefinition

Der externen Sichtweise folgend ist Sozialkapital definiert als der Wert, den soziale Beziehungen, die Akteure mit anderen Akteuren unterhalten, bei der Verfolgung ihrer Ziele darstellen[2]. Dies können direkte persönliche Beziehungen sein, wie auch indirekte, vermittelte Beziehungen[3]. Dabei stellen die meisten Autoren auf die durch die sozialen Netzwerke und Beziehungen zugreifbaren und zu nutzenden Ressourcen ab, die entweder von anderen Akteuren besessen werden oder die als implizite Ressourcen eingebettet sind in die sozialen Strukturen[4]. Dabei wird das externe Sozialkapital oft auch selbst als Ressource bezeichnet[5]. Aufbauend auf der bereits beschriebenen Dualität von Struktur und Interaktion kann Sozialkapital als

---

[1] Vgl. Adler/Kwon 2002, S. 19.

[2] Vgl. Gabbay/Leenders 1999, S.2, Portes 1998, S. 6 und Lesser 2000, S. 4.

[3] Vgl. Sandefur/Lauman 1998, S. 484.

[4] Vgl. z. B. Knoke 1999, S. 18; Tymon/Stumpf 2003, S. 12; Burt 1992, S. 12 und Bourdieu/Wacquant 1992, S. 119.

[5] Vgl. Adler/Kwon 2002, S. 19 und Baker 1990, S. 619. *Anmerkung*: Tymon und Stumpf unterscheiden Sozialkapital von „Networking" eben durch diese Ressourcendimension. Während Networking nur auf das Akkumulieren von Kontakten abzielt, fokussiert der Sozialkapitalbegriff eben darauf, dass Beziehungen und Netzwerke erst Sozialkapital darstellen, wenn sie von Nutzen sind, mithin wenn sie selbst Ressourcen darstellen (Tymon/Stumpf 2003, S. 13).

basierend auf der Historie sozialer Interaktionen gesehen werden[1]. Tabelle 3.2 gibt eine Übersicht über Sozialkapitaldefinitionen der externen Perspektive.

Quelle	Definition
Adler/Kwon	"a resource that inheres in the social network tying a focal actor to other actors." (2002, S. 19)
Baker	"a resource that actors derive from specific social structures and then use to pursue their interests; it is created by changes in the relationship among actors" (1990, S. 619). "refers to the resources available in and through personal and business networks." (2000, S. 1) "refers to the resources we find – such as new employees – through our professional and personal networks. (2001, S. 9)
Belliveau et al.	"an individual's personal network and elite institutional affiliations." (1996, S. 1572)
Bourdieu	"the aggregate of the actual or potential resources which are linked to possession of a durable network of more or less institutionalized relationships of mutual acquaintance or recognition." (1985, S. 248) "made up of social obligations ('connections'), which is convertible, in certain conditions, into economic capital and may be institutionalized in the form of a title of nobility." (1985, S. 243)
Bourdieu/ Wacquant	"the sum of the resources, actual or virtual, that accrue to an individual or a group by virtue of possessing a durable network of more or less institutionalized relationships of mutual acquaintance and recognition." (1992, S. 119)
Boxman et al.	"the number of people who can be expected to provide support and the resources those people have at their disposal." (1991, S. 52)
Burt	"friends, colleagues, and more general contacts through whom you receive opportunities to use your financial and human capital." (1992, S. 9) "at once the resources contacts hold and the structure of contacts in a networks. The first term describes whom you reach. The second term describes how you reach." (1992, S. 12) "the brokerage opportunities in a network." (1997b, S. 355) "social structure is a kind of capital that can create for certain individuals or groups a competitive advantage in pursuing their ends. Better connected people enjoy higher returns." (2001, S. 32)
Coleman	"is accumulated history in the form of social structure appropriable for productive use by an actor in the pursuit of his interest." (1990, S. 300)
Gabbay/ Leenders	"the set of resources, tangible or virtual, that accrue to an actor through the actor's social relationships, facilitating the attainment of goals." (1999, S. 2)

[1] Siehe Coleman 1990.

Quelle	Definition
Knoke	"the process by which social actors create and mobilize their network connections within and between organizations to gain access to other social actors' resources." (1999, S. 18).
Lesser	"the wealth (or benefit) that exists because of an individual's social relationships." (2000, S. 4)
Portes	"the ability of actors to secure benefits by virtue of membership in social networks or other social structures." (1998, S. 6)
Runia	"fasst Netzwerke als soziale Ressourcen auf. Der Einsatz dieser Ressourcen dient zur Erreichung individueller Ziele. Der Kapitalbegriff betont den Investitions- und Vorteilsgedanken, der Fokus wird auf zukünftige Nutzenerwartungen des Individuums gerichtet." (2002, S. 10)
Sandefur/ Laumann	"an individual's social capital is characterized by her direct relationships with others and by the other people and relationships that she can reach through those to whom she is directly tied." (1998, S. 484)
Tymon/ Stumpf	"the stock of accumulated resources that can be accessed via these relationships is what we define as social capital." (2003, S. 12)

Tabelle 3.2: Übersicht typischer Sozialkapitaldefinitionen der externen Perspektive

Typische Beispiele externer Sozialkapitaldefinitionen finden sich auch unter den eingangs vorgestellten Vignetten. Eine große Anzahl von Studien beschäftigt sich beispielsweise mit dem Einfluss von Sozialkapital auf den beruflichen Erfolg von Individuen durch Nutzung von Vorteilen in Karrierenetzwerken (siehe Beispiel 1). Danach sind Individuen in der Lage, durch Nutzung ihrer sozialen Netzwerke in neue berufliche Positionen zu wechseln[1]. Auch innerhalb des Unternehmens spielt Sozialkapital für den individuellen Erfolg eine Rolle. Beziehungen zu anderen Mitarbeitern bieten frühzeitigen Zugang zu wichtigen Informationen, die einerseits notwendig sind bei der Bewältigung komplexer Wissensarbeit[2] und andererseits hilfreich sind beim Zugang zu Ideen, Wissen und Projekten und allgemein der Verfolgung von Karrierezielen[3]. Auch im Privatleben haben soziale Beziehungen für Individuen vielfältige positive Auswirkung, die als Sozialkapital interpretiert werden können[4]. Nicht nur, dass private Beziehungen zu Freunden, Kollegen, Verwandten etc. Zugang zu Unterstützung, Hilfe und anderweitigen Ressourcen bieten, Studien haben zudem

[1] Siehe Flap/Boxman 1999, 2001; Finlay/Coverdill 1999; sowie Bills 1992.

[2] Siehe z. B. Tymon/Stumpf 2003.

[3] Siehe Burt 1997b, Lesser 2000, sowie Beispiel 2.

[4] Wellman und Frank beispielsweise beschreiben die Rolle sozialer Beziehungen mit Familie und Freunden beim Zugang zu finanzieller und psychologischer Unterstützung oder zu Alltagshilfe wie z. B. Kinderbetreuung (Wellman/Frank 2001, S. 233f.). Bian beschreibt „Guanxi" Capital in chinesischen Gemeinschaften (Bian 2001, Beispiel 13).

gezeigt, dass der Zugang zu sozialen Netzwerken direkt in Bezug steht zu Wohlbefinden und Gesundheit[1].

Beispiel 8 zeigt, wie Unternehmen von den Beziehungen ihrer Mitarbeiter, die diese außerhalb des Unternehmens unterhalten, beim Zugang zu neuen Aufträgen oder bei der Kooperation mit anderen Unternehmen profitieren können[2]. Unternehmen können auch selbst als Akteure externe Beziehungen unterhalten, die als Grundlage von Sozialkapital dienen können[3], beispielsweise um Zugang zu neuen Märkten zu gewinnen. Weitere Studien in diesem Bereich konzentrieren sich auf strategische Allianzbeziehungen als Sozialkapital[4], auf verschiedene Strukturen externer Unternehmensbeziehungen in der Biotechnologie-Industrie[5], sowie die Rolle von Sozialkapital in externen Beziehungen mit Banken beim Zugang zu günstigen Krediten (monetärem Kapital)[6].

3.3.1.2 Interne Sozialkapitaldefinition

Im Gegensatz zur externen Definition stellt die interne Sozialkapitaldefinition auf die sozialen Beziehungen und Netzwerke innerhalb eines sozialen Systems ab[7]. Sozialsysteme können dabei wiederum Gruppen, Organisationen oder auch ganze Gesellschaften sein. Konsistent mit der externen Definition bezieht sich Sozialkapital auch hier auf den Wert sozialer Strukturen. Dabei stellen insbesondere solche Merkmale der internen Strukturen Sozialkapital dar, die für eine hohe Kohäsion und damit die Ermöglichung kollaborativen Verhaltens sorgen[8]. Dabei stehen insbesondere die in die Struktur eingebetteten impliziten Ressourcen wie Normen und Vertrauen im Vordergrund[9]. Normen und Vertrauen ermöglichen die effektive Kollaboration der Akteure innerhalb des Sozialsystems[10], wobei nicht nur das Kollektiv an sich sondern auch die Individuen als Mitglieder der sozialen

---

[1] Vgl. z. B. Baker 2000, S. 15-19.

[2] Siehe Pennings/Lee 1999.

[3] Siehe McNaughton/Bell 2001 und Beispiel 10. Diese Sichtweise ist konsistent mit der in Kapitel 3.2.1 vorgestellten Schachtelung von Sozialsystemen nach der auch Kollektive selbst wieder Akteure in übergeordneten sozialen Systemen sein können. Eine strukturanaloge Betrachtung lässt eine Sozialkapitaldefinition zu, die wiederum Sozialkapital als in den externen Beziehungen des Akteurs begründet sieht.

[4] Siehe Koka/Prescott 2002.

[5] Siehe Beispiel 11 und Walker et al. 1997.

[6] Siehe Uzzi/Gillespie 1999. Zur interorganisationalen Anwendung des Konstrukts siehe Kapitel 4.4.

[7] Vgl. Adler/Kwon 2002, S. 21.

[8] Vgl. Adler/Kwon 2002, S. 21.

[9] Siehe Fukuyama 1997.

[10] Vgl. Putnam 1995, S. 67 und Woolcock 2001a, S. 70.

Struktur vom kollaborativen Verhalten der anderen Mitglieder profitieren können[1]. Auch hier kann Sozialkapital aus Sicht des Kollektivs (z. B. aus Sicht eines Unternehmens) wieder als Ressource verstanden werden[2]. Tabelle 3.3 gibt einen Überblick über typische Definitionen der internen Perspektive.

Quelle	Definition
Adler/Kwon	"social capital of a collectivity (organization, community, nation, and so forth) is not so much in that collectivity's external ties to other external actors as it is in its internal structure—in the linkages among individuals or groups within the collectivity and, specifically, in those features that give the collectivity cohesiveness and thereby facilitate the pursuit of collective goals." (2002, S. 21)
Brehm/ Rahn	"the web of cooperative relationships between citizens that facilitate resolution of collective action problems." (1997, S. 999)
Coleman	"Social capital is defined by its function. It is not a single entity, but a variety of different entities having two characteristics in common: They all consist of some aspect of social structure, and they facilitate certain actions of individuals who are within the structure." (1990, S. 302)
Fukuyama	"the ability of people to work together for common purposes in groups and organizations." (1995, S. 10) "the existence of a certain set of informal values or norms shared among members of a group that permit cooperation among them." (1997)
Leana/ van Buren	"organizational social capital as a resource reflecting the character of social relations within the organization, realized through members' levels of collective goal orientation and shared trust." (1999, S. 540)
Portes/ Sensen-brenner	"those expectations for action within a collectivity that affect the economic goals and goal-seeking behavior of its members, even if these expectations are not oriented toward the economic sphere." (1993, S. 1323)
Putnam	"features of social organization such as networks, norms, and social trust that facilitate coordination and cooperation for mutual benefit." (1995, S. 67)
Thomas	"those voluntary means and processes developed within civil society which promote development for the collective whole." (1996, S. 11)
Wallacher	"die Fähigkeit einer Gesellschaft zur Zusammenarbeit und sozialen Vernetzung." (2001, S. 306)
Woolcock	"refers to the norms and networks that facilitate collective action." (2001a, S. 70)

Tabelle 3.3: Übersicht typischer Sozialkapitaldefinitionen der internen Perspektive

[1] Vgl. Coleman 1990, S. 302 und Portes/Sensenbrenner 1993, S. 1323.
[2] Vgl. Leana/van Buren 1999, S. 540.

COLEMAN führt mit dem Beispiel des Diamantenhandels in New York einen typischen Fall internen Sozialkapitals an: Netzwerkgeschlossenheit erlaubt die Entstehung und Einhaltung von Normen kooperativen und ehrlichen Verhaltens[1]. Diese Merkmale sozialer Struktur stellen implizite Ressourcen dar, die von den handelnden Akteuren genutzt werden können. Die soziale Struktur stellt somit dahingehend Sozialkapital dar, dass soziale Interaktionen, in diesem Fall Handelstransaktionen hohen finanziellen Wertes, ohne teure Kontrollinstrumente ermöglicht werden. Sozialkapital stellt somit eine Ressource dar, die Transaktionskosten reduziert. Die interne Definition kann auf unterschiedliche Kollektive wie Nachbarschaften und Freundeskreise[2], innerbetriebliche Teams[3], sowie auf ganze Unternehmen bezogen werden. Auf Unternehmensebene ermöglicht die interne Vernetzung von Individuen und Gruppen das Herausbilden gemeinsamer Ziele, Visionen, sowie Vertrauen, was wiederum kooperatives Verhalten ermöglicht. NAHAPIET und GOSHAL sehen die interne Vernetzung als Grundvoraussetzung für effektive Wissensarbeit und die Generierung intellektuellen Kapitals im Unternehmen an[4], während WATSON und PAPAMARCOS positive Auswirkungen internen Sozialkapitals auf die Identifikation der Mitarbeiter mit dem Unternehmen ausmachen[5].

Beispiel 9 zu Keiretzus wendet die interne Sozialkapitaldefinition auf Unternehmensnetzwerke an[6]. Hier stellen wiederum Unternehmen die handelnden Akteure dar, die eingebettet sind in ein übergeordnetes soziales System, in diesem Fall das Unternehmensnetzwerk. Sozialkapital wird als internes Merkmal dieses Unternehmensnetzwerks definiert, das Vorteile wie die Effektivität gemeinsamer Projekte bietet. Weitere Studien betrachten gesellschaftliche Gemeinschaften als soziale Systeme[7].

---

[1] Vgl. Coleman 1990, S.16f., siehe auch Beispiel 3.

[2] Siehe Bian 2001 und Beispiel 13.

[3] Siehe Reagans/Zuckerman 2001 und Beispiel 4.

[4] Siehe Nahapiet/Goshal 1998.

[5] Siehe Watson/Papamarcos 2002. Siehe auch die Studie von Knoke zu reziprokem Verhalten und Anreizstrukturen bei der Produktion öffentlicher Güter in gemeinnützigen Organisationen. Der Nutzen den diese Organisationen auf Basis kooperativen Verhaltens und der Beiträge ihrer Mitglieder wiederum für ihre Mitglieder produzieren, kann als Sozialkapital interpretiert werden. Auch wenn der Autor nicht explizit auf Sozialkapital als Konstrukt verweist, so beschreibt er doch Mechanismen interner Sozialkapitalbildung in seiner Studie (Knoke 1988).

[6] Siehe Pennings/Lee 1999.

[7] Siehe Onyeiwu/Jones 2003 und Beispiel 12.

3.3.1.3 Beide Perspektiven umfassende Sozialkapitaldefinitionen

Neben den Studien, die Sozialkapital entweder aus externer oder interner Sicht definieren, gibt es auch solche Definitionen, die entweder mit beiden Perspektiven verträglich sind oder explizit zwischen beiden Sichten unterscheiden[1]. Sozialkapital von Teams im Unternehmen beispielsweise kann aus interner wie auch externer Perspektive betrachtet werden, wie Beispiel 4 verdeutlicht[2]. REAGANS und ZUCKERMAN nennen diese auch die lokale (interne) und globale (externe) Vernetzung der Gruppe. In ähnlicher Weise untersuchen TSAI und GOSHAL die Rolle innerbetrieblicher sozialer Netzwerke in Unternehmen, die Geschäftseinheiten miteinander vernetzen[3]. Diese Netzwerke stellen internes Sozialkapital des Unternehmens dar, aber zugleich externes Sozialkapital der Geschäftseinheiten. Ganz ähnlich ist Sozialkapital auch in Beispiel 5 definiert: Einerseits profitieren einzelne Mitarbeiter und Geschäftseinheiten bei der Bearbeitung von Prozesstätigkeiten von ihren externen Beziehungen zu anderen Mitarbeitern, andererseits wird Sozialkapital als interne Ressource aus Sicht des Unternehmens gesehen[4].

Die genannten Beispiele erkennen an, dass die Frage nach der Perspektive letztlich von der Wahl des Akteurs und des sozialen Systems als Kontext abhängt. Die gleichen sozialen Beziehungen können wahlweise als intern oder extern interpretiert werden, abhängig von der gewählten Sichtweise[5]. Die sozialen Netzwerke zwischen Mitarbeitern in einem Unternehmen sind externe Beziehungen aus Sicht des Mitarbeiters, aber interne aus Sicht der Arbeitsgruppe wie auch des Unternehmens. Die externen Beziehungen der Arbeitsgruppe wiederum können aus Sicht des Unternehmens als interne Beziehungen mit anderen Arbeitsgruppen gesehen werden[6]. Diese Ausführungen verdeutlichen, dass neben der grundsätzlichen Frage nach der Perspektive auch die Wahl der Betrachtungsebene und die Frage nach den handelnden Akteuren von Bedeutung sind. Das nächste

---

[1] *Anmerkung*: Die meisten existierenden Studien verfolgen implizit eine der beiden Sichtweisen, ohne die Existenz der anderen zu erwähnen. Oftmals ist die Sichtweise jedoch auch gänzlich unklar und Sozialkapital wird in wechselnden Interpretationen verwendet. Dies jedoch lässt gewonnene Erkenntnisse zweifelhaft erscheinen und ist mit dem Bestreben nach wohlstrukturierten Forschungsansätzen unvereinbar. Siehe beispielhaft Hazleton/Kennan 2000.

[2] Vgl. Burt 2000, S. 395; siehe auch Reagans/Zuckerman 2001.

[3] Siehe Tsai/Goshal 1998.

[4] Siehe auch Llewellyn/Armistead 2000.

[5] Vgl. Adler/Kwon 2002, S. 21.

[6] Diese Perspektivenverschiebung und strukturanaloge Definition von Sozialkapital auf verschiedenen Ebenen ist konsistent mit der Schachtelung von sozialen Systemen wie sie in Kapitel 3.2.1 eingeführt wurde.

Kapital weitet die Systematisierung des Konstrukts dahin gehend aus; Tabelle 3.4 gibt eine Übersicht neutraler und perspektivenübergreifender Definitionen[1].

Quelle	Definition
Bourdieu	"das Beziehungsnetz ist das Produkt individueller oder kollektiver Investitionsstrategien, die bewusst oder unbewusst auf die Schaffung und Erhaltung von Sozialbeziehungen gerichtet sind, die früher oder später einen unmittelbaren Nutzen versprechen. Dabei werden Zufallsbeziehungen, z. B. in der Nachbarschaft, bei der Arbeit oder sogar unter Verwandten, in besonders ausgewählte oder notwendige Beziehungen umgewandelt, die dauerhafte Verpflichtungen nach sich ziehen." (1983b, S. 192, zitiert aus Treibel 1997, S. 210)
Field	"consists of personal connections and interpersonal interaction, together with the shared set of values that are associated with these contacts." (2003, S. 13)
Landry/ Amara/ Lamari	"refers to the resources gained from participating in relationship networks that are relatively institutionalized. Conceptually speaking, the novelty and heuristic nature of social capital rests in the instrumental analysis that emphasizes both the benefits that individuals receive from participating in networks and the deliberate construction of networks to increase people's network capital." (2001, S. 74)
Loury	"naturally occurring social relationships among persons which promote or assist the acquisition of skills and traits valued in the marketplace... an asset which may be as significant as financial bequests in accounting for the maintenance of inequality in our society." (1992, S. 100)
Nahapiet/ Ghoshal	"the sum of the actual and potential resources embedded within, available through, and derived from the network of relationships possessed by an individual or social unit. Social capital thus comprises both the network and the assets that may be mobilized through that network." (1998, S. 243)
Pennar	"the web of social relationships that influences individual behavior and thereby affects economic growth." (1997, S. 154)
Portes	"stands for the ability of actors to secure benefits by virtue of membership in social networks or other social structures." (1998, S. 6)
Schiff	"the set of elements of the social structure that affects relations among people and are inputs or arguments of the production and/or utility function." (1992, S. 160)
Woolcock	"the information, trust, and norms of reciprocity inhering in one's social networks." (1998, S. 153)

Tabelle 3.4: Übersicht neutraler und perspektivenübergreifender Definitionen

[1] Vgl. Adler/Kwon 2002, S. 21.

3.3.2 Betrachtungsebenen und Forschungsgegenstand

Wie die Ausführungen bisher gezeigt haben, ist es nicht ausreichend, nur die Perspektive der Sozialkapitaldefinition zu unterscheiden. BORGATTI ET AL. argumentieren, dass zur Systematisierung von Sozialkapital die zwei Dimensionen Perspektive (intern/extern) und Betrachtungsebene (Akteur/Kollektiv) miteinander verbunden werden müssen[1]. Die folgenden Ausführungen zeigen Möglichkeiten der Strukturierung auf, ordnen einige Fallbeispiele und Studien beispielhaft in ein Ebenenschema ein und arbeiten den Zusammenhang zwischen Perspektive und Betrachtungsebene heraus. Zudem wird die Interdependenz zwischen Sozialkapital auf verschiedenen Ebenen diskutiert. Die Systematisierung wird später benötigt, um die empirische Studie von bestehenden Arbeiten abzugrenzen, die Studie zu strukturieren sowie den Forschungsgegenstand zu konkretisieren.

3.3.2.1 Unterscheidung typischer Betrachtungsebenen

Sozialkapital kann auf verschiedenen Ebenen definiert und diskutiert werden. Grundsätzlich kann Sozialkapital natürlich erst einmal eng gefasst auf das Individuum und seine sozialen Netzwerke, oder aber ausgeweitet auf soziale Kollektive bezogen werden[2]. Klassischerweise hat die soziologische Forschung Sozialkapital als individuelles soziales Phänomen definiert, bei dem schlussendlich immer Individuen von sozialen Beziehungen profitieren[3]. Diese Sichtweise ist im Laufe der Zeit, zunächst von Politologen und Gesellschaftsforschern wie PUTNAM, erweitert worden. Sozialkapital wird dabei als öffentliches Gut[4] und Merkmal sozialer Strukturen in Kollektiven, wie beispielsweise gesellschaftlicher Gemeinschaften, definiert[5]. WOOLCOCK unterscheidet in Makro- und Mikro-Ebenen der Sozialkapitaldefinition und bezieht sich dabei auf die Charakteristika von Gesellschaften einerseits und die sozialen Strukturen von Akteuren in sozialen Gemeinschaften dieser Gesellschaften andererseits[6]. Ausgehend von dieser Zweiteilung hat Sozialkapital Eingang gefunden in die Erforschung ande-

---

[1] Siehe Borgatti et al. 1997.

[2] Vgl. Lin 2001, S. 7ff.

[3] Hierzu insbesondere die Arbeiten von Bourdieu 1985, aber auch Arbeiten von Burt 1992 u.a., Lin 1982, 2001 und anderen.

[4] Sozialkapital als öffentliches Gut bezieht sich auf inhaltliche Merkmale sozialer Struktur in Kollektiven, wie das Vorhandensein sozialer Normen. Solche Merkmale sind allen Mitgliedern des Kollektivs von Nutzen, auch solchen Mitgliedern, die nicht aktiv an deren Entstehung mitgewirkt haben.

[5] Siehe Putnam 1995.

[6] Vgl. Woolcock 2001b, S. 69; vgl. auch Sauerland 2003, S. 8f. zur Unterscheidung verschiedener Ebenen in der ökonomischen Domäne.

rer sozialer Kollektive auf der Meso-Ebene, d. h. der Ebene von Gruppen und Organisationen[1]. GABBAY und LEENDERS unterscheiden grundsätzlich in individuelles Sozialkapital und Unternehmenssozialkapital, sowie in vier detaillierte Betrachtungsebenen: 1) Individuen, 2) Gruppen oder Unternehmensbereiche, 3) Organisationen als Kollektive von Gruppen, 4) Interorganisationale Netzwerke[2]. Unternehmenssozialkapital bezieht sich auf das Gesamtunternehmen als sozialen Akteur, wobei wieder eine interne oder externe Sozialkapitalperspektive möglich ist.

Die meisten empirischen Studien fokussieren auf eine spezifische Betrachtungsebene, teils mit Auswirkungen auf andere Ebenen, häufig jedoch ohne die Betrachtungsebene und Perspektive deutlich zu explizieren. Neuere Arbeiten aus dem organisationalen Umfeld diskutieren den nach wie vor untererforschten Zusammenhang zwischen Sozialkapital auf individueller und organisationaler Ebene[3]. Bevor auf diesen Zusammenhang näher eingegangen wird, ist es notwendig, die Systematisierungen von Perspektiven und Betrachtungsebenen zusammenzubringen.

3.3.2.2 Zum Verhältnis von Perspektive und Betrachtungsebene

Tabelle 3.5 spannt einen Systematisierungsraum auf, der die möglichen Kombinationen von Betrachtungsebene und Perspektive aufzeigt. Dabei werden Beispiele für die relevanten Strukturen als Basis von Sozialkapital, sowie typische Wirkungen von Sozialkapital angeführt. Zudem werden Forschungsbereiche genannt, die sich mit der jeweiligen Ebene typischerweise beschäftigen. Sozialkapital auf der Ebene von Individuen ist dabei generell nur aus der externen Perspektive zu betrachten[4]. Auf jeder weiteren Ebenen kann dann sowohl die Innen- wie die Außenvernetzung als Basis von Sozialkapital gesehen werden.

---

[1] Vgl. Watson/Papamarcos 2002, S. 538, Harrington 2001, S. 83.

[2] Vgl. Gabbay/Leenders 1999, S. 5.

[3] Siehe z. B. Leana/van Buren 1999; Erickson 2001; Harrington 2001; Watson/Papamarcos 2002 und Blyler/Coff 2003.

[4] Das Individuum wird in den Sozialwissenschaften als unteilbares Atom betrachtet (Borgatti et al. 1997). Die interne Perspektive bezöge sich auf persönliche Charakteristika des einzelnen Individuums, die jedoch dem Humankapital zugerechnet werden müssen. Wie oben definiert, sind soziale Fähigkeiten explizit nicht Teil von Sozialkapital. Siehe auch Borgatti et al.: „the individual is normally seen as the indivisible atom of the sociological world. On the other hand, since physicists have now split the atom and connectionist theories of mind currently dominate cognitive science, one is tempted to write „human capital“ in that cell and rename the table „different forms of non-financial capital“ (Borgatti et al. 1997).

Ebene	Externe Perspektive: Außenvernetzung von Akteuren			Interne Perspektive: Innenvernetzung von Kollektiven		
	Relevante soziale Struktur	Wirkungen von Sozialkapital	Typische Forschungsbereiche	Relevante soziale Struktur	Wirkungen von Sozialkapital	Typische Forschungsbereiche
Gesellschaft, Nationen	Inter nationale Beziehungen zwischen Nationen Bündnisse	Zugang zu Ressourcen (Kredite) Bündnishilfe	Internationale Politik Diplomatie Politologie	Soziale Gemeinschaften Bürgergesellschaft	Gesellschaftlicher Zusammenhalt Gemeinschaftssinn Demokratie	Politologie Gesellschaftsforschung
Markt	Sektorübergreifende Allianzen	Ideenimport Konvergenz von Industrien	VWL Ökonomie	Unternehmensnetzwerke Verbände	Kooperationsfähigkeit Innovationsgrad	VWL Ökonomie BWL
Unternehmen	Externe Kooperationsbeziehungen Allianzen	Ressourcenzugang Produktinnovationen	BWL Strategie Allianzmanagement	Divisionale Vernetzung Communities-of-Practice	Kooperation Informationsfluss Mitarbeiterbindung	BWL Organisationsgestaltung
Gruppe	Externe Beziehungen zu anderen Gruppen	Informationszugang Ideengewinnung Einfluss	Orga & Führung Team Management	Gruppengeschlossenheit Kohäsion	Einhaltung von Normen Gemeinsame Ziele	Team Management Leadership
Individuum	Ego-Netzwerk des Individuums	Ressourcenzugang Einfluss	Soziologie Sozialpsychologie Karrieremanagement	Nicht Teil von Sozialkapital. Humankapital: Wissen und Fähigkeiten des Individuums.		Training Personalentwicklung Psychologie

Tabelle 3.5: Strukturierung von Sozialkapital nach Perspektive und Ebene

Sozialkapital auf der Gruppenebene kann sich auf die externen Beziehungen zu anderen Gruppen und die daraus resultierenden Effekte wie effektiven Informationszugang beziehen oder auf die Innenvernetzung, die die Gruppe mit kollaborativen Fähigkeiten ausstattet[1]. Auf Unternehmensebene kann die Innenvernetzung als Netzwerk zwischen Geschäftseinheiten oder als Community-of-Practice aufgefasst werden[2]. Die Außenvernetzung interpretiert strategische Allianzen als Grundlage von Sozialkapital auf Unternehmensebene[3]. Weitere Betrachtungsebenen beziehen sich auf Branchen und Märkte sowie ganze Gesellschaften[4]. Dabei wird deutlich, dass dieselben Beispiele durch Perspektivenverschiebung aus unterschiedlichen Sichtweisen betrachtet werden können. Offen ist dabei die Frage, wer durch Sozialkapital profitiert: Ist es, bei zugrunde legen der externen Definition, die Gruppe als handelnder Akteur im Unternehmen oder, bei Anwendung der internen Definition, das Unternehmen als Kollektiv bzw. als übergeordnetes Sozialsystem? Die gleichen sozialen Strukturen können unterschiedliche Effekte für beide Ebenen haben.

Es wird deutlich, dass das Herausstellen von Betrachtungsebene und Perspektive zur Operationalisierung allein nicht ausreicht. Bei der Betrachtung eines konkreten Falles stellt sich immer die Frage nach den handelnden Akteuren und dem übergeordneten Sozialsystem, in dem sich die Akteure bewegen. SANDEFUR und LAUMANN argumentieren, dass das soziale System als Kontext für das Verständnis von Sozialkapital auf Ebene von individuellen Akteuren relevant ist und dass Systemmerkmale den Wert des Sozialkapitals von Akteuren beeinflussen. Eine Betrachtung der Ebeneninteraktion ist deshalb notwendig[5]. Wie insbesondere Beispiel 7 und Beispiel 8 zeigen, kann die Betrachtungsebene zwar die externe Unternehmenssicht sein, es sich bei den handelnden Akteuren aber trotzdem um Individuen (als Angehörige der Unternehmen) handeln. Für eine weitere

---

[1] Vgl. hierzu Burt 2000, S. 395 und Beispiel 4.

[2] Siehe hierzu Tsai/Goshal 1998, sowie Beispiel 5 und Beispiel 6.

[3] Siehe Koka/Prescott 2002, siehe auch Beispiel 7, Beispiel 8 und Beispiel 10.

[4] *Anmerkung*: Die Anwendung von Sozialkapital auf Gesellschafts- oder Nationenebene bezieht sich bisher rein auf die interne Ebene, siehe z. B. Wallacher 2001. Jedoch wäre auch eine externe Sicht auf Sozialkapital von Nationen beispielsweise im Sinne von Bündniszugehörigkeit denkbar.

[5] „First, system-level properties condition the capacity for action in a social system in ways that are sociologically relevant, but may not be accessed when the analyst focuses solely on individuel actors and the social capital those actors hold. Second, variation in system-level properties will affect the value of specific forms of social capital to particular individual actors. (…), attention to these system-level variations will be an essential task in understanding variation in social capital's productivity." (Sandefur/Laumann 2000, S. 83).

Operationalisierung im Einzelfall ist also die Präzisierung von Akteuren und Bezugssystem notwendig, wie dies in Tabelle 3.6 exemplarisch für die Beispielvignetten vorgenommen wurde. Dabei bezieht sich eine externe Sozialkapitaldefinition jeweils auf die Sichtweise des handelnden Akteurs und eine interne Definition auf die des sozialen Bezugssystems[1]. Dabei können sowohl der handelnde Akteur, wie auch das Kollektiv als Ganzes profitieren; dieser Zusammenhang muss näher beleuchtet werden.

Beispielvignette		Handelnder Akteur	Soziales Bezugssystem	Hauptperspektive
1	Karriereerfolg	Individuum (Manager)	Arbeitsmarkt, Unternehmen	Extern
2	Kollegen-netzwerk	Individuum	Unternehmen	Extern
3	Diamanten-handel	Individuen	Handelsgemeinschaft (Markt)	Intern
4	Innovations-teams	Teams, Gruppen	Unternehmen	Extern & intern
5	Serviceprozess	Gruppen, Individuen	Serviceprozess, Unternehmen	Extern & intern
6	Communities-of-Practice	Individuen	CoP, Unternehmen	Extern
7	Ingenieur-netzwerk	Individuen	Unternehmensnetzwerk, Markt	Extern
8	Unternehmens-beratung	Individuen	Markt, Kundennetz des Untern.	Extern
9	Keiretzu	Unternehmen	Unternehmensnetzwerk, Markt	Intern
10	Broker-agenturen	Unternehmen	Markt	Extern
11	Biotechnologie-Netzwerke	Unternehmen	Branche, Markt	Intern (extern)
12	Igbo-Gemeinschaft	Individuen	Gemeinschaften, Gesellschaft	Intern
13	Guanxi	Individuen	Gemeinschaften, Gesellschaft	Extern

Tabelle 3.6: Charakterisierung der Beispielvignetten nach Perspektive und Ebene

---

[1] So ist Sozialkapital in Beispiel 8 auf Basis der externen Beziehungen der Individuen definiert, während sich Sozialkapital in Beispiel 9 auf die Innenvernetzung des Unternehmensnetzwerks bezieht.

3.3.2.3 *Interaktion von Sozialkapital auf verschiedenen Ebenen*

Aufbauend auf der Systematisierung in Tabelle 3.6 kann eine Interdependenz zwischen Sozialkapital auf verschiedenen Ebenen ausgemacht werden. Eine explizite Unterscheidung von Ebenen und Perspektiven, sowie das Herausarbeiten der Interdependenz im Einzelfall sind deshalb notwendig[1]. Während BURT argumentiert, dass sich Sozialkapital auf der Ebene von Individuen zum Sozialkapital eines Kollektivs, wie z. B. einer Organisation, aggregiert[2], haben andere Autoren wie PORTES und LANDOLT auf einen deutlich komplexeren Zusammenhang zwischen den verschiedenen Ebenen hingewiesen[3]. So können soziale Strukturen innerhalb eines sozialen Systems sowohl positive wie auch negative Effekte für die einzelnen Akteure wie auch für das Gesamtsystem haben (siehe später in Kap. 3.5.2 und 3.5.3).

Sozialkapital auf Ebene der Individuen kann zunächst einmal als organisationale Ressource gesehen werden, die durch verbesserte Informationsflüsse und interpersonale Kooperation Wert generiert für die Gesamtorganisation. Externe Beziehungen von Individuen außerhalb der Organisation sind zudem wichtig für den Zugang zu externen Akteuren und deren Ressourcen[4]. ERICKSON weist darauf hin, dass Organisationen aktiv solche Individuen anwerben können, die Sozialkapital mitbringen (z. B. Beziehungen zu potenziellen Kunden), um dieses für die Organisation zu mobilisieren[5]. Dieses Vorgehen ist beispielsweise in Investmentbanken und Unternehmensberatungen üblich, wo Berater ihren Kundenstamm häufig beim Unternehmenswechsel mitbringen. Dieses Beispiel macht aber gleichzeitig deutlich, dass diese Unternehmen nur begrenzt über dieses Sozialkapital verfügen können, wenn nämlich den Individuen der Wechsel zu anderen Unternehmen inklusive der Mitnahme ihrer Kundennetzwerke offen steht. DESS und SHAW berichten, wie Mitarbeiter ihre sozialen Netzwerke nutzen, um das Unternehmen zu verlassen; dies kann insbesondere dann das Sozialkapital von Unternehmen unterminieren, wenn Mitarbeiter als komplette Gruppe das Unternehmen verlassen. Nicht nur, dass soziale Netz-

---

[1] Hierzu Gabbay und Leenders zum Wechselspiel von Sozialkapital in Unternehmen: „One can only attempt to fully understand the effect of structure and goal attainment of corporate players by explicitly taking into account the various levels of analysis to structure and outcome." (Gabbay/Leenders 2001, S. 10).

[2] Vgl. Burt 1992, S. 9.

[3] „Collective social capital, however, cannot simply be the sum of individual social capital. If social capital is a resource available through social networks, the resources that some individuals claim come at the expense of others." (Portes/Landolt 1996, S. 19.).

[4] Vgl. Blyler/Coff 2003, S. 679.

[5] Siehe Erickson 2001.

werke unter Umständen den Mitarbeitern den Wechsel ermöglichen, auch können diese die mit ihnen vernetzten Kollegen ebenfalls zum Wechsel bewegen. In diesem Fall geht nicht nur ein Akteur mitsamt seinem Human- und Sozialkapital verloren, sondern gleich ein ganzes soziales Netzwerk. Dies kann zudem Seiteneffekte haben, wenn die Mitarbeiter zuvor wichtige externe Beziehungen zu Kunden und Allianzpartnern unterhalten haben, die dann mühsam ersetzt werden müssen[1].

Zielkonflikte zwischen den Ebenen

Da Sozialkapital ein zielgerichtetes Konstrukt ist, kann es also zwischen den Zielen einzelner Akteure und denen des übergeordneten Kollektivs zu Konflikten kommen. Ob nämlich soziale Strukturen Kapital aus der jeweiligen Sicht darstellen, hängt auch von den jeweiligen Zielen ab. So gehen BLYLER und COFF der Frage nach, wie einzelne Individuen den durch Sozialkapital auf organisationaler Ebene geschaffenen Wert durch Einsatz ihrer eigenen sozialen Beziehungen und Netzwerkpositionen umlenken und abschöpfen können[2]. LEANA und VAN BUREN argumentieren, dass es, wenn Individuen ihre eigenen, von denen der Organisation abweichenden Ziele auf Basis ihres Sozialkapitals verfolgen, unwahrscheinlich ist, dass organisationales Sozialkapital in ausreichendem Maße entstehen kann, um kollaboratives Verhalten im Sinne der organisationalen Ziele zu ermöglichen[3]. In ähnlicher Weise argumentieren LLEWELLYN und ARMISTEAD[4]. Mobilisierung individuellen Sozialkapitals bzw. Aggregation auf organisationaler Ebene ist somit von der Interdependenz individueller und organisationaler Ziele, sowie von den vorherrschenden sozialen Strukturen im Einzelfall abhängig. So können soziale Strukturen innerhalb eines Kollektivs dahin gehend Sozialkapital darstellen, dass kollaboratives Verhalten ermöglicht und egoistisches Verhalten der Individuen reduziert wird; LEANA und VAN BUREN sprechen hier von einer kollektiven Zielorientierung, der sich eventuelle egoistische Ziele unterordnen[5]. Dazu gehören die in Beispiel 3 angesprochenen eng gewobenen sozialen Netzwerke, die die Einhaltung von Normen begünstigen. Offen bleibt nunmehr die Frage, wie solche kohäsi-

---

[1] Vgl. Dess/Shaw 2001, S. 453.

[2] Siehe Blyler/Coff 2003.

[3] „If individuals within such organizations operate solely according to a private goods model of social capital, it is unlikely that the organization will be able to build a sufficient stock of social capital to make successful collective action possible." (Leana/van Buren 1999, S. 540).

[4] „...the power of collective action within networks and process effectiveness might be undermined if networks share divergent goals and work practices." (Llewellyn/Armistead 2000, S. 233), siehe auch Beispiel 5.

[5] Vgl. Leana/van Buren 1999, S. 542.

ven, sozialen Strukturen, die egoistisches Verhalten erschweren, entstehen können, wenn ohne Vorhandensein eben dieser Strukturen egoistisches Verhalten der Individuen möglich ist, was wiederum das Entstehen der Strukturen verhindern kann[1].

Bis hierher kann festgehalten werden, dass die Definition von Sozialkapital auf verschiedenen Ebenen und aus unterschiedlichen Perspektiven vorgenommen werden kann, was Interdependenzen mit sich bringt, die im Einzelfall eine Herausforderung bei der Ausgestaltung empirischer Studien darstellen kann[2]. Für ein tiefer gehendes Verständnis des Konstrukts müssen im Weiteren die grundlegenden Netzwerkstrukturen und Elemente sozialer Strukturen und Beziehungen unterschieden werden, die aus Sicht von Akteuren wie auch Kollektiven typischerweise Sozialkapital darstellen können. Zudem ist es notwendig, verschiedene Effekte hinsichtlich möglicher Vor- und Nachteile von Sozialkapital herauszuarbeiten. Dies ermöglicht dann eine weitergehende Diskussion des angesprochenen Spannungsfeldes im Kontext zwischenbetrieblicher Unternehmensbeziehungen. Jedoch sei erneut darauf hingewiesen, dass die Frage nach den Zusammenhängen und etwaigen Kontingenzen, sowie insbesondere deren Generalisierbarkeit, in der Literatur noch weitgehend ungeklärt ist. HARRINGTON spricht mit Blick auf das Verhältnis von Sozialkapital auf individueller und organisationaler Ebene von einer „Black Box“, die es durch geeignete Meso-Ebenen-Studien auf Gruppenebene weiter zu erforschen gilt[3].

---

[1] Zur Diskussion dieses bislang ungelösten Spannungsfeldes siehe auch Johanson 2001: „The circularity is evident here. The favorable outcomes of cohesive social capital should exist before they have been formed. (…) The point is that unless prerequisites for interaction are secured, organizations are likely to witness inadequate levels of cohesion, which might impede the creation of optimal levels of social capital.” (S. 254).

[2] „The interplay between structure and outcomes at multiple levels creates analytical, theoretical, empirical, and methodological issues that are both intricate and challenging.“ (Gabbay/Leenders 2001, S. 10).

[3] Vgl. Harrington 2001, S. 83. Ziel der vorliegenden Arbeit ist es zwar nicht, diese Fragen abschließend zu beantworten. Jedoch muss die Ebeneninteraktion beim Aufbau der empirischen Studie und der späteren Interpretation der Ergebnisse berücksichtigt werden.

3.4 Verschiedene Netzwerkstrukturen als Sozialkapital

In der Literatur existiert ein grundlegender Diskurs darüber, welche strukturellen Formen sozialer Netzwerke Sozialkapital für Akteure darstellen können[1]. Dabei werden zwei scheinbar gegensätzliche Positionen vertreten, die sich jedoch durch Verdeutlichung der Perspektive im Sinne der oben vorgestellten Systematisierung und unter Betrachtung verschiedener Kontingenzen im Einzelfall als komplementär erweisen können. Die beiden grundsätzlichen Positionen beziehen sich einerseits auf dichte Netzwerke im Sinne der Gruppengeschlossenheit und andererseits auf das explizite Nichtvorhandensein von Beziehungen im Sinne lückenhafter Netzwerke[2]. Welche Form sozialer Strukturen eher Sozialkapital darstellt hängt sehr stark von Kontingenzen wie der Perspektive, den Zielen und Aufgaben von Akteuren sowie dem Kontext ab und kann nicht allgemein beantwortet werden. So können für dieselbe soziale Gruppe beide Netzwerkformen in einer gegebenen Situation von Vorteil sein, abhängig von der gewählten Perspektive. Zunächst werden die beiden Positionen im Sinne einer These-Antithese-Beziehung näher erläutert, bevor die abschließende Synthese die beiden Positionen zusammenführt (siehe Kap. 3.4.4).

3.4.1 Sozialkapital durch das Überbrücken struktureller Lücken

Aufbauend auf den schon angesprochenen Arbeiten von GRANOVETTER zu schwachen Beziehungen[3] hat BURT die Theorie der *Strukturellen Lücken* („structural holes") entwickelt, nach der insbesondere lose gewobene, lückenhafte soziale Netzwerke Sozialkapital für Akteure hervorbringen[4]. Das Argument ist zweigeteilt: Zum einen erlangt ein Akteur Informationsvorteile durch das Unterhalten eines Netzwerks schwacher Beziehungen möglichst hoher Diversität[5]. Zum anderen gewinnt ein Akteur Sozialkapital in Form von Einfluss durch Einnahme einer zentralen Position innerhalb eines sozialen Netzwerks, in der er als Broker mehrere Akteure oder Gruppen miteinander verbinden kann[6].

---

[1] Vgl. Burt 2001, S. 31; Portes 1998, S. 6 und Johanson 2001, S. 234ff.

[2] Vgl. z. B. Portes 1998, S. 6.

[3] Siehe Granovetter 1973.

[4] Siehe Burt 1992.

[5] Vgl. Burt 2000, S. 354.

[6] Vgl. Jansen 2002, S. 95. Siehe auch Burt 1992, 1997b. Eine Definition eines sozialen Brokers findet sich auch in der Grundlagenarbeit zu sozialen Austauschbeziehungen von Boissevain: „... a social broker places people in touch with each other either directly or indirectly for profit. He bridges gaps in communication between persons, groups, structures, and even cultures." (Boissevain 1974, S. 148).

Das Argument stellt den Wettbewerb zwischen Akteuren in den Vordergrund. Eine große Anzahl Beziehungen hoher Diversität erlaubt den Zugang zu nicht redundanten Informationen, die im Sinne einer Ressourcenkombination einen strategischen Vorteil im Wettbewerb mit anderen Akteuren erlaubt[1]. Hierzu gehören die in Beispiel 1 beschriebenen Karrierenetzwerke, die Akteuren Vorteile auf Basis eines überlegenen Informationszugangs erlauben. Das grundlegende Argument ist, dass Akteure, die in ein dichtes Netzwerk mit kohäsiven Strukturen eingebettet sind, nur Beziehungen hoher Redundanz unterhalten, die keinen Zugang zu neuen Informationen erlauben und alle Akteure somit die gleichen Informationen besitzen ohne dabei einen Informationsvorsprung zu erlangen[2]. Das Argument sieht somit das Unterhalten vieler Beziehungen außerhalb des unmittelbaren sozialen Netzwerks vor. Es basiert aus folgenden Gründen auf schwachen Beziehungen: Einerseits können Akteure nur eine begrenzte Anzahl starker Beziehungen unterhalten, andererseits bringen starke Beziehungen meist dichte Netzwerke hervor, die zu sozialer Schließung und Kohäsion tendieren, was wiederum für Redundanz spricht und dem Argument entgegensteht[3].

Es lässt sich sagen, dass Akteure dann Vorteile in Netzwerken erlangen, wenn ihre Position und ihre Beziehungen es erlauben, Netzwerklücken zu überspannen und zu schließen[4]. Wenn z.B. ein Mitglied einer Gruppe als einziger den Zugang zu einer anderen Gruppe unterhält, dann überbrückt dieser Akteur eine strukturelle Lücke im Gesamtnetzwerk. Diese Form von Sozialkapital wird somit auch als brückenbildendes Sozialkapital bezeichnet[5]. Ein Akteur ist dann in der Lage im Sinne eines Brokers zwischen Akteuren zu vermitteln. Eine solch einflussreiche Position erlaubt beispielsweise das Kontrollieren von Informationsflüssen und Projekten[6]. Akteure, die solche Broker-Positionen bekleiden, werden auch „tertius gaudens" (der „lachende Dritte", der profitiert) genannt[7].

---

[1] Vgl. Burt 2001, S. 353.

[2] Vgl. Burt 2001, S. 353; Portes 1998, S. 6.

[3] Vgl. Jansen 2002, S. 95.

[4] „...structural holes create a competitive advantage for an individual whose relationships span the holes." (Burt 2000, S. 353).

[5] Vgl. Putnam/Goss 2001, S. 28.

[6] „Structural holes are thus an opportunity to broker the flow of information between people, and control the projects that bring together people from opposite sides of the hole." (Burt 2000, S. 353).

[7] Vgl. Jansen 2002, S. 95 und Burt 2000, S. 354f. Siehe auch Beispiel 7: Einzelne Akteure in zentraler Netzwerkposition waren in der Lage, durch ihren Zugang zu Informationen hoher Diversität und dem Vermitteln zwischen einzelnen Gruppen im Netzwerk die Entwicklung der anvisierten Lösung zu initiieren und voranzutreiben.

Die Netzwerkstruktur, die maßgeblich Sozialkapital hervorbringt, ist also durch die relative Abwesenheit von Beziehungen im Sinne struktureller Lücken („structural holes") gekennzeichnet[1]. Das Sozialkapital eines Akteurs basiert dabei nach JANSEN typischerweise auf drei Charakteristika: Erstens besitzt der Akteur eine einzigartige Position, die er sich nicht mit anderen Akteuren teilen muss. Zweitens erlaubt sein Beziehungsnetzwerk den Zugang zu Informationen hoher Diversität; er besitzt also nicht-redundante Beziehungen. Und drittens genießt er eine komparative Überlegenheit der Vernetzung im Wettbewerb mit anderen[2]. Das „structural holes" Argument betont somit die strukturelle Form sozialer Netzwerke[3] und stellt auf die kompetitiven Elemente von Sozialkapital ab, die überlegenen Ressourcenzugang und Einfluss erlauben[4]. Sie stellt den individuellen Nutzen von Sozialkapital für einzelne Akteure im Wettbewerb mit anderen in den Vordergrund.

3.4.2 Sozialkapital durch Netzwerkgeschlossenheit

Im Gegensatz dazu vertritt COLEMAN die Position, dass Sozialkapital vielmehr durch ein dichtes Netzwerk untereinander verbundener Beziehungen entsteht[5]. Hierbei steht eine möglichst dichte, kohäsive Netzwerkstruktur mit bewusst redundanten Verbindungen im Vordergrund, die auch als *Gruppengeschlossenheit* („closure") oder soziale Schließung[6] bezeichnet wird und die die Kooperation zwischen Gruppenmitgliedern ermöglicht. Grund hierfür ist laut COLEMAN, dass nur dichte Netzwerke die effektive Überwachung und Sanktionierung sozialer Normen erlauben[7]. Ein weiteres Merkmal kohäsiver Gruppen ist das Herausbilden eines guten gemeinsamen Verständnisses der Gruppentätigkeit, was ebenfalls Sozialkapital darstellt[8]. Im Gegensatz zur ersten Position, die eher strukturelle Eigenschaften sozialer Netzwerke und kompetitiven Nutzen in den Vordergrund stellen, betont das „closure" Argument eher die inhaltlichen Merkmale von Beziehungen und Netzwerken[9] und stellt auf die kooperativen Vorteile von Sozialkapital und die Kooperation zwischen Akteuren ab.

---

[1] Vgl. Portes 1998, S. 6.
[2] Vgl. Jansen 2002, S. 95f.
[3] Vgl. Adler/Kwon 2002, S. 23.
[4] Vgl. Johanson 2001, S. 235.
[5] Siehe Coleman 1990.
[6] Vgl. Jansen 2002, S. 94.
[7] Siehe Coleman 1990, die Grundidee ist beschrieben in Beispiel 3.
[8] Siehe Nahapiet/Goshal 1998.
[9] Vgl. Adler/Kwon 2002, S. 23.

Geschlossene Netzwerke sind notwendig für das Entstehen sozialer Normen, die die Grundvoraussetzung für effektive Kooperation sind. Wiederholtes, reziprok kooperatives Verhalten schafft normative Bindungen zwischen Akteuren in einem Kollektiv, die wiederum dafür sorgen, dass sich die Akteure weiterhin kooperativ verhalten[1]. Es entstehen Normen kooperativen Verhaltens, die Abweichungen als Fehlverhalten verstehen. Netzwerkgeschlossenheit sorgt für die Durchsetzung der Normen, da abweichendes Verhalten sofort erkannt und nicht geduldet wird[2]. Normen als Merkmal der sozialen Struktur eines sozialen Kollektivs stellen insofern Sozialkapital dar, als dass sie kooperatives Verhalten der Akteure in der sozialen Struktur fördern[3].

Basierend auf den gleichen Mechanismen begünstigt Netzwerkgeschlossenheit auch die Entstehung von Vertrauen innerhalb des Netzwerks[4]. Dies basiert auf dem aus der Ökonomie bekannten Reputationsprinzip[5]. Netzwerkgeschlossenheit stellt sicher, dass Akteure gemeinsame Kontakte haben, die a) das Verhalten der Akteure im Sinne von Reputation im Netzwerk publik machen, was b) die Wichtigkeit der Reputation bei der Teilnahme an zukünftigen Interaktionen erhöht, so dass c) Akteure darauf bedacht sind ihre Reputation kooperativen Verhaltens nicht zu beschädigen, was d) wiederum dazu führt dass man Akteuren mit positiver Reputation vertrauen und mit ihnen kooperieren kann[6]. Reputation und entsprechend das Vertrauen können nicht in offenen Strukturen entstehen[7]. Im Gegensatz zum Argument der strukturellen Lücken basiert die Position nach COLEMAN auf starken, engen Beziehungen, da „Netzwerke aus schwachen Beziehungen versagen, wenn es darum geht, Solidaritätsnormen zu unterstützen.“[8] Nur in engen Beziehungen können zudem Normen und stabiles

---

[1] Dieses Prinzip der Reziprozität geht zurück auf die Social Exchange Theory nach Blau 1964, vgl. auch Watson/Papamarcos 2002, S. 539.

[2] „Closure means the existence of sufficient ties between a certain number of people to guarantee the observance of norms.” (Portes 1998, S. 6).

[3] „When an effective norm does exist, it constitutes a powerful, but sometimes fragile, form of social capital.“ (Coleman 1990, S. 310).

[4] „Network closure facilitates sanctions that make it less risky for people in the network to trust one another“ (Burt 2000, S. 351). Vgl. auch Coleman 1990, S. 318.

[5] Siehe z. B. Greif 1989.

[6] Die Beschreibung entstammt Burt 2000, S. 352. Hierzu auch folgendes Zitat von Granovetter: „the threat of sanctions makes trust more likely between people who have mutual friends.“ (Granovetter 1992, S. 44).

[7] Vgl. Burt 2001, S. 38, Jansen 2002, S. 103. *Anmerkung*: Netzwerkgeschlossenheit ist keine hinreichende Bedingung für Vertrauen, da hier auch negative, Misstrauen begünstigende Normen entstehen und durchgesetzt werden können. Netzwerkgeschlossenheit ist aber eine notwendige Bedingung, zumindest für tief gehendes Vertrauen.

[8] Jansen 2002, S. 96.

Vertrauen entstehen, da diese auf einer Historie erfolgreicher sozialer Interaktionen im Sinne sich verstärkender Reziprozität basieren[1].

Neben Normen und Vertrauen beschreiben NAHAPIET und GOSHAL die kognitive Dimension als weiteren Aspekt von Sozialkapital nach dem „closure"-Argument (siehe Kap. 3.6). Bei der kognitiven Dimension geht es um das gemeinsame Verständnis von Akteuren, das notwendig ist als Grundlage komplexer sozialer Interaktionen, etwa in gemeinsamen Forschungsprojekten[2]. Die Ausführungen machen deutlich, dass sich die Position nach COLEMAN auf Merkmale sozialer Strukturen in Kollektiven, bzw. in sozialen Systemen (z. B. einer Gruppe) bezieht und zudem den kollaborativen Nutzen von Sozialkapital in den Vordergrund stellt. Der nächste Abschnitt wird die beiden Positionen vergleichen und eine komplementäre Sichtweise durch Wahl der Perspektive vorstellen.

3.4.3 Auflösen des scheinbaren Gegensatzes durch Wahl der Perspektive

Tabelle 3.7 vergleicht die beiden grundlegenden Theorieansätze anhand der in den vorangegangenen Abschnitten herausgearbeiteten Charakteristika. Die Theorie struktureller Lücken fokussiert auf strukturelle Merkmale von Netzwerken und Beziehungen und stellt auf kompetitive Effekte sozialer Struktur für einzelne Akteure ab. Im Gegensatz dazu bezieht sich die Theorie dichter Netzwerke auf soziale Kollektive und die aus inhaltlichen Merkmalen sozialer Struktur resultierenden kooperativen Effekte von Sozialkapital.

	Theorie struktureller Lücken („structural holes")	**Theorie dichter Netzwerke („closure")**
Netzwerkart	Lückenhaft	Dicht/geschlossen
Beziehungstypen	Schwache/lose	Starke/enge
Merkmale sozialer Struktur	Strukturfokus: Netzwerkpositionen	Inhaltliche Merkmale
Netzwerkfokus	Ego-Netzwerk des Akteurs	Gesamtnetzwerk des Sozialsystems
Sozialkapital-Profiteur	Akteure in Netzwerken	Kollektiv, soziales System
Sozialkapital-Sicht	Privates Gut	Öffentliches Gut
Sozialkapital-Verwendung	Kompetitiv	Kooperativ
Sozialkapital-Nutzen	Informationszugang, Einfluss	Ermöglicht Kollaboration

Tabelle 3.7: Vergleich der zwei Netzwerktheorien[3]

---

[1] Gargiulo und Benassi nennen dies den „sich verstärkenden Effekt der Reziprozität", der ein Kennzeichen von kohäsiven, dichten Netzwerkstrukturen ist (Vgl. Gargiulo/Benassi 2000, S. 185).

[2] Siehe Nahapiet/Goshal 1998.

[3] Vgl. auch Johanson 2001, S. 234.

Autoren wie BURT untersuchen die Vorteilhaftigkeit der verschiedenen Netzwerkstrukturen bei der Verfolgung individueller Ziele von Akteuren. Dabei belegen zahlreiche empirische Befunde[1], dass Netzwerke mit strukturellen Lücken und das bewusste Aufbauen von Netzwerken hoher Diversität einerseits, sowie das Brokern in zentralen Netzwerkpositionen andererseits, der Mitgliedschaft in dichten Netzwerken überlegen ist; jedenfalls was die individuelle Leistung der Akteure angeht[2]. Es muss jedoch festgehalten werden, dass BURT weitgehend der externen Definition von Sozialkapital folgt und Leistung streng kompetitiv als Vorteil einzelner Akteure gegenüber der Leistung anderer Akteure definiert. Es ist daher einleuchtend, dass in solchen Studien meist eine Form sozialer Struktur überlegen ist, die Ressourcenzugang und Einflussnahme begünstigt. Erweitert man jedoch die Sichtweise auf kollektive Akteure, so kann gezeigt werden, dass beide Netzwerkstrukturen gleichzeitig Vorteile beinhalten, jeweils abhängig von der gewählten Perspektive. BURT selbst hat in empirischen Studien zur Leistung innerbetrieblicher Teams herausgefunden, dass sich die beiden Theorieansätze ergänzen können[3]. Diese Sichtweise wird zudem in Beispiel 4 widergespiegelt und durch weitere Arbeiten verschiedener Autoren implizit unterstützt.

		Netzwerkgeschlossenheit der Gruppe	
		Niedrig	**Hoch**
Reichhaltigkeit des Netzwerks (nicht redundante externe Kontakte der Gruppenmitglieder)	**Hoch**	Unzureichend vernetzte Gruppe mit Zugang zu Ressourcen hoher Diversität auf Basis eines ausgeprägten Netzwerkes nicht redundanter externer Beziehungen	**Maximale Gruppenleistung**
	Niedrig	**Minimale Gruppenleistung**	Ausgeprägte Gruppenkohäsion bei gleichzeitig hoher Homogenität der Mitglieder und daher eingeschränktem Zugang zu externen Ressourcen (Informationen) hoher Diversität

Abbildung 3.2: Balance der Außen- und Innenvernetzung von Gruppen[4]

[1] Für eine Übersicht vgl. Burt 2000, S.360ff.
[2] Vgl. insbesondere Burt 2000, S. 357ff., aber auch Gargiulo/Benassi 2000.
[3] Vgl. Burt 2000, S. 395, siehe auch Burt 2001.
[4] Vgl. Burt 2000, S. 395; Burt 2001 und Reagans/Zuckerman 2001.

Ein Team als Kollektiv stellt gleichzeitig intern ein soziales System dar und agiert extern als Akteur im Unternehmen. In der externen Sicht kann ein Team als Akteur hinsichtlich seiner Leistung mit anderen Akteuren verglichen werden. Es zeigt sich, dass die Theorie struktureller Lücken die Leistung des Teams aus der externen Perspektive erklären kann. Teams mit nicht redundanten Beziehungen hoher Diversität zu anderen Team zeigten sowohl in den Arbeiten von BURT, wie auch in der Studie von REAGANS und ZUCKERMAN bessere Leistungen als Teams mit Kontakten geringer Diversität[1]. Allerdings hat sich ebenso gezeigt, dass dies nur eine notwendige, nicht aber eine hinreichende Bedingung für die erbrachte Leistung darstellte. Um von den extern zugänglichen Ressourcen (Informationen) zu profitieren, benötigten die Teams intern Netzwerkgeschlossenheit nach dem „closure"-Argument als Voraussetzung für effektive Kollaboration in der Gruppe. Sozialkapital auf Basis struktureller Lücken generiert somit Wert, der jedoch im Kollektiv nur realisiert werden kann, wenn intern Geschlossenheit besteht, um effektive Kommunikation und Kooperation zu ermöglichen[2]. In ähnlicher Weise argumentiert TSAI; auch er sieht die Kombination von Außenvernetzung zum Informationszugang und Innenvernetzung im Sinne von absorptiver Kapazität („absorptive capacity") zur Informationsverarbeitung als Erfolg versprechend an[3]. BLYLER und COFF sehen eine Kombination aus Sozialkapital auf Basis von Außen- („acquiring resources") wie Innenvernetzung („integrating and recombining resources") gar als Grundlage dynamischer Kompetenzen von Unternehmen[4].

Die Erkenntnisse zeigen, dass durch das Betrachten kollektiver Akteure und die Unterscheidung der Perspektiven die beiden Ansätze als komplementär in Einklang gebracht werden können. Abbildung 3.2 visualisiert dieses Zusammenspiel externer wie interner Sichtweise[5]. Es kann nicht geschlossen werden, dass einer der beiden Ansätze generell vorteilhaft ist. Somit ist nicht die Argumentation eines Gegensatzes, sondern eine gezielte Erforschung von Kontingenzen erforderlich, die die Vorteilhaftigkeit be-

---

[1] Vgl. Burt 2000, S. 395, Reagans/Zuckerman 2001.

[2] Vgl. Burt 2001, S. 52; außerdem: „Structural holes within a group weaken in-group communication and coordination, which weakens group ability to take advantage of brokerage opportunities beyond the group. Closure eliminates structural holes within the team, and so improves communication and coordination within the team." (Burt 2000, S. 393).

[3] Siehe Tsai 2001.

[4] Siehe Blyler/Coff 2003.

[5] *Anmerkung*: Die Ausführungen zu den beiden Theorieansätzen verdeutlichen die eingangs vertretene Ansicht, dass die Sozialkapitaltheorie eher als Rahmentheorie verschiedener Konzepte und deren kontingenter Anwendung denn als eindeutige, kausale Theorie gesehen werden muss.

stimmter Formen von Sozialkapital bedingen[1]. Denn auch wenn die obigen Beispiele eher die Theorie struktureller Lücken in der externen Sichtweise favorisieren, so gibt es auch hier Kontingenzen, bei denen enge Beziehungen und Netzwerkgeschlossenheit in externen Beziehungen eines Akteurs vorteilhaft sein können[2].

3.4.4 Kontingenzansätze für die Vorteilhaftigkeit der Netzwerkstrukturen

Nach dem „structural holes“ Argument müsste sich die Netzwerkgeschlossenheit im Team in Beispiel 4 für die einzelnen Mitglieder negativ auswirken. Dies gilt jedoch nur, wenn man streng individualistische Motive und kompetitives Verhalten nach Art des Homo Oeconomicus zugrunde legt und wenn man die Interaktion der Betrachtungsebenen außer Acht lässt[3]. So muss kooperatives Verhalten und die Einbettung in dichte Netzwerkstrukturen nicht mit den Zielen des einzelnen Akteurs in Konflikt stehen. Beispielsweise kann die eigene Zielerreichung die Kooperation mit anderen Akteuren notwendig machen, so beispielsweise bei der Bearbeitung komplexer Aufgaben. Und andererseits kann der einzelne Akteur als Mitglied des Kollektivs vom internen Sozialkapital in kooperativen Prozessen und schlussendlich von gemeinsam erbrachter Leistung profitieren[4]. Für ein besseres Verständnis des Verhältnisses verschiedener Formen von Sozialkapital ist also insbesondere im organisationalen Bereich eine komplexe Kontingenzbetrachtung im Einzelfall notwendig, die neben Zielen und Motiven die Ebeneninteraktion und wichtige Kontingenzen wie beispielsweise die zu bearbeitenden Aufgaben und den organisationalen Kontext mit einbezieht.

HANSEN untersucht die Innovationsfähigkeit von innerbetrieblichen Organisationseinheiten in Abhängigkeit von ihren externen sozialen Netz-

---

[1] Dies wird im empirischen Teil der Studie am Beispiel interorganisatorischer Beziehungen vorgenommen. Dabei werden auch die in den folgenden Abschnitten noch eingeführten weiteren Dimensionen und Elemente von Sozialkapital mit einbezogen.

[2] „Closure provides social capital's cohesiveness benefits within an organization or community; structural holes in the focal actor's external linkages provide cost-effective resources for competitive action. But even when we focus on external ties for competitive goals, both closure and sparse networks can yield benefits. Which is more valuable depends on (…) the task and symbolic environment confronting the actor.“ (Adler/Kwon 2002, S. 25).

[3] Zur Homo Oeconomicus Diskussion siehe Ausführungen oben in Kap. 3.1.4.3, zur Interaktion der Betrachtungsebenen siehe Kap. 3.3.2.3.

[4] Zum Wechselspiel von Sozialkapital auf verschiedenen Ebenen noch folgendes Zitat: „At the same time that group performance is enhanced by the social capital of its members, organization social capital can enhance employee performance.“ (Burt 2000, S. 362).

werken. Nach der Theorie struktureller Lücken sollte ein Netzwerk schwacher Beziehungen positiv mit der Leistung korrelieren. Dies ist jedoch nur unter bestimmten Bedingungen der Fall. HANSEN weist auf die Art des zu transferierenden Wissens als wesentliche Kontingenz hin. Handelt es sich um explizites und nicht komplexes Wissen, kann die Leistung durch das „structural holes" Argument (im Sinne schwacher, nicht redundanter Beziehungen) erklärt werden[1]. Sobald jedoch die Komplexität und Implizitheit des Wissens einen mittleren Wert überschreitet, sind schwache Beziehung deutlich unvorteilhaft, da sie zwar das Auffinden der Informationen nicht aber deren Transfer ermöglichen[2]. Es kann somit angenommen werden, dass lose (schwache) Beziehungen zwar die kosteneffektive Suche nach neuem Wissen erlauben, der Austausch komplexen, impliziten Wissens jedoch enge (starke) Beziehungen erfordert[3]. ADLER und KWON argumentieren, dass hierfür enge Beziehungen und Netzwerkgeschlossenheit notwendig sind, da sie positiv auf die Bereitschaft zur Weitergabe komplexen Wissens wirken[4]. Hierzu muss auch auf die später noch diskutierten kognitiven Elemente des Sozialkapitals verwiesen werden, die Akteure erst in die Lage versetzen, komplexes Wissen auszutauschen[5].

In der gleichen Richtung argumentiert die in Beispiel 11 zitierte Studie von WALKER ET AL.. Die Autoren untersuchen die beiden Theoriepositionen in Unternehmensnetzwerken der Biotechnologieindustrie:

1. Netzwerkregionen hoher Dichte erlauben die Kooperation in langfristigen Beziehungen, die kooperatives Verhalten garantieren. Sozialkapital dient als Ressource zur effizienten Steuerung des externen Beziehungsnetzwerks auf Basis von Netzwerkstrukturen hoher Dichte[6].
2. Strukturelle Lücken eröffnen profitable (wenn auch eher kurzfristige) Geschäftsgelegenheiten, durch Brokern die eigene Netzwerkposition auszunutzen und einen Informations- bzw. Ressourcenvorsprung zu erlangen. Dies basiert wiederum auf kompetitivem, opportunistischen Verhalten[7].

---

[1] Vgl. Hansen 1999, S. 105.

[2] Vgl. auch Jansen 2002, S. 103.

[3] Vgl. Hansen 1999, S. 89. Hierzu auch: „Weak ties facilitate the cost-effective search for codifiable information and … strong ties facilitate the cost-effective transfer of complex information and tacit knowledge." (Adler/Kwon 2002, S. 32).

[4] „… relatively uncertain tasks benefits from greater tie density (closure), because closure makes actors more willing to share tacit knowledge, whereas when tasks are relatively certain, structural holes are more valuable, because they allow a cost-effective way of accessing a wider range of information sources." (Adler/Kwon 2002, S. 33).

[5] Siehe Nahapiet/Goshal 1998, sowie Kap. 3.6.4.

[6] Vgl. Walker et al. 1997, S. 110.

[7] Vgl. Walker et al. 1997, S. 112.

In der Biotechnologieindustrie herrscht laut WALKER ET AL. Variante 1) vor, da die Art des Geschäfts bzw. der Produkte die langfristige Kooperation mit anderen Unternehmen notwendig macht und Akteure somit durch Verfolgen einer kooperativen Strategie profitabler werden lässt. Ähnlich argumentiert AHUJA, dessen Studie zeigt, dass Akteure von der Mitgliedschaft in dichten Netzwerkstrukturen, im vorliegenden Fall in Unternehmensnetzwerken, profitieren können. Er analysiert technologische Allianzen in der Chemieindustrie. Dabei widerlegt die Studie die Hypothese einer positiven Wirkung struktureller Lücken[1]. Erfolg korrelierte vielmehr positiv mit einer Einbettung in ein dichtes Netzwerk enger Beziehungen. Das Argument ist konsistent mit den Erkenntnissen von WALKER ET AL. zur Einbettung in kooperative Strukturen und dem Argument von HANSEN zum Transfer komplexen Wissens. Zudem wirken in solchen geschlossenen Netzwerken Reputationsmechanismen, die oben bereits beschrieben wurden[2].

GARGIULO und BENASSI stimmen diesem Argument im Wesentlichen zu, jedoch argumentieren sie, dass die Einbettung in kohäsive und dichte Strukturen die Flexibilität und Anpassungsfähigkeit von Akteuren auch einschränken kann, insbesondere in Situationen externer Veränderung, die den Aufbau neuer Beziehungen und Netzwerke erfordert[3]. Dann, so die Autoren, können bisherige Netzwerkstrukturen dahin gehend einschränkend wirken, dass sie Akteure in reziprok zu erfüllende Austauschbeziehungen einbinden[4], oder Akteure in ihrer Wahrnehmung externer Veränderungen einschränken, da der Informationszugang durch die Einbettung in dichte Netzwerke gefiltert wird[5]. Da die Autoren den Vorteilen dichter Netzwerke im Allgemeinen zustimmen, weisen sie auf einen Trade-off zwischen den Vorteilen dichter Netzwerke zur Sicherung kooperativer Effekte und den einschränkenden Effekten hinsichtlich der Anpassungsfähigkeit im Falle von Veränderungen hin.

---

[1] Siehe Ahuja 2000a, vgl. auch Jansen 2002, S. 103.

[2] „Erst innerhalb der geschlossenen Gruppe entstehen Reputationsmechanismen und das Potenzial an Überwachung und Sanktionierung, welche den offenen Austausch auch bei implizitem Wissen der Akteure und bei Offenlegung der eigenen Absichten erlauben.“ (Jansen 2002, S. 103).

[3] „..., a cohesive network may eventually hurt a manager's ability to enter and to promote new cooperative relationships involving people outside that network.” (Gargiulo/Benassi 2000, S. 192).

[4] „...may lock the players into endless mutual exchanges, even though both see no further benefits from the exchange.“ (Gargiulo/Benassi 2000, S. 185).

[5] „However, the same strong bonds may also serve as a filter for information and perspectives reaching the actors, generating a *cognitive lock-in* that isolates them from outer world.” (Gargiulo/Benassi 2000, S. 186, Hervorhebung im Original).

Aus Sicht von Akteuren auf Märkten können also zwei grundlegende Strategien unterschieden werden, deren Anwendung je nach unterschiedlichen Kontingenzen vorteilhaft sein können[1]: Einerseits erlaubt unternehmerisches Verhalten im Sinne von Brokern in lückenhaften Netzwerken das Generieren von Vorteilen auf Basis von Einfluss und Ressourcenzugang und die flexible Anpassung an Veränderungen. Auf der anderen Seite sind enge Beziehungen und die Mitgliedschaft in dichten Netzwerken (Allianzen) notwendig, um opportunistisches Verhalten einzudämmen, komplexe Ressourcen zu transferieren und kooperative Vorteile in gemeinsamen Projekten zu realisieren. Ähnliches gilt für kollektive Akteure mit Blick auf die unterschiedlichen Strategien je nach Außen- oder Innensicht (siehe oben). Abbildung 3.3 fasst die möglichen Sichtweisen auf die beiden Theorieansätze zusammen. Die folgenden Kapitel gehen näher auf die eigentlichen positiven wie negativen Effekte von Sozialkapital ein, die in diesem Kapital zwar angedeutet aber noch nicht systematisch aufbereitet wurden.

	Externe Sichtweise: Akteurssicht	**Interne Sichtweise: Kollektivsicht**
Lückenhafte Netzwerke	Brokern in Netzwerkpositionen Ego-Netzwerk des Akteurs bedeutend Begünstigt kompetitive Sozialkapitalnutzung	Entstehen „interner Märkte", begünstigt Wettbewerb zwischen Akteuren. Spannungsfeld der Interaktion individueller Ziele mit denen des Kollektivs: Kollaboration erschwert.
Dichte, geschlossene Netzwerke	Kooperation mit anderen Akteuren begünstigt: Reputation, Vertrauen. Kompetitives Verhalten anderer Akteure wird eingedämmt. Kann einschränkend auf individuelle Flexibilität wirken.	Interne Kohäsion begünstigt Einhaltung von Normen und Kooperation. Entstehung von Gruppenidentität und gemeinsamem Verständnis.

Abbildung 3.3: Lückenhafte und dichte Netzwerke aus Sicht von Akteuren und Kollektiven

[1] Die genaue Wechselwirkung und die entsprechenden Kontingenzen sind bis auf einzelne, abgegrenzte Studien im Organisationsumfeld (insbesondere interorganisational) noch untererforscht. Die vorliegende Studie leistet hier einen Beitrag.

3.5 Wirkungen, Funktionen und Effekte von Sozialkapital

Aufbauend auf der obigen Diskussion der Netzwerkstrukturen lassen sich verschiedene Kategorien positiver wie negativer Sozialkapitaleffekte unterscheiden. Zudem können soziale Strukturen statt Sozialkapital auch soziale Verbindlichkeiten darstellen.

3.5.1 Positive Sozialkapitaleffekte

NAHAPIET und GOSHAL unterscheiden zwei grundlegende positive Effekte von Sozialkapital; sie nennen diese die allokative und die adaptive Effizienz von Sozialkapital. Sie beziehen Allokation, der Theorie struktureller Lücken folgend, auf den Zugang zu Ressourcen, während Adaption die Anpassung individuellen Verhaltens im Sinne von Kooperation bezeichnet und der zweiten Theorieposition zugeordnet werden kann[1]. Neben Allokation und Adaption kann als dritte Kategorie zudem die Einfluss- und Kontrollfunktionen unterschieden werden. Sowohl ADLER und KWON als auch SANDEFUR und LAUMANN unterscheiden die drei Kategorien Informationsfunktion, Solidaritätsfunktion, sowie Einfluss, Kontrolle und Macht[2]. Die Solidaritätsfunktion bezieht sich dabei auf Vertrauen und Normen zwischen Akteuren, die solidarisches bzw. kooperatives Verhalten positiv beeinflussen[3]. Damit gehört die Solidaritätsfunktion zur adaptiven Effizienz. Es können also insgesamt die drei Funktionen Allokation, Adaption und Autorität unterschieden werden; diese werden zunächst erläutert, bevor negative Effekte von Sozialkapital aufgezeigt werden.

3.5.1.1 Allokative Funktion von Sozialkapital: Ressourcenzugang

Die bisherigen Ausführungen haben gezeigt, dass soziale Strukturen Sozialkapital beim Zugang von Ressourcen wie z. B. Informationen darstellen können. Zahlreiche Studien zeigen, dass Sozialkapital verantwortlich ist für die Ressourcenverteilung in sozialen Systemen durch die Vernetzung der Akteure[4]. Akteure erlangen Zugang zu Ressourcen über ihre Beziehungen mit Freunden, Bekannten, Kollegen[5] und durch die Einnahme zentraler

[1] Vgl. Nahapiet/Goshal 1998, S. 245.

[2] Vgl. Adler/Kwon 2002, S. 29ff.; Sandefur/Laumann 2000, S. 73ff.

[3] Vgl. Sandefur/Laumann 2000, S. 78.

[4] Für eine Übersicht zu Studien, die sich mit den Informationseffekten von Sozialkapital beschäftigen, vgl. z. B. Adler/Kwon 2002, S. 29 oder Sandefur/Laumann 2000, 73ff. Siehe auch folgende Beispiele, in denen die allokative Funktion eine Rolle spielt: Beispiele 1, 2, 4, 5 und 8.

[5] Vgl. Coleman 1990, S. 310.

Positionen in sozialen Netzwerken[1]. Die Innenvernetzung von sozialen Systemen wiederum ist maßgebend für den Ressourcenfluss zwischen den Akteuren.

Welche Art von Beziehungen (schwache oder starke) und welche Art von Netzwerk (loses oder dichtes) vorteilhaft für einen Akteur beim Zugang zu Ressourcen ist, hängt wieder, wie oben bereits diskutiert, von Kontingenzen wie den Zielen, den Aufgaben, sowie dem situativen Kontext ab[2]. Starke Beziehungen begünstigen den Austausch komplexer, reichhaltiger und sensitiver Informationen, da Vertrauen und Sanktionen opportunistisches Verhalten reduzieren und somit die Bereitschaft zum Austausch erhöhen[3]. UZZI beispielsweise argumentiert, dass Vertrauen in Allianzen die Bereitschaft erhöht, komplexe Informationen auszutauschen, die der direkten gemeinsamen Wertschöpfung dienen und über generische Informationen wie Preis und Produktbeschreibungen hinausgehen[4]. Netzwerke schwacher Beziehungen hingegen sind kostengünstiger im Unterhalt und insbesondere beim Zugang zu explizitem Wissen hoher Diversität vorteilhaft[5].

3.5.1.2 Adaptive Funktion von Sozialkapital: Kollaborationsfähigkeit

Die adaptive Funktion von Sozialkapital ist eng verbunden mit der Theorie geschlossener Netzwerkstrukturen, wie sie oben diskutiert wurde[6]. Sozialkapital hat Anpassungseffekte (adaptive Effekte) dahin gehend, dass es Akteure in sozialen Systemen in die Lage versetzt, effektiv miteinander zu kooperieren. Hierfür verantwortlich sind soziale Strukturen wie enge Beziehungen und dichte, geschlossene Netzwerke (Kohäsion), die einhergehen mit dem Herausbilden von Normen, Reputation und Vertrauen zwischen den Akteuren. Diese Eigenschaft von Sozialkapital wird auch Solidaritätseffekt genannt[7]. Solidarität entsteht durch reziprokes, kooperatives

---

[1] Vgl. Burt 2000, S. 353, siehe auch Tsai 2001.

[2] Vgl. hierzu wieder Beispiel 1 und Beispiel 11: Während Manager beim Zugang zu Jobpositionen eher von schwachen Beziehungen und Netzwerklücken profitieren, benötigt der Austausch sensibler und komplexer Informationen/Ressourcen in der Biotechnologie-Industrie eher dichte Netzwerke und starke Beziehungen.

[3] Vgl. Koka/Prescott 2002, S. 801.

[4] Siehe Uzzi 1996 und 1997.

[5] „... weak interunit ties are advantageous because they are less costly to maintain than strong ones." (Hansen 1999, S. 105).

[6] Sozialkapital „facilitates collective action" (Leana/van Buren 1999, S. 541).

[7] „The third benefit of social capital is solidarity. Strong social norms and beliefs, associated with a high degree of closure of the social network, encourage compliance with local rules and customs and reduce the need for formal controls." (Adler/Kwon 2002, S. 29).

Verhalten über Zeit, wodurch sich wechselseitiges Vertrauen und soziale Obligationen zwischen den Akteuren herausbilden[1]. Solidarität ist somit eine Eigenschaft starker Beziehungen.

Durch die genannten Merkmale sozialer Struktur, wie Vertrauen, Reputation und Normen, kann Sozialkapital Transaktionskosten in ökonomischen wie sozialen Austauschbeziehungen reduzieren und Transaktionen höherer Komplexität ermöglichen[2]. Diese Effekte konnten z. B. in sich wiederholenden Allianzen zwischen Unternehmen nachgewiesen werden, bei denen die Existenz einer Beziehungshistorie positive Auswirkungen auf die Transaktionskosten hatte, da Vertrauen detaillierte Verträge und Kontrollmechanismen ersetzte und damit die Kosten des Allianz-Setups reduzierte[3]. Des Weiteren sorgt eine gemeinsame kognitive Ebene zwischen den Akteuren in einer Beziehung für die Fähigkeit zu intellektueller Zusammenarbeit[4]. Eine genauere Betrachtung der diversen strukturellen und inhaltlichen Merkmale sozialer Struktur erfolgt in Kapitel 3.6.

3.5.1.3 Autoritäre Funktion von Sozialkapital: Einfluss und Kontrolle

Die dritte Funktion von Sozialkapital ist die Einfluss- und Kontrollfunktion im Sinne von Autorität. Akteure gewinnen Einfluss durch das Unterhalten eines großen Netzwerks von Beziehungen hoher Diversität oder die Einnahme von zentralen Positionen in sozialen Netzwerken[5]. Dies sind typischerweise Netzwerkpositionen, die das Brokern und Überbrücken von Netzwerklücken erlauben[6]. Solche Brokerpositionen sind geeignet, politische Entwicklungen in Projekten oder Organisationen zu kontrollieren und

[1] „Solidarity may arise out of conditions of repeated interaction among the same actors over time, during which forms of social capital such as trust and mutual obligations accumulate." (Sandefur/Laumann 2000, S. 78). Wie oben bereits diskutiert, geht das Reziprozitätsprinzip auf die Social Exchange Theory nach Blau 1964 zurück.

[2] Vgl. Hazleton/Kennan 2000, S. 84f. Siehe auch Beispiel 3, sowie Jansen 2002, S. 96 und Watson/Papamarcos 2002 zur Verbesserung der Koordination in Gruppen und Organisationen durch Sozialkapital.

[3] Siehe Gulati 1995a, aber auch Beispiel 9.

[4] Nahapiet/Goshal 1998, S. 253f.

[5] Zu Einfluss- und Kontrolleffekten von Sozialkapital vgl. u.a. Coleman 1990, S. 311f., Gabbay/Leenders 1999, S. 5f., Burt 2000, S. 354ff., Sandefur/Laumann 2000, S. 75ff., Adler/Kwon 2002, S. 29. Zu Einfluss und Macht basierend auf Zentralität in Netzwerken, sowie quantitativ-struktureller Messung von Zentralität siehe Brass/Burkhardt 1992.

[6] Bereits Boissevain hat auf den Kapitalcharakter von Brokerpositionen hingewiesen, ohne jedoch den Begriff „social capital" explizit zu benutzen: „Because one is never quite sure of the extent of a broker's capital (who and how good his contacts are), it is easier for him to increase his credit than for someone whose capital consists exclusively of first order resources." (Boissevain 1974, S. 160).

zu beeinflussen[1]. Zudem können Akteure durch die Einnahme zentraler Positionen Informationsströme kontrollieren, umlenken und so Einfluss auf Basis eines besseren Informationszugangs gewinnen; hier ergibt sich also eine Interdependenz mit der Allokationsfunktion von Sozialkapital. Akteure kontrollieren auf diese Weise Ressourcen und erlangen zusätzlichen Einfluss[2]. Somit stellen diese sozialen Strukturen hinsichtlich der gewonnen Autorität für die Akteure Sozialkapital dar[3].

BURT sieht solche Akteure bildlich als Entrepreneure in Märkten an, die ihre Positionen nutzen, um durch Veränderungen bestimmte Entwicklungen (z. B. in Projekten) zu ihren Gunsten zu bestimmen. Brokern bedeutet dabei unternehmerisches Handeln im Sinne des Schaffens und Nutzens neuer Opportunitäten. Soziale Strukturen helfen hier bei der Verwirklichung von Zielen[4]. Akteure, die strukturelle Lücken überbrücken und aus dem Zusammenbringen von anderen Akteuren Macht und Einfluss generieren, werden auch, wie oben schon angesprochen, „tertius gaudens" genannt[5].

Die Autoritätsfunktion von Sozialkapital basiert in der Regel weitgehend auf der Theorie struktureller Lücken und Netzwerken schwacher Beziehungen und somit auf kompetitivem Verhalten. Ausnahmen bilden bestimmte Situationen, z. B. solche hoher Unsicherheit oder Veränderung, in denen starke Beziehungen besser geeignet sind, Einfluss auszuüben[6]. Dies ist z. B. notwendig, um die Hilfe und Unterstützung anderer Akteure zu sichern, damit diese bei der Durchsetzung von Zielen helfen. Hierzu führt KRACKHARDT ein Beispiel organisatorischer Veränderung an, bei der Manager durch ihre Vernetzung in starken Beziehungen in der Lage waren,

---

[1] „...individuals with contact networks rich in structural holes are the individuals who know about, have a hand in, and exercise control over, more rewarding opportunities." (Burt 2000, S. 355). Siehe hierzu auch Beispiel 7.

[2] „Thus employees who are able to control desired resources increase others' dependence on them and, via the exchange process, are able to acquire the resources or bring about outcomes they desire." (Brass/Burkhardt 1992, S. 193).

[3] „This network position, characterized by high centrality and the presence of structural holes, provides the manager with ample opportunity for control, power, and influence: the manager draws social capital from his network structure." (Gabbay/Leenders 1999, S. 5).

[4] „People in networks that span structural holes (...) claim the personality of an entrepreneurial outsider (versus conforming and obedient insider), in search of authority (versus security), thriving on advocacy and change (versus stability)." (Burt 2000, S. 384).

[5] Der „lachende Dritte", vgl. Jansen 2002, S. 95 und Burt 2000, S. 354f.

[6] „In other situations, involvement in strong and, therefore, in some ways restrictive ties may permit greater effectiveness with respect to one's occupational goals." (Sandefur/Laumann 2000, S. 77).

eine unternehmensbedrohliche Veränderung abzuwehren[1]. Auch in diesem Fall ist also eine Kontingenzbetrachtung im Einzelfall notwendig, um zu entscheiden, welche Netzwerkstrukturen und Beziehungsarten Sozialkapital darstellen.

Die Autoritätsfunktion bezieht sich weitgehend auf die externe Definition von Sozialkapital, und somit auf die Akteurssicht. Dabei kann die Autoritätsfunktion grundsätzlich auch negative Auswirkungen für andere Akteure und das soziale Bezugssystem haben, insbesondere dann, wenn Akteure ungewünschten Einfluss auf andere Akteure ausüben[2]. Auf der anderen Seite erlaubt Sozialkapital nicht nur, andere Akteure zu beeinflussen, sondern auch, sich durch Beziehungen zu unterschiedlichen sozialen Gruppen vom Einfluss, der Kontrolle und den normativen Sanktionen einer Gruppe und deren Akteuren frei zu machen[3].

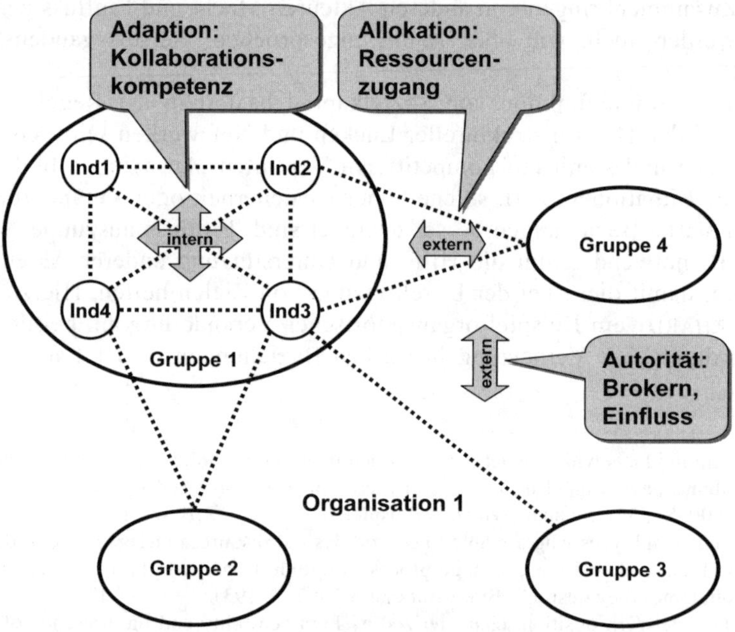

Abbildung 3.4: Visualisierung der Funktionen von Sozialkapital nach Perspektive

[1] Siehe Krackhardt 1992.

[2] Sandefur und Laumann unterscheiden zwischen Einfluss einerseits und Manipulation als negativ empfundenem Einfluss andererseits (Sandefur/Laumann 2000, S. 75ff.).

[3] „The influence and control benefits provided by social capital are in a sense obverse sides of one coin: the ability to influence others (…) and the ability to be free of others' influence." (Sandefur/Laumann 2000, S. 75).

Abbildung 3.4 visualisiert die drei Funktionen von Sozialkapital und ordnet sie bildlich in die ihnen maßgeblich zugrunde liegenden Perspektiven ein. Während sich die adaptive Funktion weitgehend auf die interne Perspektive und die Kollaborationsfähigkeit von Akteuren in sozialen Systemen bezieht, folgen sowohl Allokations- wie auch Autoritätsfunktion der externen Perspektive. Somit kann das in Kapitel 3.4.3 beschriebene Beispiel zur Leistungsfähigkeiten von Teams (Beispiel 4) als Kombination interner Adaption und externer Allokation interpretiert werden.

3.5.2 Negative Sozialkapitaleffekte

Neben den positiven Effekten und Funktionen von Sozialkapital muss auch auf verschiedene negative Effekte hingewiesen werden. Dabei ist zu unterscheiden zwischen negativen Effekten, die sich aus dem Sozialkapital von Akteuren oder Kollektiven für andere Akteure und Kollektive ergeben, und den sozialen Verbindlichkeiten, d. h. direkten negativen Effekten, die Akteure durch die Einbettung in soziale Strukturen erfahren. Im ersten Fall ergeben sich für Dritte negative Effekte aus den Sozialkapitalvorteilen Anderer, im zweiten Fall haben die eigenen sozialen Strukturen eines Akteurs für ihn negative Effekte und stellen so soziale Verbindlichkeiten dar. Es lassen sich anhand der Interaktion der Betrachtungsebenen (siehe oben) vier verschiedene Arten negativer Effekte von Sozialkapital unterscheiden, je nachdem ob einzelne Akteure oder Kollektive einerseits die Auslöser und andererseits die Geschädigten eines für die andere Seite positiven Sozialkapitalnutzens sind. Tabelle 3.8 gibt eine Übersicht, die folgenden Ausführungen dienen der näheren Erläuterung. Das Phänomen sozialer Verbindlichkeiten wird im Anschluss erläutert.

Sozialkapital-nutzen von…	**… bedeutet negativen Effekt für…**	
	Akteur	**Kollektiv**
Akteur (externe Sozialkapital Definition)	Manipulation anderer Akteure zur Erreichung individueller Ziele durch Einnahme einflussreicher Netzwerkposition, Ausnutzen von Abhängigkeiten, und Ressourcenverknappung.	Konflikt zwischen individuellen und kollektiven Zielen. Akteure entziehen dem Kollektiv positive Sozialkapitaleffekte. Problem des Free-Riding.
Kollektiv (interne Sozialkapital Definition)	Ausschluss von Individuen aus dem Kollektiv und damit von Sozialkapitalnutzen (Abgeschlossenheit). Einschränkung individueller Freiheiten durch rigide Normen.	Klub-Bildung und unethisches Verhalten durch Manifestierung entsprechender Normen (Verschwörung); kollektive Selbstrechtfertigung lässt Handeln für einzelne Akteure vertretbar erscheinen.

Tabelle 3.8: Negative Effekte von Sozialkapital

3.5.2.1 Negative Effekte durch Akteure in einflussreichen Netzwerkpositionen

Sozialkapital kann gleichzeitig positive Effekte für einen Akteur und negative Effekte für andere Akteure haben. Dies geht zurück auf den schon angesprochenen kompetitiven Einsatz von Sozialkapital zur Verwirklichung eigener Ziele. Fehlt dabei die Rücksichtnahme auf Belange anderer Akteure, so kann Sozialkapital für diese Dritten negative Effekte haben. Akteure in zentralen Netzwerkpositionen beispielsweise sind machtvolle Akteure, die ihre Macht zum eigenen Nutzen und damit zum Nachteil anderer einsetzen können[1]. Solche Broker-Positionen ermöglichen die Manipulation anderer Akteure und den exklusiven Zugriff auf und die Verknappung von Ressourcen, was direkte negative Effekte für andere Akteure haben kann. Zur Unterscheidung von Einfluss und Manipulation verweisen SANDEFUR und LAUMANN auf PARSONS: Im Falle von Manipulation versuchen Akteure andere Akteure gegen deren eigene Motivation und Ziele für ihre Zwecke, teilweise mit Druck bei sozialer Abhängigkeit oder selektiver Informationsversorgung, zu benutzen[2]. BOISSEVAIN weist ebenfalls auf das Manipulationspotenzial von sozialen Brokern hin und führt als Beispiele die „Paten" in der amerikanischen Mafia an, die ihre sozialen Netzwerke zur Verwirklichung ihrer kriminellen Ziele unter Schädigung anderer Akteure einsetzen[3].

3.5.2.2 Klubbildung und unethisches Verhalten

Zu ähnlichen Effekten kann es kommen, wenn sich mehrere Individuen in einem Kollektiv gemeinsam unethisch Verhalten. BRASS ET AL. argumentieren, dass unethisches Verhalten nicht nur eine Frage des Charakters der Individuen ist, sondern dass soziale Struktur und deren inhaltliche Merkmale wie Normen und Vertrauen im Einzelfall einen signifikanten Beitrag zu unethischem Verhalten leisten können[4]. Dabei kann es z. B. zur Bildung von Klubs kommen, enger in sich geschlossener Strukturen, in denen sich Normen unethischen Verhaltens verfestigen und durch Abschottung und eine Selbstrechtfertigung das Unrechtsbewusstsein und die Wahrnehmung

---

[1] „One need not be an expert on social networks to predict that the center node (...) will be the most powerful position." (Brass/Burkhardt 1992, S. 191).

[2] „Parson asserts that attempts to induce another to behave or think in a certain way may be classified in terms of two qualities: whether the proposed sanction is positive or negative in the perspective of the targeted individual, and whether the influencer appeals to the targeted individual's situation." (Sandefur/Laumann 2000, S. 76).

[3] Vgl. Boissevain 1974, S. 148ff.

[4] Siehe Brass et al. 1998.

externer Gegebenheiten eingetrübt werden[1]. Beispiele sind Wirtschaftsbetrugsfälle, in denen eine Gruppe innerhalb des Unternehmens durch ihren Einfluss und ihr Handeln das Überleben des Kollektivs gefährden[2]. Soziale Strukturen im Bereich der organisierten Kriminalität und der Mafia bieten weitere Beispiele für negative Auswirkungen von unethischem Handeln von Kollektiven[3]. Gemeinsam ist diesen Fällen, dass das Sozialkapital eines Kollektivs das übergeordnete Kollektiv schädigt (z. B. kriminelle Gruppen in der Gesellschaft).

3.5.2.3 Nachteile für das Kollektiv durch individuelle Sozialkapitalnutzung

In Kapitel 3.3.2.3 wurde bereits die Interaktion von Sozialkapital auf verschiedenen Betrachtungsebenen diskutiert. Dabei wurde auf das Spannungsfeld individueller Ziele von Akteuren und kollektiver Ziele verwiesen. In der Tat kann das Sozialkapital einzelner Akteure negative Konsequenzen für das Kollektiv haben. BLYLER und COFF thematisieren die Rolle individuellen Sozialkapitals bei der Verteilung von Wertschöpfungsvorteilen (Renten) im Unternehmen[4]. Sie argumentieren, dass einzelne Individuen auf Basis ihres Sozialkapitals Wertflüsse kontrollieren und zu ihrem eigenen Nutzen umlenken können, was wiederum negative Auswirkungen für das Kollektiv und damit die anderen Mitarbeiter hat. So können Mitarbeiter in zentralen Machtpositionen ihrer sozialen Netzwerke einerseits ihre eigenen Ziele gegen die Ziele der Organisation durchsetzen. Andererseits sind sie als „Halter" von, insbesondere auch externen, Kontakten und Beziehungen für das Kollektiv schwer zu ersetzen. Zudem besitzen sie durch ihre hohe Außenvernetzung häufig ein entsprechendes Drohpotenzial, das Unternehmen zu wechseln. Beispiele sind hier Investmentbanker und Unternehmensberater, die bei einem Wechsel ihren Kundenstamm potenziell mitnehmen könnten und so durch dieses Verhandlungspotenzial hohe Unternehmensrenten in Form entsprechend hoher Entlohnung abschöpfen können[5].

Ein weiteres Problem, das sich auf die Interaktion zwischen dem Handeln von Individuen und negativen Folgen für das Kollektiv bezieht, ist das

---

[1] Siehe Gettler 2003.

[2] Siehe z. B. den Fall „Enron". Hier waren in die relevanten sozialen Netzwerke auch Individuen der Wirtschaftsprüfungsgesellschaft Arthur Andersen involviert (vgl. Gettler 2003, S. 8).

[3] Vgl. Jansen 2002, S. 96.

[4] Vgl. Blyler/Coff 2003, S. 680f.

[5] Siehe hierzu auch Beispiel 8 und Kapitel 3.3.2.3. Zu Job-Mobilität und entsprechenden Effekten siehe auch eine frühe Studie von Granovetter (1974).

so genannte „Free-Riding“. Free-Riding bezieht sich auf die Nutzung öffentlicher Güter durch Akteure, die nicht selbst zur Produktion des Gutes in ausreichendem Maße beitragen[1]. Sozialkapitalformen, die sich auf inhaltliche Merkmale sozialer Struktur in Kollektiven beziehen, wie das Vorhandensein sozialer Normen, können als öffentliche Güter interpretiert werden, die auch solchen Mitgliedern des Kollektivs von Nutzen sind, die nicht aktiv an deren Entstehung mitgewirkt haben. Das Ausnutzen positiver Normen durch unethisches Verhalten von Individuen wird in diesem Fall als Free-Riding bezeichnet. Wenn beispielsweise ein über längere Zeit entstandenes Gruppenvertrauen formelle Kontrollmechanismen abgelöst hat, kann dieses Vertrauen durch einen Akteur, der nicht längerfristig an das Kollektiv gebunden sein muss, und damit nicht für sein Fehlverhalten sanktioniert werden kann, missbraucht werden[2]. In diesem Fall hat wieder der Sozialkapitalnutzen eines Akteurs negative Folgen für das Kollektiv.

3.5.2.4 Einschränkung individueller Freiheit durch das Kollektiv

Probleme der Ebeneninteraktion ergeben sich auch in der anderen Richtung. Sozialkapital des Kollektivs kann negative Auswirkungen für Akteure innerhalb und außerhalb des Kollektivs haben. Die Abgeschlossenheit sozialer Gruppen beispielsweise kann Individuen ausgrenzen. Ein typisches Problem ist die ethnische Abgeschlossenheit, bei der Außenseiter, die nicht zur selben ethnischen Gruppe gehören, ausgeschlossen werden. Auch in Märkten kommt es zu Problemen, wenn bestimmte Gruppen eine Branche oder ein Gewerbe kontrollieren und den Zugang für Nichtmitglieder des Kollektivs unmöglich machen; PORTES und LANDOLT berichten von der Bauindustrie in New York, die streng kontrolliert wird von weißen Einwandererfamilien polnischer, irischer und italienischer Herkunft[3]. Das Gleiche trifft prinzipiell für den jüdisch dominierten Diamantenhandel aus Beispiel 3 zu. Die gleichen sozialen Strukturen, die intern Sozialkapital für das Kollektiv darstellen, grenzen andere Akteure aus und erschweren den Zugang zu diesem Markt[4]. JANSEN merkt an, dass “die preiswerte Monitoring- und Solidaritätsfunktion eines Netzwerks starker Beziehungen (…)

---

[1] Siehe Coleman 1987.

[2] Siehe auch Adler/Kwon 2002, S. 31, sowie Portes: „…cozy intergroup relations of the kind found in highly solidary communities can give rise to a gigantic free-riding problem, as less diligent members enforce on the more successful all kinds of demands backed by a shared normative structure.” (Portes 1998, S. 16).

[3] „In industries with strong social ties, newcomers often find themselves unable to compete, no matter how good their skills and qualifications.“ (Portes/Landolt 1996, S. 20).

[4] Hierzu wiederum Portes: „the same strong ties that bring benefits to members of a group commonly enable it to bar others from access.“ (Portes 1998, S. 15).

mit Abgrenzung und Misstrauen nach außen, und das heißt auch mit Diskriminierungen anderer verbunden [ist]. Und sie impliziert erheblichen sozialen Druck, unter Umständen ein Nicht-Aussteigen-Können."[1] Letzterer Aspekt weist auf Nachteile der sozialen Strukturen für Akteure innerhalb des Kollektivs hin.

PORTES verweist auf Sozialkapital in Nachbarschaften in kleinen Dörfern und Gemeinden, die einerseits im Sinne der adaptiven Funktion Zugang zu Solidarität, Hilfe und Unterstützung für die Mitglieder erlauben, auf der anderen Seite aber durch ein restriktives Normengerüst sehr einschränkend für ihre Mitglieder sein können. Insbesondere für junge Menschen mit abweichenden Vorstellungen kann dies zum Hindernis bei der persönlichen Entfaltung werden, was oft mit dem Austritt (oder gar Ausschluss) aus der Gemeinschaft einhergeht[2]. Ähnliche Einschränkungen sind in Organisationen zu beobachten, wenn enge soziale Netzwerke einzelne Individuen mit neuen Ideen in ihrer Entfaltung einschränken. In derselben Weise argumentieren GARGIULO und BENASSI in ihrer Studie; sie weisen auf die einschränkenden Folgen der Einbettung in dichte Netzwerkstrukturen hin, insbesondere die Einschränkung der Anpassungsfähigkeit im Falle von Veränderungen[3]. Die Einbindung in dichte Netzwerke kann Akteure am Aufbau notwendiger, neuer Beziehungen außerhalb des Kollektivs hindern. In diesem Fall werden soziale Strukturen zu sozialen Verbindlichkeiten für Akteure, wie auch für die Organisation.

3.5.3 Soziale Strukturen als soziale Verbindlichkeiten

Externe und interne soziale Beziehungen und Netzwerke können soziale Verbindlichkeiten für Akteure und Kollektive darstellen, wenn sie statt Nutzen zu erbringen das Handeln bei der Verfolgung von Zielen einschränken. Wenn soziale Strukturen zwar der Zielerreichung dienen, jedoch mehr Kosten verursachen, als dass sie Nutzen erbringen, können sie ebenfalls als soziale Verbindlichkeiten angesehen werden[4]. Hier ist wiederum eine Kontingenzbetrachtung notwendig. Aufbauend auf den Studien von HANSEN und HANSEN ET AL. kann beispielsweise argumentiert werden, dass starke und enge Beziehungen in Fällen, die nur schwache Beziehun-

---

[1] Jansen 2002, S. 96.

[2] „The level of social control in such settings is strong and also quite restrictive of personal freedoms, which is the reason why the young and the more independent-minded have always left." (Portes 1998, S. 16, siehe auch Portes/Landolt 1996, S. 20).

[3] Siehe Gargiulo/Benassi 2000.

[4] „Once costs and other drawbacks of having social network positions are considered, it is no longer obvious that networks represent a positive social capital. They may instead be a liability in certain situations." (Hansen et al. 2001, S. 24).

gen erfordern, da z. B. nur explizites anstatt implizites Wissen zwischen den Akteuren ausgetauscht wird, soziale Verbindlichkeiten darstellen, da ein positives Verhältnis von Kosten und Nutzen nicht mehr gegeben ist[1]. Hier kann auch von einer „Überinvestition" gesprochen werden, bei der soziale Beziehungen sich verfestigen und zur Inflexibilität der Akteure führen können.

Soziale Strukturen, die einschränkend wirken, werden von ADLER und KWON mit „over embeddedness" umschrieben; Akteure werden durch die Einbettung in soziale Beziehungen oder Netzwerke an Veränderungen gehindert[2]. So kann die externe Einbettung in Unternehmensbeziehungen, z. B. in strategischen Unternehmensnetzwerken, die Bewegungsfreiheit und Innovationsfähigkeit von Unternehmen gefährden und somit soziale Verbindlichkeiten darstellen[3]. Aber auch verfestigte intraorganisationale Strukturen können die Flexibilität von Unternehmen behindern, wenn Gruppen intern sehr eng vernetzt sind und sich notwendigen organisationalen Veränderungen widersetzen[4] oder blind werden für neue Ideen von Außen[5]. JANSEN weist dementsprechend darauf hin, dass "eng begrenzte und nach außen geschlossene Netzwerke Modernisierungsprozesse verpassen" können[6].

Soziale Verbindlichkeiten können überdies entstehen, wenn sich die Ziele von Akteuren oder der soziale Kontext ändern und somit soziale Strukturen, die vormals Sozialkapital darstellten, nun negativen Einfluss

---

[1] Siehe Hansen 1999 und Hansen et al. 2001. Dieser Sachverhalt wurde schon in Kapitel 3.4.4 angedeutet. Hierzu folgendes Zitat aus Adler/Kwon: „... research on social capital's information benefits showed that project teams having strong ties with other units often took longer to complete their tasks than those with weaker ties. Although these strong ties had information benefits they were to costly to maintain." (Adler/Kwon 2002, S. 30).

[2] „Strong solidarity with ingroup members may overembed the actor in the relationship." (Adler/Kwon 2002, S. 30).

[3] Siehe hierzu die Studie von Kern 1998. Ähnliches berichten Pennings und Lee zum Keiretzu-Beispiel in Beispiel 9; Studien haben gezeigt, dass die dichten Keiretzu-Netzwerke das verfügbare Wissen limitieren können, wenn der externe Wissenszugang limitiert ist und wenn Lieferanten ihre Innovationsfähigkeit auf Grund fehlenden Wettbewerbsdrucks verlieren (Pennings/Lee 1999, S.58f.).

[4] Siehe beispielhaft Burt/Ronchi 1990.

[5] „Such overembeddedness reduces the flow of new ideas to the group,...", zudem: „The ties that bind may also turn into ties that blind" (Adler/Kwon 2002, S. 30). Vgl. hierzu auch Gargiulo/Benassi 2000, S. 186, sowie die Studie von Uzzi zu sozialer Einbettung im zwischenbetrieblichen Kontext (Uzzi 1996).

[6] Jansen 2002, S. 96.

auf die Akteure bei der Verwirklichung ihrer (neuen) Ziele ausüben[1]. Auch dieser Effekt kann sich wieder aus externer Sicht auf Akteure oder aus interner Sicht auf die Struktur in Kollektiven beziehen. TALMUD beschreibt am Beispiel des israelischen Rüstungsunternehmens Ta'as, dass interne soziale Strukturen durch Veränderung der Unternehmensziele und Strategie zu sozialen Verbindlichkeiten werden können, wenn die selben sozialen Strukturen, die vormals positive Auswirkungen hatten, Veränderungen und Anpassungen an neue Strategien verhindern[2]. PORTES und LANDOLT zeigen, wie für Akteure die Einbettung in Kollektive von Sozialkapital in eine soziale Verbindlichkeit umschlagen kann, wenn sie ihre Ziele und ihr Verhalten ändern. Sie beschreiben, dass junge Unternehmensgründer in armen ländlichen Gemeinschaften nach anfänglichem Erfolg häufig von ihrer Familie und Freunden um Unterstützung ersucht werden, die soweit gehen kann, dass die sozialen Verpflichtungen in der Familie den Unternehmenserfolg nachhaltig gefährden. In diesen Fällen, so das Argument, verhindern soziale Netzwerke erfolgreiche Geschäftsinitiativen[3]. In gleicher Weise zeigt die Studie von GARGIULO und BENASSI, dass Manager in bestimmten Situationen durch ihre Einbettung in alte Netzwerkstrukturen am Fortkommen und an der Anpassung ihrer sozialen Netzwerke an neue Erfordernisse gehindert werden können[4].

Die Ausführungen zeigen, dass Sozialkapital kein uneingeschränkt positives Konstrukt ist. Einerseits kann das Sozialkapital von Akteuren positive wie negative Effekte für andere Akteure und das Kollektiv haben, andererseits können soziale Strukturen auch soziale Verbindlichkeiten für Akteure darstellen. Es kann somit keine einfache Gleichung der Art, „ein Mehr an sozialer Struktur bzw. ein mehr an Sozialkapital ist vorteilhaft", aufgestellt werden. Vielmehr sind stets Kontingenzbetrachtungen im Einzelfall notwendig, da der Wert soziale Struktur von den jeweiligen Zielen eines Akteurs und dem gegebenen Kontext abhängt.

---

[1] „Changes in social structure can lead to the destruction of existing forms of social capital, the emergence of new forms, and changes in the value of persisting forms of social capital." (Sandefur/Laumann 2000, S. 80).

[2] „Consequently, informal social control prevented managers from initiating business ventures and from excelling in their profit centers' performance. (...) Moreover, the very social structure which had created Ta'as' cognitive social capital and was beneficial to its purposive action, becomes detrimental to the organization, impeding it from attaining its corporate goals, turning a once-beneficial attribute into a corporate liability." (Talmud 1999, S. 115).

[3] „Tight social networks can also undermine business initiatives. Often, family and friends beseech initially successful entrepreneurs for support." (Portes/Landolt 1996, S. 20).

[4] Siehe Gargiulo/Benassi 2000.

3.6 Sozialkapital-Elemente in verschiedenen Dimensionen

Nachdem nun das Sozialkapitalkonstrukt in verschiedenen Perspektiven und auf verschiedenen Ebenen definiert und diskutiert, grundlegende Netzwerkstrukturen unterschieden, sowie positive und negative Effekte beleuchtet wurden, ist es ferner notwendig, sich detaillierter mit den Elementen und Merkmalen sozialer Struktur auseinanderzusetzen, die das eigentliche Sozialkapital darstellen oder hervorbringen. Da soziale Beziehungen als Grundlage von Sozialkapital strukturelle wie auch inhaltliche Merkmale (Gehalt der Beziehung) besitzen, können Merkmale sozialer Struktur in verschiedenen Dimensionen unterschieden und näher erläutert werden. Auch hier ist wieder eine Kontingenzbetrachtung im Einzelfall notwendig, um entscheiden zu können, ob bestimmte Merkmale Sozialkapital darstellen. Zunächst kann eine strukturelle und eine inhaltliche Dimension unterschieden werden.

3.6.1 Strukturelle versus inhaltliche Dimensionen

Die Ausführungen in Kapitel 3.4 haben gezeigt, dass es grundsätzlich zwei Lager in der Sozialkapitalforschung gibt, die zwar unterschiedliche Aspekte sozialer Struktur betonen, jedoch als weitgehend komplementär angesehen werden können. Während sich die Argumentation zu lückenhaften Netzwerken vorwiegend auf strukturelle Aspekte sozialer Netzwerke stützt, beziehen die Verfechter der Geschlossenheitsposition auch inhaltliche Merkmale wie Normen und Vertrauen in die Diskussion mit ein. Konsequenterweise unterscheiden viele Autoren diese zwei grundlegenden Dimensionen[1]. Einerseits residiert Sozialkapital in der formellen Struktur sozialer Beziehungen oder Netzwerke wie z. B. in Netzwerkpositionen und Netzwerklücken, andererseits wird Sozialkapital von inhaltlichen Faktoren dieser Beziehungen erzeugt, z.B. von Vertrauen, Obligationen und Normen.

TSAI und GOSHAL argumentieren ähnlich und unterscheiden in enge und weite Definitionen, wobei sich die enge Sozialkapitaldefinition ausschließlich auf Ressourcen konzentriert, auf die durch soziale Strukturen zugegriffen werden kann (das Argument von BURT), während der weite Begriff unter Sozialkapital auch Normen, Vertrauen und andere Inhalte sozialer Beziehungen fasst (die Position von COLEMAN und PUTNAM)[2]. Im letzteren Fall können die inhaltlichen Merkmale wiederum als implizite Ressourcen interpretiert werden, die Akteuren als Mitglieder der sozialen Strukturen

---

[1] Vgl. beispielsweise Adler/Kwon 2002, S. 23ff.

[2] Vgl. Tsai/Goshal 1998, S. 464.

Vorteile bringen; sie profitieren beispielsweise von Normen in einer Gruppe, die kooperatives Verhalten der anderen Mitglieder sichern. Da die weite Definition die enge umschließt, kann hier bereits auf eine Komplementarität der im Weiteren unterschiedenen Dimensionen hingewiesen werden.

Aufbauend auf der grundlegenden Zweiteilung unterscheiden NAHAPIET und GOSHAL neben der strukturellen Dimension zwei inhaltliche Dimensionen, die relationale und die kognitive[1]:

1. In der *strukturellen Dimension* diskutieren NAHAPIET und GOSHAL die verschiedenen Arten von Beziehungen und strukturellen Eigenschaften von sozialen Netzwerken. Dies schließt wieder an die grundlegende Unterscheidung in starke und schwache Beziehungen nach GRANOVETTER (1973), sowie die diskutierten Netzwerkstrukturen nach BURT (1992) und COLEMAN (1990) an.
2. Die *relationale Dimension* bezieht sich auf den Inhalt von insbesondere starken Beziehungen und dichten Netzwerken, die sich durch Vertrauen und aufgebaute Obligationen auszeichnen und somit adaptive Nutzeneffekte mit sich bringen. Ebenfalls zur Dimension gehören die eingangs beschriebenen Normen auf Gruppenebene nach COLEMAN (1990).
3. Bei der *kognitiven Dimension* geht es um das gemeinsame Verständnis von Akteuren, das die Teilnahme auch an komplexen sozialen Interaktionen ermöglicht. Hierzu gehören eine gemeinsame Kommunikationsbasis[2], sowie aufeinander abgestimmte mentale Modelle. Besitzen Gruppen ein gemeinsames Verständnis der Arbeit und eine gute kognitive Grundlage, so sind sie in der Lage gemeinsam komplexe Wissensarbeit durchzuführen.[3].

Die genannten Aspekte in den drei Dimensionen stellen Elemente von Sozialkapital dar und sie haben zwei Eigenschaften gemeinsam: Sie sind allesamt Charakteristika sozialer Struktur und sie ermöglichen oder erleichtern soziale Interaktionen zwischen Akteuren in der sozialen Struktur[4]. Genau wie NAHAPIET und GOSHAL unterscheidet auch LESSER die drei Dimensionen von Sozialkapital[5], ebenso wie ADLER und KWON, die jedoch die Dimensionen nach ihren spezifischen Effekten in *Opportunität, Motivation*

---

[1] Siehe Nahapiet/Goshal 1998.

[2] „common ground", siehe Clark/Brennan 1991.

[3] Dies wird von Cohen und Levinthal (1990) auch absorptive Kapazität („absorptive capacity") genannt.

[4] Vgl. Nahapiet/Goshal 1998, S. 244.

[5] „Within these social relationships, there are three primary dimensions that influence the development of these mutual benefits: the structure of the relationships, the interpersonal dynamics that exist within the structure, and the common context and language held by individuals in the structure." (Lesser 2000, S. 4).

und *Kompetenz* benennen[1]. Die drei Dimensionen korrespondieren grundsätzlich mit denen von NAHAPIET und GOSHAL, die Autoren interpretieren Kompetenz jedoch enger und beziehen sie lediglich auf die Ressourcen, die Akteure in sozialen Netzwerken bereitstellen können. Erst der Besitz von Ressourcen versetzt Akteure demnach in die Lage, dem anfragenden Akteur zu helfen. Somit stellt die soziale Struktur erst dann Kapital dar, wenn diese Kompetenz zu helfen in Form der Ressourcen besteht. Dabei wird die Kompetenzdimension generell in ähnlicher Weise wie bei NAHAPIET und GOSHAL interpretiert, allerdings gehen ADLER und KWON nicht auf die kognitive Dimension ein. Da die Kompetenz zu kooperieren jedoch allgemein auf dem gegenseitigen Verstehen der Akteure beruht und nicht nur auf dem Vorhandensein etwaiger Ressourcen (wie Informationen), wird die kognitive Dimension im Weiteren als wesentlicher Bestandteil von Sozialkapital angesehen. Dies bezieht sich insbesondere auf die Funktion von Sozialkapital, komplexe Interaktionen wie beispielsweise in wissensintensiven Prozessen zu ermöglichen. Die drei Dimensionen nach NAHAPIET und GOSHAL haben konsequenterweise bereits breite Anwendung in der Sozialkapitalforschung gefunden und wurden insbesondere auch in empirischen Arbeiten anderer Autoren benutzt[2].

3.6.2 *Strukturelle Sozialkapitaldimension*

Die strukturelle Dimension der Sozialkapitaltheorie bezieht sich auf die strukturellen Merkmale sozialer Beziehungen einerseits und ganzer Netzwerke andererseits. Sowohl NAHAPIET und GOSHAL, als auch LESSER und ADLER und KWON diskutieren als Teil der strukturellen Dimension die Unterscheidung in schwache und starke Beziehungen nach GRANOVETTER, wie auch die verschiedenen Theorieansätze zu Netzwerkpositionen und Netzwerkkonfigurationen nach BURT und COLEMAN[3]. Diese Diskussion wird hier im Detail nicht wiederholt, jedoch werden die strukturellen Merkmale sozialer Struktur noch einmal systematisch und zusammenfassend in Beziehung zueinander gesetzt, sowie zur Abgrenzung von den inhaltlichen Dimensionen genutzt.

---

[1] Vgl. Adler/Kwon 2002, S. 24ff.

[2] Lesser und Storck wenden die Dreiteilung bei ihrer Untersuchung von Wissensprozessen in Communities-of-Practice an (2001, siehe auch Beispiel 6), Llewellyn und Armistead in ihrer Studie zu Sozialkapital in innerbetrieblichen Dienstleistungsprozessen (2000), Tsai und Goshal bei der Analyse abteilungsübergreifender Informationsflüsse (1998) und Watson und Papamarcos verwenden eine leicht abgewandelte Dreiteilung in ihrer Studie zu Sozialkapital und „organizational commitment" (2002).

[3] Vgl. auch Kap. 3.4, sowie Adler/Kwon 2002, S. 24, Nahapiet/Goshal 1998, S.244 u. 252, und Lesser 2000, S. 4f.

3.6.2.1 Beziehungs- versus netzwerkbasiertes Sozialkapitalverständnis

Zunächst einmal lassen sich strukturelle Ansätze der Sozialkapitalforschung unterscheiden in solche, die sich auf einzelne Beziehungen zwischen Akteuren konzentrieren und solche die umfassendere Netzwerkkonfigurationen betrachten[1]:

- *Beziehungsbasiertes Sozialkapitalverständnis:* Sozialkapital residiert in Beziehungen, die Akteure mit anderen Akteuren unterhalten. Beziehungen erlauben den Zugriff auf Ressourcen und sichern die Kooperation anderer Akteure. Diese Sichtweise wird auch egozentrische Sozialkapitalsicht genannt, bei der das Egonetzwerk, d. h. die Beziehungen aus Sicht eines Akteurs betrachtet wird. Hinzu kommen die Beziehungen, die diese Akteure wiederum mit Dritten unterhalten, mithin indirekte, vermittelte Beziehungen zu „Freunden von Freunden"[2].
- *Netzwerkbasiertes Sozialkapitalverständnis:* Sozialkapital residiert in bestimmten Netzwerkkonfigurationen; erst die Struktur des Netzwerkes ist verantwortlich für bestimmte Formen von Sozialkapital. Zu dieser Sichtweise gehören sowohl die Arbeiten von COLEMAN zu dichten, geschlossenen Netzwerken in sozialen Systemen, wie auch die Arbeiten von BURT, der Sozialkapital als Ergebnis bestimmter Netzwerkpositionen und nicht der direkten Beziehungen eines Akteurs definiert[3]. Diese Betrachtungsweise wird auch soziozentrisches Sozialkapitalverständnis genannt, da komplexere Netzwerkstrukturen in Sozialsystemen betrachtet werden[4].

Für beide Positionen gilt, dass sie wiederum auf Individuen als Akteure angewendet werden können, wie auch durch Perspektivenverschiebung auf Kollektive als Akteure in übergeordneten Systemen[5]. Die Diskussion der Innenvernetzung eines Sozialsystems ist der netzwerkbasierten Betrachtung zuzuordnen.

---

[1] Zu dieser Unterscheidung vgl. insbesondere Lesser 2000, S. 4f. und Sandefur/Laumann 1998, 2000, S. 72, aber auch van Dijk 1997, S. 6.

[2] „... an individual's social capital is characterized by her direct relationships with others and by the other people and relationships that she can reach through those to whom she is directly tied." (Sandefur/Laumann 1998, S. 484). Zu Grundlagen vermittelter Beziehungen („friends of friends") siehe auch Boissevain 1974.

[3] Hierzu Lesser: „...social capital is based on a person's relative position within a given network, rather than the individual's direct relationship with people in the network." (Lesser 2000, S. 5).

[4] „patterns of relationships within a social system." (Sandefur/Laumann 2000, S. 72).

[5] Siehe hierzu wieder Walket et al., die in ihrer Studie auf Basis des netzwerkbasierten Sozialkapitalverständnisses das Sozialkapital von Unternehmen in Märkten untersuchen (Walker et al. 1997).

3.6.2.2 *Schwache versus starke Beziehungen*

Die Studien von GRANOVETTER haben gezeigt, dass soziale Struktur nicht nur hinsichtlich ihrer Komplexität zu unterscheiden ist, sondern auch hinsichtlich der Intensität und Tiefe. Je nach Zielen und Kontext von Akteuren können Beziehungen unterschiedlicher Stärke oder Netzwerke unterschiedlicher Dichte Sozialkapital darstellen. Wurde die Kontingenzbetrachtung bereits in Kapitel 3.4.4 angesprochen, so wird die Unterscheidung in schwache und starke Beziehungen hier nun konkretisiert.

Zunächst einmal besteht eine Beziehung zwischen zwei Akteuren erst, wenn sich die Akteure kennen[1], das heißt, wenn mindestens eine Interaktion zwischen den Akteuren stattgefunden hat. Solche einfachen Bekanntschaften („acquaintances") stellen die schwächste Form von Beziehungen dar. Während die Definition einer schwachen Beziehung somit leicht fällt, können starke Beziehungen nach zahlreichen Kriterien charakterisiert werden. VAN DIJK weist daraufhin, dass die Stärke oder Intensität von Beziehungen ein vielschichtiges Problem ist. Er nennt Kriterien wie wechselseitigen Einfluss zwischen den Akteuren, Vielseitigkeit der Interaktionen, soziale Nähe und insbesondere die affektive Komponente im Sinne gegenseitigen Interesses und Sympathie[2]. BURT wiederum führt zur Charakterisierung von Beziehungen folgende Kriterien an: Intimität (eng, entfernt), Aktivität (häufig, selten), persönliche Diskussion (vertraulich, sozialisierend) und Autorität (formell und informell)[3]. GABARRO schließlich präsentiert auf Basis einer umfassenden Literaturanalyse einen ausführlichen Katalog von Kriterien, der starke von schwachen Beziehungen unterscheidet[4].

Die beispielhaft aufgezählten Kriterien verdeutlichen, dass die Charakterisierung von Beziehungen ein komplexes, vielschichtiges Problem ist, dass hier nicht abschließend diskutiert werden kann. Auch sind je nach Forschungskontext unterschiedliche Kriterien zur Charakterisierung und Abgrenzung von Beziehungen relevant. Im Kontext der Sozialkapitaltheorie werden konsequenterweise nur solche Kriterien verwendet, die letztlich spezifische Formen von Sozialkapital in der Beziehung darstellen. Laut TYMON und STUMPF ist Sozialkapital auf Basis starker Beziehungen gekennzeichnet durch Vertrauen, gemeinsame Ansichten, sowie Respekt und

---

[1] Vgl. van Dijk 1997, S. 6.

[2] Vgl. van Dijk 1997, S. 6f.; insbesondere: „...the affective component of a tie implies that the subjects of the tie care (...) about each other's welfare, and therefore take or try to take each other's interests into account."

[3] Siehe Burt 1997a.

[4] Vgl. Gabarro 1990, S. 83, die einzelnen Kriterien werden hier nicht wiedergegeben, da sie nicht direkt zur Systematisierung des Sozialkapitalkonstrukts beitragen.

wechselseitigen Nutzen[1]. Es wird deutlich, dass sich starke von schwachen Beziehungen vor allem anhand der inhaltlichen Dimensionen unterscheiden lassen; hierzu gehören affektive Komponenten wie Sympathie, aber auch Vertrauen und eine gemeinsame Sicht der Dinge. Aus diesem Grund werden die Ausführungen zu den inhaltlichen Dimensionen von Sozialkapital in den folgenden Unterkapiteln zur Charakterisierung starker Beziehungen genutzt.

Philos-Beziehungen

Dieser Ansatz wird unterstützt durch die Arbeit von KRACKHARDT, der explizit die Vorteilhaftigkeit starker Beziehungen als Gegenentwurf zur Theorie von GRANOVETTER untersucht hat[2]. Er bezeichnet Akteure, mit denen starke Beziehungen bestehen, nach dem griechischen Wort für Freund als *Philos*. Philos-Beziehungen sind gekennzeichnet durch regelmäßige Interaktionen (Intensität), durch eine affektive Komponente, sowie eine Historie von Interaktionen, die den Akteuren einen gemeinsamen Kontext gibt[3]. Diese Dreiteilung korrespondiert mit den drei Sozialkapitaldimensionen nach NAHAPIET und GOSHAL; KRACKHARDT selbst verweist darauf, dass regelmäßige Interaktion den Akteuren die *Opportunität* für Informationsaustausch verschafft, während die affektive Komponente, aufbauend auf Vertrauen, die *Motivation* für kooperatives Verhalten schafft. Die zeitliche Dimension letztlich sorgt für die *Erfahrung* und das gegenseitige Verstehen, das Akteuren erlaubt, gegenseitig ihr Verhalten vorherzusagen[4]. Es kann somit festgehalten werden, dass die strukturelle Sozialkapitaldimension nicht unabhängig von den inhaltlichen Dimensionen betrachtet werden kann, da starke Beziehungen, wie auch dichte Netzwerke, sowohl auf Basis struktureller wie auch inhaltlicher Merkmale charakterisiert werden. Erst durch eine integrative Betrachtung ergibt sich ein holistisches Bild des Sozialkapitalkonstrukts[5].

---

[1] Vgl. Tymon/Stumpf 2003, S. 18.

[2] Krackhardt zeigt anhand eines unternehmerischen Beispiels, dass die Vorteilhaftigkeit bestimmter Beziehungen vom Kontext und den Zielen der Akteure abhängen (Krackhardt 1992).

[3] Vgl. Krackhardt 1992, S. 218f.

[4] „Interaction creates opportunity for the exchange of information, some of which may be confidential. Affection creates motivation to treat the other in positive ways ... And time creates the experience necessary to allow each person to predict how the other will use any shared information." (Krackhardt 1992, S. 219).

[5] Selbst Autoren wie Burt, die vorwiegend auf struktureller Ebene argumentieren, greifen auf inhaltliche Merkmale zur Charakterisierung von Beziehungen zurück; siehe Burt 1997a.

3.6.2.3 Zusammenfassende Systematisierung

Die Unterscheidungen in beziehungsbasiertes und netzwerkbasiertes Sozialkapital, sowie die in schwache und starke Beziehungen, bzw. lückenhafte und dichte Netzwerke können nunmehr als orthogonale Charakterisierungen aufgefasst werden. Dabei betonen Arbeiten zu schwachen Beziehungen und lückenhaften Netzwerken eher strukturelle Merkmale, während Sozialkapital in starken Beziehungen und dichten Netzwerken weitgehend durch inhaltliche Merkmale charakterisiert wird. NAHAPIET und GOSHAL sehen einen deutlichen Zusammenhang zwischen starken Beziehungen und dichte Netzwerkstrukturen und dem Vorhandensein von Sozialkapital in den relationalen und kognitiven Dimensionen[1]. Abbildung 3.5 fasst die Ausführungen zusammen und ordnet die bereits diskutierten Arbeiten verschiedener Autoren ein. Die Arbeiten von GRANOVETTER zu schwachen Beziehungen basieren demnach auf der beziehungsbasierten Sozialkapitalsicht und betonen strukturelle Merkmale der Beziehungen. KRACKHARDT dagegen folgt ebenfalls der beziehungsbasierten Sicht, konzentriert sich aber auf die inhaltlichen Merkmale starker Beziehungen. Zudem integriert die Systematisierung die Unterscheidung in überbrückendes und bindendes Sozialkapital nach den Theorien von BURT und COLEMAN.

	Struktur betont: Überbrückendes SK	**Inhalt, Gehalt betont: Bindendes SK**	
Beziehungs-basierte Betrachtung	Vorteilhaftigkeit schwacher Beziehungen: Diversität (GRANOVETTER)	Starke Beziehungen: Vertrauen, Obligationen und gemeinsames Verständnis in Beziehungen: „Philos“ (KRACKHARDT)	Direkte Effekte
Netzwerk-basierte Betrachtung	Akteure nutzen Positionen in Netzwerken mit strukturellen Lücken (BURT) (Wettbewerbsposition) → Brokern	Mitgliedschaft in Netzwerken hoher Gruppen-geschlossenheit erlaubt Kooperation (COLEMAN) → Nutzung öffentliches Gut	Indirekte Effekte
	Allokation (Diversität), Autorität	Allokation (Reichhaltigkeit), Adaption	

Abbildung 3.5: Systematisierung der strukturellen Sozialkapitaldimension

[1] „..., scholars have shown that the cognitive and relational dimensions of social capital accumulate in network structures where linkages are strong.“ und „Finally, there is much evidence that closure is a feature of social relationships that is conductive to the development of high levels of relational and cognitive social capital.” Nahapiet/Goshal 1998, S. 258.

Die Systematisierung erlaubt ebenfalls die Einordnung der in Kapitel 3.5.1 aufgezeigten Effekte von Sozialkapital. Aufbauend auf schwachen Beziehungen und bestimmten Netzwerkpositionen hat überbrückendes Sozialkapital autoritäre und allokative Effekte, wobei sich die allokativen Effekte auf Informationen hoher Diversität aber geringer Komplexität beziehen. Bindendes Sozialkapital hingegen hat adaptive, wie auch allokative Effekte, wobei sich die Allokation hier auf Informationen hoher Komplexität und Reichhaltigkeit bezieht. Im Übrigen hat beziehungsbasiertes Sozialkapital direkte Effekte, d. h. Akteure profitieren direkt von Beziehungen, die sie mit anderen Akteuren unterhalten. Netzwerkbasiertes Sozialkapital hingegen hat indirekte Effekte, das heißt Sozialkapital basiert auf der Konfiguration des gesamten sozialen Netzwerks, die vom einzelnen Akteur nur eingeschränkt beeinflussbar ist.

Die Ausführungen haben die Zusammenhänge zwischen der strukturellen Dimension und den inhaltlichen Merkmalen sozialer Struktur aufgezeigt. Die folgenden Unterkapitel beleuchten die relationale und die kognitive Dimension näher und schließen damit die in Kapitel 3.4 begonnene Erläuterung der Ursache und Wirkungszusammenhänge von Sozialkapital und die detaillierte Betrachtung sozialer Struktur als Grundlage von Sozialkapital ab.

3.6.3 Relationale Sozialkapitaldimension

Zur relationalen Dimension von Sozialkapital gehören laut NAHAPIET und GOSHAL solche Merkmale sozialer Struktur, die sich positiv auf die Motivation von Akteuren auswirken[1]. Hierzu gehören insbesondere Vertrauen und soziale Normen, aber auch die schon angesprochenen sozialen Obligationen, sowie Identifikation. Im Weiteren werden diese Elemente kurz erläutert, wobei das Vertrauenskonstrukt aufgrund seiner Relevanz wie auch Komplexität eine tiefer gehende Betrachtung erfordert.

3.6.3.1 Vertrauen

Vertrauen in einen Akteur bezieht sich auf die Erwartung, dass sich dieser Akteur den eigenen Erwartungen entsprechend in zukünftigen gemeinsamen Interaktionen positiv verhalten wird. Dies schließt sowohl die Erwartung der Willigkeit wie auch der Kompetenz zu kooperativem Verhalten ein[2]. Aus ökonomischer Sicht dient Vertrauen der Kompensation eines sich auf den persönlichen Nutzen auswirkenden Risikos in einer Unsicherheits-

---

[1] Vgl. Nahapiet/Goshal 1998, S. 254.
[2] Vgl. Blomqvist 1997, S. 282.

situation[1]. Es ist insbesondere notwendig in Interaktionen, die von Unsicherheit und Verwundbarkeit eines Akteurs gekennzeichnet sind, d. h. wenn die Wahrscheinlichkeit opportunistischen Verhaltens besteht[2]. Vertrauen kann als eine Kernkomponente von Sozialkapital gesehen werden, da es soziale Interaktionen ermöglicht bzw. erleichtert[3]. Vertrauen erleichtert Interaktionen, da es einerseits die Notwendigkeit des Einsatzes formeller Mechanismen zur Absicherung signifikant reduziert und andererseits die Bereitschaft zur Weitergabe von Ressourcen erhöht[4]. Folgerichtig ist eine Gruppe, deren Mitglieder einander vertrauen, in der Lage, wesentlich mehr zu leisten als eine Gruppe ohne Vertrauen[5].

Abgrenzung der Konstrukte Sozialkapital und Vertrauen

Das Verhältnis zwischen den beiden Konstrukten Vertrauen und Sozialkapital ist vielschichtig und wird in der Sozialkapitalliteratur teils kontrovers diskutiert[6]. Obwohl manche Autoren die beiden Konstrukte als synonym bzw. deckungsgleich ansehen[7], können bedeutende Unterschiede ausgemacht werden. Vertrauen ist zunächst einmal ein psychologisches Konstrukt, das sich auf Erwartungen von Akteuren bezieht; es kann jedoch auch als ein Merkmal von Beziehungen interpretiert werden. Dabei gibt es jedoch Vertrauensformen, die nicht zum Sozialkapital gerechnet werden können. Vertrauen kann sich auch auf abstrakte Sachverhalte oder materielle Objekte beziehen, wie beispielsweise Vertrauen in Technik oder Vertrauen in Institutionen wie Religion, Recht, Währungen, Wirtschaftssystem. Man kann also grundsätzlich unterscheiden in interpersonales Vertrauen und Systemvertrauen[8], wobei lediglich interpersonales Vertrauen Relevanz im Sozialkapitalkontext besitzt. Darüber hinaus kann Vertrauen auch situativ auf atomare Interaktionen bezogen werden, in denen noch keine Beziehungen zwischen Akteuren bestehen[9]. Es kann festgehalten werden, dass die Konstrukte eine Schnittmenge aufweisen, die sich auf interpersonales Vertrauen in Beziehungen als Form von Sozialkapital erstreckt.

---

[1] Vgl. Blomqvist 1997, S. 283.
[2] Vgl. Leana/van Buren 1999, S. 543.
[3] Vgl. Adler/Kwon 2002; S. 26, Knoke 1999 S. 33 und Nahapiet/Goshal 1998.
[4] Siehe Gulati 1995a im Kontext zwischenbetrieblicher Allianzen.
[5] Vgl. Coleman 1990, S. 304.
[6] Vgl. hierzu bspw. Adler/Kwon 2000, S. 101.
[7] Siehe Fukuyama 1995.
[8] Vgl. Luhmann 1989, S.54ff. und Lewis/Weigert 1985, S. 973f.
[9] Siehe z. B. Riemer/Klein 2001 zu Vertrauen in Online-Interaktionssituationen.

RIPPERGER sieht Vertrauen einerseits als „Mechanismus für die Produktion von Sozialkapital“, andererseits im Sinne von Sozialkapital als Voraussetzung sozialer Interaktionen und Quelle von Vorteilen für Akteure[1]. Die Konstrukte liegen also eng beieinander. Für die vorliegende Arbeit wird Beziehungsvertrauen, d. h. das relationale Vertrauen zwischen zwei Akteuren, als Eigenschaft sozialer Struktur und damit als Bestandteil des Sozialkapitalkonstrukts interpretiert. Folglich weist das Vertrauenskonstrukt in dieser Funktion etliche Gemeinsamkeiten mit dem Sozialkapitalkonstrukt auf:

- Beziehungsvertrauen basiert wie Sozialkapital auf einer Historie von Interaktionen und entsteht erst mit der Zeit.
- Genau wie Sozialkapital ist Vertrauen gleichzeitig Vorraussetzung wie auch Ergebnis sozialer Interaktionen; es entsteht ebenso als Nebenprodukt positiv wahrgenommener Interaktionen zwischen Akteuren[2].
- Beziehungsvertrauen kann zudem nicht erschaffen oder erzwungen werden, es erfordert vielmehr, genau wie andere Elemente von Sozialkapital, authentisches, kooperatives Handeln. Akteure, die andere Akteure offensichtlich zum Vertrauen animieren wollen, erzeugen im Gegenteil eher Misstrauen.
- Vertrauen ist ebenfalls kontextbezogen und schlecht messbar[3] und genau wie Sozialkapital ist es ein sozialpsychologisches Konstrukt, das Eingang in die Ökonomie und Organisationsforschung gefunden hat.

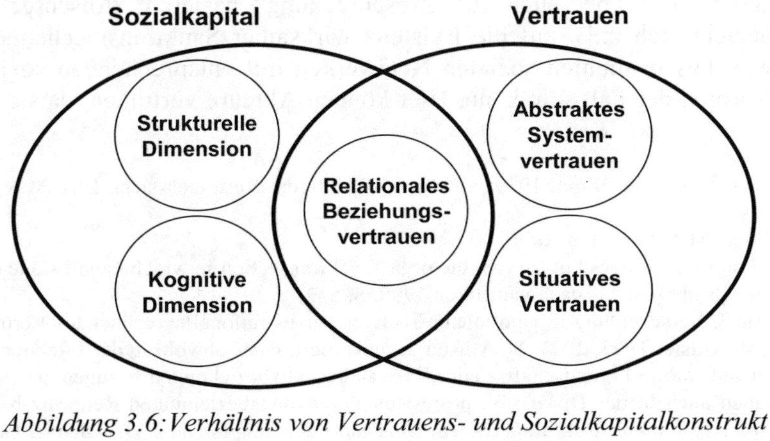

Abbildung 3.6: Verhältnis von Vertrauens- und Sozialkapitalkonstrukt

[1] Vgl. Ripperger 2003, S. 168ff.
[2] Vgl. Leana/van Buren 1999, S. 542.
[3] Siehe Blomqvist 1997.

Klassifikation von Vertrauen und Anwendung auf schwache und starke Beziehungen

Nach dieser generellen Einführung zum Vertrauenskonstrukt folgt nun eine Klassifikation verschiedener Arten und Formen von Vertrauen, die schwache und starke Beziehungen unterscheiden. LEANA und VAN BUREN unterscheiden in fragiles bzw. flüchtiges Vertrauen einerseits und starkes, strapazierfähiges Vertrauen andererseits[1]. Fragiles Vertrauen basiert dabei im Gegensatz zu starkem Vertrauen nicht auf einer Historie von Interaktionen sondern wird flüchtig, beispielsweise auf Basis bestimmter Rollenerwartungen, gebildet („ein Rechtsanwalt ist vertrauenswürdig")[2]. Fragiles Vertrauen kennzeichnet somit schwache Beziehungen und ist im Gegensatz zu starkem Vertrauen anfällig für Störungen[3]. Zudem basiert diese Form von Vertrauen eher auf rationaler Berechnung, während starkes, strapazierfähiges Vertrauen persönlicher ist und eine affektive Komponente aufweisen kann, die mit Sympathie und Identifikation einhergeht[4].

Eine weithin verwendete Klassifikation von Vertrauen in Beziehungen, die sich an diese Unterscheidung anschließt, unterscheidet drei aufeinander aufbauende Stufen (vgl. auch Tabelle 3.9)[5]:

1. *Kalkuliertes, berechnendes Vertrauen* ist die schwächste Form von Vertrauen (fragiles Vertrauen). Sie basiert auf dem Abwägen rationaler Kriterien und existiert in Abwesenheit einer engen Beziehung zwischen Akteuren. Diese Form des Vertrauens kann einerseits rollenbasiert sein, andererseits aber auch auf „Abschreckung" basieren[6]. Abschreckung bezieht sich z. B. auf die Existenz wirksamer Sanktionsmechanismen wie dies in dichten sozialen Netzwerken mit entsprechenden sozialen Normen der Fall sein kann. Hier können Akteure vertrauen, da sie sich

---

[1] Vgl. Leana/van Buren 1999, S. 543, zu flüchtigem Vertrauen siehe auch Meyerson et al. 1996.

[2] Siehe Meyerson et al. 1996.

[3] „Fragile trust does not survive the occasional transaction in which benefits and costs are not equilibrated." (Leana/van Buren 1999, S. 543).

[4] Zur Unterscheidung in emotional/affektives versus rational/berechnendes Vertrauen siehe McAllister 1995, 2003. McAllister argumentiert, dass, obwohl in der Literatur häufig nur auf intime Freundschafts- oder Verwandtschaftsbeziehungen bezogen, affektives Vertrauen auch in der Diskussion professioneller Arbeitsbeziehungen Relevanz besitzt. Das Sozialkapitalkonstrukt trägt diesem Umstand Rechnung (siehe z. B. Nahapiet/Goshal 1998). Dies gehört wiederum zur Diskussion eines realistischeren Bildes von ökonomischen Akteuren, das nicht nur auf einer rein rationalen Betrachtung nach Art des Homo Oeconomicus basiert (siehe auch Diskussion in Kap. 3.1.4.3).

[5] Vgl. Rousseau et al. 1998, S. 398ff., siehe auch Lewicki/Bunker 1996.

[6] „Calculus-based" und „deterrence-based trust" (Lewicki/Bunker 1996, S. 119f. und Rousseau et al. 1998, S. 398f.).

auf Normen und Sanktionen verlassen können, in der Annahme, dass andere Akteure in Anwesenheit entsprechender Kontrolle nicht den Verlust ihrer Reputation riskieren.

2. *Erfahrungsbasiertes Vertrauen* ist starkes, strapazierfähigeres Vertrauen und basiert auf einer Historie von Interaktionen, die für eine gegenseitige Einschätzbarkeit der Akteure sorgt[1]. Es ist ein Kennzeichen starker Beziehungen.
3. *Identifikationsvertrauen* als die stärkste Form von Vertrauen weist affektive Komponenten wie Sympathie und gegenseitige Identifikation mit dem jeweils anderen Akteur auf[2]. Akteure unterhalten in der Regel nur wenige Beziehungen, die Identifikationsvertrauen aufweisen. Es handelt sich um die engsten Beziehungen in Arbeitsumfeld und Privatleben.

Art des Vertrauens	Beschreibung	Beziehungstypen
1. Kalkuliert, berechnend	Flüchtig, fragil, rollenbasiert, abschreckungsbasiert: Existenz von Normen und Sanktionen, Furcht vor Verlust der eigenen, positiven Reputation	Schwache Beziehungen
2. Erfahrungs-basiert	Starkes, strapazierfähiges Vertrauen, basiert auf Historie von Interaktionen, umfasst gegenseitiges Kennen und Einschätzbarkeit des Gegenübers	Starke Beziehungen unterschiedlicher Tiefe
3. Identifikation	Affektives, persönliches Vertrauen, Identifikation mit den Bedürfnisses des Anderen, Sympathie	

Tabelle 3.9: Vertrauensformen in schwachen und starken Beziehungen

Aus den obigen Ausführungen lässt sich ableiten, dass Vertrauen wiederum sowohl auf Beziehungs- wie auch auf Netzwerkebene existieren kann. LEANA und VAN BUREN unterscheiden in diesem Zusammenhang in dyadisches und generalisiertes Vertrauen[3]. Generalisiertes Vertrauen bezieht

---

[1] „This form of trust is grounded in the other's predictability – knowing the other sufficiently well so that the other's behaviour is anticipated.“ (Lewicki/Bunker 1996, S. 121).

[2] „At this third level, trust exists because the parties effectively understand and appreciate the other's wants.“ (Lewicki/Bunker 1996, S. 122).

[3] „…trust that does not rest with knowledge of particular individuals but rather with norms and behaviours that are generalized to others in the social unit as a whole." (Leana/van Buren 1999, S. 543). Andere Bezeichnungen für die gleiche Unterscheidung finden sich bei Blomqvist: particularistic/specific/dyadic versus universalistic/generalized/aggregated (Blomqvist 1997, S. 280f.).

sich auf ein positives Vertrauensklima („climate of trust") in einem Kollektiv[1]. Eine solche Vertrauensatmosphäre wirkt sich einerseits positiv auf das Vertrauen in dyadischen Beziehungen zwischen Mitgliedern dieses Sozialsystems (z. B. einer Gruppe) aus, andererseits beeinflusst sie die Kooperation auf Gruppenebene positiv. Akteure haben Vertrauen in andere Akteure und in das Funktionieren der Gruppe als Ganzes. Auf diese Weise kann Vertrauen im Sinne einer Vertrauensatmosphäre als soziale Norm interpretiert werden, die Akteure zu vertrauenswürdigem, kooperativem Verhalten animiert, da dies der Norm, d. h. dem allgemein erwarteten Verhalten, entspricht[2]. Zugleich fungiert generalisiertes Vertrauen auf Netzwerkebene als Reputationsmechanismus. Dies ist der Fall, wenn sich generalisiertes Vertrauen auf die Beziehung zwischen einzelnen Akteuren überträgt, insbesondere dann, wenn diese noch keine lange Historie von gemeinsamen Interaktionen aufweisen. In diesem Fall vertrauen Akteure einander, weil sie beide Mitglieder des gleichen Netzwerks sind, in dem vertrauenswürdiges Verhalten die Norm ist[3]. Diese Ausführungen leiten über zur Betrachtung sozialer Normen als weiteres relationales Element von Sozialkapital.

3.6.3.2 Normen

Normen sind Merkmale sozialer Struktur in Kollektiven, wie z. B. Gruppen, Organisationen oder auch ganzen Gesellschaften. Laut FELDMANN sind Normen „Verhaltensregeln, die in Gruppen oder Gesellschaften Geltung haben"[4]. Sie entstehen als Konsens über gewisse Verhaltensformen im Sozialsystem[5]. Normen dienen somit als Richtschnur oder Verhaltensvorschrift. Verstöße gegen Normen werden in der Regel mit negativen Sanktionen belegt[6]. Normen können „als die „richtigen", d. h. sozial vorgeschrie-

---

[1] Vgl. Blomqvist 1997, S. 281.

[2] „This may lead to the development, over time, of generalized norms of cooperation, which increase yet further the willingness to engage in social exchange (...). In this respect, collective trust may become a potent form of „expectational asset" (...) that group members can rely on..." (Nahapiet/Goshal 1998, S. 255).

[3] „Thus, an individual may be trusted – and may even be the beneficiary of resilient trust – without the other party having much personal knowledge of or interaction with him or her." (Leana/van Buren 1999, S. 543).

[4] Feldmann 2001, S. 70, vgl. auch Schäfers 1995a, S. 26.

[5] Vgl. Nahapiet/Goshal 1998, S. 255.

[6] Vgl. Wiswede 1998, S. 45. Dieser merkt zudem an, dass „die Einhaltung von Normen (...) jedoch keineswegs immer mit positiven Sanktionen verbunden [ist]; vielmehr nimmt sie vielfach den Charakter einer Selbstverständlichkeit an."

benen Wege der Zielverwirklichung"[1] angesehen werden, die die situativ richtigen Verhaltensregeln in sozialen Interaktionen vorgeben.

SCHÄFERS zufolge gehören Normen zu den Kernmerkmalen sozialer Gruppen. Das Herausbilden sozialer Normen ist dabei notwendig zur Erreichung des Gruppenziels und zur Stabilisierung der Gruppenidentität. Normen bilden die Grundlage der Kommunikations- und Interaktionsprozesse[2], sie erleichtern die Wiederholung von Interaktionen im Zeitablauf, erlauben das Herausbilden von Handlungserwartungen und sorgen so für eine Einschätzung des Verhaltens anderer Akteure[3]. SCHÄFERS sieht soziale Normen gar als Grundbestandteil der Beziehungsbildung, die nur möglich ist, „wenn sich Individuen an gemeinsam gekannte und akzeptierte Standards (Regeln) des Zusammenlebens halten."[4]. Normen kooperativen Verhaltens – hierzu gehört auch die angesprochene Vertrauensatmosphäre – können demnach als Sozialkapital interpretiert werden, da sie soziale Interaktionen und Kooperation ermöglichen und die Leistung von Gruppen und ihrer Akteure bei der Erreichung ihrer Ziele verbessern können.

Insbesondere COLEMAN sieht soziale Normen als Form von Sozialkapital. Dabei weist er insbesondere auf solche Normen hin, die individuelle Akteure dazu bewegen, auf egoistisches Verhalten zugunsten der Ziele des Kollektivs zu verzichten[5]. In gleicher Weise argumentieren LEANA und VAN BUREN, dass Normen kooperativen Verhaltens für eine Kultur der Unterordnung der eigenen Ziele und Wünsche unter die Gruppenziele sorgen und damit die Motivation, zum Gruppengeschehen beizutragen, steigern. Dies erlaubt zudem das Herausbilden kollektiver Ziele und ist damit eine Grundvoraussetzung der adaptiven Funktion von Sozialkapital[6]. Wie in Beispiel 3 und in Kapitel 3.4.2 schon hinreichend beschrieben, sorgen dichte Netzwerke für die Entstehung und Einhaltung von Normen[7]. Es sei

---

[1] Wiswede 1998, S. 246.

[2] Vgl. Schäfers 1995b, S.83.

[3] Vgl. Schäfers 1995a, S. 26.

[4] Schäfers 1995a, S. 26.

[5] „A prescriptive norm that constitutes an especially important form of social capital within a collectivity is the norm that one should forgo self-interests to act in the interest of the collectivity." (Coleman 1990, S. 311).

[6] „[the] willingness to subordinate individual desires to group objectives." (Leana/van Buren 1999, S. 541f.). Die kollektive Zieldefinition als Teil der adaptiven Funktion von Sozialkapital umschreiben die Autoren mit „associability": „*Associability*, therefore, is the willingness and the ability of individuals to define collective goals that are then enacted collectively." (S. 542).

[7] Siehe hierzu wiederum Beispiel 11 und die Studie von Walker et al., die argumentieren, dass sich Unternehmen eher kooperativ verhalten, wenn sie in ein dichtes Netzwerk eingebettet sind, das den Aufbau von Reputation erlaubt und für die Einhaltung von Normen sorgt (vgl. Walker et al. 1997, S. 111).

noch angemerkt, dass Normen nicht in jedem Fall Sozialkapital darstellen. Einerseits können Normen, die von einigen Akteuren als positiv wahrgenommen werden und die für diese Sozialkapital darstellen, für andere Akteure einschränkend wirken[1]. Andererseits können sich auch Normen herausbilden, die sich negativ auf die Kooperation innerhalb des Kollektivs auswirken und somit eher soziale Verbindlichkeiten für die Akteure darstellen[2].

3.6.3.3 Obligationen und Erwartungen

Obligationen und Erwartungen als Grundlage von Sozialkapital wurden wiederum von COLEMAN beschrieben[3]: Es sei angenommen, dass sich Akteur A gegenüber einem Akteur B kooperativ verhält und diesem eine Leistung ohne direkte Entlohnung erbringt. Dies geschieht aus dem Vertrauen heraus, dass die erbrachte Leistung in der Zukunft, in welcher Form auch immer, vergolten wird. Durch diese Interaktion entsteht eine Erwartung in Akteur A und eine Obligation in Akteur B. Akteur A erhält in diesem Fall Sozialkapital in Form eines sozialen Kredits, der (potenziell) in der Zukunft eingelöst werden kann[4]. Die sozialen Obligationen erhöhen dabei die Wahrscheinlichkeit, dass sich ein Akteur B in Zukunft kooperativ verhält, auch wenn hierfür keine Garantie besteht.

Obligationen und Erwartungen stellen somit in ähnlicher Form wie Normen Sozialkapital dar. Sie unterscheiden sich von Normen jedoch dadurch, dass sie sich auf Dyaden beziehen, während Normen als generalisierte Verhaltensregeln Merkmale von sozialen Systemen bzw. Kollektiven darstellen[5]. Laut COLEMAN hängt der Wert von Obligationen in dyadischen Beziehungen jedoch von der generellen Vertrauensatmosphäre in sozialen Systemen ab, ob es nämlich Normen gibt, die besagen, dass soziale Obligationen generell beglichen werden[6]. PUTNAM spricht in diesem Zusam-

---

[1] Siehe Kapitel 3.5.2.4, vgl. auch Coleman 1990, S. 311.

[2] Siehe Kapitel 3.5.3.

[3] Vgl. Coleman 1990, S. 306f.

[4] Vgl. Coleman 1990, S. 306, und auch Hazleton/Kennan 2000, S. 82: „If A does something for B and trusts B to reciprocate in the future, an expectation is established in A and an obligation incurred on the part of B. This obligation can be conceived as a credit slip held by A for the execution of an obligation by B."

[5] Vgl. Nahapiet/Goshal 1998, S. 255.

[6] „Two elements are critical to this form of social capital: the level of trustworthiness of the social environment, which means that obligations will be repaid, and the actual extent of obligations held." (Coleman 1990, S. 306).

menhang von Normen generalisierter Reziprozität[1]. Obligationen und Erwartungen stellen also letztlich eine Konkretisierung des dem Sozialkapitalkonstrukt allgemein zugrunde liegenden Prinzips der Reziprozität dar.

3.6.3.4 Identifikation und Identität

Identifikation beschreibt den Prozess durch den Akteure lernen, sich in andere Akteure hineinzuversetzen und sich als Teil eines Kollektivs zu verstehen[2]. Dies hängt eng zusammen mit dem oben bereits angesprochenen Identifikationsvertrauen. Identifikationsvertrauen zwischen Akteuren in einem Kollektiv kann in Identifikation auf Gruppenebene und schlussendlich in eine gemeinsame Gruppenidentität münden. Identifikation mit einem Kollektiv erhöht das Interesse für Gruppenbelange und die Bereitschaft und Motivation der Akteure, sich kooperativ zu verhalten und zum gemeinsamen Ziel beizutragen[3]. Aus diesem Grund kann Identifikation als eine Art Ressource auf Gruppenebene und somit als Bestandteil von Sozialkapital in der relationalen Dimension angesehen werden[4]. Gruppenidentifikation im Sinne einer kollektiven Identität hängt auch eng mit der kognitiven Dimension von Sozialkapital zusammen. Eine wechselseitige Identifikation mit den Bedürfnissen anderer Akteure steigert die Fähigkeit, Dinge aus dem gleichen Blickwinkel zu sehen und hat somit positiven Einfluss auf das gegenseitige Verstehen[5]. Die zugrunde liegenden kognitiven Elemente werden im Folgenden diskutiert.

3.6.4 Kognitive Sozialkapitaldimension

Die kognitive Dimension des Sozialkapitalkonstrukts hat erst durch die Arbeit von NAHAPIET und GOSHAL zum Zusammenhang zwischen Sozialkapital und Wissensarbeit Eingang in die Sozialkapitalforschung gefunden[6]. Die kognitive Dimension bezieht sich auf das gegenseitige Verständnis und gemeinsame Verstehen von Akteuren in Beziehungen und Kollek-

---

[1] Hierzu Lesser, der auf Putnam verweist: „…norms of general reciprocity: I'll do this for you now, in the expectation that down the road you or someone else will return the favor." (Putnam 1993, in Lesser 2000, S. 6).

[2] Siehe Nahapiet/Goshal 1998, S. 256, sowie Lewicki/Bunker 1996, S. 123: „People may in fact empathize strongly with the other and incorporate parts of his or her psyche into their own „identity" (needs, preferences, thoughts, and behaviour patterns) as a collectivy identity develops."

[3] Siehe Kramer et al. 1996.

[4] Siehe Nahapiet/Goshal 1998.

[5] „Increased identification enables one to „think like" the other, „feel like" the other, and „respond" like the other." (Lewicki/Bunker 1996, S. 123, Hervorhebungen im Original).

[6] Siehe Nahapiet/Goshal 1998.

tiven, durch das effektive Kommunikation, komplexe Interaktionen und insbesondere gemeinsame wissensintensive Tätigkeiten erst möglich werden. Wenn Akteure in Beziehungen oder im Kollektiv eine Ebene der Verständigung erreichen, die ihnen effektives und missverständnisfreies Kommunizieren ermöglicht, so stellt dies signifikantes Sozialkapital dar[1]. Die kognitive Dimension bezieht sich hierbei also auf die Fähigkeit, gemeinsame Tätigkeiten effektiv und ohne Reibungsverluste durchzuführen.

Es lassen sich verschiedene Teilaspekte in der kognitiven Dimension unterscheiden; hierzu gehören eine gemeinsame Sprache und Codes zur Verständigung, gemeinsames Wissen, gemeinsame mentale Modelle und ein gemeinsames Gruppengedächtnis. Die kognitive Dimension verbindet dabei soziologische Aspekte der Gruppenkoordination mit kognitivpsychologischen Erkenntnissen und lässt sich zurückführen auf einen Forschungszweig in der Sozialpsychologie, der sich mit sozialer Kognition („socially shared cognition") beschäftigt[2].

3.6.4.1 Gemeinsame Sprache und Codes

Eine gemeinsame Sprache verbindet und ist Grundvoraussetzung für soziale Interaktionen und den Austausch von Informationen[3]. Dabei bildet eine gemeinsame Landessprache nur die grundlegende Basis gemeinsamer Verständigung. Gemeinsame Sprache bezieht sich insbesondere auf die Codes und subtilen Nuancen, die sich im Laufe der Zeit als Merkmale der Zugehörigkeit zu einer sozialen Gruppe herausbilden. Diese gemeinsamen Codes können dann als spezifische Merkmale der sozialen Struktur angesehen werden[4]. Die Existenz eines gemeinsamen Vokabulars ermöglicht die Informationsverarbeitung zwischen Akteuren und gemeinsame Codes bilden die Basis für eine gleiche Wahrnehmung der gemeinsamen Umwelt und das Herausbilden eines tiefer gehenden gemeinsamen Verständnisses der gemeinsamen Tätigkeit (siehe gemeinsame mentale Modelle). CLARK und BRENNAN sprechen in diesem Zusammenhang von „common ground", einer gemeinsamen Basis für die Kommunikation, die sich auf mehr als nur

---

[1] „Such a common understanding is appropriable by the collectivity as a resource (…)." (Tsai/Goshal 1998, S. 465).

[2] Siehe hierzu insbesondere das Sammelwerk von Resnick et al. 1991.

[3] „To the extent that people share a common language, this facilitates their ability to gain access to people and their information. To the extent that their language and codes are different, this keeps people apart and restricts their access." (Nahapiet/Goshal 1998, S. 253).

[4] Siehe hierzu Lesser, der ausführt, dass man unter gemeinsamer Sprache mehr versteht als eine gemeinsame Landessprache: „…goes beyond languages… it also addresses the acronyms, subtleties and underlying assumptions that are the staples of day-to-day interactions." (Lesser 2000, S. 7).

gemeinsame Sprache, sondern auch auf gemeinsame Annahmen und gemeinsames Wissen erstreckt. Zwei Akteure können ohne eine gemeinsame Kommunikationsbasis keine komplexen Interaktionen durchführen[1]. Eine gemeinsame Sprache und Kommunikationsbasis ermöglichen also effektive Kommunikation und sind Voraussetzung für gemeinsame Wissensarbeit[2]. Hierzu ist zudem eine Überschneidung der Wissensbasis der beteiligten Akteure notwendig, d. h. sie benötigen einen Kern gemeinsamen Wissens[3].

3.6.4.2 Gemeinsames, wechselseitig bekanntes Wissen

Für erfolgreiche Kommunikations- und Interaktionsprozesse ist es notwendig, dass die Akteure nicht nur über gemeinsames Wissen verfügen, sondern zudem wissen, welches Wissen sie mit anderen Akteuren teilen, d. h. welches Wissen wechselseitig bekannt ist. Gemeinsames Wissen im Sinne wechselseitig bekannten Wissens („mutual knowledge") ist somit Wissen, das die Akteure in einer Beziehung teilen und von dem sie explizit wissen, dass sie es beide besitzen[4]. Dieses gemeinsame Wissen bildet den notwendigen gemeinsamen Kontext in der Kommunikation, der als Referenz für eine präzise und unmissverständliche Formulierung von Kommunikationsbotschaften dient[5]. Gemeinsames Wissen vereinfacht die Kommunikation, da bekannte Fakten und Sachverhalte nicht mehr angesprochen werden müssen. Gemeinsames Wissen entsteht in Interaktionen über Zeit[6] und stellt damit ebenfalls ein Merkmal der sich entwickelnden sozialen Beziehungen der Akteure dar. Als Form von Sozialkapital ermöglicht es, komplexe Probleme mit anderen Akteuren zu erörtern oder gemeinsame Aufgaben zu bewältigen.

---

[1] „They cannot even begin to coordinate on content without assuming a vast amount of shared information or common ground – that is mutual knowledge, mutual beliefs, and mutual assumptions." (Clark/Brennan 1991, S. 127).

[2] Vgl. Nahapiet/Goshal 1998, S. 254.

[3] „in order to (...) combine the information gained through social exchange, the different parties must have some overlap in knowledge" (Nahapiet/Goshal 1998, S. 254).

[4] Zu den Grundlagen von „mutual knowledge" siehe Krauss/Fussell 1990. Die „mutual knowledge" Theorie hat ihren Ursprung in der Analyse von Sprechakten und wurde zuerst formuliert in Clark/Marshall 1981. Dabei wurden die Rolle und der Einfluss eindeutiger Referenzen und als wechselseitig bekannt vorausgesetzten Wissens auf die Qualität der Kommunikation dargelegt. Es sei zudem auf das kurze Zeit später veröffentliche Sammelwerk von Smith zum gleichen Thema verwiesen (siehe Smith 1982).

[5] „For people to communicate effectively, they must solve the mutual knowledge problem. That is, they must develop some idea of what their communication partners know and don't know in order to formulate what they have to say to them." (Krauss/Fussell 1990, S. 111).

[6] Vgl. Cramton 2001, S. 347.

3.6.4.3 Gemeinsame mentale Modelle

Die Theorie mentaler Modelle geht auf die Arbeit von JOHNSON-LAIRD zurück[1]. Mentale Modelle stellen implizites Wissen wie Schemata, Paradigmen, Perspektiven und Standpunkte zur Wahrnehmung und Definition der Umwelt dar[2]. So kann ein mentales Modell die mentale Repräsentation der Funktionsweise eines Systems darstellen; so besitzt ein Manager in der Regel ein mentales Modell der Strukturen und Abläufe seines Unternehmens[3]. Gemeinsame mentale Modelle beziehen sich auf das von den Akteuren in einem sozialen Kollektiv geteilte Wissen über Aufgaben und Tätigkeiten, sowie über die Gruppe selbst. LEVINE und MORELAND untersuchen Arbeitsgruppen und unterscheiden in drei Formen gemeinsamen Wissens, die laut TINDALE ET AL. als Teil mentaler Modelle gesehen werden können: Mentale Modelle über die Gruppe, Modelle über die einzelnen Akteure und Modelle über die Aufgaben und Tätigkeiten der Gruppe[4]. Akteure benötigen also mentale Modelle der Tätigkeiten und der Gruppenstruktur, um ihr individuelles Handeln auf das anderer Akteure abzustimmen:

- *Mentale Modelle der Gruppe bzw. des sozialen Netzwerks als Ganzes*: Hierzu gehört das Wissen über die Ziele, Motive, Historie und das Normengefüge der Gruppe. Akteure benötigen dieses Wissen, um das eigene Handeln dem Gruppenziel entsprechend anzupassen, sowie das Gruppengeschehen einschätzen zu können[5]. Wenn Gruppen dieses selbstreferenzielle Wissen besitzen, vermeidet dies unnötige Missverständnisse und Ineffizienzen, da das Handeln der Akteure besser an den Gruppenzielen orientiert und aufeinander abgestimmt ist.
- *Mentale Modelle der einzelnen Akteure im sozialen Netzwerk*: Diese Form des Wissens bezieht sich darauf, das Verhalten und die Kompetenzen anderer Akteure zu kennen. Eng einher damit geht das Bilden mentaler Modelle der informellen wie formellen Rollenstruktur, sowie der Beziehungen zwischen einzelnen Akteuren im Netzwerk. Verfügt eine Gruppe über ein hohes Maß wechselseitigen Wissens über Kompetenzprofile, Rollen und Beziehungsstrukturen, so können Aufgaben innerhalb des sozialen Netzwerks effektiver alloziert und Informationen besser verteilt werden. Zudem dient das Wissen über andere Akteure

---

[1] Siehe Johnson-Laird 1983.

[2] Vgl. Nonaka/Takeuchi 1995, S. 60.

[3] Vgl. Tindale et al. 1991, S. 18.

[4] Vgl. Levine/Moreland 1991, S. 259 zu gemeinsamem Wissen in Arbeitsgruppen.

[5] „As they gain a better understanding of their group's past, present, and future, workers may obtain a reassuring sense of predictability and control over the group." (Levine/Moreland 1991, S. 259).

dazu, deren Verhalten besser einzuschätzen und das eigene Verhalten darauf abstimmen zu können[1]; dies hängt wieder eng mit dem oben beschriebenen gemeinsamen Wissen zusammen.

- *Mentale Modelle der Aufgaben, Tätigkeiten und Prozesse*: Dieses Wissen bezieht sich auf die Aufgaben und Tätigkeiten, sowie die erwarteten individuellen Leistungen und Beiträge der Akteure und ist notwendig zur effektiven Koordination von Tätigkeiten auf Gruppenebene, insbesondere wenn es sich um komplexe Aufgaben handelt, zu denen mehrere Akteure interdependent beitragen. In diesem Fall muss die Gruppe ein gemeinsames Wissen über die Bearbeitungsprozesse, die Methoden, Aufgabenverteilung, sowie die Aufgabenreihenfolge entwickeln und letztlich teilen[2]. Individuelle Akteure müssen hierzu gemeinsame mentale Modelle der Tätigkeiten entwickeln.

Gemeinsame mentale Modelle auf Gruppenebene stellen Sozialkapital dar, da sie das Kollektiv in die Lage versetzen, komplexe Interaktionen effektiver und effizienter zu koordinieren als es ohne dieses selbstreferenzielle Wissen möglich wäre. Erst das gegenseitige Kennen und das Aushandeln der eigenen Position im sozialen Netzwerk versetzt Akteure in die Lage, effektiv zum Gruppenziel beizutragen. Das Kollektiv als Ganzes profitiert von besser aufeinander abgestimmten Interaktionen und reduziertem Verlust durch Missverständnisse. Darüber hinaus profitieren Gruppen durch gemeinsame mentale Modelle von der Kompetenz, komplexe Aufgaben bewältigen zu können. Gruppen, die eine gemeinsame Sprache sprechen und mentale Modelle über die Gruppe und die bisherigen Tätigkeiten teilen, sind darüber hinaus in der Lage, schneller und effektiver neue Situationen zu bewältigen und ihre mentalen Modelle entsprechend anzupassen. Dies ist wiederum Teil der adaptiven Funktion von Sozialkapital (siehe Kap. 3.5.1.2).

3.6.4.4 *Gruppengedächtnis und sozial eingebettete Fähigkeiten*

Studien zu Training und Schulung von Arbeitsgruppen haben gezeigt, dass Akteure, die gemeinsam in der Gruppe geschult wurden, bessere Leistung bei der gemeinsamen Bearbeitung interdependenter Aufgaben erbrachten als solche Gruppen, deren Mitglieder einzeln geschult wurden. Es reichte in den Studien auch nicht aus, wenn die Akteure als Mitglieder anderer Gruppen geschult wurde; das reine Gruppenerlebnis bei der Schulung war

---

[1] Vgl. Levine/Moreland 1991, S. 262.

[2] „Some jobs are rather complex, in the sense that they involve a variety of tasks. Workers who perform these jobs must agree about what those tasks are and who will perform them, which tasks are most important, the order in which tasks must be completed, and so on (...).“ (Levine/Moreland 1991, S. 262).

nicht für das Mehr an Leistung verantwortlich, sondern vielmehr die gemeinsame Schulung mit den selben Akteuren, mit denen später die Tätigkeiten ausgeführt wurden. LIANG ET AL. führen dies zurück auf die Existenz eines so genannten Gruppengedächtnisses („transactive memory"), das als Merkmal der sozialen Struktur zwischen den Akteuren interpretiert werden kann[1]. Gruppen, deren Mitglieder zusammen geschult wurden, hatten ein besseres Wissen über die Aufgabe selbst (mentales Modell), waren in der Lage, ihre Tätigkeiten besser zu koordinieren und in die Fähigkeiten der anderen Teammitglieder zu vertrauen[2]. Diese Arbeiten weisen auf implizites Wissen und Fähigkeiten hin, die nur eingebettet in der sozialen Struktur auf Gruppenebene existieren. Basierend auf den oben beschriebenen kognitiven Effekten wie gemeinsamer Sprache, gemeinsamem Wissen und mentalen Modellen, kann argumentiert werden, dass es Wissen und Fähigkeiten gibt, die Bestandteil der sozialen Struktur sind und nicht Merkmale der Akteure. Akteure in einer Gruppe, die kognitives Sozialkapital besitzt, sind somit in der Lage, Leistung zu erbringen, die über die reine Summe ihrer Einzelkompetenzen hinausgeht. Während die relationale Sozialkapitaldimension also der Motivation zu kooperativem Verhalten zugeordnet werden kann, bezieht sich die kognitive Sozialkapitaldimension auf die Kollaborationskompetenz von Akteuren in Beziehungen und Gruppen. Dass diese von der relationalen Dimension unterschieden werden muss, hat sich wiederum in der Studie von LIANG ET AL. gezeigt. Allgemeine Aspekte der Gruppenbildung wie Kohäsion und Herausbilden einer Gruppenidentität hatten keinen direkten Einfluss auf die Durchführung der Aufgabe; hier konnten die Leistungsunterschiede maßgeblich durch die kognitiven Aspekte erklärt werden[3].

3.6.5 Zusammenfassende Übersicht

Die detaillierte Betrachtung von Elementen des Sozialkapitalkonstrukts in den drei Dimensionen schließt die Ausführungen zu den Ursachen und Wirkungen von Sozialkapital ab. Diese Ausführungen wurden in Kapitel 3.4 anhand verschiedener Netzwerkstrukturen als Basis von Sozialkapital

---

[1] „The results indicate that group training improved group performance primarily by fostering the development of transactive memory systems among group members." (Liang et al. 2003, S. 204).

[2] Vgl. Liang et al. 2003, S. 212, auch: „That is, groups with stronger transactive memory systems performed the task better." Die Aufgabe im Experiment war im Übrigen der gemeinsame Zusammenbau eines komplizierten Radiogerätes.

[3] Vgl. Liang et al. 2003, S. 213. Es sei angemerkt, dass sich die Studie lediglich auf die punktuelle Durchführung der Aufgabe bezog. Die Ergebnisse belegen nicht die Unwichtigkeit der relationalen Dimension. Diese ist wichtig für die generelle Motivation und Leistungsfähigkeit einer Gruppe.

begonnen und im darauf folgenden Kapitel zu den verschiedenen Funktionen von Sozialkapital fortgesetzt. Die diskutierten Netzwerkstrukturen sind als Teil der strukturellen Dimension zu verstehen. Die Ausführungen in diesem Kapital haben ferner gezeigt, dass die strukturelle und die inhaltlichen Dimensionen nicht als unabhängig, sondern vielmehr als komplementär zueinander gesehen werden müssen. Aus struktureller Sicht kann in beziehungs- und netzwerkbasierte Sozialkapitalbetrachtung unterschieden werden, sowie nach Intensität und Tiefe sozialer Struktur in schwache und starke Beziehungen und in Netzwerke unterschiedlicher Dichte. Während die Theorie schwacher Beziehungen und lückenhafter Netzwerke überwiegend auf rein strukturellen Argumenten basiert, erschließt sich Sozialkapital in starken Beziehungen und dichten Netzwerke nur durch eine zusätzliche Betrachtung der relationalen und kognitiven Dimensionen von Sozialkapital. Eine detaillierte Betrachtung der verschiedenen Elemente der inhaltlichen Dimension ist dabei entscheidend für das Verständnis des Sozialkapitalkonstrukts, da sich nur dadurch die Ursachen adaptiver Wirkungen von Sozialkapital hinsichtlich Motivation und Kompetenz erschließen.

	Sozialkapitaldimension		
	Strukturell	**Relational**	**Kognitiv**
Externe Perspektive: Akteurssicht	Beziehungsbasierte Betrachtung: Schwache versus starke Beziehungen (Philos) Netzwerkbasierte Betrachtung: Brokern in lückenhaften	Verschiedene Stärken von Beziehungsvertrauen: Berechnendes, Erfahrungs- u. Identifikationsvertrauen Obligationen und Erwartungen	Gemeinsame Sprache und Codes Gemeinsames Wissen Gemeinsame mentale Modelle
Interne Perspektive: Kollektivsicht	Netzwerkbasierte Betrachtung: Netzwerkgeschlossenheit und Kohäsion in dichten Netzwerken	Vertrauensatmosphäre Normen Identifikation und Gruppenidentität	*Zusätzlich zu gemeinsamer Sprache, Wissen, mentalen Modellen (siehe oben):* Mentales Modell der Gruppe, sowie Gruppengedächtnis und sozial eingebette Fähigkeiten
	Opportunität	Motivation	Kompetenz

Abbildung 3.7: Detaillierte Ausgestaltung des Sozialkapitalkonstrukts nach Perspektive und Dimension

Abbildung 3.7 fasst das Kapitel zusammen und ordnet die Elemente von Sozialkapital in die drei Dimensionen ein und differenziert dabei erneut nach externer Akteurs- und interner Kollektivsicht. Die externe Perspektive bezieht sich auf das Sozialkapital von Akteuren in ihren Beziehungen und Netzwerken mit anderen Akteuren, während die interne Sicht Sozialkapital in sozialen Systemen bzw. Kollektiven/Gruppen beschreibt und sich auf eine Netzwerksicht konzentriert. Die drei Sozialkapitaldimensionen schließen die Betrachtung der Ursachen, Elemente und Effekte von Sozialkapital ab. Das folgende Kapitel geht auf Eigenschaften und Eigenheiten des Konstrukts ein, die sich beispielsweise im Prozess der Sozialkapitalentstehung äußern.

3.7 Sozialkapitalentstehung und Investitionsprozess

Sozialkapital kann als komplementärer Faktor zu Humankapital gesehen werden. Während Humankapital als Merkmal der Akteure aufzufassen ist, ist Sozialkapital ein Merkmal der sozialen Strukturen zwischen diesen Akteuren. Humankapital entsteht durch Änderungen der Fähigkeiten und Kompetenzen von Individuen, die diese in die Lage versetzen, ihr Handeln zu verändern[1]. Sozialkapital als Wert sozialer Strukturen hingegen entsteht durch soziale Interaktionen zwischen Akteuren.

3.7.1 Entstehungsprozess von Sozialkapital

Sozialkapital bezieht sich auf den Wert sozialer Strukturen, die durch wiederholte soziale Interaktionen entstehen und wachsen. Diese Interaktionen dienen dabei stets einem bestimmten Zweck, der nicht nur auf die Bildung von Sozialkapital abzielt. Sozialkapital ist somit ein Nebenprodukt anderweitig zweckgebundener, sozialer Interaktionen und kann nicht um seiner selbst willen gebildet werden[2]. Direkte Investitionen in Sozialkapital sind daher nicht möglich. Sozialkapital entsteht nur durch authentisches, kooperatives Verhalten und kann nicht primäres Ziel einer Interaktion sein. Als positiv wahrgenommene soziale Interaktionen erzeugen und verfestigen soziale Strukturen. Beispiele für solche Interaktionen sind Diskussionen Arbeitsplatz, Workshops, informelle Treffen in der Freizeit, Telefonate zwischen Kollegen usw.. In diesem Sinne basiert Sozialkapital auf einer Historie sozialer Interaktionen, die sich als soziale Struktur manifestieren[3]. In fortlaufenden Interaktionen lernen die Akteure beispielsweise übereinander und bilden Vertrauen, das sich in weiteren positiven Interaktionen mit der Zeit verfestigt[4].

---

[1] Vgl. Coleman 1988, S. 19.

[2] Vgl. Coleman 1990, S. 312f. und Sandefur/Laumann 2000, S. 81.

[3] „Social capital is accumulated history in the form of social structure appropriable for productive use by an actor in the pursuit of his interest." (Coleman 1990).

[4] Siehe Gulati 1995 zu Vertrauensbeziehungen zwischen Unternehmen: „…the idea of trust emerging from prior contact is based on the premise that through ongoing interaction, firms learn about each other and develop trust around norms of equity, or knowledge based trust." (S. 92).

Auf diese Weise vertiefen die Akteure ihre Beziehungen auch auf kognitiver Ebene, was sich in der Entwicklung gemeinsamer Sprache, gemeinsamen Wissens und allgemein gemeinsamer Ansichten äußert[1]. Dabei spielen einerseits kommunikative Prozesse und andererseits gemeinsame Erlebnisse eine wichtige Rolle. Durch Kommunikation entwickeln Akteure eine gemeinsame Sprache und stimmen ihre mentalen Modelle des gemeinsamen Kontexts (Tätigkeiten, Gruppenkontext etc.) aufeinander ab. Dieser Prozess wird auch als „grounding" bezeichnet; durch stetige Interpretation des Kommunikationsverhaltens des Gegenübers lernen Akteure und entwickeln den sog. „common ground" – die gemeinsame Kommunikationsbasis[2]. Weiterhin sind gemeinsame Erlebnisse wichtig für das Herausbilden gemeinsamer Sichtweisen und das Entstehen gemeinsamen Wissens, gemeinsamer mentaler Modelle, wie auch sozial eingebetteter Fähigkeiten[3]; dies haben nicht zuletzt die Studien zur gemeinsamen Team-Schulung gezeigt[4]. Gemeinsame Erlebnisse regen einen Prozess der gemeinsamen Auseinandersetzung mit dem Erlebten an, der auch als „Sense-Making" bezeichnet wird. Sense-Making kann als kognitive Ebene von Gruppenentstehungsprozessen gesehen werden, bei der in komplexen sozialen Interaktionen gemeinsame Ansichten entstehen, die schlussendlich in einer gemeinsamen Gruppenidentität münden[5].

Es kann fest gehalten werden, dass insbesondere reichhaltiges Sozialkapital starker Beziehungen und dichter Netzwerkstrukturen in wiederholten sozialen Interaktionen entsteht. Das entstandene Sozialkapital wiederum ermöglicht und erleichtert neue soziale Interaktionen in der Form, dass Interaktionen auf Basis positiver sozialer Beziehungen leichter fallen. Sozialkapital ist der Wert sozialer Struktur in Bezug auf das Ermöglichen sozialer Interaktionen. Es ist somit eingebettet in die Dualität aus Struktur und Handeln (siehe Abbildung 3.8)[6]. Strukturen ermöglichen das Handeln, Handeln wiederum ist verantwortlich für die Gestaltung der Strukturen.

---

[1] Siehe Tindale et al.: „socially shared meaning develops through interaction among social actors, and is continually modified by those same interactions." (Tindale et al. 1991, S. 3).

[2] Zu „grounding" durch Kommunikation siehe Clark/Brennan 1991 und Krauss/ Fussell 1991.

[3] „Obviously, some of the cognitions, beliefs, knowledge, and so forth, that members of social groups share come from their shared experiences with the world around them." (Tindale et al. 1991, S. 3).

[4] Vgl. Kap. 3.6.4.4 und Tindale et al. 1991, S. 17.

[5] Zu Sense-Making und den Grundlagen von Entstehungsprozessen organisationaler Identität siehe Weick 1995. Eine weiterführende Betrachtung dieser Aspekte im Detail ist im Rahmen dieser Arbeit nicht zielführend.

[6] Zur Dualität von Struktur und Handeln vgl. wiederum Treibel 1997, S. 223ff.

Damit ist Sozialkapital als Wert der sozialen Struktur gleichzeitig Ergebnis wie auch Voraussetzung sozialer Interaktionen, z.B. von effektiven Gruppenprozessen („collective action")[1].

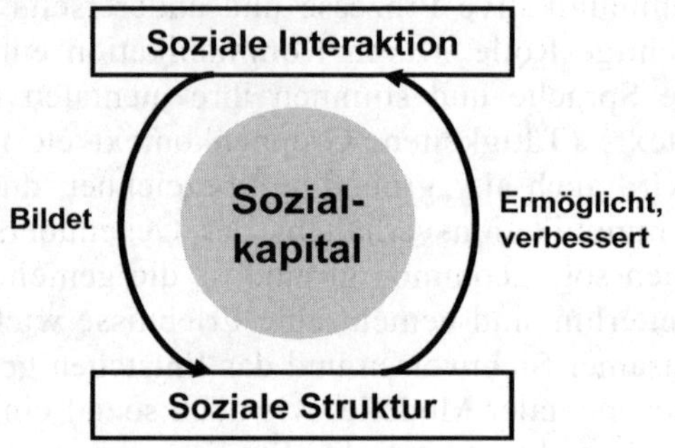

Abbildung 3.8: Einbettung von Sozialkapital in Struktur und Interaktion

3.7.2 Sozialkapital als sich selbst verstärkendes Konstrukt

Wie Abbildung 3.8 verdeutlicht, besteht ein reziproker, wechselseitiger und sich selbst verstärkender Zusammenhang zwischen Interaktion und Struktur, in die Sozialkapital als Wert der sozialen Struktur eingebettet ist. Es kann somit argumentiert werden, dass bestehendes Sozialkapital neues und mehr Sozialkapital erzeugt, da es soziale Interaktionen ermöglicht, die die soziale Struktur vertiefen[2]. Der reziproke Zusammenhang zwischen Struktur und Interaktion gilt jedoch sowohl in positivem wie auch in negativem Sinne. Als negativ wahrgenommene Interaktionen können soziale Strukturen und damit ihren Wert nachhaltig zerstören. Nicht kooperatives, opportunistisches Verhalten kann somit zur Sozialkapitalvernichtung führen.

Der sich verstärkende Effekt gilt für alle Arten von Sozialkapital und kann am Beispiel der Nutzeneffekte von Sozialkapital verdeutlicht werden:

- *Allokative Effekte*: Akteure, die Beziehungen und Netzwerkpositionen unterhalten, die den Zugang zu wichtigen Informationen erlauben, werden oftmals von anderen Akteuren bevorzugt kontaktiert und können so wiederum neue (schwache) Beziehungen aufbauen, die weiteren Zugang zu Informationen hoher Diversität erlauben. Die Zentralität dieser Akteure im sozialen Netzwerk verstärkt sich somit.
- *Adaptive Effekte*: Auf Basis des bereits aufgezeigten, sich wechselseitig verstärkenden, reziprok kooperativen Verhaltens kann argumentiert

[1] Vgl. Leana/van Buren 1999, S. 542.
[2] Vgl. Hazleton/Kennan 2000, S. 84.

werden, dass sich die soziale Struktur, die kooperatives Verhalten begünstigt, durch die wiederholten kooperativen Interaktionen weiter verstärkt. Dies gilt sowohl für relationale Aspekte wie Vertrauen und Identifikation, wie auch für das gegenseitige Verstehen im Sinne der kognitiven Dimension.

- *Autoritäre Effekte*: Akteure in Netzwerkpositionen, die Einfluss und Macht erlauben, können ihren Einfluss nutzen, um andere Akteure (z. B. Philos) in einflussreichen Netzwerkpositionen (z. B. formellen Ämtern) zu installieren, um so ihren Einfluss auszubauen und zu verfestigen[1].

3.7.3 *Authentisches Verhalten und soziale Kompetenzen als Antezedenzen der Sozialkapitalentstehung*

Die Entstehung von Sozialkapital basiert auf kooperativem und insbesondere authentischem Verhalten. Die Beziehungsbildung als reiner Selbstzweck zum Aufbau von Sozialkapital kann nur sehr eingeschränkt funktionieren, da davon ausgegangen werden kann, dass die beteiligten Akteure unterscheiden können zwischen ehrlich gemeinter Kooperation und dem Wunsch nach rein opportunistischem Beziehungsaufbau. Zwar kann auf diese Weise ein Kontaktnetzwerk schwacher, instrumenteller Beziehungen unterhalten werden; stärkere Beziehungen jedoch erfordern authentisches und kooperatives Verhalten in reziprok erwiderten Interaktionen über Zeit. Nur hilfsbereites, in Grenzen selbstloses Verhalten generiert Vertrauen und damit starke Beziehungen[2].

TYMON und STUMPF weisen in diesem Zusammenhang auf eine Paradoxie von Sozialkapital hin: Akteure generieren dann am meisten Sozialkapital in starken Beziehungen, wenn sie sich kooperativ verhalten ohne Erwartung eines direkten, reziproken Verhaltens der Gegenseite. Somit investiert also gerade derjenige Akteur am meisten, der gar keinen direkten Nutzen von seinen Beziehungen erwartet[3]. Natürlich liegt dem Konstrukt dabei trotzdem das Prinzip der Reziprozität zugrunde. Die Paradoxie be-

---

[1] „In turn, his power gives him the opportunity to surround himself with a network of loyal subordinates … By placing trusted friends in strategic positions, a manager gains power by being well-informed, by having access to other (important) people in the organization, and by having multiple people depend on him." (Gabbay/Leenders 1999, S. 5f.). Das Zitat zeigt, dass autoritäre Sozialkapitaleffekte auch genutzt werden können, um die allokative Funktion der sozialen Struktur zu erhöhen. Dies basiert wiederum auf der Theorie struktureller Lücken.

[2] „…the strongest form of social capital results from service to others." (Tymon/Stumpf 2003, S. 18).

[3] „[Actors] who have the greatest lasting social capital are those who have helped others in their network of relationships without an expectation of reciprocity. This is another of the paradoxical elements associated with social capital." (Tymon/Stumpf 2003, S. 17).

steht jedoch gerade darin, dass das Erwidern einer Vorleistung teils weit in der Zukunft liegen kann, es keine Garantie für diese Erwiderung gibt und diese zudem freiwillig erfolgt und nicht erzwungen werden kann. Dies zeigt, dass der Aufbau von Sozialkapital nicht deterministisch forciert werden kann.

Darüber hinaus kann festgehalten werden, dass der Beziehungsaufbau und das Networking eine gewisse soziale Kompetenz von Akteuren im Umgang mit anderen Akteuren erfordern. Soziale Kompetenz ist positiv assoziiert mit Sozialkapitalinvestition und -besitz, da soziale Kompetenz das Verhalten in sozialen Interaktionen positiv beeinflusst und daher das Entstehen stabiler und dauerhafter sozialer Strukturen hoher Qualität begünstigt (z. B. das Entstehen von Vertrauensbeziehungen). Das Erschließen sozialer Beziehungen und Netzwerke erfordert somit soziale Fähigkeiten und die Wertschätzung sozialer Beziehungen durch den Akteur[1]. Konsequenterweise unterscheiden manche Autoren explizit zwischen sozialem Kapital („social capital") und sozialer Kompetenz bzw. sozialen Fähigkeiten („social capabilities")[2].

3.7.4 Eigenschaften der Sozialkapitalinvestition

Wie gesehen, sind direkte Investitionen in Sozialkapital nicht möglich; soziale Struktur kann nicht ohne weiteres erschaffen werden, sondern entsteht erst als Resultat sozialer Interaktionen über Zeit. Dies bedeutet jedoch nicht, dass Akteure nicht zielgerichtet an der Bildung von Sozialkapital interessiert sein und sich dementsprechend verhalten können. So sind einige Autoren der Meinung, dass Sozialkapital explizite Investitionsstrategien benötigt, da soziale Beziehungen wichtig bei der Zielverfolgung sind, jedoch nicht von selbst entstehen[3]. Akteure können trotz der oben genannten Eigenschaften von Sozialkapital zielgerichtet, wenn auch nur indirekt, in Sozialkapital investieren. Sie können gezielt mit anderen Akteuren Kontakt suchen und sich kooperativ im Sinne des Reziprozitätsprinzips verhalten. Die Entstehung von Sozialkapital kann in diesem Sinne als Aufbau von Erfolgspotenzialen mit positiven Wirkungen in der Zukunft gesehen werden.

---

[1] „Developing an extensive network of relationships requires interpersonal skills and a personal desire on the part of the knowledge worker." (Tymon/Stumpf 2003, S. 15). Diese sozialen Fähigkeiten, die sich positiv auf soziale Interaktionen auswirken, werden von Goleman auch „Emotionale Intelligenz" genannt (Goleman 1996).

[2] Vgl. beispielsweise Woolcock 2001, S. 67ff.

[3] Siehe Bourdieu: „Social networks are not a natural given and must be constructed through investment strategies oriented to the institutionalization of group relations, usable as a reliable source of other benefits." zitiert in Portes 1998, S. 3.

ADLER und KWON argumentieren zudem, dass auch kollektive Akteure in ihre internen Beziehungen investieren können[1]. Jedoch müssen auch hier die speziellen Eigenschaften von Sozialkapital berücksichtigt werden. Unternehmen beispielsweise können soziale Beziehungen zwischen Individuen nicht anordnen oder kreieren; sie können lediglich den sozialen Kontext bzw. das Umfeld so verändern, dass soziale Interaktionen ermöglicht werden, die als Grundlage der Sozialkapitalentstehung dienen. Zudem können Organisationen in die Schulung der sozialen Fähigkeiten von Individuen investieren, um so mittelbar die Bildung von Sozialkapital anzuregen. Eine direkte Investition ist jedoch auch hier nicht möglich (siehe Abbildung 3.9).

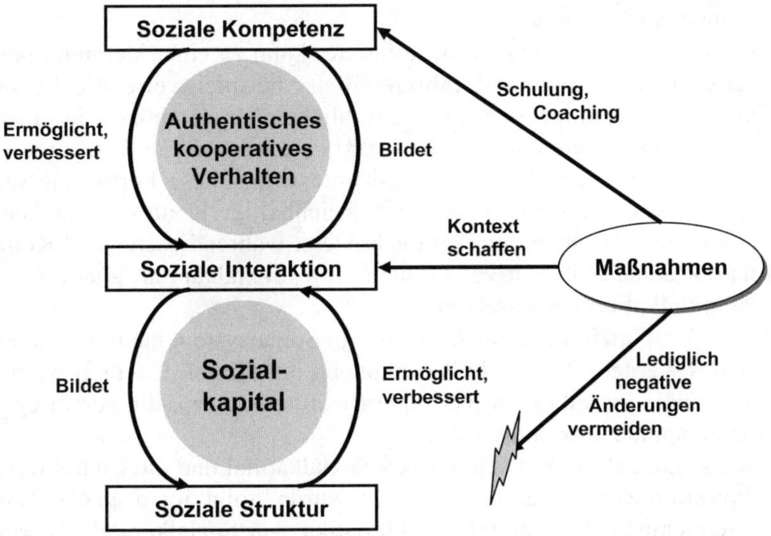

Abbildung 3.9: Zusammenhang zwischen Sozialkapital, sozialer Kompetenz und Maßnahmen zur Förderung von Sozialkapital

[1] Vgl. Adler/Kwon 2002, S. 22.

3.7.5 Änderungen im Sozialkapitalbestand

Änderungen im Bestand an Sozialkapital sind allgemein bedingt durch Änderungen innerhalb des Sozialsystems, sei es durch Bildung von Beziehungen in sozialen Interaktionen oder auch durch sonstige Änderungen der sozialen Struktur, sowie Änderungen des sozialen Kontexts[1]. Sozialkapital kann somit auch verändert und zerstört werden, wenn sich der Kontext oder die soziale Struktur durch Eingriffe von außen ändert:

- Die Vergrößerung eines sozialen Netzwerks führt beispielsweise zu steigendem Wert von Sozialkapital auf Basis struktureller Lücken, da das Herstellen von Geschlossenheit in größeren Netzwerken schlechter möglich ist und damit naturgemäß vermehrt strukturelle Lücken entstehen. Der Wert von Netzwerkpositionen, die strukturelle Lücken überspannen, steigt somit.
- Die Änderung des Interaktionskontextes kann zu einer Veränderung des Wertes von Sozialkapital führen. So ist beispielsweise die kognitive Dimension im Sinne zwischenmenschlichen Verständnisses in einem elektronischen Kommunikationskontext eine wertvollere Ressource als in einem reichhaltigen Face-to-Face-Kontext, der diese Form von Sozialkapital nicht zwingend voraussetzt. Reichhaltige Kontexte erlauben das „Grounding" im Kommunikationsprozess, während „schmale" Kommunikationskanäle kognitive Formen von Sozialkapital zur effektiven Kommunikation voraussetzen[2].
- Durch Umplatzierung von Akteuren im Sozialsystem kann Sozialkapital zerstört werden, da soziale Beziehungen mit diesen Akteuren wegfallen und soziale Interaktionen verhindert werden können, die zur Pflege des Sozialkapitals notwendig wären.

Nachdem nun auf die Entstehung von Sozialkapital und die Charakteristika des Investitionsprozesses eingegangen wurde, folgt im nächsten Kapitel eine Betrachtung der Kapitalcharakteristika von Sozialkapital als weitere Eigenschaften des Konstrukts. Diese haben Auswirkungen auf die sich daran anschließende Diskussion des Konstrukts als Ressource im organisationalen Umfeld.

---

[1] „...variation in properties of the social structure from which individuals appropriate social capital affects the emergence, persistence and value of specific forms of social capital." (Sandefur/Laumann 2000, S. 83).

[2] Siehe beispielsweise Cramton 2001.

3.8 Kapitalcharakteristika und Vergleich mit anderen Kapitalformen

Sozialkapital kann als eine unter vielen Kapitalformen im wirtschaftlichen System gesehen werden. Physisches Kapital umfasst Maschinen, Gebäude und andere physische Investitionsgüter, die zur Leistungserstellung eingesetzt werden. Finanzkapital umfasst Geld, aber auch andere finanzielle Anlageformen wie Aktien, Schuldverschreibungen, Anleihen etc. Wissenskapital bezieht sich auf in Form von Wissensträgern wie Büchern, Dokumenten, und elektronischen Daten vorliegendes Wissen, das ausgetauscht, gehandelt und zur wissensbasierten Leistungserstellung eingesetzt werden kann. Wissenskapital bezieht sich somit auf explizites Wissen. Implizites Wissen ist Teil des Humankapitals und, wie oben angedeutet, in Grenzen auch des Sozialkapitals in der Form sozial eingebetteten Wissens[1]. Humankapital umfasst also Wissen und Fähigkeiten von Individuen, während sich Sozialkapital, wie hinlänglich beschrieben, auf den Wert sozialer Strukturen bezieht.

Humankapital und Sozialkapital sind dabei lediglich neue Begriffe und Konstrukte für Phänomene, die zunehmend an Bedeutung gewinnen, aber nicht gänzlich neu sind[2]. Die verschiedenen Kapitalformen existieren bereits seit Jahrhunderten, aber ihre Bedeutung und die ihnen gewidmete Aufmerksamkeit variiert und hat sich im Lauf der Zeit verschoben[3]. Die folgenden Ausführungen dienen der näheren Beschreibung der Eigenschaften von Sozialkapital durch den Vergleich mit anderen Kapitalformen anhand von sechs Kriterien. Dieser Vergleich wird in Tabelle *3.10* visualisiert; die Kriterien werden nun kurz am Beispiel physischen Kapitals erläutert. Physisches Kapital im Sinne von Maschinen, Anlagen und anderen physischen Produktionsgütern besitzt eine hohe Transferierbarkeit, da es veräußert und an andere Akteure übertragen werden kann. Zudem ist aufgrund der tangiblen Natur die Kontrollierbarkeit naturgemäß hoch: Physisches Kapital kann hinsichtlich seiner Quantität und Qualität inspiziert und bewertet werden. Hiermit einher geht eine gute Messbarkeit des Wertes von physischem Kapital. Die Fungibilität bezieht sich auf die Umwandlung der Kapitalform in andere Kapitalformen. Diese ist bei physischem Kapital niedrig, da lediglich eine Veräußerung und Wandlung in Finanzkapital möglich ist, und dies oft auch nur in begrenztem Maße aufgrund eines möglichen Wertverlustes im Falle der Veräußerung. Der Pflegeaufwand

---

1 Dieser Aspekt wird in Kapitel 4.2.4 wieder aufgegriffen.

2 So ist Humankapital seit längerem als „Faktor Arbeit" in ökonomischen Theorien präsent; für eine Einführung zu Produktionsfaktoren aus ökonomischer Sicht unter Einbeziehung von Sozialkapital vgl. Sauerland 2003, S. 3f.

3 Vgl. Tymon/Stumpf 2003, S. 13.

andererseits ist sehr hoch: Maschinen und Anlagen bedürfen regelmäßiger Wartung für den Werterhalt und den Erhalt ihrer Funktionstüchtigkeit. Die Synergieeffekte mit anderen Kapitalformen schließlich sind niedrig; zum besseren Verständnis siehe hier die Ausführungen zu Sozialkapital, welches hohe Synergieeffekte aufweist (siehe Kap. 3.8.5).

Charakteristikum	Physisches K.	Finanzkapital	Humankapital	Wissenskapital	Sozialkapital
Transferierbarkeit	Hoch	Hoch	Mittel	Mittel	Niedrig
Kontrollierbarkeit	Hoch	Hoch	Mittel	Hoch	Niedrig
Fungibilität	Niedrig	Hoch	Mittel	Mittel	Mittel
Pflegeaufwand	Hoch	Niedrig	Hoch	Niedrig	Hoch
Synergieeffekte	Niedrig	Hoch	Mittel	Mittel	Hoch
Messbarkeit	Hoch	Hoch	Mittel	Mittel	Niedrig

Tabelle 3.10: Kapitalcharakteristika und Vergleich verschiedener Kapitalformen[1]

3.8.1 Transferierbarkeit

Sozialkapital ist nicht veräußerbar und kann nicht, wie beispielsweise physisches, finanzielles oder auch Wissenskapital, auf Märkten gehandelt oder auf andere Akteure übertragen werden[2]. Sozialkapital ist sehr spezifisch, weil eingebettet in die sozialen Strukturen zwischen Akteuren. Da die Veräußerbarkeit von manchen Autoren als ein generelles Charakteristikum von Kapital gesehen wird, stellt sich „die grundlegende Frage, ob es sich beim Sozialkapital überhaupt um Kapital im eigentlichen Sinne handelt.“[3] Diese Frage kann jedoch auch auf andere bereits etablierte Formen des Kapitals übertragen werden, wie z.B. das Wissenskapital oder das Humankapital, die auch nur in Grenzen transferierbar sind und bei denen, wie bei einem Unternehmenswechsel eines Mitarbeiters, nicht von Veräußerung gesprochen werden kann. Wenn man den Humankapitalbegriff zudem auf die Fähigkeiten einzelner Individuen bezieht, so kann auch hier nicht von einer Veräußerung dieser Fähigkeiten ausgegangen werden. In der vorliegenden

---

[1] In Anlehnung an Tymon/Stumpf 2003, S. 15.
[2] Vgl. Leana/van Buren 1999, S. 539.
[3] Vgl. Sauerland 2003, S. 11.

Interpretation wird dem Sozialkapital aufgrund seiner Wert schaffenden Rolle und aufgrund des Investitionsgedankens auch ohne die Veräußerbarkeit ein Kapitalcharakter zugeschrieben.

Sozialkapital wird somit als schlecht transferierbar beschrieben. Lediglich BURT beschreibt eine sehr begrenzte Form von Sozialkapitaltransfer. Der externen Definition von Sozialkapital folgend, verweist er auf eine begrenzte Übertragbarkeit im Sinne eines Mentoring oder eines Einführens eines Außenstehenden in ein bestehendes soziales Netzwerk. Hier wird das soziale Netzwerk quasi „verliehen“[1]. Ein Manager kann einen neuen Mitarbeiter in sein soziales Netzwerk einführen und einerseits sein Kontaktnetzwerk zur Verfügung stellen und andererseits für einen Vertrauensvorschuss sorgen. Dies macht deutlich, dass sich der Transfer vor allem auf die strukturelle Dimension von Sozialkapital bezieht und nur in Grenzen auf die relationale Dimension im Sinne der Vertrauensanbahnung. Der neue Mitarbeiter muss letztlich aufbauend auf dem Mentoring sein eigenes Sozialkapital bilden[2]. Tiefergehendes, über längere Zeit gebildetes Vertrauen, sowie die kognitiv mit anderen Netzwerkmitgliedern erzielten Abstimmungen im Sinne eines gemeinsamen Verständnisses können generell nicht übertragen werden. Diese sind hochgradig spezifisch.

Auch ist Sozialkapital nicht notwendigerweise auf neue Kontexte übertragbar. Zwar argumentieren GABBAY und LEENDERS, dass soziale Netzwerke Vorteile haben bei der Verfolgung multipler Ziele; und dass soziale Strukturen, die von Akteuren zum Zwecke der Verfolgung eines Ziels aufgebaut wurden, später auch zur Verfolgung anderer Ziele eingesetzt werden können[3], jedoch zeigen andere Studien, dass soziale Strukturen durch Kontextänderungen ihren Wert auch verlieren und sogar zu sozialen Verbindlichkeiten werden können[4].

3.8.2 Kontrollierbarkeit

Sozialkapital ist sowohl in seiner Herstellung (siehe oben) als auch in seiner Verwendung nur sehr eingeschränkt kontrollierbar. So können Organisationen Sozialkapital nicht ohne weiteres erstellen, sondern nur den Kontext positiv beeinflussen, sowie Mitarbeiter hinsichtlich ihrer sozialen Fähigkeiten schulen und zu kooperativem Verhalten und der Bildung von Beziehungen animieren (siehe Abbildung 3.9 oben). Zudem können Orga-

---

[1] Vgl. Burt 2000, S. 398ff.

[2] Siehe hierzu auch Tymon und Stumpf: „The newcomer must leverage this introduction and the other person's social capital to build his or her own.“ (Tymon/Stumpf 2003, S. 15).

[3] Vgl. Gabbay/Leenders 1999, S. 3.

[4] Siehe wiederum Gargiulo/Benassi 2000, sowie Kap. 3.5.2.4 und 3.5.3.

nisationen nur eingeschränkt über das Sozialkapital ihrer Mitglieder verfügen. Die Studie von DESS und SHAW zum Unternehmenswechsel von Mitarbeitern und dem damit einhergehenden Verlust von Sozialkapital für das Unternehmen macht deutlich, dass soziale Strukturen zum einen fragil sind und der Pflege bedürfen, zum anderen Anreize geschaffen werden müssen, damit soziale Strukturen auf der Ebene von Individuen für das übergeordnete Kollektiv nutzbar gemacht und erhalten werden können[1].

Sozialkapital auf Ebene des Kollektivs ist in mancher Hinsicht als öffentliches Gut zu verstehen, dessen Entstehung und Verwendung nicht unbedingt in Einklang stehen. So können Akteure, die nicht aktiv an der Entstehung von Sozialkapital in der Form sozialer Normen beteiligt waren, dieses trotzdem (als Free Rider) nutzen, wenn sie Mitglieder der sozialen Struktur sind[2]. Zwar ist externes Sozialkapital eher als privates Gut zu sehen, dass nur den Akteuren der eigentlichen Beziehung von Nutzen ist[3], jedoch ist Sozialkapital auch hier nur eingeschränkt kontrollierbar, da Sozialkapital ein relationales Konstrukt ist, d.h. kein Akteur allein kann Sozialkapital besitzen, da immer mehr als ein Akteur an dessen Entstehung und Nutzung beteiligt ist[4]. Dies führt dazu, dass Sozialkapital nicht unbedingt in jeder Situation mobilisierbar ist. Ob soziale Struktur im Einzelfall somit einen Nutzen hat und damit Sozialkapital darstellt, ist von anderen Akteuren abhängig, die möglicherweise, z. B. zeitlichen Gründen, ihre sozialen Obligationen nicht erfüllen können. Sozialkapital besitzt somit nur eine eingeschränkte Liquidität und sollte im Sinne eines Potenzials und nicht als eine in jeder Situation mobilisierbare Ressource verstanden werden[5]. Als weiteres Problem besteht die Interaktion mit dem Kontext. Kontextänderungen, die außerhalb der Kontrolle des Akteurs liegen, können den Wert sozialer Struktur erheblich beeinträchtigen, beispielsweise wenn sich

---

[1] Siehe Dess/Shaw 2001, sowie die in Kap. 3.3.2.3 gemachten Ausführungen zur Interaktion von Sozialkapital zwischen verschiedenen Betrachtungsebenen. Wie bereits angemerkt, ist diese Interaktion noch weitgehend unerforscht.

[2] „For example, the kinds of social structures which make possible social norms and the sanctions to enforce them do not benefit primarily the persons whose efforts are necessary to bring the norms and sanctions into existence, but all those who are part of the particular structure." (Coleman 1990, S. 316).

[3] Vgl. Leana/van Buren 1999, S. 540.

[4] „No one player has exclusive ownership rights to social capital. If you or your partner in a relationship withdraws, the connection dissolves with whatever social capital it contained" (Burt 1992, S. 58). Vgl. außerdem Tymon/Stumpf 2003, S. 14.

[5] Hierzu: „The possession of social capital does not necessarily lead to its successful exploitation. Like power, social capital is best conceived as potential..." (Hazleton/Kennan 2000, S. 82).

die Tätigkeiten des Akteurs ändern und damit vorhandene Beziehungen nicht mehr denselben Nutzen haben wie zuvor.

3.8.3 Fungibilität

Fungibilität beschreibt die Austauschbarkeit und Umwandlung einer Kapitalform in andere Kapitalformen[1]. Laut BOURDIEU zielen letztlich alle Kapitalformen in irgendeiner Form auf die Erzeugung von ökonomischem oder auch Finanz-Kapital ab. Durch Sozialkapital kann ein Akteur direkten Zugang zu ökonomischen Ressourcen erhalten oder aber indirekt seine Position in Netzwerken verbessern, und so ökonomische Vorteile erzielen[2]. Durch Sozialkapital kann Zugang zu anderen Kapitalformen wie physischem, Human-, Finanz- und Wissenskapital erlangt werden[3]. Auch kann Sozialkapital in bestimmten Situationen statt finanziellem Kapital eingesetzt werden, wenn Ressourcen über Beziehungen bezogen werden können statt sie marktlich zu erwerben. Hierzu gehört die Betreuung von Kleinkindern durch Freunde als Beispiel im privaten Kontext ebenso, wie der Zugang zu kostenloser Beratungsleistung in Lieferantenbeziehungen als Beispiel auf der Unternehmensebene. In letzterem Fall erlaubt Sozialkapital Zugang zu Wissenskapital. Jedoch kann die Fungibilität von Sozialkapital durch die hohe Spezifität und Einbettung in spezifische soziale Strukturen nicht als hoch bewertet werden.

3.8.4 Pflegeaufwand

Wie physisches Kapital und Humankapital benötigt auch Sozialkapital ständige Pflege zum Erhalt seines Wertes. So wie Humankapital durch fortlaufendes Lernen und Schulungen erhalten werden muss, müssen auch soziale Beziehungen gepflegt und aufgefrischt werden, damit sie nicht an Wert verlieren[4]. Im Gegenteil zu physischem Kapital jedoch verschleißt Sozialkapital nicht mit der Nutzung; durch fortlaufende positive, soziale Interaktionen vermehrt sich der Sozialkapitalbestand eher. Die Sozialkapitalpflege kann jedoch mit teils erheblichem zeitlichen Aufwand verbunden sein, was dem Bestand an Sozialkapital eines Akteurs natürliche Grenzen setzt. Sozialkapitalpflege verursacht Kosten, die aus ökonomischer Sicht im Verhältnis zum Nutzen des Sozialkapitals stehen müssen. Zudem kön-

---

[1] Vgl. Tymon/Stumpf 2003, S. 16. Andere Begiffe in diesem Zusammenhang sind „appropriable" und „convertibel" (Adler/Kwon 2002, Lesser 2000, S. 7).

[2] Vgl. Portes 1998, S. 4.

[3] Vgl. Hazleton/Kennan 2000, S. 82.

[4] „...like physical capital and human capital, but unlike financial capital, social capital needs maintenance. Social bonds have to be periodically renewed and reconfirmed or else they lose efficacy." (Adler/Kwon 2002, S. 22).

nen deutlich weniger starke Vertrauensbeziehungen als schwache Beziehungen unterhalten werden. Insbesondere das Unterhalten vieler starker Beziehungen kann sehr zeitaufwendig sein[1].

3.8.5 *Synergien mit anderen Kapitalformen*

Sozialkapital weist weit reichende Synergien mit anderen Kapitalformen auf[2]. Sozialkapital komplementiert andere Kapitalformen und kann deren Wirksamkeit steigern[3]. Sozialkapital wurde bereits oben als komplementär zu Humankapital beschrieben. So entfalten Wissen und die Fähigkeiten von Individuen oftmals erst in Kooperation mit anderen Akteuren ihre Wirkung. Sozialkapital komplementiert hier Humankapital dahingehend, dass Kooperation ermöglicht und damit die Verwendung von Humankapital verbessert wird. Ähnliches gilt für die Synergien mit Wissenskapital. Sozialkapital stellt eine wichtige Ressource im Prozess von Wissenszugang und -austausch innerhalb wie außerhalb von Unternehmen dar[4]. Effektive Wissensarbeit benötigt neben Humankapital auch Sozialkapital[5].

ADLER und KWON sehen zudem Synergien mit Finanzkapital. Sie argumentieren, dass Sozialkapital insbesondere Transaktionskosten reduzieren kann[6]. Dies ist in zwischenbetrieblichen Interaktionen der Fall. Wachsendes Vertrauen in Kooperationsbeziehungen kann kostenträchtige Kontrollen überflüssig machen und so den Einsatz von Finanzkapital verbessern[7].

3.8.6 *Messbarkeit*

Während Finanzkapital die am einfachsten zu bewertende Kapitalform ist, ist Sozialkapital die mit Abstand am schlechtesten messbare Kapitalform. ADLER und KWON gehen so weit, zu sagen, dass sich Sozialkapital prinzipiell einer Quantifizierung entzieht[8]. Zwar können die zugrunde liegenden sozialen Strukturen gemessen werden, sowie auch ex post die positiven wie negativen Effekte von Sozialkapital, aber die Bewertung des Bestan-

---

[1] „As social capital grows, maintaining it can become overwhelming." (Tymon/Stumpf 2003, S. 16).

[2] Vgl. Tymon/Stumpf 2003, S. 17.

[3] Vgl. Adler/Kwon 2002, S. 21.

[4] Vgl. Landry et al. 2001, S. 74.

[5] Vgl. z. B. Lesser 2000, S.9f., sowie Kap. 4.2.4.

[6] „...social capital complements other forms of capital. For example, social capital can improve the efficacy of economic capital by reducing transaction costs." (Adler/Kwon 2002, S. 21f.).

[7] Siehe Gulati 1995a.

[8] „Social capital is unlike other assets that economists call „capital" because investments in its development do not seem amenable to quantified measurement, even in principle." (Adler/Kwon 2002, S. 22, Hervorhebung im Original).

des an Sozialkapital zu einem gegebenen Zeitpunkt im Sinne einer Inventur erscheint unmöglich. Dies liegt unter anderem daran, dass Sozialkapital eine immaterielle Ressource ist. Während physisches Kapital eine materielle Ressource mit physischer Gestalt ist und Wissenskapital in der Form von Wissensträgern immerhin in Grenzen materialisiert vorliegt, sind Humankapital und Sozialkapital immaterielle Ressourcen[1]. Materielle Ressourcen lassen sich in der Regel einfacher messen, da man quantitative Maße im Sinne des Zählens und Ausmessens anlegen kann. Auch fallen Vergleiche materieller Ressourcen untereinander aus diesem Grund leichter. Während sich Humankapital als immaterielle Ressource auf einzelne Individuen bezieht, die sich individuellen Eignungstests unterziehen können, was so immerhin zur Bewertung ihres Humankapitals beiträgt, ist Sozialkapital ein relationales Konstrukt, dessen Wert nicht ohne Kooperation anderer Akteure mobilisiert werden kann. Sozialkapital besitzt eine eingeschränkte Liquidität und kann daher auch nur schlecht gemessen werden.

Während bei anderen Kapitalformen der Wert durch Durchführen oder Simulieren einer Transaktion oder der Existenz von Vergleichstransaktionen auf einem Markt bestimmt werden kann, ist Sozialkapital in höchstem Maße spezifisch. Für den Wert von Aktien als Form des Finanzkapitals oder auch den Wert von Humankapital in der Form von Mitarbeitergehältern kann der Wert der aktuell gehandelten Positionen desselben Gutes am Markt, in dem Fall der Börse oder dem Arbeitsmarkt, angesetzt werden. Dies ist für Sozialkapital nicht möglich. Der Wert von Sozialkapital kann jedoch über Ersatzmaße auf zwei Arten angenähert werden[2]. Einerseits können soziale Strukturen wie die Dichte oder Lückenhaftigkeit von sozialen Netzwerken gemessen und auf Basis dessen der Wert von Sozialkapital abgeschätzt werden. Das Problem hierbei ist jedoch, dass die unterschiedlichen Netzwerkstrukturen einerseits Sozialkapital, andererseits jedoch auch soziale Verbindlichkeiten darstellen können, abhängig von Kontingenzen wie Zielen, Aufgaben und dem sozialen Kontext, der sich unerwartet ändern kann. Andererseits kann, basierend auf Erfahrungen und den ex post beobachteten Effekten von Sozialkapital in bestimmten Situationen, der Wert für vergleichbare Situationen abgeschätzt werden. Beide Ansätze stellen aber keine Messung des eigentlichen Sozialkapitals im Sinne eines quantitativen Controllings dar. ADLER und KWON schlagen deshalb vor,

---

[1] Vgl. Coleman 1988, S. 19.

[2] Für eine Diskussion zur Approximation von Sozialkapital in ökonomischen Arbeiten vgl. Sauerland 2003, S. 7f.: Hier werden Approximationen wie Experimente zur Kooperationshäufigkeit in Gruppen oder durch Befragungen zur Vertrauenseinstellung von Individuen angeführt. Es wird deutlich, dass auch hier nicht das eigentliche Sozialkapital sondern dessen Auswirkungen gemessen werden.

Sozialkapital eher metaphorisch zu verstehen, da der generelle Wert von Sozialkapital zwar unbestritten ist, er sich aber der rigorosen, quantitativen Messung entzieht[1].

3.9 Kritische Diskussion und Zusammenfassung

Zum Abschluss der theoretischen Ausarbeitung des Sozialkapitalkonstrukts folgen eine kritische Diskussion des Konstrukts und eine zusammenfassende Übersicht des Kapitels. Das Sozialkapitalkonstrukt bzw. das in der Literatur existierende Begriffsverständnis und die entsprechenden Ausarbeitungen sind nicht unumstritten. Das Konstrukt kann aus mehreren Gründen, insbesondere aufgrund seiner Jugend und des bislang fehlenden Reifegrades, kritisiert werden; eine kritische Position nehmen dabei insbesondere die Arbeiten von JANS und von PORTES und LANDOLT ein[2]. Die dort geäußerte Kritik an den bestehenden Arbeiten zum Konstrukt wurde in der hier präsentierten theoretischen Konzeption bereits implizit berücksichtigt, die folgende Diskussion expliziert die wichtigsten Kritikpunkte und verdeutlicht die Berücksichtigung in der vorliegenden Arbeit.

3.9.1 Typische Kritik am Konstrukt und deren Berücksichtigung

Dieses Kapitel dient nicht dazu, eine ausführliche kritische Diskussion verschiedener Sozialkapitalbegriffe durchzuführen. Auch ist der grundsätzliche Ansatz der Arbeit nicht, Kritik an bestehenden Arbeiten zu üben, er liegt vielmehr in der Integration wesentlicher Aspekte dieser Arbeiten und der Ausarbeitung eines eigenständigen Theoriegerüsts zur Fundierung des theoretischen Begriffsverständnisses für die Zwecke der Organisationsforschung. Trotzdem wurde existierende Kritik am Konstrukt sowie an dessen Anwendung bei der Ausarbeitung berücksichtigt; dies soll in dieser abschließenden Diskussion verdeutlicht werden, auch wenn die vorliegende Arbeit aufgrund der Neuheit des Konstrukts natürlich nicht zu jedem Kritikpunkt eine abschließende Lösung präsentieren kann. Tabelle 3.11 fasst diese Diskussion zusammen. Folgende Kritikpunkte werden im Einzelnen angeführt:

1. Es herrscht *kein einheitliches Begriffsverständnis* von Sozialkapital in der Literatur; die Begriffspluralität schränkt die Brauchbarkeit des Konstrukts ein.

[1] Vgl. Adler/Kwon 2002, S. 22.
[2] Siehe Jans 2003 und Portes/Landolt 1996.

2. Das Sozialkapitalkonstrukt wird in bestehenden Arbeiten *nicht eindeutig und präzise definiert.*
3. Viele Sozialkapitaldefinitionen bzw. ihre Anwendung bergen *tautologische Aussagen.*
4. Es erfolgt *keine differenzierte Betrachtung der Wirkungen*; Sozialkapital wird als uneingeschränkt positives Konstrukt gesehen.
5. Bestehende Ausarbeitungen liefern *keine eindeutigen Kausalzusammenhänge*; Sozialkapital wird mal als unabhängige, mal als abhängige Variable definiert.
6. Sozialkapital wird *auf verschiedenen Ebenen verwendet*; Auswirkungen dieser Anwendung bleiben jedoch unberücksichtigt.

Die Kritikpunkte erscheinen berechtigt und wurden bei der Ausarbeitung berücksichtigt, um einen entsprechenden Erklärungsgehalt des resultierenden Theorierahmens zu gewährleisten. Die folgenden Abschnitte erläutern dies.

3.9.1.1 Begriffspluralität

Das Problem der Begriffspluralität und des daraus folgenden mangelnden Konsenses hinsichtlich des Begriffsverständnisses geht zurück auf die Jugend und mangelnde Reife des Konstrukts und kann als typisches Phänomen eines noch jungen Theoriekonstrukts gesehen werden[1]. Ein solches Problem kann natürlich im Rahmen einer einzelnen Arbeit nicht wirklich adressiert oder gelöst werden. Jedoch bieten sich ausgehend von dieser Pluralität zwei mögliche Ansätze für die Anwendung des Sozialkapitalkonstrukts: Entweder es wird die am geeignetsten erscheinende Definition ausgewählt und für die eigenen Zwecke benutzt, oder aber es wird der Weg einer eigenen Ausarbeitung gewählt. Für die vorliegende Arbeit wurde der zweite Weg gewählt. Hierzu wurde zunächst ein umfassendes Begriffsverständnis entwickelt; im weiteren Verlauf der Arbeit wird zudem die Anwendung des Konstrukts in der Untersuchungsdomäne demonstriert (vgl. Kap. 4). Anstatt also auf die Untauglichkeit des Konstrukts aufgrund eines (bisher) fehlenden Konsenses hinsichtlich dessen Interpretation zu verweisen, wurde ein integrativer Weg gewählt. Dabei wird die Vielfalt der Dimensionen, Elemente und Konstrukte innerhalb der Sozialkapitaldiskussion nicht als Schwäche sondern als Stärke des Konstrukts interpretiert, die eine vielfältige Anwendung und das Herausarbeiten entsprechender Kontingenzen erlaubt. Die Multidimensionalität des Konstrukts trägt dabei zudem der Komplexität des Gegenstandsbereichs sozialen Handelns Rechnung und vermeidet eine Überbetonung einzelner Aspekte wie dies bei

[1] Vgl. Jans 2003, S. 30.

einseitiger Anwendung beispielsweise des Vertrauenskonstrukts geschehen kann. Sozialkapital wird dabei als holistisches Konstrukt gesehen, das ganzheitlicher als andere Konstrukte die Zusammenhänge von sozialen Strukturen, sozialen Interaktionen, Akteuren und deren Zielen erklären kann. Hierzu wurden ein Definitionsgerüst erarbeitet und geeignete Strukturierungen zur Integration verschiedener Aspekte der Theorie abgeleitet.

3.9.1.2 Eindeutigkeit und Präzision der Definition

Laut JANS ergibt sich neben der Pluralität verschiedener Interpretationen das Problem, dass das Sozialkapitalkonstrukt in vielen Arbeiten nicht präzise genug definiert oder aber bei der Definition auf solche Konstrukte zurückgegriffen wird, die ihrerseits nicht ausreichend definiert wurden[1]. Diesem Kritikpunkt wurde in dieser Arbeit durch die Ausarbeitung eines Definitionsgerüstes begegnet, dass den Sozialkapitalbegriff und die zu seiner Definition notwendigen Begriffe (wie Sozialsystem, soziale Struktur, Beziehung etc.) detailliert definiert und in Beziehung zueinander setzt (vgl. Kap. 3.2). Dabei wurde zudem auf bekannte sozialwissenschaftliche Definitionen und Konstrukte zurückgegriffen, die die Anschlussfähigkeit der Ausarbeitung gewährleisten.

3.9.1.3 Problem tautologischer Aussagen

Das Problem der tautologischen Aussagen tritt auf, wenn Sozialkapital mit den durch seinen Einsatz gewonnenen Vorteilen gleichgesetzt wird. Eine Definition mit tautologischem Inhalt wäre demnach: „Sozialkapital beschreibt die kollaborativen Vorteile von Individuen in sozialen Netzwerken.“ Das Problem besteht laut JANS darin, dass „die mögliche Ursache Sozialkapital mit den daraus folgenden (...) Wirkungen unzulässigerweise vermischt wird, bzw. von der Wirkung auf die Ursache geschlossen wird.“[2] Wenn Sozialkapital mit den daraus folgenden Vorteilen vermischt wird, dann bleiben laut PORTES und LANDOLT als Ergebnis letztlich Aussagen wie die, dass „die Erfolgreichen Erfolg haben“[3]. Es ist daher notwendig, Sozialkapital von den resultierenden Effekten explizit und konzeptionell zu trennen[4]. Dies wurde in der vorliegenden Arbeit mit der Definition von

---

[1] Vgl. Jans 2003, S. 6ff.

[2] Jans 2003, S. 9; vgl. auch Portes 1998, S. 20.

[3] „When social capital and the benefits derived from it are confused, the term merely says that the succesful succeed.” (Portes/Landolt 1996, S. 19).

[4] „Man könnte also die Präzision der Sozialkapitalbegriffe erhöhen, indem man deren definitorische Merkmale von den erwarteten Wirkungen trennt und hierüber getrennte Hypothesen bildet.” (Jans 2003, S. 9).

Sozialkapital und der Ableitung von daraus folgenden (positiven wie negativen) Effekten explizit vorgenommen.

Allerdings kann das Problem tautologischer Aussagen auch als vorwiegend methodisches Problem interpretiert werden. Aufgrund der schlechten Messbarkeit von Sozialkapital wird das Konstrukt in empirischen Studien häufig über seine Effekte approximiert. Hierbei ergibt sich dann die Gefahr tautologischer Aussagen, wenn nach der Beobachtung oder Messung von kooperativen Effekten automatisch auch auf das Vorhandensein von Sozialkapital geschlossen wird. Hier ist eine entsprechende theoretische Ausarbeitung unter Berücksichtigung positiver wie negativer Effekte einerseits und ein geeignetes methodisches Gerüst andererseits notwendig, um die kausale Argumentationskette nicht zu verdrehen; für die methodische Ausarbeitung der empirischen Untersuchung siehe Kapitel 5.

3.9.1.4 Uneingeschränkt positive Auslegung des Begriffs

Mit dem Problem der Tautologie geht das Problem der uneingeschränkt positiven Auslegung des Sozialkapitalbegriffs einher. Wenn automatisch nur positive Wirkungen von Sozialkapital angenommen werden, dann ergeben sich leicht tautologische Aussagen der oben beschriebenen Art. Wichtig ist demnach eine explizite Trennung positiver wie negativer Effekte, wie dies in Kapitel 3.5.2 vorgenommen wurde. Darüber hinaus wurde auf die Existenz von sozialen Verbindlichkeiten als negative Effekte sozialer Strukturen hingewiesen. Dieser Aspekt wird auch von JANS als wesentlicher Faktor eines geeigneten Sozialkapitalverständnisses angeführt; laut seiner Aussage ist es „nicht anzunehmen, dass Sozialstrukturen unabhängig von konkreten Kontexten und Situationen Sozialkapital darstellen."[1] Aus diesem Grund wurden nicht nur positive und negative Effekte von Sozialkapital, sowie soziale Verbindlichkeiten, unterschieden, sondern explizit und mehrfach auf die kontingente Rolle von Sozialkapital und die entsprechenden Implikationen für empirische Untersuchungen hingewiesen. Dies wird bei der Beschreibung der empirischen Untersuchung noch deutlicher werden, zielt diese doch explizit auf die Exploration der Rolle von Sozialkapital in verschiedenen zwischenbetrieblichen Situationen und damit der Exploration möglicher Kontingenzen ab.

3.9.1.5 Fehlen eindeutiger Kausalzusammenhänge

Die bisherige Diskussion weist daraufhin, dass es notwendig ist, die kausale Argumentationskette der Sozialkapitaldefinition explizit deutlich zu machen und Ursachen von Sozialkapital, Sozialkapital selbst und die Wirkun-

---

[1] Jans 2003, S. 20.

gen von Sozialkapital klar definitorisch zu trennen. Laut JANS wird in existierenden Sozialkapitaldefinitionen oft nicht deutlich, ob Sozialkapital als abhängige oder unabhängige Variable gesehen wird[1]. In der vorliegenden Arbeit wurde explizit zwischen sozialer Struktur (und deren Merkmalen) als Ursache von Sozialkapital und den Wirkungen und Effekten von Sozialkapital unterschieden. Sozialkapital wird dabei, bei der Frage nach den Ursachen von Sozialkapital, als abhängige Variable gesehen. Werden die Rolle, Relevanz und Wirkungen von Sozialkapital in den Vordergrund gestellt, ist Sozialkapital die unabhängige Variable. Für beide Zusammenhänge wurde in dieser Arbeit auf die Notwendigkeit einer Kontingenzbetrachtung hingewiesen, die in dieser Form in vielen Arbeiten, so die Kritik, nicht berücksichtigt wird.

Dabei sei darauf hingewiesen, dass es sich bei der Sozialkapitaltheorie um einen Theorierahmen handelt, der eben solche Kontingenzbetrachtungen erlaubt, dass die Theorie aber keine Kausaltheorie darstellt, die einen klaren deterministischen und universell gültigen Kausalzusammenhang beschreibt. Zwar sollte es laut JANS das Ziel sein, eine solche Kausaltheorie für das Sozialkapitalkonstrukt zu erarbeiten, es kann jedoch nach dem dieser Arbeit zugrunde liegenden Wissenschaftsverständnis bezweifelt werden, dass solche strikt deterministischen Theorien in Bezug auf soziale (sozialwissenschaftliche) Phänomene überhaupt existieren. JANS schlägt vor, erst dann von Sozialkapital zu sprechen, wenn empirisch gezeigt wurde, dass „bestimmte Strukturen wiederholt unter bestimmten Bedingungen bestimmte Effekte zeigen“[2]; nur in solchen Fällen könne demnach von Sozialkapital gesprochen werden. Eine solche Suche nach universellen Gesetzmäßigkeiten in sozialwissenschaftlichen Phänomenen, die ähnlichen Anspruch wie Naturgesetze haben, wird jedoch nach dem hier verfolgten Wissenschaftsparadigma abgelehnt; siehe hierzu die Diskussion der epistemologischen Grundposition in Kap. 5.2.1[3]. Vielmehr sollte ein entsprechend reichhaltig wie präzise ausgearbeitetes Sozialkapitalkonstrukt zur Exploration und Erklärung von empirischen Zusammenhängen im Einzelfall genutzt werden, anstatt die Existenz oder Nutzbarkeit des Konstrukts von dessen empirischer Replizierbarkeit abhängig zu machen, zumal diese aufgrund der Komplexität sozialer Kontexte und der schlechten Messbarkeit des Konstrukts zusätzlich methodisch erschwert würde.

---

[1] Vgl. Jans 2003, S. 10f.

[2] Jans 2003, S. 20.

[3] Siehe zudem die Ausführungen in Numagami 1998 zu universellen Gesetzmäßigkeiten in den Sozialwissenschaften.

3.9.1.6 Auswirkungen der Multi-Ebenen-Anwendung

Die Diskussion in Kapitel 3.3 hat gezeigt, dass Sozialkapital von verschiedenen Autoren auf unterschiedlichen Ebenen definiert und angewendet wird. Hier kann als Kritikpunkt angeführt werden, dass Sozialkapital zunächst ein Konstrukt ist, das auf der Ebene der Individuen definiert ist und das eine Übertragung auf höhere Ebenen problematisch ist. So weisen PORTES und LANDOLT darauf hin, dass, wenn Sozialkapital auf der Ebene von Kollektiven und Organisationen diskutiert wird, nicht einfach von einer simplen Aggregation des Sozialkapitals der Individuen ausgegangen werden darf[1]. Auch dieser Aspekt wurde im Rahmen dieser Arbeit berücksichtigt; es wurde explizit auf die sich ergebenden Probleme der Ebeneninteraktion hingewiesen, die sich allerdings bislang noch als weitgehend unerforschtes Phänomen präsentieren (vgl. Kap. 3.3.2.3). Es wurde ferner darauf hingewiesen, dass das Sozialkapital einzelner Akteure negative Effekte für andere Akteure und das Kollektiv haben kann (vgl. Diskussion in Kap. 3.5). JANS schlägt vor, „im Rahmen eines integrativen Mehrebenenmodells Brückenhypothesen zu formulieren, um die Ursachen und Wirkungen von Sozialkapital auf unterschiedlichen Aggregationsebenen zueinander in Beziehung zu setzen."[2] Einer solchen Anwendbarkeit des Konstrukts auf verschiedenen Ebenen wird hier grundsätzlich zugestimmt. Einzelne Wechselwirkungen zwischen den Ebenen wurden bereits beispielhaft diskutiert und die Idee des Mehrebenenmodells wird im Weiteren der Ausarbeitung der empirischen Studie zugrunde gelegt (vgl. Kap. 4.5). Tabelle 3.11 fasst die Diskussion zur Sozialkapitalkritik zusammen; das nächste Unterkapitel präsentiert eine kurze Zusammenfassung des gesamten Kapitels.

---

[1] Siehe Portes/Landolt 1996.

[2] Jans 2003, S. 31f.

Kritikpunkt	Berücksichtigung in der Arbeit
Begriffspluralität	Integrativer Ansatz, der bewusst unterschiedliche Positionen und Konzepte in einen holistischen Theorierahmen integriert und auf eine kontingente Anwendung abzielt.
Präzision und Eindeutigkeit der Definition	Detailliertes Definitionsgerüst, das die definitorischen Merkmale und Konzepte präzisiert, ihrerseits definiert und in Beziehung zueinander setzt; dabei Rückgriff auf bekannte sozialwissenschaftliche Begriffe.
Tautologische Aussagen	Explizierung der Ursache-Wirkung-Relation und explizite Unterscheidung in Sozialkapitaldefinition und Ableitung von Wirkungen und Effekten. Erkennen der methodischen Implikationen für die empirische Untersuchung.
Konzentration auf positive Effekte	Unterscheidung von positiven wie negativen Effekten von Sozialkapital, sowie der Wechselwirkung zwischen dem Sozialkapital verschiedener Akteure und Ebenen. Einführung des Konstrukts sozialer Verbindlichkeiten.
Fehlen eindeutiger Kausalzusammenhänge	Sozialkapital als abhängige und unabhängige Variable beschrieben im Sinne des Grundzusammenhangs: Soziale Struktur – Sozialkapital – Effekte und Wirkungen. Explizite Kontingenzbetrachtung, auch als Grundlage des noch folgenden empirischen Teils der Studie.
Probleme der Multi-Ebenen-Anwendung	Ausarbeitung eines Multi-Ebenen-Ansatzes der Sozialkapitalanwendung; über die Schachtelung von Sozialsystemen explizite Berücksichtigung im Definitionsgerüst des Konstrukts. Diskussion von Implikationen der Ebeneninteraktion. Aufbau der empirischen Studie unter Nutzung eines Multi-Ebenen-Modells und explizite Berücksichtigung der Ebenenaspekte.

Tabelle 3.11: Berücksichtigung von Sozialkapitalkritik in der Arbeit

3.9.2 Zusammenfassende Übersicht der Theorieausarbeitung

In diesem Kapitel wurde die Sozialkapitaltheorie als integrativer Theorierahmen ausgearbeitet, der verschiedene Interpretationen des Konstrukts integriert und für eine kontingente Anwendung und Interpretation des Konstrukts je nach Anwendungsfall plädiert. So wurde argumentiert, dass sowohl lückenhafte wie auch dichte Netzwerkstrukturen Sozialkapital darstellen können und dass eine strikte Argumentation für oder wider einen der beiden Ansätze nicht sinnvoll ist, da nur eine Betrachtung von Kontingenzen Erfolg versprechend ist (vgl. Kap. 3.4). Eine ähnliche Argumentation liegt der Diskussion verschiedener Perspektiven und Betrachtungsebenen zugrunde. Zwar mag der hier gewählte Ansatz einer mehrstufigen Interpretation und Anwendung des Konstrukts auf verschiedenen Ebenen nicht von jedem Autor geteilt werden, er erscheint jedoch aufgrund der weit reichenden Strukturanalogien bei der Anwendung in bestehenden Arbeiten sinnvoll zu sein. Das Kernargument dabei ist, dass der Erklärungsgehalt des Konstrukts größer ist, wenn verschiedene Perspektiven und Dimensionen unter einem Dach integriert und ausgehend davon die Kontingenzen für die Anwendbarkeit und Vorteilhaftigkeit der Perspektiven und Dimensionen erforscht werden.

Zu diesem Zweck wurde in diesem Kapitel zunächst die Interpretation des Konstrukts nach einer externen und internen Definitionsperspektive sowie auf verschiedenen Betrachtungsebenen verdeutlicht (vgl. Abbildung 3.10 für eine zusammenfassende Übersicht des Kapitels). Ausgehend davon wurden die angesprochenen Netzwerktheorien diskutiert, positive und negative Effekte von Sozialkapital aufgezeigt und das Gegenkonstrukt der sozialen Verbindlichkeiten eingeführt. Dem folgte eine Detaillierung des Konstrukts in drei Dimensionen und die Herausarbeitung einzelner Elemente von Sozialkapital, die die Unterscheidung verschiedener Formen von Sozialkapital zulassen, was wiederum vor dem Hintergrund einer auf Kontingenzen abzielenden Anwendung zu sehen ist. Die Diskussion des Entstehungsprozesses und der Merkmale und Kapitalcharakteristika schließen das Kapitel ab. Letztgenannten Aspekten kommt insbesondere vor dem Hintergrund der Anwendung in der Organisations- und Managementdomäne, sowie der Ableitung von Managementimplikationen große Bedeutung zu. Der morphologische Kasten in Abbildung 3.10 fasst die theoretischen Erkenntnisse tabellarisch zusammen und spiegelt dabei die Struktur des Kapitels wider.

Charakteristikum	Ausprägungen					
Forschungsdisziplin	Ökonomie / VWL	Soziologie	Organisationslehre / BWL			
Definitionsperspektive	Intern: „Bindend" in sozialen Kollektiven	Extern: „Überbrückend" zwischen Akteuren				
Betrachtungsebenen	Individuum	Gruppe	Organisation	Interorg. Arr.	Gesellschaft	
Netzwerktheorien	Theorie struktureller Lücken	Theorie dichter Netzwerkstrukturen				
Positive Effekte	Adaption	Allokation	Autorität			
Negative Effekte	Manipulation	Free Riding	Klub-Bildung	Einschränkung		
Dimensionen	Strukturell	Relational	Kognitiv			
→ Elemente	Beziehungsbasierte vs. netzwerkbasierte Sichtweise	Vertrauen, Normen, Obligationen, Identifikation	Gemeinsame Sprache, Wissen, mentale Modelle, Fähigkeiten			
→ Effekt der Dimension	Opportunität	Motivation	Kompetenz			
Kapitalcharakteristika	Transfer	Kontrolle	Fungibilität	Pflege	Synergie	Messung

Abbildung 3.10: Morphologischer Kasten der Sozialkapitaltheorie

4. Kapitel

Organisationales Sozialkapital

Nachdem in den vorangegangenen Kapiteln das Sozialkapitalkonstrukt detailliert definiert und in verschiedenen Dimensionen ausgearbeitet wurde, wird nun spezifischer die Rolle von Sozialkapital in Organisationen und Unternehmen diskutiert. Hierzu wird zunächst, ausgehend von der bereits vorgenommenen Ebenenunterscheidung, zwischen verschiedenen Wechselwirkungen von sozialer Struktur und Sozialkapital jeweils auf der Ebene von Individuen und von Unternehmen unterschieden. Im Weiteren werden dann basierend auf existierenden Studien die Vorteile von Sozialkapital innerhalb des Unternehmens aufgezeigt, was schlussendlich zu einer Charakterisierung von Sozialkapital als Ressource im Wertschöpfungsprozess führt; Sozialkapital stellt dabei insbesondere in interpersonalen Leistungsprozessen eine Ressource dar. Wissensbasierte Arbeit und Innovationsprozesse gehören dabei zu den komplexesten und am meisten von interpersonaler Zusammenarbeit profitierenden Bereichen organisationaler Wertschöpfung. Die Betrachtung von Sozialkapital im innerbetrieblichen Kontext dient als Hinführung zur Anwendung des Konstrukts auf zwischenbetriebliche Unternehmensbeziehungen. Zu diesem Zweck werden die Grenzen existierender Sozialkapital-Literatur hinsichtlich der Anwendung des Konstrukts im interorganisationalen Kontext aufgezeigt. Aufbauend darauf wird ein Multi-Ebenen-Modell interorganisationaler Arrangements vorgestellt, dass die Grundlage für den dann folgenden empirischen Teil der Studie bildet.

4.1 Zur Abgrenzung von Sozialkapital auf Unternehmensebene

Das Sozialkapitalkonstrukt kann auf verschiedenen Betrachtungsebenen Anwendung finden (vgl. Kap. 3.3.2). Zur Verdeutlichung der Rolle von Sozialkapital in Unternehmen müssen zwei wesentliche Ebenen unterschieden werden. Zunächst einmal ist Sozialkapital ein Konstrukt, das auf sozialen Beziehungen und Netzwerken zwischen Individuen basiert. Soziale Strukturen auf der Ebene von Individuen können positive Effekte für das Unternehmen als übergeordnetes Kollektiv haben und somit für das Unternehmen Sozialkapital darstellen. Wie oben definiert (vgl. Kap. 3.2.1) können Unternehmen jedoch auch als kollektive Akteure gesehen werden und selbst Beziehungen zu anderen kollektiven Akteuren unterhalten (z. B. Allianzbeziehungen) und somit ebenfalls direkt positive Effekte aus sozialer Struktur auf dieser aggregierten Ebene ziehen. Sozialkapital von Unternehmen kann somit definiert werden als die positiven Effekte sozialer Strukturen, interner wie externer, die das Unternehmen bei der Verfolgung seiner Ziele erfährt[1].

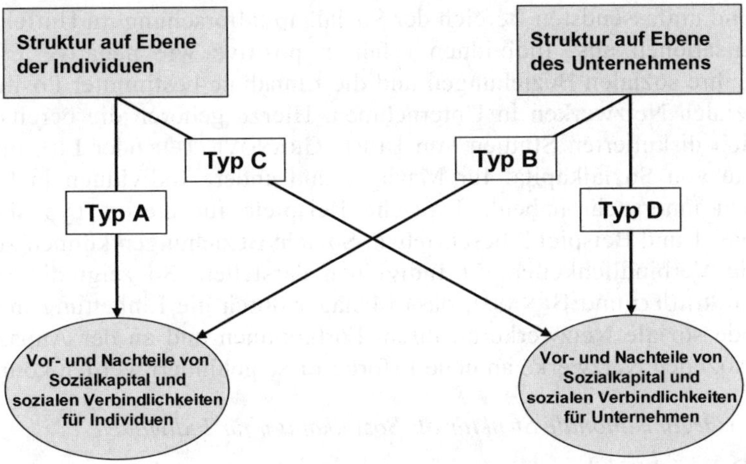

Abbildung 4.1: Ebenen sozialer Struktur und Sozialkapital in Unternehmen[2]

In Kapitel 3.3.2.3 wurde bereits darauf hingewiesen, dass die Interaktion von sozialer Struktur und Sozialkapital auf verschiedenen Betrachtungsebenen bisher untererforscht ist. Zur Verdeutlichung von Sozialkapital in Unternehmen ist zunächst die Interaktion zwischen den beiden grundsätzlichen Ebenen Individuum und Unternehmen zu verdeutlichen. GABBAY und LEENDERS unterscheiden dabei, je nach betrachteter Struktur und profitierendem Akteur (Individuum oder Unternehmen), vier grundlegende Typen von Sozialkapital[3]. Abbildung 4.1 verdeutlicht diese Zusammenhänge grafisch. Aufbauend darauf unterscheiden die Autoren vier Typen

[1] „When social structure benefits corporate players in the attainment of their goals, social structure is said to convey „corporate social capital"." (Gabbay/Leenders 2001, S. 8; Hervorhebung im Original).

[2] In Anlehnung an Gabbay/Leenders 2001, S. 12.

[3] Vgl. Gabbay/Leenders 2001, S. 10ff. Neben diesen zwei Ebenen können selbstverständlich je nach Kontext beliebige intermediäre Ebenen wie Teams, Divisionen, Unternehmensbereiche etc. unterschieden werden.

von Sozialkapital bzw. sozialer Verbindlichkeiten, die zudem zur Einordnung bestehender Studien genutzt werden können. Dabei stellen Typ C und Typ D die aus Unternehmenssicht relevanten Perspektiven dar, da sie die Funktionen sozialer Struktur für das Unternehmen betrachten. Es folgt eine kurze Vorstellung aller vier Typen.

4.1.1 Sozialkapital von Individuen im Unternehmen

Typ A bezieht sich auf Individuen im Unternehmen und macht den mit Abstand umfassendsten Bereich der Sozialkapitalforschung im Umfeld von Organisationen aus. Individuen erfahren positive wie negative Effekte durch ihre sozialen Beziehungen und die Einnahme bestimmter Positionen in sozialen Netzwerken in Unternehmen. Hierzu gehören die bereits hinlänglich diskutierten Studien von BURT, GRANOVETTER oder LIN, die die Effekte von Sozialkapital für Manager und andere Individuen in Unternehmen untersucht haben[1]. Typische Beispiele für diesen Typ sind in Beispiel 1 und Beispiel 2 beschrieben. Soziale Beziehungen können zudem soziale Verbindlichkeiten für Individuen darstellen. So zeigt die Studie von GARGIULO und BENASSI, dass Manager durch die Einbettung in existierende soziale Netzwerke an ihrem Fortkommen und an der Anpassung ihrer sozialen Netzwerke an neue Erfordernisse gehindert werden können[2].

4.1.2 Organisationale Struktur als Sozialkapital für Individuen

Typ B bezieht sich auf Fälle, in denen Netzwerke und Beziehungen auf Unternehmensebene positive wie negative Effekte für Individuen haben. Dies kann beispielsweise dann der Fall sein, wenn durch zwischenbetriebliche Aktivitäten zwischen zwei Unternehmen neue Opportunitäten für Individuen entstehen[3]. Dies können neue Arbeitsmöglichkeiten oder der Zugang zu neuem Wissen und neuen Kontakten im Partnerunternehmen sein. In gleicher Weise können negative Effekte entstehen, wenn sich beispielsweise das Normengefüge des Unternehmens durch externe Kooperation (oder gar Fusion) ändert und somit einschränkend auf die individuellen Freiheiten einzelner Akteure wirkt. Typ B ist in der Literatur bisher nahezu unerforscht; dementsprechend finden sich hierzu keine empirischen Beispiele. Dies ist nicht weiter verwunderlich, steht doch die zwischenbetriebliche Sozialkapitalforschung allgemein am Anfang, so dass solche

---

[1] Hierzu beispielhaft Burt 1992, 1997a, 2000, 2001; Granovetter 1973, 1974; Flap/Boxman 1999, 2001; Lin et al. 1981.

[2] Siehe Gargiulo/Benassi 2000.

[3] Vgl. Gabbay/Leenders 2001, S. 11.

Seiteneffekte naturgemäß noch keine weitergehende Betrachtung gefunden haben. Dieser Typ wird im Folgenden nicht betrachtet.

4.1.3 Beziehungen von Individuen als Sozialkapital für das Unternehmen

Typ C stellt die organisationalen Effekte von Sozialkapital auf Ebene von Individuen und Teams in den Mittelpunkt. Dabei werden die Rolle und der Einfluss sozialer Strukturen auf Ebene der Individuen auf organisationale Leistungs- und Wertschöpfungsprozesse untersucht. Soziale Beziehungen zwischen Individuen im Unternehmen, wie auch extern zu Individuen in anderen Unternehmen, haben vielfältige positive Auswirkungen für das Unternehmen. Zahlreiche Studien beschäftigen sich mit den Effekten sozialer Struktur im Unternehmen; dabei stehen beispielsweise Fragestellungen interpersonaler Koordination in wissensintensiven Tätigkeiten im Mittelpunkt, wie sie in Forschung, Entwicklung und Innovationsprojekten anzutreffen sind. Aber auch andere informationsintensive Tätigkeiten in Routineprozessen, wie beispielsweise in der Kundenbetreuung, profitieren von sozialen Strukturen zwischen den Mitarbeitern[1]. Die Rolle von Sozialkapital im Unternehmen am Beispiel wissensintensiver Tätigkeiten als idealtypische Ausprägung wird im nächsten Unterkapitel näher beleuchtet. Ein weiterer Aspekt von Typ C bezieht sich auf soziale Beziehungen von Mitarbeitern, die die Grenzen des Unternehmens überschreiten und auf diese Weise zwischenbetrieblichen Ressourcenzugang und Kooperationsmöglichkeiten erschließen. Beispiel 7 beschreibt die von Individuen angestoßene Kooperation zur Entwicklung einer neuen Technologie. Zwar sind die handelnden Akteure in diesem Fall Individuen, schlussendlich jedoch hat deren Initiative positive ökonomische Effekte für ihre Unternehmen, in deren Namen sie agieren[2].

Soziale Strukturen auf individueller Ebene können auch negative Effekte und Risiken für das Unternehmen haben. So kann es zu den in Kapitel 3.3.2.3 diskutierten Problemen der Ebeneninteraktion kommen, wenn Individuen ihre sozialen Beziehungen oder Netzwerkpositionen zur Verfolgung ihrer eigenen Ziele nutzen, die konfliktär zu denen der Organisation sein können. Unterhalten Individuen beispielsweise wichtige, aber sehr persönliche Beziehungen zu Kunden und Lieferanten, steht die Organisation vor dem Problem, die resultierenden Vorteile zu sichern und die Beziehung zu depersonalisieren. Insbesondere im Falle des Mitarbeiterwechsels

---

[1] Siehe Llewellyn/Armistead 2000. Typische Beispiele finden sich auch in Beispiel 4, 5 und 6.

[2] Siehe Greve/Salaff 2001. In ähnlicher Weise sind es in Beispiel 8 Individuen, die als handelnde Akteure im zwischenbetrieblichen Bereich maßgeblich Beziehungen anbahnen, unterhalten und so positive Effekte für das Unternehmen generieren.

kann es hier, wie schon beschrieben, zu Problemen kommen[1]. Weitere Nachteile sozialer Struktur für das Unternehmen ergeben sich aus zu engen und starren innerbetrieblichen Gruppenstrukturen. Wie in Kapitel 3.5.3 beschrieben, können soziale Strukturen aus verschiedenen Gründen zu sozialen Verbindlichkeiten für das Unternehmen führen: Mitglieder in kohäsiven Gruppen widersetzen sich gemeinsam notwendigen organisationalen Veränderungen, Gruppen werden blind für Veränderungen von Außen oder entwickeln unethisches Verhalten[2]. Auf diese Weise kann die Wettbewerbsfähigkeit von Unternehmen gefährdet werden.

4.1.4 Externe Unternehmensbeziehungen als Sozialkapital

Typ D bezieht sich auf organisationale Beziehungen, die das Unternehmen als handelnder Akteur im Markt mit anderen betrieblichen Akteuren unterhält. Dies schließt an die Diskussion von Motiven der zwischenbetrieblichen Kooperation in Kapital 2.1 an, die gezeigt hat, dass Unternehmen vielfältige Vorteile aus interorganisationalen Beziehungen mit anderen Unternehmen ziehen können. GABBAY und LEENDERS interpretieren diese Beziehungen als Unternehmenssozialkapital („Corporate Social Capital"). Basierend auf der in den Definitionen in Kapitel 3.2.1 eingeführten Schachtelung von Sozialsystemen und der strukturanalogen Anwendung des Sozialkapitalkonstrukts auf verschiedenen Betrachtungsebenen kann dieser Sichtweise gefolgt werden. Typische Beispiele dieses Sozialkapitalverständnisses finden sich in den Beispielen 9, 10 und 11. Genau wie auf individueller Ebene sichern Beziehungen des Akteurs den Zugang zu Ressourcen, erlauben zentrale Netzwerkpositionen das Brokern und sichern starke Beziehungen (strategische Allianzen) die Kooperation anderer Spieler und erlauben das Transferieren komplexen Wissens (organisationales Lernen). Und ebenso wie für Individuen können auch für Unternehmen die bestehenden externen Beziehungen zu Geschäftspartnern zu sozialen Verbindlichkeiten werden, wenn sie das eigene Handeln einschränken[3]. Die detailliertere Betrachtung von Sozialkapital im zwischenbetrieblichen Kontext folgt ab Kapitel 4.4, da hierfür ein komplexeres Modell notwendig ist, das die Interaktion zwischen der individuellen und der organisationalen Ebene zwischenbetrieblicher Beziehungen berücksichtigt. Zwischenbetriebliche Beziehungen können einerseits maßgeblich auf sozialen Beziehungen zwischen Individuen basieren (Typ C), oder aber eher institutionalisierter Natur sein (Typ D). Es muss also auch im interorganisationalen Bereich zwischen verschiedenen Ebenen unterschieden werden. Im Fol-

---

[1] Siehe auch Dess/Shaw 2001.

[2] Vgl. Jansen 2002, S. 96, siehe auch Burt/Ronchi 1990.

[3] Siehe beispielsweise Kern 1998.

genden wird zunächst die Rolle von Sozialkapital im Unternehmen am Beispiel der wissensbasierten Wertschöpfung näher erläutert. Dies bildet die inhaltliche Grundlage für die spätere Anwendung des Konstrukts auf verschiedene empirische Fälle im zwischenbetrieblichen Bereich. Tabelle 4.1 fasst die Ausführungen zu den vier Typen zusammen.

Typ	Sozialkapital	Soziale Verbindlichkeiten	Typische Studien
A	Soziale Beziehungen erlauben Individuen Zugang zu Ressourcen. Netzwerkpositionen stärken den Einfluss und erlauben individuelles Fortkommen. Starke Beziehungen zu Anderen sichern kooperatives Verhalten. Siehe Beispiele 1 und 2.	Vormals vorteilhafte soziale Beziehungen können zukünftige Entwicklung von Individuen einschränken. Der Pflegeaufwand von Beziehungen kann deren Nutzen übersteigen.	Burt 1992, 1997a, 2000, 2001; Flap/Boxman 1999; Granovetter 1973, 1974; Lin et al. 1981
B	Individuen erhalten neue Opportunitäten durch externe Unternehmensbeziehungen; Bsp.: neue berufliche Möglichkeiten, neue nutzbringende Kontakte, Zugang zu neuen Informationen.	Unternehmensbeziehungen und Strukturen auf Unternehmensebene können einschränkend wirken für die individuelle Freiheit.	Bisher untererforscht, im Weiteren nicht betrachtet.
C	Interne soziale Strukturen zwischen Individuen haben Effizienz- und Effektivitätsvorteile für Unternehmen. Vorteile z. B.: Informationsfluss, Kooperation in Teams, Wissensarbeit. Siehe Beispiele 4, 5, 6. Externe Beziehungen von Individuen erlauben Zugang zu Informationen und das Erzielen von Vorteilen für das Unternehmen, siehe Beispiele 7, 8.	Soziale Struktur erlaubt Individuen das Verfolgen individueller Ziele, die von den kollektiven Zielen der Organisation abweichen können. Verfestigte Gruppenstrukturen können zu unethischem Verhalten, Widerstand gegenüber Veränderungen und Blindheit für Veränderungen führen.	Greve/Salaff 2001; Hansen 1999; Leana/van Buren 1999; Lesser/Storck 2001 Llewellyn/Armistead 2000; Nahapiet/Goshal 1998; Reagans/Zuckerman 2001; Tsai/Goshal 1998; Tsai 2001
D	Beziehungen zwischen Unternehmen erlauben dem betrieblichen Akteur den Zugang zu Ressourcen, die Einnahme von vorteilhaften Wettbewerbspositionen und die Sicherung der Kooperation anderer Unternehmen. Siehe Beispiele 9, 10 und 11.	Einbettung in Beziehungen und Unternehmensnetzwerke kann die Freiheit unabhängigen Handelns einschränken.	Gulati 1995; Koka/Prescott 2002; McNaughton/Bell 2001; Pennings/Lee 1999; Walker et al. 1997

Tabelle 4.1: Übersicht über verschiedene Sichtweisen auf Sozialkapital in Unternehmen

4.2 Sozialkapital und wissensintensive Tätigkeiten im Unternehmen

In der so genannten Wissensgesellschaft gewinnen Wissen und wissensintensive Wertschöpfung immer mehr an Bedeutung. Der unternehmerische Erfolg hängt zunehmend von kontinuierlicher wissensbasierter Innovation und der Entwicklung neuer Produkte ab[1]. Entsprechend basieren die Kernkompetenzen von Unternehmen vermehrt auf Prozessen der Wissenssuche und Wissenserstellung[2]. Dies zeigt sich nicht nur in so genannten wissensintensiven Branchen wie der Informations- und Biotechnologie, sondern auch in anderen Branchen[3]. Ein immer größerer Anteil innerbetrieblicher Tätigkeiten in Unternehmen kann heute als wissensbasiert oder wissensintensiv aufgefasst werden. Die Rolle von Sozialkapital in wissensintensiven Tätigkeiten wird im Weiteren verdeutlicht.

4.2.1 Wissensentstehung im Unternehmen als sozialer Prozess

Wissen in Unternehmen wird von Individuen generiert[4] und Individuen benötigen für den maßgeblichen Teil organisationaler Wissensarbeit die Kooperation anderer Individuen, da das existierende Wissen naturgemäß verteilt ist[5]. Wissensarbeit kann aus diesem Grund als sozialer Prozess charakterisiert werden. Wissensarbeit und Innovation, sei es die Entwicklung neuer Produkte, Prozesse oder organisationaler Formen, ist meist ein arbeitsteiliger Prozess, der zwingend die Interaktion und Kooperation mehrerer Individuen voraussetzt[6]. Wissen als soziale Entität wird dabei übertragen in sozialen Interaktionen zwischen Individuen; aus diesem Grund ist die Betrachtung sozialer Beziehungen als Grundlage von Wissensarbeit notwendig[7]. Laut NONAKA kann Wissensgenerierung im Unternehmen als

---

[1] Vgl. Nonaka 2000, S. 6.

[2] Vgl. Powell 2000, S. 65.

[3] „It is easy to assume that knowledge-based arguments apply only to what are recognized as „knowledge" firms. (…) This, however, is not the case. All firms are in essence knowledge organizations. Their ability to outperform the marketplace rests on the continuous generation and synthesis of collective, organizational knowledge." (Brown/Duguid 2000, S. 257).

[4] „At a fundamental level, knowledge is created by individuals. An organization cannot create knowledge without individuals." (Nonaka 2000, S. 8).

[5] Vgl. Nonaka/Takeuchi 1995, S. 59 und S. 61.

[6] „Innovation – wether it be revealed in new products and services, new processes, or new organizational forms – is rarely an individual undertaking. Creative cooperation is critical." (Leonard/Sensiper 2000, S. 281).

[7] „It seems that since knowledge is a social entity, it flows through social interaction. Hence, examining individual networks can be informative in understanding processes of knowledge search and transfer." (Levine 2003, S. 2).

ein Prozess angesehen werden, der auf Ebene der Individuen beginnt und schrittweise Kollektive (Gruppen) und schlussendlich das gesamte Unternehmen umfasst[1].

Dieser Argumentation folgend kann auch das Wissen selbst in individuelles und soziales Wissen unterschieden werden. Obwohl Wissen häufig als in Individuen residierend gesehen wird, kann ein Großteil des Wissens als soziales Wissen interpretiert werden, das im Kollektiv produziert und zum Teil auch als Merkmal des Kollektivs und nicht einzelner Individuen gesehen werden muss[2]. Dieses Wissen wird nicht von einzelnen Individuen besessen, sondern ist eingebettet in die sozialen Strukturen zwischen den Individuen. Diese Unterscheidung folgt der Beobachtung, dass die Summe des Wissens und der Fähigkeiten einzelner Individuen in einem Kollektiv nicht allein die Fähigkeiten bzw. die Leistung des Kollektivs erklären können[3]. Diese Sichtweise ist demnach schon sehr eng verbunden mit der Idee des Sozialkapitalkonstrukts als Komplementär von Humankapital und damit als zusätzliche Komponente in der Erklärung der Leistung von Kollektiven. Wie später gezeigt werden wird, kann Sozialkapital als notwendige Komponente im sozialen Prozess der Wissenserstellung gesehen und in Teilen als den organisationalen Wissensressourcen zugehörig interpretiert werden.

4.2.2 Wissensformen

Wissen kann nicht in soziale Strukturen nur eingebettet sein, ein Großteil organisationalen Wissens ist zudem implizites Wissen, das nicht in Form von Medien und Dokumenten vorliegt und auch nicht expliziert werden kann. Wissen kann somit anhand seiner Explizierbarkeit grundsätzlich in explizites und implizites Wissen unterschieden werden. Diese Unterscheidung geht zurück auf POLANYI, wurde jedoch seither von vielen weiteren Autoren übernommen[4]. Die grundsätzliche Idee ist, dass es mehr Wissen gibt, als mitgeteilt werden kann[5]. Während explizites oder auch kodifizierbares Wissen in Worten und Zahlen ausgedrückt und somit einfach transfe-

---

[1] „Thus, organizational knowledge creation can be viewed as an upward spiral process, starting at the individual level moving up to the collective (group) level, and then to the organizational level,…" (Nonaka 2000, S. 14).

[2] „While knowledge is often thought to be the property of individuals, a great deal is both produced and held collectively." und „…organizational knowledge is inevitably heavily social in character." (Brown/Duguid 2000, S. 256).

[3] „Our definition … acknowledges the significance of socially and contextually embedded forms of knowledge as a source of value differing from the simple aggregation of the knowledge of a set of individuals" (Nahapiet/Goshal 1998, S. 246).

[4] Vgl. Polanyi 1966, Nahapiet/Goshal 1998, S. 246, Nonaka 2000, S. 7.

[5] „We can know more than we can tell…" (Polanyi 1966, S. 4).

riert und gespeichert werden kann, hat implizites Wissen eine persönliche (oder soziale) Dimension und ist nur schwer zu formulieren und kann somit nur in komplexen sozialen Interaktionen transferiert werden. Zudem kann implizites Wissen sehr stark situationsspezifisch sein[1]. Aufbauend auf der Unterscheidung in individuelles und soziales Wissen, sowie explizites und implizites Wissen, hat SPENDER vier Typen von Wissen unterschieden, die in der Matrix in Tabelle 4.2 zusammengefasst sind[2]. Sozialkapital spielt dabei unterschiedliche Rollen beim Austausch, der Erstellung und Verarbeitung der jeweiligen Wissensform, wie weiter unten gezeigt wird.

Explizites, individuelles Wissen bezieht sich auf die Fakten, Konzepte und Modelle, die den Bereich des bewussten Wissens des Individuums bilden. Dieses Wissen kann expliziert, aufgeschrieben, gespeichert und leicht mit anderen Akteuren ausgetauscht werden[3]. Automatisches Wissen ist implizites Wissen des Individuums, das (technische) Fähigkeiten, unterbewusstes Wissen, aber auch die in Kapitel 3.6.4.3 diskutierten mentalen Modelle umfasst[4].

	Individuelles Wissen	**Soziales Wissen**
Explizites Wissen	**Bewusstes Wissen**: explizite Fakten, Konzepte und Modelle; speicherbar und leicht austauschbar.	**Objektiviertes Wissen**: Konzepte, die in sozialen Prozessen entstanden sind, expliziert und als gemeinsame Konzepte anerkannt wurden.
Implizites Wissen	**Automatisches Wissen**: Technische und andere Fähigkeiten, unterbewusstes Wissen, mentale Modelle; schlecht artikulierbar.	**Kollektives Wissen**: Sozial eingebettetes Wissen, Gruppenfähigkeiten, gemeinsame mentale Modelle

Tabelle 4.2: Wissenstypen in Organisationen[5]

Explizites, soziales Wissen wird von SPENDER objektiviertes Wissen („objectified“) genannt und umfasst Wissen, das auf Ebene des Kollektivs, wie beispielsweise einer Gruppe (oder auch einer ganzen Organisation) entstanden ist und von den Mitgliedern als gemeinsames Wissen anerkannt wird. Es bildet die Grundlage der gemeinsamen Tätigkeiten. Hierzu gehö-

---

[1] Vgl. Nonaka 2000, S. 7.

[2] Vgl. Spender (1996), S. 52; vgl. auch Nahapiet/Goshal 1998, S. 247.

[3] Vgl. Nahapiet/Goshal 1998, S. 247.

[4] Nonaka und Takeuchi unterscheiden in kognitives und technisches implizites Wissen und beziehen dies auf mentale Modelle einerseits und technische Fähigkeiten andererseits; vgl. Nonaka/Takeuchi 1995, S. 60.

[5] In Anlehnung an Spender 1996, siehe auch Nahapiet/Goshal 1998.

ren im Beispiel einer Gruppe von Wissenschaftlern die entstandenen wissenschaftlichen Erkenntnisse, Konzepte und Modelle. Implizites, soziales (kollektives) Wissen ist Wissen, das in die sozialen Strukturen und Routinen eines Kollektivs eingebettet ist und auf den gemeinsamen Erlebnissen des Kollektivs beruht[1]. Kollektives Wissen umfasst damit die bereits in Kapitel 3.6.4 als Teil der kognitiven Dimension von Sozialkapital eingeführten Konzepte gemeinsamer mentaler Modelle und sozial eingebetteter Fähigkeiten der Gruppe.

Um die Rolle von Sozialkapital im Prozess der Wissensarbeit besser zu durchleuchten, werden im Weiteren zunächst überblicksartig die Phasen organisationaler Wissensarbeit aufgezeigt. Es sei angemerkt, dass sich Sozialkapital auf die soziale, interpersonale und arbeitsteilige Wissensverarbeitung bezieht und daher einen wesentlich stärkeren Bezug zur sozialen als zur individuellen Dimension des Wissens hat[2]. Die Entstehung individuellen Wissens ist weitestgehend ein Humankapitalphänomen, das Themen wie individuelles Lernen, Schulung und Training betrifft.

4.2.3 Typischer Prozess der Wissensarbeit

Wissensgenerierung in Organisationen findet in sozialen Interaktionen zwischen Individuen statt, in denen es laut NONAKA und TAKEUCHI zu Prozessen der Wissenstransformation zwischen explizitem und implizitem Wissen kommt[3]. Wissensarbeit beruht also auf der Interaktion der in Tabelle 4.2 unterschiedenen Wissensformen, bei der Individuen ihr Wissen und ihre Fähigkeiten einbringen, um Wissen auf Ebene des Kollektivs zu generieren. VON KROGH ET AL. beschreiben einen Prozess der organisationalen Wissensentstehung anhand eines typischen Innovationsprozesses, der in fünf Schritten abläuft[4]:

1. *Bilden gemeinsamer Wissensbasis*: Wissensarbeit im Kollektiv beginnt mit einem komplexen sozialen Prozess des Austauschs impliziten Wissens zwischen den Individuen, um eine gemeinsame Sichtweise des Problembereichs herzustellen. Dies bildet die Grundlage für die weite-

[1] „The latter represents the knowledge that is fundamentally embedded in the forms of social and institutional practice and that resides in the tacit experiences and enactment of the collective." (Nahapiet/Goshal 1998, S. 247).

[2] Vgl. Nahapiet/Goshal 1998, S. 247.

[3] „...human knowledge is created and expanded through social interaction between tacit knowledge and explicit knowledge. We call this interaction „knowledge conversion." It should be noted that this conversion is a „social" process between individuals and not confined within an individual." (Nonaka/Takeuchi 1995, S. 61).

[4] Vgl. von Krogh et al. (2000), S. 129ff.

ren Schritte. Dabei spielt bereits vorhandenes kollektives Wissen als Voraussetzung für einen effektiven Ablauf eine wichtige Rolle.
2. *Erstellen eines ersten Konzepts*: Aufbauend auf einem gemeinsamen Problemverständnis bringen Individuen ihre Ideen ein, die diskutiert, kombiniert und verfeinert werden, bevor ein erstes Konzept entsteht. Dies kann beispielsweise eine Skizze eines neuen Produkts sein.
3. *Prüfen und Rechtfertigen des Konzepts*: Das Konzept wird geprüft und gegen das in der Organisation bereits vorherrschende Wissen geprüft. Eine Produktskizze muss z.B. mit bereits bestehenden Produkten, Produktionstechnologien und generell den in der Organisation bestehenden Ansichten abgeglichen werden. Letztlich geht es darum, die Machbarkeit des Konzepts zu prüfen.
4. *Erstellen eines Prototyps*: Hat das Konzept diese Phase durchlaufen, beginnt die tatsächliche Erstellung eines ersten Prototyps. Dies kann ein physisches Artefakt im Sinne eines Testprodukts, aber auch ein Modell, beispielsweise eines neuartigen Organisationsprozesses, sein.
5. *Wissensverbreitung*: Fertige Lösungen stellen explizites Wissen dar, die in andere Bereiche des Unternehmens verbreitet werden, sei es als physische Artefakte oder als geschriebene Dokumentation.

Dieser Prozess macht beispielhaft deutlich, dass die Wissensarbeit zunächst in hohem Maße auf implizitem Wissen beruht und erst durch einen sozialen Prozess der Externalisierung und Wissenskombination neues explizites Wissen hervorbringt[1]. Grundsätzlich können zwei generische Prozesse der Wissensentstehung abgeleitet werden. NAHAPIET und GOSHAL argumentieren, dass an der Entstehung jedweder Ressource die beiden Prozesse „Austausch und Kombination" beteiligt sind[2]. Austauschprozesse dienen dem Transfer von Wissen zwischen Individuen und Organisationseinheiten und sind notwendig, da das Wissen und die Expertise auf verschiedene Individuen und Organisationseinheiten verteilt sind. Kombination bezieht sich auf den Prozess des (Re-)Kombinierens bestehender Wissenselemente und die Generierung neuer Ideen und Konzepte in sozialen Interaktionen. Jede der im obigen Prozess beschriebenen Phasen beinhaltet sowohl Austausch- wie auch Kombinationsprozesse; stets tauschen Individuen Wissen aus und kombinieren bestehendes implizites wie explizites

[1] „Externalization is a process of articulating tacit knowledge into explicit concepts. It is a quintessential knowledge-creation process in that tacit knowledge becomes explicit, taking the shapes of metaphors, analogies, concepts, hypotheses, or models." (Nonaka/Takeuchi 1995, S. 64). Es sei angemerkt, dass nicht jede Form impliziten Wissens expliziert werden kann und dass es sich bei dem beschriebenen Prozess eher um das Entstehen neuen Wissens unter Einsatz impliziten Wissens handelt.

[2] „...all new resources, including knowledge, are created through two generic processes: namely, combination and exchange." (Nahapiet/Goshal 1998, S. 247f.).

Wissen zu neuem Wissen. Selbst in der Phase der Wissensverbreitung in der Organisation wird das neue Wissen ausgetauscht und von den Empfängern mit ihrem eigenen Wissensbestand kombiniert.

4.2.4 Zur Rolle von Sozialkapital im Prozess der Wissensarbeit

Wissensarbeit ist ein sozialer Prozess, der interpersonale Kooperation erfordert. Wie in den Theoriegrundlagen ausführlich dargelegt wurde, fördert Sozialkapital generell die Kooperation von Individuen in Kollektiven, basierend auf starken Beziehungen und dichten Netzwerkstrukturen, insbesondere durch das Herausbilden relationaler und kognitiver Beziehungselemente. Sozialkapital kann auch als Grundlage interpersonaler Kooperation in den beschriebenen Austausch- und Kombinationsprozesse wissensintensiver Tätigkeiten gesehen werden. Besonders der interpersonale Austausch impliziten Wissens benötigt reichhaltiges Sozialkapital.

4.2.4.1 Sozialkapital und implizites Wissen

Es kann argumentiert werden, dass Sozialkapital eine wesentliche Rolle beim Austausch und der Verarbeitung impliziten Wissens spielt. Implizites Wissen kann generell nicht ohne weiteres zwischen Individuen transferiert werden, da es nicht in expliziter Form vorliegt und auch nicht vollständig explizierbar ist[1]. Sozialkapital in der Form sozialer Beziehungen mit kognitiven Elementen spielt eine wesentliche Rolle für den effektiven Transfer impliziten Wissens, da es die notwendigen sozialen Interaktionen ermöglicht. Darüber hinaus findet die Verarbeitung und Entstehung von sozialem Wissen, sowohl explizitem wie implizitem, generell in interpersonalen Interaktionen statt, die von Sozialkapital auf Gruppenebene profitieren. Hierzu kann auf den oben beschriebenen Prozess der Wissensarbeit verwiesen werden: Insbesondere in den ersten Schritten wissensbasierter sozialer Kooperation findet ein Austausch impliziten wie sozialen Wissens statt, damit die beteiligten Individuen ein gemeinsames Verständnis der Wissensdomäne aufbauen können. Die Individuen benötigen hierfür Sozialkapital, insbesondere in der kognitiven Dimension. NONAKA argumentiert, dass die Grundlage für den effektiven interpersonalen Gedankenaustausch eine gemeinsame Erlebnisgrundlage ist, um überhaupt in der Lage

---

[1] Powell diskutiert den Transfer impliziten Wissens am Beispiel technischen Wissens in der Biotechnologieindustrie: „Much sophisticated technical knowledge is tacit in character – indissoluble mix of design, process, and expertise. Such information is not easily transferred by license or purchase." (Powell 2000, S. 69). Nahapiet und Goshal zitieren Polanyi zur Nichtexplizierbarkeit impliziten Wissens: „However, close reading of Polanyi indicates that he holds the view that some knowledge will always remain tacit." (Nahapiet/Goshal 1998, S. 246).

zu sein, einander zu verstehen[1]. Individuen benötigen eine Schnittmenge gemeinsamen Wissens und gemeinsame mentale Modelle, um den Prozess gemeinsamer Wissensarbeit zu beginnen[2]. In einer ersten Phase muss somit zunächst neues Sozialkapital entstehen, wenn die Individuen nicht auf bereits vorhandenes zurückgreifen können. Das entstehende gemeinsame Wissen stellt kollektives Wissen im Sinne von Gruppenfähigkeiten dar, die die Individuen in die Lage versetzen, gemeinsame Wissensarbeit effektiv durchzuführen. Dieses kollektive Wissen ist damit zugleich eine Form von Sozialkapital wie auch Teil der organisationalen Wissensressourcen. Die Ausführungen zeigen, dass Sozialkapital, insbesondere in der kognitiven Dimension, die Grundlage für interpersonale Austausch- und Kombinationsprozesse der Wissensarbeit bildet.

4.2.4.2 Sozialkapital als Grundlage des Wissensaustauschs und -transfers

NAHAPIET und GOSHAL argumentieren, dass Sozialkapital die organisationalen Bedingungen für Austausch und Kombination von Wissen schafft[3]. Soziale Netzwerke ermöglichen Individuen und Gruppen den Zugang zu Ressourcen (Informationen, Wissen) hoher Diversität und können so als Grundvoraussetzung wissensbasierter Innovation angesehen werden[4]. Sozialkapital schafft Zugang zu verlässlichen Informationen und verschafft Mitarbeitern Gelegenheit, implizites Wissen zu teilen und zu verarbeiten und ist somit Grundlage effektiver Austauschprozesse[5]. Soziale Beziehungen können als Informationskanäle in Unternehmen angesehen werden, die Informationsaustausch und -zugang zwischen Individuen und Organisationseinheiten erlauben[6]. Dabei fördern schwache Beziehungen die kostenef-

---

[1] „The key to acquiring tacit knowledge is experience. Without some form of shared experience, it is extremely difficult for people to share each others' thinking processes. The mere transfer of information will often make little sense if it is abstracted from embedded emotions and nuanced contexts that are associated with shared experiences." (Nonaka 2000, S. 12).

[2] Siehe hierzu die Ausführungen zur kognitiven Dimension von Sozialkapital in Kapitel 3.6.4.

[3] „Social capital facilitates the development of intellectual capital by affecting the conditions necessary for exchange and combination to occur." (Nahapiet/Goshal 1998, S. 250).

[4] „A diverse network of relationships increases the probability that an innovative, out-of-the-box idea will surface." (Tymon/Stumpf 2003, S. 17).

[5] Vgl. Landry et al. 2001, S. 74.

[6] Vgl. Tsai/Goshal 1998, S. 467.

fektive Suche nach neuem Wissen, der Austausch komplexen und impliziten Wissens erfordert jedoch starke Beziehungen[1].

Sozialkapital unterstützt somit die Suche nach Wissensquellen und ist insbesondere für den Transfer komplexen Wissens notwendig. Diese allokative Funktion von Sozialkapital kann damit als Grundlage des Austauschprozesses der Wissensarbeit gesehen werden. Hierbei sind alle drei Dimensionen des Sozialkapitals von Bedeutung: Wissensträger werden auf Basis sozialer Beziehungen und Netzwerke ausfindig gemacht, die soziale Beziehung sichert das Vertrauen und die Motivation, das Wissen zu teilen und weiterzugeben, und eine gemeinsame Basis und ein gemeinsames Verständnis ermöglichen die effektive Kommunikation und damit den effektiven Transfer des Wissens[2]. Die Bedeutung der relationalen und insbesondere der kognitiven Dimensionen für den Wissensaustausch wird durch die Studie von SZULANSKI zum Wissenstransfer in Organisationen weiter verdeutlicht. Diese zeigt auf, dass drei Faktoren die Diffusion neuen Wissens in Unternehmen behindern bzw. verhindern: 1) eine fehlende absorptive Kapazität des Empfängers der Botschaft im Sinne des kognitiven Verständnisses; 2) ein fehlendes Verständnis für den Neuigkeitsgehalt und die Relevanz neuen Wissens und 3) eine mangelhafte Beziehung zwischen Quelle und Adressat der Botschaft im Sinne mangelnden Vertrauens und fehlender Motivation, das Wissen zu teilen[3]. Sozialkapital kann daher als Grundlage innerbetrieblicher Austauschprozesse gesehen werden.

---

[1] Vgl. Hansen 1999, S. 89, auch Jansen 2002, S. 103; und: „Weak ties facilitate the cost-effective search for codifiable information and ... strong ties facilitate the cost-effective transfer of complex information and tacit knowledge.“ (Adler/Kwon 2002, S. 32).

[2] „Individuals must be able to identify individuals with expertise, build a relationship so that the sender is willing to share knowledge with the receiver, and develop a sense of shared language that enables them to elucidate the required knowledge.“ (Lesser 2000, S. 10).

[3] Vgl. Szulanski 1996, S. 36.

4.2.4.3 Sozialkapital als Grundlage der Wissenskombination und -generierung

Organisationale Wissensarbeit findet meist in Gruppen bzw. Teams statt. Dabei bezieht sich die allokative Funktion im Sinne der Austauschprozesse vorwiegend auf die externe Sicht der Gruppe. Studien zeigen, dass eine hohe externe Vernetzung von Forschungsteams im Unternehmen klar positiv assoziiert ist mit Leistung und Erfolg[1]. Die Ausführungen in Kapitel 3.4.3 haben jedoch gezeigt, dass Innovationsteams nur dann überlegene Leistungen erbringen, wenn sie sowohl extern über einen hervorragenden Informationszugang verfügen, als auch intern die notwendige Netzwerkgeschlossenheit besitzen, um effektive Kooperation und Wissensverarbeitung zu gewährleisten[2]. Sozialkapital in der Gruppe verbessert die Motivation zur Kooperation und die entsprechende Kollaborationskompetenz. Die Fähigkeit, neues Wissen zu generieren, hängt dabei von der gemeinsamen Wissensgrundlage ab[3]. COHEN und LEVINTHAL sprechen von absorptiver Kapazität, die die Individuen in die Lage versetzt, als Kollektiv Wissen effektiv zu verarbeiten[4]. Die adaptiven Effekte von Sozialkapital können somit als Grundlage von Kombinationsprozessen in interpersonaler Wissensarbeit gesehen werden.

4.2.4.4 Sozialkapitaldimensionen und Wissensarbeit

Tabelle 4.3 fasst die Ausführungen zur Rolle von Sozialkapital in Austausch- und Kombinationsprozessen zusammen. Dabei sei jedoch auf ein besonderes Spannungsfeld der Wissensarbeit hingewiesen: Wissensarbeit profitiert generell von einer hohen Diversität der Meinungen, Ansichten und Fähigkeiten der Individuen. Jedoch entsteht hierbei ein Konflikt zwischen der Heterogenität der Gruppe und dem Herstellen von Netzwerkgeschlossenheit. Sowohl in den Studien von BURT, als auch der von REAGANS und ZUCKERMAN setzen sich die Teams aus Mitgliedern verschiedener Bereiche innerhalb der Unternehmen zusammen. Besteht ein

---

[1] „Faster solutions are to be expected from teams with the social capital of bridge relationships that span the structural holes between divisions, and Hansen found teams reached completion more quickly when they were in divisions with frequent and close relations to other divisions." (Burt 2000, S. 359, siehe auch Hansen 1999).

[2] Siehe Burt 2001, Reagans/Zuckerman 2001, Burt 2000, S. 395, sowie Abbildung 3.2.

[3] „…knowledge facilitates the use of other knowledge. What can be learned is crucially affected by what is already known." (Powell et al. 1996, S. 129).

[4] Zu „absorptive capacity" siehe Cohen/Levinthal 1990; vgl. auch Kap. 3.6.1. Siehe auch Tsai 2001 für eine empirische Untersuchung der Wirkungen von Sozialkapital im Sinne absorptiver Kapazität auf die Leistungsfähigkeit von Gruppen.

Team aus einer möglichst heterogenen Gruppe, so bringen diese Mitglieder externe Beziehungen hoher Diversität mit[1]. Mitglieder in Gruppen hoher Diversität argumentieren von verschiedenen Standpunkten aus und haben unterschiedliche mentale Modelle von Problem und Lösung[2]. Diese Diversität ist gewollt und notwendig für das Entstehen neuen Wissens. Jedoch ist gleichzeitig Sozialkapital im Sinne einer Anpassung der mentalen Modelle und einer Schnittmenge gemeinsamen Wissens notwendig, um interpersonales Verstehen zu gewährleisten. Die Diversität und Heterogenität, die einerseits notwendig für differenzierte Wissensarbeit ist, erschwert jedoch andererseits das Entstehen des ebenso notwendigen Sozialkapitals, da Barrieren in der interpersonalen Interaktion, insbesondere auf der eben angesprochenen kognitiven Ebene, überwunden werden müssen[3]. REAGANS und ZUCKERMAN argumentieren in gleicher Weise: Teamgeschlossenheit einerseits und Diversität andererseits sind zusammen *in Kombination* notwendig für effektive Wissensarbeit[4].

---

[1] „Structural holes are implicit in the boundaries between corporate divisions and the boundaries between cohorts of employees in that each division or cohort is presumed to have its own unique perspectives, skills, or resources. A team composed of people from diverse corporate functions spans more structural holes in the firm, and so has faster access to more diverse information and more control over the meaning of the information, than a team composed of people from a single function." (Burt 2000, S. 360).

[2] „When a group of diverse individuals addresses a common challenge, each skilled person frames both the problem and its solution by applying mental schemata and patterns he or she understands best." (Leonard/Sensiper 2000, S. 288).

[3] „Diversity can be disruptive because of the difficulties associated with communicating and coordinating across different perspectives, but when communication is successful (as implied by a dense communication network within the team), team performance is enhanced by the timing and control advantages of the team having access to more diverse information." (Burt 2000, S. 361, auch Ancona/Caldwell 1992).

[4] „A team that does not develop the connections among their members, which enable it to coordinate effectively, faces an uphill battle. However, when such networks remain concentrated among homogeneous sets of individuals, the team fails to generate the learning that can only come from interaction among different individuals." (Reagans/Zuckerman 2001 S. 512f.).

Sozialkapital-dimension	Basisprozesse der Wissensarbeit	
	Austausch	**Kombination**
Strukturell: Opportunität	Netzwerke schwacher Beziehungen erlauben Zugang zu Informationen hoher Diversität als Grundlage von Wissensarbeit. Starke Beziehungen sind notwendig für Transfer komplexen, impliziten Wissens.	Dichte Netzwerke / Netzwerkgeschlossenheit und starke Beziehungen sind notwendig für das Herausbilden der absorptiven Kapazität von Kollektiven als notwendige Voraussetzung effektiver, kooperativer Wissensarbeit.
Relational: Motivation	Vertrauen ist notwendig für die Motivation und Bereitschaft zur Wissensweitergabe. Normen kooperativen Verhaltens und informationeller Offenheit im Unternehmen wirken positiv auf den organisationalen Informationsfluss.	Vertrauensatmosphäre und Identifikation mit den Gruppenzielen motivieren Individuen zur Wissensarbeit und zur kreativen Mitarbeit.
Kognitiv: Kompetenz	Gemeinsames Wissen und gemeinsame mentale Modelle im Sinne wechselseitigen Verstehens sind Voraussetzung für den Transfer impliziten Wissens zwischen Individuen.	Kognitives Sozialkapital auf Gruppenebene ist eine Grundvoraussetzung für gemeinsame Wissensarbeit. Das Entstehen kollektiven Wissens im Sinne der Gruppenfähigkeit zur gemeinsamen Wissensarbeit kann als ein Kennzeichen von Innovationsteams gesehen werden.
	Allokative Funktion	**Adaptive Funktion**

Tabelle 4.3: Zur Rolle von Sozialkapital in Austausch- und Kombinationsprozessen der Wissensarbeit[1]

4.3 Sozialkapital als organisationale Ressource

Die Ausführungen haben gezeigt, dass Sozialkapital ein wichtiger Faktor in komplexen, wissensbasierten Tätigkeiten ist. Neben der Funktion, den Austausch und die Kombination von Wissen zu ermöglichen, kann kognitives Sozialkapital auf Gruppenebene selbst als Teil der organisationalen Wissensressourcen interpretiert werden.

---

[1] Zu den Grundlagen dieser Argumentation siehe wieder Nahapiet/Goshal 1998.

4.3.1 Sozialkapital als Teil organisationaler Wissensressourcen

Wie bereits argumentiert wurde, nimmt die Relevanz wissensbasierter Wertschöpfung mit der Technologisierung von Wirtschaft und Gesellschaft zu. Gleichzeitig jedoch nimmt der Wert expliziten Wissens als wertvolle Ressource im Wettbewerb tendenziell ab, da explizites Wissen durch die Kodifizierung, Speicherung und elektronische Übertragung schneller und umfassender verfügbar ist[1]. Explizites Wissen ist zudem schlechter vor Zugriffen anderer und vor Übertragung schützbar. Aus diesem Grund nimmt implizites Wissen als Differenzierungsfaktor einen immer höheren Stellenwert ein. Es kann zudem argumentiert werden, dass die Fähigkeit der Wissensgenerierung in sich dynamisch ändernden Märkten wertvoller ist als das Wissen selbst, da letzteres von immer rapiderer Veralterung bedroht ist. Wie die Ausführungen gezeigt haben, kann Sozialkapital als ein wichtiger Wertschöpfungsfaktor in wissensintensiven Unternehmen gesehen werden[2]. Sozialkapital gewinnt somit als wichtige Komplementärressource zu Human- und Wissenskapital an Bedeutung. Zudem kann Sozialkapital in Teilen selbst den organisationalen Wissensressourcen zugerechnet werden (siehe Tabelle 4.4).

Kapitalform	Wissenstyp
Intellektuelles Kapital	Explizites Wissen, das in der Form von verwertbaren Patenten oder bereits in der Form von Wissensprodukten vorliegt.
Wissenskapital	Explizites, bzw. expliziertes, codifiziertes Wissen, das in gespeicherter Form auf verschiedenen Medien vorliegt.
Humankapital	Explizites, bzw. explizierbares Wissen von Individuen in der Form artikulierbarer Konzepte, Modelle etc.
	Implizites Wissen und Fähigkeiten von Individuen.
Sozialkapital	Kollektives, implizites Wissen und Gruppenfähigkeiten, z. B. die Fähigkeit zur Wissensgenerierung (bezieht sich weitgehend auf kognitives Sozialkapital).

Tabelle 4.4: Übersicht organisationaler Wissensressourcen

---

[1] Vgl. Landry et al. 2001, S.74.

[2] „Social capital acts as the fluid that enables knowledge-intensive organisations.“ (Lesser 2000, S. 16).

4.3.2 Sozialkapital als Kernressource

Nachdem gezeigt wurde, dass Sozialkapital eine wichtige Ressource im Prozess der Wissensarbeit ist, stellt sich die Frage nach dem kompetitiven Wert von Sozialkapital als Ressource im Wettbewerb der Unternehmen. Die Sozialkapitaltheorie kann in diesem Zusammenhang als Teil der ressourcen-basierten Lehre des Unternehmenserfolgs gesehen werden, die die kompetitiven Vorteile von Unternehmen als in ihren besonderen Ressourcenkonstellationen begründet sieht[1]. Dabei gründet sich die ressourcenbasierte Strategielehre auf so genannte Kernressourcen[2]. Kernressourcen zeichnen sich durch bestimmte Charakteristika aus, die sie von anderen Ressourcen abheben: Kernressourcen sind wertvoll, selten, schlecht bzw. gar nicht imitierbar, sowie nicht substituierbar[3]. Autoren wie NAHAPIET und GOSHAL, sowie PENNINGS und LEE, schreiben Sozialkapital den Charakter einer solchen Kernressource zu[4]. Diese Sichtweise wird im Folgenden diskutiert, es sei jedoch darauf hingewiesen, dass Sozialkapital als Ressource nicht den gleichen Stellenwert einnehmen kann wie beispielsweise Technologien zur Herstellung der eigentlichen Produkte der Unternehmung. Hierzu ist die Unterscheidung von PRAHALAD und HAMEL in Kernprodukte und Kernkompetenzen hilfreich[5]. Danach sind Kernprodukte (patentierbare) Technologien zur Entwicklung marktfähiger Produkte; Beispiele sind: revolutionäre Filtertechnik für Motoren, medizinische Wirkstoffe, Verfahren der Datenspeicherung oder auch Softwarealgorithmen. Kernprodukte dienen dabei als direkte Quelle von Wettbewerbsvorteilen, während Kernkompetenzen die Fähigkeiten der Unternehmung zur Entwicklung dieser Kernprodukte bezeichnen. Es handelt sich bei letzteren also um zusätzliche, komplementäre, Erfolgspotenziale, die notwendig sind, um die eigentlichen Kernprodukte zu entwickeln. Sozialkapital als Grundlage effektiver, interpersonaler Wissensarbeit, sowie die Fähigkeit der Organisation, Sozialkapital zu produzieren, können dabei im Sinne solcher Erfolgspotenziale gesehen werden. Zu beurteilen bleibt, ob Sozial-

---

[1] „In so doing, we note that our arguments are consistent with resource-based theory in so far as that theory highlights the competitive advantage of firms as based in their unique constellation of resources." (Nahapiet/Goshal 1998, 260).

[2] Zur ressourcenbasierten Theorie siehe Barney 1991, 2001; Bouncken 2000; Prahalad/Hamel 1990.

[3] „The indicators of the potential to sustain a competitive advantage include value, rareness, imitability, and substitutability. Resources must be valuable, rare, imperfectly imitable, and non-substitutable." (Barney 1991, S. 99). Siehe auch Bouncken 2000.

[4] „..., social capital fits Barney's (1991) criteria of the resource-based-view of the firm. Resources that provide a competitive advantage should be valuable, rare, hard to imitate, and imperfectly substitutable." (Pennings/Lee 1999, S. 59).

[5] Vgl. Prahalad/Hamel 1990, S. 82.

kapital dabei tatsächlich den Charakter einer Kernressource nach den oben beschriebenen Kriterien besitzt.

Hierzu kann zunächst einmal auf den Wert von Sozialkapital im Unternehmen verwiesen werden. Eine Ressource ist wertvoll, wenn sie zu Effizienz- und Effektivitätssteigerungen führt[1]. Dies wurde für Sozialkapital im Rahmen dieser Arbeit mehrfach und an zahlreichen Beispielen verdeutlicht. Zudem ist Sozialkapital schlecht imitierbar und nicht übertragbar, da es als Wert sozialer Strukturen in höchstem Maße spezifisch und historisch gewachsen ist. Sozialkapital ist darüber hinaus schlecht sichtbar und somit auch schlecht imitierbar, da es immateriell, intangibel und in soziale Strukturen eingebettet ist. Auch ist Sozialkapital, wie die Ausführungen zur Rolle in wissensbasierter Wertschöpfung gezeigt haben, nicht substituierbar. Soziale Beziehungen sind die Essenz sozialen Miteinanders und von so grundlegender Wichtigkeit, dass unmittelbar einsichtig ist, dass Sozialkapital als Wert dieser Beziehungen nicht substituierbar ist. Allerdings kann Sozialkapital nicht automatisch als selten bezeichnet werden, da Organisationen an sich als reichhaltiges Umfeld für das Entstehen von Sozialkapital angesehen werden (siehe unten). Dabei ist Sozialkapital jedoch durch vielfältige organisatorische Maßnahmen, wie beispielsweise die Virtualisierung in Organisationen, gefährdet, so dass der Einbeziehung von Sozialkapital ins strategische Kalkül durch die gleichzeitige Zunahme wissensintensiver Tätigkeiten besondere Relevanz zukommt[2]. Es kann zusammenfassend gesagt werden, dass Sozialkapital selbst und die Fähigkeit zur Generierung von Sozialkapital als organisationale Vorteile im Wettbewerb interpretiert werden können[3]. Intangiblen, sozial komplexen Ressourcen wie Sozialkapital kommt dabei laut BARNEY besondere Bedeutung bei der Erzielung von Wettbewerbsvorteilen zu[4].

4.3.3 Unternehmen bieten ein reichhaltiges Umfeld für die Sozialkapitalentstehung

Sozialkapital in Unternehmen kann nicht ohne weiteres als selten angesehen werden. Laut NAHAPIET und GOSHAL zeichnen sich Unternehmen als Organisationsform, im Gegensatz zu Märkten, eben dadurch aus, dass sie

---

[1] Siehe Bouncken 2000.

[2] Dieser Aspekt wurde bereits in Kapitel 3.1.5 angesprochen; siehe auch Riemer/Klein 2003.

[3] „Differences in performance may represent differences in their [firms'] ability to create and exploit social capital“ (Nahapiet/Goshal 1998, S. 260).

[4] „Overall, this work shows that firms that build their strategies on path dependent, causally ambiguous, socially complex, and intangible assets outperform firms that build their strategies only on tangible assets.“ (Barney 2001, S. 648).

grundsätzlich reichhaltige Umfelde für das Entstehen von Sozialkapital darstellen, auch wenn sich natürlich im Einzelfall Unterschiede ergeben, die dann als strategisch signifikante Wettbewerbsvorteile gesehen werden können[1]. Folgende Charakteristika, die im Einzelfall nicht notwendig alle im Unternehmen gegeben sein müssen, tragen dazu bei, dass Sozialkapital in Unternehmen besser entstehen kann als auf Märkten:

- Die physische Platzierung der Teammitglieder an einem Ort erlaubt die Interaktion in einem reichhaltigen Face-to-Face-Kontext. Dies ist insbesondere für „Grounding"-Prozesse wichtig (siehe oben in Kap. 3.7.1).
- Gemeinsame organisationale Ziele, eine gemeinsame Unternehmenskultur und organisationale Artefakte wie Projektnamen wirken integrativ und erleichtern die Bildung von Sozialkapital in der relationalen Dimension im Sinne von Vertrauen und Identifikation.
- Durch existierende, formelle Organisationsstrukturen sind bereits Netzwerke schwacher Beziehungen vorgezeichnet, die den Aufbau intensiverer Beziehungen erleichtern und den Informationsfluss begünstigen.
- Netzwerkgeschlossenheit im Unternehmen entsteht einfacher als auf Märkten, da sich die Mitglieder untereinander kennen. Dies erleichtert die Entstehung von Normen kooperativen Verhaltens, sowie die Überwachung dieser Normen.
- Stabile vertragliche Arrangements binden individuelle Akteure aneinander (Arbeitsverträge); stabile Teamzusammensetzungen begünstigen das Entstehen von Interaktionshistorien und damit das Herausbilden starker Beziehungen.
- Unternehmen akkumulieren mit der Zeit einen eigenen Wissensbestand, so dass Individuen bei der Anbahnung neuer Beziehungen im Unternehmen auf eine gemeinsame Wissensbasis und eine gemeinsame Sprache aufbauen können; das Vorhandensein von Sozialkapital auf Ebene des Kollektivs erleichtert die Bildung von Sozialkapital in Dyaden.

Aufbauend auf diesen Erkenntnissen werden im Weiteren Herausforderungen an die Organisation und das Management zwischenbetrieblicher Wertschöpfung herausgearbeitet, da interorganisationale Arrangements als hybride Organisationsformen konzeptioniert sind, die in wesentlichen Aspekten eher die Charakteristika von Märkten als von Unternehmen aufweisen.

---

[1] „...organizations as institutional settings are conductive to the development of high levels of social capital relative to markets." (Nahapiet/Goshal 1998, S. 256f.).

4.4 *Interorganisationale Betrachtung von Sozialkapital*

Das Sozialkapitalkonstrukt hat im organisationalen Umfeld vorwiegend intraorganisational Anwendung gefunden. Es gibt jedoch Studien und Arbeiten, die Sozialkapital auch in der interorganisationalen Dimension betrachten. Diese Arbeiten folgen dabei stets einem von zwei Ansätzen:

- Die vorherrschende Anwendung definiert Sozialkapital auf Unternehmensebene und sieht Sozialkapital als Wert der externen Beziehungen und Netzwerke von Unternehmen. Die handelnden Akteure in dieser Sichtweise sind somit Unternehmen; Beziehungen sind institutionalisierter Natur. Dies entspricht dem in Tabelle 4.1 vorgestellten Typ D von Sozialkapital von Unternehmen.
- Eine weitere Anwendung sieht die externen Beziehungen von Individuen (als Mitglieder von Unternehmen) als Quelle von Vorteilen für das Unternehmen. Unternehmen profitieren also von sozialen Strukturen auf Ebene der Individuen; dies entspricht der externen Sichtweise des Typs C in Tabelle 4.1.

Beide Sichtweisen werden jedoch einer ganzheitlichen Sichtweise interorganisationaler Arrangements nicht gerecht. Dieses Kapitel dient einzig dazu, die existierenden Sichtweisen der interorganisationalen Sozialkapitalanwendung aufzuarbeiten und eine holistischere Sichtweise auf Sozialkapital in der interorganisationalen Dimension abzuleiten. Vor dem Hintergrund der in Kapitel 2.2 aufgezeigten Herausforderungen des Beziehungsmanagements im zwischenbetrieblichen Bereich stellt sich die Frage, welche Rolle Sozialkapital in zwischenbetrieblichen Beziehungen spielt und wie Sozialkapital in solchen Arrangements geschaffen werden kann. Ausgehend von der Betrachtung in diesem Kapitel wird hierzu eine Multi-Ebenen-Betrachtung von interorganisationalen Arrangements motiviert, die als Grundlage für die Anwendung der Sozialkapitaltheorie in der empirischen Studie dient.

4.4.1 *Sozialkapital als Wert externer Unternehmensbeziehungen*

Externes Sozialkapital von Unternehmen bezieht sich auf die organisationalen Vorteile externer Unternehmensbeziehungen für Unternehmen im Wettbewerb[1]. Unternehmen beziehen Vorteile aus ihren Allianzen und der Mitgliedschaft in Unternehmensnetzwerken (vgl. Kap. 2.1). Diese Sichtweise stellt letztlich eine Übertragung der von der Ebene der Individuen

---

[1] „The context of business networks places the emphasis very much on the social capital of corporations and of the private and public organisations that support them.“ (McNaughton/Bell 2001, S. 215).

bekannten Netzwerktheorien auf die Unternehmensebene dar, wie dies in Kapitel 3.3.2 anhand der verschiedenen Betrachtungsebenen bereits diskutiert wurde. Studien in diesem Bereich konzentrieren sich weitgehend auf die strukturelle Dimension von Sozialkapital und betrachten die Auswirkungen von Netzwerkpositionen, der Einbettung in Netzwerke und das Unterhalten verschiedener Typen externer Beziehungen als Quelle von Sozialkapital. Zwar werden dichte Netzwerke und starke Beziehungen betrachtet, aber die inhaltliche Ebene der Beziehungen wird in den Studien nicht direkt untersucht. Konzepte wie Vertrauen dienen der Beschreibung der Charakteristika solcher Beziehungen, die eigentlichen Untersuchungen bleiben jedoch meist deskriptiv auf einer abstrakten Ebene ohne die interpersonale Ebene zu betrachten. Dabei lassen sich in diesen Studien insbesondere zwei Vorteile von Sozialkapital unterscheiden: Einerseits werden die strukturelle Einbettung von Unternehmen in Netzwerkstrukturen und daraus folgende Reputationseffekte als Sozialkapital gesehen, andererseits stellen Beziehungen und Netzwerke für Unternehmen Sozialkapital beim Zugang zu Ressourcen verschiedener Art dar.

4.4.1.1 Strukturelle Einbettung und Reputation als Sozialkapital bei der Suche und Auswahl von Kooperationspartnern

Externe Unternehmensbeziehungen und die Einbettung in Unternehmensnetzwerke stellen Sozialkapital beim Zugang zu Kooperationspartnern dar[1]. Diese Argumentation basiert auf der Erkenntnis, dass Unternehmen für die Anbahnung von Kooperationen nicht nur kooperationswillig sein müssen, sondern auch von potenziellen Kooperationspartnern selbst als attraktive Partner wahrgenommen werden müssen[2]. Eine Reihe im Kern ähnlicher Studien hat diese Effekte struktureller Einbettung untersucht. CHUNG ET AL. beispielsweise argumentieren, dass einerseits bereits bestehende Beziehungen aus der Vergangenheit das Entstehen neuer Beziehungen mit demselben Unternehmen begünstigen[3]. Sie werten dies im Sinne des Reziprozitätsprinzips von Sozialkapital. Andererseits begünstigen Beziehungen mit verschiedenen Akteuren, die ihrerseits untereinander ver-

[1] „Firms will utilize their social capital in forming strategic alliances both to decrease the cost for searching for alliance partners and to create new economic opportunities." (Chung et al. 2000, S. 5).

[2] „Linkage formation inherently requires that not only must a firm be desirous of forming a linkage, it should also be attractive to potential partners." (Ahuja 2000b, S. 317).

[3] „In forming strategic alliances, a natural solution for a firm is to first consider previous partners with which it has had direct prior alliance experience." (Chung et al. 2000, S. 5).

netzt sind, das Anbahnen neuer Beziehungen. Dies kann als Reputationseffekt interpretiert werden: Beziehungen mit gemeinsamen Dritten dienen dabei als Nachweis der Kooperationsfähigkeit[1]. Autoren wie HERRMAN-PILLATH und LIES definieren Sozialkapital gar gänzlich als Reputationseffekt in externen Netzwerken. Demnach enthält ein Netzwerk, „soziales Kapital, wenn zwischen zwei Transaktionen positive externe Effekte auftreten. Dies ist dann der Fall, wenn der an beiden Transaktionen beteiligte Akteur [B] Eigenschaften besitzt derart, dass ein positiver externer Effekt von Transaktion AB auf Transaktion BC ausstrahlt, d. h. die Realisation von Transaktion AB trägt dazu bei, die Transaktion BC zu erleichtern."[2] Die Aussage verdeutlicht, dass diese Art der Sozialkapitaldefinition auf den strukturellen Eigenschaften von Netzwerken beruht.

In umgekehrter Weise wird argumentiert, dass die Einbettung in das externe Netzwerk nicht nur als Ausweis der eigenen Kooperationsfähigkeit, sondern auch im Sinne des Informationszugangs über potenzielle Kooperationspartner gesehen werden kann. Unternehmen erlangen durch ihre externen Beziehungen und die Einbettung in externe Netzwerke Zugang zu Informationen über die Kooperationsfähigkeit potenzieller Partner; siehe hierzu die Studien von GULATI[3], GULATI und GARGIULO[4] sowie AHUJA[5]. GULATI und GARGIULO unterscheiden strukturelle Netzwerkmerkmale, die für den Zugriff auf Informationen über potenzielle Partner verantwortlich sind: Hier ist erstens der Zugang zu direkten Informationen über den Partner durch gemeinsame Allianzen in der Vergangenheit zu nennen; zweitens erlangen Unternehmen aus indirekten Beziehungen Informationen, die den Kontakt zwischen den Parteien anbahnen können; und drittens gelangen sie über den oben beschriebenen Dreiecks-Effekt an Informationen zur Repu-

---

[1] „Two firms' indirect ties through a third party (…) may enhance the chances that the two firms will form a strategic alliance because the indirect ties can function as an information conduit and because a common actor can play the role of a reference and become a mechanism for deterring opportunistic behaviors." (Chung et al. 2000, S. 7).

[2] Herrmann-Pillath/Lies 2001, S.9, Hervorhebung entfernt.

[3] „This social network facilitates new alliances by providing valuable information to firms about the specific capabilities and reliability of potential partners." (Gulati 1995b, S. 619).

[4] „The network structure (…) becomes a repository of information on potential partners, helping organizations decide with whom to form new alliances." (Gulati/Gargiulo 1999, S. 212).

[5] „In its facilitative form social capital provides information on collaboration opportunities and signals the reliability of potential partners on the basis of their prior collaborative behavior." (Ahuja 2000b, S. 321).

tation des potenziellen Partners[1]. LI und ROWLEY argumentieren, dass Reziprozität und Erfolg in zurückliegenden Allianzen die Auswahl von zukünftigen Partnern positiv beeinflusst[2]. Zur wiederholten Kooperation mit bereits bekannten Partnern siehe eine weitere Studie von GULATI zur Entstehung von Vertrauensbeziehungen zwischen Unternehmen, die die Suche nach neuen Partnern erleichtern[3].

4.4.1.2 Sozialkapital als Grundlage von Koordinationsvorteilen und Ressourcenzugang

GULATI weist auch auf die Koordinationsvorteile existierender Vertrauensbeziehungen zwischen Unternehmen hin. Diese Beziehungen können als starke Beziehungen interpretiert werden. Vertrauen zwischen den Unternehmen kann dabei detaillierte Verträge ersetzen und damit die Kosten des Allianz-Setups reduzieren; zudem ergeben sich Möglichkeiten, das Spektrum der gemeinsamen Tätigkeiten auszudehnen[4]. Auch hier stehen Unternehmen als Akteure im Mittelpunkt, Vertrauen wird als aggregiertes und institutionalisiertes Konstrukt der zwischenbetrieblichen Beziehung verstanden; interpersonale Prozesse werden nicht explizit betrachtet. Dieser Sichtweise folgend stellen interorganisationale Beziehungen und Netzwerke Sozialkapital dar, „indem sie potenziell Zugang zu den verschiedenen *assets* der anderen Mitglieder des strategischen Allianznetzwerks verschaffen. Allianzen ermöglichen es den Teilnehmern, auf die Ressourcen, Kenntnisse und Fähigkeiten ihrer unmittelbaren Partner zurückzugreifen."[5] Diese Argumentation schließt an die in Kapitel 2.1.2 diskutierten Motive zwischenbetrieblicher Kooperation an. Diese Kooperationsbeziehungen werden also nach der hier diskutierten Sichtweise als Grundlage von Sozialkapital interpretiert. Weitere Studien und Beispiele folgen dieser Sichtweise und verdeutlichen Sozialkapitalvorteile externer Unternehmensbeziehungen.

---

[1] „Existing network research and insights from our own fieldwork suggest that this information originates from their previous direct alliances, from their indirect alliance ties through third parties, or from the reputation that results from the potential partner's position in the network of pre-existing alliances." (Gulati/Gargiulo 1999, S. 184).

[2] Siehe Li/Rowley 2000.

[3] „Firms placed in a social network of trusting relationships can significantly reduce their search for new partners when they decide to ally with an entity they already trust." (Gulati 1995a, S. 106).

[4] „…drafting detailed contracts can be costly and time consuming. … Trust between partners can reduce such costs. … Trust may also expand the realm of feasible alliances and allow firms to enter partnerships that may otherwise have been deemed impossible." (Gulati 1995a, S. 106f.).

[5] Todeva/Knoke 2002, S. 372, Hervorhebung im Original.

Ressourcenzugang durch Unternehmensbeziehungen

Wie das Beispiel 9 zeigt, ermöglicht die Einbettung in externe Unternehmensnetzwerke den Zugang zu Ressourcen von Kooperationspartnern sowie Vorteile bei der Koordination zwischenbetrieblicher Prozesse[1]. Solche Vorteile zeigt auch Beispiel 10: McNAUGHTON und BELL argumentieren hierzu, dass externes Sozialkapital von Unternehmen den Zugang zu neuen Märkten erlaubt. Sie schlagen deshalb vor, die Bildung von Beziehungen kleiner und mittlerer Unternehmen durch Broker-Agenturen zu unterstützen[2]. UZZI und GILLESPIE sehen externe Beziehungen zu Banken als Sozialkapital, das dem Unternehmen den Zugang zu günstigen Krediten (finanziellem Kapital) ermöglicht[3]. STUART und PODOLNY stellen einen direkten Zusammenhang zwischen Innovation in Halbleiter produzierenden Unternehmen und deren Allianzen mit Unternehmen außerhalb des eigenen Technologiebereichs her[4]. GABBAY, TALMUD und RAZ zeigen am Beispiel der israelischen Softwareindustrie, dass die Einbettung in soziale Cluster, basierend sowohl auf geographischer Nähe als auch der Einbettung in Netzwerkstrukturen, die Übernahme und Adoption erfolgreicher Unternehmensstrategien von anderen Unternehmen erlaubt[5]. Alle Studien haben gemeinsam, dass sie interorganisationale Beziehungen als Quelle von Sozialkapital sehen.

Vorteilhaftigkeit verschiedener interorganisationaler Netzwerkstrukturen

Die Studie von AHUJA beschreibt Vorteile von direkten und indirekten Unternehmensbeziehungen, sowie von zentralen Positionen in lückenhaften Netzwerken[6]. KOKA und PRESCOTT berichten von einer quantitativen Stu-

---

[1] Siehe Pennings/Lee 1999.

[2] Vgl. McNaughton/Bell 2001. In ähnlicher Weise beschreibt Noteboom 1999 die Rolle des Intermediärs (Go-Between), der einerseits eine Reputationsfunktion ausübt und andererseits niedrigere Kooperationskosten sowie Vorteile bei der Vertrauensbildung zwischen den Unternehmen mit sich bringt.

[3] Siehe Uzzi/Gillespie 1999.

[4] Stuart/Podolny 1999, siehe auch: „Stuart & Podolny (1999) report a higher probability of innovation from semiconductor firms that establish alliances with firms outside their own technological area.“ (zitiert aus Burt 2000 S. 366).

[5] „Both network position and geographic location serve as a pool of social resources for adopting firm strategic style, deemed successful in a highly uncertain sector thus creating corporate social capital.“ (Gabbay et al. 2001, S. 135).

[6] „According to this framework, direct ties serve as sources of resources and information, indirect ties serve primarily as sources of information, and structural holes between partners serve two contradictory roles. They expand the diversity of information that the firm has access to but also increase the firm's exposure to potential malfeasance." (Ahuja 2000a, S. 448).

die zu interorganisationalem Sozialkapital in Allianznetzwerken, in der sie Netzwerke strategischer Allianzen als Sozialkapital beim Zugang zu Informationen hoher Diversität, wie auch hoher Reichhaltigkeit sehen. Sie argumentieren, dass Allianzen sowohl Informations- und Kontrollvorteile durch das Brokern in Netzwerken, als auch kooperative Vorteile in direkten Beziehungen haben können[1]. In ähnlicher Weise untersuchen WALKER ET AL. in der schon mehrfach angesprochenen Studie verschiedene Netzwerkstrukturen in der Biotechnologie-Industrie. Sie argumentieren, dass, wenn wiederholte Interaktionen aufgrund von umfangreichen technischen und geschäftlichen Interdependenzen zwischen den Unternehmen notwendig sind, Unternehmen zu langfristigen Beziehungen und zur Bildung dichter und stabiler Netzwerke tendieren. Dies erlaubt das Herausbilden effektiver Kooperation, im Gegensatz zum kurzfristigen Ausnutzen von Opportunitäten in lückenhaften Netzen[2].

Die genannten Studien dienen als Beispiele für die typische Anwendung des Sozialkapitalkonstrukts im zwischenbetrieblichen Kontext. Sie haben einerseits gemeinsam, dass sie deskriptiv die Erforschung der Vorteile externer Beziehungen bzw. bestimmter Netzwerkstrukturen zum Ziel haben. Andererseits werden Unternehmen im Sinn einer Makro-Ebenen-Betrachtung weitgehend als monolithische Gebilde gesehen, die als selbständige Akteure im Markt agieren. Es findet nur eine abstrakte und deskriptive Betrachtung der interpersonalen Ebene statt. Als Gegenpol hierzu wird nun zunächst auf einen weiteren Anwendungsbereich von Sozialkapital im interorganisationalen Kontext eingegangen, der Individuen als die maßgeblich handelnden Akteure sieht. Aufbauend hierauf kann dann gezeigt werden, dass ein Multi-Ebenen-Verständnis zwischenbetrieblicher Arrangements zur besseren Anwendung des Sozialkapitalarguments notwendig ist.

4.4.2 Externe Beziehungen von Individuen als Sozialkapital des Unternehmens

Ein weiterer Teilbereich interorganisationaler Sozialkapitalforschung sieht organisationales Sozialkapital als Wert der externen interpersonalen Beziehungen einzelner Individuen. Unternehmen profitieren demnach von individuellen Beziehungen, die Manager oder andere Mitarbeiter unternehmensextern unterhalten. Dies passt zum in Tabelle 4.1 vorgestellten Typ C organisationalen Sozialkapitals. Im Weiteren werden einige Beispiele dieser Sichtweise vorgestellt.

---

[1] Vgl. Koka/Prescott 2002, S. 796.

[2] Vgl. Walker et al. 1997, S. 118; siehe auch Beispiel 11 und Lesser 2000, S. 6.

Der Entrepreneur als handelnder Akteur und Sozialkapitalträger

Zunächst einmal kann auf Studien verwiesen werden, die sich auf den Entrepreneur oder Unternehmer als maßgeblichen Akteur konzentrieren und somit Person und Unternehmen quasi gleichsetzen. Ein gutes Beispiel für diese Sichtweise stellt das COLEMAN-Beispiel des Diamantenhandels in New York dar (siehe Beispiel 3); hier sind es Individuen, die als Unternehmer agieren. Der Entrepreneur repräsentiert im Wesentlichen sein Unternehmen und ist derjenige, der die Beziehungen unterhält[1]. In ähnlicher Weise operationalisiert UZZI seine Studien zur sozialen Einbettung kleiner und mittlerer Unternehmen der New Yorker Textilindustrie[2]. Auch hier stehen die persönlichen Beziehungen der Unternehmenslenker im Mittelpunkt der Betrachtung. UZZI stellt fest, dass es einen optimalen sozialen Einbettungsgrad gibt. Soziale Einbettung, das heißt der Aufbau starker Beziehungen, hat Vorteile hinsichtlich des Informationsaustauschs, schnellerer Entscheidungsfindung, sowie der Suche nach „Win-Win"-Situationen, die egoistisches Verhalten in den Hintergrund treten lassen[3]. Ab einem bestimmten Punkt kann diese soziale Einbettung im Einzelfall jedoch negative Effekte haben; hierzu gehört das „Erblinden" für Vorgänge außerhalb des Netzwerks, wie dies auch oben in Kapitel 3.5.3 als soziale Verbindlichkeit bereits beschrieben wurde[4].

Die Außenvernetzung der Mitarbeiter als Quelle von Sozialkapital

Auch BURT definiert Sozialkapital vorwiegend auf interpersonaler Ebene. Er argumentiert, dass externes Sozialkapital durch die Außenvernetzung von Managern entsteht, sowie deren Möglichkeit und Fähigkeit, Netzwerklücken zu erkennen und zu nutzen, um frühzeitigen Zugang zu Informationen hoher Diversität zu bekommen. In Märkten mit hoher Wandlungsgeschwindigkeit haben danach solche Manager Vorteile, die in der Lage sind, Netzwerklücken zu erkennen und zu nutzen, bevor das System ein stabiles

[1] Vgl. Coleman 1988, S. 16f.

[2] Siehe Uzzi 1996, 1997; vgl. zu einer weiteren Diskussion des Sachverhalts auch Talmud 1999, S. 111.

[3] „As such issues of self-interest maximization, generalized reputation, and repeated-gaming fade into the background, issues of how social relations promote thick information exchange, rapid and heuristic decision-making, and the search for positive-sum outcomes take the fore." (Uzzi 1996, S. 693). Dieser Aspekt kann im Übrigen wieder ganz im Sinne des Konzepts des Homo Reciprocans gesehen werden, bei dem egostisch-kurzfristige Nutzenmaximierung zugunsten reziprok kooperativen Verhaltens in den Hintergrund tritt; siehe auch Kap. 3.1.4.3.

[4] „Embeddedness, however, yields positive returns only up to a threshold point. Once this threshold is crossed, returns from embeddedness become negative." (Uzzi 1996, S. 694).

Gleichgewicht im Sinne dichter Vernetzung erlangt[1]. GELETKANYCZ und HAMBRICK argumentieren, dass Unternehmen dann höhere Leistung aufweisen, wenn ihre Top-Manager persönliche Beziehungen mit anderen Managern außerhalb des Unternehmens und auch außerhalb der eigenen Branche unterhalten[2].

Auch auf anderen organisationalen Ebenen können die externen Beziehungen der Mitarbeiter Vorteile für das Unternehmen im Sinne von Sozialkapital mit sich bringen. FERNANDEZ ET AL. haben beispielsweise gezeigt, wie die sozialen Netzwerke von Mitarbeitern jenseits der Organisationsgrenzen Sozialkapital im Recruitingprozess des Unternehmens darstellen können. Unternehmen konnten beim Anwerben neuer Mitarbeiter durch die Nutzung der Beziehungen bestehender Mitarbeiter signifikante Kosteneinsparungen realisieren[3]. Weitere Beispiele externen, interpersonal-definierten Sozialkapitals finden sich in Beispiel 7 und Beispiel 8. Sowohl im Beispiel des „Ingenieursnetzwerks", als auch im Beispiel der „Unternehmensberatungen" sind die handelnden Akteure Individuen und Sozialkapital bezieht sich auf die Beziehungen der Individuen mit anderen Individuen in den Partnerunternehmen. Auch hier ziehen die Unternehmen Vorteile aus den Beziehungen einzelner Mitarbeiter.

4.4.3 Unternehmen als rationale oder politische Akteure?

Die beiden Sichtweisen interorganisationalen Sozialkapitals können im Sinne des von PENNINGS und LEE beschriebenen Gegensatzes interpretiert werden, nach dem Unternehmen einerseits als rationale, monolithische Akteure und andererseits als politische, soziale Akteure und als Aggregation von Individuen gesehen werden[4]. Der ersten Sichtweise folgend sind es Unternehmen, die im Markt als Akteure (mit einer einheitlichen Identität) agieren und so Beziehungen zu anderen betrieblichen Akteuren aufbauen. Diese Makro-Sichtweise kann jedoch als untersozialisiert kritisiert werden, da sie die interpersonale, soziale Ebene zwischenbetrieblicher Aktivität weitgehend außer Acht lässt. Die zweite Sichtweise sieht dagegen Individuen als diejenigen Akteure an, die Beziehungen aufbauen und pflegen. Jedoch kann diese Mikro-Sichtweise wiederum als übersozialisiert kritisiert werden, da eine solche Sichtweise bedeuten würde, dass das Unternehmen selbst keine institutionalisierten Beziehungen unterhalten kann und es schlussendlich immer Individuen sind, die Unternehmen miteinan-

---

[1] Vgl. Burt 2000, S. 357; dort finden sich zudem weitere Beispiele von Sozialkapital auf Basis externer Beziehungen von Managern.

[2] Siehe Geletkanycz/Hambrick 1997.

[3] Siehe Fernandez et al. 2000.

[4] Vgl. Pennings/Lee 1999, S. 45ff.

der verbinden. Es kann jedoch argumentiert werden, dass Beziehungen und somit auch Sozialkapital durchaus depersonalisiert und institutionalisiert werden können[1].

Eine Lösung dieses Gegensatzes liegt in einer Mehrebenen-Betrachtung, bei der die Unternehmensebene und die der Individuen als interdependent angesehen werden. Hieraus ergeben sich im Einzelfall folgende Möglichkeiten für die Entstehung von Beziehungen:

1. Individuen initiieren und unterhalten informelle Beziehungen zu Individuen aus anderen Organisationen, wie dies z. B. in Beispiel 7 in Bezug auf die von einzelnen Ingenieuren initiierte Forschungskooperation der Fall war. Aufbauend darauf wird dann eine organisationale Beziehung angebahnt, die eine Depersonalisierung und Formalisierung einleitet, die die interorganisationale Beziehung unabhängig von den Individuen macht[2].
2. Andererseits können Unternehmen eine Beziehung (z. B. eine Allianz) mit anderen Unternehmen eingehen. Ausgehandelt wird eine solche Beziehung natürlich von Individuen, wie den verantwortlichen Managern, letztlich aber sind es die Unternehmen, die eine Beziehung eingehen. Diese Beziehung ist dann Anlass für die Entstehung von Beziehungen zwischen Mitarbeitern aus den beiden Unternehmen und für ein Anreichern formeller Koordination mit informeller interpersonaler Koordination[3].

Notwendig ist demnach eine Sichtweise, die ein Unternehmen im interorganisationalen Kontext als ein multiplexes System interpretiert, das soziale Beziehungen auf mehreren Ebenen zulässt. Die vorherrschende Anwendung von Sozialkapital im interorganisationalen Kontext reduziert die Betrachtung stets auf atomare Beziehungen: Entweder Unternehmen unterhalten Beziehungen mit anderen Unternehmen, oder aber Individuen unterhalten interpersonale Beziehungen aus denen sich Vorteile für das Unternehmen ergeben. Um ein differenzierteres Bild von Sozialkapital im zwischenbetrieblichen Kontext zu erhalten, muss mit Hilfe einer Multi-Ebenen-Betrachtung die Rolle sozialer Beziehungen innerhalb von interorganisationalen Arrangements zwischen Unternehmen untersucht werden.

---

[1] „Yet, as with all intangible assets, social capital can also be treated as an intangible asset that is not exclusively buried in social networks. Social capital is often 'depersonalized' or is couched in multiplex forms" (Pennings/Lee 1999, S. 49).

[2] Vgl. Pennings/Lee 1999, S. 49ff.

[3] Siehe hierzu die Arbeiten von Gulati zur zunehmenden Relevanz von vertrauensbasierter Koordination in Allianzen (Gulati 1995a) und die Arbeit von Ring und van de Ven, die die Wechselwirkung formeller und informeller Mechanismen untersuchen (Ring/van de Ven 1994); siehe auch später.

4.5 Interorganisationale Arrangements als Multi-Ebenen-Gebilde

Interorganisationale Arrangements können als Multi-Ebenen-Gebilde zwischen Unternehmen interpretiert werden. Dies erlaubt nicht nur die Betrachtung verschiedener interpersonaler Beziehungen zwischen Mitgliedern der Organisation; die interorganisationale Beziehung selbst wird als neu geschaffene multiplexe Organisation mit mehreren Ebenen aufgefasst. Dies erscheint notwendig, um die Rolle der sozialen Beziehungen zwischen Individuen im zwischenbetrieblichen Kontext angemessen differenziert und unter Berücksichtigung des Kontexts der organisationalen Beziehung zu beleuchten. Individuen sind die eigentlichen Akteure in zwischenbetrieblichen Beziehungen, die organisationale Beziehung jedoch definiert den institutionalisierten Kontext, der das Handeln der Individuen beeinflusst und prägt.

Es existieren verhältnismäßig wenige Arbeiten, die interorganisationale Arrangements als Multi-Ebenen-Gebilde auffassen und diesem Umstand in empirischen Studien Rechnung tragen. Noch weniger Studien fokussieren explizit auf die Rolle der sozialen Ebene in solchen Arrangements. Im Folgenden wird anhand einiger Arbeiten in diesem Bereich die Notwendigkeit einer Multi-Ebenen-Betrachtung nachhaltig motiviert. Die vorgestellten Arbeiten dienen zudem der Motivation und Abgrenzung der im Weiteren vorgestellten empirischen Studie.

4.5.1 Individuen als Akteure im Kontext institutionalisierter Beziehungen

Die soziale Ebene zwischenbetrieblicher Kooperation wird bislang nur in wenigen wissenschaftlichen Studien explizit erforscht. Jedoch wird ihre Relevanz in managementnahen Publikationen bisweilen erkannt und betont (siehe Diskussion in Kap. 2.4.1). ARIAS weist in einem Beitrag zu verschiedenen Herausforderungen zwischenbetrieblicher Netzwerke auf die Wichtigkeit einer Multi-Ebenen-Betrachtung unter Einbeziehung der sozialen Ebene hin. Letztlich, so der Autor, sind es Individuen, die Beziehungen in Netzwerken und Allianzen unterhalten. Zwar können Geschäftseinheiten von Unternehmen gemeinsame Allianzen eingehen, aber Mitarbeiter auf allen Ebenen der Organisation, vom Management bis zu operativen Mitarbeitern, unterhalten soziale Beziehungen miteinander[1]. In ähnlicher Weise

[1] „Business units may form networks and alliances, but relationships take place between people. In the end, it is people who determine how well networks perform. And that includes people at all levels in the organizations involved, from top management to floor personnel engaged in the day-to-day interaction. For a business network to be effective it is necessary to develop and nurture an overlapping social network." (Arias 1995, S. 55).

weist auch ZEFFANE auf die Relevanz der sozialen Beziehungen im Mix formeller, organisationaler und informeller, sozialer Aspekte auf Ebene der Individuen hin[1].

Eine weitere Arbeit, die auf die Relevanz der sozialen Ebene verweist, ist die von HÅKANSSON und SNEHOTA. Auch sie sehen Individuen als die maßgeblich handelnden Akteure in Allianzen und Netzwerken an[2]. Sie unterscheiden drei Betrachtungsdimensionen, durch die Unternehmen in Unternehmensnetzwerken miteinander verbunden sind. Neben unternehmensübergreifenden Aktivitäten („activity links") und dem Entwickeln und Teilen gemeinsamer Ressourcen („resource links"), fokussieren sie auf unternehmensübergreifende Beziehungen zwischen Akteuren („actor bonds"). Zwar finden sich auch hier keine weitergehenden Erkenntnisse zur Rolle der sozialen Beziehungen, aber die generelle Wichtigkeit interpersonaler Beziehungen im zwischenbetrieblichen Kontext wird anhand von Beispielen verdeutlicht. Die Autoren argumentieren, dass zwischenbetriebliche Arrangements komplex sind, da einerseits auf interpersonaler Ebene mehrere Individuen mit unterschiedlichen Sichtweisen in die Beziehung involviert sind und andererseits verschiedene organisationale Geschäftseinheiten in den Partnerunternehmen an den Interaktionen beteiligt sein können[3]. Zwischenbetriebliche Beziehungen können somit als komplexe Arrangements interpretiert werden, die eine Multi-Ebenen-Betrachtung notwendig machen.

PENNINGS und LEE argumentieren explizit für ein Multi-Ebenen-System zwischenbetrieblicher Aktivitäten zur Untersuchung von Sozialkapital im zwischenbetrieblichen Kontext; sie nennen dies ein "multiplex boundary transaction system". Ein solches System erlaubt die Untersuchung von Sozialkapital auf individueller Ebene und dessen Rolle für die Bildung orga-

---

[1] „Emphasis on the social fabric and informal relationships can therefore mediate the relationships between organizational and individual factors." (Zeffane 1995, S. 30).

[2] „It is individuals who endow business networks with life. What happens in a network stems from the behavior of individuals who bring into the relationships between companies their intentions and interpretations upon which they act." (Håkansson/Snehota 1995, S. 192).

[3] „When focusing on business relationships, we have up to now abstracted organizations into a notion of a collective actor. This is not without problems. First, several individuals are usually involved in carrying out the activities that add up to a business relationship between two companies. (...) Individuals interact on the basis of their perceptions, (...). Second, all larger companies consist of several units. There are departments, business units, divisions, companies, and groups of companies." (Håkansson/Snehota 1995, S. 34).

nisationalen Sozialkapitals[1]. Zwar sind Individuen die handelnden Akteure in interorganisationalen Arrangements, aber die institutionalisierte Beziehung definiert den Kontext und beeinflusst individuelles Handeln in der Beziehung[2]. In ähnlicher Weise argumentieren auch ZAHEER ET AL., die die Rolle von Vertrauen auf interpersonaler und institutionalisierter Ebene empirisch untersucht haben. Sie argumentieren, dass in empirischen Arbeiten zu Vertrauen eine Multi-Ebenen-Betrachtung unter Einbeziehung der sozialen Ebene stattfinden sollte, da letztlich nur Individuen diejenigen sind, die vertrauen können[3]. Ergebnis ihrer Studie ist die Notwendigkeit, die Wechselwirkung zwischen der institutionalisierten und der interpersonalen Ebene explizit zu betrachten. Die institutionalisierte Beziehungsebene definiert den Kontext, in dem Vertrauen auf der interpersonalen Ebene entstehen kann[4]. Es ist somit weder ausreichend, nur die organisationale Ebene zu betrachten, noch sich allein auf die Ebene der Individuen zu konzentrieren. Sozialkapital im zwischenbetrieblichen Kontext wird letztlich geschaffen von den in der Beziehung interagierenden Individuen[5]. Individuen agieren und schaffen Vertrauen, welches dann in einer interorganisationalen Beziehung institutionalisiert wird[6].

---

[1] „The boundary transaction system is useful in that it points to the role of members' social capital in producing organizational social capital" (Pennings/Lee 1999, S. 52). Pennings und Lee tragen zur Strukturierung des Untersuchungsbereichs bei, führen selbst jedoch keine Studie zur Rolle von Sozialkapital auf Ebene der Individuen im zwischenbetrieblichen Kontext durch.

[2] „In multiplex systems, the social context becomes central and will in fact color the nature of the relationships between individuals who are part of that system" (Pennings/Lee 1999, S. 52).

[3] „Not clearly specifying how trust translates from the individual to the organizational level leads to theoretical confusion about who is trusting whom because it is *individuals* as members of organizations themselves, who trust." (Zaheer et al. 1998, S. 141, Hervorhebung im Original).

[4] „In considering the role of trust in relational exchange, we argue that firms must recognize the impersonal (…) structures, processes, and routines that create a stable context within which interpersonal trust can develop and persist." (Zaheer et al. 1998, S. 156).

[5] Pennings und Lee machen folgende Aussage zum zwischenbetrieblichen Kontext: „One might thus argue that the social capital of organizations is tied up in the individuals they employ." (Pennings/Lee 1999, S. 49).

[6] „The stability of interfirm exchange is not created and maintained solely by boundary spanning individuals, but rather is institutionalized in the interorganizational relationship." (Zaheer et al. 1998, S. 156).

4.5.2 Zur Relevanz interpersonaler Beziehungen in interorganisationalen Arrangements

Während also die genannten Autoren auf die Notwendigkeit einer Multi-Ebenen-Betrachtung hinweisen und für eine Untersuchung der interpersonalen Aspekte plädieren, gibt es nur wenige Arbeiten, die explizit auf die soziale Ebene fokussieren und die interpersonalen Beziehungen als Forschungsgegenstand aufgreifen. Zu diesen gehört die Arbeit von RING und VAN DE VEN, in der die Autoren Annahmen und Hypothesen zur Wichtigkeit der informellen, interpersonalen Koordination in zwischenbetrieblichen Arrangements aufstellen. Zwar findet auch hier keine empirische Untersuchung statt, jedoch argumentieren die Autoren nachvollziehbar, dass die formelle Koordination in der zwischenbetrieblichen Kooperation in der Regel durch soziale, informelle Mechanismen ergänzt wird. So sehen sie informelles „Sense-Making" zwischen den Individuen eines interorganisationalen Arrangements im Sinne des Herausbildens eines gemeinsamen Verständnisses als hilfreich im Prozess formeller Verhandlungen an[1]. Zudem argumentieren sie, dass „psychologische Kontrakte", im Sinne des Aufbauens von Vertrauen, formelle vertragliche Arrangements ergänzen können[2]. Persönliche, soziale Beziehungen ersetzen mit zunehmender Dauer einer Beziehung die eher formellen Rollenbeziehungen[3]. Die Autoren sehen somit interpersonale Interaktionen und Beziehungen und die damit einhergehende informelle Koordination als wichtiges Komplement zur formellen Beziehung zwischen den Unternehmen und zu rollenbasierten Interaktionen[4]. Sie weisen auf Forschungsbedarf in diesem Bereich hin und argumentieren, dass empirische Studien die organisationale und individuelle Betrachtungsebene miteinander verbinden sollten[5].

---

[1] „Congruent sense making among parties increases the likelihood of concluding formal negotiations to a cooperative IOR." (Ring/van de Ven 1994, S. 101) Dieses Argument deutet auf die Relevanz der kognitiven Dimension von Sozialkapital hin (siehe Kap. 3.6.4). *Anmerkung*: IOR steht für „Interorganizational relationship" und bezieht sich auf die institutionalisierte Beziehungsebene.

[2] „Informal psychological contracts increasingly compensate or substitute for formal contractual safeguards as reliance on trust among parties increases over time." (Ring/van de Ven 1994, S. 105) Siehe zu diesem Argument auch die Studie von Gulati (1995a).

[3] „If the individuals assigned to a cooperative IOR do not change, personal relationships increasingly supplement role relationships as a cooperative IOR develops over time." (Ring/van de Ven 1994, S. 103).

[4] Hierzu auch wiederum Pennings und Lee: „The personal ties often complement nonpersonal ones such as reciprocal ownership arrangements or R&D partnerships." (Pennings/Lee 1999, S. 51).

[5] „The propositions clearly reveal that these studies must be undertaken using organizational and individual units of analysis." (Ring/van de Ven 1994, S. 112).

Eine empirische Studie, die zwar nicht die sozialen Beziehungen selbst erforscht, wohl aber die Relevanz sozialer Beziehungen für den Erfolg zwischenbetrieblicher Beziehungen unterstreicht, ist die Studie von KELLY ET AL.[1]. Die Autoren sehen einen Forschungsbedarf zum Thema zwischenbetrieblicher Kooperation und befragen Unternehmenslenker zu Problemen in der Startphase von Allianzen[2]. Dabei werden insbesondere Probleme interpersonaler Kooperation aufgedeckt. Zwar stellen die Autoren keine detaillierte Untersuchung zu den interpersonalen Aspekten an, sie leiten dennoch einige Management-Implikationen ab. Sie argumentieren, dass die sozialen Aspekte insbesondere zu Anfang der Kooperation von den verantwortlichen Managern häufig vernachlässigt werden, obwohl sie in dieser Phase von hoher Relevanz sind. Sie identifizieren Kommunikations-, Kultur- und Vertrauensbarrieren als Hindernisse einer reibungslosen interpersonalen Kooperation und sehen ein dediziertes Beziehungsmanagement mit Blick auf die sozialen Aspekte in der Startphase als wichtigen Erfolgsfaktor an[3]. Interessant ist, dass die Autoren die Relevanz der sozialen, informellen Aspekte insbesondere in der ersten Phase gemeinsamer Zusammenarbeit sehen, während GULATI, sowie auch RING und VAN DE VEN argumentieren, dass diese erst in späteren Phasen gemeinsamer Zusammenarbeit an Relevanz gewinnen. Dies macht deutlich, dass die Fragen nach den Kontingenzen für die Relevanz der sozialen Aspekte in zwischenbetrieblichen Arrangements noch weitgehend unerforscht sind. Die vorliegende Arbeit setzt hier an und leistet mit der Durchführung der explorativen Studie einen entsprechenden Beitrag.

4.5.3 Existierende Arbeiten mit Bezug zur Sozialkapitaltheorie

Neben den bereits diskutierten Arbeiten, die auf die Relevanz interpersonaler Beziehungen in zwischenbetrieblichen Arrangements hinweisen, können zwei Studien angeführt werden, die zwar nicht explizit die Sozialkapitaltheorie anwenden, wohl aber Aspekte untersuchen, die einen direkten Bezug zu einzelnen Sozialkapitaldimensionen aufweisen. Diese werden nun kurz vorgestellt, bevor dann, unter Einbeziehung von Limitationen der existierenden Forschung, die Kernfragen der in dieser Arbeit vorgestellten empirischen Studie abgeleitet und eingeordnet werden.

---

[1] Siehe Kelly et al. 2000, 2002.

[2] „Few studies, however, have examined how the process of cooperation between individuals and organizations actually takes place in alliances and the problems that companies encounter initiating and sustaining collaboration." (Kelly et al. 2000, S. 3).

[3] „...it may be wise to view the early stages of cooperation as a period of mutual discovery, sensemaking and trust building by the partners and those involved." (Kelly et al. 2000, S. 4/5).

Relationales Kapital in strategischen Allianzen

KALE ET AL. haben eine quantitative Studie zur Relevanz relationaler Beziehungsaspekte wie Vertrauen, Freundschaft und Respekt auf der Ebene von Individuen in zwischenbetrieblichen Forschungsallianzen durchgeführt[1]. Dabei wird Sozialkapital als Konstrukt zwar nicht dediziert angewendet, es werden jedoch Aspekte der relationalen Dimension von Sozialkapital untersucht. Auch stimmen die Autoren dem Kapitalgedanken zu und sprechen bezeichnender Weise von "relationalem Kapital", erwähnen aber das Sozialkapitalkonstrukt nicht[2]. Relationalem Kapital wird ein positiver Effekt auf die Ermöglichung sozialer Interaktionen und somit auf das Lernen in Allianzen zugeschrieben. Es erhöht die individuelle Motivation, Wissen zu teilen und Informationen weiterzugeben[3]. Zwar bleiben die Ergebnisse der Studie, da es sich um die quantitative Auswertung einer standardisierten Befragung handelt, recht abstrakt, sie erscheinen jedoch aus Sicht der Sozialkapitaltheorie plausibel und unterstreichen die Relevanz von Sozialkapital in diesem Bereich und die Notwendigkeit zu weiterer Forschung unter expliziter Anwendung des Konstrukts.

Wissenstransfer in einem interorganisationalen Netzwerk

Die zweite Studie mit Sozialkapitalbezug stammt von DYER und NOBEOKA, die eine detaillierte Studie zum Produktionsnetzwerk von Toyota durchführen[4]. Dabei konzentrieren sich die Autoren auf Lern- und Wissenstransferprozesse und finden Evidenz für die Relevanz interpersonaler Vernetzung bei der Übertragung expliziten wie impliziten Wissens zwischen den Unternehmen im Netzwerk. Dabei nutzen sie Aspekte der Sozialkapitaltheorie, ohne jedoch explizit auf das Konstrukt einzugehen. Die Autoren argumentieren, dass ein Netzwerk starker Beziehungen und hoher Dichte die effektive Wissensübertragung garantiert, da so das Auffinden von Wissensträgern vereinfacht wird und zudem in diesen Strukturen ent-

---

[1] Siehe Kale et al. 2000.

[2] „We (...) develop the notion of relational capital, which refers to the level of mutual trust, respect, and friendship that arises out of close interaction at the individual level between alliance partners." (Kale et al. 2000, S. 218).

[3] „Relational capital based on mutual trust and respect fosters learning by encouraging and facilitating such contact. It also increases the willingness and ability of partners to engage in a mutual exchange of information and know-how to achieve reciprocal learning." (Kale et al. 2000, S. 232).

[4] Siehe Dyer/Nobeoka 2000.

sprechendes Vertrauen entstehen kann[1]. Die Autoren identifizieren zudem drei Herausforderungen wissensintensiver Arbeit in Allianzen oder Netzwerken: 1) das Herstellen der Motivation, Wissen zu teilen und zur gemeinsamen Arbeit beizutragen; 2) das Überwinden des Free-Rider-Problems: Free-Rider schöpfen Wissen ab ohne zur Wissensbildung beizutragen; 3) das Herstellen der notwendigen Vernetzung zwischen den Individuen, damit Wissen übertragen werden kann[2]. Maßnahmen zur Überwindung dieser Probleme sind einerseits die Schaffung von Normen kooperativen Verhaltens mit Bezug auf den Transfer und das Teilen von Wissen; dieses Verhalten wurde von Toyota aktiv vorgelebt[3]. Zum anderen wurden interorganisationale Projektinitiativen ins Leben gerufen, um Opportunitäten für den Wissenstransfer zu erhöhen und die interpersonale Vernetzung anzuregen. So wurde im Einzelfall die Häufigkeit des Face-to-Face Kontakts bis zum siebenfachen erhöht[4]. Die Studie ist gut geeignet, die Relevanz einiger Sozialkapitalaspekte wie der Notwendigkeit dichter Strukturen und starker Vertrauensbeziehungen für die zwischenbetriebliche Wissensarbeit zu belegen. Sie macht jedoch auch deutlich, dass weiterer Forschungsbedarf im Sinne der expliziten Anwendung des Sozialkapitalkonstrukts auf interorganisationale Arrangements besteht.

4.5.4 Grenzen existierender Studien und weiterer Forschungsbedarf

Die Forschung zu den sozialen Aspekten in zwischenbetrieblichen Arrangements und insbesondere zur Rolle der sozialen Beziehungen steht noch weitgehend am Anfang. Die vorgestellten Studien belegen die Relevanz der Anwendung von Sozialkapital auf zwischenbetriebliche Arrangements und zeigen gleichzeitig auf, dass es Forschungsbedarf gibt, einerseits hinsichtlich der dedizierten Anwendung des Sozialkapitalkonstrukts und andererseits in Bezug auf das Einbeziehen verschiedener Typen zwischenbe-

---

[1] „Moreover, a highly interconnected, strong tie network is effective at the diffusion of tacit knowledge because (1) the redundant ties make it easier for network members to locate potentially valuable knowledge, and (2) strong ties produce the trust (social capital) necessary to facilitate the transfer of tacit knowledge." (Dyer/Nobeoka 2000, S. 365).

[2] Sie argumentieren, dass, selbst wenn Motivations- und Free-Rider-Probleme überwunden werden, immer noch die notwendige Vernetzung hergestellt werden muss: „..., but the network may still be inefficient at knowledge sharing because it has not created the necessary pathways among members to facilitate efficient knowledge flows." (Dyer/Nobeoka 2000, S. 348).

[3] „Toyota creates a norm of reciprocal knowledge sharing within the production network by providing free assistance to suppliers and allowing suppliers full access to Toyota's operations and stock of knowledge." (Dyer/Nobeoka 2000, S. 358).

[4] Vgl. Dyer/Nobeoka 2000, S. 362.

trieblicher Beziehungen, um die jeweilige Rolle und Relevanz von Sozialkapital näher zu beleuchten.

Es bleibt festzuhalten, dass bisher keine Studie das Sozialkapitalkonstrukt explizit im Kontext des Managements zwischenbetrieblicher Arrangements angewendet hat. Wie oben gesehen, folgen existierende Studien zum Sozialkapital meist einer von zwei Sichtweisen, die die Beziehungen im zwischenbetrieblichen Kontext weitestgehend als atomare Gebilde und nicht als komplexe organisationale Arrangements ansehen. Die Lesart bisheriger Sozialkapital-Studien ist, dass Beziehungen auf organisationaler und individueller Ebene Sozialkapital für das Unternehmen darstellen können. Diese Arbeiten sind stets deskriptiv und untersuchen die Rolle institutioneller oder interpersonaler Beziehungen für die Leistungsfähigkeit und den Erfolg von Unternehmen. Sie weisen damit den Nutzen zwischenbetrieblicher Beziehungen für das Unternehmen nach, ohne sich jedoch der vielfältigen Probleme des Managements solcher Arrangements anzunehmen.

Im Angesicht des Scheiterns von Allianzen und von Problemen des Managements solcher Arrangements[1], stellt sich die Frage nach der Relevanz von Sozialkapital in zwischenbetrieblichen Beziehungen und die Frage nach einem effektiven sozialkapitalorientierten Management. Die Ausarbeitung der theoretischen Grundlagen des Sozialkapitalkonstrukts hat gezeigt, dass Sozialkapital als Voraussetzung effektiver interpersonaler Interaktionen angesehen werden kann. Die Ausführungen in diesem Kapitel wiederum haben gezeigt, dass die interpersonale Kooperation von erheblicher Relevanz für den Erfolg zwischenbetrieblicher Kooperation ist. Es kann somit geschlossen werden, dass Sozialkapital auf Ebene der Individuen für den Erfolg zwischenbetrieblicher Beziehungen relevant und wichtig ist. Damit also die organisationale Beziehung schlussendlich Sozialkapital für das Unternehmen darstellen kann, muss Sozialkapital auf Ebene von Individuen und Gruppen innerhalb der interorganisationalen Arrangements in ausreichendem Maße entstehen. Notwendig ist somit eine Meso-Sicht, die die sozialen Strukturen innerhalb des Multi-Ebenen-Konstrukts der interorganisationalen Beziehung zum Gegenstand der Untersuchung macht und der Frage nachgeht, welche Rolle Sozialkapital für das Management verschiedener Kooperationsbeziehungen spielt.

Existierende Studien der Allianzforschung haben zwar in Ansätzen einige Aspekte der interpersonalen Ebene diskutiert, es kann jedoch argumentiert werden, dass die Forschung in diesem Bereich von einer Anwendung des Sozialkapitalkonstrukts profitieren kann. Dies zeigen nicht zuletzt die im letzten Unterkapitel beschriebenen Studien, die einzelne As-

[1] Siehe Kapitel 2.2, sowie Kelly et al. 2000 und 2002.

pekte des Sozialkapitalkonstrukts bereits angewendet haben. Eine explizite Anwendung des Konstrukts stellt somit eine sinnvolle Erweiterung bestehender Forschung dar. Tabelle 4.5 fasst die Wichtigsten der in diesem Kapital vorgestellten Studien zusammen, zeigt ihre Grenzen auf und weist auf weiteren Forschungsbedarf hin.

Studie	Wesentliche Aussagen und Erkenntnisse	Diskussion und Ableitung weiteren Forschungsbedarfs
Gulati 1995a	Mit zunehmender Dauer zwischenbetrieblicher Kooperation nimmt die vertrauensbasierte Koordination im Vergleich zur Nutzung formeller Mechanismen zu.	Weist auf die Relevanz der sozialen Ebene hin aber keine explizite Untersuchung; aber Erkenntnis, dass Vertrauen in wiederholten Interaktionen eine Rolle spielt.
Håkansson/ Snehota 1995	Unternehmen sind auf verschiedenen Ebenen miteinander verflochten. Hier erfolgt der explizite Verweis auf die soziale Beziehungsebene.	Diskutieren die Relevanz von Beziehungen zwischen Unternehmen und zwischen Individuen innerhalb der organisationalen Verbünde. Verweisen so auf die Relevanz der Multi-Ebenen-Sicht und der interpersonalen Ebene.
Zaheer et al. 1998	Belegen, dass Vertrauen sowohl auf interpersonaler wie auch institutionalisiert auf interorganisationaler Ebene eine Rolle spielt.	Verweisen auf die Notwendigkeit der Ebenen-Unterscheidung und der expliziten Betrachtung sowohl der organisationalen als auch der interpersonalen Ebene.
Pennings/ Lee 1999	Führen Multi-Ebenen-Modell interorganisationaler Arrangements ein und interpretieren Sozialkapital auf Ebene der Organisationen und der Individuen. Verweisen auf Ebeneninteraktion und sehen Sozialkapital als Ressource.	Die wichtige Frage der Rolle der sozialen Beziehungen für die interorganisationale Beziehung wird nicht explizit angesprochen. Das Modell liefert jedoch eine konzeptionelle Grundlage für die empirische Untersuchung in dieser Arbeit.
Kelly et al. 2000, 2002	Zeigen Managementherausforderungen der sozialen Ebene in der Anfangsphase von Allianzen auf und verweisen so auf die Relevanz der sozialen Ebene.	Ableitung einiger Managementimplikationen, aber keine explizite Untersuchung der Aspekte. Verweisen explizit auf Forschungsbedarf zu interpersonalen Aspekten in Kooperationsbeziehungen.
Ring/van de Ven 1994	Verweisen auf die Wechselwirkung formeller und informeller Koordinationsmechanismen im Lebenszyklus zwischenbetrieblicher Beziehungen. Argumentieren für Relevanz von interpersonaler Ebene mit Blick auf Commitment, Sense-Making und Durchführung von Tätigkeiten.	Keine empirische Studie, sondern Sammlung von Hypothesen. Die genannten Aspekte sind anschlussfähig an die Sozialkapital-Dimensionen (relational: Commitment und kognitiv: Sense-Making) und motivieren so die in dieser Arbeit durchgeführte Untersuchung.

Studie	Wesentliche Aussagen und Erkenntnisse	Diskussion und Ableitung weiteren Forschungsbedarfs
Kale et al. 2000	Leiten das Konstrukt des „relationalen Kapitals" ab, das auf Vertrauen und Respekt auf der interpersonalen Ebene basiert und positive Wirkungen auf das gemeinsame Lernen und den Wissenstransfer in der Allianz hat.	Wendet nicht explizit das Sozialkapitalkonstrukt an und fokussiert zudem eng auf Lernen in Allianzen. Die Studie verweist aber auf die Relevanz der relationalen Dimension und stimmt Kapitalbegriff zu. Motiviert daher indirekt die Anwendung von Sozialkapital auf Allianzbeziehungen.
Dyer/ Nobeoka 2000	Untersuchen Lern- und Wissensprozesse in einem interorganisationalen Netzwerk. Dabei werden Konstrukte der Sozialkapitaltheorie genutzt, um die Prozesse des Wissenstransfers zu erklären. Die Studie belegt die grundsätzliche Relevanz von Soziakapital in interorganisationaler Wissensarbeit.	Grenzen: Nur Konzentration auf ein Netzwerk und im Wesentlichen auf Wissenstransferprozesse; zudem keine explizite Anwendung des Sozialkapitalkonstrukts. Verweist aber auf die Relevanz von Sozialkapital in interorganisationalen Tätigkeiten und motiviert daher den empirischen Teil dieser Arbeit und die explizite Anwendung des Sozialkapitalkonstrukts.

Tabelle 4.5: Diskussion und Bewertung relevanter Arbeiten im Forschungskontext

Die Ausführungen in diesem Kapitel haben die Relevanz von Sozialkapital im Unternehmen, insbesondere in wissensintensiven Tätigkeiten, nachgewiesen. Zudem wurde aufgezeigt, dass die Anwendung des Konstrukts im interorganisationalen Kontext, ganz besonders was Fragen des Beziehungsmanagements angeht, eine Betrachtung interorganisationaler Arrangements als Multi-Ebenen-Gebilde erfordert, die in bestehenden Arbeiten bislang nicht zu finden ist. Bestehende Arbeiten weisen die Relevanz der sozialen Ebene interorganisationaler Kooperation nach, machen jedoch auch deutlich, dass noch erheblicher Forschungsbedarf besteht. Ausgehend von dieser Argumentation wird im nächsten Kapitel der empirische Teil der Studie vorgestellt; dazu wird zunächst, aufbauend auf den Erkenntnissen der in diesem Kapitel präsentierten Literaturanalyse, die Forschungsfrage abgeleitet und anhand eines Forschungsframeworks operationalisiert.

5. Kapitel

Aufbau und Durchführung der empirischen Studie

Dieses Kapitel diskutiert den Aufbau und die Durchführung der empirischen Studie. Hierzu wird zunächst einmal auf die speziellen Charakteristika zwischenbetrieblicher Arrangements eingegangen, die einerseits die Anwendung von Sozialkapital motivieren und andererseits für die im Anschluss folgende Ableitung des Fragengerüsts der Arbeit notwendig sind. Aufbauend darauf wird dann der verwendete, qualitativ-explorative Forschungsansatz erläutert (siehe Kap. 5.2), das Forschungsprojekt im Einzelnen vorgestellt (Kap. 5.3), sowie abschließend eine Übersicht über die in der Studie untersuchten empirischen Fälle gegeben (Kap. 5.4). Die Ergebnisse der Studie werden in den darauf folgenden Kapiteln präsentiert und diskutiert.

5.1 Ableitung der Forschungsfragen und des Forschungsframeworks

Bereits in Kapitel 2.5.4 wurden einleitende Grundannahmen und Forschungsfragen für die weitere Untersuchung der Arbeit formuliert. Diese motivierten die Ausarbeitung der Sozialkapitaltheorie als relevantes Konstrukt für die Untersuchung der sozialen Dimension des Managements zwischenbetrieblicher Beziehungen. Die zentrale Grundannahme zu Beginn der Untersuchung war dabei, dass die Rolle von Sozialkapital mit der strategischen Relevanz zwischenbetrieblicher Kooperationsbeziehungen variiert. Nachdem nun das Sozialkapitalkonstrukt eingeführt, ausgearbeitet und zudem auf Organisationen und den interorganisationalen Untersuchungsbereich angewendet wurde, können insbesondere die Erkenntnisse zur Rolle von Sozialkapital in wissensintensiven Tätigkeiten genutzt werden, um neue Annahmen zu formulieren und die Forschungsfragen entsprechend zu ergänzen. Ziel dieses Unterkapitels ist demnach die Ableitung der endgültigen Forschungsfragen für den empirischen Teil der Studie und die Präsentation eines geeigneten Forschungsframeworks. Hierzu wird zudem das Multi-Ebenen-Modell interorganisationaler Arrangements graphisch visualisiert, um den Untersuchungsgegenstand geeignet zu präzisieren und die Forschungsfragen einzuordnen (vgl. Abbildung 5.1). Zunächst jedoch wird die Notwendigkeit von Sozialkapital für die zwischenbetriebliche Kooperation in wissensintensiven Tätigkeiten kurz rekapituliert und eine Charakterisierung interorganisationaler Arrangements mit Blick auf die Sozialkapitalentstehung vorgenommen.

5.1.1 Zwischenbetriebliche Kooperation benötigt Sozialkapital

Unternehmen verfolgen vielfältige Ziele in zwischenbetrieblichen Beziehungen (vgl. Kap. 2.1.2). Und wie in Kapitel 4.4 argumentiert wurde, stellen zwischenbetriebliche Beziehungen nicht zuletzt für den Zugang zu externen Ressourcen (wie Wissen) Sozialkapital dar. Da Wissen in zunehmend technologisierten und informatisierten Märkten nicht mehr vollständig von einzelnen Unternehmen besessen werden kann, kommt es zu arbeitsteiligen Wissens- und Forschungsprozessen[1]. Zwischenbetriebliche Kooperation kann dabei einerseits direkt der Wissensgenerierung dienen, beispielsweise in Forschungsprojekten oder bei der gemeinsamen Technologie- und Softwareentwicklung. Andererseits können auch andere gemeinsame Projekte wie das Abstimmen zwischenbetrieblicher Prozesse für die Zusammenarbeit auf operativer Ebene, beispielsweise im Wertkettenmanagement, wissensintensive Tätigkeiten beinhalten.

Wie in Kapitel 4.3 ausführlich diskutiert wurde, stellt Sozialkapital eine wichtige Ressource in interpersonalen Kooperationsprozessen der Wissensarbeit dar. Wissensarbeit ist ein sozialer Prozess komplexer interpersonaler Interaktionen, deren Effektivität vom Vorhandensein von Sozialkapital abhängt. Sowohl die arbeitsteilige Wissensgenerierung als auch der Transfer komplexen, wie impliziten, Wissens benötigt das Sozialkapital starker Beziehungen. Somit kann allgemein festgehalten werden, dass wissensintensive Tätigkeiten in interorganisationalen Arrangements Sozialkapital auf der interpersonalen Ebene benötigen.

5.1.2 Interorganisationale Arrangements stellen ein karges Umfeld für die Sozialkapitalentstehung dar

Die gemeinsame Wissensarbeit über die Unternehmensgrenzen hinweg unterliegt besonderen Herausforderungen. In interorganisationalen Arrangements stellen sich andere Herausforderungen hinsichtlich der Sozialkapitalentstehung als im innerbetrieblichen Kontext. Innerbetrieblich ist laut BURT das Herstellen von Netzwerkgeschlossenheit, im Sinne teaminterner Vernetzung, nicht die eigentliche Herausforderung. Entsprechend wurde in

[1] Powell macht dies am Beispiel der Biotechnologie-Industrie deutlich: „Large-scale reliance on interorganizational linkages reflects a fundamental and pervasive concern with access to knowledge. In the rapidly-developing field of biotechnology, the knowledge base is both complex and expanding and the resources of expertise are widely dispersed." (Powell 2000, S. 67).

Kapitel 4.3.3 argumentiert, dass Unternehmen reichhaltige Umfelde für die Sozialkapitalentstehung darstellen, da vielfältige Faktoren das Entstehen von Sozialkapital auf Teamebene begünstigen. Die eigentliche Herausforderung im innerbetrieblichen Kontext ist oftmals der Zugang zu neuem Wissen hoher Diversität, der durch teamexterne bzw. unternehmensexterne Vernetzung hergestellt werden muss[1].

Im Gegensatz dazu stellt sich das Problem in zwischenbetrieblichen Arrangements gerade in umgekehrter Weise. Der Zugang zu Wissen hoher Diversität ist durch das Zusammenkommen von Individuen verschiedener Organisationen meist gegeben oder sogar ein explizites Ziel der Kooperation (z. B. in Forschung und Entwicklung). Während also zwischenbetriebliche Arrangements auf Grund des Diversitätsarguments als vorteilhaft für die Generierung neuen Wissens angesehen werden können, bestehen hier jedoch gerade Herausforderungen bei der Entstehung von Sozialkapital auf der Teamebene. Wenn unternehmensübergreifende Teams neu erschaffen werden, müssen sich teaminterne soziale Strukturen erst herausbilden, was sich aufgrund der organisationalen Charakteristika zwischenbetrieblicher Arrangements typischerweise als schwierig erweist[2].

Zwischenbetriebliche Beziehungen und Netzwerke sind definiert als hybride Organisationsformen, die gleichzeitig Merkmale von Märkten wie auch Unternehmen aufweisen. THORELLI definiert Netzwerke auf einem Kontinuum zwischen Märkten und hierarchisch organisierten Unternehmen[3]. Dies macht einerseits deutlich, dass sich Netzwerke hinsichtlich ihrer Merkmale von Unternehmen unterscheiden und dass es andererseits verschiedene Typen zwischenbetrieblicher Arrangements gibt. Zwischenbetriebliche Beziehungen und Netzwerke weichen in signifikanter Weise von den in Kapitel 4.3.3 aufgezeigten Charakteristika von Unternehmen ab, die als vorteilhaft für das Entstehen von Sozialkapital identifiziert wurden; interorganisationale Arrangements zeichnen sich vielmehr durch folgende Aspekte aus:

---

[1] Vgl. Burt 2000, S. 398.

[2] Siehe hierzu Dyer/Nobeoka 2000: „Indeed, if the network can create a strong identity and coordinating rules, then it will be superior to a firm as an organizational form at creating and recombining knowledge due to the diversity of knowledge that resides within a network." (S. 345).

[3] „For expository purposes we may think in terms of a spectrum of arrangements, from loose to tight, from arms-length bargaining to total integration, from spot transactions via standing relations to the internalization of markets. (...) At one end of the spectrum is what we may call the open market. At the other we find the firm which is relatively self-sufficient in terms of vertical or functional integration." (Thorelli 1986, S. 37). Zu hybriden Arrangements siehe auch Powell 1987.

- Wissensarbeit in zwischenbetrieblichen Arrangements findet häufig in gemischten Teams statt, d. h. in Gruppen, deren Mitglieder verschiedenen Unternehmen angehören. Die physische Präsenz von Teammitgliedern an einem Ort ist somit oft nicht gegeben.
- Interorganisationale Arrangements leiden unter Unsicherheit, Ambiguität und dynamischen Änderungen, die schlecht vorhersehbar sind[1].
- Unternehmen in zwischenbetrieblichen Kooperationen haben selten kongruente Ziele. Überträgt sich dies auf die Teamebene, kann dies die Teamintegration und das Entstehen sozialer Beziehungen gefährden.
- Netzwerke und zwischenbetriebliche Beziehungen sind arm an formellen, organisationalen Strukturen und Koordinationsmechanismen. Dies kann einerseits die Bildung von Beziehungen verhindern, da relevante Ansprechpartner im Partnerunternehmen nicht notwendigerweise einfach zu ermitteln sind. Andererseits kann durch das Fehlen formeller Koordinationsmechanismen die Relevanz von Sozialkapital als Grundlage informeller Koordination noch steigen.
- Mitglieder gemischter Teams kommen aus unterschiedlichen Organisationskulturen. Das kann die Entstehung von Netzwerkgeschlossenheit, gemeinsamen Zielen, Werten und Normen behindern. Teammitglieder nutzen unterschiedliches Fachvokabular und haben unterschiedliche Arbeitsgewohnheiten. Daher stehen sie auch in kognitiver Hinsicht vor der Herausforderung, unterschiedliche Standpunkte zu integrieren.
- Kurzfristigkeit und ein unzureichend langer Zeithorizont stellen Herausforderungen an das Entstehen stabiler sozialer Beziehungen als Grundlage komplexer Tätigkeiten. Wenn der Zeithorizont der zwischenbetrieblichen Kooperation zu kurz ist, fehlen Anreize, in soziale Beziehungen zu investieren[2].

Die Ausführungen machen deutlich, dass zwischenbetriebliche Arrangements karge Umfelde darstellen, die ein natürliches Entstehen von Sozialkapital nicht unbedingt erwarten lassen. Einige Charakteristika können vielmehr explizit als Barrieren der Sozialkapitalentstehung interpretiert werden. Es ergibt sich somit ein immanentes Dilemma zwischenbetrieblicher Organisation: Einerseits erfordert die Technologisierung und Informatisierung der Märkte zunehmend die zwischenbetriebliche Kooperation, auch in wissensintensiven Bereichen. Kooperation wiederum, insbesondere Wissensarbeit, benötigt Sozialkapital, das jedoch in zwischenbetrieblichen Arrangements nicht ohne weiteres entstehen kann. Allerdings ist zu erwarten, dass zwischenbetriebliche Arrangements durch die Abwesenheit for-

---

[1] Vgl. Doz/Hamel 1998, S. xv.

[2] Siehe Riemer/Klein 2003.

meller Koordinationsmechanismen Sozialkapital als Grundlage informeller, interpersonaler Koordination umso mehr benötigen. Es wird somit deutlich, dass Sozialkapitalaspekte in zwischenbetrieblichen Arrangements explizite Managementaufmerksamkeit benötigen, da Sozialkapital aufgrund von Barrieren, die die soziale Integration behindern, nicht notwendigerweise als natürliches Nebenprodukt sozialer Interaktionen entstehen kann[1].

Es kann damit weiter angenommen werden, dass Sozialkapital zwischenbetrieblich als Ressource wertvoller ist als im innerbetrieblichen Kontext. Zudem ist Sozialkapital seltener, da es aufgrund der genannten Barrieren nicht natürlich entstehen kann. Somit kann geschlossen werden, dass Sozialkapital in entsprechend komplexen zwischenbetrieblichen Beziehungen, die wissensintensive Tätigkeiten und den Transfer komplexen Wissens zum Ziel haben, aus ressourcenorientierter Sichtweise eine Kernressource darstellt, die einen Wertbewerbsvorteil im Vergleich mit konkurrierenden interorganisationalen Arrangements ausmachen kann[2].

5.1.3 Grundannahme und Forschungsfragen

Die zu Beginn der Arbeit vorgestellten Grundannahmen können nach der bis hierher erfolgten Diskussion zur Rolle von Sozialkapital in der Wissensarbeit einerseits und der Anwendung von Sozialkapital auf interorganisationale Arrangements andererseits bestätigt und erweitert werden. Sozialkapital auf der Ebene von Individuen und Teams in zwischenbetrieblichen Arrangements ist wichtig und benötigt entsprechende Managementaufmerksamkeit, da zwischenbetriebliche Arrangements ein karges Umfeldes für das Entstehen von Sozialkapital darstellen. Dabei bleibt offen, welche Rolle Sozialkapital in verschiedenen Formen zwischenbetrieblicher Arrangements spielt und von welchen Faktoren die Sozialkapitalrelevanz letztlich abhängt. Neben der eingangs identifizierten strategischen Relevanz der Beziehungen kann nun auch die Wissensintensität gemeinsamer Tätigkeiten als relevanter Faktor angenommen werden. Darüber hinaus ist

[1] Vgl. hierzu Baker, der Netzwerke in der Immobilienbranche beschreibt, zur Notwendigkeit eines expliziten Beziehungsmanagements in beziehungsbasierten Organisationsformen zur Überwindung von Barrieren: „What induces ingroup ties and intergroup affiliations? For managers, this is more than an academic question. Because many forces act against integration, a network organization may not arise spontaneously and must be intentionally created by the use of integrating mechanisms.“ (Baker 1992, S. 401).

[2] Siehe hierzu Dyer und Singh, die von partnerspezifischer absorptiver Kapazität sprechen und die Fähigkeit, Wissen in Allianzbeziehungen zu übertragen, als Wettbewerbsvorteil definieren: „As a result, alliance partners that are particularly effective at transferring know-how are likely to outperform competitors who are not.” (Dyer/Singh 1998, S. 665); vgl. auch Kap. 4.3.2.

unklar, welche Formen Sozialkapital im Einzelfall annimmt, welche Formen von Netzwerkstrukturen relevant sind, welche Relevanz einzelne Sozialkapitaldimensionen besitzen und welche Effekte von Sozialkapital in unterschiedlichen Arrangements eine Rolle spielen. Darüber hinaus stellen sich konkrete Fragen des Beziehungsmanagements auf der sozialen Ebene der zwischenbetrieblichen Arrangements. Zusammenfassend lassen sich die folgenden Forschungsfragen ableiten, die in die empirische Untersuchung Eingang gefunden haben[1]:

1. Welche Rolle spielt Sozialkapital in verschiedenen zwischenbetrieblichen Beziehungen und was sind die *Kontingenzen und Faktoren*, die die Relevanz von Sozialkapital determinieren? Welche Auswirkungen ergeben sich hieraus für das Management?
2. Wenn Sozialkapital auf Ebene der Individuen als (potenziell) wichtige Ressource für die zwischenbetriebliche Organisation erkannt wird, wie kann die Organisation in diese Ressource „investieren“, d. h. was sind geeignete *Maßnahmen des Beziehungsmanagements*?
3. Was sind die *Herausforderungen für das Management* bzw. den Manager bei der „Investition“ in Sozialkapital, insbesondere wenn man die in Kapitel 3.7 diskutierten Eigenheiten des Konstrukts in Betracht zieht? Ändert sich hierdurch die *Rolle des Managers* im zwischenbetrieblichen Kontext?

Um den Aufbau der empirischen Studie näher zu erläutern, wird im Folgenden zunächst ein stilisiertes Multi-Ebenen-Modell zwischenbetrieblicher Arrangements eingeführt, um die relevanten Forschungsfragen einzuordnen. Die Forschungsfragen werden dann anhand eines Forschungsframeworks näher erläutert, bevor eine Abgrenzung der empirischen Studie in mehreren Dimensionen vorgenommen wird.

5.1.4 Multi-Ebenen-Modell zwischenbetrieblicher Arrangements zur Einordnung der Forschungsfragen

Dem Multi-Ebenen-Ansatz folgend können in zwischenbetrieblichen Arrangements die organisationale Ebene und die interpersonale Ebene unterschieden werden. Während Unternehmen auf organisationaler Ebene durch eine institutionalisierte Beziehung miteinander verbunden sind, unterhalten die beteiligten Individuen auf interpersonaler Ebene ebenfalls Beziehungen

---

[1] Hierzu auch der von Kelly et al. formulierte Forschungsausblick, der für eine Erforschung von Kontingenzen und Managementansätzen in diesem Kontext plädiert: „Further research is necessary to determine under what conditions those factors are more or less significant to the success of an alliance. Another potentially fruitful venue would be to identify and then to compare and contrast different approaches to successful relationship management.” (Kelly et al. 2000, S. 24-25).

(siehe Abbildung 5.1). Sozialkapital kann, wie oben gesehen, einerseits auf organisationaler Ebene als Wert organisationaler Beziehungen und somit abstrakt als Ergebnis organisationaler Interaktionen oder strukturanalog auf interpersonaler Ebene definiert werden. Die im Rahmen dieser Arbeit eingenommene Sichtweise sieht Sozialkapital auf organisationaler Ebene als von Sozialkapital auf interpersonaler Ebene abhängig. Ohne das Entstehen von interpersonalem Sozialkapital in ausreichendem Maße kann die organisationale Beziehung ihren Wert für das Unternehmen nicht erzielen, da die organisationalen Ziele auf interpersonaler Ebene nicht umgesetzt und die erhofften Werte nicht geschaffen werden können. Die erste Forschungsfrage bezieht sich nun genau auf die Frage, wie letztlich „Sozialkapital in ausreichendem Maße" in verschiedenen organisationalen Beziehungssetups zu definieren ist. Die erste Frage geht also den Charakteristika der organisationalen Beziehung nach, die die Rolle und Relevanz sozialer Beziehungen und somit des interpersonalen Sozialkapitals determinieren. Dieser Sachverhalt ist als Zusammenhang Nr. 1 in Abbildung 5.1 gekennzeichnet. Ergebnis dieses Teils der Untersuchung ist ein Kontingenzmodell zur Rolle und Relevanz von Sozialkapital in verschiedenen zwischenbetrieblichen Arrangements (siehe Kap. 6).

Ausgehend von einer solchen Typologisierung stellt sich dann die Frage nach geeigneten organisationalen Maßnahmen zur „Investition" in Sozialkapital. Welche organisationalen Interaktionen (wie z. B. Workshops etc.) sind geeignet, soziale Interaktionen zur Bildung von Sozialkapital in interorganisationalen Arrangements anzuregen (siehe Zusammenhang Nr. 2 in Abbildung 5.1)? Um dieser Frage nachzugehen, muss die Rolle des Managers als handelnder und verantwortlicher Akteur eingeführt werden. Der Manager repräsentiert das Unternehmen im zwischenbetrieblichen Kontext und handelt in dessen Auftrag; er ist somit für das Management der zwischenbetrieblichen Kooperation und deren Erfolg verantwortlich[1]. Die Rolle des Managers ist als Meso-Ebenen-Akteur zu verstehen, der als Mittler zwischen den beiden Ebenen einerseits die Interessen und Ziele des Unternehmens nach Innen zu den eigenen Mitarbeitern als auch nach Außen gegenüber dem Kooperationsunternehmen vertritt.

Daran schließt sich wiederum die Frage nach den Herausforderungen für den Manager im zwischenbetrieblichen Umfeld an (siehe Zusammenhang Nr. 3 in Abbildung 5.1), insbesondere wenn man die Notwendigkeit der gezielten Sozialkapitalentwicklung auf Ebene des Teams unterstellt. Zudem stellt sich die Frage nach einer eventuellen Änderung der Rolle des Managers gegenüber dem innerbetrieblichen Kontext, da er zwischenbe-

[1] Diesem Ansatz folgend basiert auch die empirische Studie weitgehend auf Interviews mit für das Beziehungsmanagement verantwortlichen Managern (siehe Kap. 5.2.4).

trieblich in der Regel für gemischte Teams verantwortlich ist, die nur zu einem Teil in seinen Leitungsbereich fallen. Ergebnis dieses zweiten Untersuchungsteils sind Erkenntnisse zum sozialkapitalorientierten Management zwischenbetrieblicher Beziehungen (siehe Kap. 7).

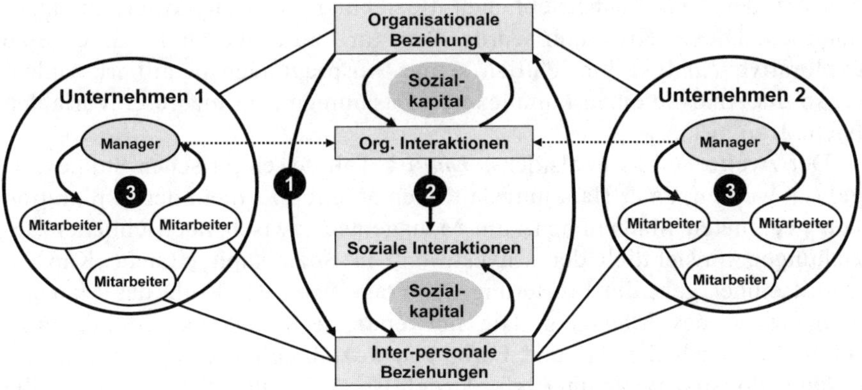

Abbildung 5.1: Sozialkapital im Multi-Ebenen-Modell interorganisationaler Arrangements[1]

5.1.5 Forschungsframework

Ausgehend von den vorgestellten Forschungsfragen kann der Aufbau der empirischen Studie anhand eines Forschungsframeworks verdeutlicht werden. Ausgangspunkt der durchgeführten Studie waren das in der Allianzforschung beobachtete häufige Scheitern von Allianzen und die in zahlreichen Veröffentlichungen diskutierten Managementherausforderungen (vgl. Kap. 2.2). Dies motivierte die Untersuchung der sozialen Ebene zwischenbetrieblicher Beziehungen und die Anwendung der Sozialkapitaltheorie. Die Managementherausforderungen hinsichtlich der sozialen Ebene konnten in Kapitel 5.1.2 mit Blick auf die Sozialkapitalentstehung präzisiert und verdeutlicht werden. Zwischenbetriebliche Arrangements stellen ein eher karges Umfeld für das Entstehen von Sozialkapital dar, was ein dediziertes Beziehungsmanagement notwendig macht.

Ausgehend davon beschäftigt sich der erste, *deskriptive* Teil der empirischen Studie mit der Rolle und Relevanz sozialer Beziehungen in zwi-

[1] *Anmerkung*: Das vorliegende Schema ist stilisiert und vereinfacht zwischenbetriebliche Arrangements als dyadische Beziehung zwischen zwei Unternehmen. Auch die Einführung eines Managers als Meso-Ebenen-Akteurs ist als veranschaulichende Vereinfachung zu verstehen. Die Darstellung lehnt sich an das eingangs vorgestellte Modell zwischenbetrieblicher Beziehungen an (vgl. Abbildung 2.5).

schenbetrieblichen Kooperationen. Ergebnis dieses Teils der Studie ist also ein Kontingenzmodell, das anhand verschiedener Variablen die Rolle von Sozialkapital in zwischenbetrieblichen Beziehungen verdeutlicht (Kap. 6). Als Ausgangspunkt möglicher Kontingenzen wurde zu Beginn der Studie die Art der zwischenbetrieblichen Beziehung als Hauptkriterium angenommen. Dieses Kriterium wurde dann im Laufe der Studie durch eine explorative Analyse hinsichtlich seiner Ausprägungen detailliert; zudem ergab die Analyse einen komplexeren Zusammenhang mehrerer Variablen (siehe Kap. 6.1).

Der zweite Teil kann als der *normative* Teil der empirischen Studie aufgefasst werden, da er Handlungsleitlinien ableitet. Er dient der Exploration von geeigneten Maßnahmen zum Management zwischenbetrieblicher Beziehungen hinsichtlich der „Investition" in Sozialkapital (siehe Kap. 7). Damit einher geht die Erörterung der Frage nach der Rolle des Managements bzw. des Managers. Die notwendigen Maßnahmen richten sich schließlich nach der Art und Form von Sozialkapital, das jeweils in der organisationalen Beziehung erforderlich ist. Abbildung 5.2 visualisiert die Zweistufigkeit des Forschungsansatzes mit einem deskriptiven und einem normativen Teil. Zur Komplexitätsreduktion wird im Folgenden eine Abgrenzung der empirischen Studie in mehreren Dimensionen vorgenommen.

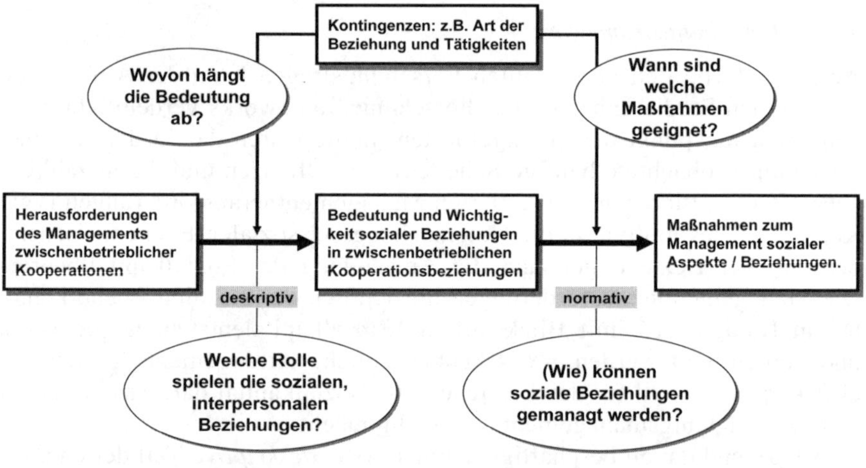

Abbildung 5.2: Forschungsframework der empirischen Studie

5.1.6 Abgrenzung der empirischen Studie

Nachdem der Inhalt des empirischen Teils der Studie anhand von Forschungsfragen und Forschungsframework vorgestellt wurde, wird die Studie nun in verschiedenen Dimensionen abgegrenzt, um ihre genaue Ausrichtung zu verdeutlichen. Tabelle 5.1 macht deutlich, dass die Studie einer Management- und Organisationssichtweise folgt, die sich auf die Gruppenebene und damit die Innensicht von interorganisationalen Arrangements konzentriert und dabei das Ziel verfolgt, Zusammenhänge hinsichtlich der Rolle von Sozialkapital und sich daraus ergebender Managementimplikationen zu identifizieren. Dabei kann die Arbeit nach zwei Seiten, einerseits gegen einen eher abstrakten ökonomischen Ansatz und andererseits gegen einen fokussierteren, eher soziologischen Ansatz abgegrenzt werden. Es wird also weder eine quantitative Erfolgsforschung mit Blick auf die Vorteile externer Beziehungen für die Unternehmung durchgeführt, was einer Makro-Sichtweise der Sozialkapitalanwendung entsprechen würde, noch eine verhaltenswissenschaftliche Untersuchung, die sich auf einzelne Individuen in zwischenbetrieblichen Teams konzentriert; dies würde eine Mikro-Ebenen-Anwendung des Sozialkapitalkonstrukts darstellen.

Kriterium	Nicht untersucht	Forschungsgegenstand	Nicht untersucht
Betrachtungsebene	Beziehungsnetzwerk von Unternehmen, organisationale Ebene (Makro-Ebene)	Gruppenebene in interorganisationalen Arrangements (Meso-Ebene)	Einzelne Individuen und ihre sozialen Beziehungen und Netzwerke (Mikro-Ebene)
Perspektive	Außensicht von Unternehmen mit Blick auf ihre externen Beziehungen	Innensicht von interorganisationalen Arrangements, Sicht des verantwortlichen Managements	Perspektive einzelner Individuen in Teams
Disziplinärer Hintergrund	Ökonomie	Organisations- und Managementforschung	Soziologie
Ziel der Untersuchung	Quantitative Erfolgsforschung	Exploration von Zusammenhängen und Managementerkenntnissen	Verhaltensforschung

Tabelle 5.1: Abgrenzung der empirischen Studie

Diese Abgrenzung kann ferner in Anlehnung an die oben vorgenommene Dimensioneneingrenzung nach LEE ET AL. in den drei Dimensionen „strategisch", „ökonomisch" und „sozial" visualisiert werden[1]. Dabei wurde die Arbeit zunächst hinsichtlich der sozialen Dimension des Beziehungsmanagements eingegrenzt und angenommen, dass die Rolle von Sozialkapital in

[1] Siehe Lee et al. 2003, vgl. Kap. 2.3.4 und Abbildung 2.4.

zwischenbetrieblichen Beziehungen mit der strategischen Relevanz der Kooperation und den daraus abgeleiteten erwarteten ökonomischen Vorteilen variiert (vgl. Abbildung 2.6). Dieselben Dimensionen können nun genutzt werden, um die Art der Anwendung des Sozialkapitalkonstrukts innerhalb der sozialen Dimension des Beziehungsmanagements zu unterscheiden (vgl. Abbildung 5.3):

- Eine ökonomische Interpretation würde sich eher auf den Wertaspekt des Sozialkapitals, d.h. auf die Messung des Erfolgsbeitrags oder der zum Erfolg beitragenden zwischenbetrieblichen Netzwerkstrukturen konzentrieren.
- Eine verhaltenswissenschaftlich orientierte Anwendung würde eher die sozialen Mechanismen auf der Ebene der Individuen in den Vordergrund stellen und sich auf die Rolle, das Handeln und das Empfinden einzelner Individuen in den relevanten organisationalen Arrangements (z.B. Teams) konzentrieren.
- Die für die vorliegende Studie gewählte strategische Anwendung des Konstrukts folgt einer Managementsicht. Dabei wird auf die Rolle von Sozialkapital für das Beziehungsmanagement und insbesondere normativ auf die Ableitung von Maßnahmen zur Förderung von Sozialkapital im Sinne des Investitionsgedankens fokussiert (vgl. Abbildung 5.3).

Eine Dimension kann dabei natürlich nicht vollkommen losgelöst von den anderen Dimensionen betrachtet werden. Genau wie die soziale Dimension des Beziehungsmanagements mit der strategischen und ökonomischen Dimension abgestimmt werden muss und sich die jeweiligen Maßnahmen ergänzen, so spielen auch bei einer strategischen Anwendung des Konstrukts in der sozialen Dimension die beiden anderen Dimensionen eine gewisse Rolle: Einerseits muss zur Bestimmung der Rolle von Sozialkapital natürlich dessen (ökonomischer) Erfolgsbeitrag berücksichtigt werden; andererseits wird bei der Diskussion der Rolle des Managers als zentraler Akteur im Modell interorganisationaler Arrangements (vgl. Abbildung 5.1) die Rolle einzelner Individuen für das Beziehungsmanagement betrachtet. Der Forschungsansatz der Studie wird im Weiteren hinsichtlich methodischer und empirischer Aspekte weiter präzisiert.

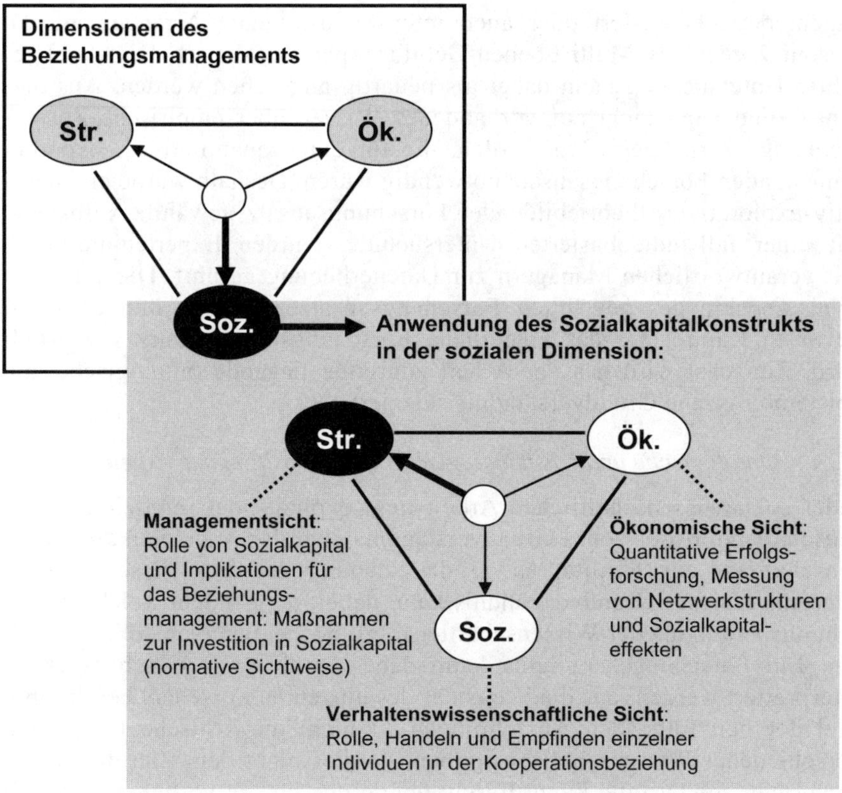

Abbildung 5.3: Visualisierung der Art der Sozialkapitalanwendung in der Studie

5.2 Forschungsansatz

Die vorliegende Arbeit untersucht die Rolle von Sozialkapital in interorganisationalen Arrangements sowie geeignete Maßnahmen zum sozialkapitalorientierten Management solcher Kooperationsbeziehungen. Die Sozialkapitaltheorie als Rahmenwerk, das unterschiedliche Einzeltheorien, Konstrukte und Dimensionen umfasst (siehe Kap. 3), ist eine relativ neue Theorie, die noch nicht in allen Dimensionen ausreichend erforscht und spezifiziert ist. Insbesondere ihre Anwendung im organisationalen Umfeld ist neuartig und erst in Ansätzen erforscht und verstanden (siehe beispielsweise die Diskussion in Kap. 3.3.2.3). Wie die Ausführungen in Kapitel 4.5 gezeigt haben, hat bisher keine empirische Untersuchung die Rolle von Sozialkapital in interorganisationalen Arrangements aus der Sicht des Managements thematisiert oder auch interorganisationale Arrangements zu diesem Zweck als Multi-Ebenen-Gebilde operationalisiert. Die durchgeführte Untersuchung kann daher als neuartig angesehen werden. Aus diesem Grund kann nicht auf vorhandenes Wissen über empirische Zusammenhänge zurückgegriffen werden, die für einen quantitativen, hypothesentestenden Forschungsansatz notwendig wären. Deshalb wurde ein qualitativ-explorativer, theoriebildender Forschungsansatz gewählt. Aufbauend auf einer fallstudienbasierten Untersuchung wurden Experteninterviews mit verantwortlichen Managern zur Datenerhebung geführt. Die wesentlichen Aspekte des gewählten Forschungsansatzes werden nun erläutert, bevor in Kapitel 5.3 das eigentliche Forschungsprojekt kurz vorgestellt wird. Zunächst wird das der Arbeit zugrunde liegende ontologische und epistemologische Grundverständnis skizziert.

5.2.1 Ontologische und epistemologische Grundposition der Arbeit

Jeder sozialwissenschaftlichen Arbeit liegt explizit oder implizit ein wissenschaftsphilosophisches Grundverständnis über den Standpunkt des Wissenschaftlers zur Realität sowie den Zugang zu eben dieser Realität zugrunde. Dieses Grundverständnis kann dabei, je nachdem welchem Forschungsparadigma der Wissenschaftler folgt, höchst unterschiedlich ausfallen. Ein Forschungsparadigma kann dabei letztlich als Glaubenssystem interpretiert werden, das die Weltsicht des einzelnen Forschers beschreibt[1]. Ziel der nun folgenden Ausführungen ist nicht die kritische Diskussion verschiedener Wissenschaftspositionen, da dies nicht dem Ziel der Arbeit entspricht, sondern die kurze Beschreibung des für die vorliegende Arbeit gewählten Forschungsparadigmas. Dabei kann ein Forschungsparadigma anhand der folgenden drei Kriterien beschrieben werden:

- Die *ontologische Position* beschreibt den philosophischen Standpunkt des Wissenschaftlers zur Beschaffenheit der Realität.
- Die *epistemologische Position* beschreibt den erkenntnistheoretischen Standpunkt in Bezug auf die Natur des Wissens und die Erfahrungen über die Realität.
- Der *methodologische Ansatz* macht Aussagen über die Art und Weise der Wissensgewinnung über die Realität.

Je nach Ausprägung der drei Aspekte können unterschiedliche Paradigmen unterschieden werden, von denen drei zur Abgrenzung der gewählten Position beispielhaft in Tabelle 5.2 charakterisiert werden. Mit dieser Arbeit wird dem post-positivistischen Forschungsparadigma gefolgt.

---

[1] Vgl. Voß 2001, S. 8., sowie Guba/Lincoln 1994.

	Forschungsparadigmen		
	Positivismus	**Post-Positivismus**	**Relativismus**
Ontologische Position	Wahre und begreifbare Realität.	Wahre, aber unzureichend begreifbare Realität.	Realität ist eine mentale Konstruktion.
Epistemologische Position	Suche nach Gesetzmäßigkeiten vergleichbar denen der Naturwissenschaften. Befunde sind objektiv wahr.	Intersubjektiv nachvollziehbare Befunde sind vermutlich wahr. Fokussiert auf das Verständnis von Sachverhalten.	Befunde werden „erzeugt", d. h. genau wie die Wirklichkeit mental und sozial konstruiert.
Methodologischer Ansatz	Hypothesen werden aufgestellt und durch empirische Tests verifiziert.	Theorien über die Wirklichkeit können abgeleitet werden; Hypothesen können falsifiziert werden.	Interpretation sozialer Konstruktionen anderer Individuen.

Tabelle 5.2: Charakterisierung gängiger Forschungsparadigmen[1]

An einem Ende des Spektrums wissenschaftlicher Paradigmen befindet sich der *Positivismus*, dem aus ontologischer Sicht die Annahme einer wahren und begreifbaren Realität zugrundeliegt. Replizierbare Befunde über diese Realität werden zudem aus epistemologischer Sicht als objektiv wahr angesehen. Der Ansatz überträgt im Wesentlichen den naturwissenschaftlichen Erkenntnisansatz auf die Sozialwissenschaften[2]. Folglich ist aus methodologischer Sicht die Verifizierung von Hypothesen über beobachtbare Gesetzmäßigkeiten in der Realität durch empirisches Testen möglich, was letztlich zur Ableitung wahrer Befunde führt. Am anderen Ende des Spektrums liegt die Position des *Relativismus*, die die Existenz einer wahren Realität ablehnt und diese vielmehr stets als eine mentale Konstruktion sozialer Akteure ansieht. Da schon die Existenz einer einzelnen Realität verneint wird, sind auch wissenschaftliche Befunde als soziale Konstrukte einzelner Akteure anzusehen, die folglich weder wahr noch falsch sein können. Methodologisch stellt sich die Wissenserschaffung als Interpretation sozialer Konstruktionen anderer Individuen dar.

[1] In Anlehnung an Voß 2001, S. 9.
[2] Vgl. Bryman/Bell 2003, S. 13ff.

Charakteristika des zugrunde liegenden Wissenschaftsverständnisses

In der vorliegenden Arbeit wird dem *Post-Positivismus* gefolgt, der wie der Positivismus vom Vorhandensein einer wahren Realität ausgeht und damit auch die Existenz der zu untersuchenden Phänomene als gegeben ansieht[1]. Diese Phänomene sind aber aufgrund ihrer Komplexität von einzelnen Individuen nur unzureichend begreifbar. Epistemologisch wird davon ausgegangen, dass replizierbare und als intersubjektiv anerkannte Befunde vermutlich wahr sind[2]. Durch empirische Forschung können ferner Erkenntnisse bzw. Theorien über die Wirklichkeit abgeleitet werden (theoriebildender Ansatz). Diese Theorien können weiter als Hypothesen formuliert werden, die wiederum falsifiziert werden können (theorietestend).

Erkenntnissen über die Wirklichkeit wird nach diesem Ansatz jedoch nicht der Charakter objektiv wahrer, unumstößlicher Gesetzmäßigkeiten zuerkannt. Wissen im Sinne von Theorien über die Wirklichkeit besitzt demnach keine universelle Gültigkeit, sondern ist kontextabhängig und kann sich über die Zeit durch neue Erkenntnisse oder Änderung des Kontexts relativieren, was der Dynamik sich ändernder sozialer Systeme Rechnung trägt. Diese Sichtweise ist laut NUMAGAMI insbesondere auf die Managementlehre anwendbar. Hier besteht die wissenschaftliche Aufgabe nicht in der Suche nach universellen Gesetzen („invariant laws"), die mit physikalischen Naturgesetzen vergleichbar sind, sondern darin, empirische Tatbestände als Ausschnitte der Realität Fall für Fall zu untersuchen, um so die darin auftretenden Zusammenhänge sinnvoll erklären zu können[3]. Forscher, die sozialen Phänomenen mit einem nomothetischen, also einem auf die Auffindung von Gesetzmäßigkeiten abzielenden, Forschungsansatz begegnen, können nach diesem Verständnis nicht darauf hoffen, Gesetzmäßigkeiten zu entdecken, denen die gleiche Relevanz wie Gesetzen in den Naturwissenschaften zukommt[4].

Aus dieser Sichtweise ergeben sich Implikationen für das Selbstverständnis der Wissenschaft und deren Interaktion mit der Praxis, die NUMAGAMI wie folgt beschreibt: Das realistische Ziel eines Forschers in

---

[1] „In strategy research, as in most fields, it makes obvious sense to hold on to a notion of ontological realism – one where the existence of phenomena themselves is taken for granted." (Mir/Watson 2000, S. 946).

[2] Vgl. Mir/Watson 2000, S. 942.

[3] Siehe Numagami 1998.

[4] „We have to make a painstaking effort to „understand" what the agents intended case by case to „explain" the events under study. Researchers who study such social phenomena with the nomothetical approach have little chance to succeed in establishing a law. If the researcher finds some regularity among macro variables, it cannot have the same episte-mological status as laws in natural sciences." (Numagami 1998, S. 8).

der Managementlehre kann es nicht sein, wissenschaftlich naiven Praktikern gesetzesgleiche Regeln zu vermitteln, die durch rigorose wissenschaftliche Methoden entdeckt wurden. Vielmehr sollte die Aufgabe darin bestehen, mit den gewonnenen Erkenntnissen einen Dialog zwischen Theorie und Praxis anzuregen und so die Qualität gewonnener Erkenntnisse zu verbessern[1]. Würde man von der Existenz unumstößlicher Gesetzmäßigkeiten ausgehen, würde man zudem laut MIR und WATSON die Rolle des Praktikers implizit auf die eines simplen „Prozessors" reduzieren, der lediglich auf die „richtigen" Erkenntnisse aus der Wissenschaft reagieren und diese zur Erzielung bestmöglicher Geschäftsergebnisse umsetzen müsste[2].

Implikationen für die Methodenauswahl

Während aus einer positivistischen Position meist ein quantitativer, hypothesentestender Forschungsansatz folgt, sind für den Relativismus die Nutzung qualitativer, ethnografischer Methoden der Beobachtung und Interaktion mit Individuen im Kontext typisch. Für einen post-positivistischen Ansatz hingegen kommen sowohl quantitative als auch qualitative Forschungsansätze in Frage; die Wahl richtet sich dabei nach den Charakteristika des Forschungsproblems. Der Zugang zur empirischen Realität wird dabei, wie beschrieben, als schwierig angesehen; er basiert in sozialwissenschaftlichen Studien wie der Managementforschung häufig auf der Befragung sozialer Individuen als Datenquellen (z. B. in Interviews). Hier ist entsprechend zu berücksichtigen, dass dabei nicht die Realität selbst, sondern eine Interpretation dieser Realität erhoben wird, da auch die befragten Individuen die Realität nur unzureichend begreifen. Dieser Umstand muss im Forschungsdesign, bei der Auswahl der Erhebungsmethoden und der Bewertung der Ergebnisse berücksichtigt werden. Die Reichhaltigkeit der Erhebungsmethoden muss zudem mit der Komplexität und Neuartigkeit der zu untersuchenden Fragestellung im Einklang stehen. Je komplexer und neuartiger die Fragestellung, desto mehr wird die empirische Erhebung durch Interpretationen beeinflusst und desto schwerer fällt die Formulierung von Interviewfragen.

---

[1] „Given that human beings have reflective capacity, the realistic goal for management researchers is not to teach scientifically naive practitioners lawlike regularities confirmed by a scientifically rigorous method, but to encourage reflective dialogue among researchers and practitioners to generate more reasoned discourse on today's key management issues." (Numagami 1998, S. 4).

[2] Vgl. Mir/Watson 2000, S. 945.

5.2.2 *Explorativer, theoriebildender Forschungsansatz*

Quantitative Ansätze folgen meist einem deduktiven Vorgehen: Empirische Daten dienen der Verifizierung oder Falsifizierung bereits vorher aufgestellter Theorien und daraus abgeleiteter Hypothesen über die Wirklichkeit. Qualitative Forschungsansätze dienen dagegen in der Regel dazu, explorativ Zusammenhänge in empirischen Sachverhalten aufzudecken, empirische Gegebenheiten zu verstehen und induktiv Theorien über die empirische Wirklichkeit abzuleiten[1]. Sie sind am besten geeignet, wenn die Forschungsfrage neuartig ist und vor Beginn der Studie nur unzureichendes Wissen über den Forschungsgegenstand vorliegt[2]. In diesem Fall bieten sich tief gehende Datenerhebungsmethoden an, wie sie in fallstudienbasierter Forschung verwendet werden. MINTZBERG beispielsweise argumentiert für die Anwendung „direkter" Forschungsmethoden im Sinne intensiver Befragungen. Solche Ansätze sind quantitativen, vom Forschungsobjekt relativ weit entfernten Methoden zugunsten relevanterer und verständlicherer Ergebnisse vorzuziehen[3].

Qualitative Forschungsansätze sind insbesondere auch dann vorteilhaft, wenn der Forschungsgegenstand komplex ist und sich nicht vor Beginn der Studie exakt vom Forschungskontext abgrenzen und isolieren lässt. Dann ist ein typischer qualitativer Ansatz durch seine direktere Datenerhebung, die Interaktion des Forschers mit den Befragten in einer Interviewsituation (siehe Kap. 5.2.4), sowie dem nicht linearen Forschungsprozess, der Iterationen und Anpassungen zulässt, überlegen. Für die vorliegende Studie wird aus den folgenden drei Gründen ein qualitativ-explorativer und kein quantitativ-induktiver Ansatz gewählt[4]:

1. *Neuartigkeit der Fragestellung*: Das Sozialkapitalkonstrukt wurde zuvor noch nicht in der gleichen Form auf interorganisationale Beziehungen als Forschungskontext angewendet. Über die Rolle von Sozialkapi-

---

[1] „Qualitative researchers build toward theory from observations and intuitive understandings gained in the field. In contrast to quantitative or deductive researchers (...) typical findings are in the form of themes, categories, typologies, concepts, tentative hypotheses or theory which have been induced from the data." (Winegardner 2000, S. 2).

[2] Vgl. Eisenhardt 1989, S. 532.

[3] „The field of organization theory has, I believe paid dearly for the obsession with rigor in the choice of methodology. Too many of the results have been significant only in the statistical sense of the word. In our work we have always found that simpler, more direct methodologies have yielded more useful results." (Mintzberg 1979, S. 583).

[4] Es sei erwähnt, dass es durchaus Mischformen der beiden Ansätze geben kann; so ist z.B. eine fallstudienbasierte Studie unter Einbeziehung quantitativer Daten denkbar, die auch das Testen von Hypothesen zum Ziel haben kann. Siehe hierzu Yin 1993 als Verfechter positivistischer Fallstudienforschung; oder auch Tellis 1997a. Zum Vergleich quantitativer und qualitativer Ansätze siehe auch Denzin/Lincoln 1994.

tal in zwischenbetrieblichen Beziehungen konnte vor der Durchführung der Studie nur spekuliert werden. Zwar konnte das Forschungsvorhaben aufgrund literaturbasierter Vorarbeiten motiviert werden, genauere Erkenntnisse über die eigentlichen Zusammenhänge zwischen Sozialkapital und verschiedenen Beziehungstypen lagen jedoch nicht vor. Der Fokus der Studie liegt somit auf dem „Verstehen" und nicht auf dem Testen bereits bekannten Wissens, was einen explorativen Forschungsansatz notwendig macht.

2. *Komplexität der Fragestellung und des Konstrukts*: Die Forschungsfrage zielt auf die Anwendung und Operationalisierung des multiperspektivischen Sozialkapitalkonstrukts in einem empirischen Kontext ab. Die Rolle von Dimensionen, Aspekten und Konstrukten der Sozialkapitaltheorie soll in verschiedenen zwischenbetrieblichen Beziehungen untersucht werden. Die daraus resultierende Komplexität macht einen fallstudienbasierten Forschungsansatz notwendig, der die Rolle von Sozialkapital in verschiedenen Beziehungen innerhalb eines Falles thematisiert und durch den Vergleich mehrerer Fälle das Verstehen von Unterschieden erlaubt (siehe Kap. 5.2.3).
3. *Komplexität des empirischen Forschungsumfelds*: Das Forschungsumfeld interorganisationaler Arrangements ist als Multi-Ebenen-Gebilde selbst durch eine gewisse Komplexität gekennzeichnet. Um die Rolle von Sozialkapital im Einzelfall verstehen und einordnen zu können, sind Forschungsmethoden notwendig, die geeignet sind, in Teilen auch den Kontext der jeweiligen interorganisationalen Beziehung zu erheben und zu verstehen. Aus diesem Grund wurden reichhaltige Methoden der Datenerhebung angewendet, im vorliegenden Fall Tiefeninterviews mit Experten (siehe Kap. 5.2.4).

Laut SARANTAKOS nutzen explorative Forschungsansätze häufig eine Kombination aus Literaturarbeit, Fallstudien und Expertenbefragungen[1]. Die vorliegende Arbeit integriert diese drei Aspekte in einen Forschungsansatz. Im Weiteren erfolgt zunächst eine Charakterisierung des fallstudienbasierten Vorgehens, dann eine Beschreibung der Experteninterviews als bevorzugte Datenerhebungsmethode.

5.2.3 Fallbasierte Studie

In fallbasierten Studien wird eine in der Regel überschaubare Anzahl empirischer Fälle eingehender untersucht. Dies können z. B. einzelne Unternehmen oder zwischenbetriebliche Beziehungen sein. Meist werden solche

[1] „The use of library research, case studies, or expert consultation as sources of data is commonly employed in this form of research." (Sarantakos 1993, S. 7).

Fälle untersucht, die als typische Repräsentationen bestimmter Gruppen von Fällen gelten und somit Beispielcharakter besitzen. Fallstudienbasierte Forschung ist insbesondere dann geeignet, wenn der zu untersuchende Sachverhalt neu und von dem ihn umgebenden Kontext schlecht abgrenzbar ist[1]. MINTZBERG sieht Fallstudien insbesondere mit Hinblick auf die Reichhaltigkeit der Erkenntnisse als vorteilhaft für das Verstehen und Erklären komplexer Zusammenhänge an. Dabei kommt es einerseits auf eine systematische Analyse von Fallstudien an, um Zusammenhänge in den empirischen Daten zu entdecken, andererseits auf das Vorhandensein reichhaltiger und deskriptiver Erkenntnisse, die zur Beschreibung und Erklärung der aufgedeckten Zusammenhänge dienen können[2]. Sowohl die Analyse einzelner Fälle als auch die fallübergreifende Analyse tragen dabei zur Beantwortung der Forschungsfragen bei[3].

Wichtig für die Durchführung von fallbasierten Studien ist eine genaue und sorgfältige Präzisierung und Abgrenzung des Falles und des eigentlichen Forschungsgegenstands („unit of analysis") innerhalb des empirischen Falles. Der Forschungsgegenstand ist typischerweise ein Teilsystem des Falles, das die Untersuchung der Forschungsfrage erlaubt und spezifisch für diesen Zweck abgegrenzt wird[4]. Ein Fall wird damit so geschnitten und abgrenzt, dass er intern die zu untersuchenden Merkmale und Gesetzmäßigkeiten aufweist, extern aber einen Kontext besitzen kann, der Einfluss auf den Fall ausübt[5]. Für die vorliegende Studie werden als einzelne Fälle die Netzwerke externer Beziehungen von Unternehmen operationalisiert. Innerhalb dieses Netzwerks werden des Weiteren einzelne, typische Beziehungen mit Geschäftspartnern ausgewählt[6]. Innerhalb dieser organisationalen Beziehungen bildet dann jeweils die soziale Ebene den

---

[1] „. . . an empirical inquiry that investigates a contemporary phenomenon within its real-life context, especially when the boundaries between phenomenon and context are not clearly evident." (Yin 1994, S. 13). Der Autor weist explizit auf interorganisationale Beziehungen als Beispiel für einen solchen komplexen Forschungsgegenstand hin (vgl. Yin 1993, S. 3).

[2] „For while systematic data create the foundation for our theories, it is the anecdotal data that enable us to do the building. Theory building seems to require rich description, the richness that comes from anecdote." (Mintzberg 1979, S. 587).

[3] „We cannot understand the particular case without knowing other cases, but while studying the single case, we concentrate on it trying to understand its nature." (Stake 1994, S. 236).

[4] „The unit of analysis is a critical factor in the case study. It is typically a system of action rather than an individual or group of individuals. Case studies tend to be selective, focusing on one or two issues that are fundamental to understanding the system being examined." (Tellis 1997b).

[5] Vgl. Stake 1994, S. 236.

[6] Zum Sampling bzw. zur Auswahl einzelner Beziehungen siehe unten in Kap. 5.3.2.

eigentlichen Forschungsgegenstand (siehe Abbildung 5.4). Betrachtet werden diese Beziehungen aus Sicht des Managements des Unternehmens; das Unternehmen und seine Charakteristika gehören zum Kontext der Fälle.

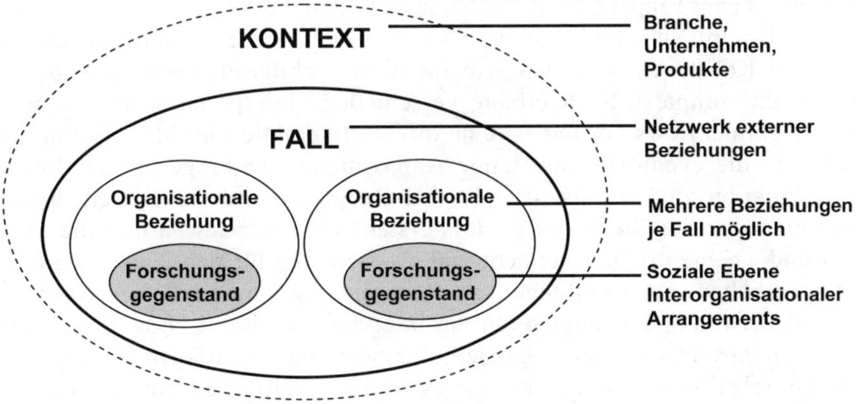

Abbildung 5.4: Zur Abgrenzung von Fällen und Forschungsgegenstand

5.2.4 Datenerhebung durch semistrukturierte Tiefeninterviews mit Experten

Eine generelle Herausforderung empirischer Datenerhebung in den Sozialwissenschaften besteht darin, dass die Antworten in Befragungen und Interviews immer schon durch Interpretationen der befragten Individuen gefärbt sind. Während Naturwissenschaftler durch Experimente und Beobachtung direkten Zugang zu objektiven Daten haben, müssen Sozialwissenschaftler meist auf Daten zurückgreifen, die bereits auf einer Interpretation der Realität durch die befragten Individuen beruhen[1]. Entsprechend der in Kapitel 5.2.1 vorgestellten epistemologischen Position wird hier davon ausgegangen, dass der Zugang zur Realität in den Sozialwissenschaften generell nur über Interpretationen und soziale Konstrukte möglich ist[2]. Insbesondere bei komplexen, unter Umständen mehrdeutigen und schwer verstehbaren Sachverhalten, wie der Erforschung komplexer sozialwissenschaftlicher Konstrukte (wie Sozialkapital), bieten sich deshalb Tiefeninterviews als Datenerhebungsmethode an. Hierbei kann der Interviewer durch die direkte Interaktion mit dem Befragten ein reichhaltigeres

[1] „Whereas natural scientists interpret data that are not preinterpreted by natural things, social scientists interpret data that are preinterpreted by social agents." (Numagami 1998, S. 6).

[2] „Interpretive researchers start from the assumption that access to reality is through social constructions such as language, consciousness, and shared meanings." (Winegardner 2000, S. 4).

Bild des Gegenübers, seiner Ansichten und Standpunkte gewinnen, sowie eventuelle Fehlinterpretationen und Missverständnisse entdecken, die in fragebogenbasierten Datenerhebungen, die auf Distanz durchgeführt werden, unerkannt Eingang in die Datenbasis finden würden.

Die Komplexität und Ambiguität der in der Studie zu untersuchenden sozialen Konstrukte sprechen also für die Durchführung von *Tiefeninterviews*, da komplexe Sachverhalte verschiedene Interpretationen zulassen. In Tiefeninterviews vor Ort ist eine direkte Interaktion mit dem Befragten möglich, die eventuell notwendige Anpassungen der Fragen in der Interviewsituation zulässt. Erst das flexible Reagieren und Adaptieren in der Interviewsituation stellt sicher, dass erstens der Interviewpartner die Fragen und Themen richtig versteht und zweitens die für den jeweiligen Fall bestmöglichen Fragestellungen zur Anwendung kommen. Ein weiteres Charakteristikum der durchgeführten Interviews ist somit, dass es sich um *semistrukturierte Interviews* handelt, die zwar einem Leitfaden folgen, aber ein flexibles Anpassen des Interviews an die spezifische Situation des betrachteten Falls erlauben, um ein bestmögliches Lernen vom einzelnen Fall zu gewährleisten, was als Grundlage einer theoriebildenden Studie gesehen wird[1].

Als Befragte wurden Manager ausgewählt, die für das Management zwischenbetrieblicher Beziehungen in den untersuchten Fällen zuständig sind, und somit als Experten zu den untersuchten Themen Auskunft geben konnten. Um Erkenntnisse zum Beziehungsmanagement zu erhalten, ist es also sinnvoll, die verantwortlichen Manager zu befragen[2]. Einerseits sind solche Manager als zentrale Akteure in interorganisationalen Arrangements für die interessanten Sachverhalte verantwortlich, andererseits können sie als Meso-Ebenen-Akteure sowohl über die soziale Ebene innerhalb der Beziehung berichten, als auch über den organisationalen Kontext, was der Multi-Ebenen-Operationalisierung des Forschungsgegenstands gerecht wird. Die durchgeführten Interviews können somit auch als *Experteninterviews* charakterisiert werden; hier ist der Interviewte selbst als Person nicht von Interesse, sondern nur in seiner Rolle als Experte, der Auskunft über Sachverhalte gibt, zu denen er Wissen aus erster Hand besitzt[3]. Die Studie nutzt somit semistrukturierte Tiefeninterviews mit Experten.

---

[1] „Indeed, a key feature of theory-building case research is the freedom to make adjustments during the data collection process. (…) These adjustments allow the researcher to probe emergent themes or to take advantage of special opportunities which may be present in a given situation." (Eisenhardt 1989, S. 539).

[2] Siehe hierzu folgendes Zitat: „The best way to acquire this kind of knowledge is to study individual managers who have been successful in doing so." (Kanter/Eccles 1992, S. 527).

[3] Vgl. Flick 1998, S. 92.

5.3 *Übersicht über das Forschungsprojekt*

Im Weiteren wird das für diese Arbeit durchgeführte Forschungsprojekt skizziert. Der Forschungsprozess wird im nächsten Unterkapitel erläutert, bevor dann einige Aspekte dieses Prozesses näher beleuchtet werden; hierzu gehört die Auswahl von Fällen für die Fallstudien (Kap. 5.3.2), die Datenerhebung (Kap. 5.3.3), sowie die Datenanalyse (Kap. 5.3.4).

5.3.1 Forschungsprozess

Qualitative, explorative Studien haben die Entwicklung von Theorien über die Wirklichkeit zum Ziel. Dabei muss festgehalten werden, dass auch wenn die zu entwickelnde Theorie grundsätzlich am Ende der Studie steht, es trotzdem typisch ist, dass ein theoretisches Verständnis im Sinne von Grundannahmen schon vor der Durchführung der qualitativen Studie besteht und das Forschungsvorhaben auch maßgeblich prägt[1]. Schließlich, so WINEGARDNER, müssen Forschungsfragen erst einmal auf irgendeiner Grundlage formuliert werden[2]. Ein Forschungsvorhaben startet also typischerweise von einem theoretischen Grundverständnis, das dann in mehreren iterativen Untersuchungen schrittweise verfeinert, verändert oder auch verworfen wird, bis am Ende eine Theorie über das empirische Forschungsobjekt vorliegt. Beginnend mit einer Idee, dient in der Regel eine Literaturanalyse zur Verfeinerung des Grundverständnisses und der Ableitung eines Forschungsdesigns. Dieses kann verschiedene Schleifen, Rücksprünge und Iterationen aufweisen, die auch das Anpassen der Eingangsideen betreffen können[3]. Dabei kann sich die Auswahl neuer Fälle aus der parallel zur Datenerhebung stattfindenden Datenanalyse ergeben, um durch gezielte Auswahl bestimmter Fälle Lücken im Verständnis des Forschungsfeldes zu schließen (siehe Abbildung 5.5). Der zirkuläre Forschungsprozess verweist somit erneut auf das eingangs diskutierte epistemologische Prinzip des „Verstehens", das von der Möglichkeit eines jeder-

---

[1] „But here the research process, too, does not start as a *tabula rasa*. The starting point is rather a pre-understanding of the subject or field of study." (Flick 1998, S. 44, Hervorhebung im Original).

[2] „Because interpretive research is inductive, leading to constructs, hypotheses, and theory, it is sometimes confusing to think of it as also beginning from theory (...). However, theory is present in all qualitative studies because no study could be designed without some question being asked explicitly or implicitly." (Winegardner 2000, S. 6).

[3] „In the proposed approach, you begin with an idea, gather theoretical information, reconsider and refine your idea, begin to examine possible designs, reexamine theoretical assumptions, and refine these theoretical assumptions and perhaps even your original or refined idea. (...) you are spiralling forward, never actually leaving any stage behind completely." (Berg 1995, S. 16).

zeitigen Anpassens des Forschungsdesigns an neue, sich auftuende Gegebenheiten profitiert[1].

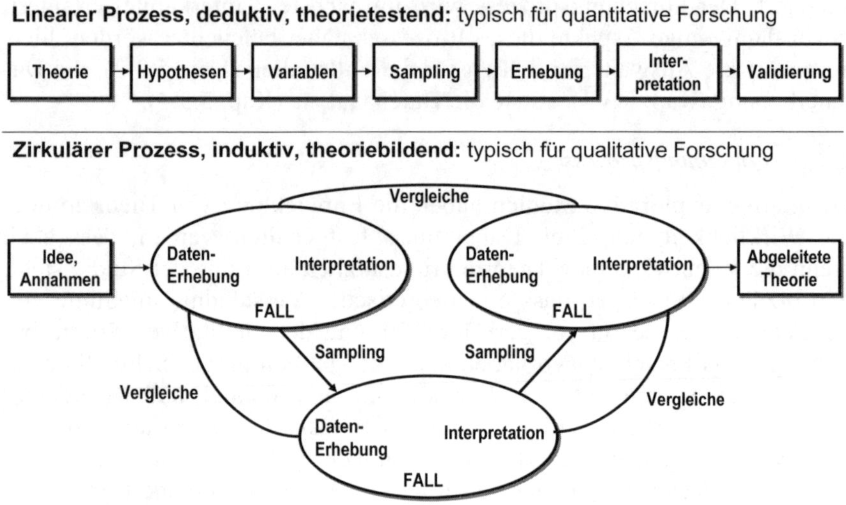

Abbildung 5.5: Linearer und zirkulärer Forschungsprozess[2]

EISENHARDT weist auf den Nutzen theoretischer Eingangskonstrukte zu Beginn einer qualitativen Studie hin. Solche Konstrukte, wie das Sozialkapitalkonstrukt in der vorliegenden Studie, sind geeignet, das Design der Studie positiv zu beeinflussen und, sollte sich ihre Anwendung in der empirischen Arbeit bewähren, die empirische Einbettung der Ergebnisse zu verbessern, da die theoretischen Erkenntnisse zu den Konstrukten bereits im Forschungsprozess Berücksichtigung finden[3]. EISENHARDT merkt jedoch auch an, dass das Vorhandensein theoretischer Eingangskonstrukte zwar der empirischen Arbeit förderlich ist, dass jedoch die theoretischen Annahmen im Vorfeld nicht die Offenheit und Flexibilität gefährden soll-

---

[1] „Qualitative research fits the traditional, linear logic of research only in a limited way. Rather, the circular interlinking of empirical steps (...) does justice to the character of discovery in qualitative research. (...) This processual understanding allows one to realize the epistemological principle of *Verstehen* with a greater degree of sensitivity than in linear designs." (Flick 1998, S. 44, Hervorhebung im Original).

[2] Vgl. Flick 1998, S. 45, siehe auch Glaser/Strauss 1967.

[3] „A priori specification of constructs can also help to shape the initial design of theory-building research. (...) If these constructs prove important as the study progresses, then researchers have a firmer empirical grounding for the emergent theory." (Eisenhardt 1989, S. 536).

ten, die in theoriebildenden Studien notwendig sind, um in der Datenerhebung nicht nur selektiv nach vorgefertigten Zusammenhängen zu suchen[1]. Hier ist eine Gradwanderung notwendig, da sich der Forscher einerseits dem Forschungsgegenstand offen nähern sollte, andererseits aber für die Ableitung der Forschungsfrage, die Fallauswahl und die Gestaltung der Datenerhebung ein gutes theoretisches Grundverständnis benötigt.

<table>
<tr><th colspan="3">Phasen des qualitativen Forschungsprozesses</th><th rowspan="2">Beschreibung</th></tr>
<tr><th>Morse 1994</th><th>Tellis 1997a</th><th>Eisenhardt 1989</th></tr>
<tr><td>Reflektion</td><td rowspan="4">Design der Studie und Wahl der Daten-erhebungs-instrumente</td><td rowspan="2">Start</td><td rowspan="2">Forschungsfrage und –framework (siehe Kap. 5.1), theoretische Eingangskonstrukte</td></tr>
<tr><td>Planung</td></tr>
<tr><td rowspan="2">Einstieg</td><td>Fallauswahl</td><td>Theoretisches, anstelle statistischen Samplings: Auswahl der Fälle folgt theoretischen Gesichtspunkten (Kap. 5.3.2)</td></tr>
<tr><td>Vorbereitung der Instrumente</td><td>Gestaltung des Interviewleitfadens (Kap. 5.3.3)</td></tr>
<tr><td rowspan="4">Phase produktiver Daten-sammlung und Auswertung</td><td>Durchführung der Erhebung</td><td>Datenerhebung</td><td>Flexible und mit Analyse vernetzte Datenerhebung (zirkulär, iterativ), Interviewdurchführung (Kap. 5.3.3)</td></tr>
<tr><td>Analyse</td><td>Datenanalyse</td><td>Fallweise und fallübergreifende Analysen (Kap. 5.3.4)</td></tr>
<tr><td rowspan="3">Schlüsse ziehen, Implikationen und Vorschläge ableiten</td><td>Hypothesen, Theorie ableiten</td><td>Aufdecken von Gesetzmäßigkeiten in den Daten, Theorien entwickeln</td></tr>
<tr><td>Literaturvergleiche</td><td>Einbetten der Erkenntnisse in weitere Literaturarbeit</td></tr>
<tr><td>Rückzug</td><td>Zum Abschluss kommen</td><td>Empirische Studie endet, wenn Sättigungsgrad erreicht ist.</td></tr>
<tr><td>Aufschreiben</td><td></td><td></td><td>Entscheiden über Schreibstil (Kap. 5.3.5)</td></tr>
</table>

Tabelle 5.3: Phasen des qualitativen Forschungsprozesses

[1] Vgl. Eisenhardt 1989, S. 536.

Tabelle 5.3 beschreibt typische Phasen qualitativer Forschungsprojekte; drei Prozesse werden beispielhaft aufgezeigt, wobei diese prinzipiell ähnlich sind. Die generischen, in der Tabelle dargestellten Prozesse, spiegeln sich im tatsächlichen Forschungsprozess der Studie wider.

Zum tatsächlichen Ablauf der durchgeführten Studie

Die in dieser Studie untersuchte Forschungsidee ist aus einem Forschungsprojekt zum Management von Unternehmensnetzwerken hervorgegangen[1]. Zu Beginn der Studie wurde eine umfassende Literaturanalyse zu den Bereichen Allianzen und Beziehungsmanagement (vgl. Kap. 2) sowie zum Sozialkapitalkonstrukt durchgeführt (vgl. Kap. 3), um die Forschungsidee für die Zwecke dieser Arbeit zu konkretisieren und in eine Forschungsfrage und ein Forschungsframework zu überführen (vgl. Kap. 5.1). Zudem wurde durch die Aufbereitung der Sozialkapitaltheorie und ihrer verschiedenen Dimensionen und Effekte die Grundlage für deren Einbeziehung in die empirische Studie geschaffen.

Die empirische Datenerhebung fand in zwei Stufen statt, wobei eine Zwischenanalyse nach der ersten Interviewrunde eine Anpassung des Interviewleitfadens erlaubte. Aus dieser Zwischenanalyse konnte abgeleitet werden, dass die Rolle von Sozialkapital mit der Lebenszyklusphase bzw. Episode der interorganisationalen Beziehungen variierte. Diese Erkenntnis (siehe unten in Kap. 6.1) konnte so in den Interviews der zweiten Runde explizit untersucht und in der anschließenden Analyse bestätigt werden. EISENHARDT spricht hier von einer Überlappung von Datenanalyse und Datenerhebung, die es erlaubt, einerseits Erkenntnisse möglichst früh zu gewinnen und andererseits die Datenerhebungsinstrumente an gewonnene Erkenntnisse anzupassen[2]. Die Zwischenanalyse machte ebenfalls deutlich, dass die Rolle von Sozialkapital nicht nur mit der Beziehungsepisode sondern auch mit der Komplexität der zu bewältigenden gemeinsamen Aufgaben in der zwischenbetrieblichen Beziehung variierte, bzw. mit der Wissensintensität der gemeinsamen Tätigkeiten. Aus diesem Grund wurde in einer neuerlichen Literaturanalyse dieses Wissensfeld erschlossen und in die abschließende Analyse mit einbezogen (wesentliche Erkenntnisse dieser Literaturanalyse haben in Kapitel 4.2 Eingang gefunden).

[1] Der Autor möchte an dieser Stelle den Kollegen im EU-Forschungsprojekt DOMINO recht herzlich danken.

[2] „Thus, if a new data collection opportunity arises or if a new line of thinking emerges during the research, it makes sense to take advantage by altering data collection, if such alteration is likely to better ground the theory or to provide new theoretical insights.“ (Eisenhardt 1989, S. 539).

Es sei abschließend angemerkt, dass die Entwicklung eines Kontingenzmodells nicht von Beginn an das Ziel der Studie war. Der Eingangsannahme folgend sollte explorativ die Relevanz von Sozialkapital in verschiedenen Typen zwischenbetrieblicher Beziehungen mit unterschiedlicher strategischer Wichtigkeit untersucht werden. Erst in der Zwischenanalyse und in den abschließenden fallübergreifenden Analysen wurden komplexere Zusammenhänge aufgedeckt, die schlussendlich zu einem mehrstufigen Kontingenzmodell geführt haben, das die Rolle und Relevanz von Sozialkapital erklärt und verdeutlicht, wann welche Formen von Sozialkapital im Einzelfall sinnvoll erscheinen (siehe Kap. 6). Die folgenden Unterkapitel erläutern das durchgeführte Sampling (Kap. 5.3.2), stellen den benutzten Interviewleitfaden vor (Kap. 5.3.3), geben einen kurzen Einblick in die durchgeführten Analysen (Kap. 5.3.4) und diskutieren kurz den Unterschied zwischen der Durchführung der Studie und der Gliederung und Präsentation der Ergebnisse (Kap. 5.3.5).

5.3.2 Sampling: Auswahl der Fälle

Das Sampling innerhalb der empirischen Population, in fallbasierten Studien also die Auswahl der zu untersuchenden Fälle, wird in qualitativen Studien auf der Basis theoretischer Überlegungen vorgenommen, anstelle einer Auswahl nach statistischen Kriterien, wie dies in quantitativen Studien der Fall ist. Bei diesem theoretischen Sampling werden die zu untersuchenden Fälle explizit nach spezifischen Charakteristika ausgesucht, so dass sichergestellt ist, dass die zu untersuchenden Sachverhalte in den Fällen auftreten und jeder einzelne Fall bestmöglich zum Lernziel der explorativen Untersuchung beiträgt[1]. Das Sampling folgt also Relevanzkriterien und nicht Kriterien statistischer Repräsentativität[2]. Im vorliegenden Fall wurden solche Unternehmen bzw. Manager angesprochen, die relevante zwischenbetriebliche Beziehungen unterhielten und zum Thema Beziehungsmanagement Auskunft geben konnten. Zudem wurden solche Unternehmen bevorzugt, zu denen ein guter Zugang bestand und bei denen aus diesem Grund Interesse und Bereitschaft zur Befragung zu erwarten war[3].

---

[1] „Thus, the goal of theoretical sampling is to choose cases which are likely to replicate or extend the emergent theory." (Eisenhardt 1989, S. 537).

[2] „The basic principle of theoretical sampling is to select cases or case groups according to concrete criteria concerning their content instead of using abstract methodological criteria. Sampling proceeds according to the relevance of cases instead of their representativeness." (Flick 1998, S. 68).

[3] „the criterion of convenience", vgl. Flick 1998, S. 70. Dieses Vorgehen wird aus forschungsökonomischen Gesichtspunkten als legitim angesehen, solange keine qualitativen Abstriche gemacht werden.

Es wurden insgesamt sieben Fälle untersucht, was laut EISENHARDT einen guten Mittelweg darstellt zwischen einerseits zu wenig Fällen für die Erarbeitung komplexerer Zusammenhänge (weniger als vier) und andererseits zu vielen Fällen, was eine zu hohe Komplexität bei der Datenanalyse zur Folge haben kann (mehr als zehn Fälle)[1].

Fall		Beziehung mit	Interview, geführt mit		Runde
1	FINANCE	BANK	01	FINANCE	1
		WEBCONSULT	01 & 02	FINANCE & WEBCONSULT	
		CONTENT	03	CONTENT	
2	TELCO	INFRANET-PARTNER*	04	TELCO	
		WEBCONSULT	04	TELCO	
		DEVELOPER	12	DEVELOPER	2
		E-NEWS	13	E-NEWS	
3	LOGISTIK	ALLIANZ	05	LOGISTIK	
		KAPAZITÄTSPARTNER*	E-Mail	LOGISTIK	
4	MOBILTEL	SMS-A	06	MOBILTEL	
		SMS-B	06	MOBILTEL	
		AGENTUR	07 & 08	MOBILTEL & AGENTUR	
5	SYNDICATE	VERTRIEBSPARTNER*	09	SYNDICATE	
6	AIRLINE	REGIO-AIR	10	AIRLINE	
		WET-LEASE PARTNER*	10	AIRLINE	
7	OUTSOURCE	PROVIDER*	11	OUTSOURCE	

* Hierbei handelt es sich um Gruppen von Partnern, mit denen ähnliche Typen von Beziehungen unterhalten werden, und die aus Gründen der Komplexitätsreduktion auch nur als Gruppe betrachtet werden.
Es sei außerdem darauf hingewiesen, dass alle Unternehmensnamen verfremdet wurden, um die Anonymität der Fallstudienunternehmen zu gewährleisten.

Tabelle 5.4: Übersicht über die Fälle und die durchgeführten Interviews

[1] „With fewer than 4 cases, it is often difficult to generate theory with much complexity, and its empirical grounding is likely to be unconvincing,… With more than 10 cases, it quickly becomes difficult to cope with the complexity and volume of the data.“ (Eisenhardt 1989, S. 545).

Laut WINEGARDNER ist ein zweistufiges Sampling üblich, bei dem zunächst die Fälle und dann innerhalb der Fälle die zu untersuchenden Teilaspekte oder aber die zu befragenden Individuen ausgewählt werden[1]. In der vorliegenden Studie wurden innerhalb der gewählten Fälle im zweiten Schritt die zu betrachtenden zwischenbetrieblichen Beziehungen ausgewählt. Dabei wurden der Eingangsannahme folgend solche Beziehungen ausgewählt, die sich hinsichtlich der strategischen Relevanz unterschieden (vgl. Kap. 2.5.4). Zu einigen dieser Beziehungen wurden nachfolgend eigene Interviews mit den Kooperationspartnern bzw. Lieferanten geführt; bei anderen Beziehungen waren Folgeinterviews nicht notwendig, da sie hinreichend im ersten Interview betrachtet wurden. Tabelle 5.4 gibt eine Übersicht über die sieben Fälle, sowie die zugehörigen Interviews, die zu den einzelnen Beziehungen innerhalb der Fälle geführt wurden; eine kurze Beschreibung der einzelnen Fälle erfolgt in Kapitel 5.4.

5.3.3 Datenerhebung: Interviewleitfaden und Interviewdurchführung

Die Datenerhebung der vorliegenden Studie basiert auf semistrukturierten Experteninterviews (vgl. Kap. 5.2.4). Als Grundlage für die Durchführung der Interviews wurde ein Interviewleitfaden erarbeitet[2]. Ein Interviewleitfaden dient grundsätzlich als Orientierungshilfe und verhindert das Abweichen des Interviews in unerwünschte und nicht relevante Gesprächsbereiche; er hilft den Fokus zu wahren, eine sinnvolle Gesprächsabfolge zu gewährleisten und auf die Vollständigkeit der zu betrachtenden Aspekte zu achten[3]. Dabei sei darauf hingewiesen, dass in explorativen Fallstudien selten alle Fälle die Erhebung aller Aspekte erlauben[4]. Es kann beispielsweise sein, dass der Interviewer opportunistisch einen Teilbereich überbetont, da der Manager in diesem Bereich sehr kompetent erscheint und andere Bereiche aus Zeitgründen zurückstellt. Auch in der vorliegenden Studie konnten nicht immer alle Aspekte vollständig betrachtet werden. So kam es beispielsweise vor, dass ein Interviewpartner nicht zu allen Bereichen Kenntnisse besaß; im MOBILTEL-Fall beispielsweise konnten keine expliziten Erkenntnisse zur Durchführung von Projekten mit den Lieferan-

---

[1] Vgl. Winegardner 2000, S. 6.

[2] *Anmerkung*: Der Interviewleitfaden war einzig für Zwecke des Interviewers gedacht; der Befragte bekam diesen weder vorgelegt noch wurde ihm Einsicht gewährt, um eine möglichst unbeeinflusste Interviewsituation zu gewährleisten.

[3] Siehe Meuser/Nagel 1991. Vgl. hierzu auch Flick: „The range of potentially relevant information provided by the interviewee is restricted much more than in other interviews. Therefore, the interview guide here has a much stronger directive function with regard to excluding unproductive topics." (Flick 1998, S. 92).

[4] Vgl. Eisenhardt 1989, S. 542.

ten SMS-A und SMS-B gewonnen werden, da der Manager daran in der Vergangenheit nicht beteiligt war.

Der Interviewleitfaden (siehe Abbildung 5.6) wurde aus dem in Kapitel 5.1.5 vorgestellten Forschungsframework unter Berücksichtigung der Erkenntnisse zur Sozialkapitaltheorie (vgl. Kap. 3) entwickelt. Dabei musste ein Kompromiss zwischen der Tiefe der Untersuchung und deren Breite gefunden werden. So wurde versucht, möglichst viel über die Rolle der sozialen Beziehungen und die jeweiligen Situationen und Gegebenheiten herauszufinden, in denen soziale Beziehungen und damit Sozialkapital im Einzelfall bedeutsam waren. Die Dimensionen und Effekte von Sozialkapital wurden dabei implizit berücksichtigt. Jedoch wurde in der Interviewsituation darauf geachtet, den Befragten nicht mit theoretischen Begriffen und Details der Sozialkapitaltheorie direkt zu konfrontieren, um ihm die Möglichkeit zu geben, in seinen Worten das Geschehen und die Relevanz der sozialen Ebene in der diskutierten Beziehung wiederzugeben und ihn nicht in seinen Antworten zu leiten[1].

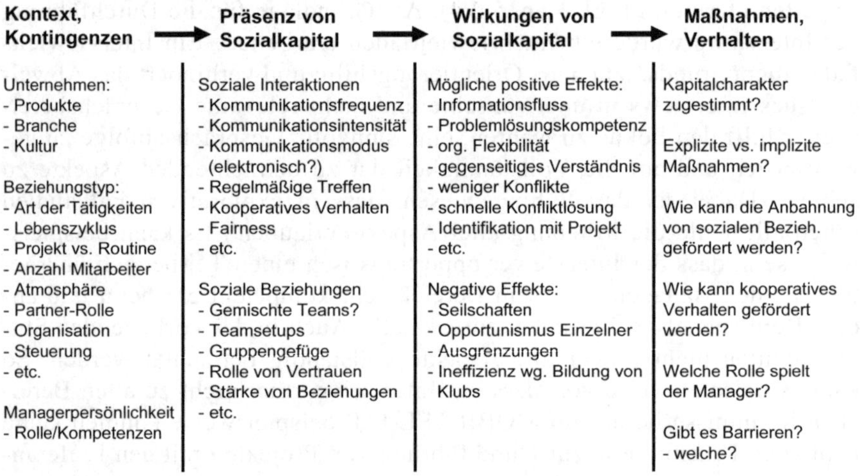

Abbildung 5.6: Interviewleitfaden

[1] Es sei noch angemerkt, dass die befragten Experten gegen Ende der Interviews mit der Sozialkapitalidee konfrontiert wurden, um ihre Identifikation mit der Kapitalidee zu testen. Dies erfolgte jedoch erst, nachdem Erkenntnisse zum Kontext und der Rolle von sozialen Beziehungen bereits gewonnen werden konnten.

Die durchgeführten Interviews dauerten zwischen 45 und 100 Minuten. In Fällen, in denen ein neuer Fall betrachtet wurde (z. B. Interviews 01 und 04, siehe Tabelle 5.4) oder das Interview das einzige zu einem Fall darstellte (z. B. Interviews 09 und 10), waren die Interviews in der Regel länger. Folgeinterviews zu Beziehungen bereits bekannter Fälle waren in der Regel kürzer, da der Kontext des Falles nicht noch einmal erfasst werden musste (z. B. Interviews 03, 08 und 13). Der typische Ablauf der durchgeführten semistrukturierten Interviews kann als Trichtermodell visualisiert werden (siehe Abbildung 5.7). Das Trichtermodell verdeutlicht das explorative Vorgehen unter Einbeziehung des Fallstudienkontextes, der Auswahl der zu betrachtenden interorganisationalen Beziehungen und der Exploration bestimmter Zusammenhänge.

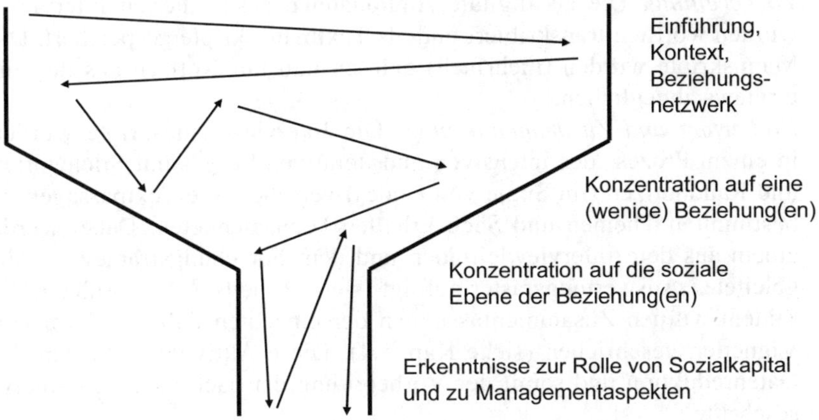

Abbildung 5.7: Trichterartiger Ablauf der durchgeführten Interviews

5.3.4 *Mehrstufige Datenanalyse und -interpretation*

Laut MILES und HUBERMAN basiert die qualitative Datenanalyse im Wesentlichen auf drei interdependenten Aktivitäten, die sich kontinuierlich abwechseln können. Die *Datenreduktion* bezieht sich auf das Auswählen, Verdichten, Abstrahieren und Transformieren der vorliegenden Interview-Rohdaten. Die Datenreduktion ist ein wesentlicher Schritt zum Ableiten der Erkenntnisse, da die Daten auf das Wesentliche reduziert und somit besser analysierbar werden[1]. *Datendisplays* dienen der strukturierten Darstellung der qualitativen Daten. Dies können Tabellen, Matrizen, schemati-

---

[1] Vgl. Miles/Huberman 1994, S. 10f.

sche Darstellung und sonstige Graphiken sein, die das Vergleichen der Daten und das Entdecken von Regelmäßigkeiten erlauben[1]. Dabei wurden in der hier durchgeführten Analyse insbesondere Tabellen genutzt[2]. Aufbauend auf den durch Datenreduktion und Datendisplays geschaffenen Texten, Tabellen und Abbildungen können dann *Schlüsse gezogen werden* über die zu untersuchenden Sachverhalte, für einzelne Fälle und auch fallübergreifend[3]. Die kontinuierliche Arbeit mit den empirischen Daten, der Rücksprung zu unverdichteten Daten, die Vernetzung der Analysen mit bestehenden Forschungsergebnissen, sowie die Präsentation und Diskussion von Teilergebnissen dienen der Verifizierung der gezogenen Schlüsse und damit der Erhöhung der Validität der Ergebnisse.

Die in dieser Studie durchgeführte Analyse enthielt dabei folgende Analyseschritte, wenn auch nicht in streng linearer Abfolge:

1. *Vorbereitung*: Die als digitale Audiodateien gespeicherten Interviews wurden wörtlich transkribiert und als Textmanuskripte gespeichert. Die Manuskripte wurden (mehrfach) gelesen und mit Notizen aus den Interviews abgeglichen.
2. *Kodierung und Zusammenfassung*: Die Interviewmanuskripte wurden in einem Prozess des intensiven und iterativen Lesens mit Stichworten und Randnotizen (im Sinne von Codes) versehen, die Textpassagen zu bestimmten Themen und Sachverhalten kennzeichneten. Dabei wurde einem aus dem Interviewleitfaden und dem Forschungsframework abgeleiteten Auswertungsraster gefolgt (siehe Tabelle A.1 in Anhang A). Zudem wurden Zusammenfassungen der einzelnen Fälle in Form von Vignetten geschrieben (siehe Kap. 5.4). Diese Aktivitäten dienten der Datenreduktion und somit der Vorbereitung der nachfolgenden Analyseschritte.
3. *Fallweise Analyse*: Ziel der fallweisen Analyse („within-case analysis") ist es, ein tief gehendes Verständnis einzelner Fälle zu erlangen[4]. Dieser Analyseschritt wurde in der vorliegenden Studie auf jedes Interview separat angewendet, d. h. jedes Interview und die darin behandelten Beziehungen und Managementerkenntnisse wurden dem Auswertungsraster folgend separat analysiert und kurz interpretiert. Dazu wurde eine weitere Datenreduktion vorgenommen, indem nur die für die Studie

[1] „Generically, a display is an organized, compressed assembly of information that permits conclusion drawing and action." (Miles/Huberman 1994, S. 11, Hervorhebung entfernt).

[2] Basierend auf: Miles/Huberman 1994, S. 172-206.

[3] Vgl. Miles/Huberman 1994, S. 11.

[4] „...the overall idea is to become intimately familiar with each case as a stand-alone entity. This process allows the unique patterns of each case to emerge before investigators push to generalize patterns across cases." (Eisenhardt 1989, S. 540).

relevanten Interviewdaten in eine aus dem Auswertungsraster abgeleitete Struktur überführt wurden[1]. Gleichzeitig wurden die Aussagen interpretiert und mit Kommentaren versehen, was dann als Grundlage der sich anschließenden fallübergreifenden Analyse diente.

4. *Fallübergreifende Analyse*: Die fallübergreifende Analyse („cross-case analysis") dient der strukturierten Auswertung der Daten, um neue, bisher unvermutete Zusammenhänge aufzudecken und so die Qualität und Relevanz der sich entwickelnden Theorien zu erhöhen[2]. Zudem dient dieser Analyseschritt dazu, die Generalisierbarkeit, Anwendbarkeit und Glaubwürdigkeit der Ergebnisse fallstudienbasierter Forschung zu erhöhen[3]. Aufbauend auf den Erkenntnissen zu den einzelnen Fällen bzw. zu den zwischenbetrieblichen Beziehungen wurde eine fallübergreifende Analyse zur Erklärung der Rolle von Sozialkapital durchgeführt. Dazu wurden die gewonnenen Daten zu den einzelnen Beziehungen in mehreren iterativen Schritten tabelliert, verglichen und interpretiert. Hierbei konnte als grundlegende Variable zur Erklärung der Rolle von Sozialkapital die Beziehungsepisode (Projektphase und Routinephase) identifiziert werden. Basierend auf dieser Zweiteilung wurde dann ein nächster Analyseschritt durchgeführt. Hierbei wurden verschiedene Rollen von Sozialkapital in der Projekt- wie auch in der Routinephase identifiziert. Die zugehörigen Datendisplays für diesen Analyseschritt finden sich in Anhang B.
5. *Ableiten der Ergebnisse*: Aus den Interviewauswertungen und den fallübergreifenden Analysen wurde dann zunächst ein Kontingenzmodell zur Erklärung der Rolle von Sozialkapital abgeleitet (siehe Kap. 6). Darüber hinaus konnten Erkenntnisse zu Managementmaßnahmen sowie ein besseres Verständnis des Beziehungsmanagements auf der sozialen Ebene gewonnen werden (siehe Kap. 7). Die aus den Datendisplays in Anhang B gewonnen Erkenntnisse wurden weiter verdichtet, restrukturiert und in neue Displays (Tabellen) überführt (siehe Kap. 6.1). Diese stellen bereits Ergebnisse der Auswertung dar, da sie die Rolle von Sozialkapital in den verschiedenen untersuchten Beziehungen verdeutlichen.

---

[1] Diese Daten stellt der Autor auf Wunsch in anonymisierter Form zur Verfügung.

[2] „Overall, the idea behind these cross-case searching tactics is to force investigators to go beyond initial impressions, especially through the use of structured and diverse lenses on the data. These tactics improve the likelihood of accurate and reliable theory, that is, a theory with a close fit with the data." (Eisenhardt 1989, S. 541).

[3] „...we are faced with the tension between the particular and the universal: reconciling an individual case's uniqueness with the need for more general understanding of generic processes that occur across cases." (Miles/Huberman 1994, S. 173).

6. *Einbetten der Erkenntnisse*: Die gewonnenen Erkenntnisse wurden abschließend durch eine weitere Literaturanalyse sowie durch einen Rücksprung zu den Original-Interviewtexten verifiziert und angereichert. Die Erkenntnisse wurden zudem mit den relevanten Originalaussagen aus den Interviews zusammengeführt. Sie werden denn auch im Folgenden unter Rückgriff auf einzelne Interviewaussagen präsentiert. Dieser Schritt dient dem von GLASER und STRAUSS beschriebenen „Empirical Grounding", d. h. der Einbettung der Erkenntnisse in die empirische Evidenz[1].

5.3.5 Anmerkungen zu Schreibstil und Strukturierung

Laut GALL ET AL. existieren zwei grundlegende Möglichkeiten, Ergebnisse fallbasierter Studien zu präsentieren: mittels eines analytischen oder eines reflektiven Schreibstils[2]. Der analytische oder auch objektive Schreibstil nimmt eine eher distanzierte Haltung ein und fokussiert auf die Präsentation der Ergebnisse in einer möglichst didaktisch-logischen Reihenfolge. Diese Reihenfolge weicht jedoch meist von der tatsächlichen Reihenfolge bei der Durchführung der Studie ab. Dafür wird auf eine möglichst sinnvolle Argumentationsreihenfolge der Erkenntnisse Wert gelegt. Wird dagegen ein reflektiver oder auch prozessualer Schreibstil genutzt, so spricht der Autor der Studie klar sichtbar zum Leser und moderiert die Durchführung der Studie. Dabei hat der Leser das Gefühl, an der Aufdeckung von Sachverhalten beteiligt zu sein und schrittweise zu neuen Erkenntnissen zu gelangen. Im ersten Fall stehen also die Ergebnisse und Erkenntnisse, im zweiten Fall die Studie und der tatsächliche Forschungsablauf im Vordergrund.

Die vorliegende Arbeit folgt dem analytischen Schreibstil und fokussiert auf die Präsentation von Forschungsfeld, Forschungsfrage, Motivation der Studie, theoretischer Einbettung und Präsentation der gewonnenen Erkenntnisse. Aus diesem Grund weicht die Reihenfolge der Präsentation bzw. die Gliederung dieser Arbeit von der tatsächlichen chronologischen Reihenfolge der Studiendurchführung ab. Dies betrifft insbesondere die Ausführungen zu wissensintensiven Tätigkeiten (siehe Kap. 4.2), die in der Präsentation der Studie zur Ableitung der Forschungsfrage und des Forschungsframeworks benutzt werden, sowie zur Verdeutlichung der generellen Relevanz von Sozialkapital in zwischenbetrieblichen Arrangements (siehe Kap. 5.1). Tatsächlich lagen diese Erkenntnisse jedoch zu Beginn des Forschungsprojekts und der empirischen Untersuchung noch nicht vor,

---

[1] Siehe Glaser/Strauss 1967.

[2] Siehe Gall et al. 1966.

da sie sich nicht aus der existierenden Literatur zu Allianzen und dem zwischenbetrieblichen Management ergaben, sondern vielmehr als ein Ergebnis des iterativen Forschungsvorgehens zu werten sind.

5.4 Übersicht über die untersuchten Fälle

In diesem Unterkapitel erfolgt eine vignettenartige Beschreibung der einzelnen Fallstudienunternehmen und der relevanten, in der Studie betrachteten zwischenbetrieblichen Kooperationsbeziehungen. Dabei werden nur solche Details aufgeführt, die für das Verständnis und die Einordnung der späteren Erkenntnisse notwendig sind. Hierzu gehört eine kurze Unternehmensbeschreibung, eine Beschreibung der relevanten Beziehungen und deren Rolle im gesamten Beziehungsnetzwerk des Unternehmens, sowie der Unterschiede zwischen den Beziehungen. Des Weiteren werden alle relevanten Details der Beziehungen, wie die gemeinsam durchgeführten Projekte und Tätigkeiten, die daraus resultierende interorganisationale Interdependenz, die Art der Integration des Partners in die Leistungserstellung des Fallstudienunternehmens, die Beziehungsatmosphäre, wie auch etwaige Konflikte aufgeführt. Diese Charakteristika der Beziehungen sind, ausgehend von den eingangs geschilderten Managementherausforderungen (vgl. Kap. 2.2.2), sowie den später abgeleiteten Anforderungen zwischenbetrieblicher Wissensarbeit (vgl. Kap. 5.1.2), zum Verständnis der Rolle von Sozialkapital in den Beziehungen notwendig.

Es sei angemerkt, dass sich im Verlauf der Datenerhebung herausgestellt hat, dass die empirische Wirklichkeit (naturgemäß) komplexer ist, als vom theoretischen Untersuchungsmodell angenommen. Eingangs wurde die Untersuchung zur Reduktion der Komplexität auf interorganisationale Dyaden, also Zweierbeziehungen von Unternehmen, beschränkt, um die Komplexität komplexerer Netzwerkarrangements und beziehungsübergreifender Aspekte auszublenden. Eine solche Komplexitätsreduktion war jedoch in einigen der empirischen Fälle nicht möglich oder sinnvoll. So basiert in den Fällen FINANCE und OUTSOURCE das Geschäftsmodell der Unternehmen explizit auf dem Management von Partnernetzwerken, in denen mehrere Partner zur primären Leistungserstellung beitragen. Darüber hinaus unterhält LOGISTIK eine strategische Allianz mit drei internationalen Partnern; in diesem Fall wird das interorganisationale Arrangement als ein Netzwerk und nicht als Menge von Dyaden wahrgenommen. In den genannten Fällen kommt den sozialen Beziehungen als primärem Untersuchungsgegenstand der Studie eine besondere Rolle auf der Ebene des Netzwerks zu. Dies erlaubt interessante Erkenntnisse zur Rolle von netzwerkbasiertem Sozialkapital in interorganisationalen Arrangements, die bei einer künstlichen Beschränkung auf einzelne Dyaden nicht hätten gewonnen werden können.

5.4.1 FINANCE – Partnerbasiertes Internet-Geschäftsmodell

Der vorliegende Fall betrachtet den Aufbau des internetbasierten Allfinanzportals FINANCE. Interviews zum vorliegenden Fall wurden geführt mit:

- Dem Marketing- und Produktleiter bei FINANCE, zuständig für Marktbearbeitung, Kommunikation, Geschäftsentwicklung, Vertrieb und Produktentwicklung; aus diesem Grund verantwortlich für ein Netzwerk von Partnerbeziehungen.
- Einem Senior Manager und Mitglied der Geschäftsleitung bei WEBCONSULT. Der Interviewpartner war selbst in der Aufbauphase im FINANCE-Netzwerk tätig und ist der Hauptansprechpartner für die FINANCE-Beziehung bei WEBCONSULT.
- Dem zuständigen Projektmanager bei CONTENT, der für den Aufbau und das Management der Zusammenarbeit mit FINANCE zuständig war.

FINANCE wurde gegründet als Tochterunternehmen eines großen Versicherungskonzerns[1]. FINANCE ist rein formell eine Bank und betreibt ein Internetportal, das sich an Endkunden richtet, die ihre Finanzgeschäfte im Internet aus einer Hand abwickeln wollen. Das Produktportfolio des Portals umfasst Bankdienstleistungen, Brokerage, Versicherungen sowie ein umfassendes Informationsangebot. Es handelt sich dabei um ein neuartiges Geschäftsmodell, das sehr stark auf Partnerbeziehungen und Kooperationen aufgebaut ist. FINANCE unterhält dementsprechend ein komplexes Netzwerk, das in der Aufbauphase zeitweise aus bis zu 120 Partnern bestand. Diese Partnerbeziehungen werden vom Interviewpartner explizit segmentiert: 15% sind strategische Beziehungen (z. B. mit dem Outsourcing-Partner BANK), 30-40% sind Beziehungen im Mittelfeld (z. B. mit WEBCONSULT), der Rest sind reine Lieferantenbeziehungen niedrigerer Relevanz (z. B. mit CONTENT). Die zu untersuchenden drei Beziehungen

---

[1] *Anmerkung*: In einem zuletzt extrem schwachen Marktumfeld als Folge der so genannten „Internetkrise" entschied sich der Mutterkonzern nach ausbleibenden Neukundenzugängen zu deinvestieren. Zum Zeitpunkt des Interviews befand sich FINANCE daher in Auflösung, das operative Geschäft wurde verkauft. Da sich die Interviews (insbesondere Interviews 01 und 02) auf die Phase des Geschäftsaufbaus in der Vergangenheit beziehen, sind die Ergebnisse der Fallstudie jedoch nicht durch den Misserfolg des Geschäfts beeinträchtigt. Die Fallstudie wird trotzdem weitgehend in der Gegenwartsform geschrieben.

wurden der Eingangsannahme folgend nach ihrer strategischen Relevanz ausgewählt.

Die Zusammenarbeit im vorliegenden Fall muss in zwei Phasen bzw. Episoden unterschieden werden, wobei die erste Phase des Geschäftsaufbaus durch eine hohe Komplexität des Partnernetzwerks sowie der durchgeführten Tätigkeiten charakterisiert ist, während die zweite Phase den Routinebetrieb nach dem Start des Portals darstellt, in der die eigentliche Leistungserbringung durch die Partner erfolgt. Dabei werden beim Übergang in die Routinephase typischerweise vertragliche Arrangements mit den Partner getroffen, um Leistungsdetails in ausgefeilten Verträgen und „Service-Level-Agreements (SLAs)“ festzuschreiben. Typischerweise ist die Komplexität in der ersten Phase zu hoch, um vollständige Verträge zu gestalten. Es fällt auf, dass der Begriff „Partnerschaft“ vom FINANCE-Interviewpartner mit einer stark kompetitiven Note ausgelegt wird; Verträge spielen eine signifikante Rolle und auch im Umgang mit den Partnern wird augenscheinlich stets die Kunden-Lieferanten-Rolle betont. Im Folgenden wird zunächst auf das Partnernetzwerk in der Projektphase eingegangen, bevor dann die einzelnen Beziehungen skizziert werden.

5.4.1.1 Komplexes Partnernetzwerk in der Projektphase

Zu Beginn bestand das Netzwerk aus bis zu 120 Partnerunternehmen, von denen rund 20-30 ein Kernnetzwerk bildeten, die am Aufbau der technischen und geschäftlichen Lösung direkt beteiligt waren. Hiezu gehörten der Mutterkonzern, ein Bankdienstleister, diverse Beratungsfirmen, Integratoren, IT-Dienstleister, eine Brandingagentur, eine Werbeagentur sowie weitere Subkontraktoren. Entsprechend wird das Projektmanagement als sehr komplex beschrieben, da es im Netzwerk oft mehrstufige Partnerbeziehungen mit Subkontraktoren-Beziehungen gab. Daraus resultierten oftmals unklare Aufgabenzuordnungen und Rollenverteilungen zwischen den Partnern. Ein hoher Zeitdruck und die Gleichzeitigkeit der erforderlichen Tätigkeiten erhöhten die Komplexität. Es herrschte zudem eine hohe (unvorhersehbare) Interdependenz der Tätigkeiten zwischen den Kernpartnern und eine mangelnde Formalisierung bzw. Formalisierbarkeit der Aufgaben. Diese hohe Komplexität bereitete Schwierigkeiten im Projektmanagement, wie sowohl der FINANCE- als auch der WEBCONSULT-Gesprächspartner mehrfach betonten. Ein besonderes Problem stellten laut Aussage von WEBCONSULT die „abgeleiteten Partnerbeziehungen“ mit „Dritt-Subkontraktoren“ dar. Dies führte zu einem sehr weit gefächerten Netzwerk, in dem viele Kontakte unterhalten werden mussten. Hierdurch kam es manchmal zu Kommunikationsproblemen; das Netzwerk wurde als zu groß wahrgenommen.

5.4.1.2 Beziehung zu BANK: strategische Integration in die Leistungserstellung

BANK ist eine Privatbank, die als Outsourcing-Dienstleister für FINANCE fungiert und alle reinen Bankdienstleistung und damit die gesamte Abwicklung der operativen Bankprozesse übernimmt. Dementsprechend handelt es sich um eine strategische und auch komplexe Outsourcing-Beziehung, nicht zuletzt aufgrund der hohen Marktregulierung im Bankengeschäft, was die Abstimmung vieler, auch rechtlicher, Details notwendig macht. Der Partner war ebenfalls in den Aufbau des Projekts involviert, zudem ist er natürlich stark eingebunden in den operativen Routinebetrieb und die fortlaufende Entwicklung neuer Produkte. Es besteht eine Beziehung signifikanter strategischer Abhängigkeit. Zwar besitzt FINANCE eine eigene Banklizenz und könnte rein rechtlich die Dienstleistungen selbst abwickeln, das sich ergebende Drohpotenzial ist jedoch begrenzt, da die tatsächliche operative Abhängigkeit als mittelfristig sehr hoch angesehen wird. Zwar besteht räumliche Nähe zum Partner mit Standorten in der gleichen Stadt, die Beziehung ist jedoch gekennzeichnet durch kulturelle Unterschiede und eine wahrgenommene Distanz zwischen den Unternehmenskulturen. Hierfür werden die Eigenheiten des Privatbankgeschäfts verantwortlich gemacht, die nur schwer mit den Anforderungen des Internetgeschäfts im Sinne von 24 Stunden Verfügbarkeit, Flexibilität und kurzfristigen Anpassungen zu vereinbaren sind.

5.4.1.3 Beziehung zu WEBCONSULT: Koordinatorrolle in der Projektphase

WEBCONSULT ist ein IT- und Internet-Beratungsdienstleister mit Fokus auf das E-Business. WEBCONSULT war von Anfang an in das FINANCE-Projekt involviert und hat über den gesamten Zeitraum mehrere Rollen wahrgenommen. Die Rolle im FINANCE-Netzwerk war anfangs als zentral anzusehen (in der Projektphase), später jedoch eher peripher (in der Routinephase). Zunächst war WEBCONSULT als Lieferant von technischen Entwicklungsdienstleistungen mit der Entwicklung des User-Interfaces des FINANCE-Portals betraut. Daneben nahm das Unternehmen eine Beratungsfunktion bei der Entwicklung der zugrunde liegenden IT-Architektur wahr und hat zudem neue Partner, wie z. B. einen Dienstleister für Usability-Tests, ins Netzwerk eingebracht. Zu guter Letzt übernahm der WEBCONSULT-Manager eine (informelle) Koordinatorrolle im Netzwerk, indem er zwischen verschiedenen Parteien vermittelte und Informationen weiterleitete. WEBCONSULT unterhielt direkte Beziehungen zu ca. 20 Firmen im Projektnetzwerk.

Die Atmosphäre im Netzwerk wird auf der Managementebene als sehr gut beschrieben; auf operativer Ebene wird jedoch von „Reibereien" berichtet. Hierfür werden die Größe des Netzwerkes, sowie die unstrukturierten und unübersichtlichen Prozesse verantwortlich gemacht. Die Abhängigkeit von WEBCONSULT wurde von Seiten der FINANCE insbesondere in der Entwicklungsphase als sehr hoch eingestuft; diese nahm jedoch nach Beendigung der Projektphase stark ab. In der Routinephase besteht noch immer ein guter Kontakt zwischen den Unternehmen, auch wenn nur noch wenige direkte Leistungen erbracht werden.

5.4.1.4 Beziehung zu CONTENT: Lieferant von Inhalten für Online-Newsletter

CONTENT produziert Inhalte mit primärem Fokus auf die Themenbereichen Wirtschaft, Finanzen und Börse, sowie auf kundenspezifische Inhalte zur Integration in Produkte und Dienstleistungen. Das Unternehmen unterhält eine Redaktionsstruktur in drei Sprachen und bietet so genannten „General Interest Content" an, der an verschiedene Kunden (und deren Web-Portale) syndiziert wird.

Das Unternehmen liefert Online-Inhalte für FINANCE; dabei geht es um die Entwicklung eines Online-Newsletters für die FINANCE-Endkunden. Das Produkt ist dabei ein reiner „Content on Demand", das heißt ein eigens für FINANCE entwickeltes Produkt in Form eines wöchentlich erscheinenden Finanz-Newsletters. CONTENT hat somit im überschaubaren Rahmen beziehungsspezifische Investitionen getätigt. Zu Beginn der Beziehung wurde ein gemeinsames Projekt zur Festlegung der Produktstruktur und Abstimmung der technischen Schnittstellen durchgeführt. Bei CONTENT waren in das Aufbauprojekt vier Mitarbeiter direkt involviert; das Projekt wird jedoch als isoliertes Projekt beschrieben, unberührt von der sonstigen Netzwerkkomplexität. Grund hierfür ist vermutlich die eher periphere Rolle im Netzwerkportfolio von FINANCE. In der Beziehung herrscht eine gute Rollenverteilung und -klarheit; die Mitarbeiter haben jeweils direkte Ansprechpartner. Der Umfang der Zusammenarbeit ist überschaubar und von geringer Komplexität. Es gibt einen Vertrag mit den Grundlagen der Zusammenarbeit, dieser wird aufgrund der geringen Komplexität als „relativ schlank" bezeichnet. Alles in allem handelt es sich um eine Beziehung von geringer strategischer Bedeutung und niedrigerer Komplexität.

5.4.2 TELCO – Lieferantenbeziehungen im E-Business

Der vorliegende Fall betrachtet Zulieferbeziehungen im Bereich der Online-Aktivitäten eines großen Telekommunikationsunternehmens. Interviews zum vorliegenden Fall wurden geführt mit:

- Dem Leiter der Internetservices bei TELCO, der verantwortlich ist für Internetaktivitäten und Onlineauftritt der TELCO, sowie die zugehörigen Beziehungen mit Lieferanten von IT-Dienstleistungen und Online-Services.

- Zwei Interviewpartnern von DEVELOPER, einem Mitglied der Geschäftsleitung und dem für die TELCO-Zusammenarbeit zuständigen Projektmanager.
- Dem Leiter der E-NEWS, der auch für die Zusammenarbeit mit TELCO verantwortlich ist.

TELCO ist ein europäischer Telekom-Provider, der neben dem halbstaatlichen, alteingesessenen Anbieter der größte Anbieter im Markt ist und sich vom Selbstverständnis her als Innovationsführer versteht. Der vorliegende Fall bezieht sich auf den Unternehmensbereich „Online, Internet und eBusiness“; zu diesem Bereich gehören unter anderem folgende Internetdienste: Loginportale für Breitband- und Gratis-Internetdienstleistungen, dazu Online-Inhalte und Nachrichten auf dem eigenen Web-Portal, E-Mail- und SMS-Dienste, sowie internetbasierte Bürofunktionen und Domain-Produkte. Hierzu unterhält TELCO ein Netzwerk mit verschiedenen Servicelieferanten auf mehreren Ebenen. Es wird eine explizite Segmentierung der Partnerbeziehungen entsprechend der Wichtigkeit bzw. der notwendigen Verfügbarkeit der Services („criticality“) vorgenommen:

- P1-Services sind Kerndienste („core services“), die eine ständige Verfügbarkeit erfordern.
- P2-Services stellen von der Wichtigkeit ebenfalls Kernleistungen dar, erfordern jedoch keine 24 Stunden-Verfügbarkeit.
- P3-Services sind zusätzliche Services, die auch ein Wochenende lang ausfallen können.

Es werden Partner aus allen drei Segmenten betrachtet. Kernpartner sind dabei in der Routinephase der Beziehung in einen komplexen und zeitlichen engen, operativen Störungseingrenzungsprozess eingebunden, da die Dienste eine hohe Verfügbarkeit erfordern. Neben diesen Beziehungen wird die Zusammenarbeit mit einem Partner mittlerer Wichtigkeit betrachtet, mit dem ein Softwareentwicklungsprojekt durchgeführt wurde, sowie eine nicht strategische Beziehung zu einem Lieferanten von Online-Inhalten.

5.4.2.1 Beziehung zu WEBCONSULT und INFRANET: strategische Integration

WEBCONSULT[1] und die INFRANET-Partner liefern Infrastruktur- und Netzwerkdienstleistungen für den Betrieb der Online-Plattform von

[1] Für eine kurze Unternehmensbeschreibung siehe oben in Kap. 5.4.1.3.

TELCO[1]. Dabei ist WEBCONSULT für das Internet-Frontend und das Server-Hosting der TELCO-Website zuständig, während der Partner INFRANET-1 für die E-Mail-Services und der Partner INFRANET-2 für Internet-Applikationen zu SMS und Internet-Bürofunktionen zuständig ist.

Auch im vorliegenden Fall wird wieder explizit zwischen Projekt- und Routinephase unterschieden. Die Anbahnung der Beziehungen ist in der Regel immer projektbasiert und mit dem Aufbau neuer technischer und inhaltlicher Lösungen verbunden. Der Übergang in die Routinephase wird dabei als kritisch für das Partnermanagement angesehen, da in der Routinephase in der Regel auch andere, operative Mitarbeiter der Lieferanten involviert werden. Hier wird insbesondere auf die gemeinsamen Prozesse für die Störungseingrenzung verwiesen. Für die Störungseingrenzung ist entscheidend, dass das Partnerunternehmen in der Routinephase den versprochenen Service bzw. die Verfügbarkeit liefern kann. Bei den P1-Services gibt es für diesen Zweck klare Regeln mit spezifizierter Antwortzeit von 15 Minuten und einem gemeinsamen Störungseingrenzungsprozess.

Von Seiten TELCOs werden Kulturunterschiede zwischen den betrachteten Beziehungen ausgemacht, die im Weiteren bei der Diskussion von Managementmaßnahmen wieder aufgegriffen werden. Die Partner unterscheiden sich sowohl in ihren Nationalitäten, wie auch ihrem Managementansatz:

- Die Beziehung zu WEBCONSULT wird als reibungslose Beziehung wahrgenommen und ist gekennzeichnet durch erfahrungsbasiertes und Identifikationsvertrauen, dass sich sowohl auf Kompetenz als auch auf Sympathie gründet[2].
- Die Beziehung zum amerikanischen Partner INFRANET-1 wird als sachlicher beschrieben, aber auch mit einer Vertrauensbasis, die jedoch mehr auf reinem Kompetenzvertrauen beruht.
- Die Beziehung zu INFRANET-2 wird als schwierig beschrieben, insbesondere gibt es wenig Akzeptanz für den Partner auf Seiten der technischen Mitarbeiter bei TELCO.

5.4.2.2 Beziehung zu DEVELOPER: Entwicklung einer Softwarelösung

DEVELOPER ist ein kleines IT-Projekthaus mit ca. zehn Mitarbeitern im Bereich E-Commerce, Workflow-Managementsysteme und Groupware;

---

[1] Die von den INFRANET-Partnern zur Verfügung gestellten Leistungen sind sehr ähnlich, daher wird häufig aggregiert von „den INFRANET-Partnern" gesprochen. Die Beziehungen mit allen drei betrachteten Kernpartnern werden im Weiteren auch gelegentlich unter der Bezeichnung CORE-PARTNER zusammengefasst.

[2] Zu Arten von Vertrauen siehe oben in Kap. 3.6.3.1.

zum Leistungsportfolio gehören Softwareentwicklungen für Kunden in der Finanzindustrie und im Telekommunikationsbereich. Inhalt des Projekts mit TELCO war der Aufbau eines web-basierten Registrierungsportals, das die Selbstadministration durch die Endkunden auf der TELCO-Webseite erlaubt. Auf Seite von DEVELOPER waren 3-4 Mitarbeiter im Projekt beschäftigt.

Den Tätigkeiten im Projekt kann eine mittlere Komplexität zugeschrieben werden; es gab Interdependenz zwischen den Partnern im Sinne wechselseitiger Abstimmungen bei der Spezifikation der Softwarelösung; größere Teile der Umsetzung konnten dann aber unabhängig und ohne größere Interdependenz durchgeführt werden. Nach erfolgreicher Beendigung des Projekts wurde ein Service-Level-Agreement (SLA) abgeschlossen, das die Pflege der technischen Lösung durch DEVELOPER regelt. Dies bedeutete den formellen Übergang in die Routinephase. Die Kommunikation und Interaktion hat damit deutlich abgenommen, da keine tief gehende Integration notwendig war und die Interdependenz nur noch gering ist. Es gibt weiterhin informelle Kontakte, die Atmosphäre wird als kollegial bezeichnet und eine längerfristige Beziehung ist angedacht. Jedoch könnte die Kommunikation zur Pflege des Kundenkontakts aus Sicht von DEVELOPER intensiver sein.

5.4.2.3 Beziehung zu E-NEWS: Syndizierung von Online-Inhalten

E-NEWS ist die Online-Redaktion einer großen Tageszeitung. E-NEWS betreibt den Internet-Auftritt der Muttergesellschaft und syndiziert Inhalte der Tageszeitung als Online-Inhalte an andere Anbieter wie z. B. die TELCO. Hierzu gehören aktuelle Nachrichten, Onlineticker, Specials zu größeren Sportereignissen sowie Tools wie Wetterkarten und Diskussionsforen. Inhalt der Beziehung mit TELCO ist die Inhalte-Belieferung des TELCO-Portals. Hierzu gehört auch der Betrieb von Diskussionsforen auf der TELCO Web-Site, die auf dem E-NEWS-System gespeichert und betrieben werden. Hierzu wurden die bestehenden E-NEWS-Diskussionsforen syndiziert und weitere spezifische Beratungsforen für TELCO-Kunden neu eingerichtet. Letztere werden inhaltlich von TELCO-Mitarbeitern betreut, aber auf den E-NEWS-Servern betrieben.

Ein einführendes Projekt diente der Anpassung des Content-Management-Systems (CMS) der E-NEWS an die technischen Belange von TELCO. Das Projekt dauerte ca. 3 Monate, die Tätigkeiten waren wohlstrukturiert und wiesen nur eine geringe Interdependenz auf. In der Routinephase gibt es noch zweimal jährlich Treffen, ansonsten gelegentliche Telefon- und E-Mail-Kommunikation. Es herrscht eine klare Rollenverteilung mit eindeutigen Schnittstellen. Gelegentlich kommt die TELCO mit neuen Ideen für die Inhalteverwertung (wie z. B. die Aufbereitung von

Inhalten für mobile Endgeräte), die dann von E-NEWS umgesetzt werden. Es handelt sich um eine wenig komplexe Beziehung mit niedriger strategischer Relevanz, geringer Integration und niedrigen beziehungsspezifischen Investitionen.

5.4.3 LOGISTIK – Internationales strategisches Allianznetzwerk

LOGISTIK ist eine Frachtfluggesellschaft im europäischen Markt, die eine internationale strategische Frachtallianz ins Leben gerufen hat, die zusammen mit insgesamt drei anderen Partnern aus dem europäischen und asiatischen Ausland betrieben wird. Zu diesem Fall wurde ein Interview mit dem verantwortlichen Leiter des Allianznetzwerks durchgeführt. Der Manager ist Mitarbeiter der LOGISTIK, stuft seine eigene Position innerhalb der Allianz jedoch als bewusst neutral ein. Neben der strategischen Allianz unterhält die LOGISTIK weitere, eher marktliche Zulieferbeziehungen mit anderen Frachtfluggesellschaften, die zur Abgrenzung kurz betrachtet werden.

5.4.3.1 Kooperation im strategischen Netzwerk

Ziel der Frachtallianz ist der wechselseitige Zugang zu den jeweiligen nationalen Märkten der Partner und der Aufbau eines gemeinsamen internationalen Logistiknetzwerkes, um den Kunden in den jeweiligen Heimatmärkten internationale Dienstleistungen anbieten zu können. Zu diesem Zweck ist die Angleichung und Harmonisierung des Produktangebots der Partner innerhalb der Allianz notwendig. Dabei werden die verschiedenen Produktkategorien der Partner standardisiert und vereinheitlicht, sowie die relevanten operativen Prozesse umgestaltet und entsprechend angepasst. Zwar werden alle Produkte national weiter unter den angestammten Produktbezeichnungen vertrieben, sie entsprechen jedoch nach der Angleichung genau den jeweiligen Pendants der Partnergesellschaften. Da das Frachtgeschäft hinsichtlich des operativen Geschäfts als anspruchsvoller als das Passagierfluggeschäft beschrieben wird, weil gerade auf der Prozessseite wesentlich mehr Varianz hinsichtlich der zu befördernden Güter besteht, stellt sich die Projektzusammenarbeit entsprecht umfangreich und komplex dar. So müssen z.B. zahlreiche Kühl-, Sicherheits- und andere Beförderungsvorschriften beachtet und die entsprechenden Prozesse zwischen den Partnern angeglichen werden.

Der vorliegende Fall beschreibt also eine tief gehende Kooperation von vier Unternehmen in einer langfristig angelegten strategischen Allianz, die die Anpassung der wesentlichen Produkte und Geschäftsprozesse an einen gemeinsamen Standard vorsieht. Die Ausarbeitung gemeinsamer Lösungen und die anschließende Abstimmung der Prozesse sind Tätigkeiten hoher Interdependenz, die eine enge Zusammenarbeit der beteiligten Mitarbeiter erfordern. Die Allianz basiert auf einer strategischen Integration, die zwar durch vertragliche Arrangements gestützt wird, jedoch ohne gegenseitige Kapitalbeteiligung auskommt. Eine Beendigung der Allianz ist somit nicht ohne weiteres möglich.

Zu Beginn des Projekts wurde ein gemeinsames Allianzteam aufgebaut, das aus mehr als 30 Mitarbeitern besteht[1]. Es existieren mehrere Teil-Teams für verschiedene Abstimmungsaufgaben innerhalb der Allianz; hierzu gehören Marketing, Vertrieb, Operatives, und Informationstechnik. Die Teams sind paritätisch mit Mitarbeitern der Partner besetzt; jeder Partner leitet eines der Teams. Die Teams arbeiten verteilt und sind nicht an einem Ort konzentriert. Zwar ist die Kooperation im Team wichtig, jedoch spielt die Rückvernetzung in die Mutterorganisationen eine wesentliche Rolle und diese ist besser zu realisieren, wenn die Mitarbeiter an den Standorten der Mutterorganisationen platziert sind (siehe später mehr). Nach Abschluss der Projektphase in einzelnen Teilbereichen der Zusammenarbeit (z. B. für einzelne Produkte) werden die jeweiligen Zuständigkeiten für den Routinebetrieb in die Fachabteilungen der Unternehmen übergeben.

Die Unternehmen weisen naturgemäß eine interorganisationale Distanz auf, da es sich um eine internationale Kooperation über Zeit-, Sprach- und Kulturgrenzen hinweg handelt. Das gemeinsame Team wird zwar vor diesem Hintergrund als heterogen bezeichnet, jedoch ist zumindest die Altersstruktur homogen. Es handelt sich um ein Team mit recht jungen Mitarbeitern, was laut Aussage zu einem guten Teamgeist geführt hat. Die gemeinsame Branchensprache ist Englisch, was die Sprachbarrieren reduziert.

Alle acht Wochen gibt es Treffen mit dem kompletten Allianzteam und alternierend dazu alle acht Wochen Treffen eines gemeinsamen Steuerungsteams auf Top-Managementebene. Die Team-Meetings dauern in der Regel mehrere Tage, um auch den Teil-Teams Zeit für ihre Treffen einzuräumen. Dies wird ergänzt durch zweiwöchentliche Telefon- und Videokonferenzen, die zur strukturierten Abarbeitung einer klaren Projektagenda genutzt werden. Darüber hinaus gibt es tägliche (informelle) Kommunikation via E-Mail oder Telefon.

5.4.3.2 Marktliche Beziehungen zum Kapazitätseinkauf

Neber der strategischen Allianz werden Kapazitätspartnerschaften für bestimmte Strecken oder Regionen eingegangen, für die eine eigene Bedienung durch die LOGISTIK nicht wirtschaftlich sinnvoll ist. Es handelt sich

---

[1] *Anmerkung*: Die Zahlen sind aus Anonymisierungsgründen bewusst nur als Größenordnungen zu verstehen.

dabei um den schlichten Einkauf von Kapazität, bei dem alle notwendigen Details normalerweise über längere Zeiträume festgelegt und gelegentlich den aktuellen Entwicklungen angepasst werden. Die gegenseitige Abstimmung ist dabei vergleichsweise gering, da eine weitergehende Integration zwischen den Beteiligten (etwa hinsichtlich Produkten, Prozessen oder IT) nicht erfolgt. Die Wichtigkeit dieser Partnerschaften steht hinter den Allianzpartnerschaften deutlich zurück, da hier nur einzelne Stationen oder Regionen (meist in weniger relevanten Märkten) abgedeckt werden; der Einkauf dient eher der Vervollständigung des Angebotes. Gemeinsame Teams gibt es nicht, bestenfalls kurzfristig zusammengesetzte Arbeitsgruppen zur Initialisierung einer solchen Partnerschaft. Sobald diese etabliert ist, erfolgt die weitere Abstimmung über die normale Organisation im Rahmen der Routine-Aufgaben.

5.4.4 MOBILTEL - Lieferantenbeziehungen in Mobilfunk und E-Business

MOBILTEL ist ein deutsches Telekommunikationsunternehmen, das Mobilfunkdienste der großen Telekommunikationsunternehmen verkauft und auf diese Weise mehr als 1,5 Millionen Mobilfunk-Endkunden betreut. Darüber hinaus bietet das Unternehmen für seine Kunden eigene Mehrwertdienstleistungen an. Das Unternehmen betreibt einen Online-Shop zum Vertrieb der eigenen Produkte und Dienstleitungen, sowie für den Vertrieb von Mobiltelefonen und Zubehör. Es wurden Interviews mit folgenden Personen geführt:

- Einem Produktmanager bei MOBILTEL, der verantwortlich für ein SMS-Produkt und somit für die Leistung der entsprechenden SMS-Lieferanten ist.
- Dem Teamleiter des Bereichs „Online-Shop" bei MOBILTEL, verantwortlich für die Beziehung zur Webagentur AGENTUR, die die technische und grafische Umsetzung der Online-Aktivitäten vornimmt.
- Dem zuständigen Projektmanager der AGENTUR. Dieser ist seit drei Jahren als Projektmanager für den Kunden MOBILTEL zuständig.

Zuächst werden die Beziehungen mit zwei Lieferanten von mobilen Diensten im Bereich SMS und mobiles Entertainment betrachtet: Die Beziehung zu SMS-A ist dabei als strategisch, die zu SMS-B als nicht strategisch einzustufen. Zudem wird die strategische Beziehung mit der Webagentur AGENTUR diskutiert.

5.4.4.1 Beziehung zu SMS-A – Strategischer Lieferant von Mobilfunkdiensten

Der Lieferant SMS-A liefert eine technische Plattform für den SMS-Versand, die strategische Bedeutung für den Kunden MOBILTEL besitzt, da sie einen Kernbereich der Leistungen für die eigenen Kunden darstellt.

Dies umfasst zwei wesentliche Leistungen: reine Vermittlungsleistungen und spezifische Mehrwertdienste. Die Leistungen zeichnen sich durch komplexe Technik und hohe Ansprüche an die Verfügbarkeit und Zuverlässigkeit aus. Es handelt sich um eine strategische Beziehung mit einer gewissen Abhängigkeit, da das Produkt recht spezifisch ist. Der Preis der Leistung wird entsprechend nicht als das entscheidende Kriterium für die Wahl des Partners wahrgenommen; zudem kann die Beziehung aus technischer Sicht nicht ohne weiteres beendet werden.

Die Kooperation besteht seit ca. vier bis fünf Jahren. Der Partner kommt aus dem regionalen Raum, nur wenige Kilometer vom MOBILTEL-Standort entfernt. Auf jeder Seite sind vier Mitarbeiter in die Beziehung involviert, es gibt regelmäßige Treffen und einen täglichen Kontakt zwischen den Mitarbeitern, dieser findet per E-Mail und Telefon statt. SMS-A wird als partnerschaftlicher Lieferant wahrgenommen; Fairness ist hier wichtiger als in anderen Beziehungen. Die Atmosphäre wird als professionell und angenehm beschrieben[1].

5.4.4.2 Beziehung zu SMS-B – nicht strategischer Zukauf von Mobilfunkdiensten

SMS-B bietet Mehrwertdienste im SMS-Entertainmentbereich an; so z. B. über WAP und SMS. Im Gegensatz zur Beziehung mit SMS-A stellt diese Beziehung keine strategische Beziehung dar, so dass die Wechselneigung seitens MOBILTEL deutlich ausgeprägter ist. Auch gibt es in diesem Marktsegment mehr Auswahl unter Lieferanten mit gleichen Produkten; der Preis ist aus diesem Grund ein wichtigeres Entscheidungskriterium. Es handelt sich zudem um ein Standardprodukt, das zur Integration nur leichte Anpsssungen erfordert. SMS-B kommt aus dem Ausland und befindet sich mehrere hundert Kilometer entfernt. Es gibt augenscheinlich deutliche sprachliche und räumliche Barrieren, die die Abstimmung mit dem Lieferanten schwierig machen. Die Zuverlässigkeit des Lieferanten wird aufgrund von Qualitätsproblemen als nicht sehr gut eingeschätzt. Die persönliche Ebene wird zwar auch hier als „sehr gut" beschrieben, es gibt jedoch offensichtliche Abstimmungsprobleme.

Zusammenfassend handelt es sich im Fall der SMS-Lieferanten um Beziehungen, die beide durch eine klare Rollentrennung zwischen Kunde und Lieferant gekennzeichnet sind, einerseits hinsichtlich der Tätigkeiten, an-

[1] *Anmerkung*: Der Interviewpartner pflegt eine allgemein „wettbewerbliche" Attitüde im Umgang mit den Lieferanten. Die Lieferanten werden von ihm, auch im Fall der strategischen Kooperation mit SMS-A, weniger als echte Partner, als vielmehr als Zulieferer von Leistungen gesehen, bei denen generell eine Qualitäts-Preis-Beurteilung im Vordergrund steht.

dererseits hinsichtlich der Wahrnehmung gemeinsamer Ziele. Dabei besitzt die von SMS-A gelieferte Dienstleistung eine höhere Komplexität und strategische Relevanz. Dementsprechend wird die Beziehung mit SMS-B alleinig vom Produktmanager betreut, während es bei SMS-A auch eine Beziehung auf höherer Managementebene gibt.

5.4.4.3 Beziehung zu AGENTUR – langfristige Kooperation

AGENTUR ist eine Internetagentur, die die graphische und technische Umsetzung von Web-Site-Projekten übernimmt. Dabei gehört die Agentur national zu den größeren Internetagenturen. Sie übernimmt die Konzeption, das Design und die Softwareentwicklung, sowie teilweise den Betrieb komplexer Internetlösungen. Mitarbeiter als die relevanten Know-how-Träger werden bei Neuanbahnung eines Projekts variabel zugeteilt, es gibt daher immer nur eine dedizierte Kundenkontaktperson, da Teams nach der Projektphase wieder weitgehend auseinander fallen.

Die Beziehung zu AGENTUR besteht seit ca. 5 Jahren, seit Beginn der AGENTUR-Aktivitäten, die damals als Startup gegründet wurde. AGENTUR hat die Internetsysteme der MOBILTEL entwickelt; hierzu gehören der Onlineshop und ein Content-Management-System (CMS) für die Inhaltspflege auf der Web-Site. AGENTUR ist zudem für den laufenden Betrieb der Systeme verantwortlich. Die Beziehung ist gekennzeichnet durch alternierende Phasen von Projekten und Routinearbeit, letzteres im Sinne des Betriebs und der Pflege der bestehenden Lösung. Dabei sind die Projekttätigkeiten in der Regel durch hohe Interdependenz der Tätigkeiten insbesondere in der Konzeptions- und Designphase gekennzeichnet.

Die Beziehung hat strategische Relevanz sowohl für AGENTUR als auch für MOBILTEL. Sie wird als theoretisch beendbar angesehen, dies wäre jedoch mit erheblichem Aufwand verbunden und ist zurzeit weder einfach möglich noch angedacht. Die Atmosphäre in der Kooperationsbeziehung wird als sehr gut beschrieben. Laut Aussage muss manchmal jedoch die Rollentrennung zwischen Auftraggeber und Lieferant von Seiten MOBILTELs klargestellt werden, um eigene Interessen durchzusetzen. Es ist ein gewisser gegenseitiger Identifikationsgrad gegeben, so dass die Partner die Tätigkeiten als gemeinsames Projekt auffassen. Neben den zwei verantwortlichen Managern sind weitere sechs Mitarbeiter auf Seiten von MOBILTEL und vier Mitarbeiter als ständige Ansprechpartner auf Seiten von AGENTUR involviert. Dabei findet auch eine direkte Kommunikation auf der Technikerebene statt. Die Beziehung ist gekennzeichnet durch eine enge persönliche, aber professionelle Beziehung zwischen den zwei verantwortlichen Managern, die eine stabilisierende Komponente darstellt. Da die Unternehmen räumlich recht nah beieinander liegen, werden für komplexere Absprachen persönliche Treffen bevorzugt.

5.4.5 SYNDICATE – Partnerschaften im indirekten Vertrieb

SYNDICATE bereitet Markt- und Börseninformationen auf und syndiziert diese an Kunden, die Marktinformationen in irgendeiner Form selbst brauchen oder diese in ihre Produkte integrieren. Dabei betreibt SYNDICATE die Lizensierung von Softwaretechnik zur Marktdatenübermittlung und zur Integration in die Webangebote der Kunden. Der vorliegende Fall betrachtet die Vertriebsseite der SYNDICATE. Der Bereich Partnermanagement beschäftigt sich mit dem indirekten Vertrieb, d. h. den Vertriebskooperationen mit Anbietern komplementärer Produkte, die geeignet sind, zusätzliches Geschäft für die SYNDICATE zu generieren. Solche Unternehmen können im Einzelfall folgende sein: Systemintegratoren und Unternehmensberatungen, spezialisierte Software-Anbieter, die im Bereich Marktinformationen tätig sind und weniger spezialisierte Software-Anbieter, z. B. solche von mobilen Diensten. SYNDICATE hat über 100 Mitarbeiter im nationalen Markt, sowie ein überschaubares Auslandsgeschäft. Zu diesem Fall wurde ein Interview mit dem Leiter des Bereichs Partnermanagement geführt, den dieser zusammen mit zwei Mitarbeitern betreibt.

Die Hauptaufgabe des Bereichs Partnermanagement ist es, die Produkte von SYNDICATE in Partnerbeziehungen möglichst oft zum Einsatz bringen. In einer typischen Partnerbeziehung geht es darum, einen Anwendungsfall zu entwickeln, der die Leistungsverteilung in der Dreiecksbeziehung: Kunde – Partner – SYNDICATE definiert. Es gibt zwei typische Partner: 1) *Entwicklungspartner*, mit denen eine vertriebsvorbereitende, gemeinsame Produktentwicklung und Integration des Produkts in das Portfolio des Partners dem tatsächlichen Vertrieb in der Regel voran geht; 2) *reine Vertriebspartner*, die nur durch ihre Kundenportfolios interessant sind und genutzt werden, um die eigenen Produkte anzubieten. Es werden jedoch hinsichtlich der Beziehungsbehandlung vom Interviewpartner keine grundsätzlichen Unterschiede gemacht, abgesehen davon, dass der Vertrieb im ersten Fall eine zusätzliche Entwicklungsleistung benötigt. Wichtig bei der Entscheidung für einen Partner ist in beiden Fällen ein klarer ökonomischer Nutzen für SYNDICATE im Sinne zusätzlicher Umsatzgenerierung.

Der vorliegende Fall unterscheidet sich von den anderen sechs Fällen dahingehend, dass im Wesentlichen nicht die Kooperation in bestehenden Beziehungen betrachtet wird, sondern die Anbahnung von Beziehungen und damit die Phase vor der eigentlichen Kooperation. Auch im vorliegenden Fall können daher zwei typische Phasen unterschieden werden; erstens die Kontaktphase vor Zustandekommen einer tatsächlichen Vertriebskooperation und zweitens die Phase der gemeinsamen Entwicklung einer Lösung für den anschließenden Vertrieb. Der Fall liefert interessante Erkenntnisse zur Rolle von Sozialkapital in der Beziehungsanbahnung bei der Vorbereitung von Kooperationen; diese Sichtweise ergänzt die Erkenntnisse aus den anderen Fällen in sinnvoller Weise.

5.4.5.1 Beziehungsanbahnung und Pflege eines Kontaktnetzwerks

Die Anbahnung einer neuer Beziehung beginnt mit einer Phase, in der die generelle Partnerattraktivität auf Basis einer Marktbetrachtung ausgelotet wird. Dabei sind nur solche Partner interessant, die aus ökonomischer Sicht einen kurzfristigen Return-on-Investment erwarten lassen oder – strategisch –das Erschließen eines neuen Marktsegmentes erlauben. Wird ein Partner als viel versprechend ausgewählt, folgt in der Regel ein erstes Gespräch, bei dem die Evaluierung vertieft und Kooperationsmöglichkeiten ausgelotet werden. Werden direkte Einsatzmöglichkeiten gesehen, so wird ein gemeinsames Produktangebot aktiv vermarktet, ansonsten wird der Kontakt gepflegt bis ein konkreter Anwendungsfall besteht.

5.4.5.2 Entwicklungspartnerschaften zur Integration der elektronischen Dienste

Wird ein Partner für die Kooperation ausgewählt, dann wird ein so genannter „Business-Case“ erarbeitet, der die Entwicklung und das Management eines gemeinsamen Produkts vorsieht. Dieser Business-Case wird genau und formell ausdokumentiert und hat im Prinzip Vertragscharakter. Nach Erstellen eines Demoprodukts folgt die Vertriebsphase, in der ein Projekt mit dem Partner und den jeweiligen Kunden umgesetzt wird. Dabei kann SYNDICATE, je nach eigenem Anteil bei der Umsetzung, auch die Generalunternehmerschaft für das Projekt übernehmen. SYNDICATE unterhält ca. 30 Beziehungen in der Entwicklungs- und Kooperationsphase, jedoch werden in der Kontaktphase deutlich mehr Kontakte gepflegt.

Die Pflege des Kontaktnetzwerks sowie die Koordination der Entwicklungspartnerschaften sind Aufgabe des interviewten Managers und seiner Mitarbeiter. Dies kann im Sinne eines (Key-) Account-Managements interpretiert werden. Für die Durchführung der eigentlichen Projektarbeit stellt das Partnermanagement den Kontakt mit den jeweiligen Fachabteilungen innerhalb der SYNDICATE her. Nach erfolgreicher Entwicklung wird die Beziehung weiter gepflegt, es finden jedoch nur gelegentliche Interaktionen seitens des Partnermanagements statt. Innerhalb der zwischenbetrieblichen Beziehungen besteht in der Regel eine klare Rollentrennung und Strukturierung der Verantwortlichkeiten. Entwicklungstätigkeiten sind wohlstrukturiert und es findet wenig wirklich gemeinsame Entwicklungstätigkeit statt. Es kann somit geschlossen werden, dass es nur eine geringe unternehmensübergreifende Interdependenz mit Entwicklungspartnern gibt.

5.4.6 AIRLINE – Strategische Kooperation in regionalem Joint-Venture

AIRLINE ist eine international operierende europäische Passagier-Fluggesellschaft. Der vorliegende Fall beschäftigt sich mit den Regional-Kooperationen der AIRLINE im nationalen Markt, die diese mit kleineren Partnern unterhält. Dabei wird insbesondere auf das Joint-Venture mit REGIO-AIR fokussiert, das eine langfristige und tief gehende Kooperation darstellt. Daneben werden marktliche Zulieferbeziehungen zur Abgrenzung betrachtet. Zum vorliegenden Fall wurde ein Interview mit dem für die regionalen Kooperationsbeziehungen der AIRLINE verantwortlichen Manager geführt.

AIRLINE unterhält Kooperationsbeziehungen zu Regionalpartnern in ganz Europa. Insgesamt existierten zum Zeitpunkt des Interviews mehr als zehn Partnerschaften, bei denen die Partnerunternehmen stets deutlich kleiner sind als AIRLINE. Unter den Beziehungen gibt es verschiedene Arten von Kooperationen: 1) Mit reinen Zulieferern werden Beziehungen zum Einkauf von Beförderungsleistung unterhalten, 2) Mit REGIO-AIR existiert ein Joint-Venture mit weitgehender Koordination und Abstimmung, 3) Mit der SMALL-AIR existiert ein Beherrschungsvertrag; dieser Fall wird hier nicht betrachtet, da es sich um ein Mutter-Tochter-Verhältnis und damit im engeren Sinne nicht um eine zwischenbetriebliche Kooperation handelt.

5.4.6.1 Beziehung zu REGIO-AIR – gemeinsames Geschäft in einem Joint-Venture

REGIO-AIR ist eine europäische Fluggesellschaft, die vorwiegend im nationalen Markt, sowie auf einigen innereuropäischen Strecken tätig ist und mit Regionalfluggerät operiert. Die Beziehung zwischen AIRLINE und REGIO-AIR stellt ein Joint-Venture dar, bei dem die AIRLINE eine Kapitalbeteiligung an der REGIO-AIR eingegangen ist. Ziel des Joint-Ventures aus Sicht von AIRLINE ist die kostengünstige Ausweitung des nationalen Streckennetzes, sowie die Reduktion von Wettbewerb auf den gemeinsamen Strecken. REGIO-AIR ist durch eine günstigere Kostenstruktur in der Lage, kurze Verbindungen zu Kosten zu fliegen, die von AIRLINE nicht darstellbar sind.

Die Beziehung bedeutet inhaltlich, dass mit dem Partner ein gemeinsames Geschäft im regionalen Markt aufgebaut und betrieben wird. Hierzu gehört eine gemeinsame Geschäftsplanung, sowie eine gemeinsame Gremienstruktur und Managementprozesse zur Abstimmung des Geschäfts, der Streckenplanung und anderer operativer Details auf jährlicher Basis. Die Kooperation beinhaltet grundsätzlich alle wesentlichen Bereiche des laufenden Geschäfts. Dabei besteht die Kooperation aus einer Mischung aus Geschäftsentwicklung (Projektarbeit) und Koordination (operationelles

Routinegeschäft). Somit hat eine tief gehende strategische Integration des Geschäfts mit REGIO-AIR im betroffenen Teilbereich stattgefunden. Dementsprechend war hierzu ein komplexes gemeinsames Aufbauprojekt notwendig, in dem alle relevanten Prozesse und Produkte abgestimmt und integriert werden mussten. Hierzu gehörte insbesondere auch die Angleichung von Qualitätsstandards. Diese Startphase der gemeinsamen Kooperation dauerte ca. ein halbes Jahr.

In der Routine-Phase beschäftigen sich auf AIRLINE-Seite ca. 20 Mitarbeiter und bei REGIO-AIR 10 Mitarbeiter mit der Kooperation, jedoch nicht alle davon in Vollzeit. Das gemeinsame Arbeitsgremium trifft sich alle zwei bis drei Monate und zudem unregelmäßig bei bestimmten Anlässen. Darüber hinaus gibt es bei der AIRLINE eine Abteilung „Allianzen“, die die verschiedenen Kooperationsbeziehungen wie auch die Beziehung zu REGIO-AIR koordiniert. Die Zusammenarbeit zwischen den Unternehmen funktioniert über direkte Beziehungen zwischen Mitarbeitern der jeweiligen Fachabteilungen, sowie über das Arbeitsgremium.

Die Atmosphäre in der Beziehung wird als grundsätzlich gut beschrieben, gekennzeichnet durch Offenheit und Motivation zur Zusammenarbeit. Jedoch werden einige Spannungen kultureller Natur genannt, da REGIO-AIR ursprünglich als regionaler Konkurrent der AIRLINE angetreten war und nun nach Vereinbarung des Joint-Ventures als Kooperationspartner agiert. Dies hat einige Mitarbeiter zum Weggang bewogen und führt gelegentlich auch heute noch zu Spannungen. Die Beziehung wird ansonsten auch von Seiten der REGIO-AIR-Mitarbeiter als positiv bewertet. Obwohl AIRLINE in der Beziehung der klar größere Partner ist, wird bewusst Wert auf Kooperation und Gleichberechtigung in der Zusammenarbeit gelegt.

5.4.6.2 Marktliche Beziehungen: Einkauf von Beförderungsleistung

Neben der strategischen Beziehung zu REGIO-AIR werden zahlreiche so genannte „Wet-Lease“-Beziehungen mit nationalen Partnern und solchen aus dem europäischen Ausland unterhalten. Wet-Lease bezeichnet den Einkauf von Beförderungsleistung, bei der der Partner das Fluggerät mit kompletter Besatzung zur Verfügung stellt und die betreffende Strecke im Auftrag des Kunden fliegt. Eine solche Beziehung entspricht im Wesentlichen einem marktlichen Einkauf, auch wenn einige grundsätzliche Abstimmungen notwendig sind, da auch in einer solchen Beziehung der Lieferant den AIRLINE-Standard hinsichtlich Qualität und Sicherheit erfüllen muss. Aber sowohl die Interdependenz der Tätigkeiten in der Startphase wie auch die Integration des Geschäfts sind sehr überschaubar. Die strategische Relevanz und das mit der Beziehung einhergehende Risiko sind entsprechend gering.

5.4.7 OUTSOURCE – Lieferantennetzwerk im IT-Outsourcing

OUTSOURCE ist zuständig für den Bereich IT-Outsourcing für interne Kunden innerhalb ihres Mutterkonzerns und für externe Kunden. Das IT-Outsourcing bezieht sich bei OUTSOURCE auf das Zurverfügungstellen von dezentralen Diensten, d. h. PC-Desktops und Netzwerkdiensten an verschiedenen weltweit verteilten Standorten, die über Netzwerke an eine Zentrale angebunden werden. OUTSOURCE kann als Intermediär im Markt der IT-Outsourcing-Dienstleistungen gesehen werden, der vielfältige Beziehungen in beide Richtungen, zu Kunden und Lieferanten unterhält. Dem Geschäft von OUTSOURCE liegt ein beziehungs- bzw. netzwerkbasiertes Geschäftsmodell zugrunde, da wesentliche Leistungen für Kunden direkt von Lieferanten („Providern") bezogen werden.

Das Interview zum vorliegenden Fall wurde mit dem verantwortlichen Manager und Entscheider der Geschäftseinheit IT-Outsourcing der OUTSOURCE geführt. Der Interviewpartner ist somit für die Zulieferpartnerschaften mit IT-Providern, wie auch die Beziehungen zu den großen Kunden maßgeblich verantwortlich und managt ein Team von Mitarbeitern, die diese Beziehungen steuern. Im vorliegenden Fall steht das Lieferantennetzwerk im Vordergrund der Betrachtung, da die Kunden im Wesentlichen konzerninterne Bereiche sind. Für das weitere Verständnis ist jedoch eine kurze Einführung notwendig. Da der Konzern sehr groß ist, werden die Konzernbereiche nahezu wie unabhängige Kunden behandelt.

5.4.7.1 Typische Beziehungen auf Kundenseite

Das Projekt bzw. die Beziehung mit dem KONZERNBEREICH-A war durch eine schwierige Anfangsphase gekennzeichnet. In diesem Projekt wurden die beiden Hauptlieferanten SYSTEME und TECH von der KONZERNBEREICH-A vor Beginn des Projekts bereits vorausgesucht, so dass OUTSOURCE als für die Integration der Leistung zuständiger Outsourcer mit bestehenden Partnerstrukturen konfrontiert wurde. Die beiden Lieferanten TECH und SYSTEME sind sehr große Unternehmen, die die Desktoparbeitsplätze und die zugehörigen Dienstleistungen stellen, während die OUTSOURCE die Netzwerkdienstleistungen WAN und den Firewall-Betrieb erbringt. Ursprünglich sollte die Rolle der OUTSOURCE begrenzt werden. Dies hat jedoch zu diversen Problemen in der ersten Phase des Projekts geführt. Diese Probleme bezogen sich insbesondere auf die Koordination des Projekts, da Schnittstellen, Rollen und Verantwortlichkeiten unzureichend definiert wurden. Es wurden gemischte Teams eingesetzt, was aufgrund der unklaren Rollenverteilung zu Problemen geführt hat. Die Probleme haben dazu geführt, dass die OUTSOURCE in einer zweiten Phase als Generalunternehmer die Vergabe von Leistungen und die Verträge neu strukturieren konnte, auch um für mehr Transparenz zu sorgen. OUTSOURCE nimmt heute die Rolle des zentralen Netzwerkkoordinators ein. In der Beziehung mit KONZERNBEREICH-B hatte die OUTSOURCE von Anfang an die Freiheit als Generalunternehmer die Erbringung der Dienstleistungen selbst zu gestalten; Leistungen wurden dann an externe, auch kleinere, Lieferanten modular vergeben.

5.4.7.2 Management des Provider-Netzwerks

Im Projekt mit KONZERNBEREICH-B hat die OUTSOURCE bewusst mehrere kleinere Lieferanten mit einbezogen, da bei diesen, laut Aussage, das Engagement größer ist, was den Aufbau von eher partnerschaftlichen Beziehungen erlaubt. Diverse Lieferanten übernehmen dabei verschiedene Aufgaben innerhalb des Netzwerksetups. Es gibt beispielsweise Provider für das Thema Wartung, Hardware, Leasing, einen Netzprovider, einen Provider für User-Helpdesk-Services, sowie einen Provider, der von der Zentrale aus Vor-Ort-Besuche macht, wenn Probleme auftauchen, die nicht durch die normalen Prozesse gelöst werden können.

Beim Projektmanagement kann zwischen dem Management der eigentlichen Leistungserstellung, dem täglichen Geschäft, und der Durchführung jährlicher Audits unterschieden werden, in denen die mittelfristige Ausrichtung betrachtet wird und aus denen sich neue Projekte ergeben können[1]. In den Routine-Treffen geht es in der Regel um die aktuelle SLA-Erfüllung und die Besprechung von Abweichungen. Daneben gibt es drei jährliche Audits: Ein Wirtschaftlichkeits-, ein Technologie-, und ein Qualitätsaudit. Eine Hauptaufgabe der OUTSOURCE-Mitarbeiter besteht darin, die Beziehungen zu den Providern zu managen, da die Beziehungspflege ein wesentlicher Aspekt des OUTSOURCE-Geschäftsmodells ist. Die Art des Geschäfts kann als Beziehungsgeschäft interpretiert werden, wobei das Beziehungsmanagement als Grundlage des Geschäftserfolgs angesehen werden kann. Die Provider-Beziehungen sind größtenteils strategischer Natur, da sie von hoher direkter Relevanz für die Leistungserstellung für den Kunden sind; OUTSOURCE wird vom Kunden letztlich an der Provider-Qualität gemessen. Es werden im Weiteren keine einzelnen Lieferantenbeziehungen untersucht, vielmehr steht die grundsätzliche Rolle sozialer Beziehungen im Management dieses Typs von Beziehung bzw. des Netzwerkgeschäfts im Vordergrund.

---

[1] Auch im vorliegenden Fall ist somit die grundlegende Trennung in Projekt- und Routinephase präsent.

6. Kapitel

Zur Rolle von Sozialkapital in zwischenbetrieblichen Beziehungen

Die Ergebnisse des empirischen Teils der Arbeit sind zweigeteilt. In diesem Kapitel wird zunächst das Kontingenzmodell zur Erklärung der Rolle von Sozialkapital in zwischenbetrieblichen Beziehungen vorgestellt und anhand der empirischen Evidenz aus den Fällen ausführlich diskutiert. Das nächste Kapitel wird aufbauend darauf Implikationen für ein sozialkapitalorientiertes Management aufzeigen. Das folgende Unterkapitel erläutert die Ergebnisse der fallweisen und fallübergreifenden Datenanalyse und präsentiert die resultierenden Kategorien des Kontingenzmodells; zudem werden die zwischenbetrieblichen Beziehungen der empirischen Fälle in das Kontingenzmodell eingeordnet. Die weitere Gliederung des Kapitels folgt der Zweiteilung in Projekt- und Routinephase. Kapitel 6.2 diskutiert die Rolle von Sozialkapital in verschiedenen Projekttypen, während Kapitel 6.3 die Rolle von Sozialkapital in verschiedenen Beziehungstypen der Routinephase unterscheidet. Die Rolle von Sozialkapital wird anhand der Art und Form von Sozialkapital, typischen Sozialkapitaleffekten, sowie der Relevanz für die Kooperationspartner bzw. den Beziehungserfolg verdeutlicht. Diese Ausführungen schließen an die theoretischen Erkenntnisse zu Sozialkapital aus Kapitel 3 und 4 an; es erfolgt jeweils der Verweis auf die relevanten theoretischen Aspekte. Kapitel 6.4 beschließt das Kapitel mit einer zusammenfassenden Übersicht der Rolle von Sozialkapital in den verschiedenen Fällen.

6.1 Kontingenzmodell zur Erklärung der Sozialkapitalrelevanz

Wie oben bereits angedeutet wurde, konnte in der fallübergreifenden Analyse als grundlegende diskriminierende Variable die Lebenszyklusphase der zwischenbetrieblichen Kooperationsbeziehungen ausgemacht werden[1]. Dies führt zur Zweiteilung in die Projektphase und die Routine- bzw. Operationsphase. Dies deutete sich bereits in der fallweisen Analyse an, jedoch

---

[1] Vgl. Kap 5.3.4.

wurde zunächst festgestellt, dass Sozialkapital sowohl von der Art und Komplexität der gemeinsamen Tätigkeiten abzuhängen schien, als auch von der strategischen Relevanz der Beziehung. Diese Zusammenhänge konnten erst dadurch sinnvoll erklärt werden, dass die Lebenszyklusphase als diskriminierende Variable vorgeschaltet wurde, so dass sich die Komplexität der Tätigkeiten auf die Projektphase bezieht, während sich die strategische Relevanz auf die anschließende Phase der Zusammenarbeit in der eigentlichen Leistungserstellung bezieht. Die fallübergreifende Analyse hat schlussendlich ein noch komplexeres Variablenmodell zu Tage gefördert, das im Weiteren erläutert wird.

6.1.1 Rolle und Relevanz von Sozialkapital variiert mit der Lebenszyklusphase

Der Aufbau einer neuen Kooperationsbeziehung wird von den Interviewpartnern nahezu übereinstimmend als projektbasiert dargestellt. In einem gemeinsamen Projekt mit dem Partner geht es dabei um die (gemeinsame) Entwicklung von Produkten oder Dienstleistungen, die später entweder gemeinsam erstellt oder aber vom Partner geliefert und in das Produktportfolio des Kunden integriert werden. Dies macht das folgende Zitat deutlich[1]:

> „Es ist ja nicht so, dass wir so plötzlich in eine Beziehung reingehen. Sondern das ist ja meist irgendwie projektbasierend." [Manager TELCO]

Dabei stellt die Projektphase oftmals eine sehr intensive Phase der Zusammenarbeit dar, mit einer hohen zwischenbetrieblichen Interdependenz und damit auch entsprechenden Anforderungen an die interpersonale Zusammenarbeit. Während in der Projektphase die Entwicklung eines Produktes, einer Dienstleistung einer Software, oder auch die Abstimmung gemeinsamer Prozesse im Vordergrund steht, ändert sich das Tätigkeitsbild mit dem Übergang in die Routinephase. Dann kommt es vielmehr darauf an, die vereinbarten Leistungen im Tagesgeschäft kontinuierlich zu erbringen. Dies stellt andere Anforderungen an die Organisation des Partnerunternehmens, involviert andere Personen und verändert damit auch die Rolle und Relevanz von Sozialkapital:

> „Also ich meine, eine Applikation zu entwickeln ist das eine, aber dann hinterher auch den Support zu gewährleisten, das ist das andere. Ich glaube, da braucht's schon eine Firma mit einer gewissen Struktur, dass die sieben mal vierundzwanzig-Support anbieten kann." [Manager TELCO]

---

[1] *Anmerkung*: Die präsentierten Zitate sind als Beispiele zu verstehen und stellen immer eine Auswahl der vorhandenen empirischen Evidenz dar; d.h. die jeweiligen Aspekte finden sich in mehreren Interviews wieder.

Dabei markiert der Übergang von der Projektphase in die Routinephase oft erst die Formalisierung, Etablierung und Wahrnehmung einer langfristigen Beziehung zwischen den Unternehmen. Hierzu werden beispielsweise Service-Level-Agreements abgeschlossen, die die Erbringung der Dienstleistung durch den Partner regeln. Diese Leistungen können der Betrieb von IT-Lösungen, die Wartung einer Softwarelösung, die Belieferung mit Online-Inhalten oder das Erbringen anderweitiger Dienstleistungen sein:

> „Man kann natürlich sagen, dass die Beziehung über das Projekt hinaus gewachsen ist, schon rein formell dadurch, dass wir ein Service-Level-Agreement mit TELCO abgeschlossen haben zur Wartung unserer Arbeit. Also es ist auch angedacht, dass das eine längere Beziehung sein soll." [Manager DEVELOPER]

Ausgehend von den Ausführungen kann somit festgehalten werden, dass sich die Zusammenarbeit in den zwei Beziehungsepisoden erheblich voneinander unterscheidet. Während die Zusammenarbeit in der Projektphase durch schwer formalisierbare, oft innovative Tätigkeiten gekennzeichnet ist, die dem Aufbau und der Entwicklung von Produkten, Prozessen etc. dienen, markiert der Übergang in die Routinephase die Formalisierung von Tätigkeiten. Die Tätigkeiten in der Routinephase sind weniger wissensintensiv und lassen sich in Prozessen beschreiben und in Verträgen formalisieren, während dies für die Projektphase nur im Fall sehr gut strukturierbarer Tätigkeiten möglich ist. Zudem kann es sein, dass sich die Wahrnehmung dahingehend ändert, dass die Gemeinsamkeit der Tätigkeiten im Projekt einer klaren Auftraggeber-Lieferanten-Trennung weicht.

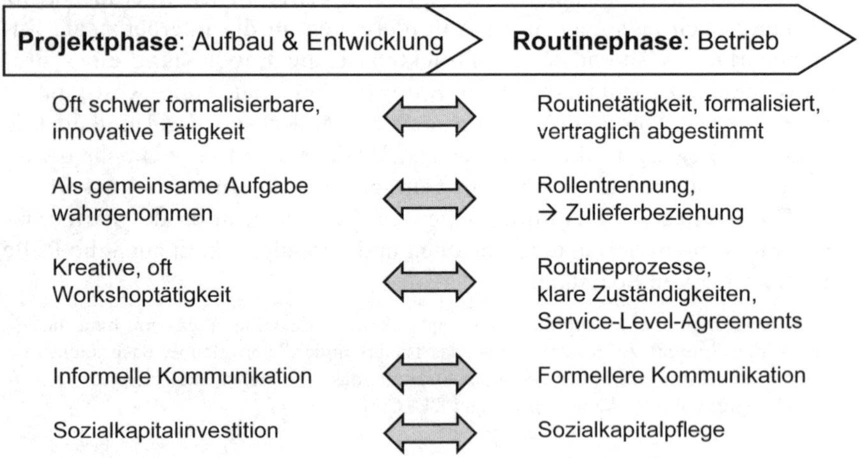

Abbildung 6.1: Charakteristika der Zusammenarbeit in den beiden Lebenszyklusphasen

Abbildung 6.1 visualisiert die zwei Phasen und beschreibt die jeweiligen Charakteristika der Zusammenarbeit. Hinsichtlich des Beziehungsmanagements kann schon jetzt darauf hingewiesen werden, dass in der ersten Phase eine intensive Sozialkapitalinvestition stattfinden muss, während die zweite Phase eher durch Sozialkapitalpflege gekennzeichnet ist.

6.1.2 Kontingenzmodell als Ergebnis der fallübergreifenden Auswertung

Die Erkenntnis, dass Sozialkapital in der Projektphase mit der Aufgabenkomplexität und in der Routinephase mit der strategischen Relevanz variiert, wurde genutzt, um zunächst in einer fallweisen Auswertung jede einzelne Beziehung zu charakterisieren (für die Ergebnisse siehe Anhang A.2). Aufbauend darauf wurden dann Datendisplays generiert, mit deren Hilfe Regelmäßigkeiten in den Daten entdeckt und so verschiedene Gruppen von Beziehungen zur Unterscheidung der Sozialkapitalrelevanz identifiziert werden konnten. Zu diesem Zweck wurden sowohl die Projekt- wie auch die Routinephase anhand mehrerer Kriterien charakterisiert und die Evidenz für Sozialkapital in den Fällen herausgearbeitet. Hierzu wurden Sozialkapitalelemente in den drei Dimensionen „strukturell, „relational" und „kognitiv" identifiziert und Evidenz für die in den Beziehungen auftretenden Effekte von Sozialkapital gesammelt[1]. Die Details dieser Analyse finden sich in den Datendisplays in Anhang B.

Die Rolle von Sozialkapital in den zwei Phasen schließt dabei an die bereits in früheren Teilen der Arbeit diskutierten Herausforderungen der zwischenbetrieblichen Kooperation an: 1) Sozialkapital in der Routinephase dient der Stabilisierung der Beziehung in Gegenwart strategischer Integration und Abhängigkeit vom Kooperationspartner und den sich grundsätzlich ergebenden relationalen Risiken. Dieser Zusammenhang folgt im Wesentlichen der Eingangsargumentation in Kapitel 2.5.4. 2) Sozialkapital in der Projektphase dient der Ermöglichung effektiver Zusammenarbeit in wissensintensiven Tätigkeiten. Dieser Zusammenhang wurde in der ersten Runde der Datenauswertung aufgedeckt und motivierte eine weitergehende Literaturanalyse und Aufarbeitung der Rolle von Sozialkapital in der Wissensarbeit, die schließlich in einer modifizierten Form der Forschungsfrage mündete[2]. Ohne die Berücksichtigung dieser zusätzlichen Aspekte und eine entsprechende Ausweitung der Recherche und Analyse hätte die Studie die Zusammenhänge in den Daten nicht befriedigend erklären können.

---

[1] Vgl. Kap. 3.6 für die Sozialkapitaldimensionen und Kap. 3.5 für die Effekte von Sozialkapital.

[2] Vgl. zur Literaturanalyse Kap. 4, zur Erweiterung der Forschungsfrage vgl. Kap. 5.1.

6.1.2.1 Kontingenzen in der Projektphase

Durch die fallübergreifende Analyse konnten vier verschiedene Gruppen zwischenbetrieblicher Projekte identifiziert werden, in denen Sozialkapital in unterschiedlicher Form auftritt bzw. unterschiedliche Relevanz besitzt. Die Relevanz in der Projektphase ist dabei grundsätzlich abhängig von der Projektkomplexität; diese jedoch kann zweistufig unterschieden werden nach der Struktur der Tätigkeiten und der Partner- bzw. Netzwerkkonstellation. Die Struktur der Tätigkeiten und Aufgaben, bzw. die Aufgabenkomplexität, kann dabei nach LESTER ET AL. anhand eines Kontinuums von *spezifiziert und wohldefiniert* bis *unstrukturiert und mehrdeutig* charakterisiert werden[1]. OLSON und OLSON sprechen in diesem Zusammenhang von eng verzahnten Tätigkeiten („tightly coupled work“), für deren Bearbeitung die Expertise mehrerer Individuen notwendig ist und die darüber hinaus keine Routinetätigkeiten sind, sondern Tätigkeiten, die oft durch eine hohe Ambiguität gekennzeichnet sind[2]. Aus komplexen, schlecht strukturierten und mehrdeutigen Tätigkeiten ergeben sich dabei Interdependenzen, die schlecht vorhersehbar sind. Komplexe Aufgaben sind somit mehrdeutig hinsichtlich der möglichen Lösungs- und Bearbeitungsmöglichkeiten. Das resultierende Kontingenzmodell für die Projektphase findet sich in Abbildung 6.2; folgende Fälle werden darin unterschieden, die Analyse basiert auf dem Datendisplay in Anhang B.1:

- *Fall 1*: Hohe Aufgabenkomplexität führt zu hoher zwischenbetrieblicher Interdependenz. Diese ist am höchsten bei einer vollständigen/weitgehenden zwischenbetrieblichen Integration der Prozesse bzw. beim Aufbau gemeinsamer Prozesse oder eines gemeinsamen Geschäfts. In dem Fall müssen die wesentlichen Aspekte des Geschäftsbetriebs, zumindest in einem bestimmten Bereich, integriert werden. Es herrscht daher weitgehend Symmetrie im Rollenverhältnis der Partner; die gemeinsamen Tätigkeiten sind sehr komplex, es werden gemeinsame Teams zur Bewältigung der Aufgaben aufgebaut und die Interaktionsintensität ist sehr hoch. In diesen Fällen konnte Sozialkapital auf Teamebene ausgemacht werden, das auf starken Beziehungen mit insbesondere kognitiven Elementen zur Herstellung eines gemeinsamen Verständnisses besteht. Zudem wurde eine Identifikation der beteiligten Mitarbeiter mit dem gemeinsamen Projekt als wichtig erkannt. Sozialkapital

---

[1] „task structure – the extent to which a task is specified and defined as opposed to unstructured and ambiguous.“ (Lester et al. 2003, S. 322).

[2] „Tightly coupled work is work that strongly depends on the talents of collections of workers and is nonroutine, even ambiguous.“ (Olson/Olson 2000, S. 162).

in diesen Fällen ist essentiell wichtig, so dass ihm der Charakter einer Kernressource zugeschrieben werden kann[1].

- *Fall 2 (a und b)*: In diesen Fällen ist die Aufgabeninterdependenz ebenfalls hoch, aber es handelt sich nicht um den Aufbau eines gemeinsamen Geschäfts, d. h. es besteht keine Symmetrie zwischen den Partnern. Wohl aus diesem Grund kommt es in diesen Fällen auch nicht zum Aufbau gemeinsamer Teams. Zwar arbeiten Mitarbeiter aus beiden Unternehmen über einen gewissen Zeitraum eng zusammen, so dass Sozialkapital auf starken Beziehungen basiert, aber Sozialkapital auf Gruppen-/Teamebene ist nicht relevant. Eine typische Aufgabe hoher Komplexität und Interdependenz ist die gemeinsame Softwareentwicklung[2]. Auch hier spielen die kognitiven Effekte im Sinne eines gemeinsamen Problem- und Aufgabenverständnisses eine große Rolle. Sozialkapital wird zum „Ermöglicher" der gemeinsamen Tätigkeiten.
- *Fall 2a*: Zusätzlich zur hohen Aufgabenkomplexität konnte in zwei Fällen eine hohe Netzwerkkomplexität beobachtet werden, die durch die Größe des Netzwerks bzw. die hohe Anzahl beteiligter Partner hervorgerufen wurde. In diesem Fall konnte zusätzlich eine strukturelle Komponente von Sozialkapital im Sinne der netzwerkweiten Vernetzung der Beteiligten ausgemacht werden. Sozialkapital ist somit nicht nur beziehungs-, sondern zudem netzwerkbasiert[3]. Die Komplexität des Netzwerks macht also zusätzlich zu den starken Beziehungen mit den unmittelbar in gemeinsame Tätigkeiten involvierten Personen auch eine Vernetzung mit vielen anderen Personen im Netzwerk auf Basis schwacher Beziehungen notwendig.
- *Fall 3*: Wenn die Aufgabenkomplexität und entsprechend die Interdependenz niedrig ist, kann die Projektarbeit spezifiziert und auf die an der Bearbeitung beteiligten Personen verteilt werden, so dass die Bearbeitung bis auf wenige Abstimmungsprozesse unabhängig geschehen kann. Dabei handelt es sich dann um Auftragsarbeiten, d.h. eine klare Trennung in Auftraggeber und Lieferant. Diese Tätigkeiten benötigen nur schwache bis mittelstarke unternehmensübergreifende Beziehungen, die insbesondere der informellen Koordination und dem effizienten Informationsfluss dienen. Sie verbessern dabei die Einschätzbarkeit des Kundenunternehmens durch den Lieferanten. Während solche Projekte

---

[1] Vgl. Kap. 4.3.2 zur Diskussion von Sozialkapital als Kernressource.

[2] „Software development has been characterized as a highly interdependent production-type task (i.e. creating and documenting a design using a hierarchy chart, writing function prototypes and pseudocode)" (Andres 2002, S. 46).

[3] Vgl. Kap. 3.6.2.1 zur Unterscheidung von beziehungs- und netzwerkbasiertem Sozialkapital.

durchaus ohne oder mit nur wenig Sozialkapital auskommen könnten und die Relevanz von Sozialkapital insgesamt im Vergleich niedrig ist, zeigt sich doch, dass Sozialkapital unterstützend wirkt und einen positiven Beitrag zur Verbesserung der Zusammenarbeit leistet. Sozialkapital kann somit eine „Unterstützer"-Rolle zugeschrieben werden, die einen positiven Erfolgsbeitrag leistet.

Die einzelnen Typen werden im Detail und unter Rückgriff auf die empirische Evidenz in Kapitel 6.2 näher beschrieben.

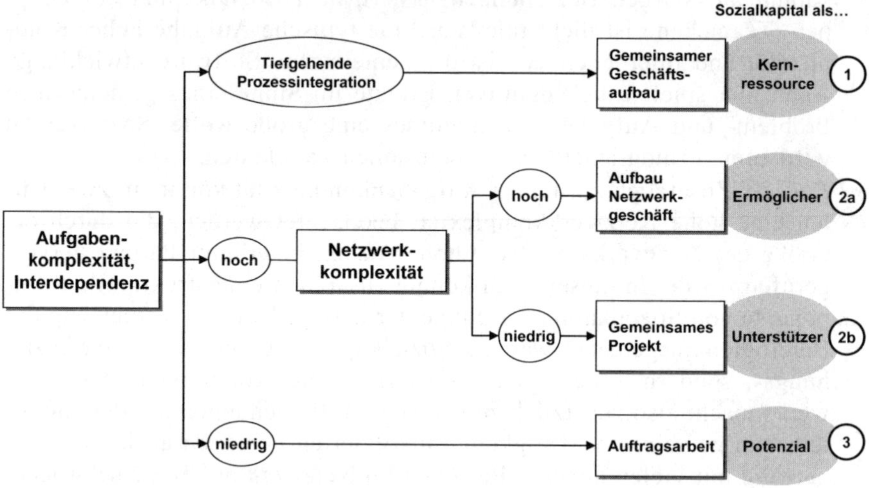

Abbildung 6.2: Kontingenzen in der Projektphase

6.1.2.2 Kontingenzen in der Routinephase

In der Routinephase können Sozialkapital drei verschiedene Rollen zugeschrieben werden. Dabei kann zunächst danach unterschieden werden, ob die Partner gemeinsame Ziele in der Beziehung verfolgen und somit symmetrisch ähnliche Rollen einnehmen. Besteht Rollentrennung zwischen Auftraggeber und Lieferant, kann nach der strategischen Relevanz des Lieferanten unterschieden werden. Das resultierende Kontingenzmodell für die Routinephase findet sich in Abbildung 6.3. Es können folgende Fälle unterschieden werden; die Analyse basiert auf dem Datendisplay in Anhang B.2:

- *Fall 1*: Dieser Fall bezeichnet den der strategischen Integration zwischen den Partnern. In diesem Fall verfolgen die Partner langfristig gemeinsame Ziele in der Zusammenarbeit; sie integrieren Teile ihres Geschäfts und bieten im Rahmen einer strategischen Allianz oder eines Joint Ventures eine gemeinsame Leistung an. Die Partner nehmen dabei in einer (weitgehend) gleichberechtigten Zusammenarbeit ähnliche Rollen ein. Die strategische Relevanz ist bei diesem Typ der Zusammenarbeit zudem höher als bei den anderen beiden Typen. Dieser Typ stellt die direkte Fortsetzung des Aufbaus eines gemeinsamen Geschäfts in der Projektphase dar. Sozialkapital besitzt in der Routinephase nach wie vor Kernressourcencharakter und basiert auf starken Beziehungen. Es bleibt zudem netzwerkbasiert und behält seine wichtige Rolle innerhalb des gemeinsamen Teams und bei der weitergehenden Vernetzung der kooperierenden Unternehmen. Sozialkapital hat zahlreiche adaptive Effekte hinsichtlich der Motivation zur Zusammenarbeit und der effektiven Koordination gemeinsamer Prozesse.

- *Fall 2*: Dieser Fall betrachtet die strategische Lieferantenkooperation, in der zwar keine gemeinsamen, aber doch langfristige und strategisch wichtige Ziele verfolgt werden. Der Lieferant erbringt eine Kernleistung, die im Leistungsportfolio des Kundenunternehmens strategische Relevanz besitzt. Die Initiative zur Pflege der Beziehung geht meist vom Kunden aus, da dieser aufgrund der strategischen Relevanz ein großes Interesse an einer reibungslosen Zusammenarbeit und Stabilisierung der Beziehung hat. Die Interdependenz ist aufgrund einer stärkeren Formalisierung der Prozesse im Gegensatz zur Projektphase nicht mehr so hoch. Hinsichtlich der Formen von Sozialkapital stehen bilaterale Beziehungen, die die Motivation und das Commitment zur kooperativen Zusammenarbeit des Lieferanten auf interpersonaler Ebene sichern, im Mittelpunkt, da diese Effektivitätsvorteile gegenüber formeller Koordination versprechen[1]. Kognitive Aspekte spielen ebenso eine Rolle, so dass im Wesentlichen adaptive Sozialkapitaleffekte vorliegen. Sozialkapital ist bei diesem Typ von Beziehung nicht in jedem Fall für die Zusammenarbeit zwingend notwendig, da die Beziehung zusätzlich durch formelle Maßnahmen stabilisiert werden kann. Sozialkapital leistet aber einen wesentlichen Beitrag zur Effektivität der Zusammenarbeit im Sinne einer „Unterstützer"-Rolle.
- *Fall 3*: Der letzte Fall beschreibt das Unterhalten einer Beziehung mit einem nicht-strategischen Lieferanten. In diesem Fall ist der Lieferant nur sehr begrenzt in die tägliche Zusammenarbeit eingebunden und liefert allenfalls periphere Leistungen, deren Einbindung zudem nur geringe Interdependenzen verursacht. Das relationale Risiko ist gering und Sozialkapital leistet keinen nenneswerten Beitrag zur Stabilisierung der Beziehung. Sozialkapital ist aber sowohl aus Kunden- wie auch aus Lie-

[1] Dies schließt an die eingangs angenommene informelle Stabilisierung zwischenbetrieblicher Beziehungen auf Basis von Vertrauen und sozialen Beziehungen an, vgl. Kap. 2.4.3.1.

ferantensicht nicht gänzlich wertlos. Vielmehr dient die bestehende, meist schwache bilaterale Beziehung als Kontakt für zukünftige gemeinsame Aktivitäten und hat somit Potenzialcharakter. Das Pflegen der Beziehung kann sich in der Zukunft auszahlen und Suchkosten reduzieren. Darüber hinaus gestaltet eine gute soziale Beziehung die tägliche Zusammenarbeit reichhaltiger und angenehmer, auch wenn diese nur „schmale" Interaktionen erfordert; es fungiert als eine Art „Schmiermittel". Durch das Ermöglichen zukünftiger Aktivitäten hat Sozialkapital vorwiegend allokative Effekte und nimmt die Rolle eines „Potenzials" ein.

Die einzelnen Typen werden im Detail und unter Rückgriff auf empirische Evidenz in Kapitel 6.3 näher beschrieben.

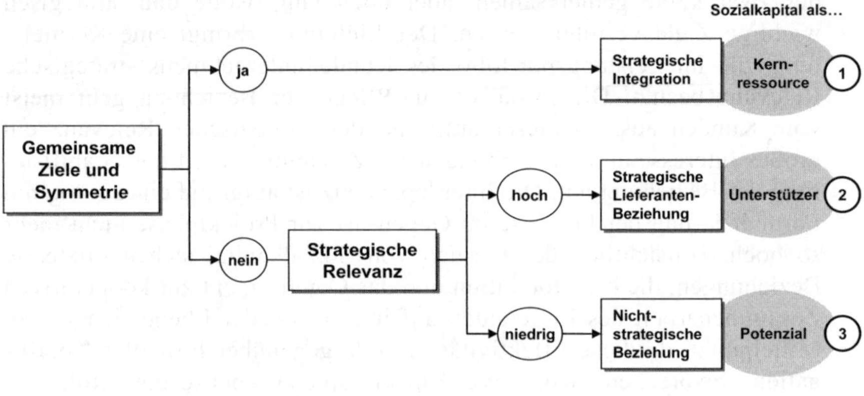

Abbildung 6.3: Kontingenzen in der Routinephase

6.1.2.3 Einordnung der Beziehungen in das Kontingenzmodell

Nachdem das Kontingenzmodell abgeleitet und die verschiedenen Rollen von Sozialkapital in den beiden Lebenszyklusphasen beschrieben wurden, verdeutlicht Tabelle 6.1 die Einordnung der empirisch untersuchten Beziehungen in das Kontingenzmodell.

	Lebenszyklusphase / Episode	
Sozialkapital als…	**Projekt**	**Routine / Operations**
Kernressource: Sozialkapital ist essentiell wichtig.	**Gemeinsamer Geschäftsaufbau:** LOGISTIK – ALLIANZ AIRLINE – REGIO-AIR	**Strategische Integration:** LOGISTIK – ALLIANZ AIRLINE – REGIO-AIR
Ermöglicher: Sozialkapital ermöglicht die Zusammenarbeit.	**Aufbau eines Netzwerkgeschäfts:** FINANCE – PROJEKT (BANK, WEBCONSULT, andere Partner) OUTSOURCE – PROVIDERNETZ	
	Gemeinsames Projekt; gemeinsame Produkt- / Softwareentwicklung: TELCO – CORE PARTNER MOBILTEL – AGENTUR TELCO – DEVELOPER	
Unterstützer: Sozialkapital mit positivem Erfolgsbeitrag hinsichtlich Effektivität & Effizienz der Kooperation.	**Auftragsarbeit:** FINANCE – CONTENT TELCO – E-NEWS LOGISTIK – KAPAZITÄT AIRLINE – WET-LEASE SYNDICATE – ENTWICKLUNG	**Strategischer Lieferant:** FINANCE – BANK TELCO – CORE PARTNER MOBILTEL – SMS A MOBILTEL – AGENTUR OUTSOURCE – NETZWERK
Potenzial: Sozialkapital mit begrenzten direkten Effekten, aber zukünftigem Potenzial.		**Nicht strategische Beziehung:** FINANCE – WEBCONSULT FINANCE – CONTENT TELCO – DEVELOPER TELCO – E-NEWS MOBILTEL – SMS B SYNDICATE KONTAKTNETZWERK LOGISTIK – KAPAZITÄT AIRLINE – WET-LEASE

Tabelle 6.1: Einordnung der einzelnen Beziehungen in das Kontingenzmodell

6.2 Sozialkapital in der Projektphase

Ausgehend von der grundlegenden Unterscheidung in zwei Beziehungsepisoden folgt nun eine detaillierte Erläuterung der Rolle von Sozialkapital in der Projektphase zwischenbetrieblicher Kooperationsbeziehungen unter Einbeziehung der empirischen Evidenz aus den Fällen. Es sei darauf hingewiesen, dass die folgenden Erkenntnisse auf umfassenden fallweisen und fallübergreifenden Auswertungen basieren. Auch wenn einzelne Zitate als empirische Evidenz für einzelne Aspekte herangezogen werden, bedeutet dies nicht, dass diese die einzige Evidenz für die diskutierten Aspekte darstellen; sie dienen vielmehr der beispielhaften Verdeutlichung.

6.2.1 Sozialkapital als Kernressource beim Aufbau strategischer Kooperation

In der strategischen Allianz zwischen den Partnern im LOGISTIK-Fall und im Joint-Venture zwischen AIRLINE und REGIO-AIR stehen der Aufbau eines gemeinsamen Geschäfts und die strategische Integration wesentlicher Prozesse im Mittelpunkt. Sozialkapital spielt in diesem Typ von Projekt die umfassendste Rolle. Sozialkapital ist essentiell wichtig, um die Kooperation zu ermöglichen und das Vorhandensein und die Qualität sozialer Struktur haben einen direkten Einfluss auf den Erfolg des interorganisationalen Arrangements. Die Zusammenarbeit in diesem Projekttyp trägt im Wesentlichen die gleichen Züge wie innerbetriebliche Zusammenarbeit, da eine weitgehende Integration zwischen den Partnern angestrebt wird, jedoch steht das Beziehungsmanagement vor den oben diskutierten Herausforderungen des zwischenbetrieblichen Umfelds bei der Sozialkapitalentstehung, so dass eine explizite Managementaufmerksamkeit notwendig ist[1]. Die gemeinsamen Tätigkeiten sind von hoher Komplexität und Wissensintensität gekennzeichnet, so dass die hier diskutierten Erkenntnisse an die Diskussion von Sozialkapital in der Wissensarbeit anschließen. In den beiden Fällen konnten wesentliche der in Kapitel 4.2.4 diskutierten Aspekte beobachtet werden.

6.2.1.1 Interne und externe Sozialkapitalperspektive der Allianzteams

Im vorliegenden Projekttyp können zwei grundlegende Perspektiven der Sozialkapitalrelevanz aus Sicht der Allianzteams unterschieden werden. Einerseits ist die Kooperation innerhalb der gemeinsamen Teams elementar wichtig, was einer internen Sozialkapitalsichtweise folgt. Andererseits ist eine Vernetzung der Teammitglieder in die Mutterorganisationen wich-

[1] Vgl. Kap. 5.1.2.

tig (externe Sozialkapitaldefinition), da das Team ansonsten in eine Inselsituation ohne Zugang zu den Fachbereichen geraten kann. Sozialkapital außerhalb des Teams sichert den Zugang zu Ressourcen, Informationen und Ansprechpartnern und erlaubt es darüber hinaus, die Ideen der Allianz in den Mutterorganisationen durchzusetzen. Im Fall der LOGISTIK-Allianz sitzen die beteiligten Teammitglieder bewusst nicht permanent an einem gemeinsamen Ort, da hierunter die Vernetzung in die Mutterorganisationen leiden könnte:

> „Nein, die sitzen nicht an einem Ort. Wir haben das am Anfang so geplant. Wir wollten das so machen, sind dann aber wieder davon weggekommen, weil wir eigentlich zweierlei betrachten müssen. Das ist essentiell für den Erfolg der Arbeit. Das eine ist, das wir natürlich in den Teams sehr gut zusammenarbeiten müssen, um da zu guten Lösungen zu kommen und diese Harmonisierung und Integration voranzutreiben. Das gilt sowohl innerhalb der Teams, auch da, wo es dann so gerade in die Prozessseite geht, wo man übergreifende Dinge hat, natürlich auch zwischen den einzelnen Teams. Das zweite, was aber mindestens genauso wichtig ist, man kann sagen genauso wichtig ist, dass die Verdrahtung mit den jeweiligen [Partnerorganisationen] auch funktioniert. Nichts wäre tödlicher, als wenn wir uns auf so eine Art Insel zurückziehen, Insel der Glückseligen, das ALLIANZ-Projektteam, und die tollsten Ideen entwickeln, und da auch alle die gleiche Meinung zu haben, nur keiner in den [Partnerorganisationen] davon weiß oder das gut findet oder irgendwas daraus macht. Und deshalb ist es für uns enorm wichtig, dass wir jeweils natürlich intensiv mit den Teams zusammenarbeiten und diskutieren, aber auch immer wieder zurückgehen in die eigene Organisation und da für die Umsetzung sorgen." [Manager LOGISTIK]

Jedoch stellt auch das Entstehen der internen Strukturen in den Teams Anforderungen an das organisationale Setup des Projekts. Im AIRLINE-Fall war es so, dass für das Projekt alle Teammitglieder über einen längeren Zeitraum an einem Ort gearbeitet haben, um ein reichhaltiges Umfeld für die notwendigen komplexen Interaktionen in der Projektarbeit, wie auch die Möglichkeit der Beziehungs- bzw. Teambildung zu gewährleisten:

> „Das war natürlich eine sehr intensive Phase, in der die Projektteams aus den unterschiedlichen Bereichen sich fast täglich getroffen oder zusammen gesessen haben. Wenn man eng zusammenarbeitet und auch mal Nächte durcharbeitet oder so, das schweißt allein schon zusammen." [Manager AIRLINE zum REGIO-AIR-Projekt]

Wie die Diskussion in Kapitel 4.2.4 gezeigt hat, ist das Entstehen sozialer Strukturen bzw. eines entsprechenden Gruppengefüges im Team wichtig als Basis für die Zusammenarbeit in komplexen, wissensbasierten Tätigkeiten. Sozialkapital auf Teamebene, basierend auf starken Beziehungen und dichter interner Vernetzung, ist notwendig für das Herausbilden der absorptiven Kapazität der Gruppe als Voraussetzung für effektive kooperative Wissensarbeit. DYER und SINGH führen den Begriff der partnerspezifischen absorptiven Kapazität ein, d. h. der Fähigkeit der Mitarbeiter zur wissensbasierten Zusammenarbeit in einer Allianz. Diese wird unter anderem dadurch gebildet, dass sich die relevanten Wissensträger in der Allianz kennen lernen, damit sie wissen, wer relevante Expertise und Fähigkeiten besitzt[1]. Zu dieser absorptiven Kapazität gehört insbesondere auch das Herausbilden von Sozialkapital in der kognitiven Dimension.

Zwischenbetriebliche Teams sind naturgemäß sehr heterogen, müssen aber genauso gut funktionieren wie innerbetriebliche Teams. Aus diesem Grund wird das bewusste Adressieren der „weichen Faktoren" vom LOGISTIK-Interviewpartner als Voraussetzung erkannt, um das Allianzteam in die Lage zu versetzen, die gemeinsamen Aufgaben zu lösen und effektiv zusammen zu arbeiten:

> „Der Aspekt ist sehr wichtig, diese, sagen wir mal, informelle Ebene oder diese persönliche Ebene, die ist elementar wichtig. Da legen wir auch relativ viel Wert drauf; haben wir am Anfang ganz besonders viel Wert drauf gelegt, als das Team sich neu zusammengefunden hat, in dieser Form. (...) Und da war uns eigentlich von vorneherein klar, dass das ein ganz wichtiger Punkt ist, dass man das Team auch in den soften Faktoren in eine Position bringt, die Aufgabe auch zu stemmen. Das eine ist sozusagen das rein Fachliche; und das zweite ist eben, dass man so ein Team, das nun wirklich sehr heterogen sein muss, und auch sein soll, dann auch dazu bringt, trotzdem so zu funktionieren wie ein quasi gutes internes Team oder wie ein Team, das man sonst vielleicht innerhalb von einer Firma aufsetzt. Das ist da nicht anders, das sind nur mehr Faktoren, die da eine Rolle spielen." [Manager LOGISTIK]

Dieser Aspekt schließt an die Diskussion zur Innen- und Außenvernetzung von Innovationsteams nach BURT und REAGANS/ZUCKERMAN an[2]. Innovationsteams bringen naturgemäß Individuen mit verschiedenen Standpunkten zusammen, insbesondere wenn die Teammitglieder aus verschiedenen Organisationen kommen. Die resultierende Heterogenität bzw. Diversität ist gewollt und für das Entstehen neuen Wissens notwendig, jedoch gleichzeitig eine Herausforderung für das Entstehen des notwendigen Sozialkapitals im Sinne gemeinsamen Verständnisses und einer Schnittmenge gemeinsamen Wissens, um ein interpersonales Verstehen zu gewährleisten. Die Diversität und Heterogenität erschwert also das Entstehen des notwen-

---

[1] „...partner-specific absorptive capacity is enhanced as individuals within the alliance partners get to know each other well enough to know *who knows what* and *where critical expertise resides* within each firm. In many cases this knowledge develops informally over time ..." (Dyer/Singh 1998, S. 665, Hervorhebung im Original). Die Autoren stellen Annahmen über beziehungsspezifische Fähigkeiten in wissensintensiven Allianzen auf; in dieser Arbeit findet sich empirische Evidenz für einige der getroffenen Aussagen. Zudem stellt sich Sozialkapital als geeignetes Konstrukt heraus, diese Erkenntnisse zu interpretieren.

[2] Vgl. Burt 2000, S. 395; Burt 2001 sowie Reagans/Zuckerman 2001, vgl. auch die Diskussion in Kap. 3.4.3.

digen Sozialkapitals, da Barrieren in der interpersonalen Interaktion überwunden werden müssen. Dem Entstehen internen Sozialkapitals in den Allianzteams kommt so kritische Bedeutung zu[1].

6.2.1.2 Adaptive Effekte der internen Vernetzung des gemeinsamen Teams

Sozialkapital auf Ebene des Allianzteams basiert auf starken Beziehungen. Dabei können zahlreiche adaptive Effekte ausgemacht werden, die aus Sozialkapitalelementen in der kognitiven und relationalen Dimension resultieren. Die kognitive Dimension wird von den Interviewpartnern explizit als sehr wichtig eingestuft: Ein gemeinsames Verständnis der Tätigkeiten und das gegenseitige Verstehen sind unerlässlich für eine effektive Zusammenarbeit. Zudem sind relationale Aspekte wie Vertrauen, Motivation und gemeinsame Konflikt- und Problemlösungsfähigkeiten sehr wichtig.

Zur Relevanz von Sozialkapital der kognitiven Dimension

Kognitives Sozialkapital auf Gruppenebene ist eine Grundvoraussetzung für die gemeinsame Wissensarbeit[2]. Investitionen in Sozialkapital sind somit wichtig, um verschiedene Sichtweisen zu integrieren und ein gemeinsames Verständnis herauszubilden. Die entsprechenden Interaktionen können als Beziehungsbildung im Sinne der kognitiven Dimension angesehen werden:

> „Und es ist enorm wichtig, da sicherzustellen, dass wirklich alle das gleiche Verständnis haben. Das merkt man auch erst über die Zeit. Wenn man schnell zu Lösungen kommt oder zu gemeinsamen Ansichten kommt, dann ist das natürlich eine schöne Sache, aber wir haben gelernt, dass man gerade dann noch mal einen Check macht. Ob auch wirklich alle auf der gleichen Seite sind und auch das Gleiche meinen, wenn sie das Gleiche sagen sozusagen. Das ist da ein ganz wesentlicher Aspekt." [Manager LOGISTIK]

Starke soziale Beziehungen, die die entsprechenden kognitiven Elemente mitbringen, entstehen nur über Zeit und erfordern entsprechende Managementaufmerksamkeit, um das Herausbilden eines gemeinsamen Verständnisses auch tatsächlich zu gewährleisten:

> „Man muss sehr viel Aufwand in das Thema Kommunikation stecken. Man muss auch wegen der unterschiedlichen Ausgangspositionen oder Verständnisse viel Zeit kalkulieren und die im Zweifel auch einräumen, um Sachen wirklich bis zuletzt zu klären." [Manager LOGISTIK]

Ein gemeinsames Verständnis zwischen den Individuen im Team wird zudem als wichtig erkannt, um zu einer gemeinsamen Zielsetzung und Identi-

---

[1] Für eine ausführliche Diskussion vgl. Kap. 4.2.4.4.

[2] Vgl. insbesondere Tabelle 4.3.

fikation mit dem Projekt zu kommen. Dies stellt insbesondere vor dem Hintergrund der Heterogenität im Team durch die verschiedenen kulturellen Hintergründe der Beteiligten, sowie die verschiedenen Kompetenzen und Ansichten der Mitarbeiter eine große Herausforderung dar:

> „Und ich halte es für elementar wichtig, dass man im Team eine gemeinsame Zielsetzung hat. Wenn das nicht der Fall ist, dann werde ich kaum etwas bewegen können. Also gemeinsame Zielsetzung, gemeinsames Verständnis, aber auch ein gemeinsamer Ansatz. Das mag im Detail sehr stark unterschiedlich aussehen, liegt auch wieder an den verschiedenen Backgrounds, auch teilweise an den verschiedenen Möglichkeiten der Mitarbeiter im Team." [Manager LOGISTIK]

Auch im AIRLINE-Fall wird auf die kognitive Dimension hingewiesen. Der Interviewpartner spricht von der „Chemie zwischen den Mitarbeitern", die er als sehr wichtig für den Erfolg der Beziehung erachtet und die er augenscheinlich auch auf die kognitive Ebene bezieht. Dies verweist letztlich ebenfalls auf die Wichtigkeit eines gemeinsamen Verständnisses, das die Voraussetzung für effektive Kooperation ohne Reibungsverluste und „Verlangsamung" ist:

> *Manager AIRLINE*: (...) Natürlich spielt auch eine große Rolle die Chemie zwischen den beteiligten Mitarbeitern. Wenn das stimmt, dann klappt es doppelt so leicht, wenn das nicht stimmt, dann kann das unter Umständen zu Problemen oder zu erheblicher Verlangsamung führen.
> *FRAGE*: Wenn das nicht stimmt?
> *Manager AIRLINE*: Jetzt mal ganz platt gesagt, wenn sich zwei nicht verstehen. Oder wenn der Eine eine ganz andere Auffassung davon hat, wie es aussehen soll.

Es kann festgehalten werden, dass für den Erfolg der Zusammenarbeit beim vorliegenden Typ von Kooperationsprojekt ein gemeinsames Verständnis und damit die kognitive Dimension von Sozialkapital als sehr wichtig angesehen wird und dass das Herausbilden eines solchen Verständnisses Zeit und damit eine Reihe sozialer Interaktionen, mithin die Bildung von starken Beziehungen zwischen den Individuen, benötigt.

Zur Relevanz von Sozialkapital der relationalen Dimension

Neben der kognitiven Dimension sind Sozialkapitalelemente in der relationalen Dimension wichtig. Dabei sind Vertrauensbeziehungen und eine Vertrauensatmosphäre im Team ein wichtiger Motivationsfaktor für die Zusammenarbeit im Projekt. Wenn sich die Mitarbeiter untereinander gut kennen und vertrauen, ist der Umgang offener und Mitarbeiter trauen sich beispielsweise eher, eigene kreative, auch ungewöhnliche, Ideen einzubringen. Auf die Frage, ob die sozialen Beziehungen im Team höhere Kreativität zur Folge haben antwortet der Interviewpartner im LOGISTK-Fall wie folgt:

„Mm, ja, mittelbar schon, also nicht absolut höhere Kreativität, aber ich denke, dass der Output höher sein würde einfach weil die Mitarbeiter im Team dann eher offen sind oder den Mut fassen, auch mit Vorschlägen oder Ideen zu kommen, die sie vielleicht sonst eher für sich behalten würden, weil sie denken, dass es etwas ist, was andere überhaupt nicht verstehen oder für blöd halten oder so was.“ [Manager LOGISTIK]

Der Motivationsaspekt wird dahingehend weiter vertieft, dass das Engagement der Mitarbeiter im Team, das vom sozialen Umfeld abhängig ist, als wesentliche Ergänzung des Know-hows des Teams gesehen wird. Die folgende Aussage kann somit im Sinne der Komplementarität von Humankapital und Sozialkapital interpretiert werden[1]. Es kann dabei argumentiert werden, dass sich „das Umfeld“ auf die sozialen Strukturen im Team, die Vertrauensatmosphäre und soziale Normen bezieht, die sich positiv auf das Engagement und die Motivation auswirken. Diese Faktoren spielen zudem zwischenbetrieblich eine wichtigere Rolle als in internen Teams. Der Interviewpartner unten spricht von einer „höheren Komplexität“ und „mehr Variablen“, die den Motivationsaspekt wichtiger werden lassen als in internen Teams. Diese Aussage kann im Sinne der Herausforderungen der Sozialkapitalentstehung im zwischenbetrieblichen Kontext interpretiert werden, da dieser ein karges Umfeld darstellt[2]. „Gemeinsam auf ein Ziel hinwirken“ kann dabei unter dem Aspekt gemeinsamer Normen auf Teamebene gesehen werden. Es kann geschlossen werden, dass sich Sozialkapital auf Teamebene positiv auf die Motivation und die gemeinsame Zielverfolgung auswirkt:

„Also die Assets, die so ein Team hat, das ist ja im Prinzip das Know-how und das Engagement der Mitarbeiter. Und das Engagement der Mitarbeiter ist natürlich zunächst mal irgendwo vom Umfeld geprägt oder von vielen Faktoren. Aber die Auswirkungen von wirklich sehr engagierten Mitarbeitern, Leuten, die auf ein gemeinsames Ziel hinarbeiten, oder sagen wir mal die Wirksamkeit, wie wertvoll sind sie, um so ein Thema zu bewegen, die kann ja enorm schwanken. Und gerade in solchen Setups, die ohnehin schon schwierig sind oder von vielmehr Variablen beeinflusst werden, als man das gemeinhin hat, ist es umso wichtiger, dass man da auch entsprechend drauf bauen kann. Ich halte es schon fast für eine Voraussetzung, weil die Sache einfach komplexer wird. Es gibt viel mehr Dinge, die zu potenziellen Problemen, auch größeren Problemen führen können, als man es sonst in einem homogenen Setup hat. Und da braucht man sehr viel von Goodwill, von Engagement.“ [Manager LOGISTIK]

Des Weiteren weist der Interviewpartner im AIRLINE-Fall darauf hin, dass starke soziale Beziehungen im Sinne des „Sich-gut-Kennens“ Missverständnisse vermeiden, die ansonsten zu Konflikten führen könnten:

---

[1] Vgl. Kap. 3.8.5.
[2] Vgl. Kap. 5.1.2.

„Also wenn man sich gut kennt, und darunter fasse ich dann auch soziale Beziehungen, dann vermeidet man viel leichter Missverständnisse. Und wie ich gerade sagte, Missverständnisse sind nach meiner Erfahrung eine Hauptursache für Konflikte oder für Nicht-Funktionieren. Und soziale Beziehungen oder eben ein gutes Vertrauensverhältnis ist eben ein ganz entscheidendes Mittel zur Vorbeugung dagegen. Unter dem Aspekt würde ich das durchaus bejahen. Zumal man auch, meinetwegen im Frühstadium, wenn sich irgendetwas anbahnt, oder irgendein Gefühl da ist, und wenn man dann das Gegenüber gut kennt, dann greift man eben zum Hörer: Hör mal, was ist denn da los? Und wenn es aber eher formalisiert ist, dann macht man das vielleicht nicht, oder macht dann daraus einen Riesen-Elefanten im nächsten Meeting, der es aber nicht ist und so." [Manager AIRLINE]

In der Literatur wurden diese Effekte von WENDY HALL beschrieben, die argumentiert, dass kulturelle Barrieren im Sinne der angesprochenen Heterogenität im Team und ein fehlendes gemeinsames Verständnis zu einer Abwärtsspirale aus Missverständnissen, Vertrauensverlust, Misstrauen und Konflikten führen können, was die Beziehung schließlich scheitern lassen kann[1]. Das Entstehen von sozialen Beziehungen ist somit ein Mittel, über ein gemeinsames Verständnis und positive Erfahrungen zu einer stabilen Zusammenarbeit zu kommen. Zusammenfassend kann in beiden empirischen Fällen Evidenz für Sozialkapital in der kognitiven und relationalen Dimension beobachtet werden, dass auf starken Beziehungen innerhalb des Teams beruht[2]. Es zeigen sich adaptive Effekte und eine hohe Relevanz von Sozialkapital für die Zusammenarbeit in komplexen Tätigkeiten unter den speziellen Gegebenheiten zwischenbetrieblicher Setups.

6.2.1.3 Allokative und autoritäre Effekte der externen Vernetzung des Teams

Außerhalb des Teams hat Sozialkapital vorwiegend allokative Effekte im Sinne des Zugangs zu Informationen und Ansprechpartnern in den Fachabteilungen. Es wird aber auch auf Einflusseffekte (autoritäre Effekte) hingewiesen, da die externe Vernetzung des Teams das Durchsetzen der Allianzprojekte in den Fachabteilungen begünstigt. In den vorliegenden Fällen

---

[1] Hall spricht von einer „downward spiral of misunderstandings, mistrust of intention, conflict and a broken relationship." (Hall 1995, S. 5f.); zur Diskussion von Barrieren siehe auch später in Kap. 7.2.

[2] Dabei sei auch für die noch folgenden Ausführungen darauf hingewiesen, dass „starke Beziehungen" in diesem betrieblichen Kontext im Sinn professioneller Kollegenbeziehungen zu verstehen sind und nicht mit starken Beziehungen im privaten, familiären Umfeld verglichen werden können. Der LOGISTIK-Manager merkt entsprechend an: „Ich halte es für wichtig, dass diese persönlichen Beziehungen soweit ausreichend gut sind, um gut zusammenarbeiten zu können. Darüber hinaus bin ich grundsätzlich der Meinung, dass man ja nur zusammen arbeiten muss, aber jetzt nicht verheiratet ist oder so was." [Manager LOGISTIK]

wird auf die Relevanz der externen Vernetzung der Allianzteams mit den Mutterorganisationen verwiesen, da hierdurch beispielsweise Kontakte hergestellt, Ansprechpartner zu gewissen Themen gefunden und neue Projekte angestoßen werden können, in die auch teamexterne Mitarbeiter aus den Fachabteilungen involviert sind:

> „Und was dann von uns gemacht wird, in diesem Beispiel, aber auch in anderen Beispielen, dass man im Prinzip das zentrale Team nutzt, um da Ansprechpartner raus zu finden, Kontakte aufzubauen, vielleicht ein erstes gemeinsames Meeting organisiert und das dann quasi laufen lässt und bestenfalls noch steuert oder monitort sagen wir mal, dass das Thema vorangeht, dass das da auch läuft. Das ist eigentlich so der Weg." [Manager LOGISTIK]

Die externe Vernetzung ist zudem sehr wichtig, um die in der Allianz entwickelten Ideen in den Mutterorganisationen umzusetzen. Die interne Vernetzung dient der Wissensgenerierung und die externe Vernetzung dient einerseits dem Ressourcenzugang und dann vor allem der Wissensverbreitung. Effektive Beziehungen in die Mutterorganisationen hinein sind aus diesem Grund für das organisationale Lernen der Organisationen von entscheidender Bedeutung:

> „Also es ist unmittelbar erfolgswirksam und von daher auch extrem wichtig, dass man Leute im Team hat, die in ihrer Organisation gut vernetzt sind. Ob das jetzt formell ist, weil sie die entsprechende Funktion ausführen, Kompetenz haben, weil das sozusagen auch ihre Positionierung ist, oder weil, sagen wir mal, sie sehr gut informell vernetzt sind. (...) Wir müssen immer wieder zurückgehen, sowohl räumlich als auch von den Gedankengängen, also mental, in die eigene Organisation. Ansonsten ist die Gefahr riesig groß, wie aber auch in anderen Projekten, die sozusagen separat innerhalb von einer Organisation aufgesetzt werden, dass man super Ideen hat, super Sachen entwickelt, aber kein PS auf die Strasse bringt, auf deutsch gesagt." [Manager LOGISTIK]

Diese externen Beziehungen haben aus Sicht des Allianzteams autoritäre Effekte, da die eigenen Positionen innerhalb der Organisationen besser durchgesetzt werden können. Hier kann auf Basis der strukturellen Sozialkapitaldimension argumentiert werden, dass das Allianzteam eine zentrale Netzwerkposition und somit in einem Netzwerk struktureller Lücken eine Brokerposition einnimmt, die für das Team und die beteiligten Mitglieder bei der Durchsetzung der eigenen Position in den beteiligten Unternehmen Sozialkapital darstellt[1]. Ein weiterer Einflusseffekt wurde vom Manager im AIRLINE-Fall erwähnt. Starke Vertrauensbeziehungen nach Art der von KRACKHARDT beschriebenen Philos-Beziehungen[2] zu anderen Individuen

---

[1] Zu Mechanismen des Brokerns vgl. Kap. 3.4.1; zu autoritären Sozialkapitaleffekten vgl. Kap. 3.5.1.3.

[2] Vgl. Krackhardt 1992, sowie Kap. 3.6.2.2 für Ausführungen zu Philos-Beziehungen.

in der Partnerorganisation erlauben dabei das Durchsetzen der eigenen Positionen und Ideen. Beispielsweise kann man dann bereits im Vorfeld von Besprechungen für seine Ideen werben und sich die Unterstützung Anderer sichern, um Entscheidungen positiv zu beeinflussen.

6.2.1.4 Sozialkapital als Kernressource

Basierend auf diesen Ausführungen kann Sozialkapital im Sinne einer Kernressource interpretiert werden, da alle in Kapitel 4.3.2 diskutierten Kriterien erfüllt sind: Sozialkapital ist wertvoll, schlecht imitierbar, nicht substituierbar und zudem selten, da es in interorganisationalen Arrangements aufgrund der in Kapital 5.1.2 identifizierten Charakteristika nicht ohne Zutun des Managements entsteht[1]. Die obigen Ausführungen haben gezeigt, dass eine Investition in soziale Beziehungen außerhalb der Kooperationsteams, sowie insbesondere in die Qualität der internen Beziehungen, eine direkte Erfolgswirkung hat. In Gegenwart der komplexen Tätigkeiten, der Langfristigkeit der Zusammenarbeit und der Tiefe der Integration kann Sozialkapital somit als Kernressource interpretiert werden, die das Humankapital der Mitarbeiter sinnvoll ergänzt. Der Kapitalcharakter von Sozialkapital wurde zudem explizit von den Interviewpartnern bestätigt. Sozialkapital werden direkte ökonomische Vorteile zugeschrieben und durch die Erhöhung der Innenvernetzung kann („wie mit einem Regler") direkt die Kooperationsfähigkeit des Teams beeinflusst werden:

> *FRAGE*: Würden Sie diesen sozialen Beziehungen eine Art Kapitalcharakter zuschreiben? Dass man sagt, Investitionen da rein sind sinnvoll, weil ich da mittelbar oder unmittelbar ökonomische Vorteile habe?
> *Manager LOGISTIK*: Ja. Ja, auf jeden Fall. Also es ist schwer zu quantifizieren. Das ist immer die Frage, wie mache ich so was messbar? Aber wenn ich mir einfach mal als ein Extrem vorstelle, das würde gar nicht funktionieren, dann ist der Output aus dem Team minimalst. Bildlich würde ich mir das wie einen Lautstärkeregler vorstellen. Also sie haben da einen unmittelbaren Hebel auf den Output, auf die Wirksamkeit eines Teams und den Erfolg des Teams auch. Also sagen wir mal, mit einer gewissen Gewichtung. Wenn man da in Extreme reinkommt, wenn es gerade besonders schlecht ist, dann haben sie Null Output. Dann kriegen Sie keinen Fuß vor den anderen. Dann läuft die ganze Sache nicht. Das kann alles sachlich noch so gut und schön sein, das Thema wird so nicht vorankommen. Aber man muss in einem Bereich sein, wo das wirklich eine gute Basis gibt, auch auf der persönlichen und informellen Ebene.

---

[1] Dabei sei erneut darauf hingewiesen, dass Sozialkapital dabei im Sinne eines Erfolgspotenzials zu sehen ist, aber nicht mit Kernprodukten im Sinne von direkt verwertbaren Technologien verwechselt werden sollte. Sozialkapital sorgt für die Fähigkeit zur interpersonalen Wissensarbeit und damit zur Entwicklung von Technologien; vgl. die Ausführungen in Kap. 4.3.2.

Zwar kann argumentiert werden, dass sich in einer Kooperation Beziehungen von alleine bilden, aber die Qualität dieser Beziehungen hat entscheidende Auswirkungen auf den Kooperationserfolg. Es kann somit geschlossen werden, dass obwohl (schwache) Beziehungen naturgemäß entstehen werden, die Bildung starker Beziehungen und damit von Sozialkapital in der relationalen und kognitiven Dimension ein dediziertes Beziehungsmanagement erfordert:

> *FRAGE:* Ja, oder Kapital, in dem Sinn, dass Sie sagen soziale Beziehungen sind eine Art Kapital? Ein soziales Kapital?
> *ANTWORT:* Tja. Wenn ich mir das so überlege ist natürlich, wann immer man kooperiert, irgendeine Art von sozialer Beziehung da. Deshalb würde ich das eigentlich eher als logische Folge oder logisches Element einer Kooperation bezeichnen. Ob die nun gut oder weniger gut sind, das ist dann…
> *FRAGE*: Also Sie würden sagen, die sozialen Beziehungen sind Folge der Kooperation? Die ergeben sich?
> *Manager AIRLINE*: Ja, ja. Die ergeben sich. Und natürlich ist es dann wichtig, ob die hervorragend sind, da bin ich absolut dabei, dass das dann den Kooperationserfolg steigern kann. Auch wirtschaftlich.

Die Erkenntnisse zur Rolle von Sozialkapital in strategischen Allianzen und Joint Ventures lassen sich wie folgt tabellarisch zusammenfassen:

Art des Sozialkapitals	
Netzwerkbasiert	Interne Perspektive: Sozialkapital auf Team-Ebene im Sinne absorptiver Kapazität ermöglicht wissensintensive Zusammenarbeit. Die Integration eines naturgemäß heterogenen Teams ist notwendig.
	Externe Perspektive: Externe Vernetzung des Teams erlaubt Zugang zu Ressourcen und steigert den eigenen Einfluss in den Mutterorganisationen (Broker-Position des Teams).
Beziehungs-basiert	Starke Beziehungen zwischen den beteiligten Personen im interorganisationalen Arrangement sichern Motivation und Fähigkeit zur Zusammenarbeit.
	Starke Beziehungen erlauben das Durchsetzen von Ideen im Projekt.
	Schwache Beziehungen erlauben Informationszugang.

Sozialkapitaldimension	
Strukturell	Komplexe interne wie externe Vernetzung der Individuen in den Kooperationsteams ist notwendig.
Relational	Vertrauensbeziehungen und Vertrauensatmosphäre steigern Motivation zur Zusammenarbeit und vermeiden Konflikte.
Kognitiv	Von höchster Relevanz: Erst ein gemeinsames Verständnis der gemeinsamen Arbeit versetzt die Individuen in die Lage zu kooperieren und die komplexen Tätigkeiten in Zusammenarbeit zu bewältigen (gemeinsame mentale Modelle, gemeinsames Wissen).
Sozialkapitaleffekte	
Allokativ	Ressourcenzugang außerhalb des Teams: Zugang zu Informationen und zu Ansprechpartnern zu relevanten Projektthemen in den Organisationen.
Adaptiv	Gute soziale Beziehungen erlauben das Herausbilden eines gemeinsamen Problemverständnisses (Fähigkeit) und letztlich gemeinsamen Zielverständnisses (Motivation) auf Teamebene.
	Motivation und Engagement der Mitarbeiter steigen.
	Offenheit und Mut zu Kreativität werden gefördert.
	Ohne gute Beziehungen („sich kennen") kann es zu Missverständnissen und Konflikten kommen.
	Konfliktbehandlung wird verbessert, stabile Vertrauensbeziehungen erlauben die informelle Behandlung von Konflikten.
Autorität	Beziehungen in die Fachabteilungen erlauben die Allianzbelange in der Organisation besser durchzusetzen. Die Allianzabteilung nimmt eine zentrale Position im organisationalen Netzwerk ein.
	Informelle Koordination auf Basis guter organisationaler Beziehungen (Philos-Beziehungen) erleichtert das Durchsetzen eigener Ideen.

Tabelle 6.2: Sozialkapital als Kernressource in strategischen Integrationsprojekten

6.2.2 Sozialkapital ermöglicht komplexe gemeinsame Tätigkeiten

Nicht nur in strategischen (horizontalen) Allianzbeziehungen, auch in zwischenbetrieblichen Projekten mit Lieferanten kann Sozialkapital eine wichtige Rolle zukommen, wenn es sich um schlecht strukturierte, komplexe und wissensintensive Tätigkeiten handelt. Die folgenden Ausführungen schließen daher im Wesentlichen an die Ausführungen im letzten Unterkapitel an[1]. Erst in ausreichendem Maße vorhandenes kognitives und relationales Sozialkapital ermöglicht die gemeinsame Bearbeitung komplexer, wissensintensiver Tätigkeiten. Neben diesen adaptiven Effekten konnte in zwei Fällen eine zusätzlich Perspektive von Sozialkapital beobachtet werden. In den FINANCE- und OUTSOURCE-Fällen entstand zusätzliche Komplexität dadurch, dass zahlreiche Unternehmen und daher auch eine Vielzahl von Personen involviert waren. Diese Netzwerkkomplexität erforderte eine zusätzliche Vernetzung der beteiligten Personen aus struktureller Sozialkapitalsicht auf der Basis schwacher Beziehungen, um beispielsweise effektive Informationsflüsse zu gewährleisten[2]. An dieser Stelle werden zunächst die adaptiven Effekte diskutiert; die zusätzliche Netzwerkdimension wird in Kapitel 6.2.3 behandelt.

6.2.2.1 Rollentrennung statt Integration in gemeinsamen Teams

Der große Unterschied zwischen diesem Projekttyp und dem vorangegangenen liegt in der Rolle der Partner und der Art der Beziehung. Während es sich oben um eine auf Dauer angelegte Kooperation zwischen (weitgehend) gleichberechtigten Partnern in einer strategischen, meist horizontalen, Allianz handelt, stehen bei diesem Projekttyp die gemeinsamen Tätigkeiten in einer vertikalen Kooperation zwischen Kunde und Lieferant(en) im Vordergrund. Dabei besteht eine Rollentrennung zwischen den Parteien insofern, als dass der Kunde als Auftraggeber die Vorgaben für das gemeinsame Projekt bestimmt und diese dann in gemeinsamen Tätigkeiten umgesetzt werden. Die Rollentrennung äußert sich darin, dass die Partner keine gemeinsamen Ziele verfolgen und daher auch keine gemeinsamen Teams aufsetzen. Tatsächlich wurde der Aufbau gemeinsamer Teams sogar im OUTSOURCE-Fall als hinderlich wahrgenommen, da dies zu Unklarheiten bei der Zielsetzung, der Aufgabenstellung und entsprechend den Verantwortlichkeiten zwischen den beteiligten Partnern führen kann:

> „Wir hatten einen Versuch gemacht unter der Überschrift virtuelles Unternehmen. Das war zu Beginn des KONZERNBEREICH-A-Projektes. Mit gemischten Teams: KONZERNBEREICH-A, unsere zwei Subprovider und wir. Das war kein Erfolg. (…) Ich habe dort die bessere Erfahrung gemacht, wo die Teams nicht ge-

---

[1] Siehe Tabelle 6.1 für die diesem Projekttyp zugeordneten Beziehungen; dabei werden sowohl die Aspekte zur gemeinsamen Produkt- und Softwareentwicklung betrachtet, die für alle Beziehungen in der Tabelle zutreffen, als auch der Aufbau des Netzwerkgeschäfts, der sich nur auf die Fälle FINANCE und OUTSOURCE bezieht. Der Netzwerkaspekt stellt eine Erweiterung der Komplexität dar: zur Komplexität der Tätigkeiten kommt die Komplexität des Netzwerks hinzu (vgl. Kap. 6.2.3).

[2] Vgl. Fall 2a im Kontingenzmodell der Projektphase in Abbildung 6.2.

mischt sind. Bis auf sagen wir Umsetzungsprojekte, teilweise. Aber ich denke es ist schon wichtig, dass die Aufgabenstellung der einzelnen Partner sehr klar und deutlich ist. Und dass man sozusagen überwiegend dann die Dinge selbst abarbeitet, nicht im gemeinsamen Team. Und sich dann trifft, die Ergebnisse abgleicht, was auch immer. (...) Aber sagen wir die Teams dann tatsächlich zu mischen, das hat zu völliger Unklarheit über die eigentlichen Zielsetzungen und Verpflichtungen der einzelnen Gesellschaften geführt." [Manager OUTSOURCE]

Gleichzeitig ist die Zusammenarbeit trotzdem durch eine grundsätzlich hohe zwischenbetriebliche Interdependenz gekennzeichnet; diese wird hervorgerufen durch die Art der Tätigkeiten und die Tiefe der Integration in das Leistungsportfolio des Kunden. Zwar konnte keine Relevanz für Sozialkapital auf Team-Ebene ausgemacht werden, eine ausreichend hohe bilaterale Vernetzung unter den beteiligten Mitarbeitern auf der Basis starker Beziehungen, die sich insbesondere durch kognitive Sozialkapitalelemente auszeichnen, ist jedoch notwendig. Dabei kann durchaus eine enge Zusammenarbeit von mehreren Mitarbeitern, auch in Gruppen, stattfinden. Der Schwerpunkt liegt hier aber nicht auf der Teambildung und dem Aufbau von Gruppenstrukturen; Sozialkapital im vorliegenden Projekttyp ist vorwiegend beziehungsbasiert. Auch kann das Projekt durchaus als gemeinsames Unterfangen wahrgenommen werden, im Sinne der Identifikation des Lieferanten mit der gemeinsamen Lösung. Die Rollentrennung bleibt jedoch im Hintergrund stets präsent und tritt spätestens beim Übergang in die Routinephase wieder deutlich zu Tage.

6.2.2.2 Kognitives Sozialkapital ermöglicht ein gemeinsames Aufgabenverständnis

Zwischenbetriebliche Kooperationen werden zumeist auf Top-Management-Ebene angebahnt und vereinbart. Kommt es dann zur Zusammenarbeit, sind gute soziale Beziehungen auf Managementebene zwar wichtig für die Projektstabilisierung, jedoch für die Durchführung des Projekts alleine nicht ausreichend. Vielmehr sind Beziehungen zwischen den Mitarbeitern notwendig, die im gemeinsamen Projekt tatsächlich zusammenarbeiten. Diese müssen Gelegenheiten bekommen, Beziehungen für den Aufbau eines gemeinsamen Verständnisses zu bilden:

„Wie gesagt, meine Erfahrung, gerade auch in dem Zusammenhang, ist, dass es schon sehr sehr stark personengetriebenes Business ist. Sowohl in der Anbahnungsphase der Beziehung, die Unterschiede sind vielleicht hierarchischer Natur, die Anbahnungsphase läuft eher auf einem hohen Level, man tauscht so strategische Absichtserklärungen aus, aber ob das funktioniert, das hängt dann schlussendlich von den Mitarbeitern ab, die das im Day-to-day-Business umsetzen müssen. (...) Ich glaube, das sind schon sehr wichtige Sachen, damit man die anderen auch irgendwie versteht und man muss den Mitarbeitern ja mal Gelegenheit geben, diese Beziehung überhaupt zu knüpfen." [Manager FINANCE]

Alle Projektmitarbeiter müssen rechtzeitig die notwendigen Kontakte und mit der Zeit ausreichend starke Beziehungen etablieren, die ein effektives Zusammenarbeiten gewährleisten. Hierzu ist ein frühzeitiges Involvieren der betroffenen Mitarbeiter notwendig, auch wenn dies vielleicht aus Projektsicht noch nicht direkt notwendig erscheint:

> „Es ist gar nicht möglich, ein solches Projekt ohne solche Connections zu machen. Man kann das nicht voneinander trennen. Man hat natürlich schon versucht, gezielt relativ früh diese Verbindungen aufzubauen. Also ich habe zum Beispiel als ich da in einem Teil der IT-Architektur beschäftigt war schon sehr früh unsere Programmierer mitgeschleppt, auch zu einem Zeitpunkt als das eigentlich streng sachlich betrachtet noch nicht viel Sinn machte. Einfach dass die mal die Leute kennen lernen. Man muss letztlich auch diese ein Stück weit auch informellen Kontakte fördern. Sehen, dass das auch zum Laufen kommt." [Manager WEBCONSULT]

Genau dieser Sachverhalt wird von einem Manager auf Seiten von DEVELOPER bedauert, der anmerkt, dass man die Zusammenarbeit im Projekt mit TELCO noch hätte verbessern können, wenn man der Beziehungsbildung auf Mitarbeiterebene mehr Zeit gewidmet hätte:

> „…ich bin grundsätzlich der Auffassung, dass eben solche zwischenmenschlichen Kontakte sehr wichtig sind und dass man sich darum auch an ein Gesicht erinnern können sollte. Und dass die Kommunikation fließen muss, ist für mich ein ganz wichtiger Aspekt, auch in der Projektleitungsarbeit. Und ich habe es ein bisschen verschlafen und ich bedaure es auch im Nachhinein, dass wir nicht so einfach mal die Leute anfangs zusammen genommen haben. Vielleicht nachdem wir bereits den Auftrag ein bisschen analysiert haben. Gesehen haben: Wo kommen verschiedene Partner jetzt auch von TELCO oder von uns in welchen Funktionen zusammen? Dass man sich da einander vorstellen konnte, Du bist primär der Kontakt von dem und so." [Manager DEVELOPER]

Nur wenn die Mitarbeiter auf Seiten des Lieferanten das Geschäft des Kunden und dessen Mitarbeiter und Anforderungen verstehen lernen, kann sich ein gemeinsames Projektverständnis herausbilden, das für eine effektive Bearbeitung des Projekts notwendig ist:

> FRAGE: Das heißt: Sie sagen, es ist auch wichtig, dass man mit dem Partner oder mit den Personen auf Seiten des Partners ein gemeinsames Verständnis für das Geschäft…
>
> Manager TELCO: Für das Business hat, genau. Absolut. Klar. Wenn dieses Verständnis nicht da ist, dann hat man immer die Problematik, dass der Partner immer in eine andere oder nicht in genau die gleiche Richtung zieht.

TELCO berichtet von Fällen, in denen sich Probleme mit der Durchlaufzeit von Projekten aufgrund von Missverständnissen und vermeidbaren Diskussionen ergeben haben, da die persönlichen Beziehungen zwischen den Mitarbeitern die kognitiven Sozialkapitalelemente vermissen ließen. Dies kann zu höheren Projektkosten führen:

> „Bei Firmen, wo wir schlechte Beziehungen haben oder einfach persönlich nicht so nah sind, haben wir meist Probleme mit der Durchlaufzeit und haben wir meist auch mehr Kosten. Und da haben wir meist auch viele Diskussionen." [Manager TELCO]

Sind die Beziehungen indes gut und über eine gewisse Zeit gewachsen, so erlauben sie eine flexible und effektive Zusammenarbeit. Im Fall der MOBILTEL-AGENTUR-Kooperation ist es so, dass die Beziehung schon seit Jahren besteht und immer wieder gemeinsame Projekte und Anpassungen durchgeführt werden, die sehr effizient und schnell durchgeführt werden können, da ein umfassendes gemeinsames Verständnis zwischen den beteiligten Personen besteht. Da das Kernteam auf Seiten der Webagentur sehr stabil ist, kennen die Mitarbeiter sich gegenseitig und damit auch die Bedürfnisse des Unternehmens sehr gut. Dies ist ein Zeichen von Sozialkapital auf kognitiver Ebene, was schnelles und flexibles Handeln erlaubt:

> „Ansonsten hat das nämlich die Vorteile wenn was schnell gehen muss, können wir meistens auf Zuruf reagieren, sofern wir nicht gerade irgendwie jetzt wie im Shop bis über beide Ohren in Arbeit stecken und dann noch was hinzu kommt, dann brauche ich ein bisschen Vorlaufzeit, aber normalerweise hat das, wenn es immer die gleichen Personen sind, den Vorteil, dass man wirklich sehr schnell reagieren kann." [Manager AGENTUR]

Es kann geschlossen werden, dass komplexe, schlecht strukturierte Tätigkeiten, die zu hoher zwischenbetrieblicher Interdependenz führen, kognitives Sozialkapital in den Beziehungen zwischen den beteiligten Projektmitarbeitern benötigen, um die interpersonale Zusammenarbeit zu ermöglichen:

> „Das äußert sich darin, dass eben Arbeiten eigentlich blind durchgeführt werden können." [Manager TELCO]

Darüber hinaus können weitere adaptive Sozialkapitaleffekte, ausgehend von der relationalen Dimension, identifiziert werden.

6.2.2.3 Relationale Sozialkapitalelemente erhöhen die Motivation zur Kollaboration

Starke Beziehungen zwischen den beteiligten Mitarbeitern haben nicht nur Vorteile in der kognitiven Dimension (hinsichtlich der Fähigkeit zur Zusammenarbeit), sondern auch in der relationalen Dimension bezüglich der Motivation zu kooperativem Verhalten. Im TELCO-Fall wird darauf hingewiesen, dass die kulturellen Unterschiede zwischen den Unternehmen insbesondere auf der Ebene der technischen Mitarbeiter zu Spannungen führen können, wenn die betroffenen Mitarbeiter auf ihrem Standpunkt zu Projektsachverhalten beharren. Dem Aufbau von sozialen Beziehungen wird hierbei eine positive Wirkung auf die Reduktion eines solchen „rechthaberischen" Verhaltens zugeschrieben:

„Das Egoistische, das Engstirnige, das Rechthaberische wird natürlich mit der persönlichen Beziehung vermindert. Das ist ganz klar." [Manager TELCO]

Vertrauensbeziehungen zwischen den Mitarbeitern fördern die Bereitschaft zu pragmatischen und schnellen Lösungen, die insbesondere in einer Kooperation auf Distanz, wo die sozialen Beziehungen die eigentliche Basis der Zusammenarbeit und das stabilisierende Element darstellen, vorteilhaft ist. Daneben können als weitere positive Effekte sozialer Beziehungen die Offenheit im gegenseitigen Umgang, sowie das Herstellen eines Wir-Gefühls in der Beziehung im Sinne einer gemeinsamen Identifikation mit dem Projekt genannt werden, die sich positiv auf die Motivation zu kooperativem Verhalten auswirken:

„Dass man offener aufeinander zu geht. Dass man das Ganze mit einem Wir-Gefühl im Sinne des Projektes macht und dass man versucht, dann schnell gemeinsame Lösungen zu finden. Schneller als bisher. Vor allem, gerade in dieser Beziehung sitzt man auch nicht ständig zusammen. Ein Teil unserer Partner sitzt ganz weit weg im Ausland. Das gilt auch beim Kunden." [Manager OUTSOURCE]

Hier wird wieder deutlich, dass zwar im vorliegenden Fall keine gemeinsamen Ziele und gemeinsamen Teams notwendig sind, dass aber ein gewisses „Wir-Gefühl" im Sinne der Identifikation mit der jeweiligen Position des Kooperationspartners eine gute Beziehung als Basis der Zusammenarbeit kennzeichnet. Ohne den rechtzeitigen Aufbau eines gemeinsamen Verständnisses der Tätigkeiten und einer Vertrauensbeziehung zwischen den Beteiligten müssen ansonsten zeitraubende formelle und vertragliche Abstimmungen getroffen werden, die die Zusammenarbeit verlangsamen und weniger effizient gestalten:

„Weil man sich in dem Moment wo man einen schwierigen Kunden hat viel mehr mit formellen Dingen aufhält, um sich abzusichern. Der Kunde sichert sich ab. Oft ist es so, ich sehe es bei Kollegen, die haben teilweise sehr schwierige Kunden, die auf ihren Posten neu sind, sich profilieren wollen, oder einfach nicht so sehr im Thema sind, weil sie vielleicht auch neu sind und versuchen sich natürlich hinten und vorne abzusichern. Das macht es für uns nicht einfacher. Und in dem Fall müssen wir uns natürlich auch absichern, weil es uns sonst nachher in die Schuhe geschoben wird, logischerweise. Und das verkompliziert die Sache ungemein. Wenn man im Prinzip Partner hat wo man sagt: Ich vertraue Dir, Du vertraust mir, kann dabei rauskommen, dass da noch was schief geht, andererseits ist es dann auch durchaus so, dass man sagt: Okay, es ist schief gegangen, das beheben wir." [Manager AGENTUR]

Sozialen Beziehungen wird abschließend ein direkter Erfolgsbeitrag in komplexen gemeinsamen Tätigkeiten zugeschrieben: Je besser die interpersonalen Beziehungen sind, desto erfolgreicher sind die entsprechenden Projekte. Sind die Beziehungen nicht gut genug, kann es zu Missverständnissen kommen und die Motivation zu kooperativem Verhalten kann leiden. Das folgende Zitat verdeutlicht die Aussage beispielhaft; Tabelle 6.3 fasst die Erkenntnisse zusammen:

„Also, es ist sehr wichtig, dass sie sich persönlich kennen. Und wir können es eigentlich auch so sagen: Je besser diese persönlichen Verbindungen sind, desto erfolgreicher sind die Projekte. Das könnte auch über Erfolg oder Misserfolg entscheiden. Wir haben schon festgestellt, dass Projekte einfach in den Sand gesetzt worden sind, weil die persönliche Beziehung, die Verbindung der beiden Unternehmen eigentlich nicht stimmte.“ [Manager TELCO]

Art von Sozialkapital	
Netzwerkbasiert	Keine gemeinsamen Teams. Sozialkapital ist hier beziehungsbasiert.
	In Netzwerken mit überschaubarer Partnerstruktur keine weitergehende Vernetzung notwendig (für Netzwerkkomplexität siehe Kap. 6.2.3).
Beziehungs-basiert	Starke Beziehungen mit kognitiven und relationalen Elementen wichtig als Grundlage effektiver Zusammenarbeit zwischen beteiligten Projektmitarbeitern.
Sozialkapitaldimension	
Strukturell	Vernetzung strukturell wenig komplex, Projekte sind überschaubar.
Relational	Vertrauensbeziehungen wichtig für Motivation zur Kooperation. Trotz Rollentrennung „Wir-Gefühl“ und Identifikation mit dem Projekt vorteilhaft.
Kognitiv	Kognitive Dimension in Beziehungen zwischen Projektmitarbeitern besitzt hohe Relevanz aufgrund der Komplexität der Tätigkeiten. Gemeinsames Verständnis durch Abstimmung mentaler Modelle notwendig.
Sozialkapitaleffekte	
Allokativ	Besserer Informationsfluss.
Adaptiv	Gemeinsames Verständnis der Tätigkeiten Grundvoraussetzung für effektive Zusammenarbeit in komplexen Tätigkeiten, hierdurch auch weniger Missverständnisse.
	Identifikation mit Projekt durch die Lieferantenmitarbeiter.
	Flexibilität und Schnelligkeit der Lieferantenmitarbeiter durch bessere Einschätzbarkeit des Kunden .
	Bessere Projektdurchlaufzeiten, geringere Kosten.
	Verzicht auf formelle Absicherungsmechanismen möglich.
Autoritär	Keine autoritären Effekte ausgemacht.

Tabelle 6.3: Sozialkapital als Ermöglicher in komplexen Tätigkeiten

6.2.3 Sozialkapitalbasierte Koordination in komplexen Netzwerksetups

In zwei der oben betrachteten Fälle, OUTSOURCE und FINANCE, kommt zur Komplexität der Tätigkeiten eine erhebliche Komplexität der Partnernetzwerke hinzu. Wenn in das zwischenbetriebliche Projekt zahlreiche Partner und Personen eingebunden sind, beispielsweise wenn ein Partnerbasiertes Geschäftsmodell aufgebaut wird, dann steigt die Projektkomplexität und damit die Relevanz von Sozialkapital. Neben den starken Beziehungen zur effektiven Zusammenarbeit wird dann auch eine strukturelle Vernetzung zwischen den Partnern zur Koordination beziehungsübergreifender Interdependenzen notwendig. Dies wird im OUTSOURCE-Fall deutlich, wo dedizierte Maßnahmen zur Vernetzung der verschiedenen Partner angewendet werden. Hierzu führt OUTSOURCE als Generalunternehmer und Netzwerkkoordinator Veranstaltungen durch, um die notwendigen Kontakte herzustellen. Hinzu kommt, dass die Mitarbeiter auf die gemeinsame Zusammenarbeit und die Notwendigkeit kooperativen Verhaltens eingestimmt werden.

> *Manager OUTSOURCE*: Ja. Da haben wir zu Projektbeginn zum Beispiel zweitägige Außentagung gemacht mit unseren Sublieferanten, um alle auf die Zielsetzung des Projektes einzustimmen, sich kennen zu lernen, abends bei einem Bier geht das in aller Regel auch etwas einfacher. Wir haben dann auch während des Projektes Teambuilding-Veranstaltungen gemacht, sowohl unsere Teams gegenüber KONZERNBEREICH-A, KONZERNBEREICH-B, und auch mit den Subprovidern.
> *FRAGE*: Was sind das für Maßnahmen?
> *Manager OUTSOURCE*: Wir nehmen häufig einen externen Mentor, Moderator dazu. Das sind teilweise kürzere Veranstaltungen, Tagesveranstaltungen, gewesen, wo man in einem Seminar-Arbeitsgruppen-Stil Themen adressiert, unter anderem auch das Miteinander.

Während im OUTSOURCE-Fall lediglich die Notwendigkeit dieser Vorgehensweise aufgezeigt wurde, konnten im FINANCE-Fall Probleme und Herausforderungen der Netzwerkbildung vor dem Hintergrund extremer Aufgaben- und Netzwerkkomplexität beobachtet werden.

6.2.3.1 Informelle Vernetzung als Ersatz formeller Strukturen

Der FINANCE-Fall zeichnet sich durch signifikante Komplexität in der Projektphase aus. Hierfür ist die Größe des Netzwerks, bzw. die große Anzahl der Partner, die zum partnerbasierten Geschäftsmodell beitragen, ebenso verantwortlich wie die Komplexität der im Netzwerk zu bearbeitenden Aufgaben, die sich vor allem aus der Neuartigkeit der zu entwickelnden Internet-Softwarelösungen zum damaligen Zeitpunkt ergibt. Durch die Komplexität der Aufgabenstellung und die Verteilung der Kompetenzen auf verschiedene Partner ergab sich eine hohe zwischenbetriebliche Interdependenz der Tätigkeiten, die sich in der Notwendigkeit beziehungsübergreifender Koordination äußerte. Insgesamt wird die Komplexität als zu groß für eine formalisierte Koordination wahrgenommen:

> „Sie brauchten soviel unterschiedliche Kompetenzen, und dadurch gab es so viele aktive Beziehungen in diesem Netzwerk zu diesem Zeitpunkt, dass so die gängigen Projektmanagementmethoden schlicht und ergreifend am Ende waren. (...) Aber gerade zur technologischen Seite bei so einem Portal: Zum Teil können Sie Standardsoftware nehmen, zum Teil müssen Sie proprietäre Systeme entwickeln usw. Und wenn da alles, die gesamte Breite der Module gleichzeitig nach oben gedreht wird, dann ist es das, was es so komplex macht. Und dadurch, dass das System [*i.S.v. systematischem Projektmanagement*] nicht da war, und die vorher nicht wussten, dass wenn der hier hinten am Banking an der kleinen Schraube dreht, dann macht der Kollege am Content-Management einen Salto, und wir das auch nicht wussten, und das dann über normale Kommunikationsmaßnahmen im Projektmanagement auch nicht mehr aufgefangen werden kann... Das ist, was es so komplex macht.“ [Manager FINANCE]

Zwar wurde immer wieder, wie auch im OUTSOURCE-Fall, versucht, die relevanten Partner zusammenzubringen und die Beziehungen zwischen den Partnern strukturiert und formell anzuregen:

> „Um wieder beim WEBCONSULT-Beispiel zu bleiben: Wir haben dann ja immer wieder versucht, die entsprechenden Leute zusammenzubringen, auch die Externen, zu sagen: hier, das sind die... Wir haben das sogar so weit getrieben, dass wir gesagt haben, da ist die Werbeagentur, da ist die Webagentur und da sind die Javadevelopper, damit die sich alle mal kennen lernen und ungefähr wissen, weil irgendwann hat der Javadevelopper, der am Content-Management-System bastelt, einen Impact auf die Webagentur und die wiederum muss irgendwie mit der Brandingagentur abgestimmt sein, weil die letzten Endes den werblichen Auftritt umsetzt und so weiter und so fort.“ [Manager FINANCE]

Dies hat jedoch, wie insbesondere der WEBCONSULT-Manager berichtet, nicht in ausreichendem Maße funktioniert. Dadurch, dass teilweise formelle Beziehungen, Schnittstellen und Kommunikationskanäle fehlten, kann die informelle Vernetzung auf der Basis sozialer Beziehungen als notwendiges Substitut in diesem Setup angesehen werden, um effektive Kommunikation zu gewährleisten und zwischen den Partnern zu koordinieren. Hierzu macht interessanterweise einer der DEVELOPER-Manager eine Bemerkung, die zwar nicht auf den TELCO-Fall bezogen ist, aber in diesem Kontext Relevanz besitzt:

> „Ich glaube, wenn irgendwie die Organisation nicht klar ist, Schnittstellen nicht genau definiert sind, dann ist die Zusammenarbeit unter den einzelnen Leuten wahrscheinlich viel wichtiger, dass es trotzdem zum Erfolg kommt, als wenn die Schnittstellen sehr klar definiert sind und dann eben auch die Kommunikationswege wesentlich einfacher sind.“ [Manager DEVELOPER]

Strukturelle Lücken

Im FINANCE-Fall waren jedoch nicht nur die offiziell etablierten, sondern auch die informellen Netzwerke unzureichend ausgeprägt, woraus Probleme bei der Projektkoordination resultierten. Dabei kann ausgehend von den bereits diskutierten Studien von BURT argumentiert werden, dass im vorliegenden Fall die Netzwerkgröße ein Problem darstellte[1]. Das Netzwerk war zu groß, um Geschlossenheit auf interpersonaler Ebene herzustellen und eine ausreichende Vernetzung zu gewährleisten. Da auch die formellen Beziehungen und Koordinationsinstrumente fehlten, wurde die Kooperation zwischen den Partnern im Netzwerk erschwert:

> „Aber es gab viele Fälle, wo informelle Kanäle nicht entstanden sind, weil das niemand gemacht hat, oder aus welchen Gründen auch immer, und es dann tatsächlich zu schwierigen Situationen gekommen ist. Die formellen Kanäle nicht etabliert waren, nicht gut genug gemanagt waren, nicht genug geforced wurden und in sehr vielen Fällen auch schlichtweg zu spät kamen." [Manager WEBCONSULT]

Durch die Größe kam es zu Lücken im sozialen Netzwerk und damit zu schlecht vernetzten Teilnetzwerken, was zu erheblichen Kommunikationsproblemen geführt hat. Wenn gleichzeitig die formellen und informellen Strukturen fehlen, führt dies zu Kommunikations- und Informationsproblemen zwischen den Mitarbeitern, was zu Missverständnissen, Fehlentwicklungen und anderen Friktionen führen kann:

> „Die informellen Kanäle waren nicht da und die formellen waren nicht ausgeprägt genug, um das wirklich sicher zu stellen. (...) Man hätte sicher, wie soll man sagen, stärker aufeinander zu gehen können. Was meiner Meinung nach gefehlt hat – also das waren wirklich physisch zwei Büros, wo sich das irgendwie kanalisiert hat – dass jeweils in diesen anderen Büros jemand von der anderen Fraktion saß, der irgendwie diese Schnittstellenfunktion wahrnehmen konnte." [Manager WEBCONSULT]

Zentrale Akteure als Beziehungspromotor

In solchen Netzwerkkonstellationen kommt einzelnen Mitarbeitern, die als Beziehungspromotoren bzw. als so genannte „Boundary Spanner" agieren und Teilnetzwerke miteinander verbinden, große Bedeutung zu[2]. Dabei besteht die Tätigkeit solcher Akteure darin, Beziehungen zwischen anderen

---

[1] Laut Burt weisen große soziale Netzwerke naturgemäß strukturelle Lücken auf, da das Herstellen von Geschlossenheit bzw. das Sicherstellen ausreichender Innenvernetzung mit der Größe des Netzwerkes signifikant erschwert wird (siehe Burt 2000).

[2] „Relationship promotors are persons who identify appropriate partners of different organizations, bring them together, and facilitate the dialogue and exchange process between them." (Walter 1999, S. 537); siehe auch Gemünden/Walter 1995.

Akteuren anzubahnen und relevante Informationen an die richtigen Stellen weiterzuleiten. Solche Akteure müssen gut vernetzt sein und den Anspruch mitbringen, im Sinne des Projektes die Vernetzung anzuregen (siehe auch in Kap. 7.3.2.2); hierzu folgendes Zitat:

> „Um ein Beispiel zu geben: Ich habe oft wirklich Tage bei FINANCE in den Büros verbracht um nichts anderes zu machen als da mal ins Office zu schauen und mit dem mal ein bisschen zu plaudern. Und dann zwei Offices weiterzulaufen und dem zu erzählen was dieser gerade gesagt hat, weil der, der 15 Meter entfernt arbeitet, hatte seit vier Monaten nicht mit dem geredet, obwohl die direkt aneinandergrenzende Systemteile betreut haben. Also das so ein bisschen bewusst zu machen ist glaube ich ein wichtiger Punkt." [Manager WEBCONSULT]

Es kann festgehalten werden, dass die informelle Vernetzung basierend auf sozialen Beziehungen ein notwendiges Substitut bzw. eine Ergänzung in Abwesenheit formeller Strukturen, insbesondere in großen Netzwerken, darstellt. Oben wurde argumentiert, dass formelle Strukturen in zwischenbetrieblichen Arrangements naturgemäß schlechter ausgeprägt sind als innerbetrieblich, so dass Sozialkapital eine größere Rolle zukommt[1]. Wenn darüber hinaus das Netzwerk, wie im vorliegenden Fall, sehr groß ist, dann kann das zu erheblichen Herausforderungen führen, denen nur auf informeller Ebene durch Beziehungsbildung und Investition in die sozialen Kontakte im Netzwerk begegnet werden kann. Dabei müssen insbesondere die einzelnen Akteure in diesem Netzwerk selbst, auf informellem Weg, die notwendige Vernetzung herstellen, um in die Informationsflüsse im Projekt eingebunden zu sein.

6.2.3.2 Vorteile der informellen Vernetzung aus Sicht eines Partners im Netzwerk

Die unterausgeprägten Netzwerkstrukturen stellen Unternehmen wie Mitarbeiter vor die Herausforderung, in ausreichendem Maße eigene Beziehungen im Netzwerk aufzubauen, um in die Informationsflüsse und Entscheidungsprozesse eingebunden zu sein. Eine Vernetzung der Mitarbeiter ist auch aus Gründen der Motivation und der Übersicht über das Gesamtprojekt notwendig. Der WEBCONSULT-Manager führt an, dass eine Einbindung der Mitarbeiter aus Motivationsgesichtspunkten wichtig ist, da nur solche Mitarbeiter wirklich motiviert sind, zum Projekt beizutragen, die in die informellen Netzwerke eingebunden sind und sich so besser mit den anderen Mitarbeitern und dem Gesamtprojekt identifizieren können. Dem Sozialkapital schwacher Beziehungen kann also ebenfalls ein Motivationsbeitrag zugeschrieben werden. Nur durch das Unterhalten relevanter Kon-

[1] Vgl. Kap. 5.1.2.

takte im Netzwerk kann der Mitarbeiter seinen eigenen Beitrag abschätzen und zudem seine Tätigkeiten in das Gesamtprojekt einordnen:

> „Die Leute, die wirklich drin sind in diesen informellen Netzwerken, und damit auch besser verstehen, was ihr Beitrag ist zum Gesamten, die haben eine deutlich bessere Identifikation mit dem Ganzen und damit auch eine bessere Motivation. Die Motivation war bei den Leuten am schlechtesten, die einfach wirklich sehr punktuell für nur einen gewissen Task eingeflogen wurden und bis vielleicht auf ihren direkten Vorgesetzten nie irgendwelche Kontakte irgendwohin hatten.“ [Manager WEBCONSULT]

Management von Abhängigkeiten

Aus Sicht von WEBCONSULT war es zudem wichtig, Beziehungen zu allen Personen aufzubauen, mit denen Interdependenzen bezüglich der Projekttätigkeiten bestanden. Durch das Fehlen formeller Koordinationsinstanzen ergaben sich Abhängigkeiten von einzelnen Partnern im Netzwerk, die insbesondere beim Fehlen ausreichenden Vertrauens problematisch wurden. Um jedoch alle Abhängigkeiten zu identifizieren 'und proaktiv managen zu können ist eine gute Vernetzung und der Aufbau sozialer Beziehungen unerlässlich:

> „Und in der laufenden Projektarbeit ist es natürlich auch sehr mühsam, und da sind wir wieder beim Vertrauensaspekt, wenn man ständig von anderen Leuten abhängig ist, die man vielleicht schlecht kennt. Aber von deren Arbeitsqualität man für den eigenen Erfolg sehr abhängt. Das ist sehr schwierig zu managen. Und das erfordert halt auch vom Management jetzt auf unserer Seite relativ viel Aufmerksamkeit, indem man auch Bereitschaft hat, zum Beispiel auch mit diesen informellen Kanälen zu spielen, ganz klar.“ [Manager WEBCONSULT]

Wenn die relevanten Beziehungen nicht entstehen und daher die Entwicklungen und die Dynamik im Netzwerk nicht beobachtet werden können, dann kann dies zu Kontrollverlust von Seiten des Kunden führen. Dies machte sich im vorliegenden Fall insbesondere in Bereichen bemerkbar, wo Abhängigkeiten von einzelnen Personen existierten, die von ihren Unternehmen auf andere Projekte berufen wurden:

> „Und das hatte FINANCE überhaupt nicht im Griff. Die waren völlig abhängig von diesen externen Dienstleistern, die halt einfach so die Leute hin und her geschickt haben. Das ist halt in der Art von Business schon ein großes Problem. Man kann nicht über Nacht einen Entwickler austauschen in einem sehr komplexen System, das geht nicht. Man hat versucht das ein bisschen aufzufangen, indem man eigene, interne Leute an gewissen Schlüsselpositionen hat.“ [Manager WEBCONSULT]

Zentrale Netzwerkpositionen bringen allokative und autoritäre Vorteile

Aus Sicht einzelner Partner im Netzwerk hat die Vernetzung im Projekt zudem allokative und autoritäre Effekte. Einerseits gewährleisten die sozialen Beziehungen eine Einbindung in die inoffiziellen Informationskanäle, was aus Sicht des Unternehmens wichtig ist, um die eigenen Tätigkeiten durchzuführen. Darüber hinaus erlaubt eine gute Vernetzung die Einnahme einer zentralen Position im Netzwerk, was Informationsvorteile und den nötigen Einfluss verspricht, die eigene Position im Netzwerk wirksam zu vertreten:

> „Der Vorteil ist, dass man an Informationen rankommt, die man sonst nicht kriegen würde. Die zum Teil essentiell sind und aus irgendwelchen Gründen nicht über die offiziellen Kanäle fließen. Und dadurch wird es einem halt auch ermöglicht, gewisse Impulse selbst zu setzen. Es gab sehr, sehr viele Situationen in diesem Projekt, wo ich irgendwo mal beim Kaffee was gehört habe und das einem anderen unterjubeln konnte und dadurch was bewegen, was konstruktiv war... (zögert) kann man es Machtfaktor nennen oder so? Wenn man gut informiert ist auch über diese informellen Kanäle hat man sicher mehr Einfluss auf das, was da passiert." [Manager WBECONSULT]

Der Aspekt des Einflusses durch Einnahme zentraler Positionen in Netzwerken mit strukturellen Lücken wurde oben ausführlich diskutiert[1]. Dabei wurde auch auf Probleme der Ebeneninteraktion hingewiesen, die zu Konflikten zwischen den Zielen individueller Akteure und denen des Kollektivs, sprich des übergeordneten Netzwerks, führen können[2]. Im vorliegenden Fall ist das Projektnetzwerk zu groß, um soziale Geschlossenheit herzustellen. Aus diesem Grund kommt es zu strukturellen Lücken, die einzelne Akteure durch die Einnahme zentraler Positionen zum gezielten Brokern für eigene Zwecke nutzen können. Hier besteht die Gefahr, dass diese Akteure ihre eigenen, nicht notwendig mit denen des Gesamtnetzwerkes aus Sicht von FINANCE übereinstimmenden, Ziele verfolgen. Der WEBCONSULT-Manager könnte sich durch die Einnahme einer solchen Position im Netzwerk, in begrenztem Maße, opportunistisch verhalten, um die eigenen Ziele durchzusetzen und beispielsweise Teilprojektvergaben in die eigene Richtung zu lenken[3].

---

[1] Zu lückenhaften Netzwerken vgl. Kap. 3.4.1, zu autoritären Effekten von Sozialkapital vgl. Kap. 3.5.1.3. Hierzu eine Wiederholung dieses Zitats von Burt: „Structural holes are thus an opportunity to broker the flow of information between people, and control the projects that bring together people from opposite sides of the hole." (Burt 2000, S. 353).

[2] Vgl. Kap. 3.3.2.3 zu Aspekten der Ebeneninteraktion und Kap. 3.5.2.3 zu Nachteilen des Kollektivs durch Sozialkapitalnutzung einzelner Akteure.

[3] Es sei angemerkt, dass sich hierfür jedoch keine Evidenz fand. Vielmehr bestand eine gute persönliche und stabilisierende Vertrauensbeziehung zwischen den Managern.

Art von Sozialkapital	
Netzwerkbasiert	Durch Komplexität der Partnerkonstellation soziale Vernetzung zwischen den Unternehmen notwendig zur beziehungsübergreifenden Koordination.
	Lückenhafte Netzwerke eröffnen Brokeropportunitäten für einzelne Spieler im Netzwerk → Probleme der Ebeneninteraktion möglich.
Beziehungsbasiert	Starke Beziehungen nach wie vor wichtig für effektive Zusammenarbeit.
	Zusätzlich schwache Vernetzung für bessere Informationsflüsse.
Sozialkapitaldimension	
Strukturell	Hier strukturelles Argument vorherrschend: Komplexität des Netzwerks macht Aufbau eines Netzwerks schwacher Beziehungen zur Integration aller Partner und für effektive Koordination und Informationsflüsse notwendig.
	Zentrale Akteure als Netzwerkkoordinatoren können Beziehungen bilden und Vernetzung anregen.
Relational	(siehe oben)
Kognitiv	(siehe oben)
Sozialkapitaleffekte	
Allokativ	Zugang zu Informationen aus Sicht einzelner Akteure.
	Informationsverteilung durch zentrale Akteure im Netzwerk.
Adaptiv	Durch strukturelle Vernetzung bessere Einschätzbarkeit des Netzwerks und daher besseres Management von Abhängigkeiten.
	Identifikation der Mitarbeiter mit Projekt und Motivation durch Einbettung in das Netzwerk verbessert sich.
Autorität	Einnahme zentraler Position im Netzwerk erlaubt Informationsvorsprung, der gezielt genutzt werden kann.
	Brokern in lückenhaften Netzwerken erlaubt aus Sicht der Akteure Einflussnahme zugunsten des Netzwerks, aber auch zugunsten eigener, möglicherweise opportunistischer Ziele.

Tabelle 6.4: Sozialkapital als Ermöglicher in komplexen Netzwerken

Zusammenfassung

Zusammenfassend lässt sich argumentieren, dass Sozialkapital in den diskutierten Fällen nicht nur für die Zusammenarbeit in komplexen Tätigkeiten notwendig war, sondern auch für die effektive Koordination in großen Netzwerken (siehe Tabelle 6.4). Dabei können soziale Beziehungen als Ersatz für fehlende formelle Strukturen gesehen werden. Formelle Strukturen sind zwischenbetrieblich naturgemäß unterausgeprägt; dieser Effekt verstärkt sich in großen Netzwerken. Sozialkapital auf der Basis struktureller Vernetzung (vorwiegend schwache Beziehungen) hat koordinierende Wirkung hinsichtlich effektiver Informationsflüsse und dem Erkennen und Managen von Abhängigkeiten und Interdependenzen zwischen den Partnern. Außerdem können Motivations- und Einflusseffekte ausgemacht werden: Die Vernetzung der beteiligten Mitarbeiter verbessert deren Identifikation mit dem Projekt und ein Netzwerk von Kontakten erlaubt den Zugang zu wichtigen Informationen und steigert so den eigenen Einfluss.

6.2.4 Sozialkapital hat unterstützende Funktion in wohlstrukturierten Projekten

Im Gegensatz zu den bisher diskutierten Projekten finden sich bei diesem Typ eher wohlstrukturierte Aufgaben, die nur sehr geringe zwischenbetriebliche Interdependenz verursachen, so dass der Lieferant die Tätigkeiten nach einer kurzen gemeinsamen Spezifikationsphase allein erbringen kann. Deshalb wird dieser Projekttyp als Auftragsarbeit bezeichnet. Mit den Entwicklungsprojekten von CONTENT, E-NEWS und SYNDICATE können drei typische Fälle hervorgehoben werden[1].

Das CONTENT-Projekt mit FINANCE war weitgehend losgelöst von dem im letzten Kapitel diskutierten Projektnetzwerk. Es bestand keine beziehungsübergreifende Interdependenz mit anderen Partnern im Netzwerk. Es handelte sich insgesamt um eine wohlstrukturierte organisationale Beziehung, in der genügend Sozialkapital vorhanden war, wenn auch auf insgesamt niedrigem Niveau. Die Schnittstellen und Rollen in der Beziehung waren eindeutig definiert, jeder Projektmitarbeiter hatte direkte Ansprechpartner beim Kunden und gemeinsame Meetings waren relativ selten:

> „Es hatte jeder direkte Ansprechpartner. Also ich würde sagen, in der Anfangsphase haben sich so alle zwei bis drei Monate alle gesehen. Da hatte man mal gemeinsam Meetings. Von FINANCE und CONTENT." [Manager CONTENT]

---

[1] Vgl. Tabelle 6.1.

Zudem konnte die Kommunikation größtenteils über E-Mail und Telefon abgewickelt werden, was ein weiteres Zeichen einer wenig komplexen Interaktionsbeziehung darstellt. In der Anfangsphase haben gelegentlich gemeinsame Meetings stattgefunden, die wichtig waren, um die Projektdetails hinsichtlich der Entwicklung des Newsletters durch die CONTENT festzulegen und um die bilateralen Beziehungen zwischen den beteiligten Projektmanagern anzubahnen. Dabei kann den kognitiven Sozialkapitalelementen eine unterstützende Funktion zugeschrieben werden; sie verbessern die Zusammenarbeit, sind aber insofern nicht zwingend notwendig, als die Aufgaben spezifiziert und dokumentiert werden können:

> *FRAGE*: Wie haben Sie sichergestellt, dass wechselseitig die Wahrnehmung der Dinge ähnlich war? Dass Sie wissen, dass Sie auch wirklich über das gleiche Produkt reden, wenn Sie vom Produkt reden? Reicht es, über E-Mail zu kommunizieren?
> *Manager CONTENT*: Dafür gab es diese Projektsitzungen. Und da wurde das auch erstens von jedem in Konzepten festgehalten. Und außerdem von FINANCE in Form von Anforderungen. Also so eine Art Spezifikation.

Sozialkapital basiert dabei auf bilateralen Beziehungen mittlerer Stärke, die sich durch einige relationale Aspekte und in begrenztem Maße kognitive Elemente auszeichnen, was eine bessere Einschätzbarkeit des Gegenübers in der Beziehung erlaubt. Gute Beziehungen machen die Interaktion insgesamt angenehmer und reichhaltiger. Eine bilaterale Beziehung auf Managementebene dient der Stabilisierung der Beziehung in der Projektphase. Sozialkapital hat Motivationsaspekte und verbessert die Einschätzbarkeit der Mitarbeiter im Partnerunternehmen. Hierdurch verläuft die Kommunikation auf Distanz reibungsloser, die Zusammenarbeit wird positiv beeinflusst:

> „Also ich halte das für sehr wichtig. Die Motivation ist dann anders. Man kann sich auch viel besser auf diesen Partner einstellen. Und es ist auch leichter, wenn man nachher Kontakt hat, was nachfragt, auch um Schwellen abzubauen. Dann geht das auch zügig via E-Mail." [Manager CONTENT]

Im CONTENT-Fall wird angemerkt, dass explizite Teambildungsmaßnahmen in der Projektphase die Zusammenarbeit weiter hätten verbessern können. Das Projekt wurde jedoch auch ohne diese erfolgreich beendet. Sozialkapital kann somit eine positive Unterstützerfunktion zugeschrieben werden. Sozialkapital auf Gruppenebene war im vorliegenden Fall nicht vorhanden und nicht notwendig.

Der E-NEWS-Fall verlief sehr ähnlich. Die Tätigkeiten im Projekt zu Beginn der Beziehung konzentrierten sich weitgehend auf die Auswahl von Leistungen aus dem E-NEWS-Portfolio und eine begrenzte inhaltliche und technische Anpassung der Systeme zum Aufbau der Lieferbeziehung. Aus diesem Grund handelte es sich im vorliegenden Fall um ein wenig komplexes Projekt, das nicht viel Sozialkapital erforderte. Die Tätigkeiten im Projekt waren wohlstrukturiert, es herrschte eine klare Rollenverteilung mit klaren Schnittstellen. Sozialkapital auf Gruppenebene war somit nicht notwendig und auch die bilateralen sozialen Beziehungen waren eher schwache Beziehungen. Der E-NEWS-Manager nennt die folgenden Vorteile der sozialen Beziehungen:

> „Dass man sich besser kennen lernt, dass man die Bedürfnisse des anderen besser kennt und dass man nicht nur über trockene Materie zusammen spricht, sondern dass man sich auch über allgemeine Interessen unterhält." [Manager E-NEWS]

Im SYNDICATE-Fall werden Entwicklungsprojekte mit Vertriebspartnern unterhalten, um die eigenen Softwareprodukte für die Integration in die Partnerleistungen anzupassen oder neue Lösungen zu entwickeln, die die SYNDICATE-Marktinformationen integrieren. Auch diese Tätigkeiten sind durch geringe zwischenbetriebliche Interdependenz gekennzeichnet. Zwar werden soziale Beziehungen und persönliche Aspekte wie Sympathie aus Gründen der kommunikativen Reichhaltigkeit als positiv angesehen, die organisationalen Beziehungen mit Entwicklungspartnern scheinen aufgrund der überschaubaren Komplexität aber mit professionellen, eher distanzierten Beziehungen auszukommen. Die kognitive Dimension von Sozialkapital ist aufgrund der eher geringen zwischenbetrieblichen Projektkomplexität nicht von entscheidender Bedeutung und wird auch hier nur im Zusammenhang interpersonaler Einschätzbarkeit genannt. Vertrauen jedoch wird als notwendige Bedingung für eine weitergehende Zusammenarbeit in den Entwicklungspartnerschaften angesehen. Das Vertrauen in diesen Beziehungen basiert dabei vorwiegend auf wahrgenommener Glaubwürdigkeit, Ehrlichkeit und Kompetenz und dient der Stabilisierung und Reduzierung von Kontrollkosten. Es handelt sich um kalkuliertes Vertrauen, das sich jedoch zu einem erfahrungsbasierten Vertrauen auswachsen kann, wenn beispielsweise ein erfolgreiches Projekt gemeinsam durchgeführt wurde[1]:

> „Also ich glaube ohne das geht es gar nicht. Also wenn ich es nicht schaffe, Vertrauen aufzubauen und dauerhaft auszubauen und wenn ich es nicht schaffe, dass der andere das Gleiche auf meiner Seite empfindet, dann ist so eine Beziehung in ihrem Erfolg immer schlechter als eine Beziehung zwischen Leuten, die ein gutes soziales Verhältnis miteinander haben." [Manager SYNDICATE]

Zusammenfassend lässt sich sagen, dass Sozialkapital die Rolle eines „Unterstützers" spielt. Sozialkapital ist nicht unbedingt notwendig: Die Tätigkeiten können weitgehend spezifiziert werden und stellen nur geringe Anforderungen an die kognitive interpersonale Abstimmung und Vertrauen

---

[1] Zu Vertrauensformen in Beziehungen unterschiedlicher Stärke vgl. Kap. 3.6.3.1.

kann weitgehend kalkuliertes Vertrauen sein, dass bereits in punktuellen Kontaktsituationen etabliert werden kann. Vertrauen und kognitive Elemente sozialer Beziehungen verbessern jedoch die Zusammenarbeit, so dass ihnen ein positiver Erfolgsbeitrag zugeschrieben wird. Sozialkapitalinvestitionen sind also aus Sicht des Beziehungsmanagements lohnenswert.

Art von Sozialkapital	
Netzwerkbasiert	Keine Evidenz für netzwerkbasiertes Sozialkapital.
Beziehungs-basiert	Sozialkapital ist beziehungsbasiert.
Sozialkapitaldimension	
Strukturell	Sozialkapital basiert auf bilateralen Beziehungen mittlerer Stärke.
Relational	Vertrauen und Reichhaltigkeit der Kommunikation wirken positiv auf die Motivation zur Zusammenarbeit.
	Vertrauen ist meist kalkuliertes Vertrauen: wird über Zeit in wiederholten Projekten auch erfahrungsbasiert.
Kognitiv	Nur in begrenztem Maße notwendig, aber mit positivem Beitrag.
Sozialkapitaleffekte	
Allokativ	Positiver Effekt auf informellen Informationsfluss.
Adaptiv	Gemeinsames Verständnis verbessert gegenseitige Einschätzbarkeit.
	Vertrauen stabilisiert die Beziehung und erhöht die Motivation.
Autoritär	Keine Effekte ausgemacht.

Tabelle 6.5: Sozialkapital als Unterstützer in wohlstrukturierten Projekten

6.3 Sozialkapital in der Routinephase

Nach der Beendigung der Projektphase erfolgt der Übergang in eine stabile Routinephase. In der Routinephase beginnt im Falle strategischer Allianzbeziehungen die gemeinsame Leistungserstellung und im Falle vertikaler Beziehungen die Leistungserbringung durch den Lieferanten. Im Weiteren wird nun anhand empirischer Evidenz aus den Fällen die Rolle von Sozialkapital in den verschiedenen Beziehungstypen (vgl. Tabelle 6.1) detailliert erläutert.

6.3.1 Sozialkapital als Kernressource in strategischer Integration

In Kooperationsbeziehungen, die die strategische Integration zwischen den Partnerunternehmen zum Ziel haben, spielt Sozialkapital in der Routinephase nahezu die gleiche Rolle wie in der Projektphase. Dabei kann in den zwei empirischen Fällen keine strenge Trennung in zwei unterscheidbare Phasen vorgenommen werden, da fortlaufend Projekte in den Projektteams und Arbeitsgremien durchgeführt werden. Es zeigte sich jedoch, dass die Komplexität der Tätigkeiten in der initialen Projektphase größer war als in der späteren Zusammenarbeit. Sozialkapital wird später insbesondere für die Stabilisierung und Konfliktlösung im Tagesgeschäft relevant. Hinsichtlich der Organisation der Zusammenarbeit zeigt sich, dass die gemeinsamen Teams und Arbeitsgremien bestehen bleiben, auch wenn die Intensität der direkten Zusammenarbeit nachlässt. Darüber hinaus wird eine zusätzliche Form der Vernetzung wichtig: Neben der Vernetzung im Allianzsetup müssen auch die Fachabteilungen auf operativer Ebene miteinander vernetzt werden.

6.3.1.1 Soziale Stabilisierung im Tagesgeschäft

Sozialkapital auf Teamebene bleibt nach wie vor wichtig für weitere kleinere gemeinsame Projekte, sowie zusätzlich für die tägliche Koordination und die Stabilisierung des interorganisationalen Arrangements. Vertrauensbeziehungen zwischen den Individuen, basierend auf erfahrungsbasiertem und Identifikationsvertrauen, wird dabei ein direkter Einfluss auf den Erfolg der Zusammenarbeit zugeschrieben. Die Beziehungen erlauben die pragmatische und flexible informelle Koordination im Fall von Missverständnissen und Konflikten ohne direkt auf formellem Weg eskalieren zu müssen. Hier ist ein Stabilisierungseffekt auszumachen. Zudem wurde bereits oben diskutiert, dass formelle Eskalationsinstanzen in interorganisationalen Arrangements generell unterausgeprägt sind, so dass eine Problemlösung und Konfliktbehandlung auf informeller Ebene essentiell wichtig für den Kooperationserfolg ist[1]. Diese Annahme wird durch folgende Aussage unterstützt:

„Insbesondere dieses Thema Lösungsfindung, Konfliktbehandlung. Das ist doch ein sehr umfassendes. Und wenn ich das in so einem Team oder innerhalb der Mitarbeiter nicht größtenteils gehandelt bekomme, dann wird's enorm schwierig, weil die weiteren Instanzen darüber hinaus das natürlich nur sehr begrenzt machen können. Einmal von ihrer Kapazität her, zum zweiten aber auch vom Fortschritt an sich her." [Manager LOGISTIK]

6.3.1.2 Strukturelle Vernetzung ergänzt teambasiertes Setup

Obwohl die gemeinsamen Projekte zur Initialisierung der Partnerschaften abgeschlossen sind, wird den gemeinsamen Teams im interorganisationalen Arrangement weiterhin eine wichtige Rolle zugeschrieben. Sowohl die Arbeitsgremien im AIRLINE-Joint-Venture als auch die Allianzteams im LOGISTIK-Fall müssen zur Stabilisierung und zwischenbetrieblichen Koordination, sowie für weitere Projekte, bestehen bleiben. Zusätzlich dazu erfolgt eine weitergehende Vernetzung der Partnerorganisationen:

FRAGE: Gesetzt den Fall, die Produkte, die man hat sind alle harmonisiert und man würde diese Teams auflösen. Die Leute gehen wieder in ihre Organisation. Fehlt dann nicht was zur Stabilisierung?
Manager LOGISTIK: Ja, dann fehlt auf jeden Fall was. Was wir so parallel mit der Einführung oder der Überführung von Sachen in die Operations auch immer versuchen, wobei das im Zweifel immer ein bisschen nachgelagert ist und dann später kommt, ist, dass man das in den Organisationen auch entsprechen verdrahtet.

Während die Arbeitsgremien im AIRLINE-Joint-Venture bestehen bleiben, bilden sich daneben bilaterale Beziehungen zwischen Mitgliedern der Organisationen auf der Fachabteilungsebene heraus, die für die operative Zusammenarbeit von Bedeutung sind. Diese Beziehungen sind aus der Projektphase hervorgegangen und sind teils auch Teil der Gremienstruktur. Die Projektzusammenarbeit findet in geringerer Intensität nach wie vor statt:

FRAGE: Jetzt auch auf Fachbereichsebene: Gibt es da feste Ansprechpartner auf Seiten REGIO-AIR oder wie stellen Sie sicher, dass da die Abstimmung funktioniert?
Manager AIRLINE: Ja, da gibt es in der Tat feste Ansprechpartner, die dann ihrerseits auch Mitglied in diesem Arbeitsgremium sind. Und das ist also sicherlich eine gute Methode.
FRAGE: Und diese Leute wurden dann auch damals bei der Anbahnung schon in Kontakt gebracht?

[1] Vgl. Kap. 5.1.2.

> *Manager AIRLINE*: Größtenteils. Also natürlich gibt es Fluktuation sowohl bei uns als auch bei denen. Aber in vielen Fällen waren die schon in der Projektphase dabei.

Die Vernetzung beim Übergang in die operative Phase wird somit eher erhöht als verringert. Dabei kann das bestehende Sozialkapital des Teams dazu genutzt werden, eine weitergehende Vernetzung der Fachbereiche untereinander anzuregen. Dies geschieht, um aufgebaute Kompetenzen beim Übergang in die operative Phase an die Fachbereiche weiterzureichen. Hierzu werden bestehende Beziehungen genutzt, um neue anzubahnen und somit weitere Sozialkapital-Investitionen durchzuführen:

> „Vorzugsweise macht man das dann nicht mehr aus dem zentralen Team heraus, weil das dann andere Aufgaben übernimmt und das nächste angeht, sondern man muss da sicherstellen, dass die entsprechenden Fachbereiche da miteinander vernetzt sind." [Manager LOGISTIK]

Bei der AIRLINE hat man zudem eine organisatorische Veränderung vorgenommen, um den Allianzbelangen mehr Gewicht zu verleihen. Zunächst war eine zentrale Abteilung „Allianzen" alleine für die Koordination der Kooperationsbeziehungen zuständig. Um den Austausch mit den Fachabteilungen zu verbessern, hat man dann jedoch die Rolle eines Kooperationsverantwortlichen in jeder Abteilung installiert und somit formelle Beziehungen für das Beziehungsmanagement im Alltagsgeschäft geschaffen. Dies kann als Bildung strukturellen Sozialkapitals interpretiert werden, das für eine bessere Vernetzung der interorganisationalen Arrangements mit den Fachabteilungen sorgt. Dies hat einerseits allokative Effekte im Sinne besseren Informationsaustausches, kann aber aus Sicht der Allianzverantwortlichen wiederum im Sinne von Einflusseffekten interpretiert werden, da die Allianzbelange mehr Gewicht in den Fachabteilungen erhalten:

> „Wir kommen also von einer Organisation, wo das Allianz-Management quasi alleine versucht hat, das zu koordinieren. Da wir aber jetzt mehr und mehr Partnerschaften haben, [internationale Allianzen] und die regionalen sind ein so wichtiger Bestandteil unseres Produktionssystems, dass es jetzt also so ist, dass jede Hauptabteilung oder jeder Bereich seinen eigenen Kooperationsverantwortlichen bekommen hat. Also, es gibt einen Kollegen oder eine Abteilung im Netzmanagement, die befasst sich ausschließlich mit den Netzmanagement-Aspekten von Allianz und Kooperationen. Genauso im Vertrieb, genauso im Marketing usw. Und diese Abteilungen und Kollegen, die da arbeiten, stehen natürlich im laufenden Kontakt mit einer Reihe von Partnern zu ihren Themen." [Manager AIRLINE]

Die Ausführungen zeigen, dass die Vernetzung zwischen den Partnerunternehmen nach Abschluss des Initialprojekts aus struktureller Sicht weiter erhöht wird. Sozialkapital auf Teamebene zur Ermöglichung effektiver Zusammenarbeit bleibt weiterhin von Bedeutung, auch wenn die Interaktionsintensität eher abnimmt. Die folgende Tabelle verdeutlicht demzufolge nur die zusätzlich zu schaffende Vernetzung beim Übergang in die Routinephase und ergänzt somit Tabelle 6.2.

Art von Sozialkapital	
Netzwerkbasiert	Vernetzung der Fachabteilungen zwischen den Unternehmen gewinnt für operatives Tagesgeschäft an Bedeutung.
Beziehungsbasiert	Bilaterale Beziehungen zwischen den Themenverantwortlichen in den Fachabteilungen bilden sich heraus.
Sozialkapitaldimension	
Strukturell	Zusätzliche strukturelle Vernetzung durch Anbahnen von Beziehungen zwischen den Fachabteilungen.
Relational	Über Zeit bildet sich stabiles erfahrungsbasiertes und Identifikationsvertrauen zur Stabilisierung des Arrangements.
Kognitiv	Nach wie vor sehr relevant (siehe oben).
Sozialkapitaleffekte	
Allokativ	Positiver Effekt auf Informationsfluss zwischen den Fachabteilungen.
Adaptiv	Informelle, beziehungsbasierte Stabilisierung in Abwesenheit effektiver formeller Mechanismen wichtig im Tagesgeschäft.
Autoritär	Beziehungen zu den Fachabteilungen sichern Einfluss aus Sicht der Allianzteams und Allianzverantwortlichen.

Tabelle 6.6: Zusätzliche Vernetzung in strategischer Kooperation in der Routinephase

6.3.2 Sozialkapital als Unterstützer in strategischen Lieferantenbeziehungen

Beim Übergang in die Routinephase wird meist durch Formalisierung und vertragliche Arrangements eine stabile Beziehung etabliert. Wird die Projektphase bisweilen durch den Lieferanten als gemeinsames Projekt wahrgenommen, so tritt in der Routinephase die Rollentrennung zwischen den Partnern wieder deutlicher zu Tage. Der Kunde erwartet als Auftraggeber die Erbringung der Leistung durch den Lieferanten. Dabei ergibt sich im Fall strategischer Lieferantenpartnerschaften, bei denen die Lieferanten tief in die Leistungserstellung integriert sind, eine deutliche Abhängigkeit seitens des Kunden:

> „Bei einem Unternehmen wie uns, da müssen wir ganz offen sprechen, Partner, die ganz klar in die Produktion integriert sind, dort haben wir eine hundertprozentige Abhängigkeit. Wir haben von WEBCONSULT eine hundertprozentige Abhängig-

> keit, weil wenn diese Infrastruktur, die sie mit uns aufgebaut hat, nicht mehr funktioniert, dann haben wir ein echtes Problem." [Manager TELCO]

Diese Abhängigkeit erfordert ein explizites Beziehungsmanagement von Seiten des Kundenunternehmens; Sozialkapital erweist sich als unterstützender Faktor mit positivem Erfolgsbeitrag, sowohl bei der Koordination der operativen Zusammenarbeit, wie auch bei der Stabilisierung der Beziehung auf Managementebene.

6.3.2.1 Sozialkapital verbessert die Koordination der operativen Zusammenarbeit

Während das Sozialkapital zwischen den Projektmitarbeitern nach Beendigung des Projekts an Bedeutung verliert, muss mit dem Übergang in die Routinephase oft neues Sozialkapital auf der operativen Ebene geschaffen werden, da andere Mitarbeiter in die Zusammenarbeit involviert werden. Im TELCO-Fall wird darauf hingewiesen, dass es notwendig ist, die Mitarbeiter der so genannten Betriebsorganisation, die den Betrieb der Netzwerkinfrastruktur verantwortet, zu involvieren. Dies jedoch stellt sich häufig als schwierig dar, so dass es zu Missverständnissen bei der Zusammenarbeit kommen kann:

> „Was in allen Projekten ein bisschen die Problematik ist, ist das natürlich tendenziell die Betriebsorganisation zu wenig involviert ist. Das ist die Problematik. Was auch problematisch ist, und das stelle ich immer wieder fest, ist, dass es wahnsinnig viele Missverständnisse gibt." [Manager TELCO]

Dabei gibt es Unterschiede hinsichtlich der Handhabung zwischen den Lieferanten. Als insbesondere problematisch wird genannt, wenn das Partnerunternehmen vorwiegend die Vertriebsabteilung mit der Kommunikation und Interaktion beauftragt, da diese Mitarbeiter nicht die relevanten Ansprechpartner für den operativen Betrieb der Leistungserstellung sind. Die Leistungserstellung kann dabei z.B. der Betrieb einer Software-Lösung, einer Netzwerkdienstleistung oder sonstiger IT-Infrastruktur sein. Dabei wird der direkte Beziehungsaufbau mit den relevanten Technikern gewünscht:

> „Aber da sieht man, von Partner zu Partner gibt es da Unterschiede. Selbstverständlich ist das auch wieder davon abhängig, was die für eine Sales-Organisation haben. Gewisse Partner drängen das einem fast auf, aber dann sind es die falschen Personen. Denn die Beziehung zum Sales ist für uns nicht so entscheidend, weil im Störungsbehebungsfall ist die Sales [unwichtig]." [Manager TELCO]

Als ein typischer Prozess in der täglichen Zusammenarbeit wird der Fall der gemeinsamen Störungseingrenzung genannt. Für die Störungseingrenzung ist nicht nur entscheidend, dass der Lieferant den zugesicherten Service liefern kann, sondern auch dass flexible Lösungen im Sinne bestmöglicher Verfügbarkeit der Leistung gesucht werden, auch wenn dies ein

Abweichen von im Vorhinein festgelegten Schritten erfordert. Die Mitarbeiter und deren Beziehungen werden dabei von TELCO als sehr wichtig eingestuft:

> „Im Störungsfall sind die wichtigsten Komponenten die Mitarbeiter." [Manager TELCO]

Im Störungsfall leistet Sozialkapital zwischen den operativen Mitarbeitern einen positiven Beitrag bei der Koordination der Zusammenarbeit. Wenn gute Beziehungen zu den Mitarbeitern auf Lieferantenseite bestehen, dann wirkt sich das positiv auf die Problemlösung hinsichtlich Schnelligkeit, Qualität und Flexibilität der Bearbeitung aus. Diese Beziehungen werden entsprechend gezielt gepflegt:

> „Die pflegen wir natürlich anders. Ich meine, zum Beispiel wenn wir einen Tim [*Name geändert*] anschauen, wenn wir den sehen dann wird der herzlich empfangen. Dem wird halt auch ein bis zweimal zusätzlich danke gesagt ... Wir wissen, wie wichtig der ist. Der ist also eigentlich viel besser in unsere Organisation integriert als andere Personen. Der kennt auch unsere Sorgen, der kennt auch unsere Probleme, und wir schätzen, dass wir ihm auch unsere Probleme offen darlegen können, weil wir wissen, dass er das Vertrauen, das Wissen nicht missbraucht. (...) Der ist wahnsinnig viel wert für die TELCO. Und für WEBCONSULT ist der natürlich auch relativ viel wert. Wenn der Tim wechselt, dann werden wir uns fragen: Was kommt jetzt?" [Manager TELCO]

Ähnliche Effekte können auch in den anderen Fällen identifiziert werden. Auch im MOBILTEL-Fall bringt die soziale Beziehung zum relevanten Koordinator bei AGENTUR operative Koordinationsvorteile im Sinne eines höheren Engagements und besserer Flexibilität des Dienstleisters mit sich. Dies ist gerade vor dem Hintergrund des hohen Anspruchs an die Verfügbarkeit der Dienstleistung im Internet-Geschäft relevant:

> „Also wir kennen uns auch schon relativ lange, wissen gegenseitig glaub ich ziemlich gut auch, wie weit wir gehen können. Also es hat auch keiner ein Problem, wenn der eine ihn nachts um zwölf anruft, weil es irgendwo klemmt. Das ist dann eher auch so ein gemeinsames Bestreben, das Ding irgendwie am Laufen zu halten." [Manager MOBILTEL zu AGENTUR]

Dies wird von der Gegenseite bestätigt; die Motivation des Lieferanten zu schnellen und pragmatischen Lösungen verbessert sich mit der Qualität der persönlichen Beziehung. Die Beziehung erhöht das Commitment und den Einsatz für den Kunden, sowie die Motivation, dies dann auch intern gegenüber dem eigenen Team zu vertreten:

> „Andererseits ist es aber auch so, dass wenn ich persönlich sage „Wir machen das" oder „Wir kriegen das hin" dann ist es für mich auch, wenn die Kundenbeziehung gut ist und man sich auch geachtet fühlt, kein Problem hier Menschen zu finden und dann steht man auch dafür ein, dass das auch funktioniert. Dann sitzen die Leute eben die ganze Nacht da oder man macht das am Wochenende oder man ist am Wochenende erreichbar oder wie auch immer. Man setzt sich halt entsprechend

> persönlich mehr dafür ein. Wenn man ein gutes persönliches Verhältnis hat. (…) Wir haben gesagt wir schaffen das, dann schaffen wir das auch. Und dass es nicht nur ein Stück Papier ist, was sagt wir müssen das machen. Das ist eine andere Motivation.“ [Manager AGENTUR]

Dieser Aspekt wird auch im OUTSOURCE-Fall bestätigt. Vertrauensbeziehungen mit den Ansprechpartnern beim Lieferanten sichern schnelle Reaktionen und pragmatische Unterstützung in Problemfällen:

> „Das zahlt sich dann auch aus. In schwierigen Situationen, in Problemsituationen bedarf es dann nur eines schnellen Anrufs. Wenn ich sage: Du, ich habe ein Problem, ich brauche den und den zwei Tage hier bei mir, oder was auch immer. Oder einfach: Hilf mir.“ [Manager OUTSOURCE]

Dabei kann festgehalten werden, dass die Initiative zur Beziehungspflege meist von Kundenseite ausgeht, da der Kunde aufgrund der strategischen Relevanz und Integration der Leistung und vor dem Hintergrund der genannten Sozialkapitaleffekte ein Interesse daran hat, eine möglichst gute Beziehung zu den relevanten Mitarbeitern auf Lieferantenseite zu pflegen. Dies kann jedoch nur gelingen, wenn dies von Lieferantenseite erwidert wird. Im TELCO-Fall wird eine Beziehung diskutiert, in der die Beziehungsbildung von Lieferantenseite nicht ausreichend verfolgt wird, was zu operativen Problemen und mangelnder Akzeptanz bei den Mitarbeitern auf Kundenseite führt:

> „Ja, bei INFRANET-2, das ist ja vertraulich zu behandeln. Ich würde sagen, dort wird die Fachkompetenz von unseren Technikern immer wieder in Frage gestellt. Und auch die persönliche, die Sympathie ist nicht unbedingt da. Das ist eine sehr schwierige Beziehung. (…) Was ich beurteilen kann, ist selbstverständlich, wie viel sich der Partner um diese Beziehung bemüht hat. Und da muss ich ganz klar sagen, dass von Seiten INFRANET-1 viel mehr investiert worden ist als von INFRANET-2.“ [Manager TELCO]

Es kann zusammenfassend festgehalten werden, dass soziale Beziehungen einen positiven, unterstützenden Beitrag bei der Koordination der operativen Leistungsprozesse haben. Durch vorhandene soziale Beziehungen verbessern sich auf Lieferantenseite die Motivation und das Commitment zu flexiblen und pragmatischen Lösungen für den Kunden, insbesondere im Problemfall. GADDE und HÅKANSSON argumentieren in diesem Zusammenhang, dass Lieferanten in strategischen Beziehungen („high involvement relationships“) explizit motiviert werden müssen, zum Beziehungserfolg und kontinuierlichen, operativen Leistungsverbesserungen beizutragen[1]. Die hier gewonnenen Erkenntnisse zeigen, dass Sozialkapital in einem solchen Prozess eine wichtige Rolle spielt.

---

[1] Vgl. Gadde/Håkansson 2001, S. 150f.

6.3.2.2 Stabilisierung durch soziale Beziehungen

Es zeigt sich, dass auch Beziehungen auf Managementebene wertvoll sind, da sie stabilisierend auf die interorganisationalen Arrangements wirken. Auch hier sind die Beziehungen ein wichtiger Faktor in Problemsituationen, da sie offenes Kommunikationsverhalten und gemeinschaftliche Lösungsversuche begünstigen. Das hierfür notwendige erfahrungsbasierte Vertrauen braucht Zeit, um sich zu entwickeln und muss durch eigenes kooperatives Verhalten aufgebaut werden:

> „Das heißt, ein ganz wichtiges Merkmal für eine gute Partnerschaft ist nicht so sehr, wie läuft das in der Regelsituation ab, sondern wie verhält man sich in Problemsituationen, die auch aus beiden Richtungen kommen können. Kündigt man sie rechtzeitig und offen an? Und sucht man dann Lösungen, auch gemeinschaftlich? Oder verschweigt man irgendwelche Probleme, bis es nicht mehr geht? Wie verhält sich das Gegenüber? Denn das ist dann auch ein Beitrag dazu. Bestraft er, sobald man irgendwas außerhalb des Normalen, des Gewünschten preisgibt? Oder ist er offen, um gemeinsam Lösungen zu finden? Und diese partnerschaftliche Beziehung braucht auch eine ganze Menge Vertrauen. Dieses Vertrauen kann man auch nicht von jetzt auf gleich haben, sondern das muss da auch aufgebaut werden. Und das Vertrauen kommt letztlich durch die handelnden Personen." [Manager OUTSOURCE]

Solche außerhalb des Tagesgeschäfts („off-the-record") aufgebauten Vertrauensbeziehungen können wertvoll für den Kunden sein, um pragmatische und flexible Anpassung seitens des Lieferanten zu erreichen. Auf diese Weise ist ein Abweichen von langfristigen Verträgen möglich, wenn sich, wie im OUTSOURCE-Fall, kurzfristig neue Anforderungen ergeben sollten. Die soziale Stabilisierung kann dabei als komplementär zu den vertraglichen Arrangements gesehen werden. Dieser Aspekt wurde bereits in den Eingangsannahmen diskutiert; hier findet sich dafür empirische Evidenz[1]:

> „Und das ist denke ich auch sehr wichtig, dass man so viel Vertrauen aufbaut als Provider auch, als Auftraggeber, dass man Themen off-the-record ansprechen kann. Da hat man dann die Möglichkeit zu sagen: Hier drückt mir der Schuh im Augenblick. Ich habe zwar hier keinen Anspruch auf eine bestimmte Leistung oder Abhilfe, aber wie können wir dieses Problem aus Sicht des zahlenden Kunden lösen? Das halte ich für sehr, sehr wichtig." [Manager OUTSOURCE]

Vertrauensbeziehungen können darüber hinaus auch die Notwendigkeit vertraglicher Arrangements reduzieren. Dabei ersetzt die soziale Beziehung in Teilen die ansonsten notwendigen vertraglichen Absprachen. Ein solches Vorgehen hat Zeit- und Kostenvorteile für beide Seiten. Im MOBILTEL-Fall wird von Seiten der AGENTUR explizit auf diesen stabi-

---

[1] Vgl. Kap. 2.4.3.

lisierenden Charakter der sozialen Beziehungen auf Managementebene hingewiesen:

„Ja, sicherlich ist es eine Beziehung zwischen zwei Unternehmen, es ist auch sicherlich eine Beziehung zwischen Personen, dass man sich irgendwo arrangieren kann, dass man sich beschnuppert, dass man weiß, wie man den anderen einschätzen kann. Bisher ist es zwischen AGENTUR und MOBILTEL (...) sehr unkompliziert, also wenig Schriftverkehr, im Prinzip auf Zuruf, klappt schon alles und auf gegenseitiges Vertrauen letztendlich. Wir brauchten nicht in jedem Fall immer einen unterschriebenen Auftrag,..." [Manager AGENTUR]

Ein weiterer Aspekt der Stabilisierung ist der Umgang mit Konflikten. Gute soziale Beziehungen erlauben es, Konflikte auszutragen und klare Standpunkte zu vertreten ohne die Beziehung zu beschädigen. Die Fähigkeit, Konflikte ohne weiteren Schaden auszutragen, wirkt stabilisierend und kann als Sozialkapital der relationalen Dimension interpretiert werden. Bei Vorhandensein einer Vertrauensbeziehung kann eine etwaige Unzufriedenheit mit der Leistung des Partners somit in einer kooperativen Atmosphäre geäußert werden:

„Ich glaube, die sind viel wichtiger, als ich sie in der Vergangenheit immer eingeschätzt habe. Es gehört auch zu einer funktionierenden Beziehung, dass man auch Missfallen zum Ausdruck bringen kann, und das deutlich." [Manager OUTSOURCE]

Dabei ist es gelegentlich notwendig, auf die der Beziehung zugrunde liegende Rollentrennung zu verweisen, um diese dem Lieferanten verdeutlichen. Vertrauensbeziehungen wirken dabei stabilisierend dahin gehend, dass sie die entstehenden Spannungen aushalten und eine schnelle Rückkehr zu kooperativem Verhalten erlauben, weil der Partner die Situation entsprechend einzuschätzen weiß:

„Und ich muss sagen, dass die Beziehung (...) das auch gut aushält, wenn es mal heißt: „So, hoppla. Jetzt überlegen wir uns aber mal ganz genau, warum wir eigentlich hier miteinander sprechen, weil wir nämlich irgendwie eure Rechnung bezahlen." Das ist den nächsten Tag wieder gut. Also da gibt es auch kein Nachtragen oder sonst was. Das ist manchmal so ein beiderseitiges nettes Wachrütteln und dann geht's halt wieder." [Manager MOBILTEL zu AGENTUR]

Soziale Beziehungen auf Management-Ebene werden insbesondere wegen der Charakteristika des zwischenbetrieblichen Geschäfts als notwendig für die Stabilisierung angesehen. Da in Lieferantenbeziehungen in der Regel keine gemeinsame Organisationsstruktur und damit auch keine Eskalationsstufen vorhanden sind, kommt Sozialkapitalinvestitionen höhere Relevanz zu als dies bei der internen Leistungserstellung der Fall ist[1]:

---

[1] Vgl. Kap. 5.1.2.

„Gut, im internen Verhältnis ist die Vertragsbeziehung eine andere. Da hat man irgendwo auch einen gemeinsamen Chef. (...) Das gibt's natürlich nicht in den Vertragsbeziehungen mit externen Firmen. Da lohnt es sich auch, sagen wir bei großen Verträgen, durchaus auch eine Beziehung zwischen dem oberen Management herbeizuführen. Oder zumindest den Versuch zu machen." [Manager OUTSOURCE]

Art von Sozialkapital	
Netzwerkbasiert	Keine Relevanz netzwerkbasierten Sozialkapitals.
Beziehungsbasiert	Starke (und schwache) bilaterale Beziehungen unterstützen operative Koordination und Stabilisierung auf Managementebene.
Sozialkapitaldimension	
Strukturell	Bei Übergang in die Routinephase neue Anbahnung von Beziehungen zwischen operativen Mitarbeitern.
Relational	Vertrauensbeziehungen auf Managementebene stabilisieren die organisationale Beziehung.
	Bilaterale Beziehungen auf operativer Ebene sichern Motivation der Lieferantenmitarbeiter zu flexiblen und schnellen Lösungen im Problemfall.
Kognitiv	Bessere Einschätzbarkeit des Gegenübers verbessert die Koordination und verringert die Anzahl von Missverständnissen.
Sozialkapitaleffekte	
Allokativ	Informationsfluss wird verbessert.
Adaptiv	Beziehungen zu operativen Mitarbeitern steigern Motivation und Bereitschaft zu pragmatischem/kooperativem Verhalten.
	Vertrauensbeziehungen auf Managementebene ergänzen/ersetzen formelle Koordinationsmechanismen.
	Konflikte können kooperativ ausgetragen und beseitigt werden, ohne großen Schaden für die Beziehung zu verursachen.
Autoritär	Keine Evidenz in den Fällen.

Tabelle 6.7: Sozialkapital als Unterstützer in strategischen Lieferantenbeziehungen

Zusammenfassend lässt sich festhalten, dass Sozialkapital in strategischen Lieferantenbeziehungen operative Vorteile bei der Koordination der Zusammenarbeit hat, was sich insbesondere in Problemsituationen in flexiblem und pragmatischem Verhalten der Lieferantenmitarbeiter äußert. Gute Beziehungen zwischen den relevanten Mitarbeitern vermindern Missverständnisse, steigern die Motivation und das Commitment und damit die Effektivität der Zusammenarbeit. Auf Managementebene stabilisieren Vertrauensbeziehungen das interorganisationale Arrangement in Abwesenheit formeller Stabilisierungs- und Eskalationsmechanismen; Sozialkapital in der relationalen Dimension ersetzt und ergänzt vertragliche Arrangements. Diese Erkenntnis liefert empirische Evidenz für die von DYER und SINGH getroffene Annahme, dass informelle vertrauensbasierte Mechanismen eine kostengünstige Form der Stabilisierung zwischenbetrieblicher Arrangements darstellen[1]. Auch für die Argumente von ARINO ET AL., dass Vertrauen als Komplementär zu formeller Koordination die effektive Konfliktbehandlung sowie die Ausweitung kooperativer Handlungen über das vertraglich Fixierte hinaus ermöglicht, liefern die untersuchten Fälle empirische Evidenz[2]. Tabelle 6.7 fasst die Erkenntnisse zusammen.

6.3.3 Sozialkapital als Potenzial in nicht-strategischen Beziehungen

Wie erwartet spielt Sozialkapital in nicht-strategischen Beziehungen eine untergeordnete Rolle. Dabei können grundsätzlich zwei Fälle unterschieden werden. Im ersten Fall findet auch hier nach der Beendigung der Projektphase der Übergang in eine stabile Lieferbeziehung statt, wobei der Lieferant jedoch eine Leistung untergeordneter Wichtigkeit liefert. Beispiele sind die von CONTENT und E-NEWS gelieferten Online-Inhalte, oder auch die Dienstleistungen von SMS-B im MOBILTEL-Fall. Diese Leistungen werden weitgehend autonom, automatisiert und auf elektronischem Weg erbracht, ohne dass kontinuierliche Interaktionen zwischen Mitarbeitern der Unternehmen notwendig sind. Der zweite Fall bezieht sich auf Beziehungen, in denen der Lieferant hauptsächlich Entwicklungsleistungen in der Projektphase beiträgt und die Beziehung nach Beendigung des Projekts in einen Ruhezustand mit gelegentlichen Wartungs- und Anpassungstätigkeiten zurückfällt. Beispiele sind die Beziehungen von DEVELOPER und die von WEBCONSULT mit FINANCE. Dabei nimmt sowohl die Interaktionshäufigkeit als auch das finanzielle Volumen für den Lieferanten ab. Das folgende Zitat verdeutlicht diesen Sachverhalt:

> „Ich bleibe wieder bei dem Beispiel WEBCONSULT: ich meine, das war dem [Projektleiter bei WEBCONSULT] klar, das brauchte ich dem noch nicht einmal zu sagen, dass ab einer gewissen Zeit das mögliche Projektvolumen von WEBCONSULT auf unserem Ding hier kleiner wird. Wir haben immer noch die Beziehung zu dem Team, oder zu denen, die noch da sind aus dem Team, auch auf WEBCONSULT-Seite, die damals in der Entwicklung mitgearbeitet haben, und die machen für uns auch noch den einen oder anderen kleinen Auftrag. (…) Wobei

---

[1] Vgl. Dyer/Singh 1998, S. 671.
[2] Vgl. Arino et al. 2001, S. 123.

ja, wenn ich das jetzt mal aus einer reinen Sales- und Businessidee-Seite von WEBCONSULT anschaue, ist das eine rein auf persönlichen Beziehungen fußende Veranstaltung." [Manager FINANCE]

Sozialkapital spielt in beiden Fällen eine ähnliche Rolle. Soziale Beziehungen gestalten einerseits die stattfindende Kommunikation reichhaltiger und stellen andererseits eine Art Potenzial für zukünftige Projekte dar. Die Pflege der sozialen Beziehung wird aus Sicht der Lieferanten als Instrument gesehen, in Zukunft weiter mit dem Kunden in Geschäftsaktivitäten involviert zu sein und neue Projekte zu gewinnen:

„...wenn Sie fragen, wo sich so soziale Kontakte auszahlen, das ist, dass wir den Kunden bei Stange halten. Wir möchten ja weiterhin mit TELCO zusammenarbeiten und wir müssen kostengünstig sein und wir möchten dieses Verhältnis aufrechterhalten. Darum finde ich gehören diese Beziehungen halt dazu. Dass man das pflegt." [Manager E-NEWS]

Dafür reicht in der Regel eine bilaterale Beziehung mit dem relevanten Ansprechpartner auf Kundenseite aus. Der DEVELOPER-Manager sieht die Beziehungspflege als Mittel, beim Kunden „im Gedächtnis" zu bleiben:

„Ich denke für den Geschäftsgang wichtiger ist vielleicht die Frequenz. Das man sich immer wieder ins Gedächtnis einbringt. Und das kann auch über einen zweipoligen Kanal passieren, über einen engen Kanal." [Manager DEVELOPER]

Sozialen Beziehungen kann dabei ein Potenzialcharakter zugeschrieben werden. Die Beziehungen werden gepflegt, obwohl ein etwaiger zukünftiger Nutzen ungewiss ist. Trotzdem kann den Beziehungen im Sinne sozialen Kapitals ein Wert zugeschrieben werden, da sie sich häufig aus Lieferantensicht als wirksames Mittel erweisen, neue Projekte zu akquirieren:

FRAGE: Also der Hintergrund ist folgender: Man sagt häufig, dass diese informellen Kontakte und die Einbindung in ein soziales Netzwerk, auch aus Sicht des Managers, sowie auch das Investieren in solche Kontakte einen gewissen Potenzialcharakter hat. Das heißt, man investiert in diese Kontakte, obwohl man nicht weiß, ob man aus diesen Kontakten später ökonomischen Nutzen ziehen kann?
Manager WEBCONSULT: Ja, absolut. Ganz klar. Wir haben auch bewusst immer wieder in das investiert und das hat sich eigentlich schon ausgezahlt. Absolut.

Soziale Beziehungen helfen beim Zugang zu potenziellen Lieferanten

Genau wie aus Lieferantensicht macht es auch aus Sicht des Kunden Sinn, soziale Beziehungen mit ehemaligen oder potenziellen Lieferanten zu unterhalten. Im Bedarfsfall kann so schnell der Kontakt zu relevanten Lieferanten hergestellt und eine Kooperationsbeziehung aufgebaut werden. Dies wird insbesondere in den beiden oben geschilderten Fällen des Netzwerkgeschäfts FINANCE und OUTSOURCE betont. Der FINANCE-Manager sieht dies als Bestandteil des Managements einer Netzwerkorganisation:

FRAGE: Sozialen Beziehungen, jetzt auch im zwischenbetrieblichen Bereich, wird ja, ich bin da eben schon einmal drauf eingegangen, so ein Potenzialcharakter zugeschrieben. Gibt es Fälle, wo Sie sagen, aus Beziehungen, die man unterhalten hat, jetzt nicht konkret nur für das Tagesgeschäft, haben sich Gelegenheiten, Möglichkeiten ergeben, die das Unternehmen dann weitergebracht haben? Sozusagen, eine Beziehung zu unterhalten, eine professionelle soziale macht auch dann Sinn, wenn wir nicht jetzt konkret in den nächsten drei Wochen einen Output liefern müssen?
Manager FINANCE: Also für uns als Netzwerkorganisation: ja, absolut. Macht Sinn.

Auch der OUTSOURCE-Manager weist darauf hin, dass Beziehungen mit potenziellen (auch ehemaligen) Lieferanten bewusst gepflegt werden:

> „Auch wenn wir noch gar keine Geschäftsbeziehungen haben zu einer Firma sind wir immer auf der Suche nach potenziellen Partnern. Vertragspartnern. Und da habe ich eine sehr belastbare, fruchtbare Beziehung aufgebaut zu einem Geschäftsführer von einer Firma, mit der ich noch nie Geschäfte gemacht habe. Ich würde gern, aber es ist uns bisher nichts über den Weg gelaufen, wo wir daraus ein Geschäft machen konnten. Aber trotzdem ist es eine Beziehung, die ich pflege. Und ich pflege auch Beziehungen mit ehemaligen Geschäftspartnern." [Manager OUTSOURCE]

Netzwerk sozialer Beziehungen als Investitionsgut im indirekten Vertrieb

Ein etwas anderer Fall, in dem Sozialkapital Potenzialcharakter im Sinne des Geschäftsaufbaus besitzt, ist der SYNDICATE-Fall. SYNDICATE unterhält ein Netzwerk von Beziehungen mit potenziellen Kooperationspartnern, um die eigenen Produkte über diese Kanäle zu vermarkten. Der SYNDICATE-Manager betont, dass dabei soziale Beziehungen aufgebaut werden, weil man sich hiervon einen (oftmals kurzfristigen) ökonomischen Nutzen verspricht. Das Unterhalten dieses Netzwerks schwacher Beziehungen stellt aus Vertriebsicht eine immaterielle Wertanlage für das Unternehmen dar. Dabei überwiegt deutlich die strukturelle Beziehungssicht, basierend auf der Theorie schwacher Beziehungen. Zwar wird auf den Aufbau von Vertrauen in der ersten Kontaktsituation hingewiesen, dieses Vertrauen ist jedoch als flüchtiges, kalkuliertes Vertrauen zu interpretieren. Diese schwachen Beziehungen werden als Kontaktnetzwerk dann auch durch eher unpersönliche Kommunikation gepflegt:

> „...dann habe ich mir natürlich am Anfang ein Grundvertrauen geschaffen. Jetzt mich dann erstmal verabschiedet, weil aktuell haben beide Seiten nicht den konkreten Fall gesehen, an dem man zusammenarbeiten konnte um sozusagen weiter Vertrauen aufbauen. Aber ich muss sichergestellt haben, dass in dem Moment, wo ich jetzt erstmal sage: „Okay, wir machen hier einen Break und sprechen uns vielleicht irgendwann mal wieder" dennoch so viel Vertrauen da ist, dass der mich dann auch tatsächlich anrufen wird, wenn er dann ein Projekt hat, wo er einen Marktdatenlieferanten mit einbringen kann. Das kann ich dadurch dann verstärken,

und das machen wir ungefähr im Quartalsabstand, dass man eben über Neuigkeiten bei SYNDICATE einfach mal über E-Mail informiert (...) um so SYNDICATE weiterhin im Bewusstsein zu halten, positiv im Bewusstsein zu halten, und dieses Vertrauen auf einem gewissen Niveau zu halten." [Manager SYNDICATE]

Art von Sozialkapital	
Netzwerkbasiert	Keine Relevanz netzwerkbasierten Sozialkapitals.
Beziehungs-basiert	Sozialkapital ist beziehungsbasiert.
Sozialkapitaldimension	
Strukturell	Sozialkapital basiert auf schwachen Beziehungen.
	Netzwerk sozialer Beziehungen als Potenzial auf Vertriebsseite.
Relational	Nur „Grundvertrauen", kalkuliertes Vertrauens notwendig.
	Da soziale Beziehung zu ehemaligen Lieferanten oft schon längere Zeit bestehen, besitzen diese auch erfahrungsbasiertes Vertrauen.
Kognitiv	Nicht notwendig, keine Evidenz in den Fällen.
Sozialkapitaleffekte	
Allokativ	Zugang zu Neugeschäft und Projekten, bzw. zu potenziellen Lieferanten.
	Zugang zu Informationen auf Kundenseite verbessert Einschätzbarkeit durch den Lieferanten.
Adaptiv	Neuaufbau von Kooperation mit ehemaligen Lieferanten durch vorhandenes Sozialkapital potenziell schneller und reibungsloser.
Autoritär	Keine Evidenz in den Fällen.

Tabelle 6.8: Sozialkapital als Potenzial in nicht-strategischen Beziehungen

Zusammenfassung

Auch in nicht-strategischen Beziehungen, die teils eher kompetitiv angelegt sind und in denen die ökonomische Ebene überbetont wird, wurde ein positiver Beitrag von Sozialkapital im Sinne eines Potenzials gefunden. Auch eher marktliche Beziehungen profitieren somit in begrenztem Maß von Sozialkapital; sie werden, wie GRANOVETTER argumentiert, „sozial eingebettet"[1]. So können soziale Beziehungen dazu dienen, tiefer gehende

[1] Siehe Granovetter 1992 und die Diskussion oben in Kap. 3.1.4.1.

Kooperationen im Bedarfsfall schnell und effizient anzubahnen. Im SYNDICATE-Fall dient ein ganzes Netzwerk schwacher Beziehungen als Vertriebsinstrument, dem von Unternehmensseite ein erheblicher Wert zugeschrieben wird. In jedem einzelnen der betrachteten Fälle spielt Sozialkapital jedoch nur eine sehr untergeordnete Rolle. Sozialkapital basiert also auf schwachen Beziehungen und hat allokative Effekte durch den Zugang zu neuen Projekten und Lieferanten (siehe Tabelle 6.8).

6.4 Zusammenfassende Diskussion des Kontingenzmodells

In der Eingangsargumentation wurde ein Variieren der Sozialkapitalrolle mit der strategischen Relevanz von Kooperationsbeziehungen unterstellt[1]. Die untersuchten Fälle liefern empirische Evidenz für diesen Zusammenhang. Darüber hinaus findet sich mit der Unterscheidung in zwei Beziehungsepisoden ein deutlich komplexerer Zusammenhang als ursprünglich angenommen. Sozialkapital spielt demnach nicht nur bei der Stabilisierung der zwischenbetrieblichen Beziehung eine Rolle, sondern zudem bei der Ermöglichung effektiver Zusammenarbeit in komplexen Projekten. Auch für die erweiterte Forschungsfrage[2] konnte somit empirische Evidenz gefunden werden. Zudem wurde mit der strukturellen und beziehungsübergreifenden Vernetzung in Fällen hoher Netzwerkkomplexität (z.B. FINANCE) ein weiterer interessanter Zusammenhang aufgedeckt[3]. Das folgende Unterkapitel fasst die Rollen und Charakteristika von Sozialkapital im Kontingenzmodell zusammen. Danach folgt eine Diskussion der Grenzen der Sozialkapitalinvestition. Unter dem Stichwort „Sozialkapitalbalance" werden sowohl Möglichkeiten der Unter- als auch der Überinvestitionen in Sozialkapital aufgezeigt. Die Aussage des vorgestellten Kontingenzmodells ist somit letztlich, dass Sozialkapital stets der jeweiligen Situation angepasst sein sollte; ein Zuviel an sozialer Vernetzung kann dabei genauso kontraproduktiv sein wie ein Mangel an Sozialkapital.

6.4.1 Charakteristika und Rolle von Sozialkapital im Kontingenzmodell

Die folgenden Tabellen fassen die Rolle von Sozialkapital in den verschiedenen Teilbereichen des in Kapitel 6.1.2 präsentierten Kontingenzmodells zusammen. Die dann folgenden Unterkapitel fassen die Ergebnisse noch einmal aus Sicht der Sozialkapitaltheorie zusammen.

---

[1] Vgl. Kap. 2.5.4.
[2] Vgl. Kap. 5.1.
[3] Vgl. Kap. 6.2.3.

Projekttyp		Sozialkapital-charakteristika	Rolle und Funktion
Fall 1	**Gemeinsamer Geschäftsaufbau:**	**Sozialkapital auf Teamebene: interne und externe Sicht**	**Kernressource**
	Strategische Kooperation in Allianzen oder Joint Ventures mit gemeinsamen Zielen und Partnersymmetrie. Tiefgehende Integration und gemeinsamer Aufbau von Prozessen und Produkten.	Interne Vernetzung des gemeinsamen Teams basierend auf starken Beziehungen für absorptive Kapazität und Motivation zur Kooperation. Externe Vernetzung wichtig für Ressourcenzugang und Diffusion der Erkenntnisse in die Organisationen.	Sozialkapital ist essentiell wichtig für die Projektdurchführung und die spätere Kooperation. Sozialkapital hat umfassende adaptive, allokative und autoritäre Effekte. Intensive Investition in dieser Phase notwendig.
Fall 2a	**Aufbau netzwerkbasierten Geschäfts**	**Starke Beziehungen und strukturelle Vernetzung**	**Ermöglicher**
	Aufbau komplexer Leistungsportfolios unter Beteilung zahlreicher Partner. Doppelte Komplexität durch komplexe Tätigkeiten und zusätzliche Netzwerkkomplexität.	Starke Beziehungen, um Zusammenarbeit in komplexen Tätigkeiten zu ermöglichen. Zusätzlich beziehungsübergreifende Vernetzung durch schwache Beziehungen zur effektiven Koordination des Netzwerks.	Adaptive Effekte starker Beziehungen und allokative, autoritäre Effekte struktureller Vernetzung ermöglichen effektive Zusammenarbeit in komplexen Netzwerksetups.
Fall 2b	**Gemeinsames Projekt**	**Mehrere starke Beziehungen**	**Ermöglicher**
	Hohe Komplexität der gemeinsamen Tätigkeiten zwischen Kunden- und Lieferantenunternehmen führen zu hoher Interdependenz	Sozialkapital ist beziehungsbasiert. Starke Beziehungen mit Elementen in der kognitiven und relationalen Dimension ermöglichen Zusammenarbeit.	Adaptive Effekte hinsichtlich gemeinsamen Verständnisses und Motivation zur gemeinsamen Arbeit stehen im Mittelpunkt.
Fall 3	**Auftragsarbeit**	**Mittlere Beziehungsstärke**	**Unterstützer**
	Teilweise gemeinsame Spezifikation der Tätigkeiten, ansonsten unabhängige Durchführung durch Lieferant (z. B. Customizing bestehender Leistungen).	Sozialkapital ist beziehungsbasiert. Bilaterale Beziehungen mittlerer Stärke weisen Vertrauen und kognitive Elemente in begrenztem Ausmaß auf.	Sozialkapital nicht zwingend notwendig aber mit positivem Beitrag; unterstützt Kooperationserfolg und ist somit vorteilhaft.

Tabelle 6.9: Zusammenfassung der Rolle von Sozialkapital in der Projektphase

Beziehungstyp		Sozialkapital-charakteristika	Rolle und Funktion
Fall 1	**Strategische Integration: Allianzbeziehungen**	**Sozialkapital auf Teamebene: interne und externe Sicht**	**Kernressource**
	Tiefgehende Integration und Betrieb eines gemeinsamen Geschäfts mit gemeinsamen Planungs- und Routineprozessen.	Sozialkapital in den Teams bleibt von hoher Relevanz zur Stabilisierung und weitergehenden Planung und Anpassung. Zusätzlich direkte Vernetzung der Fachabteilungen.	Tiefgehende soziale Vernetzung zwischen den Unternehmen hat Ressourcencharakter und ist erfolgsentscheidend. Effekte in allen Dimensionen.
Fall 2	**Strategische Lieferantenbeziehung**	**Bilaterale, teils starke Beziehungen**	**Unterstützer**
	Lieferant ist strategisch in die Leistungserstellung integriert. Effektive operative Koordination ist wichtig für reibungslosen Betrieb, insbesondere in Problemsituationen.	Beziehungen auf operativer Ebene zusätzlich zur Managementebene entscheidend für operative Koordination. Starke Beziehungen auf Managementebene stabilisieren die Beziehung und erlauben effektive Konfliktbehandlung.	Sozialkapital erhöht Motivation und Flexibilität und leistet positiven Beitrag. Beziehung ohne Sozialkapital ist möglich, müsste aber im Problemfall mit formellen, vertraglichen Mitteln koordiniert werden.
Fall 3	**Nicht-strategische Beziehung**	**Schwache Beziehungen**	**Potenzial**
	Die Integration zwischen den Unternehmen ist gering. Die Leistung ist nur von peripherer Bedeutung, somit ist die strategische Abhängigkeit gering.	Sozialkapital schwacher bilateraler Beziehungen gestaltet Zusammenarbeit reichhaltiger. Netzwerk schwacher Beziehungen als Kapital aus Vertriebssicht.	Sozialkapital hat allokative Effekte beim Zugang zu Projekten (Lieferant) und Lieferanten (Kunde): „Potenzialcharakter".

Tabelle 6.10: Zusammenfassung der Rolle von Sozialkapital in der Routinephase

6.4.1.1 Strukturelle Unterschiede sozialer Vernetzung in den Beziehungstypen

In Kapitel 2.1.3 wurden mit horizontalen Allianzbeziehungen und vertikalen Lieferantenbeziehungen zwei grundsätzliche Formen der zwischenbetrieblichen Kooperation identifiziert. Als wichtiges Definitionsmerkmal strategischer Allianzbeziehungen wurde dabei das Verfolgen gemeinsamer Ziele herausgestellt. In den vertikalen Lieferantenbeziehungen kommt dagegen spätestens mit dem Übergang in die Routinephase immer eine explizite Rollentrennung zum Tragen. Diese Charakteristika haben Auswirkungen auf die Strukturen auf sozialer Ebene. Nur wenn langfristig gemeinsame Ziele verfolgt werden (in Allianzbeziehungen), erscheint die Investition in stabiles Sozialkapital auf Gruppen- bzw. Teamebene und damit in langfristige soziale Strukturen im interorganisationalen Arrangement vorteilhaft[1]. In den Lieferantenbeziehungen findet lediglich eine Vernetzung auf Basis bilateraler sozialer Beziehungen statt; dabei können durchaus mehrere bilaterale Beziehungen bestehen und auch über einen gewissen Zeitraum gemeinsame Projektteams unterhalten werden. Bestrebungen, Sozialkapital im Sinne einer Gruppenintegration zu schaffen, wurden in den Fällen aber nicht beobachtet. Abbildung 6.4 visualisiert die strukturellen Unterschiede der sozialen Vernetzung in strategischen Allianzen und Lieferantenbeziehungen; im ersten Fall wird mit dem Allianzteam eine eigene organisationale Einheit geschaffen, während im zweiten Fall lediglich eine Punkt-zu-Punkt-Vernetzung der Unternehmen erfolgt.

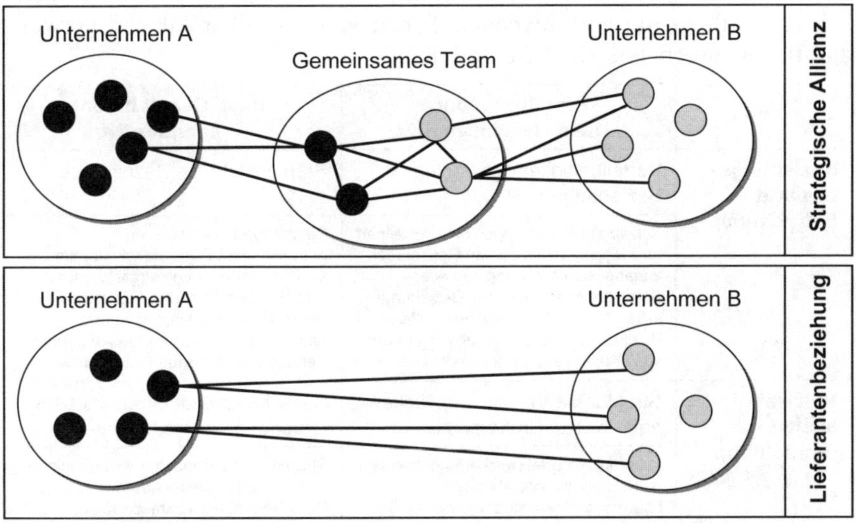

Abbildung 6.4: Strukturelle Unterschiede der sozialen Vernetzung in verschiedenen Beziehungstypen

[1] Vgl. Kap. 6.2.2.1. Dabei hat sich, wie oben diskutiert, sogar gezeigt, dass im Falle der Rollentrennung gemeinsame Teams hinsichtlich der Koordination unvorteilhaft sein können, da dies zu Unklarheiten hinsichtlich Kompetenzen und Rollen führen kann.

6.4.1.2 *Empirische Evidenz für verschiedene Formen von Sozialkapital in den Fällen*

Ausgehend von den in Kapitel 3 vorgestellten Systematisierungen können verschiedene Typen und Formen von Sozialkapital in den empirischen Fällen unterschieden werden. Abbildung 6.4 verdeutlicht, dass in den Fällen sowohl Evidenz für beziehungsbasiertes (in Lieferantenbeziehungen) wie auch für netzwerkbasiertes Sozialkapital auf Gruppenebene (in Allianzen) gefunden wurde. Hinsichtlich des Sozialkapitals auf Gruppenebene konnten zudem die interne Perspektive wie auch die externe Perspektive in Anlehnung an die Argumentation nach BURT unterschieden werden[1]. Internes Sozialkapital wirkt adaptiv und ermöglicht effektive Zusammenarbeit, während externes Sozialkapital als Vernetzung des Teams mit den Mutterorganisationen allokativ und autoritär wirkt. Zudem findet sich in der Population nicht nur Evidenz für Sozialkapital der bindenden Form zur Herstellung von Gruppengeschlossenheit (z.B. Allianzteams), sondern auch solches der strukturellen Art, das sich auf die Vernetzung durch eher schwache Beziehungen bezieht (z.B. im FINANCE-Netzwerk). Abbildung 6.5 verdeutlicht die verschiedenen Typen von Sozialkapital und verweist auf die entsprechende empirische Evidenz.

	Struktur betont: Überbrückendes SK	**Inhalt, Gehalt betont: Bindendes SK**
Beziehungs-basierte Betrachtung	Vorteilhaftigkeit schwacher Beziehungen	Starke bilaterale Beziehungen
	Schwache Beziehungen sind vorteilhaft für zwischenbetrieblichen Ressourcenzugang, sowie Zugang zu neuen Projekten (instrumentelle Beziehungssicht). Netzwerk schwacher sozialer Beziehungen zu potenziellen Partnern stellt Kapital aus Vertriebssicht dar.	Kooperation in komplexen gemeinsamen Projekttätigkeiten und soziale Stabilisierung strategischer Beziehungen basiert auf starken Beziehungen mit kognitiven und relationalen Elementen (gemeinsames Verständnis, Vertrauen, Motivation).
Netzwerk-basierte Betrachtung	Strukturelle Vernetzung, lückenhafte Netze, Brokerpositionen	Sozialkapital auf Gruppenebene, Gruppengeschlossenheit
	In komplexen Netzwerkarrangements ist strukturelle, beziehungsübergreifende Vernetzung notwendig; es ergeben sich Brokeringpotenziale. Externe Vernetzung der Allianzteams ergänzt teaminternes Sozialkapital.	Strategische Allianzen mit langfristigen, gemeinsamen Zielen erfordern Sozialkapital auf Teamebene um absorptive Kapazität, Motivation und gemeinsames Zielverständnis herauszubilden.

Abbildung 6.5: Formen von Sozialkapital in der empirischen Population[2]

[1] Vgl. insbesondere Kap. 3.4.3.

[2] Abbildung adaptiert aus Abbildung 3.5.

6.4.2 Sozialkapitalbalance: Möglichkeiten der Über- und Unterinvestition

Bisher wurden zahlreiche positive Effekte von Sozialkapital in zwischenbetrieblichen Arrangements aufgezeigt. Es wurde gezeigt, dass letztlich für jeden Beziehungstyp ein positiver Beitrag von Sozialkapital ausgemacht werden kann. Aber wie schon in Kapitel 3.5 diskutiert wurde, hat Sozialkapital nicht in jedem Fall positive Effekte und stellen soziale Beziehungen unter Umständen auch soziale Verbindlichkeiten dar. Es gilt nicht uneingeschränkt, dass mehr soziale Vernetzung auch bessere Ergebnisse mit sich bringt. Letztlich spielt Sozialkapital in verschiedenen Beziehungstypen unterschiedliche Rollen. Und wenn Sozialkapital nicht den Anforderungen der Beziehung entsprechend vorliegt, kann dies zu Problemen führen.

Während also in allen Fällen ein positiver Beitrag von Sozialkapital ausgemacht werden konnte, unterscheidet sich dieser in seiner Stärke je nach Projekt- und Beziehungstyp erheblich. In nicht-strategischen Beziehungen leisten soziale Beziehungen im Sinne der sozialen Einbettung ökonomischer Transaktionen zwar einen positiven Beitrag; da die ökonomische Komponente jedoch überbetont wird, wird in mehreren Fällen explizit vor einer Überinvestition im Sinne von zu viel sozialer Vernetzung gewarnt. Es wird darauf hingewiesen, dass soziale Vernetzung, die in einem Fall als Sozialkapital eine unterstützende Rolle spielen kann, in anderen, weniger strategischen Beziehungen eine Überinvestition im Sinne sozialer Verbindlichkeiten darstellen kann. Ausgehend von dem eingangs vorgestellten Drei-Dimensionen-Modell nach LEE ET AL.[1] kann somit argumentiert werden, dass die Rolle von Sozialkapital (als Konstrukt in der sozialen Dimension) zur Relevanz der strategischen und ökonomischen Dimension im jeweiligen Beziehungstyp passen muss. Das deutet darauf hin, dass es einen „optimalen Investitionsgrad“ gibt und dass deshalb für verschiedene Beziehungen jeweils die richtige Sozialkapitalbalance gefunden werden muss.

6.4.2.1 Überinvestition in Sozialkapital in nicht-strategischen Beziehungen

In nicht-strategischen Beziehungen wird Sozialkapital die Rolle eines Potenzials und „Schmiermittels“ zugeschrieben, das die Interaktionen mit dem Lieferanten im Sinne einer sozialen Einbettung angenehm und reichhaltig gestaltet und letztlich für ein positives Beziehungsklima sorgt. Trotz dieses positiven Beitrags sollte Sozialkapital jedoch explizit eine untergeordnete Rolle einnehmen. Die Beziehung wird letztlich überwiegend auf-

[1] Siehe Lee et al. 2003 und Kap. 2.3.4.

grund eines erwarteten, eher kurzfristigen, ökonomischen Nutzens unterhalten. So wird beispielsweise mehrfach darauf hingewiesen, dass die Existenz guter sozialer Beziehungen nicht der wesentliche Grund für die Kooperation mit dem Lieferanten sein darf:

> „Was ich sagen möchte, ist, man darf die persönliche Beziehung, die man aufbaut, und die dieses Business-Relationship so unterfüttert, und angenehm macht, sag ich mal, das darf nicht der wesentliche Grund sein, warum ich diese Partnerschaft halte." [Manager FINANCE]

Nicht-strategische Beziehungen bestehen meist in Bereichen des Leistungsportfolios, wo Wettbewerb unter den Lieferanten herrscht und die gelieferten Leistungen standardisiert und leicht austauschbar sind. Ein Hauptmerkmal in diesen Beziehungen ist deshalb der Preis; mithin wird die ökonomische Dimension überbetont. Da kompetitives Verhalten und das Durchsetzen der eigenen Position in Verhandlungen erforderlich ist, können soziale Beziehungen und die mit ihnen einhergehende gegenseitige Einschätzbarkeit hinderlich und von Nachteil sein:

> „Aber wenn Sie zum Beispiel in Verhandlungen gehen, kann es auch wiederum ein Nachteil sein, wenn Sie selber gut bekannt werden. Wenn es um Preise geht, wenn Sie sofort wissen, weil Sie den schon lange kennen, wenn der jetzt mit der rechten Wimper zuckt, dann war der Preis jetzt nicht in Ordnung. Es hat Vor- und Nachteile, das muss man auch so sehen." [Manager MOBILTEL zu SMS-B]

In der Gegenwart starker sozialer Beziehungen und kooperativer Interaktionen im Tagesgeschäft wird die Rückkehr zu kompetitivem Verhalten sowie ein möglicher Abbruch der Beziehung unter Umständen erschwert[1]:

> „…im Grunde kann das Fluch und Segen sein. Weil wenn Sie jemanden gut kennen, dann besteht die Gefahr, dass Sie vielleicht nicht mit der nötigen Härte rangehen." [Manager MOBILTEL]

Der Aspekt wird in ähnlicher Form im SYNDICATE-Fall hervorgehoben. In diesem Fall werden Beziehungen zu Vertriebspartnern sehr instrumentell aus ökonomischer Sicht beurteilt. Die ökonomische Dimension bestimmt letztlich die Entscheidung für oder gegen eine Beziehung mit einem Unternehmen; die soziale Dimension wird als einer von weiteren Aspekten genannt, die nur untergeordnete Wichtigkeit besitzen:

> „Ich habe ein notwendiges Kriterium, das ist sozusagen: Es muss ein Mindestvolumen an Umsatz vorhanden sein, sonst macht das einfach keinen Spaß. Wie gut der Fit auf anderen persönlichen wie auch anderen Ebenen auch immer sein mag.

---

[1] Dieser Aspekt wird auch von Kern und Willcocks mit Blick auf IT-Outsourcing-Beziehungen angesprochen: „However, client managers had to guard themselves - and this was the other extreme - against developing relations that unconsciously hindered them from possibly terminating the contract." (Kern/Willcocks 2002, S. 10).

Aber ich habe hinreichende Kriterien, die ich dann durchgehen muss und muss sagen, wenn der technische Fit bei mir zu zu hohen Anfangsinvestitionen führt, werde ich das trotzdem nicht machen. Weil ich ein Trade-Off habe zu anderen Projekten, die ich bei SYNDICATE sonst nicht realisieren könnte." [Manager SYNDICATE]

Starke soziale Beziehungen können das kompetitive Austragen von Konflikten erschweren, wenn das Durchsetzen der eigenen Position gefordert ist:

„Ich glaube, dass durch diese scheinbar freundschaftliche Beziehung, die man da aufgebaut hat, insbesondere dann in Konfliktsituationen, es schwierig ist, zurückzurudern und zurückzufinden zu dieser professionell aber distanzierten Beziehung, um wirklich durchsetzen zu können, was gut ist für das Unternehmen. Wenn man das zu sehr verweichlicht und zu sehr in dieses „per Du" hineinrutscht, wie gesagt, einfach nur unter dem Aspekt, weil man denkt, man erleichtert sich damit seinen Job, dann wird man in Konfliktsituationen damit konfrontiert: Ja, Mensch, wir sind doch Kumpels und jetzt komm mir doch auch mal entgegen." [Manager SYNDICATE]

Starke Beziehungen werden also als hinderlich für die Konfliktbehandlung angesehen. Dieser Aspekt ist insofern sehr interessant, als dass starken Beziehungen in strategischen Allianzen und Lieferantenbeziehungen gerade der gegenteilige Effekt zugeschrieben wird: Erst starke Beziehungen erlauben eine Stabilisierung des interorganisationalen Arrangements und das Lösen von Konflikten in einer kooperativen Atmosphäre[1]. Dort steht also die Suche nach einer für beide Seiten vorteilhaften Lösung im Vordergrund. In kompetitiv angelegter Zusammenarbeit ist diese kooperative Beziehungsdimension unerwünscht; es kommt auf das Durchsetzen der eigenen Position an. Ein etwaiger Beziehungsabbruch kann vor dem Hintergrund der niedrigen strategischen Relevanz der Beziehung und der Betonung der ökonomischen Kriterien in Kauf genommen werden. Eine zu enge Vernetzung wird vor dem Hintergrund der kompetitiven Note somit als soziale Verbindlichkeit angesehen.

Hinweise auf diese Form der Überinvestition fanden sich in den empirischen Fällen nur in nicht-strategischen Beziehungen. Im Fall der LOGISTIK-Allianz wurde im Gegenteil explizit darauf hingewiesen, dass es in strategischen Allianzen nur selten zur Überinvestition kommt, da im Regelfall „eher zu wenig als zu viel Vernetzung" vorliegt. Die zwischenbetriebliche Vernetzung kann in Gegenwart des kargen zwischenbetrieblichen Umfelds in diesem Beziehungstyp also gar nicht genug gefördert werden. Der LOGISTIK-Manager antwortet auf die Frage, ob er ein Zuviel

[1] Vgl. Kap. 6.3.2.2.

an Vernetzung und damit einhergehende negative Effekte in der Beziehung beobachtet hat, wie folgt:

> „Nein, habe ich nicht beobachtet. Also ich könnte mir vorstellen, dass es so etwas gibt. Beobachtet habe ich das nicht. Ich glaube auch, dass man, zumindest in einem so komplexen Setup wie wir es haben, in den meisten Fällen eher zu wenig als zu viel Vernetzung hat. Also man kann sicherlich in Extremfällen zu viel haben, aber das ist glaube ich sehr sehr selten der Fall." [Manager LOGISTIK]

Während sich für nicht-strategische Lieferantenbeziehungen das Problem der Überinvestition stellt, kann es in strategischen Beziehungen vielmehr zur Unterinvestition kommen, so dass ein Mangel an Sozialkapital zu Problemen bei der Stabilisierung und operativen Koordination führen kann.

6.4.2.2 Unterinvestition in Sozialkapital in strategischen Beziehungen

Ein Fall von Unterinvestition konnte im FINANCE-Fall beobachtet werden. In diesem Fall wird zunächst deutlich, dass der Manager eine eher kompetitive Attitüde im Umgang mit den Lieferanten pflegt. Dies äußert sich beispielsweise in einer expliziten Betonung der Wichtigkeit vertraglicher Arrangements und ökonomischer Kriterien im Umgang mit den Lieferanten. Zudem wird mehrfach vor einer zu großen Rolle der sozialen Beziehungen gewarnt. Diese Sichtweise wird dabei auch auf die strategischen Lieferanten ausgedehnt. So zieht der Manager eine explizite Rollentrennung und die Anfertigung „ausgefeilter" Service-Level-Agreements auch mit dem strategischen Partner BANK vor. Gleichzeitig wird deutlich, dass die Beziehung zu BANK durch Friktionen in der Zusammenarbeit gekennzeichnet ist. Die Beziehung ist augenscheinlich nicht sehr eng und die Koordination im Tagesgeschäft bereitet Probleme. Dem Partner wird die Motivation zu flexiblen und pragmatischen Lösungen abgesprochen. Zugleich gibt es keine Evidenz für gute soziale Beziehungen zur Stabilisierung und zur operativen Koordination der Beziehung. Vielmehr wird auf die kulturelle Distanz zwischen den Mitarbeitern verwiesen:

> „Es gibt Sachen, die wir selber verantworten können und wo wir auch selber direkt reagieren können und dann gibt es Dinge, wo wir auf den Partner angewiesen sind. Und man muss natürlich schon sagen, dass von der Kultur her, also jetzt in unserem speziellen Fall, wir arbeiten ja auf der Ops-Seite mit einer Privatbank zusammen, die technologisch sehr gut aufgestellt ist, aber letzten Endes eine Privatbank ist und Privatbanken und E-Banking sind dann doch zwei Welten. Und da gibt es natürlich schon auch Mitarbeiter, die denken: na ja, wenn ich den halt heute nicht zurückrufe, dann rufe ich den halt morgen zurück, und wir sind aber 24 Stunden lang offen. Das ist da die Anpassungsfähigkeit. Technisch ist das ja alles kein Problem,... Aber ich glaube, dass die Challenge da eigentlich eher auf Seiten der Partner liegt. Die Leute mit einem Mindset zu haben, oder die flexibel genug sind."

Die Verantwortung für die Probleme sieht der Interviewpartner weitgehend auf Seiten des Lieferanten, da sich die Mitarbeiter als nicht anpassungsfähig genug erweisen. Der Vergleich mit ähnlichen Beziehungstypen in den anderen Fällen zeigt jedoch, dass dort in vergleichbaren Ausgangspositionen durch die Investition in soziale Beziehungen zu den entscheidenden Mitarbeitern auf Lieferantenseite die Zusammenarbeit kooperativer gestaltet werden konnte; ein gutes Beispiel liefern hierfür die strategischen Beziehungen im TELCO-Fall (vgl. Kap. 6.3.2). Im FINANCE-Fall erschweren zwar die Kulturunterschiede die Zusammenarbeit, allerdings scheint FINANCE durch die kompetitive Attitüde auch zu wenig Wert auf die soziale Integration der Partner zu legen, da die ökonomischen Aspekte zu Ungunsten der sozialen Dimension übergewichtet wurden. Einige der Probleme hätten vermutlich durch eine geeignete Sozialkapitalinvestition vermieden werden können.

6.4.2.3 Abschließende Diskussion der Rolle von Sozialkapital

Die Beispiele machen deutlich, dass Sozialkapital in allen Beziehungstypen eine positive Rolle spielen kann. Wird die ökonomische Dimension im Sinne kurzfristiger Vorteile überbetont, spielt die soziale Dimension eine eher untergeordnete Rolle. Steht dagegen die strategische Dimension im Sinne der langfristigen Kooperation im Vordergrund, so steigert dies die Relevanz der sozialen Dimension signifikant. Sozialkapital dient dann dazu, effektive Zusammenarbeit zu ermöglichen; im Extremfall nimmt Sozialkapital die Rolle einer Kernressource ein. Es kann ferner festgehalten werden, dass die soziale Dimension keine unabhängige Relevanz besitzt und Investitionen in Sozialkapital keinen Selbstzweck darstellen. Sozialkapital kann insbesondere in strategischen Beziehungen als notwendige Bedingung für den Kooperationserfolg angesehen werden, nicht jedoch als hinreichende Bedingung. Letztlich müssen auch die strategischen und ökonomischen Rahmenbedingungen der Beziehung passen; es sollte ein Gleichgewicht zwischen den Dimensionen bestehen. Für die Rolle von Sozialkapital bedeutet dies den Verweis auf die diskutierte Sozialkapitalbalance. Dieser Argumentationsansatz kann im Sinne eines „sozialen Fit" oder in Anlehnung an die Diskussion zum „Strategic Alignment" interpretiert werden[1]. Es kann argumentiert werden, dass ein „optimaler Investitionsgrad" von Sozialkapital einen Beitrag zum Erfolg zwischenbetrieblicher Kooperationsbeziehungen leistet, auch wenn das Bestimmen und Er-

---

[1] In diesem Strategiekonzept wird argumentiert, dass nicht der Einsatz von Informationstechnologie per se mehr Produktivität und Erfolg garantiert, sondern dass dieser auf die jeweilige Situation im Sinne eines Fit von technischer und geschäftlicher Komponente abgestimmt werden muss. Vgl. Voß/Klein 2000, S. 1524.

reichen dieses Investitionsgrades keinen deterministischen Regeln folgt. Das Kontingenzmodell liefert einen Ansatzpunkt zur Ableitung der Rolle von Sozialkapital. Im nun folgenden Kapitel werden Implikationen für ein sozialkapitalorientiertes Beziehungsmanagement diskutiert. Dabei wird es als Aufgabe des Beziehungsmanagements gesehen, die erläuterten Zusammenhänge im Einzelfall zu erkennen und für eine Anpassung der sozialen Dimension im Sinne gezielter Sozialkapitalinvestition zu sorgen.

7. Kapitel

Implikationen für ein sozialkapitalorientiertes Beziehungsmanagement

Aufbauend auf den Erkenntnissen zur Rolle und Relevanz von Sozialkapital erfolgt nun die Diskussion von Managementimplikationen und die Charakterisierung eines entsprechenden Beziehungsmanagement-Ansatzes. Bereits in Kapitel 5.1.2 wurden interorganisationale Arrangements als karges Umfeld für eine natürliche Sozialkapitalentstehung beschrieben, so dass einem sozialkapitalorientierten Management besondere Bedeutung zukommt. Die Charakteristika dieses Umfelds können dabei, basierend auf den empirischen Erkenntnissen aus den Fällen, zu verschiedenen Barrieren für die Kooperation und Sozialkapitalentstehung konkretisiert werden (siehe Kap. 7.2). Ausgehend davon werden Maßnahmen eines sozialkapitalorientierten Managements diskutiert (Kap. 7.3). Es sei darauf hingewiesen, dass dabei die entsprechende empirische Evidenz vorwiegend aus den Interviews zu solchen Fällen stammt, in denen reichhaltiges Sozialkapital in starken Beziehungen oder auf Teamebene notwendig war und in denen entsprechende Maßnahmen daher eher angewendet wurden. Die Managementmaßnahmen lassen ferner Rückschlüsse sowohl auf die Rolle des Managers, als auch auf die Rolle der Kommunikationstechnologie mit Blick auf die zwischenbetriebliche Sozialkapitalentstehung zu (siehe Kap. 7.4 und 7.5). Abschließend folgt eine zusammenfassende Einordnung des beschriebenen Managementansatzes.

7.1 Sozialkapitalorientiertes Management als Kontextsteuerung

Wie bereits in Kapitel 3.7 ausführlich beschrieben wurde, entsteht Sozialkapital als Wert sozialer Beziehungen in sozialen Interaktionen[1]. Wiederholte soziale Interaktionen sind entscheidend für das Entstehen stabilen Vertrauens und kognitiver Sozialkapitalelemente. Sozialkapital wurde da-

[1] Für Details des Investitionsprozesses siehe oben, hier erfolgt lediglich eine Diskussion der Spezifika im interorganisationalen Kontext, sowie die Präsentation empirischer Evidenz aus den betrachteten Fällen.

bei als ein sich selbst verstärkendes Konstrukt definiert. Wichtige Antezedenzen der Sozialkapitalentstehung sind proaktives kooperatives Verhalten und die soziale Kompetenz der Individuen. Zudem wurde als immanentes Dilemma des Sozialkapitalkonstrukts darauf hingewiesen, dass direkte Investitionen im Sinne des Erschaffens sozialer Strukturen nicht möglich sind; soziale Strukturen entstehen nur als Resultat sozialer Interaktionen. Sozialkapitalorientiertes Management stellt sich somit als Kontextsteuerung dar, die auf die Schaffung eines möglichst geeigneten Interaktionsumfeldes zur Sozialkapitalentstehung abzielt sowie auf Maßnahmen, die kooperatives Verhalten anregen. Hierfür findet sich empirische Evidenz in den betrachteten Fällen. So wird beispielsweise im LOGISTIK-Fall darauf hingewiesen, dass die Entstehung geeigneter Teamstrukturen nur „flankiert“, nicht aber forciert werden kann:

> „Und diese informellen Kontakte sicherzustellen, oder diesen Teamspirit auch zu erreichen, das kann man meines Erachtens immer nur flankieren. Aber es ist wichtig, dass man es flankiert.“ [Manager LOGISTIK]

Der verantwortliche Manager als Meso-Ebenen-Akteur[1] ist dabei zwar als Vorgesetzter für das Beziehungsmanagement verantwortlich, jedoch kann er keine wirkliche Steuerungsfunktion einnehmen, sondern lediglich zu kooperativem Verhalten und sozialen Interaktionen anregen; er kann die Beziehungsbildung im Sinn der Kontextsteuerung fördern, aber nicht erzwingen:

> „Also ich glaube nicht, dass man das, jetzt aus Sicht eines Vorgesetzten oder Verantwortlichen, steuern kann. Da kann man anregen: Setzt euch doch mal wieder zusammen! Oder ähnliches, aber man kann das nicht wirklich steuern. (…) Aber ansonsten kann man da eigentlich nicht richtig Einfluss drauf nehmen. Ich versuche das natürlich zu fördern, wenn das stattfindet und funktioniert. Aber andererseits, erzwingen kann man es nicht.“ [Manager AIRLINE]

Das gleiche Argument wird im FINANCE-Fall vorgebracht; soziale Beziehungen können nicht verordnet werden, der Manager muss seine Mitarbeiter an die Beziehungsbildung heranführen:

> „Und man kann sie nicht dazu zwingen, man muss sie irgendwie da ranführen, man kann ja nicht sagen: So, heute haben wir jetzt eine starke Beziehung zu denen, das geht ja auch nicht.“ [Manager FINANCE]

Das Dilemma ist, dass zwar eine Sozialkapitalinvestition notwendig ist, diese aber nicht im klassischen Sinn mit deterministischem Output erfol-

---

[1] In Kap. 5.1.4 wurde die Rolle des Managers als Meso-Ebenen-Akteur in interorganisationalen Multi-Ebenen-Arrangements charakterisiert. Siehe zudem unten in Kap. 7.4 zur Diskussion der Rolle des Managers im zwischenbetrieblichen Beziehungsmanagement, bzw. zum Selbstverständnis der befragten Manager.

gen kann. Der Manager kann den Interaktionskontext positiv beeinflussen und für geeignete Interaktionsgelegenheiten sorgen:

> „Weil ich, wie gesagt, glaube, dass man das nicht erzwingen kann. Natürlich kann ich das versuchen, deshalb haben wir auch dieses große Mitarbeiterfest zu Beginn der Kooperation gemacht. (...) Aber da gezielt zu investieren mit erwartetem Output, da bin ich nicht so sicher, ob das wirklich der Fall ist." [Manager AIRLINE]

Es kann festgehalten werden, dass deterministische Investitionen in Sozialkapital nicht möglich sind und sozialkapitalorientiertes Management daher als Kontextsteuerung zu verstehen ist. Das besondere Umfeld interorganisationaler Arrangements erfodert dabei explizite Investitionsstrategien als Teil des Beziehungsmanagements. Typische Barrieren wie räumliche und kulturelle Distanz, die sich aus der Kooperation jenseits der Organisationsgrenzen ergeben, behindern eine natürliche Sozialkapitalentstehung. Die Managementherausforderungen bestehen nun darin, ein Umfeld zu erschaffen, das effektive interpersonale Kooperation ermöglicht, obwohl der gegebene Kontext dies eigentlich behindert.

Management als Kontextsteuerung im interorganisationalen Kontext kann dabei in Anlehnung an HIRSCHHORN und GILMORE als das Managen „psychologischer Grenzen" beschrieben werden[1]: Damit die Mitarbeiter des Unternehmens jenseits der eigenen Organisationsgrenzen effektiv arbeiten können, ist es notwendig, neue psychologische Grenzen zu schaffen[2]. Klassische Organisations-, Aufgaben-, und Autoritätsgrenzen, die innerbetrieblich wie selbstverständlich bestehen, müssen im interorganisationalen Arrangement erst neu erschaffen werden, um die Entstehung von Gruppenstrukturen und das Herausbilden eines gemeinsamen Aufgabenverständnisses der beteiligten Mitarbeiter zu unterstützen. Letztlich muss der Widerspruch aus Notwendigkeit zur Kooperation jenseits der Unternehmensgrenzen einerseits und der Bildung von Gruppenstrukturen im Sinne einer Gruppenidentität und eines gemeinsamen Verständnisses andererseits überwunden werden[3]. Das Management psychologischer Grenzen beschreibt damit letztlich das aus Sicht des sozialkapitalorientierten Managements notwendige Erschaffen eines geeigneten Interaktionskontexts,

---

[1] Siehe Hirschhorn/Gilmore 1992.

[2] „These new boundaries are more psychological than organizational. They aren't drawn on a company's organizational chart but in the minds of its managers and employees." (Hirschhorn/Gilmore 1992, S. 105).

[3] Siehe hierzu auch Klein: „Hirschhorn and Gilmore coined the phrase that managers have to maintain psychological boundaries for the employees. They have to manage and to balance the contradiction between learning to co-operate across the boundaries of companies and yet at the same time maintain and build a strong sense of group-identity which is the basis and the fundament in order to be able to co-operate." (Klein 1996b).

damit Sozialkapital als Grundlage effektiver Kooperation entstehen kann. Sozialkapitalorientiertes Management als Kontextsteuerung zielt somit auf die Bildung von Sozialkapital in Gegenwart des kargen Umfelds interorganisationaler Arrangements und der aus der grenzüberschreitenden Kooperation resultierenden Barrieren ab. Im Folgenden werden typische Barrieren vorgestellt, die den kargen Interaktionskontext im zwischenbetrieblichen Bereich charakterisieren.

7.2 Barrieren der Sozialkapitalentstehung

Auf interorganisationale Distanz als Herausforderung beim Management zwischenbetrieblicher Beziehungen wurde eingangs bereits hingewiesen[1]. Dabei wurden verschiedene Formen von Distanz unterschieden, von denen insbesondere die räumliche, kulturelle und soziale Distanz zu nennen sind, da diese sich als Barrieren für die Bildung von Sozialkapital erweisen. Dabei ergeben sich die Barrieren im Wesentlichen aus den Charakteristika interorganisationaler Arrangements, die in Kapitel 5.1.2 diskutiert wurden. Ziel des Beziehungsmanagements muss das Erkennen, Managen und Überwinden dieser Barrieren sein, damit diese sich nicht in unkooperativem Verhalten manifestieren und so zu noch gravierenderen Barrieren werden. Dabei stellen sich die Herausforderungen solcher Barrieren insbesondere in strategischen Lieferantenbeziehungen und strategischen Allianzen, da dort Sozialkapital eine höhere Relevanz besitzt und reichhaltigeres Sozialkapital notwendig ist. Entsprechend wurden Barrieren der Kooperation auch nur in diesen Interviews genannt. Das folgende Unterkapitel zeigt typische Barrieren auf, bevor diese in den darauf folgenden Unterkapiteln unter Rückgriff auf empirische Evidenz diskutiert werden.

7.2.1 Typische Barrieren

GEMÜNDEN und WALTER unterscheiden vier Barrieren interorgansationaler Zusammenarbeit, von denen drei im vorliegenden Kontext relevant sind[2]. Zwar beziehen sie die Barrieren auf die organisationale Beziehung, jedoch sind diese auch auf interpersonaler Ebene relevant:

- *Barriere des „Nicht-Voneinander-Wissens"*: Diese Barriere beziehen die Autoren auf Fälle, in denen Unternehmen nicht von der Existenz etwaiger Kooperationspartner im Organisationsumfeld wissen. Auf der interpersonalen Ebene kann dies auf die Suche nach geeigneten An-

[1] Vgl. Kap. 2.2.2.4, sowie Ford et al. 2002, S. 109.

[2] Vgl. Gemünden/Walter 1995, S. 974.

sprechpartnern im Partnerunternehmen, bzw. im Partnernetzwerk bezogen werden, wie dies im Fall des extrem komplexen FINANCE-Netzwerks vorkam. Die Barriere verweist auf die Herausforderung, erste Kontakte zwischen den beteiligten Individuen herzustellen.

- *Barriere des „Nicht-Miteinander-Zusammenarbeiten-Könnens"*: Diese Barriere bezieht sich auf den Fall, dass der Kontakt zwischen den Individuen hergestellt ist, diese jedoch zu Beginn der gemeinsamen Interaktionen noch nicht miteinander arbeiten können, weil ihnen hierfür die Fähigkeiten, insbesondere im Sinne kognitiver Beziehungselemente, fehlen. Das Herausbilden dieser Fähigkeit setzt erfolgreiche soziale Interaktionen voraus, die jedoch durch die oben genannte räumliche, kulturelle und soziale Distanz erschwert werden.
- *Barriere des „Nicht-Miteinander-Zusammenarbeiten-Wollens"*: Diese Barriere bezieht sich auf oppositionelles Verhalten und die Ablehnung der Zusammenarbeit mit anderen Akteuren. Diese Widerstände können dabei eine Ursache mangelnder Behandlung von Barrieren des „Nicht-Miteinander-Zusammenarbeiten-Könnens" sein. Durch die mangelnde Fähigkeit des gegenseitigen Verstehens kann es zu Missverständnissen und Missinterpretationen des Verhaltens der Interaktionspartner kommen, was zur Ablehnung und zu oppositionellem Verhalten führen kann.

Ausgehend von dieser Unterscheidung können Interaktionsbarrieren erster und zweiter Ordnung unterschieden werden. Barrieren des „Nicht-Voneinander-Wissens" und des „Nicht-Miteinander-Zusammenarbeiten-Könnens" stellen Barrieren erster Ordnung dar, die sich sich auf die typischen Charakteristika interorganisationaler Kooperation beziehen. Auch wenn Akteure eine positive Einstellung zur Zusammenarbeit mitbringen, besitzen sie zu Beginn der Kooperation in der Regel noch nicht die Fähigkeiten zur Zusammenarbeit, insbesondere bezogen auf die kognitiven Sozialkapitalaspekte. Werden diese Barrieren erster Ordnung nicht geeignet gemanagt und überwunden, so können Barrieren zweiter Ordnung entstehen, die sich auf die Motive und Einstellungen der Individuen beziehen. So kann Misstrauen, unkooperatives Verhalten und im Extremfall offener Widerstand gegen die Kooperation und damit eine Barriere des „Nicht-Miteinander-Zusammenarbeiten-Wollens" entstehen. Barrieren zweiter Ordnung sind dabei generell schwerer zu überwinden. Im Folgenden werden zunächst Barrieren erster und dann zweiter Ordnung diskutiert (siehe schon jetzt Tabelle 7.1 für eine Übersicht).

7.2.2 Räumliche Distanz

Partnerunternehmen befinden sich selten am gleichen Standort, so dass gemeinsame Interaktionen an einem Ort erschwert werden. Dabei zeigt sich, dass räumliche Nähe die Bildung von sozialen Beziehungen erheblich begünstigt, da die Interaktionshäufigkeit und deren Reichhaltigkeit erhöht werden: „Soziologische Untersuchungen haben häufig ergeben, dass räumliche Nähe die Aufnahme von Beziehungen (…) begünstigt und dass räumliche Distanz offensichtlich eine Barriere oder einen Kostenfaktor für Attraktivität darstellt und die Beziehung damit belastet.“[1] Räumliche Distanz wird denn auch in einigen der betrachteten Fälle explizit als Barriere für die Kooperation und das Herausbilden sozialer Beziehungen genannt. Räumliche Nähe ist umgekehrt sehr hilfreich für die Zusammenarbeit, da Face-to-Face-Treffen im Bedarfsfall möglich sind und damit auch Interaktionen in einem reichhaltigen, die Beziehungspflege unterstützenden Kontext. Je geringer die Distanz zwischen den Standorten der Kooperationspartner, desto eher kommt es auch zu spontanen Besuchen und informellen Face-to-Face-Interaktionen:

> „Ja, es ist schon so, dass [Stadt1] natürlich ein bisschen weit weg ist von [Stadt2]. Ich denke, wir hätten uns wahrscheinlich häufiger direkt gesehen, wenn die Distanz nicht gewesen wäre. Das kann schon sein. Also man plant dann, was man an diesem Tag, wo man wirklich nach [Stadt1] fährt, alles besprechen muss, was da abgelaufen ist und so. Und sonst würde man vielleicht einmal pro Woche schnell vorbei schauen oder so.“ [Manager DEVELOPER]

Es wird deutlich, dass räumliche Distanz informelle Interaktionen, die für das Entstehen von Sozialkapital wichtig sind, erschwert. Kommunikation über elektronische Medien zur Überbrückung der räumlichen Distanz ist problematisch und begünstigt das Entstehen von Missverständnissen, was nicht nur die Koordination im Tagesgeschäft beeinträchtigt; es erschwert auch das Entstehen von Vertrauensbeziehungen erheblich:

> „Ich meine, relativ viel Kommunikation passiert ja auf Mail, E-Mail. Da kann einer auch eine Seite schreiben oder zwei, ich glaube die Problematik, oder das was er ausdrücken will, wird halt dann vom Empfänger nicht unbedingt richtig interpretiert. Wir stellen fest, dass immer noch ein Rückfragen, ein Hinterfragen wichtig ist, damit man sicherstellen kann: Ich habe den Auftrag richtig verstanden.“ [Manager TELCO]

Tatsächlich kann argumentiert werden, dass die Sozialkapitalentstehung den reichhaltigen Face-to-Face-Interaktionskontext benötigt. Das Platzieren der beteiligten Personen an einem Ort, zumindest für einen überschaubaren Zeitraum, kann somit als Voraussetzung für die Entstehung von Sozialkapital gesehen werden[2]. Das Herausbilden eines gemeinsamen Ver-

[1] Fischer/Wiswede 2002, S. 400.

[2] „Connections also get made when companies simply help people to be in the same place at the same time. (…) Social capital grows when team members meet face-to-face and work side-by-side.” (Prusak/Cohen 2001, S. 88).

ständnisses benötigt den reichhaltigen Face-to-Face-Interaktionskontext, da elektronische Kommunikationsmedien diese Reichhaltigkeit nicht bieten und wirkliche Nähe nicht herstellen können. COHEN und PRUSAK sehen Virtualisierungstendenzen folgerichtig auch als eine Hauptherausforderung für die Entstehung von Sozialkapital in Organisationen an. Elektronische Medien können nur einen Bruchteil des für die Sozialkapitalentstehung notwendigen Kommunikationsgehalts transportieren[1].

Ein wesentliches Hemmnis räumlicher Distanz für die Sozialkapitalbildung liegt ferner darin, dass die eher seltenen gemeinsamen Meetings meist gemäß den Projektanforderungen geplant und strukturiert werden, um die knapp bemessene Zeit nicht für andere Aktivitäten zu verschwenden. Informelle Interaktionen finden so nur wenig Raum. Dabei sollte es jedoch insbesondere zu Beginn der Partnerschaft Raum für informelle Interaktionen abseits des Geschäftlichen geben. Gerade in den Interaktionen zu Beginn einer Kooperation steht das Aushandeln der Rollen und Gegebenheiten für die spätere Kooperation im Vordergrund, so dass hier oftmals die eigenen Positionen durchgesetzt werden müssen. Solche Interaktionen sind nicht geeignet, ein Vertrauensverhältnis aufzubauen. Es kann vielmehr argumentiert werden, dass es notwendig ist, die sozialen Beziehungen als Grundlage für die effektive Durchführung geschäftlicher Interaktionen getrennt von den geschäftlichen Interaktionen in einer informellen Atmosphäre entwickeln zu können:

> „Also das ist sicherlich das räumliche. Je häufiger ich Leute sehe und so, desto schneller kommen solche Kontakte zustande. Diese Beziehungen lassen sich in einer neutralen Situation viel leichter aufbauen, als wenn man sich erst in einer geschäftlichen Streitsituation kennen lernt. Wenn ich erstmal jemanden kennen lerne und dann sofort ein kommerzielles Problem oder so was zu klären, zu erledigen habe, ist das nicht gerade die beste Voraussetzung um sozusagen ein Vertrauensverhältnis aufzubauen. Denn jeder muss irgendwas für seine Firma durchsetzen." [Manager OUTSOURCE]

Es kann festgehalten werden, dass räumliche Distanz und die damit einhergehende Nutzung elektronischer Medien, sowie die reduzierte Frequenz informeller Face-to-Face-Interaktionen, eine wichtige Barriere der Sozialkapitalentstehung darstellt.

7.2.3 *Kulturelle und soziale Distanz*

Kulturelle Distanz bezieht sich auf die nationale oder regionale Herkunft der Partner und deren Unternehmenskulturen. Soziale Distanz wiederum

---

[1] „None of the technology of virtuality can (currently) carry even a fraction of the whole range of communication that people use to relate to one another and that build social capital" (Cohen/Prusak 2001, S. 163).

bezieht sich auf den Grad der Vertrautheit zwischen den Individuen in den Partnerunternehmen, die zu Beginn der Kooperation naturgemäß gering ist. Soziale Distanz entsteht durch mehrere Faktoren, zu denen auch kulturelle Unterschiede gehören: „Soziale Distanzen können u.a. aus unterschiedlichen Organisationskulturen, Betriebsgrößen, Anreizsystemen, Zeithorizonten und professionellen Orientierungen resultieren.“[1]. Entsprechend ihrer Verwandtschaft werden die beiden Formen der Distanz integriert diskutiert.

Kulturelle und soziale Distanz entstehen aus der interpersonalen Diversität bzw. Heterogenität, die die Kooperation zwischen Unternehmen mit verschiedenen Unternehmenskulturen mit sich bringt. Einerseits werden für komplexe zwischenbetriebliche Projekte aufgrund der Arbeitsteilung Individuen unterschiedlicher beruflicher Herkunft benötigt, andererseits kommen die beteiligten Individuen aus Unternehmen mit unterschiedlichen Unternehmenshistorien und Begriffswelten. Dies bringt Diversität bezüglich der Wortwahl und angestammter Begriffe für technische und ökonomische Gegebenheiten mit sich, was das Herausbilden eines gemeinsamen Verständnisses der gemeinsamen Tätigkeiten und einer gemeinsamen Basis für die Kommunikation erschwert[2]. HIRSCHHORN und GILMORE sprechen in diesem Zusammenhang von Aufgabengrenzen („task boundaries“): Die Arbeitsteilung und Kooperation von Spezialisten stellt durch die resultierende Diversität eine Barriere beim Herausbilden eines gemeinsamen Verständnisses dar[3]. Der Manager im LOGISTIK-Fall weist explizit auf diese kulturelle Distanz mit Blick auf die Unterschiede im Begriffsverständnis hin:

> „Das hat auch mit diesem Thema Intercultural Management zu tun, also dass man einfach aus dem eigentlichen Kulturraum heraus andere Schwerpunkte, Ansichten, Verständnisse hat. Was damit einhergeht ist, dass es auch zwischen den Companies unterschiedliche Wahrnehmungen gibt usw. Es gibt unterschiedliche Schwerpunkte. Wir sind alle im gleichen Geschäft, wir sind auch alle sehr fokussiert, nichtsdestoweniger haben wir auch andere Historien. (…) Und auch so ein Punkt wie Wording oder so. Nun haben wir schon einmal einen gewissen Vorteil, dass die Branche generell englisch spricht … nichtsdestoweniger gibt es halt viele Begrifflichkeiten, die in einer (…)Organisation gesetzt sind. (…) Wir hatten so ein Beispiel, wo wir, als wir noch drei Partner waren, vier Interpretationen eines Begriffes hatten. (…) Und es ist enorm wichtig, da sicherzustellen, dass wirklich alle das gleiche Verständnis haben. Das merkt man auch erst über die Zeit.“ [Manager LOGISTIK]

---

[1] Gemünden/Walter 1995, S. 978.

[2] Zur Diskussion von Diversität in der Wissensarbeit vgl. Kap. 4.2.4.4.

[3] „Work in complex organizations requires a highly specialized division of labor. Yet the more specialized work becomes, the harder it is to give people a sense of a common mission.” (Hirschorn/Gilmore 1992, S. 108).

Dabei wird deutlich, dass oftmals die unterschiedlichen Landessprachen nicht das eigentliche Problem sind, wenn die Branchensprache Englisch ist. Die sprachliche Distanz bezieht sich vielmehr auf die unternehmensspezifische Auslegung von Begriffen und auf angestammte Codes und Kürzel, die typischerweise die Sprache in Unternehmen kennzeichnen. Sprachliche Barrieren können signifikante Probleme in heterogenen Teams darstellen und die Zusammenarbeit und das Herausbilden funktionierender sozialer Beziehungen verhindern[1]. Zudem gibt es in Unternehmen oft angestammte Wege der Problemlösung oder historisch herausgebildete Problemlösungstechniken. Hier kann es ebenfalls zum Konflikt zwischen den Individuen kommen, wenn diese auf ihren angestammten Prinzipien beharren und damit die Bildung von Vertrauensbeziehungen gefährden. Der TELCO-Manager berichtet von typischen Spannungen, wenn z.B. die Mitarbeiter die Ideen und Lösungen von Experten des Partnerunternehmens nicht akzeptieren wollen. Kompetitives Verhalten in solchen Situationen wirkt kontraproduktiv auf die Bildung sozialer Beziehungen; hier ist besondere Aufmerksamkeit des Beziehungsmanagements gefordert, um das Entstehen einer Barriere zweiter Ordnung zu vermeiden (siehe unten):

> „Das Ziel ist nicht unbedingt, dass man versucht, dem Partner zu zeigen, dass man besser ist. Das ist ja meist die Problematik, dass sie gegenseitig nicht akzeptieren, dass da ein Spezialist gegenüber sitzt und dass er eben vielleicht die Problematik besser versteht, sondern dass wirklich eine gemeinsame Problemlösung gesucht wird." [Manager TELCO]

Ähnliche Situationen können auftreten, wenn Individuen unterschiedlicher beruflicher Herkunft zusammenarbeiten müssen, da diese meist auf signifikant unterschiedliche Weise von den gleichen Sachverhalten sprechen, Aspekte unterschiedlich gewichten und zudem unterschiedliche Interessen haben, was informelle Kommunikation und damit die Sozialkapitalbildung erschweren kann[2]. Als Beispiel wurde gelegentlich die Zusammenarbeit zwischen Mitarbeitern mit technischer und solchen mit eher betriebswirtschaftlicher Ausrichtung genannt.

Es kann festgehalten werden, dass die Bildung von Sozialkapital einerseits durch das Vorhandensein kultureller Distanz erschwert wird. Andererseits jedoch kann das Herausbilden von Sozialkapital die Kooperation in Gegenwart kultureller Unterschiede verbessern, da durch Prozesse des Grounding und Sense-Making das gegenseitige Verständnis, die Kommu-

---

[1] „...these linguistic barriers create substantial problems for heterogeneous teams whose members are trying hard to work together." (Northcraft et al. 1996, S. 77).

[2] „...groups from different functional backgrounds are likely to have different ways of talking about even the same things (...), as well as differences in what they are interested in talking about." (Northcraft et al. 1996, S. 77).

nikation, und damit die Motivation und Fähigkeit zur Kooperation verbessert werden. Somit wird auch hier wieder die rekursive Dualität von Struktur und Handeln deutlich, die dem Sozialkapitalkonstrukt zugrunde liegt[1]: Das Vorhandensein kultureller Distanz als Merkmal der sozialen Struktur behindert soziale Interaktionen; aber durch erfolgreiche Interaktionen kann dieses Hindernis überwunden werden, da sich entsprechendes kognitives Sozialkapital bildet, was wiederum soziale Interaktionen erleichtert.

Ein Ziel interorganisationaler Kooperation ist der Zugang zu Ressourcen und externen Experten. Dabei kann die gemeinsame Wissensarbeit von der sich naturgemäß in solchen Arrangements ergebenden interpersonalen Diversität profitieren. Diversität erzeugt positive Konflikte und einen kreativen Diskurs, der für die Wissensentstehung sinnvoll und nützlich sein kann. Gleichzeitig jedoch erschweren Diversität und die entstehenden Konflikte die Zusammenarbeit und die soziale Integration, gerade wenn zu Beginn der Kooperation die diskutierten Barrieren bestehen[2]. Die Team-Mitglieder erfahren dadurch eine höhere Unsicherheit im Umgang miteinander, was sich auch negativ auf die Motivation zur Äußerung sich widersprechender Standpunkte und kreativer Ideen auswirken und damit die Wissensarbeit behindern kann[3]. Und je heterogener die Gruppe ist, desto länger benötigen die Mitglieder für die soziale Integration, d. h. das Herausbilden von Gemeinsamkeiten und die Integration konfliktierender Ansichten[4]. ANAND ET AL. schlussfolgern, dass die eigentliche Herausforderung bei der Integration verteilter Wissensteams darin besteht, ein Gruppengefüge herzustellen, damit Wissensarbeit überhaupt erst stattfinden kann[5]. Maßnahmen sozialkapitalorientierten Managements dienen der Sozialkapitalbildung und damit der Überwindung der genannten Barrieren und der sozialen Integration. Bleibt eine geeignete Behandlung durch das

---

[1] Vgl. Kap. 3.2.

[2] „The positive conflict (…) among team members' cognitive resources (i.e. knowledge and skills, values and attitudes, and personalities and styles) is what makes cross-functional teams valuable. These conflicts (and others that similarly stem from differences among team members' social category memberships) are also what make it difficult for diverse team members to work together effectively (…)." (Northcraft et al. 1996, S. 74).

[3] „Teams whose members are less familiar with one another are likely to have higher levels of uncertainty, and therefor may resist expressing potentially contrary knowledge." (Anand et al. 2003, S. 26).

[4] „The greater the diversity of team members, the longer it will probably take for the team to discover congruencies that can provide a foundation for interaction and to work out the integrative fits among comflicting positions." (Northcraft et al. 1996, S. 86).

[5] „…the major challenge with these teams is enhancing the likelihood that integration and creation actually occurs." (Anand et al. 2003, S. 27).

Management aus, so besteht die Gefahr, dass sich die angesprochenen Unsicherheiten und Konflikte zu Barrieren zweiter Ordnung auswachsen.

7.2.4 Misstrauen und oppositionelles Verhalten als Barrieren zweiter Ordnung

Barrieren zweiter Ordnung ergeben sich nicht wie Barrieren erster Ordnung aus den Charakteristika des interorganisationalen Kontexts, sondern aus den Motiven und Intentionen der beteiligten Individuen: Wenn Barrieren erster Ordnung nicht überwunden werden und die Team-Mitglieder kein gemeinsames Verständnis entwickeln können, kann dies zu Misstrauen führen, was sich negativ auf das Kommunikationsverhalten und die Bereitschaft zu kooperativem Verhalten auswirkt[1]. Ein Fehlen sozialer Integration in Teams führt zur Zergliederung und zur Verfestigung von Untergruppen, so das primär die Unterschiede statt der Gemeinsamkeiten der Team-Mitglieder betont werden; Misstrauen und kompetitives Verhalten sind die Folge[2]. Anstelle des Aufbaus von Sozialkapital führt dies zum gegensätzlichen Effekt einer Abwärtsspirale, die zu oppositionellem Verhalten führt[3].

Erschwerend kommt hinzu, dass die entstehenden Spannungen und unterschwelligen Konflikte im interorganisationalen Kontext sehr lange unentdeckt bleiben können. ARMSTRONG und COLE haben in ihrer Studie zu verteilten Teams herausgefunden, dass Konflikte umso schneller entdeckt und offen ausgetragen werden, je näher die betreffenden Mitarbeiter zusammen platziert sind. Mit steigender räumlicher Distanz neigen Konflikte dazu, unentdeckt zu bleiben und sich schleichend zu verstärken, um dann womöglich nicht mehr in kooperativer Weise lösbar zu sein[4]. So kommt es, dass unterdrückte Konflikte plötzlich ausbrechen und die zuständigen Ma-

---

[1] „Groups perceiving themselves to be in goal conflict will exhibit distrust, and communication and helping behaviors will deteriorate appropriately." (Northcraft et al. 1996, S. 83).

[2] „Once ingroup and outgroup distinctions become salient, stereotyping, distrust, and competition occur and interfere with group functioning (…)." (Nkomo 1996, S. 250); vgl. auch Hall 1995, S. 35.

[3] „Cultural differences cause failure because they provide fuel to a downward spiral of misunderstandings, mistrust of intention, conflict and a broken relationship." (Hall 1995, S. 5f.); Auf diesen Aspekt wurde auch oben bei der Diskussion der empirischen Evidenz zur Kooperation in komplexen Projekten schon hingewiesen; vgl. Kap. 6.2.1.2.

[4] „Conflicts were expressed, recognized, and addressed more quickly if group members worked in close proximity. (…) Over distance, the issues were more likely to just get dropped and go unresolved, contributing to a slow buildup in aggravation." (Armstrong/Cole 1996, S. 198).

nager unvorbereitet treffen[1]. Ein dediziertes Beziehungsmanagement ist notwendig, damit aus Barrieren erster Ordnung kein Misstrauen und oppositionelles Verhalten entsteht, was letztlich den genau gegenteiligen Effekt zu erfolgreicher Sozialkapitalbildung zur Folge hat[2]. Sozialkapitalinvestitionen müssen also besonders zu Beginn der Kooperation proaktiv gemanagt werden. In mehreren der empirischen Fälle wird explizit darauf hingewiesen, dass durch die Bestrebungen, die eigentlichen Projekttätigkeiten möglichst effektiv und effizient durchzuführen, die Gefahr besteht, den Beziehungsaufbau zu vernachlässigen. Das eigentliche Tagesgeschäft wird hier als ein Hindernis des Sozialkapitalaufbaus genannt:

> „Hindernisse? Das ist ganz klar das Daily Business. Also in unserer Branche ist es ja immer so, dass man meint, wir verpassen etwas. Und dann hat man eigentlich nicht die Zeit, um Beziehungen zu pflegen. Das ist schade.“ [Manager TELCO]

In Einzelfällen können Barrieren zweiter Ordnung auch bereits zu Beginn der Kooperation bestehen. Im Fall der AIRLINE ergab sich eine solche Barriere bereits zu Beginn der Kooperation aus dem alten Rollenverständnis der Kooperationspartner. REGIO-AIR war ursprünglich als Konkurrent von AIRLINE gestartet, was sich laut Aussage auch heute noch im Selbstverständnis einiger Mitarbeiter und entsprechendem Misstrauen gegenüber dem Partner widerspiegelt. Wichtig ist hier eine kontinuierliche Aufmerksamkeit von Seiten des Beziehungsmanagements, um für eine erfolgreiche Teamintegration zu sorgen und das Entstehen unkooperativen Verhaltens zu vermeiden. Diese Anpassung braucht Zeit und proaktives, kooperatives Verhalten von Seiten der AIRLINE als Zeichen bewusster Sozialkapitalinvestitionen:

> „Na, es ist natürlich immer noch bei REGIO-AIR das alte Rollenverständnis verwurzelt. Und da gibt es sicherlich in der REGIO-AIR-Mitarbeiterschaft noch Schwierigkeiten, sich in diese neue Rolle einzufinden bzw. deren Wert und deren Zukunftsträchtigkeit für das Unternehmen REGIO-AIR zu erkennen. Das ist ein schwieriges Thema, was man sicherlich nicht im Hauruck-Verfahren von heute auf morgen lösen kann. Wiederum Offenheit in der Kommunikation und gutes, schlüssiges Darstellen der Symbiose und der Vorteile für REGIO-AIR als Qualitäts-Regionalcarrier in diesem Verbund ist da ganz wichtig. Aber wie gesagt, das kann man nicht mit der Brechstange. Da muss halt ein allmählicher Philosophiewandel stattfinden. Das macht es aber hier und da tatsächlich noch schwierig.“ [Manager AIRLINE]

---

[1] „Conflicts among sites went unidentified and unaddressed longer than conflicts among members of colocated groups and flared up more suddenly, surprising distant managers.“ (Armstrong/Cole 1996, S. 194).

[2] Dies könnte als eine Art „negatives Sozialkapital“ interpretiert werden, was jedoch laut Definition nicht existiert.

Zusammenfassend kann festgehalten werden, dass die Sozialkapitalentstehung in interorganisationalen Arrangements einerseits sehr wichtig ist, andererseits jedoch durch die speziellen Charakteristika interorganisationaler Arrangements im Sinne von Barrieren behindert wird. Dies stellt ein immanentes Dilemma dar, das ein dediziertes sozialkapitalorientiertes Management erfordert, insbesondere, um Barrieren zweiter Ordnung und das damit einhergehende oppositionelle Verhalten zu verhindern. Tabelle 7.1 fasst die Erkenntnisse zu den Barrieren zusammen; das nächste Kapitel widmet sich detailliert den Maßnahmen sozialkapitalorientierten Managements.

Barrieren erster Ordnung		
Beziehen sich auf die Charakteristika interorganisationaler Arrangements (karges Umfeld).		
Räumliche Distanz	Nicht-Voneinander-Wissen	Relevante Ansprechpartner im Partnerunternehmen bzw. im Netzwerk sind zu Beginn nicht bekannt.
Kulturelle und soziale Distanz	Nicht-Zusammenarbeiten-Können	Elektronische Kommunikation aufgrund räumlicher Distanz und Diversität im Sinne kultureller Unterschiede der Individuen behindern soziale Integration und das Herausbilden gemeinsamen Verständnisses und stabilen Vertrauens.
Fazit: Motivation zur Kooperation vorhanden, aber zu Beginn der Beziehung fehlen die entsprechenden Fähigkeiten.		
Barrieren zweiter Ordnung		
Beziehen sich auf die Motive und Intentionen der beteiligten Mitarbeiter.		
Misstrauen	Nicht-Zusammenarbeiten-Wollen	Mangelnde Integration und Überwinden der Barrieren erster Ordnung können zu Konflikten, und dann zu Misstrauen und oppositionellem Verhalten führen.
Fazit: Motivation zur Kooperation fehlt, wenn sich aus bestehenden Konflikten Misstrauen bildet.		

Tabelle 7.1: Zusammenfassende Übersicht von Barrieren der Sozialkapitalentstehung

7.3 Managementmaßnahmen

Die Diskussion der Barrieren macht deutlich, dass Sozialkapital insbesondere in der ersten Kontaktphase der Kooperationsbeziehung erhebliche Aufmerksamkeit durch das Beziehungsmanagement erfordert. Entsprechend sind die anfallenden Interaktionskosten besonders zu Beginn der Kooperation sehr hoch, da sich die Beteiligten kennen lernen und die Grundlagen für die Beziehungsbildung gelegt werden müssen; diese Kosten gehen in späteren Phasen zurück[1]. Zu Beginn einer Kooperationsbeziehung findet in vielen Fällen ein gemeinsames Projekt statt, das durch hohe Komplexität gekennzeichnet sein kann und somit reichhaltiges Sozialkapital als *Ermöglicher* effektiver Zusammenarbeit benötigt. Sozialkapital ist also insbesondere in der ersten Phase von hoher Wichtigkeit, so dass der Bildung der sozialen Strukturen im interorganisationalen Arrangement von Beginn an hohe Aufmerksamkeit zukommen muss[2].

Dabei besteht grundsätzlich das Dilemma, dass Sozialkapital in der ersten Phase der Beziehung am wichtigsten ist, jedoch in dieser Phase gleichzeitig am wenigsten Sozialkapital vorhanden ist. Aus diesem Grund ist ein proaktives und auf die Sozialkapitalentstehung ausgerichtetes Beziehungsmanagement von Beginn an notwendig. Häufig genug werden die beteiligten Mitarbeiter der Partnerunternehmen zusammengebracht, um möglichst schnell mit der Zusammenarbeit zu beginnen. Wird dabei kein Freiraum für die Entstehung sozialer Beziehungen eingeräumt, so kann dies schwer wiegende negative Auswirkungen auf den Verlauf der Kooperation und den Erfolg des Projekts haben[3]. Als Folge können tief greifende Missverständnisse auftreten, die zur Entstehung von Barrieren zweiter Ordnung führen können, was letztlich die ursprünglichen Bestrebungen, möglichst schnell Ergebnisse in der Kooperation zu produzieren, ad absurdum führt. Die beteiligten Mitarbeiter benötigen, insbesondere aufgrund der naturgemäß bestehenden Barrieren (siehe oben), Zeit für das gemeinsame „Grounding" ihrer unterschiedlichen Sichtweisen und das Herausbilden gemeinsamer mentaler Modelle[4]. Aus diesem Grund ist eine aktive Beziehungsbildung sehr wichtig. Sozialkapitalorientiertes Management

[1] „The contact/information costs of a relationship are high in the initial stages, when the buyer is getting to know the suppliers and their abilities and expertise, and these costs fall later." (Håkansson/Gadde 1997, S. 405).

[2] „Building the social fabric of an alliance is essential, because the early communications are intense and the issues are confusing." (Hutt et al. 2000, S. 60).

[3] „in the haste to get started on a new idea or project, groups of people are thrust together and told to begin work. Often this has disastrous effects as individuals proceed without having a common working vision." (Lesser 2000, S. 14).

[4] Vgl. Tindale et al. 1991, S. 12.

muss dabei zunächst einmal genügend Opportunitäten für soziale Interaktionen in einem reichhalten, aber auch informellen Kontext abseits der tatsächlichen Arbeitsinhalte, schaffen.

7.3.1 Opportunitäten schaffen für soziale Interaktionen

Eine wesentliche Maßnahme sozialkapitalorientierten Managements im Sinne der Kontextsteuerung ist, Gelegenheiten für Face-to-Face-Interaktionen zu schaffen. Für die Bildung von Sozialkapital ist es erforderlich, dass die beteiligten Mitarbeiter an einem Ort zusammenkommen, damit soziale Interaktionen in einem reichhaltigen Face-to-Face-Kontext stattfinden können.

7.3.1.1 Face-to-Face-Treffen und Möglichkeit zur informellen Interaktion

Kommunikationstechnologie ist generell nicht in der Lage, die gleiche kommunikative Reichhaltigkeit wie ein Face-to-Face-Kontext zu bieten[1]. Diese Reichhaltigkeit ist aber eine notwendige Voraussetzung für effektive Grounding-Prozesse und damit das Entstehen kognitiven Sozialkapitals. Nicht nur für komplexe, arbeitsbezogene Interaktionen, auch für die zur Sozialkapitalbildung notwendigen informellen Interaktionen sind physische Nähe und ein entsprechendes Umfeld wichtig. Informelle Interaktionen, die in einer entspannten Atmosphäre außerhalb des Arbeitskontextes stattfinden können, regen die Bildung sozialer Beziehungen an; dies ist als durchgängiges Thema in den durchgeführten Interviews zu finden[2]. Dabei kommt den Treffen zu Beginn der Kooperation besondere Bedeutung zu, da diese die Tonalität der späteren gemeinsamen Kooperation bestimmen. So genannte Kick-Off-Meetings werden genutzt, um die formelle Teamstruktur festzulegen, die ersten Schritte im gemeinsamen Projekt zu planen und ein gegenseitiges Kennenlernen anzuregen; wichtig dabei ist die Berücksichtigung der sozialen Ebene:

> „Das war im Sommer (…), da waren wir drei Tage [an einem Ort], und haben da natürlich auch viel gearbeitet in dem Sinne, dass eine Teamstruktur festgelegt werden musste. Wir haben eine Grobplanung gemacht, wir haben die wesentlichen Themen identifiziert. Also wir haben viel Arbeit erledigt, aber wir haben das Ganze auch eingebettet in viel Socialising." [Manager LOGISTIK]

---

[1] „Research on the effects of physical proximity on collaborative working relationships indicates that technology fails to provide some important qualities of face-to-face contact." (Armstrong/Cole 1996, S. 188f.).

[2] Der Aspekt wird auch von Kern und Willcocks hervorgehoben: „Clients and suppliers noted arranging social activities as a useful means to fostering these critical closer relations. The informal settings of these activities provided the kind of environment in which relations could be truly fostered." (Kern/Willcocks 2002, S. 10).

Diese Treffen sollten also hinsichtlich des Anteils formeller und informeller Interaktionen ausgewogen sein. Formelle Teambildungsmaßnahmen sollten unbedingt durch die nötigen Freiräume für informelle Interaktionen ergänzt werden, damit sich die in formellen Treffen angebahnten sozialen Kontakte zu sozialen Beziehungen verfestigen können[1]. Neben den Kick-Off-Meetings sind zudem weitere regelmäßige Treffen notwendig, um verteilten Teams die Opportunität zur gemeinsamen Arbeit an einem Ort zu geben[2]. In allen empirischen Fällen, in denen die Notwendigkeit von Sozialkapital in Teams oder in starken Beziehungen identifiziert wurde, wurden regelmäßige Treffen und besonders die Möglichkeit zu informeller sozialer Interaktion als wichtig erachtet; hier einige Beispiele:

> „Da werden die Beziehungen gepflegt. Es ist auch typischerweise so, dass wenn die zu uns kommen, oder wenn wir zu denen gehen, dann haben wir halt nicht nur ein Meeting, dann gehen wir vielleicht auch noch Mittagessen oder was auch immer." [Manager TELCO]

> „Mit so Maßnahmen wie wirklich so einen gemeinsamen Kick-Off zu haben, sich auch dafür Zeit zu nehmen. Auch so nicht reinen Arbeitsinhalten zugeordneten Aspekten einen gewissen Raum einzuräumen. Dass man mal einen Gastreferenten hat, der einfach mal über ein Thema berichtet, weil es interessant ist und weil man sich dann halt auch als Team sieht, als quasi eine Einheit, dass man dafür sorgt, dass auch außerhalb der reinen Meetings, oder dass man zumindest eine Möglichkeit schafft, dass auch außerhalb der reinen Meetings Kontakte da sind, wie gesagt, dieses Teamdinner, dass überhaupt nicht verpflichtend ist, das wäre meines Erachtens kontraproduktiv, wenn wir alle dazu verdonnern würden, dann auch noch abends sozusagen zusammen zu sitzen." [Manager LOGISTIK]

> „Da haben wir zu Projektbeginn zum Beispiel zweitägige Außentagung gemacht mit unseren Sublieferanten, um alle auf die Zielsetzung des Projektes einzustimmen, sich kennen zu lernen, abends bei einem Bier geht das in aller Regel auch etwas einfacher. Wir haben dann auch während des Projektes Teambuilding-Veranstaltungen gemacht, sowohl unsere Teams gegenüber [Kunden] und auch mit den Subprovidern. (...) Das sind teilweise kürzere Veranstaltungen, Tagesveranstaltungen, gewesen, wo man in einem Seminar-Arbeitsgruppen-Stil Themen adressiert, unter anderem auch das Miteinander." [Manager OUTSOURCE]

Regelmäßige Treffen sind also wichtig für das Entstehen und die Festigung sozialer Beziehungen, da die Entwicklung stabilen Vertrauens und nicht zuletzt das Grounding zur Entwicklung eines gemeinsamen Verständnisses nach einem reichhaltigen Interaktionskontext verlangen. Eine besondere Rolle spielen informelle Interaktionen in entspannter Atmosphäre außer-

[1] „...the results of formal team-building exercises will „wear off" if the participants fail to cultivate relationships and strengthen interpersonal ties." (Hutt et al. 2000, S. 60).

[2] „It makes sense, too, to give far-flung teams the opportunity to convene in one place from time to time." (Prusak/Cohen 2001, S. 89).

halb des Arbeitskontexts, z. B. bei gemeinsamen Essen, gemeinsamen Feiern oder anderen Gelegenheiten. Dabei wird die Freiwilligkeit solcher Zusammenkünfte in den Interviews als weiterer wichtiger Aspekt erwähnt, da man die Beziehungsbildung nicht erzwingen kann. Laut NORTHCRAFT ET AL. ist zudem die physische Umgebung mitverantwortlich dafür, soziale Interaktionen und die soziale Integration der Mitarbeiter als Gruppe anzuregen, so dass für solche Treffen bewusst Orte wie Restaurants etc. gewählt werden sollten, die den informellen Charakter unterstreichen[1]. Zudem ist es laut PRUSAK und COHEN wichtig, informelle Konversation explizit zu legitimieren und zu fördern, um die Sozialkapitalbildung anzuregen[2].

7.3.1.2 Hospitation – gemeinsames Arbeiten an einem Ort

Wenn tief gehendes Sozialkapital auf Teamebene notwendig ist, dann bietet sich besonders zu Beginn der Zusammenarbeit anstatt regelmäßiger Treffen das Zusammenfassen des Teams an einem Ort an. Zwar ist diese Maßnahme mit entsprechenden Kosten verbunden, sie kann aber vor dem Hintergrund der oben diskutierten Argumente als wichtige Sozialkapitalinvestition angesehen werden. Beispielsweise wurden die gemeinsamen Projektteams im Fall der AIRLINE-Kooperation mit REGIO-AIR zu Beginn über einen mehrwöchigen Zeitraum an einem Ort platziert. Für die Platzierung der Teammitarbeiter im weiteren Verlauf der Zusammenarbeit ergibt sich jedoch generell der im LOGISTIK-Fall diskutierte Konflikt zwischen der Integration des Teams und der Rückvernetzung der Mitarbeiter in die Ursprungsorganisationen (vgl. Kap. 6.2.1). Es entsteht ein Trade-off hinsichtlich der zwei Perspektiven der Sozialkapitalinvestition: Die Zusammenführung ist sinnvoll für die Bildung und Pflege internen Sozialkapitals als Kooperationsfähigkeit, während verteiltes Arbeiten besser ist für die Beziehungspflege in die Fachabteilungen der Mutterorganisationen und damit den Informationszugang und den externen Einfluss des Teams:

> „Ja, auch zwischen dem Mitarbeiter im Team und dem im Fachbereich sozusagen, da müssen auch entsprechende Links da sein. Und das ist natürlich einfacher, oder sagen wir mal tendenziell gegeben, wenn einer auch sowieso noch im Fachbereich der eigenen Organisation tätig ist und da verankert ist. Der Nachteil ist ganz klar das Thema Verfügbarkeit." [Manager LOGISTIK]

In Fällen, in denen lediglich Sozialkapital auf Basis bilateraler, wenn auch starker Beziehungen notwendig ist, bietet sich als alternative Maßnahme

---

[1] „Put simply, environmentally stimulated casual interaction is likely to promote familiarity and mutual adjustment that will help diverse individuals see the commonalities and complementarities beyond their surface conflicts." (Northcraft et al. 1996, S. 85).

[2] Vgl. Prusak/Cohen 2001, S. 89.

die Aufnahme einzelner Mitarbeiter des Kooperationspartners am eigenen Standort an. Stellt sich heraus, dass regelmäßige Treffen für die Beziehungsbildung nicht ausreichen, so kann ein gemeinsames Arbeiten an einem Standort sinnvoll sein:

> „Bei gewissen Firmen funktioniert das nicht, da müssen wir die Leute vor Ort haben. Das ist typischerweise in neuen Beziehungen, die wir aufbauen, dass die Leute zuerst zu uns kommen müssen, damit wir lernen, mit denen zusammenzuarbeiten." [Manager TELCO]

ENDRES und WEHNER bezeichnen diese Aufnahme von Mitarbeitern des Kooperationspartners als Hospitation: „Unter zwischenbetrieblichen Hospitationen verstehen wir den zeitlich befristeten Austausch von Mitarbeitern zwischen den verschiedenen Bereichen bzw. Betrieben. (...) Je komplexer und undurchsichtiger vernetzte Arbeitssituationen sind, desto mehr erfordern sie gemeinsame Interpretationsleistungen und Orientierungsmöglichkeiten."[1] Die Autoren weisen dabei implizit auf die Notwendigkeit hin, kognitives Sozialkapital mit den Partnermitarbeitern in einem reichhaltigen Interaktionskontext zu bilden. Zusammenfassend lässt sich festhalten, dass ein reichhaltiger, auch informeller, Kontext für die Sozialkapitalbildung in der relationalen und kognitiven Dimension entscheidend ist. Wie ARMSTRONG und COLE deutlich machen, dienen regelmäßige Face-to-Face-Treffen dazu, das Vertrauen zu stärken und sich der Kooperation der Partnermitarbeiter immer wieder neu zu versichern. Hierzu gehören wechselseitige Besuche, der Mitarbeiteraustausch im Sinne der Hospitation und Team-Treffen mit allen betroffenen Mitarbeitern[2]. Insbesondere wenn bereits Barrieren zweiter Ordnung im Sinne einer "Wir und Die"-Kategorisierung und der Bildung von Sub-Gruppen bestehen, sind direkte Kontakte der Mitarbeiter wichtig, um einen entsprechenden Annäherungsprozess einzuleiten[3].

Interessanterweise entstehen Interaktionsgelegenheiten innerbetrieblich nahezu auf natürliche Weise, da das Unternehmen durch die Gestaltung von Aufbau- und Ablauforganisation sowie das physische Layout von Büroflächen das informelle Zusammenkommen der Mitarbeiter und damit die

---

[1] Endres/Wehner 1995, S. 35.

[2] „Frequent face-to-face contacts among members of a distributed group served to renew their trust in mutual comprehension. Visits to different sites, staff rotations, and large face-to-face meetings convened at junctures of key change in the group all helped to maintain a level of mutual comprehension and trust." (Armstrong/Cole 1996, S. 209).

[3] „A common theme in prescriptions for overcoming the barriers to work team performance is breaking down group boundaries that result from categorization – for example, by increasing intergroup contact." (Nkomo 1996, S. 250).

Sozialkapitalentstehung sehr einfach fördern kann[1]. Zwischenbetrieblich bestehen diese Möglichkeiten nur sehr eingeschränkt, was wiederum unterstreicht, dass es sich hinsichtlich der sozialen Dimension um ein karges Umfeld handelt. Entsprechend argumentiert BURT, dass innerbetrieblich die eigentliche Herausforderung darin besteht, die Vernetzung zwischen Teams anzuregen, da integratives Sozialkapital im Sinne der Gruppengeschlossenheit meist natürlicherweise vorhanden ist[2]. Die vorliegende Studie zeigt, dass sich dieser Aspekt interorganisational genau umgekehrt darstellt: Die externe Vernetzung zwischenbetrieblicher Teams ist meist sehr gut, da die Teammitglieder Beziehungen in ihre Mutterorganisationen mitbringen. Die Herausforderung liegt in diesem Kontext gerade in der sozialen Integration der Individuen zu funktionierenden Teams.

7.3.2 Gestaltung der Organisationsstrukturen

Die Organisationsstrukturen innerhalb des interorganisationalen Arrangements müssen zu den Anforderungen der jeweils erforderlichen Form von Sozialkapital passen. Oben wurde bereits gezeigt, dass tief gehende strategische Integration gemeinsame Teams und damit Sozialkapital auf Gruppenebene erfordert, während Lieferantenbeziehungen lediglich das Sozialkapital (starker oder schwacher) bilateraler Beziehungen benötigen (vgl. Kap. 6.4.1.1). Unabhängig davon müssen sowohl beim Aufbau von Teams in strategischen Allianzen als auch bei der Anbahnung der Kooperation mit Lieferanten Entscheidungen hinsichtlich der Auswahl geeigneter Mitarbeiter getroffen werden.

7.3.2.1 Mitarbeiterauswahl und Teamzusammenstellung

Ein wesentlicher Aspekt bei der Auswahl von Mitarbeitern für die Kooperation ist die entstehende Diversität. Schon bei der Auswahl der Mitarbeiter sollte darauf geachtet werden, die Heterogenität des Teams nicht unnötig zu erhöhen. Da der Integration und der tatsächlichen Anpassung der Mitarbeiter im Sinne des Angleichens der Kulturen Grenzen gesetzt sind, sollte bei der Auswahl der Mitarbeiter die Anpassungsfähigkeit und das „Zueinanderpassen“ berücksichtigt werden[3]:

---

[1] „Through copresence, colocation, and the creation of such processes as routine choice opportunities, organizations also create a myriad of contexts and occasions for the more-or-less planned coming together of people and their ideas.“ (Nahapiet/Goshal 1998, S. 258).

[2] Vgl. Burt 2000, S. 398.

[3] Das Zitat verdeutlicht, dass neben der Auswahl der Mitarbeiter auch das Coaching der Mitarbeiter erforderlich ist (vgl. Kap. 7.3.3).

„Man kann natürlich versuchen, man muss auch in gewisser Weise versuchen, es dahin zu bringen, dass man in einem Team keine zu extremen Unterschiede zulässt. Aber was man meines Erachtens nicht, oder kaum, schaffen wird ist, dass man die Leute wirklich umkrempelt. Dass man sozusagen aus einem sehr heterogenen Team was das angeht, den Background, oder die Kultur, aus der man kommt, alle gleich macht. Das nicht. Also man muss das schon so ein bisschen revidieren oder auch in dem einen oder anderen Extrem darauf hinweisen und daran arbeiten, einfach um diese Spitzen rauszukriegen. Ansonsten denke ich aber, dass es immer so gewisse Schwankungen gibt zwischen den Teammitgliedern und zwischen den Kulturen sozusagen. Was aber auch okay ist, wenn ich die entsprechende Awareness habe, dass das so ist." [Manager LOGISTIK]

Der AIRLINE-Manager weist darauf hin, dass die Sozialkapitalbildung zwar durch Maßnahmen wie gemeinsame Veranstaltungen angeregt werden kann, letztlich jedoch auch die „richtigen Mitarbeiter" miteinander interagieren müssen. Der Auswahl der Mitarbeiter kommt demnach auch hinsichtlich der sozialen Kompetenz (vgl. Kap. 7.3.4) und der Eignung zur Arbeit in einem von Unsicherheit und Ambiguität gekennzeichneten Umfeld hohe Bedeutung zu. Wichtig ist eine Ausgewogenheit des organisationalen Setups, was in diesem Kontext wiederum auf die Zusammenstellung des Teams bezogen werden kann:

„Und bis zu einem gewissen Grad kann man da auch steuern, eben durch Veranstaltungen oder durch so etwas. Aber insgesamt muss das kommen durch die richtigen Personen, die da interagieren. Und letztlich auch durch eine ausgewogene Kooperation." [Manager AIRLINE]

Auch im Fall bilateraler Beziehungen müssen entsprechend geeignete Mitarbeiter ausgewählt werden, um die Diversität zu minimieren. Die Mitarbeiter auf beiden Seiten der Kooperationsbeziehung sollten einerseits hinsichtlich der hierarchischen Ebene und der Berufserfahrung zueinander passen, um unnötige Friktionen zu vermeiden[1]. Zudem kann es sinnvoll sein, die Mitarbeiter ihrem beruflichen Hintergrund entsprechend mit den Mitarbeitern auf Partnerseite abzustimmen, wie der FINANCE-Fall zeigt:

„… die Komplexität des Teambuildings verlagert sich wieder in ihr Unternehmen. Sie stellen Banking-ops-Leute ein, die natürlich einer Privatbank näher sind als der Web-Designer, den wir dann für Content-Management hatten, der dann automatisch näher bei den Partnern ist. Und diese kulturellen Spannungen haben Sie im Prinzip in Ihrer kleinen Nukleus-Organisation, wo sie dann eben die drei, vier Vertreter in alle Richtungen brauchen, die dann dieses Partnermanagement machen." [Manager FINANCE]

[1] „Firms must carefully choose team members who will match their counterparts in the partnering organization in organizational rank and job experience." (Hutt et al. 2000, S. 60).

7.3.2.2 Einsetzen von Beziehungspromotoren

Als weitere Maßnahme der Organisationsgestaltung kann die Rolle eines Beziehungspromotors eingerichtet werden; laut GEMÜNDEN und WALTER nimmt dieser folgende Aufgaben war[1]:

1. *Erreichen und Zusammenbringen von Personen*: Der Beziehungspromotor baut Beziehungen zu Mitarbeitern im Partnerunternehmen auf, bringt relevante Personen zusammen und kann zudem als Vermittler und Schlichter im Fall von Konflikten auftreten.
2. *Führen von Dialogen*: Der Beziehungspromotor sollte eine hohe Sozialkompetenz besitzen, um kulturelle und soziale Distanz zu überbrücken. Durch das Unterhalten zahlreicher Beziehungen im Netzwerk ist er in der Lage, Missverständnisse zwischen Personen aufzudecken, da er kognitives Sozialkapital mit mehreren Akteuren im Netzwerk besitzt.
3. *Fördern sozialer Bindungen*: Der Beziehungspromotor kann die Einstellung seiner Gesprächspartner beeinflussen und auf diese Weise kooperatives Verhalten fördern. Seine Interaktionen können so zur Bildung einer Vertrauensatmosphäre beitragen. Zudem kann er Vertrauen zwischen Akteuren im Sinne des Reputationsmechanismus vermitteln.

Zu den Aufgaben des Beziehungspromotors gehört somit aus Sicht der strukturellen Sozialkapitaldimension die Anbahnung neuer Beziehungen im Netzwerk, sowie aus Sicht der relationalen und kognitiven Dimension die Pflege und Vertiefung der Beziehungen, um Vertrauen und ein gemeinsames Verständnis im sozialen Netzwerk des interorganisationalen Arrangements zu fördern. Die Rolle ist insbesondere in großen Netzwerken nützlich, da dort leicht Teilgruppen und somit Lücken im Netzwerk entstehen, die Informationsflüsse und Kooperation behindern können. Denn generell verbreiten sich Informationen innerhalb von Gruppen wesentlich leichter als über Grenzen hinweg[2]. Somit sind für ein effektives Informationsmanagement Akteure wichtig, die die Fähigkeit und Kompetenz besitzen, Beziehungen zu knüpfen, strukturelle Lücken zu überbrücken und zwischen Akteuren und Gruppen zu vermitteln. Dieser Aspekt wurde im FINANCE-Fall angesprochen, wo von Seiten des WEBCONSULT-Managers eben diese Rolle als wichtig erachtet wurde:

> *Manager WEBCONSULT*: (…) Ich würde sagen, wenn man Schnittstellenleute gehabt hätte, die bewusst diese Funktion wahrgenommen hätten…

---

[1] Vgl. Gemünden/Walter 1995, S. 975.

[2] „A generic research finding in sociology and social psychology is that information circulates more within than between groups - within a work group more than between groups, within a division more than between divisions, within an industry more than between industries." (Burt 2001, S. 34); vgl. auch Burt 2000, S. 350f.

> *FRAGE*: Da hätte man jemanden einsetzen sollen, der dann auch…
> *Manager WEBCONSULT*: Ja, dediziert.
> *FRAGE*: Einen Verbindungsoffizier?
> *Manager WEBCONSULT*: Einen Verbindungsoffizier, genau.
> *FRAGE*: Der dann auch dafür zuständig ist, da einfach den Kontakt zu vermitteln?
> *Manager WEBCONSULT*: Ja. Also in aller Bescheidenheit, aber tatsächlich hatten wir sehr oft diese Funktion. Also ich hatte sehr, sehr viele Stellen im Projekt in gewissen Phasen, wo [der FINANCE Manager] mich gefragt hat: Ja, kannst Du mir nicht mal erklären, was die da bei der IT da gerade machen? Und umgekehrt. Dementsprechend gab es dann manchmal schon so informelle Kanäle, aber nicht genügend ausgeprägt.

Dabei ist es so, dass die verantwortlichen Beziehungsmanager häufig selbst die Rolle des Beziehungspromotors einnehmen, sowohl nach Innen gegenüber den eigenen Mitarbeitern als auch nach Außen gegenüber den Partnermitarbeitern. In großen und komplexen Netzwerksetups kann jedoch das bewusste Einsetzen weiterer Beziehungspromotoren sinnvoll bzw. notwendig sein.

7.3.2.3 Überprüfung und Anpassung der Organisationsstrukturen

Neben dem Aufbau geeigneter Organisationsstrukturen zu Beginn der Kooperation ist eine kontinuierliche Pflege und Anpassung der Strukturen an sich ändernde Gegebenheiten über Zeit erforderlich[1]. Insbesondere in Teams sollte sichergestellt sein, dass anfängliche Barrieren überwunden werden und die notwendige soziale Integration im Sinne gemeinsamer Ziele und eines gemeinsamen Verständnisses der Tätigkeiten tatsächlich stattfindet[2]. Beispielsweise kann es sein, dass sich einzelne Mitarbeiter aufgrund unüberbrückbarer kultureller oder sozialer Distanz nicht verstehen und sich keine positive soziale Beziehung entwickelt. In diesem Fall bleibt neben einem geeigneten Coaching (siehe unten) nur der Austausch des betreffenden Mitarbeiters als letzte Konsequenz; dies wird in den Interviews mehrfach angesprochen:

> „Wenn man sagt: Okay, die Firmen passen einfach zusammen, nur die Menschen nicht, dann müsste man die austauschen, ja." [Manager MOBILTEL]

---

[1] „As the alliance relationship matures, as the strategy changes, or as key personnel move on to other assignments, a periodic social network audit may reveal the need to restore balance in the relationship in order to achieve mutual goals." (Hutt et al. 2000, S. 61).

[2] „The managerial task in these situations is to monitor the degree of integration and coherence between these networks in terms of objectives and work practices. Social capital theory indicates the power of collective action within networks and process effectiveness might be undermined if networks share divergent goals and work practices." (Llewellyn/Armistead 2000, S. 233).

> „Wenn es keine Missverständnisse, sondern echte grundlegende Dinge sind, dann muss man sich halt überlegen, ob man die Aufgaben irgendwie anders verteilt. Aber das, wie gesagt, ist bei mir noch nicht in dem Maße vorgekommen." [Manager AIRLINE]

Während Neuorganisationen also in solchen Fällen sinnvoll sind, sollte unnötiges Umorganisieren vermieden werden, da dies die fragilen sozialen Strukturen und damit vorhandenes Sozialkapital zerstören kann. Dies wird von WEBCONSULT für den FINANCE-Fall wie folgt beschrieben:

> „FINANCE hat sich als Projektorganisation, vielleicht auch gerechtfertigt, mehrfach umorganisiert. Das muss man dazu sagen. Der ganze organisatorische Aufbau wurde mehrmals fundamental geändert. Das hat es immer schwer gemacht, weil das natürlich auch alle Verantwortung ein bisschen durcheinander geschüttelt hat. Es gab dann auch ein bisschen seltsame Fälle, wo man genau wusste, Person X ist für Thema Y in Wirklichkeit der, der das treibt, wurde jetzt aber leider gerade umorganisiert und sitzt jetzt an einer ganz anderen Stelle in der Organisation und muss sich deswegen jetzt um Thema Z kümmern, nicht mehr um Thema Y." [Manager WEBCONSULT]

Die Stabilität der organisationalen Strukturen kann allgemein als Grundvoraussetzung der Sozialkapitalentstehung gesehen werden. PRUSAK und COHEN weisen darauf hin, dass Volatilität, also die Veränderung des organisationalen Kontexts durch Reorganisation, neben der Virtualität im Sinne der räumlichen Distanz, die größte Barriere der Sozialkapitalentstehung in Organisationen darstellt[1]. Die Entstehung von Sozialkapital in starken Beziehungen benötigt nicht nur einen reichhaltigen, sondern auch einen stabilen Interaktionskontext. Werden organisationale Strukturen bewusst verändert, sollten mögliche Auswirkungen nicht nur aus Humankapitalsicht sondern auch aus Sozialkapitalsicht bewertet werden. So mag es aus Humankapitalsicht sinnvoll erscheinen, einen Mitarbeiter aus der zwischenbetrieblichen Allianz abzuziehen und in einem neuen Projekt einzusetzen. Aus Sozialkapitalsicht kann hierdurch jedoch das soziale Gleichgewicht verändert und wertvolles Sozialkapital zerstört werden.

7.3.3 Fördern kooperativen Verhaltens in sozialen Interaktionen

Bereits in Kapitel 3.7.3 wurde der Zusammenhang zwischen kooperativem Verhalten und der Entstehung sozialer Beziehungen diskutiert; dabei wurde deutlich, dass die Entstehung von Sozialkapital auf kooperativem und authentischem Verhalten der beteiligten Personen basiert.

---

[1] Vgl. Prusak/Cohen 2001, S. 89.

7.3.3.1 Kooperatives Verhalten als Voraussetzung der Sozialkapitalentstehung

Insbesondere die Entstehung starker Beziehungen mit Vertrauen und kognitiven Elementen, erfordert reziprokes, authentisches und kooperatives Verhalten[1]. Dabei kann die Bildung und Vertiefung sozialer Beziehungen als ein sich wechselseitig verstärkender Prozess kooperativen Verhaltens beschrieben werden: Kooperatives Verhalten im Sinne eines Vertrauensvorschusses wird durch Vertrauen und Kooperation des Gegenübers erwidert, so dass sich durch schrittweise Interaktionen über Zeit eine stabile Vertrauensbeziehung bildet[2]. Dieser Zusammenhang wird explizit von dem OUTSOURCE-Manager als grundlegender Mechanismus der Beziehungsinvestition beschrieben:

> „Und ich denke, je mehr man selbst investiert hat in so eine Beziehung, das ist ein Wechselspiel... Ich fange sozusagen mit einem kleinen Einsatz an. Und wenn ich was zurückkriege, dann erhöhe ich meinen Einsatz und und und. Und wenn der Einsatz dann schon relativ groß war und die Erfahrungen auch über einen längeren Zeitraum positiv waren, dann investiere ich auch in einer solchen Störungssituation mehr als gerade zu Beginn einer Beziehung." [Manager OUTSOURCE]

Insbesondere in Problem- oder Konfliktsituationen sind kooperatives Verhalten und Beziehungsinvestitionen notwendig, wenn die Beziehung langfristig erhalten werden soll. Kommt es zu Problemsituationen, in denen das Verhalten des Gegenübers unkooperativ erscheint, so ist es sinnvoll, sich in das Gegenüber hineinzuversetzen und nach einer kooperativen Lösung zu suchen anstatt auf kompetitives Verhalten auszuweichen. Kann eine solche Problemsituation gelöst werden, stärkt dies die soziale Beziehung, da das Vertrauen vertieft und die mentalen Modelle in Bezug auf das Verhalten des jeweiligen Gegenübers im Sinne gegenseitiger Einschätzbarkeit verbessert werden:

> „Auf der anderen Seite, da dies Thema Vertrauen so, sagen wir mal fragil ist, muss man als derjenige, der meint, ich bin jetzt von meinem Partner enttäuscht…, lohnt es sich auch, dort zu investieren. Warum hat der Partner an der Stelle so gehandelt, reagiert? Und dann kommt sehr häufig heraus: Ich habe es vielleicht übermäßig als Enttäuschung eingeschätzt, weil ich dadurch irgendein Problem bekommen habe. Und mein Partner hat für seine Handlungsweise auch eine Begründung. Und es trifft sich irgendwo in der Mitte, wo der eine dann, sagen wir überreagiert. Und fühlt sich dann enttäuscht vom Partner. Wenn man dann die Hintergründe der Aktion, des Verhaltens des Partners, hinterfragt, direkt fragt, und ihm auch vermittelt: Du, ich habe von dir eigentlich etwas ganz anderes erwartet. Was ist das Problem? Dann kommen durchaus Ansätze: Aha, jetzt verstehe ich, warum er so gehandelt

[1] Vgl. Tymon/Stumpf 2003, S. 18.

[2] Hierzu folgendes Zitat: „Trust also grows out of trust – it is self-reinforcing – so one way to get it is to show trust yourself." (Prusak/Cohen 2001, S. 91).

> hat. Und dann trifft man sich doch irgendwo in der Mitte. Das ist dann durchaus ein Beweis dafür, das baut die Vertrauensbeziehung tatsächlich aus und fördert sie." [Manager OUTSOURCE]

Kooperatives Verhalten kann somit als Voraussetzung für die erfolgreiche Team- und Beziehungsbildung gesehen werden. Insbesondere vor dem Hintergrund kultureller Barrieren ist der Verzicht auf rechthaberisches Verhalten wichtig. Fairness und Offenheit hinsichtlich der eigenen Ziele, sowie ein direktes Ansprechen von Konflikten sind wichtige Verhaltensmerkmale, die kooperatives Verhalten signalisieren. Der AIRLINE-Manager weist darauf hin, dass zudem ein aktives Coaching der Mitarbeiter im Umgang mit den externen Partnern notwendig ist, um auf kooperatives Verhalten hinzuwirken. Nicht alle Mitarbeiter bringen von Natur aus die soziale Kompetenz und Erfahrung im kooperativen Umgang mit den Partnern mit:

> „Also Hindernis oder eine Gefahr dabei, wenn man so ungleiche Partner hat, ist natürlich immer, dass der Große den Kleinen versucht zu erdrücken. Und alles besser weiß und das Rad erfunden hat. Und dabei vergisst, dass der Kleine auch eine funktionierende Airline ist und auch gute Ideen hat, die manchmal sogar besser oder effizienter sind als das, was der Große macht. Das ist eine große Gefahr. Gerade bei Kolleginnen oder Kollegen, die nicht so viel Erfahrung im Umgang mit Partnern haben. Das kann man denen auch gar nicht übel nehmen, aus meiner Warte heraus, die sind nun mal in ihrem Bereich und sind auch gut in ihrem Bereich und haben dann unter Umständen Anlaufschwierigkeiten, sich da mit anderem auseinander zu setzen. Das ist eine Gefahr, da muss man intern als Major sicherlich erst mal zügeln. Erfolgsfaktor ist sicherlich, in meinen Augen, Offenheit. Dass man von vorne herein sagt: Also da und da soll's lang gehen. Nach unserer Ansicht, das sind unsere Ziele. Was sind eure Ziele? Immer sofort ansprechen, wenn irgendwo ungute Gefühle entstehen. Also so eine Art Spielregeln von vorne herein offen vereinbaren. Das ist sicherlich ganz wichtig." [Manager AIRLINE]

Kooperatives Verhalten bezieht sich also nicht nur auf das Verhalten des Managers, sondern auf alle Mitarbeiter in der Kooperationsbeziehung. Dem Manager kommt hier einerseits eine Vorbildfunktion zu, indem er kooperatives und vertrauenswürdiges Verhalten vorlebt (vgl. Kap. 7.4 unten), andererseits kann der Manager durch gezieltes Coaching in Mitarbeitergesprächen positiv auf die Kooperation der eigenen Mitarbeiter hinwirken.

7.3.3.2 Coaching der Mitarbeiter zur Förderung kooperativen Verhaltens

Auch das Coaching ist als Kontextsteuerung zu verstehen, die darauf abzielt, mittelbar die Entstehung von Sozialkapital zu fördern. Klare Zielvorgaben für die Kooperation und das kontinuierliche Anregen proaktiver, sozialer Interaktionen fördern das gegenseitige Verstehen und die Beziehungsbildung; wichtig ist zudem die soziale Kompetenz (siehe unten):

> „Ich kann es nicht erzwingen, dass die beiden sich verstehen und sich schnell mal anrufen und so. Ich kann natürlich versuchen, das über die Ziele zu definieren: Das und das muss umgesetzt sein. Und das geht quasi dann am Besten oder nur innerhalb eines Zeitraums, wenn man wirklich oft interagiert. Aber das kann man eigentlich nur abstrakt ansprechen, in meinen Augen. Also man kann sagen: Jetzt warte nicht ab, bis die nächste Sitzung wieder stattfindet, sondern fahr einfach mal hin nach [Hauptsitz der REGIO-AIR], wenn es da ein Problem gibt. Oder: Trefft euch mit den Kollegen aus dem Expertenbereich XY, damit das aus der Welt kommt. Und das ist dann letztlich soziale Begabung des betreffenden Mitarbeiters. Also manche machen das intuitiv, ganz klar, hängen ständig am Telefon und treffen sich ständig mit Leuten. Andere eher weniger, dann eher mal E-Mail und warten wie dann die Antwort ist." [Manager AIRLINE]

Kooperatives Verhalten und die Beziehungsbildung können zudem durch das Hervorheben erfolgreicher Kooperationsbeispiele und daraus realisierter Vorteile angeregt werden, wie der OUTSOURCE-Manager verdeutlicht:

> „Und dass man auch ganz bewusst immer wieder auf die Erfolge von solchen Kontakten hinweist. Es gibt Leute, die nicht so kontaktfreudig sind, andere, die das gerne tun, dann kann man diejenigen auch motivieren, indem man sagt, Kollege xy hat gerade das Problem so und so gelöst. Man muss immer wieder hervorheben, was man durch solche persönlichen Kontakte fördern kann." [Manager OUTSOURCE]

Zudem sollte den Mitarbeitern verdeutlicht werden, dass der Aufbau und die Pflege sozialer Beziehungen kein Selbstzweck sind, sondern den strategischen und ökonomischen Zielen des Unternehmens folgen. Hier wird der instrumentelle Charakter des Sozialkapitals deutlich. Vor diesem Hintergrund sollten Mitarbeiter auch in solche Beziehungen investieren, die sie privat aus Sympathiegründen nicht pflegen würden. Der TELCO-Interviewpartner merkt hierzu selbstkritisch an, dass ein solches Coaching in regelmäßigen Abständen stattfinden sollte und nicht nur in Problemfällen:

> „Es kommt eigentlich nicht darauf an, was ihr persönlich als gut und sinnvoll anschaut, sondern es kommt darauf an, was das Unternehmen als sinnvoll ansieht und was das Unternehmen wieder weiterbringt. Selbstverständlich muss man immer wieder persönliche Gespräche mit den Mitarbeitern führen. Eigentlich ist das schade, dass wir das nicht periodisch machen. Meistens macht man das erst dann, wenn eben Probleme auftreten." [Manager TELCO]

Festzuhalten bleibt, dass kooperatives Verhalten eine wichtige Voraussetzung erfolreicher Interaktionen ist, die wiederum für die Bildung sozialer Beziehungen und damit für die Sozialkapitalentstehung verantwortlich sind. Eine wichtige Voraussetzung kooperativen Verhaltens ist dabei die soziale Kompetenz der beteiligten Individuen (vgl. Abbildung 3.9).

7.3.4 Sozialkompetenz als Voraussetzung der Sozialkapitalentstehung

Sozialkompetenz erweist sich nicht nur als wichtige Voraussetzung zum Aufbau starker Vertrauensbeziehungen. Der SYNDICATE-Fall macht deutlich, dass Sozialkompetenz für den Aufbau schwacher Beziehungen als entscheidende Komponente gesehen werden kann. Den im SYNDICATE-Fall beschriebenen Beziehungen kommt die Rolle eines Vertriebsinstruments zu. Solche instrumentellen Beziehungen basieren dabei auf nur sehr wenigen bzw. im Extremfall auf einer einzigen Interaktionssituation, die die Grundlage für eine mögliche Kooperation in der Zukunft liefern soll. Aus diesem Grund ist der Kommunikationsaspekt besonders wichtig bei der Ansprache des Kunden in der Erstinteraktion, damit ein notwendiges Grundvertrauen geschaffen werden kann. Dafür muss sich der Beziehungsmanager in das Gegenüber hineinversetzen können, um dessen Position einschätzen und gleichzeitig mögliche Synergien verdeutlichen und die eigenen Interessen durchsetzen zu können. Missverständnisse, die entstehen können, wenn der Manager diese Fähigkeit nicht besitzt, beschädigen das Verhältnis bereits in der Erstsituation nachhaltig und lassen eine zukünftige Kooperation weniger wahrscheinlich werden:

> „Aber sagen wir mal der Kommunikationsaspekt ist der alles überragende. Wenn ich nicht in der Lage bin zum einen von meiner Seite aus aktiv darzustellen, welches Interesse überhaupt vermutet beim Partner vorliegen könnte weiter sich mit mir zu unterhalten und nicht sehr schnell verstehe, was die wesentlichen Interessen des anderen sind, dann wird sich da gar nichts großartig entwickeln. Obwohl wir möglicherweise hervorragend zusammengepasst hätten. Nur, man hat sich halt missverstanden. Und so zieht sich das letztlich durch den gesamten Ablauf. Also, auch wenn ich dann hinterher ein gemeinsames Produkt entwickelt habe, und das dann irgendwo umsetze, dann ist die Kommunikation, also die Fähigkeit, selbst die Information gut rüberzubringen und andererseits immer zu verstehen, was will denn der Partner in dem Moment von mir, das alles Überragende." [Manager SYNDICATE]

Dabei unterscheidet sich eine solche Interaktionssituation von einem reinen Verkaufsgespräch durch das bewusste Hervorheben möglicher Synergien und den Versuch, eine langfristige Kooperation anzubahnen.

7.3.4.1 Sozialkompetenz als Kriterium der Mitarbeiterauswahl

Auch für das Entstehen starker Beziehungen und für Sozialkapital auf Gruppenebene ist die soziale Kompetenz der Beteiligten eine wichtige Voraussetzung. Dementsprechend wird die Auswahl von Mitarbeitern hinsichtlich ihrer sozialen Kompetenz als wichtige Maßnahme zur Förderung der Beziehungsbildung genannt. Für den AIRLINE-Manager spielen verschiedene Sozialkompetenz-Kriterien bei der Mitarbeiterauswahl eine wichtige Rolle:

„Also bei mir natürlich eine ganz, ganz extreme Rolle. Das ist ja unsere ureigenste Aufgabe. Also wenn das nicht funktioniert, dann ist eigentlich der Betreffende oder die Mitarbeiterin ungeeignet. Also das Kommunikationsverhalten, die Offenheit und die letzten Endes auch Diplomatie müssen da vorhanden sein. Ganz wichtig." [Manager AIRLINE]

In ähnlicher Weise äußert sich der Manager im LOGISTIK-Fall. Auch hier werden die Kommunikationsfähigkeit und das Eingehen auf andere Kulturen und Denkweisen im Sinne der Sozialkompetenz als wichtige Kriterien der Mitarbeiterauswahl genannt:

„Aber bei uns, ich denke auch bei den Partnern, ist das Eine natürlich das fachliche Know-how, was da eine ganz wesentliche Rolle spielt, und das Zweite ist im Prinzip dass, mehr als bei sonstigen Aufgaben, dieses Thema Kommunikationsfähigkeit und übergreifendes Denken und Eingehen auf andere Denkweisen und Kulturen ein ganz wesentlicher Faktor bei der Auswahl der Mitarbeiter war und nach wie vor ist." [Manager LOGISTIK]

Der FINANCE-Manager macht die Sozialkompetenz und die Erfahrung im Beziehungsmanagement zur Einstellungsvoraussetzung neuer Mitarbeiter. Neben der fachlichen Qualifikation wird somit die Sozialkompetenz als wesentliches Kriterium für ein erfolgreiches Arbeiten in einem von Netzwerkaspekten geprägten Umfeld gesehen:

„Na gut, das ist einmal natürlich im Recruiting-Prozess eingebunden, dass wir schauen, gerade wenn die Leute an wichtigen Schnittstellen sitzen, was haben die Leute im Relationshipmanagement drauf, was ist deren Track Record, wie sehen die das? Da gibt es Fragen dazu, die wir auch in dem Prozess [bewerten]. Und, wenn ich jetzt beispielsweise an einen Produktentwickler denke, dann ist der Produktentwickler, den ich hab, und den eine [Großbank] sucht, das sind schon zwei völlig unterschiedliche Leute. Bei meinem ist das Relationship-Element viel stärker, der muss nicht nur Business und IT, das alte leidige Thema, versuchen, zusammenzukriegen, sondern der muss eben auch dieses externe Management machen." [Manager FINANCE]

Als Teilaspekte der Sozialkompetenz können also Kommunikationsfähigkeit, Offenheit, Diplomatie, das Eingehen auf fremde Kulturen und Denkweisen, sowie die Fähigkeit, sich in andere hineinzuversetzen, identifiziert werden. Letzterer Aspekt wird auch als Empathie bezeichnet. Diese Aspekte werden von GOLEMAN als *Emotionale Intelligenz* beschrieben. Insbesondere die Empathie und die Fähigkeit, Beziehungen zu knüpfen, sind als Teilaspekte dieses Konzepts im Kontext der Sozialkapitaldiskussion von Bedeutung. Empathisch ist demnach, wer die unterschwelligen sozialen Signale anderer Personen interpretieren und sein Verhalten an das anderer Personen anpassen kann[1]. Dies kann als Grundvoraussetzung koope-

[1] „People who are empathic are more attuned to the subtle social signals that indicate what others need or want." (Goleman 1995, S. 43).

rativen Handelns gesehen werden. Diese Erkenntnisse können außerdem auf die Arbeiten von GARDNER zurückgeführt werden, der verschiedene Formen der Intelligenz unterscheidet und explizit auf die *Interpersonale Intelligenz* verweist. Diese bezieht sich auf den Empathieaspekt und somit auf die Fähigkeit, andere Personen zu verstehen und auf ihre Bedürfnisse entsprechend reagieren zu können[1]. Dies wird an anderer Stelle als Voraussetzung der Vertrauens- und Sozialkapitalbildung gesehen[2]. Weitere Faktoren, die positiv auf die Entstehung von Vertrauen und damit die relationalen Sozialkapitalaspekte wirken, sind laut BLOMQVIST das Signalisieren von Glaubwürdigkeit, Seriosität, Berechenbarkeit, Wohlwollen und Kompetenz[3]. Für die vorliegende Arbeit soll der Verweis auf die genannten Arbeiten genügen; eine ausführliche Diskussion von Persönlichkeitsmerkmalen erfolgt hier nicht.

7.3.4.2 Gezielte Schulung der Mitarbeiter

Neben der Auswahl der Mitarbeiter hinsichtlich ihrer sozialen Kompetenz wird die Schulung der Mitarbeiter als weitere Maßnahme zur Verbesserung der Kooperationsvoraussetzungen genannt. Eine Investition in die soziale Kompetenz der Mitarbeiter wird beispielsweise vom TELCO-Manager explizit als erster Schritt vor der eigentlichen Beziehungsinvestition erkannt (vgl. wieder Abbildung 3.9):

> „Ich glaube, in die soziale Beziehung zu investieren ist sicher wichtig. Was ich aber als Schritt vorher noch machen würde ist, in die Schulung der Mitarbeiter mehr zu investieren. Denn häufig beobachten wir auch, dass unsere Mitarbeiter die Abhängigkeiten gar nicht sehen. Und das müsste der erste Schritt sein.“ [Manager TELCO]

Insbesondere wenn die Aufnahme einer neuen Kooperationsbeziehung mit einem Partner aus einem anderen Kulturkreis bevorsteht, bietet sich eine Schulung der eigenen Mitarbeiter hinsichtlich des Umgangs mit den wichtigsten kulturellen Unterschieden an. Im LOGISTIK-Fall wurde ein solches Training vor Aufnahme der Kooperation mit einem asiatischen Partnerunternehmen durchgeführt. Diese Schulung wird auch hier als Investition genannt, um Missverständnisse in den ersten Interaktionen zu vermeiden. Auf diese Weise wird die kulturelle Distanz reduziert und dem Entstehen von Barrieren zweiter Ordnung entgegengewirkt:

> „Wir haben vorher auch so eine Schulung im Sinne von Intercultural Awareness gemacht und die haben wir auch später dann noch mal für das gesamte Team ge-

---

[1] Siehe Gardner 1993. Vgl. auch Goleman 1995, S. 39.
[2] Vgl. Day 2001, S. 585.
[3] Siehe Blomqvist 1997.

macht, mit allen Teilnehmern, wo da auf die wesentlichen Punkte hingewiesen wird. Und wir haben auch, bevor [ein weiterer Partner] beigetreten ist, noch mal separat für das vorher existierende Team eine Session gemacht, wo es um die Eigenheiten oder die Besonderheiten der [betreffenden] Kultur ging. (…)
Das ist eine sehr wertvolle Investition, weil man einfach sehr viele Missverständnisse am Anfang vermeiden kann. Darüber hinaus bringt es keine Garantie dafür, dass das alles besonders gut klappt auf der zwischenmenschlichen Ebene, dass die Leute sich gut verstehen oder gut zusammenarbeiten, oder dass das Team an sich sehr gut funktioniert. Also ich halte es für handwerklich wichtig, das zu tun. Einfach, weil man so ein paar einfache Fehler vermeiden kann." [Manager LOGISTIK]

Einen wesentlichen Einfluss auf die Kommunikationsfähigkeit und das Verhalten der Mitarbeiter in externen Beziehungen hat zudem die interne Kultur des Unternehmens. Der OUTSOURCE-Manager weist darauf hin, dass soziales Verhalten im eigenen Unternehmen vorgelebt werden muss und soziale Kompetenz in gewissem Maße innerbetrieblich erlernt werden kann. Die Fähigkeiten der Mitarbeiter zur Beziehungsbildung können dabei als Teil einer umfassenden Netzwerkkompetenz der Organisation interpretiert werden, die das Unternehmen in die Lage versetzt, zwischenbetriebliche Beziehungen und Allianzen effektiv zu managen.

„Gut, bevor meine Mitarbeiter in Kontakt treten mit den Mitarbeitern eines Lieferanten haben sie erstmal OUTSOURCE-intern ihre Kontakte. Und ich denke, das Verhalten der Mitarbeiter gegenüber einem Provider ist auch sehr stark geprägt durch die Kultur des eigenen Unternehmens. Das heißt, wenn ich in einem Unternehmen arbeite, closed door usw., wo nicht kommuniziert wird, dann werde ich mich gegenüber den Subprovidern genauso verhalten. In der Regel zumindest. Das heißt, ich kann ja durchaus die richtigen Verhaltensmerkmale für eine gute Zusammenarbeit mit Providern im eigenen Konzern üben." [Manager OUTSOURCE]

7.3.5 *Zusammenfassung der Managementmaßnahmen*

Die folgende Tabelle präsentiert eine Zusammenfassung der Maßnahmen sozialkapitalorientierten Managements. Die nun folgenden Unterkapitel heben mit der Rolle des Managers im zwischenbetrieblichen Kontext und der Rolle und Funktion von Kommunikationstechnologien vor dem Hintergrund der Sozialkapitalorientierung zwei wichtige Aspekte noch einmal besonders hervor.

1. Opportunitäten für soziale Interaktionen schaffen	
Kick-off-Workshops	Erstkontakt setzt die Tonalität der Kooperation.
Regelmäßige Treffen	Face-to-Face-Interaktionen notwendig für Grounding und Bildung von Vertrauensbeziehungen.
Freiraum für informelle Interaktionen	Entstehung sozialer Beziehungen benötigt entspannte Atmosphäre abseits der eigentlichen Projekttätigkeit.
Hospitation	Zusammenfassen der Mitarbeiter an einem Ort für einen gewissen Zeitraum, um reichhaltiges Umfeld für Beziehungsbildung zu bieten.
2. Gestaltung der Organisationsstrukturen	
Setup der Teams	Gemeinsame Teams nur bei Partnersymmetrie und gemeinsamen Zielen sinnvoll.
Mitarbeiterauswahl	Managen der Diversität: Ausufern der Teamheterogenität vermeiden. Mitarbeiter sollten von ihrer Ausrichtung her zueinander passen.
Beziehungs-promotoren	Insbesondere in komplexen Setups notwendig, um die Koordination und Beziehungsbildung zu verbessern.
Stabilität der Struktur	Unnötige Änderungen sollten vermieden werden, um entstandenes Sozialkapital nicht zu zerstören.
Anpassung der Strukturen	Überprüfen und regelmäßiges Anpassen der Struktur bei Änderung der Anforderungen notwendig.
3. Fördern kooperativen Verhaltens	
Offenheit und Fairness	Offenes Kommunizieren der eigenen Ziele und Fairness im Umgang mit den Partnern, sowie Verzicht auf Rechthaberei und Arroganz, um kooperatives Verhalten zu signalisieren.
Problembehandlung	Insbesondere Konfliktfälle benötigen kooperatives Verhalten und bewusste Beziehungsinvestitionen.
Coaching der Mitarbeiter	Auf kooperatives Verhalten der Mitarbeiter durch Mitarbeitergespräche hinwirken.
Kooperationsvorteile verdeutlichen	Hervorheben positiver Kooperationsbeispiele und bereits erzielter Vorteile der sozialkapitalbasierten Koordination als Motivation.
4. Sozialkompetenz als Voraussetzung	
Mitarbeiterauswahl	Sozialkompetenzkriterien wie Kommunikationsfähigkeit, Offenheit, Diplomatie, Eingehen auf fremde Denkweisen und Empathie wichtig bei der Mitarbeiterauswahl für interorganisationalen Kontext.
Gezielte Schulung	Gezielte Schulung der kulturellen Sensibilität, besonders bei Anbahnung einer internationalen Kooperation.
Organisationales Umfeld	Die innerbetriebliche Einstellung zu kooperativem Verhalten bestimmt das Verhalten der Mitarbeiter im interorganisationalen Kontext; langfristige Anpassung als Aufbau von Kollaborationskompetenz.

Tabelle 7.2: Maßnahmen sozialkapitalorientierten Managements

7.4 Zur Rolle des Managers im interorganisationalen Kontext

Nachdem die Maßnahmen sozialkapitalorientierten Managements diskutiert wurden, wird nun die Rolle des Managers im interorganisationalen Kontext hervorgehoben. Die Rolle des Managers als Meso-Ebenen-Akteur wurde bereits zu Beginn des empirischen Teils der Studie eingeführt; dabei wurde die Frage nach seinen Aufgaben und Verantwortlichkeiten im Beziehungsmanagement aufgeworfen (vgl. Kap. 5.1.4 und Abbildung 5.1). Zunächst wird die Rolle des Beziehungsmanagers durch die Anwendung der oben diskutierten Maßnahmen im Sinne der Kontextsteuerung definiert. MOHRMAN stellt hierzu fest, dass die Manager verteilter und gemischter Teams weniger mit den täglichen Aktivitäten der Teammitglieder als vielmehr mit der Gestaltung des Interaktionskontexts für die Teammitglieder beschäftigt sind[1]. Darüber hinaus können weitere Besonderheiten des Managements im zwischenbetrieblichen Kontext identifiziert werden, die die Rolle des Managers von der einer klassischen Vorgesetztenrolle im innerbetrieblichen Kontext unterscheiden. Mit Blick auf die Charakteristika interorganisationaler Arrangements und die Wichtigkeit sozialkapitalorientierten Managements kann die Rolle des Managers im interorganisationalen Kontext auf vielfältige Weise charakterisiert werden, so dass sich letztlich mehrere typische Rollen ergeben (vgl. Tabelle 7.3).

7.4.1 Einfluss des zwischenbetrieblichen Kontexts auf die Rolle des Managers

Ein wesentlicher Grund für die sich ändernde Rolle des Managers ergibt sich aus der Zusammensetzung der Teams mit Mitarbeitern verschiedener Unternehmen. Dies führt dazu, dass der Manager eines Unternehmens in der Regel nicht die formelle, disziplinarische Mitarbeiterverantwortung über alle Mitarbeiter in dem gemeinsamen Team besitzt. Der LOGISTIK-Manager macht deutlich, dass sich aus diesem Grund die eigene Rolle nicht als die eines „klassischen Vorgesetzten" darstellt:

> „Letztendlich ist auch so eine Funktion eines Teamleiters nicht so sehr in der klassischen Vorgesetztenrolle zu sehen. Das liegt auch daran, dass die wenigsten Mitarbeiter eines Teamleiters tatsächlich seine eigenen Mitarbeiter im klassischen Sinne sind. Also, innerhalb der eigenen [Organisation] gibt es natürlich dann schon die entsprechende Personalverantwortung, aber das sind dann ein oder zwei Mitarbeiter aus dem Team und die anderen drei oder sechs sind disziplinarisch sowieso nicht die Mitarbeiter des jeweiligen Teamleiters." [Manager LOGISTIK]

---

[1] „Managers and leaders in the effective teams in our study had gravitated away from day-to-day management of team member activities. They spent time building contexts for effective performance." (Mohrman 1999, S. 77).

Aus diesem Grund befindet sich der Manager eher in der Rolle eines Diplomaten, der zwischen den Parteien vermitteln und für den Ausgleich von Interessen sowie das Herausbilden eines gemeinsamen Zielverständnisses sorgen muss. Diesen Aspekten kommt zudem aufgrund der Charakteristika des interorganisationalen Arrangements höhere Bedeutung zu. Einerseits sind interorganisationale Arrangements arm an formellen Eskalationsmechanismen, so dass einem kooperativen Interessensausgleich und diplomatischem Verhalten höhere Bedeutung zukommt. Andererseits zeichnen sich interorganisationale Teams durch die genannten Barrieren aus. Die Rolle des Managers ist somit zugleich die eines Integrators, der die Teammitglieder zur Zusammenarbeit und zur sozialen Integration motivieren muss. Dabei läuft die Koordination in solchen Teams aus Sicht des Managers informeller ab und ist stärker auf das Vorhandensein von Sozialkapital angewiesen als dies in innerbetrieblichen Teams der Fall ist:

> „Ich meine, die Instrumentarien sind in gewisser Weise andere, oder die Schwerpunkte liegen da etwas anders. Es ist halt nicht so, dass man im Dissenzfall die Sachen einfach mal eskaliert, sozusagen. Sondern da muss mehr auf einer diplomatischen Ebene getan werden. Es ist relativ wichtiger, obwohl es grundsätzlich wichtig ist, aber relativ wichtiger, die Leute entsprechend zu motivieren, viel Transparenz reinzubringen, klar zu machen, was sind die Zielsetzungen, auch sicherzustellen, dass es die gemeinsamen Ziele sind aller, die daran arbeiten. Und quasi (...) dafür zu sorgen, dass man letztendlich genau den gleichen Hebel auf Prioritäten und so weiter hat, auf Arbeitsleistungen und dergleichen mehr, Verfügbarkeit, wie das vielleicht in einem internen Team der Fall wäre, wo man eigentlich tendenziell mehr anweisen kann, wenn es halt zu Dissenzfällen kommt." [Manager LOGISTIK]

Ferner muss der Beziehungsmanager als zentraler Akteur im interorganisationalen Arrangement selbst sehr gut und auf verschiedenen Ebenen vernetzt sein. Der OUTSOURCE-Manager berichtet, dass er bei Anbahnung einer neuen Kooperation gezielt und opportunistisch in Beziehungen zu den maßgeblich handelnden Akteuren auf der Partnerseite investiert. Hierzu gehören Beziehungen zum direkten Gegenüber und gegebenenfalls auch zu dessen Vorgesetzten zur Stabilisierung des Arrangements. Außerdem können Beziehungen zu einigen operativen Mitarbeitern aus Projektmanagementsicht notwendig sein:

> „Ich denke, das betreibe ich mit unterschiedlicher Intensität. Je konkreter der Anlass, umso mehr investiere ich vorher. Das heißt, wenn ich mit einem Provider zusammenarbeiten werde, dann hoffe ich, habe ich schon ein ganz gutes Gefühl, wie diese Firma ihr Geschäft betreibt und bei den größeren Providern gucke ich, wer sind jetzt die handelnden Figuren? Sowohl in dem Projekt selbst, das ist dann der Projektleiter an erster Stelle, je nachdem wie groß das Projekt ist dann auch die zweite Riege. Aber auch in seinem Umfeld die Geschäftsbeziehungen. Und dann bin ich durchaus daran interessiert, eine Beziehung auch zu der Person als Eskala-

tionsstufe von meinem Gegenüber als Projektleiter [zu unterhalten]." [Manager OUTSOURCE]

Dabei nimmt der Manager die Rolle des oben beschriebenen Beziehungspromotors ein, der selbst Beziehungen knüpft und zudem Beziehungen zwischen den Mitarbeitern initiiert und fördert (vgl. Kap. 7.3.2). In gemeinsamen Teams versucht er durch sein Handeln integrativ auf das Herstellen von Netzwerkgeschlossenheit hinzuwirken. BURT argumentiert in diesem Zusammenhang, dass Netzwerkgeschlossenheit in der Gruppe durch einen zentralen Akteur („Leader") hergestellt werden kann, der Beziehungen zu allen Mitgliedern unterhält und zwischen diesen vermittelt und neue Beziehungen anbahnt[1]. Um diese Rolle auszufüllen, benötigt der Manager natürlich die oben diskutierte soziale Kompetenz zum richtigen Umgang mit den Mitarbeitern des eigenen und des Partnerunternehmens (vgl. Kap. 7.3.4).

Gleichzeitig benötigt der Manager neben der sozialen Kompetenz auch umfassendes technisches und geschäftliches Verständnis, um alle wesentlichen inhaltlichen Zusammenhänge der Kooperation verstehen und mitgestalten zu können[2]. Als Koordinator im sozialen Netzwerk vermittelt der Manager zwischen verschiedenen Anspruchsgruppen im interorganisationalen Arrangement, auf verschiedenen Ebenen und aus verschiedenen Fachabteilungen. Er muss gleichermaßen mit Personen technischen als auch betriebswirtschaftlichen Hintergrunds umgehen können. Dabei vermittelt der Manager als Grenzstellenmanager („boundary spanner") innerhalb und außerhalb der Organisation, was ihm wiederum diplomatische Fähigkeiten abverlangt. Sein Ziel dabei ist die Abstimmung der Interessen zwischen den Partnern: Einerseits vertritt der Manager die Interessen des Unternehmens gegenüber dem Partner, andererseits tritt er als Anwalt des Partners im eigenen Unternehmen auf. Dabei versucht der Manager ebenfalls die Allianzbelange im Unternehmen durchzusetzen, sowie, im Fall strategischer Kooperation, auf eine schrittweise Integration der zwischenbetrieblichen Abläufe hinzuarbeiten. Im Idealfall, so der AIRLINE-Manager, macht er sich in der Rolle des Koordinators und Integrators am Ende überflüssig:

„[Ich bin] einerseits Stimme der AIRLINE gegenüber dem Partner, andererseits aber auch Anwalt des Partners nach innen hinein, hier in die AIRLINE, [das ist]

---

[1] „A leader with strong relations to all members of the team improves communication and coordination despite coalitions of factions separated by holes within the team." (Burt 2000, S. 393).

[2] „..., those managers that 'span the organisational boundary' and define the interface points, need to be good communicators at both the interpersonal, technical and business level" (Kern/Willcocks 2002, S. 14, Hervorhebung im Original).

glaube ich schon wichtig. Dass auch in einer Abteilung der Gesamtüberblick geschaffen ist, der dann bestimmte Impulse setzen kann oder bestimmte Dinge hochspielen, ansprechen kann. Das ist sicherlich in so einer Phase der Kooperation wichtig. Letztlich entbehrlich ist so etwas dann, wenn fast volle Integration herrscht. Das muss man ja so sehen. Also wenn die Abteilungen von beiden Partnern wirklich so integriert zusammenarbeiten, dann kann man's sein lassen. Das setzt aber noch mehr voraus. Da müssen dann natürlich identische Planungs- und Steuerungsprozesse etabliert sein." [Manager AIRLINE]

Es wird deutlich, dass die Rolle des Beziehungsmanagers aus verschiedenen Blickwinkeln und mit verschiedenen Schwerpunkten beschrieben werden kann. Der AIRLINE-Manager sieht sich in der Rolle eines Kommunikators, Diplomaten, sowie eines Vorbilds.

FRAGE: (...) Wie sehen Sie dann Ihre Rolle? Sind Sie dann eher der Kommunikator? Oder ist das eher Leadership?
Manager AIRLINE: Sicherlich eine Mischung. Kommunikator: ja. Der Diplomat zwischen den Unternehmen auch, der Vormacher hoffentlich auch in vielen Fällen.

7.4.2 Sozialkapitalorientierung und die Rolle des Managers

Die genannte „Vormacher"- oder Vorbildfunktion hängt mit der Natur sozialkapitalorientierten Managements als Kontextsteuerung zusammen. Sozialkapital kann nicht im klassischen Sinn per Anweisung oder Bauplan gemanagt werden, was natürlich Auswirkungen auf die Rolle des Managers hat[1]. Letztlich muss der Manager die Rahmenbedingungen schaffen, in denen sich Sozialkapital entwickeln kann. Hierzu gehört das Ausfüllen einer Leitbildfunktion; der Manager muss das zur Sozialkapitalentstehung notwendige authentische und kooperative Verhalten aktiv vorleben:

„Ja, die Maßnahmen können sein, dass man solche Treffen, wie auch immer, als Projektleiter, als Unternehmen fördert. Überhaupt den Rahmen bietet. Zweitens: dass es Leitbilder gibt. Wenn der Projektleiter sich total abschottet, dann wird es bei den anderen auch nicht so unbedingt funktionieren. Und dass man auch ganz bewusst immer wieder auf die Erfolge von solchen Kontakten hinweist. (...)" [Manager OUTSOURCE]

Neben dem eigenen Vorbildverhalten fungiert der Manager als Coach und Mentor, der seine Erfahrung an die ausführenden Mitarbeiter weitergibt. Dies bezieht sich auf allgemeine Aspekte wie auch das Coaching im Hinblick auf die Bildung sozialer Beziehungen (vgl. oben in Kap. 7.3.3). Folgendes Zitat umschreibt die Rolle metaphorisch:

---

[1] „...building social capital can't be legislated of „managed" in any directive sense. It requires the kind of intervention that encourages natural development, that orients rather than orders, that provides nurishment rather than blueprints." (Prusak/Cohen 2001, S. 93).

> „Wenn sie ein Problem haben, worüber sie sprechen wollen, wenn sie meinen, fachlich eine zweite Meinung zu brauchen oder Coaching: ja, dafür bin ich da. Ich bin der Coach, letztlich. Um bei der Metapher zu bleiben, der Coach ist meist ein bisschen älter als die Athleten, der kann nicht so schnell laufen oder so hoch springen wie die Athleten. Der hat ein bisschen mehr Erfahrung drauf. Er hilft ihnen dann, selber zu performen, besser zu performen, besser zu leisten." [Manager OUTSOURCE]

Dabei agiert der verantwortliche Manager als zentraler Akteur im interorganisationalen Arrangement zudem als eine Art Steuermann, der die Richtung bestimmt, Vorgaben macht und der damit als Koordinator und Grenzstellenmanager die Belange der zwischenbetrieblichen Beziehungen in verschiedene Richtungen vertritt und zugleich als Vorbild und Coach die eigenen Mitarbeiter anleitet:

> „Gut, für meine Mitarbeiter und letztlich auch für meinen Vorgesetzten ist es schon wichtig, dass ich eine Vorstellung über Richtungen habe. Wenn Sie sagen Steuermann, wo geht die Reise hin? Und was sind die wesentlichen Merkmale unserer Reise? Und dass ich das vermitteln kann, sowohl an Partner wie auch an eigene Mitarbeiter, irgendwie auch meinem Chef und meinen Peers. Das ist für die eigenen Mitarbeiter sehr wichtig, so dass sie dann wissen, wonach sie sich orientieren sollen, wenn sie selber Entscheidungen treffen." [Manager OUTSOURCE]

Die Ausführungen machen deutlich, dass der Beziehungsmanager gleichzeitig verschiedenste Rollen einnimmt, die sich einerseits aus den besonderen Charakteristika dieser Arrangements, d. h. gemischten Teams, vorhandenen Barrieren und der Multidimensionalität in Bezug auf die Anspruchsgruppen und andererseits aus der Natur sozialkapitalorientierten Managements als Kontextsteuerung ergeben. Die folgende Tabelle präsentiert die diskutierten Rollen in integrierter Form.

Rolle	Beschreibung
Steuermann	Prägt Vision und Ziele der Kooperation und gibt die grundlegende Richtung vor.
Projektleiter	Ist verantwortlich für das Projekt, den Projektplan, Abläufe, Tätigkeiten, Interdependenzen und letztlich den Projekterfolg.
Koordinator	Koordiniert Abläufe, leitet Informationen an die relevanten Stellen weiter, koordiniert die zwischenbetrieblichen Abhängigkeiten.
Diplomat	Besitzt keine direkte disziplinarische Weisungsbefugnis für Mitarbeiter in gemischten Teams; ist daher um Vermittlung und Ausgleich bemüht.
Beziehungspromotor	Unterhält selbst soziale Beziehungen auf mehreren Ebenen und bahnt Beziehungen zwischen Akteuren an; ist zentraler Akteur im Netzwerk.
Integrator	Vermittelt im Dissenzfall, ist um soziale Integration des Teams bemüht, motiviert zur Zusammenarbeit, arbeitet am Herausbilden gemeinsamen Zielverständnisses.
Grenzstellenmanager	Vermittelt zwischen internen und externen Anspruchsgruppen, ist Anwalt des Partners im eigenen Unternehmen und vertritt die Interessen der Allianz nach Innen und die des Unternehmens nach Außen.
Vorbild, „Leader“	Verhält sich selbst vertrauenswürdig und authentisch kooperativ und ist somit Vorbild für sozialkapitalorientiertes Verhalten.
Coach, Mentor	Fördert durch gezielte Mitarbeitergespräche kooperatives Verhalten der Mitarbeiter; ist offen, kommunikativ und ansprechbar.

Tabelle 7.3: Rollen und Funktionen des Managers im interorganisationalen Kontext

7.5 Zur Rolle der Kommunikationstechnologie

Als weiterer wichtiger Aspekt des Beziehungsmanagements wird nun die Rolle der Kommunikationstechnologie kurz beleuchtet. Das Beziehungsmanagement steht letztlich vor der Frage, wann im Lebenszyklus der Beziehung und in welchem Ausmaß und für welche Tätigkeiten elektronische Kommunikationsmedien eingesetzt werden sollten, um die räumliche Distanz zum Partnerunternehmen zu überbrücken. Umgekehrt stellt sich die Frage, wann es notwendig ist, die Mitarbeiter an einem Ort zusammenzubringen, da dies in der Regel die kostenintensivere Alternative ist. Vor allem vor dem Hintergrund der Sozialkapitalrelevanz wird deutlich, dass der Anteil elektronisch vermittelter Kommunikation in der Zusammenarbeit gut überlegt sein will, um die Entstehung von Sozialkapital als Grundlage effektiver Zusammenarbeit nicht zu gefährden. In Kapitel 6 wurde argumentiert, dass komplexe Projekttätigkeiten, die die Integration des Wissens und der Fähigkeiten mehrerer Mitarbeiter der Partnerunternehmen erfordern, deutlich mehr Sozialkapital benötigen als wohlstrukturierte Tätigkeiten[1]. Dabei wird Sozialkapital in der kognitiven Dimension benötigt, um ein gegenseitiges Verstehen zu gewährleisten und relationales Sozialkapital in der Form von Vertrauen als Grundlage der Kooperation in einem unstrukturierten und von hoher Unsicherheit gekennzeichneten Umfeld. Insbesondere das kognitive Sozialkapital ist dabei in der folgenden Diskussion hervorzuheben, da es eben solche Elemente umfasst, die eine effektive interpersonale Kommunikation ermöglichen. Kommunikationsprozesse benötigen Elemente wie eine gemeinsame Kommunikationsbasis und wechselseitig bekanntes Wissen als Voraussetzung gegenseitigen Verstehens und kooperativer Zusammenarbeit in gemeinsamen Projekten[2]. Dabei haben zahlreiche Untersuchungen zu elektronisch vermittelter Kommunikation gezeigt, dass diese kognitiven Beziehungselemente nur in sehr begrenztem Umfang in elektronischer Kommunikation entstehen können.

7.5.1 Elektronische Kommunikation erschwert die Sozialkapitalentstehung

Mitarbeiter in zwischenbetrieblichen Projekten müssen zu Beginn ein gemeinsames Verständnis aushandeln, Informationsquellen erschließen, die Aufgaben auf geeignete Mitarbeiter verteilen und gemeinsam Normen und Regeln im Sinne eines Gruppengefüges als Grundlage der gemeinsamen Arbeit herausbilden. NOHRIA und ECCLES argumentieren, dass die sozialen Strukturen, die notwendig sind, um in einem solchen Umfeld zu arbeiten, nicht in elektronischer Kommunikation entstehen können; sie benötigen Face-to-Face-Interaktionen[3]. Die Entstehung der sozialen Strukturen, d. h. des Gruppengefüges und der sozialen Beziehungen und damit die Entstehung von Sozialkapital benötigen den reichhaltigen Face-to-Face-Kontext.

---

[1] Hierzu auch: „…since complex tasks require higher integration of individual knowledge and a rich mutual knowledge, they require more social capital than well-structured tasks." (Riemer/Klein 2004, S. 282).

[2] „…, mutual knowledge is considered to be a precondition for effective communication and the performance of cooperative work." (Cramton 2001, S. 349).

[3] „They must negotiate a shared understanding of the context, discover sources of information, decide who can be depended on, distribute work among these people, and develop rules and norms for further action and monitoring progress toward their goals. (…) the structure required for the organization to work effectively under these conditions, we argue, just cannot be built on electronic networks. It crucially depends on face-to-face interaction." (Nohria/Eccles 1992, S. 292).

Weitere Arbeiten in der Domäne unterstreichen, dass sich insbesondere die kognitiven Sozialkapitalelemente nicht in elektronischer Kommunikation herausbilden. CRAMTON sieht ein zentrales Problem räumlich verteilter Arbeit darin, dass gemeinsames Wissen („mutual knowledge") in elektronisch vermittelter Kommunikation nicht in ausreichendem Maß entstehen kann[1]. Dem Nichtvorhandensein dieses gemeinsamen Wissens in der räumlich verteilten Arbeit werden dabei ernste Konsequenzen für den Erfolg der Zusammenarbeit zugeschrieben[2]. BRENNAN argumentiert, dass das interpersonale Grounding in elektronischer Kommunikation nicht funktioniert und dass dadurch vielfältige Kommunikationsfehler entstehen können, da die Beteiligten ihren jeweiligen Wissensstand und ihre Standpunkte nicht einschätzen können[3]. Es besteht daher die Gefahr, dass sich die Mitarbeiter missverstehen und es zu Konflikten kommt. ARMSTRONG und COLE argumentieren, dass verteilte Teams durch die räumliche Distanz Probleme haben, ein Gruppengefüge und soziale Beziehungen herauszubilden und zu pflegen[4]. Es kann somit argumentiert werden, dass die Sozialkapitalbildung durch elektronisch vermittelte Kommunikation nachhaltig behindert wird. Es kann zu Missverständnissen und Konflikten kommen, was zu oppositionellem Verhalten und damit zu den in Kapitel 7.2.4 diskutierten Barrieren zweiter Ordnung führen kann. ANDRES stellt hierzu fest, dass Gruppen im Face-to-Face-Modus entstehende Konflikte und Probleme sofort ansprechen und im Sinne der gemeinsamen Kooperation zu beiderseitigem Nutzen beheben können[5]. Es stellt sich heraus, dass diese Konfliktbehandlung durch die Nutzung elektronischer Kommunikation behindert wird, so dass soziale Beziehungen beschädigt und bestehendes Sozialkapital zerstört bzw. die Bildung von Sozialkapital nachhaltig gestört werden können.

---

[1] „...a central problem of geographically dispersed collaboration is maintaining mutual knowledge. Both physical dispersion of collaborators and frequent use of communications technology tend to negatively affect the means by which people establish mutual knowledge." (Cramton 2001, S. 363f.).

[2] „I also suggest that failure to establish and maintain mutual knowledge can have serious consequences for the viability of dispersed collaboration." (Cramton 2001, S. 364).

[3] „Many of the errors that occur in human-computer interaction can be explained as failures of grounding, in which users (...) lack enough evidence to coordinate their distinct knowledge states." (Brennan 1998, S. 201).

[4] „The members of these distributed work groups experienced misunderstandings in communications and conflict. (...) Group members had problems forming groups and maintaining ties." (Armstrong/Cole 2002, S. 167).

[5] „It is concluded that the face-to-face group members were better able to immediately discuss conflicts and problems directly with each other to make mutually beneficial agreements that contributed to successful collaboration." (Andres 2002, S. 46f.).

7.5.2 *Sozialkapitalentstehung benötigt den reichhaltigen Face-to-Face-Kontext*

Face-to-Face-Interaktionen sind wichtig für die Entstehung sozialer Beziehungen und die dadurch ermöglichte interpersonale Kollaboration[1]. Dies liegt nicht zuletzt an der Reichhaltigkeit der Kommunikation; reichhaltige visuelle Signale erlauben eine bessere Einschätzbarkeit des Gegenübers und damit die Anpassung des eigenen Verhaltens in der Interaktionssituation[2]. Hierdurch werden Missverständnisse vermieden und die Beteiligten lernen, besser zusammenzuarbeiten, so dass sich kognitive Beziehungsmerkmale im Sinne gemeinsamen Verständnisses bilden. Der Face-to-Face-Kontext erlaubt darüber hinaus die bereits angesprochenen Interaktionen in einem informellen Umfeld, die das gegenseitige Kennenlernen verbessern und für die Kooperation förderlich sind[3]. Face-to-Face-Interaktionen erlauben dabei neben der visuellen Beobachtung und einer reichhaltigen Kommunikation auch gemeinsame Aktivitäten wie Essen, Trinken und andere informelle Kontakte, die für die Bildung sozialer Beziehungen extrem wichtig sind, und auf Basis derer in einem späteren Stadium der Kooperation verteiltes Arbeiten möglich wird[4]. KIESLER und CUMMINGS argumentieren folgerichtig, dass Face-to-Face-Interaktionen einen großen Einfluss auf den Erfolg der Kooperation haben, da sie für die Beziehungsbildung und die Gruppenidentität entscheidend sind. Fehlen diese Face-to-Face-Gelegenheiten, da die Interaktion nur auf Kommunikationstechnologie basiert, dann wird damit der einfachste Weg zur Herstellung von erfolreicher Kooperation nicht genutzt[5].

---

[1] „Face-to-face contact is particularly crucial to the initiation of relationships and collaborations." (Armstrong/Cole 1996, S. 189).

[2] „Visual clues easily observable in face-to-face settings allow team members greater awareness of when others are attending to them and they subsequently use this feedback to determine appropriate behavior." (Andres 2002, S. 46).

[3] „Most often, naturally occurring, informal contact and communication provide the opportunity for potential collaborators to learn about each other, and also serve as a framework within which collaborative tasks are accomplished." (Kraut et al. 1990, S. 159).

[4] „Face to face communication supports touch, shared activities, eating and drinking together, as well as informal interaction and attention management. We argue that these activities are crucial for sustaining the social relationships that make distributed work possible." (Nardi/Whittaker 2002, S. 83).

[5] „In sum, research shows that face-to-face discussion has a strong impact on cooperation through its effects on bonds, social contracts, and group identity. (…) To the degree that a distributed work group lacks chances to talk face-to-face, it also lacks the most direct and easy route to cooperation and coordination." (Kiesler/Cummings 2002, S. 64).

Die zitierten Studien befassen sich alle mit den Auswirkungen räumlicher Distanz und elektronisch vermittelter Kommunikation auf die Effektivität interpersonaler Kooperation. Als vorherrschende Theorie gilt dabei die Media-Richness-Theorie, die sich mit der Reichhaltigkeit von Kommunikationsmedien befasst. Eine ihrer Kernaussagen ist, dass der gewählte Kommunikationsmodus zur durchzuführenden Aufgabe passen muss[1]. Ausgehend davon kann geschlossen werden, dass das Lernen über andere Individuen und der Aufbau sozialer Beziehungen, die das gegenseitige Verstehen gewährleisten, den reichhaltigen Face-to-Face-Kontext benötigen, da es sich um komplexe interpersonale Interaktionen handelt. Gleichzeitig kann argumentiert werden, dass die eigentliche Durchführung komplexer und interdependenter Projekttätigkeiten, auch unabhängig vom Sozialkapitalargument, einen reichhaltigen Kontext erfordert. Face-to-Face-Kommunikation ist also einerseits notwendig, um die sozialen Beziehungen zu bilden, die die Grundlage der Kooperation darstellen und andererseits für die Durchführung der komplexen Tätigkeiten selbst.

7.5.3 Komplexe Tätigkeiten benötigen den reichhaltigen Face-to-Face-Kontext

Es kann somit argumentiert werden, dass der Versuch, die zwischenbetriebliche Kooperation vorwiegend durch die Nutzung von Kommunikationstechnologie zu gestalten, in Gegenwart komplexer Tätigkeiten schwer wiegende Probleme und Konflikte mit sich bringen kann. Hierbei machen sowohl existierende Studien in diesem Bereich als auch die Evidenz der untersuchten Fälle in dieser Arbeit deutlich, dass komplexe Tätigkeiten in einem reichhaltigen Face-to-Face-Kontext effektiver und erfolgreicher bearbeitet werden können. Dem Einsatz von Kommunikationstechnologie und verteilter Arbeit kommt dabei jedoch in späteren Phasen des gemeinsamen Projekts eine immer wichtigere Rolle zu, wenn die Komplexität der Tätigkeiten abnimmt und Sozialkapital als Grundlage der Kommunikation bereits entstanden ist.

Die Literaturanalyse zeigt zudem, dass sich die grundlegenden Erkenntnisse in den letzten zehn Jahren Forschungstätigkeit in diesem Bereich nicht wesentlich verändert haben. Die Argumente, die NOHRIA und ECCLES 1992 in ihrer Arbeit zu Netzwerkorganisationen in Bezug auf die Eignung elektronischer Kommunikationsmedien für die Bildung sozialer Strukturen und die Bearbeitung komplexer Tätigkeiten vorgebracht haben, werden in aktuellen Studie trotz des zwischenzeitlich immensen Fortschritts in der

---

[1] Vgl. Riemer/Klein 2004, S. 282; für einen Überblick zur Media Richness Theorie siehe Andres 2002.

Kommunikationstechnologie nach wie vor bestätigt[1]. So beobachten STRAUS und MCGRATH, dass Tätigkeiten, die aufgrund ihrer Komplexität von den beteiligten Individuen zunächst einen Konsens hinsichtlich der weiteren Bearbeitung (und damit Sozialkapital) benötigen, produktiver in einem Face-to-Face-Modus bearbeitet werden[2]. In ähnlicher Weise argumentieren OLSON und OLSON, dass komplexe, eng verzahnte Tätigkeiten („tightly coupled work") für verteilte Arbeitskontexte schlecht geeignet sind, da die verfügbare Kommunikationstechnologie nicht die notwendige Flexibilität und Reichhaltigkeit bietet[3]. Die Untersuchung von ANDRES zur Produktivität von Teams bestätigt, dass Gruppen, die Videokonferenztechnologie nutzten, weniger produktiv waren als Teams, die in einem Face-to-Face-Kontext arbeiteten[4]. Aus dem gleichen Grund argumentieren OLSON ET AL., dass heutige Kommunikationstechnologien entgegen aller Versprechungen Face-to-Face-Interaktionen nicht ersetzen können, wenn es um die interpersonale Kooperation in komplexen Tätigkeiten geht. Ihre Studie zeigt, dass eng zusammenarbeitende Teams wesentlich produktiver sind als verteilt arbeitende[5]. Das Argument der vorliegenden Arbeit ist, dass die natürliche Entstehung von Sozialkapital im Face-to-Face-Kontext einen signifikanten Beitrag zum Erfolg dieser Form der Zusammenarbeit leistet, insbesondere wenn es sich um komplexe Tätigkeiten handelt.

7.5.4 Kommunikationsmodus folgt der Komplexität der Tätigkeiten

Diesen Ausführungen folgend kann argumentiert werden, dass sich der Kommunikationsmodus nach der Komplexität der Tätigkeiten richten sollte. So können wohlstrukturierte und standardisierte Aufgaben auch verteilt unter Nutzung von Kommunikationstechnologie durchgeführt werden, da sie weniger interpersonale Abstimmung und interdependente Interaktionen

---

[1] Siehe Nohria/Eccles 1992.

[2] „...productivity decrements are exacerbated for tasks requiring consensus on outcomes, (...) The results indicated that face-to-face modes are superior to computer-mediated discussions when productivity is a priority or when the time available to perform tasks is at a premium, especially for highly interdependent tasks." (Straus/McGrath 1994, S. 94).

[3] „In our research, we have seen that tightly coupled work is very difficult to do remotely. Technology, at least today, does not support rapid back and forth in conversation or awareness and repairs of ambiguity." (Olson/Olson 2000, S. 163).

[4] „The results show that the videoconferencing-supported group performing a production-type task was less productive in a fixed period of time and in a distributed synchronous group setting, as compared to face-to-face groups." (Andres 2002, S. 46).

[5] „Today's technologies promise that remote work can be as good as face-to-face. We disagree. We show that radically collocated teams are twice as productive as teams who are merely nearby." (Olson et al. 2002, S. 113).

und damit auch weniger Sozialkapital als Grundlage dieser Interaktionen benötigen. Im LOGISTIK-Fall beispielsweise wird argumentiert, dass die Durchführung von Videokonferenzen eine klare Struktur bzw. Agenda für das Meeting benötigt und daher nicht für das Brainstorming und das Generieren neuer Ideen geeignet ist:

> „Also ich kann gut eine regelmäßige Telefonkonferenz oder Videokonferenz wöchentlich machen, wenn ich eine klare Agenda habe, wenn alle in dem Thema drin sind, wenn ich quasi Aufgaben verteilt habe, den Status verfolge, und im Prinzip da nicht ganz neue Ideen generiere oder Brainstorming mache oder auch mal aus dem Team heraus Sachen entwickeln muss. Da sind dann Video- oder Telefonkonferenzen relativ begrenzt. Das muss man dann schon fokussieren auf die eigentlichen Meetings." [Manager LOGISTIK]

Face-to-Face-Treffen werden also als elementar wichtig für kreative Tätigkeiten und die Ideenentwicklung gesehen. Sie werden zudem als wichtig angesehen, ein gemeinsames Verständnis zu fördern und zu entwickeln; dies kann wiederum als Prozess des „Grounding" im Sinne der Bildung kognitiven Sozialkapitals angesehen werden. Außerdem können Face-to-Face-Meetings einfacher durch Pausen unterbrochen werden, die wiederum für informelle Interaktionen genutzt werden können:

> „Also zunächst mal gibt es da Unterschiede, wenn es darum geht, an was arbeite ich eigentlich? Also wie ich schon sagte, wenn ich Ideen entwickeln muss oder wenn ich weiß, dass ich unterschiedliche Standpunkte zum Thema habe, oder ganz unterschiedliche Ansätze und da mal ein erstes gemeinsames Verständnis entwerfen muss. Oder vielleicht habe ich eine Sache länger diskutiert und bin zu keiner Lösung gekommen und jetzt muss man das sozusagen noch mal neu „auskicken", dann ist es immer wichtig, dass Face-to-Face zu machen. Einfach um die Begrenzung, die die Medien mit sich bringen, zu umgehen. Dass eine ist natürlich, dass ich auf einer persönlichen Ebene, oder wenn man sich direkt gegenüber sitzt, über mehr Sinne wahrnehme als bei einer Videokonferenz, erst recht als übers Telefon. Das Zweite ist, dass ich selbst mit einer Videokonferenz- oder Telefonkonferenzanlage nach eineinhalb Stunden ziemlich an der Grenze bin, weil es dann sehr sehr anstrengend wird. Das kann ich in einem Meeting natürlich anders gestalten. Da mache ich dann eine kurze Pause oder habe auch für mich immer mal so Gelegenheiten, eine kurze Auszeit zu nehmen. Was bei einer Video- oder Telefonkonferenz denkbar schlecht ist. Ich habe noch keine erlebt, wo man sagt: Jetzt machen wir mal fünf Minuten Pause und dann wählen wir uns alle wieder ein und machen weiter oder so. Das ist einfach nicht praktikabel." [Manager LOGISTIK]

Weiter kann argumentiert werden, dass jedes zwischenbetriebliche Kooperationsprojekt sowohl komplexe, eng verzahnte, wie auch, meist im späteren Verlauf des Projekts, wenig komplexe und voneinander unabhängige Tätigkeiten beinhaltet, die verteilt und weitgehend unabhängig von den

Partnern durchgeführt werden können[1]. Immer wenn Teile der Arbeit geplant und standardisiert werden können, dann können diese auch von verschiedenen Individuen unabhängig voneinander bearbeitet werden. Laut O'SULLIVAN ist es dabei wichtig, die Ambiguität der durchzuführenden Tätigkeiten signifikant zu reduzieren, damit die verschiedenen Mitarbeiter ihre eigene Rolle kennen und recht einfach einen Überblick über die noch bestehenden Interdependenzen erlangen können[2]. Diese Standardisierungstätigkeit selbst ist jedoch wiederum eine komplexe und eng verzahnte Tätigkeit, die an einem Ort erfolgen sollte. Die Empfehlung lautet daher, dass komplexe Tätigkeiten in einem reichhaltigen Face-to-Face-Modus gemeinsam durchgeführt werden sollten, während die eher unabhängigen Teilaufgaben räumlich verteilt bearbeitet werden können[3]. Nach einer Phase der gemeinsamen Design- und Planungstätigkeit an einem Ort können nachfolgend standardisierte Arbeiten räumlich verteilt auch von vorher nicht involvierten Mitarbeitern durchgeführt werden.

Des Weiteren kann argumentiert werden, dass im Face-to-Face-Kontext mit der Zeit kognitives Sozialkapital entsteht, so dass, wenn gleichzeitig die Komplexität der Tätigkeiten abnimmt, die Kommunikation in späteren Lebenszyklusphasen der Kooperationsbeziehung zunehmend unter Einsatz von Kommunikationstechnologie stattfinden kann. Interessant ist in diesem Zusammenhang wiederum die Studie von OLSON und OLSON, in der erfolgreiche verteilte Teams entweder wohlstrukturierte Tätigkeiten niedriger Interdependenz („loosely coupled work“) bearbeiteten oder sich durch das Vorhandensein von „common ground“ (mithin Sozialkapital) zwischen den Teammitgliedern auszeichneten[4]. Ausgehend davon kann geschlossen werden, dass je weniger Komplexität die Tätigkeiten und je mehr Sozialkapital die beteiligten Individuen miteinander aufweisen, desto eher kann die Zusammenarbeit verteilt unter Nutzung von Kommunikationstechnologie durchgeführt werden.

---

[1] „R&D work generally involves both tightly-coupled work, as when one or more teams work on a particular part of a product, and loosely-coupled work, as when different teams work on relatively independent parts of the product.“ (Grinter et al. 1999, S. 306).

[2] „...standardized context reduced the range of possible interpretations of the timing and content of work outputs and allowed unfamiliar individuals drawn from widely varying organizational contexts to form accurate and convergent expectations about each other's design work." (O'Sullivan 2003, S. 110).

[3] „The (...) prescription thus is to design the work organization so that ambiguous, tightly coupled work is collocated.“ (Olson/Olson 2000, S. 163).

[4] „The various success cases were all examples of loosely coupled work, or work where the team members had a lot of common ground.“ (Olson/Olson 2000, S. 163).

7.5.5 Sozialkapital als Grundlage elektronischer Kommunikation

Die bisherigen Ausführungen machen deutlich, dass Sozialkapital als Grundlage effektiver Kommunikation auf Distanz angesehen werden kann. Entsprechend stellen KIESLER und CUMMINGS fest, dass Kommunikationstechnologie dann effektiver ist, wenn die Teams eine hohe Gruppengeschlossenheit (Kohäsion) aufweisen[1]. Bereits NOHRIA und ECCLES argumentieren, dass stabile und tief gehende soziale Beziehungen als Grundlage effektiver elektronischer Kommunikation angesehen werden können, da diese die Grundlage für gegenseitiges Verstehen liefern[2]. In diesem Fall wird die räumliche Distanz nicht mehr als soziale Distanz wahrgenommen. Je mehr kognitives Sozialkapital die Individuen also besitzen, desto weniger Kommunikation und Abstimmungen sind notwendig, um komplexere Tätigkeiten durchzuführen[3]. Diese Ausführungen machen ein weiteres Dilemma zwischenbetrieblicher Kooperation deutlich: Zur effektiven Nutzung der Technologien, die eigentlich verteiltes Arbeiten ermöglichen sollen, ist zunächst nicht-verteiltes Arbeiten notwendig, um die notwendigen sozialen Strukturen für die spätere Kommunikation im verteilten Setup zu schaffen. Nicht nur dass die elektronisch vermittelte Kommunikation die Entstehung von kognitivem Sozialkapital erschwert, die effektive elektronische Kommunikation benötigt umgekehrt eben dieses kognitive Sozialkapital um ein gegenseitiges Verstehen zu gewährleisten, und so einen möglichst großen Nutzen aus dem Einsatz der Kommunikationstechnologie zu ziehen und Friktionen aufgrund von Missverständnissen zu vermeiden.

Oft werden neue Kommunikationstechnologien als Argument für den Aufbau verteilter, zwischenbetrieblicher Organisationsarrangements genutzt; Technologien wie Videokonferenzsysteme, so das Argument, können Face-to-Face-Interaktionen ersetzen und Reisetätigkeit verringern. Ausgehend von den Argumenten in dieser Arbeit kann dem jedoch nur dann zugestimmt werden, wenn es sich um standardisierte Tätigkeiten handelt bzw. die beteiligten Individuen bereits ausreichendes Sozialkapital für die Zusammenarbeit in verteilten Setups mitbringen. Ist beides nicht der Fall, so ist ein dediziertes Beziehungsmanagement notwendig, dass

---

[1] „...communication technology is more likely to be effective when groups are cohesive than when they are not..." (Kiesler/Cummings 2002, S. 57).

[2] „This is because an extensive, deep, robust social infrastructure of relationships must exist so that those using the electronic media will truly understand what others are communicating to them." (Nohria/Eccles 1992, S. 301).

[3] Hierzu wieder Olson und Olson: „Tasks that are by nature ambiguous are tightly coupled until clarification is achieved. The more common ground participants have, the less interactions are required to understand the situation and what to do." (Olson/Olson 2000, S. 162).

sich, entsprechend der bisher diskutierten Zusammenhänge, der entstehenden Barrieren und der Sozialkapitalbildung unter Anwendung der geschilderten Maßnahmen annimmt.

7.5.6 Ausblick und Bedarf weiterer Forschungsarbeiten

Zwar können aufbauend auf den zitierten Studien und den Erkenntnissen des empirischen Teils der Studie bereits interessante Rückschlüsse auf das Verhältnis von Technologie und Sozialkapital gezogen werden, jedoch ist dieser Bereich bisher nahezu unerforscht. Explizite Studien, die sich den Auswirkungen von Technologie auf Entstehung und Wichtigkeit von Sozialkapital widmen und dabei alle Dimensionen des Konstrukts einbeziehen, existieren bisher nicht. Die in diesem Kapitel geführte Diskussion beschränkt sich dabei im Wesentlichen auf das Verhältnis von Kommunikationstechnologien zur kognitiven Sozialkapitaldimension in interpersonaler Wissensarbeit und basiert im Wesentlichen auf Arbeiten aus den Kommunikationswissenschaften und der Sozialpsychologie. Hieraus ergibt sich Bedarf für zukünftige Studien, die sich integrativ auch auf die strukturelle und relationale Dimension von Sozialkapital beziehen. Zwar gibt es zahlreiche Arbeiten zu Vertrauen in elektronischer Kommunikation[1], jedoch keine Studie, die sich explizit auf die Bildung und Rolle von Sozialkapital in allen Dimensionen bezieht.

Darüber hinaus ergeben sich weitere potenzielle Untersuchungsfelder. Im Rahmen dieser Arbeit wurde argumentiert, dass die IKT als ein Treiber organisationaler Veränderung angesehen werden kann, was letztlich unter anderem in einer Zunahme zwischenbetrieblicher Zusammenarbeit (mit allen diskutierten Problemen) resultiert. In dieser Arbeit wurde dabei die Rolle von Sozialkapital in weitgehend dyadischen, vertikalen und horizontalen Kooperationsbeziehungen diskutiert, die als karges Umfeld für eine natürliche Sozialkapitalentstehung charakterisiert werden konnten. Daneben gibt es jedoch weitere organisationale Formen zwischenbetrieblicher Zusammenarbeit, die in höherem Maße auf dem Einsatz von IKT basieren und bei denen daher dem Verhältnis von IKT und Sozialkapitalbildung ebenfalls explizite Aufmerksamkeit zukommen muss. Die folgenden Ausführungen geben einen Ausblick auf mögliche Forschungsarbeiten in diesem Bereich.

Informationssystembasierte Organisationsformen und die Rolle der IKT

Typische Beispiele solcher informationssystembasierten Organisationsformen sind *Elektronische Marktplätze* und *Virtuelle Unternehmen*. Elekt-

---

[1] Siehe beispielhaft Rocco 1998, Jarvenpaa/Leidner 1999, Huang 2003.

ronische Marktplätze sind elektronische Handelsplattformen, die dazu dienen, Transaktionen zwischen Käufern und Verkäufern durch die elektronische Abwicklung effizienter zu gestalten und in erheblichen Maße unnötige Transaktionskosten einzusparen, die in der traditionellen Geschäftsabwicklung anfallen[1]. Eine virtuelle Unternehmung wiederum stellt eine flexible Organisationsform dar, die basierend auf dem Einsatz von IKT, die flexible und kurzfristige Kooperation von Unternehmen, z. B. in Forschungs- und Entwicklungsprojekten, ermöglichen soll[2]. Im Kern steht die Idee, dass die besten Kompetenzen verschiedener Unternehmen kurzfristig und für den Zeitraum eines Projekts zusammen gebracht werden, um eine Marktopportunität zu nutzen[3]. Sowohl elektronischen Marktplätzen als auch virtuellen Unternehmen liegt die Hypothese zugrunde, dass durch den Einsatz von Informationstechnologie die Austauschbeziehungen zwischen Unternehmen effektiver und effizienter gestaltet werden können. Eine Grundannahme ist zudem, dass Funktionen und Tätigkeiten, die vormals von Menschen ausgeführt wurden, zunehmend von IKT übernommen werden können[4].

Dabei hat sich jedoch herausgestellt, dass beide Organisationsformen in der Praxis nicht die von ihren Befürwortern erhoffte Verbreitung gefunden haben. Elektronische Marktplätze wurden in den Jahren 1998 bis 2000 mit entsprechendem Finanzkapital der Börsen in vielen Branchen aufgebaut; allerdings überdauerten nur die wenigsten die ersten zwei Jahre ihrer operativen Tätigkeit[5]. Die Gründe hierfür sind vielfältig, als ein wesentlicher Grund kann die sehr abstrakte Interpretation zwischenbetrieblicher Austauschbeziehungen und die Überbetonung IKT-basierter Prozesse gesehen werden[6]. Ein genereller Grund für die oftmals positive Beurteilung informationssystembasierter Organisationsformen ist, wie NOHRIA und ECCLES anmerken, dass sich deren Fürsprecher einer weitgehend informationsflusszentrierten Sichtweise von Organisationen verschreiben und die soziale Dimension bei der Beurteilung und Analyse außen vor lassen[7]. Dabei

---

[1] Siehe beispielsweise Kambil et al. 1999 oder Senn 2000.

[2] Siehe Bleecker 1994, Franke 2001.

[3] Für einen Überblick über die virtuelle Unternehmung siehe auch Riemer/Klein 2003.

[4] Zur Rolle von Technologie in virtuellen Unternehmen siehe beispielsweise Bultje/van Wijk 1998.

[5] Siehe Jorgensen 2003.

[6] Siehe Doyle/Melanson 2001.

[7] „...the champions of information technology sometimes fail to recognize its limits. One of the main reasons is that they primarily subscribe to an information-processing view of organizations, often ignoring an organization's social dimensions." (Nohria/Eccles 1992, S. 291). Siehe beispielhaft Orman 2002 für eine entsprechende Diskussion zu elektronischen Marktplätzen.

findet in interorganisationalen Transaktionen neben dem Güter- und Finanzaustausch auch meist ein sozialer, interpersonaler Austausch statt. An geschäftlichen Transaktionen sind meistens Menschen beteiligt und Menschen bevorzugen in der Regel Geschäfte mit anderen Menschen, insbesondere wenn es sich um Transaktionen handelt, in denen Vertrauen wichtig ist[1].

Die genannten Organisationsformen mögen zwar, aus einer reinen Informations- und Güteraustauschsicht betrachtet, für ihren jeweiligen Anwendungszweck im Vergleich zu traditioneller Organisation vorteilhaft sein. Wird jedoch die soziale Dimension in die Betrachtung mit einbezogen, so ergibt sich ein anderes Bild. Ausgehend von den Argumenten in dieser Arbeit kann geschlossen werden, dass die Rolle von Sozialkapital sowohl in den von elektronischen Marktplätzen durchzuführenden marktlichen Austauschbeziehungen, als auch in den von virtuellen Unternehmen angestrebten Kooperationsbeziehungen, nicht unberücksichtigt bleiben darf. Dabei existieren bereits erste konzeptionelle Arbeiten, die auf diesen Zusammenhang hinweisen und anhand eines Sozialkapitalarguments die ursprüngliche Effektivitätshypothese der Organisationsformen in Frage stellen. Die Befürworter elektronischer Marktplätze verkennen laut STEINFIELD die geographische und soziale Einbettung bestehender Geschäftsbeziehungen und die Rolle und Relevanz stabiler interorganisationaler wie auch sozialer Beziehungen in vertikalen Austauschbeziehungen[2]. Letztlich kann die Effizienzhypothese elektronischer Marktplätze wieder auf die eingangs bereits kritisierte Überbetonung transaktionskostentheoretischer Aspekte zurückgeführt werden (vgl. Kap. 2.4.2). Entsprechend entwickeln sich elektronische Marktplätze von reinen Transaktionsplattformen nun zunehmend zu Plattformen für die Anbahnung und Unterstützung von Kollaborationsbeziehungen, deren Sichtweise explizit über die elektronische Abwicklung von atomaren Transaktionen hinausgeht und Raum für soziale Aspekte lässt[3]. Auch das Organisationsmodell der virtuellen Unternehmung kann für seine Nichtberücksichtigung der Rolle von Sozialkapital kritisiert werden. Die aus dem Modell resultierende Virtualität und Volatilität steht nicht mit der Notwendigkeit reichhalti-

---

[1] Doyle und Melanson führen als einen Grund für das Scheitern elektronischer Marktplätze an: „People like other people. Doing business all day without human contact is very unattractive, even if it is faster, better, or cheaper. (…) People can trust other people to help them." (Doyle/Melanson 2001, S. 11).

[2] „…the basic argument is that a primary weakness of most B2B hubs is the dominance of efficiency-related services and the relative lack of social/relationship building services that are so important to the formation of stable business trading relationships." (Steinfield 2003, S. 1).

[3] Siehe Klein/Gogolin 2002.

gen Sozialkapitals zur Bewältigung komplexer interorganisationaler Projektarbeit in Einklang[1]; derselbe Zusammenhang wurde auch im Rahmen dieser Arbeit identifiziert.

Es kann festgehalten werden, dass Organisationen letztlich soziale Gebilde sind, die nicht einseitig auf Kompetenzaspekte (Humankapital) oder Informationsflüsse reduziert werden können. Genauso können auch interorganisationale Austauschbeziehungen als sozial eingebettet angesehen werden. Eine Sozialkapitalsicht bietet den Vorteil, die Auswirkungen der Informationstechnologie auf organisationale und marktliche Veränderungen ganzheitlich beurteilen zu können. Empirische Arbeiten, die diese Zusammenhänge und damit die Effektivität verschiedener informationssystembasierter Organisationsformen und Austauschbeziehungen unter Einbeziehung des Sozialkapitalkonstrukts untersuchen, existieren bislang jedoch nicht. Hier ergibt sich weiterer Forschungsbedarf.

7.6 Zusammenfassendes Resümee des Managementansatzes

Ausgehend von der in Kapitel 6 diskutierten Relevanz und Rolle von Sozialkapital in zwischenbetrieblichen Kooperationsbeziehungen wurde ein entsprechender Ansatz sozialkapitalorientierten Managements im Sinne der Kontextsteuerung beschrieben (Kap. 7.1). Managementmaßnahmen zielen demnach auf die Gewährleistung der richtigen Interaktionsvoraussetzungen als Kontext der Sozialkapitalentstehung ab (vgl. Kap. 7.3 und Tabelle 7.2). Die Relevanz der Maßnahmen variiert dabei mit der Art und Form des im Einzelfall benötigten Sozialkapitals. Das Ziel ist zudem die Überwindung der im interorganisationalen Kontext typischerweise vorhandenen Barrieren der Sozialkapitalentstehung (vgl. Kap. 7.2). Im Weiteren wird der erarbeitete Managementansatz noch einmal abschließend charakterisiert und in den größeren Kontext eingeordnet.

7.6.1 Charakteristika des Managementansatzes

Es kann festgehalten werden, dass sozialkapitalorientiertes Management als Kontextsteuerung keine deterministische Sozialkapitalbildung im Sinne einer direkten Investitionsstrategie gewährleisten kann. Das Beziehungsmanagement kann nur mit geeigneten Maßnahmen den Interaktionskontext gestalten. Dieser Logik folgend ist auch eine Messung der Erfolgswirkung

[1] „We do (…) question the claim that the VO is a superior organisational form per se, especially when it comes to complex tasks. Rather, we argue that virtuality and volatility hamper the emergence of social capital thus impeding effective collaboration." (Riemer/Klein 2004, S. 288, *Anmerkung*: „VO" bezeichnet die „Virtual Organisation".).

des sozialkapitalorientierten Managements nicht möglich. Bereits oben wurde Sozialkapital als nicht direkt messbar beschrieben (vgl. Kap. 3.8.6), so dass sich die Wirkungen der Managementmaßnahmen nur abschätzen lassen. Diese Sichtweise wird von den Interviewpartnern in der empirischen Befragung unterstützt. Sozialkapital wird explizit ein Kapitalcharakter und Erfolgsbeitrag zugeschrieben, die Messbarkeit jedoch wird angezweifelt:

> *FRAGE*: Würden Sie diesen sozialen Beziehungen eine Art Kapitalcharakter zuschreiben? Dass man sagt, Investitionen da rein sind sinnvoll, weil ich da mittelbar oder unmittelbar ökonomische Vorteile habe?
> *Manager LOGISTIK*: Ja. Ja, auf jeden Fall. Also es ist schwer zu quantifizieren. Das ist immer die Frage, wie mache ich so was messbar? Aber wenn ich mir einfach mal als ein Extrem vorstelle, das würde gar nicht funktionieren, dann ist der Output aus dem Team minimalst.

Zudem wird mehrmals angemerkt, dass die aus guten Beziehungen resultierenden Koordinationsvorteile zwar eine gefühlsmäßige Abschätzung der Sozialkapitalrelevanz zulassen, eine Messung gleichzeitig aber unmöglich ist. Die Wirkungen eines sozialkapitalorientierten Managements sind also nicht deterministisch und auch die Messung des vorliegenden „Investitionsgrades" gestaltet sich schwierig. Nichtsdestotrotz kommt einem entsprechenden Beziehungsmanagement, ausgehend von der Relevanz und Rolle von Sozialkapital einerseits und den Charakteristika des Umfelds andererseits, eine erfolgswirksame Rolle zu. Das Beziehungsmanagement stellt sich dabei als Management von Widersprüchen und Dilemmata dar:

1. Der Beziehungsmanagementansatz ist zunächst einmal wichtig, aufgrund des typischen Dilemmas zwischenbetrieblicher Kooperation: Unternehmen bedienen sich für Ressourcenzugang und Ressourcenentwicklung zunehmend zwischenbetrieblicher Kooperationen. Dabei benötigt die Ressourcenerstellung in gemeinsamen Projekten mitunter reichhaltiges Sozialkapital, das jedoch in eben diesen zwischenbetrieblichen Arrangements aufgrund des kargen Umfeldes nicht ohne weiteres entstehen kann, so dass ein dediziertes Beziehungsmanagement notwendig wird.
2. Aufgrund eines immanenten Dilemmas des Sozialkapitalkonstrukts reduziert sich die Rolle dieses auf die Bildung von Sozialkapital abzielenden Beziehungsmanagements jedoch auf die Rolle der Kontextsteuerung: Direkte Investitionen im Sinne des Erschaffens sozialer Strukturen sind nicht möglich; soziale Struktur als Grundlage von Sozialkapital entsteht nur als Resultat sozialer Interaktionen. Eine deterministische Investition mit erwartetem Output ist somit nicht möglich, die Entstehung von Sozialkapital kann nur indirekt angeregt werden.
3. Ein weiteres Dilemma macht deutlich, dass dem Beziehungsmanagement besonders zu Beginn der Kooperationsbeziehung entscheidende

Bedeutung zukommt: Während Sozialkapital in der ersten Phase der Kooperation als Grundlage effektiver Projektarbeit am wichtigsten ist, ist gleichzeitig in dieser Phase am wenigsten Sozialkapital vorhanden, da die Kooperation in der Regel gerade erst neu aufgebaut wurde und die entsprechenden Mitarbeiter untereinander noch keine Beziehungen bilden konnten. Vor dem Hintergrund typischer Barrieren der Kooperation sind in diesem Fall sofortige Managementmaßnahmen erforderlich.
4. Ein weiteres Dilemma bezieht sich auf die Überwindung der räumlichen Distanz zwischen den Kooperationspartnern mittels IKT. Hier wurde gezeigt, dass zur effektiven Nutzung von Kommunikationstechnologien, die verteiltes Arbeiten ermöglichen sollen, zunächst nichtverteiltes Arbeiten notwendig ist, um die notwendigen sozialen Strukturen für die spätere IKT-basierte Kommunikation zu schaffen.

Diese Widersprüche und Dilemmata machen nicht nur die Relevanz eines sozialkapitalorientierten Beziehungsmanagements deutlich, sie verweisen auch auf die sich ändernde Rolle des Managers im zwischenbetrieblichen Kontext mit Blick auf die Sozialkapitalorientierung (vgl. Kap. 7.4). Zudem wird deutlich, dass das Verhältnis von IKT und Sozialkapital ambivalent ist (Kap. 7.5).

7.6.2 Einordnung des Managementansatzes in den Kontext

Nachdem die Relevanz sozialkapitalorientierten Beziehungsmanagements und dessen Maßnahmen aufgezeigt wurden, wird der Ansatz nun zum besseren Verständnis seiner Rolle in den größeren Kontext des Managements zwischenbetrieblicher Beziehungen eingeordnet. Die vorliegende Arbeit hat sich explizit mit der sozialen Dimension des Managements zwischenbetrieblicher Kooperationsbeziehungen beschäftigt (vgl. Kap. 2.4). Aus diesem Grund wurden die Aspekte dieser Dimension naturgemäß in den Vordergrund gestellt und deutlich überbetont. Auf Basis dieser Gewichtung sollten keine Schlüsse über die allgemeine Wichtigkeit verschiedener Managementaspekte gezogen werden. In diesem Zusammenhang sei zunächst noch einmal darauf hingewiesen, dass die Investition in Sozialkapital aus Organisationssicht kein Selbstzweck ist. Sie folgt einerseits einem strategischen Kalkül und verursacht andererseits Kosten, die durch den (mittelbaren) Beitrag von Sozialkapital zum Erfolg der Kooperationsbeziehung aufgewogen werden sollten. Es handelt sich dabei um eine notwendige, aber bei weitem nicht hinreichende Bedingung für den Erfolg zwischenbetrieblicher Kooperationsbeziehungen. Dabei ist das Argument dieser Arbeit, dass den sozialen Aspekten eine jeweils zu den identifizierten Kontingenzen (vgl. Kap. 6.1.2) passende Rolle in zwischenbetrieblichen Beziehungen zugestanden werden sollte. So kann es aus Sicht des Beziehungsmanagements auch zu Überinvestitionen kommen, wenn die sozialen

Aspekte zu Lasten der ökonomischen und strategischen Dimension überbetont werden (vgl. Kap. 6.4.2).

Es bleibt festzuhalten, dass neben der sozialen Dimension weitere Aspekte der anderen Dimensionen für ein ganzheitliches Management zwischenbetrieblicher Beziehungen wichtig sind. Hierzu gehören Aspekte, die sich mit den Strategien der Partner, ihren Produkten, Technologien, mit der Prozessgestaltung oder vertraglichen und rechtlichen Aspekten beschäftigen; diese wurden im Rahmen dieser Arbeit nicht betrachtet. Das Vorhandensein von Sozialkapital ist nach diesem Verständnis nur von Nutzen, wenn es geeignet in andere Maßnahmen der strategischen und ökonomischen Dimension eingebettet wird (vgl. Abbildung 2.6). Der im Rahmen dieser Arbeit beschriebene Managementansatz bezieht sich explizit auf die soziale Dimension und letztlich auf das Management von Beziehungen, hinsichtlich der organisationalen Kooperationsbeziehung einerseits und der sozialen Beziehungen als Grundlage der zwischenbetrieblichen Kooperation andererseits.

7.6.3 Beziehungsmanagement als Bündelung bekannter Maßnahmen vor dem Hintergrund neuer Herausforderungen

Die identifizierten Maßnahmen in Kapitel 7.3 machen deutlich, dass der Managementansatz keineswegs aus neuartigen oder neu entwickelten Maßnahmen besteht. Letztlich handelt es sich um bekannte Maßnahmen der Organisationsgestaltung, des Team-Managements und der Mitarbeiterführung. Vor dem Hintergrund der Sozialkapitalrelevanz wurden geeignete Maßnahmen dieser Domänen identifiziert und gebündelt im Sinne eines sozialkapitalorientierten Beziehungsmanagements präsentiert. Ziel war es, die Relevanz von Sozialkapital in zwischenbetrieblichen Kooperationsbeziehungen und die Maßnahmen zu dessen Förderung in den Mittelpunkt eines eigenen Managementansatzes zu rücken, da einerseits die Wertschöpfung von Unternehmen zunehmend in zwischenbetrieblicher Kooperation stattfindet und andererseits das karge Umfeld eben dieser Kooperationen eine natürliche Entstehung des notwendigen Sozialkapitals erschwert. Während der Entstehung von Sozialkapital innerbetrieblich von Seiten des Managements nur am Rande Aufmerksamkeit zukommt, da die sozialen Beziehungen aufgrund der typischen Organisationsstrukturen als Nebenprodukt sozialer Interaktionen in einem reichhaltigen Umfeld ohne weiteres Zutun entstehen, erfordert dieses Thema zwischenbetrieblich dedizierte Managementaufmerksamkeit. Aus diesem Grund war die Beschreibung eines besonderen Managementansatzes mit Erkenntnissen über die jeweilige Rolle von Sozialkapital in verschiedenen Projekt- und Beziehungstypen sowie der Bündelung von Maßnahmen zur Sozialkapitalförderung entsprechend von Bedeutung.

7.6.4 Beziehungsmanagement als organisatorische Fähigkeit

Es kann geschlossen werden, dass die Fähigkeit des Beziehungsmanagements, insbesondere auf der sozialen Ebene, durch das vermehrte Eingehen zwischenbetrieblicher Kooperationen für den Unternehmenserfolg zunehmend von Bedeutung ist. So wird die Fähigkeit des Anbahnens und Managens zwischenbetrieblicher Kooperationen als wichtige organisatorische Fähigkeit im sich verändernden Marktumfeld gesehen[1]. ALT ET AL. sehen die Netzwerkfähigkeit („Networkability") von Unternehmen entsprechend als wichtige Kompetenz in einer Unternehmensumwelt, die von Kooperationen und Fusionen geprägt ist[2]. Dafür identifizieren die Autoren einige grundlegende Kompetenzbereiche, in denen Unternehmen ihre Netzwerkfähigkeit ausbilden sollten. Hierzu gehören netzwerkfähige Produkte, Prozesse und Informationssysteme, sowie flexible Organisationsstrukturen, weltoffene Mitarbeiter und eine entsprechende Organisationskultur.

Mit Blick auf die Erkenntnisse dieser Arbeit kommt dabei dem sozialkapitalorientierten Beziehungsmanagement besondere Bedeutung zu, insbesondere wenn es sich um komplexe, langfristige und strategisch relevante Kooperationsvorhaben handelt. Dabei existieren Überschneidungspunkte mit dem Networkability-Konzept was die Kooperationsfähigkeit der Mitarbeiter im Sinne der Sozialkompetenz angeht, sowie mit Blick auf eine tolerante und offene Organisationskultur. Eine Organisationskultur, die Reziprozitätsnormen aufweist und kooperatives Verhalten begünstigt, bringt eine positive Vorprägung der Organisationsmitglieder mit Blick auf das für die Sozialkapitalbildung notwendige offene, tolerante und kooperative Verhalten mit sich. Dabei spielen Fähigkeiten des Beziehungsmanagements nicht nur für den zwischenbetrieblichen Kontext eine Rolle; auch innerbetrieblich finden sich besonders in multinationalen Unternehmen zunehmend verteilte Arbeitssetups, die Maßnahmen zur Förderung von Sozialkapital als zunehmend notwendig erscheinen lassen. PRUSAK und COHEN verweisen auf die Herausforderung, Sozialkapital in Unternehmen, die zunehmend von Virtualität und Volatilität der Organisationsstrukturen gekennzeichnet sind, zu pflegen[3]. Somit kommt einzelnen Erkenntnissen der vorliegenden Arbeit auch innerbetrieblich entsprechende Relevanz zu.

---

[1] Siehe Lorenzoni/Lipparini 1999.
[2] Siehe Alt et al. 2000.
[3] Siehe Prusak/Cohen 2001.

8. Kapitel
Zusammenfassung und Ausblick

Komplexe Wissensarbeit, Produktentwicklung und allgemein der Zugang zu Ressourcen finden zunehmend in neuartigen organisationalen, oft zwischenbetrieblichen, Arrangements statt, die sich, verglichen mit klassischen hierarchischen bzw. bürokratischen Strukturen, durch eher instabile organisationale Strukturen auszeichnen[1]. Diese Arrangements bringen neuartige Probleme hinsichtlich der Organisation und des Managements mit sich, insbesondere was die soziale und interpersonale Ebene der Zusammenarbeit in Teams, sowie die Stabilisierung der Arrangements in Abwesenheit stabiler, formeller Strukturen angeht. Die vorliegende Arbeit leistet einen Beitrag in diesem Forschungsbereich hinsichtlich der Identifikation von Managementherausforderungen und Maßnahmen in der sozialen Dimension sowie der Verdeutlichung der Relevanz sozialer Aspekte für das Beziehungsmanagement. Mit den betrachteten Allianz- und Lieferantenbeziehungen wird dabei eine spezielle Form der Organisation betrachtet, die Rückschlüsse auf die Rolle von Sozialkapital in anderen, ähnlichen Arrangements wie großen multinationalen Organisationen oder neuartigen, virtuellen Organisationen zulässt.

8.1 Beiträge der Arbeit

Die vorliegende Arbeit hat die Rolle von Sozialkapital in zwischenbetrieblichen Kooperationsbeziehungen und die Auswirkungen für das Beziehungsmanagement untersucht. Zunächst wurde das Thema ausgehend von Trends und Motiven, die die zunehmende Relevanz zwischenbetrieblicher Kooperationen verdeutlichen, und typischen Herausforderungen des Managements zwischenbetrieblicher Kooperationen motiviert. Die zwischenbetriebliche Kooperationsbeziehung wurde als relevanter Untersuchungsgegenstand identifiziert und die Notwendigkeit des Beziehungsmanagements wurde erkannt. Basierend auf einer Unterscheidung verschiedener Dimensionen des Beziehungsmanagements wurde die soziale Dimension

[1] Siehe Mohrman 1999.

als relevante, aber untererforschte Dimension identifiziert. Dieser Eingrenzung folgend wurde die Transaktionskostentheorie als vorherrschender Erklärungsansatz der Domäne als untersozialisiert charakterisiert und aufgrund dessen für die Anwendung eines geeigneten Theoriekonstrukts plädiert. Entsprechend wurde mit dem Sozialkapitalkonstrukt ein Konstrukt identifiziert, dass nicht nur der Relevanz der sozialen Dimension zwischenbetrieblicher Kooperation Rechnung trägt, sondern sich zudem explizit im Kern auf Beziehungen stützt. Ausgehend von den daraus formulierten Forschungsfragen hat die vorliegende Arbeit in drei Bereichen neuartige Ergebnisse geliefert:

1. Zunächst wurde in Kapitel 3 ein geeigneter *Theorierahmen für die Interpretation und Anwendung des Sozialkapitalkonstrukts im organisationalen Umfeld* entwickelt und in Kapitel 4 am Beispiel der Wissensarbeit auf organisatorische Fragestellungen angewendet. Das entwickelte Theoriegebäude integriert verschiedene Perspektiven und Ebenen der Anwendung des Konstrukts und unterscheidet und diskutiert verschiedene Mechanismen, Elemente und Effekte. Dabei wurden auch negative Effekte von Sozialkapital und soziale Verbindlichkeiten als Gegenkonstrukt eingeführt. Abschließend wurden darüber hinaus der Prozess der Sozialkapitalentstehung und typische Merkmale des Konstrukts diskutiert. Die Besonderheit dieser Theorieausarbeitung liegt in der Integration verschiedener in der Literatur diskutierter Sozialkapitalinterpretationen. Anstatt für die Sinnhaftigkeit einer bestimmten Interpretation des Konstrukts zu argumentieren, wurde gezeigt, dass verschiedene Beziehungstypen, Netzwerkstrukturen, Dimensionen und Elemente je nach Situation und abhängig von Kontingenzen als Grundlage von Sozialkapital einen sinnvollen Interpretationsbeitrag liefern können. Dieser Ansatz wurde im Weiteren durch die Ergebnisse der empirischen Studie unterstützt.
2. Ausgehend von der Ausarbeitung des Theoriegerüsts erfolgte die *Anwendung des Sozialkapitalkonstrukts auf interorganisationale Arrangements*, die im Gegensatz zu bisherigen Arbeiten als Multi-Ebenen-Arrangements beschrieben wurden, was eine Untersuchung der Rolle von Sozialkapital innerhalb dieser Arrangements ermöglichte (siehe insbesondere Abbildung 5.1). Diese Diskussion wurde genutzt, um die eingangs formulierten Forschungsfragen zu erweitern und den Aspekt der Komplexität zwischenbetrieblicher Projekttätigkeiten in die folgende empirische Untersuchung mit einzubeziehen. Die Anwendung des Sozialkapitalkonstrukts folgte dabei einer Managementsicht und konzentrierte sich auf die Untersuchung der Managementrelevanz und geeigneter Maßnahmen der Sozialkapitalförderung (vgl. Kap. 5.1.6).

3. Der empirische Teil der Studie schließlich lieferte Ergebnisse in zwei Teilbereichen: Zunächst wurde ein *Kontingenzmodell zur Identifikation der Rolle von Sozialkapital* in zwischenbetrieblichen Kooperationsbeziehungen abgeleitet. Als zweiter Ergebnisbereich wurde ein *Beziehungsmanagement-Ansatz* beschrieben, der ausgehend von verschiedenen Barrieren Maßnahmen zur Förderung der Sozialkapitalentstehung im Sinne einer Kontextsteuerung umfasst. Weitere Erkenntnisse beziehen sich auf die Rolle des Managers und die Rolle der IKT mit Blick auf das sozialkapitalorientierte Beziehungsmanagement.

8.2 Zur Rolle der empirischen Ergebnisse

Bewertet man die in der empirischen Studie gewonnenen Erkenntnisse vor dem Hintergrund des explorativen Forschungsansatzes, so sollten diese Erkenntnisse als Theorien über Zusammenhänge in der empirischen Wirklichkeit gesehen werden. Dabei sind diese Erkenntnisse bzw. Theorien nicht als falsche oder wahre Repräsentationen der Wirklichkeit zu verstehen, sondern als empirisch abgeleitete und anhand der Evidenz begründete Interpretation der Realität[1]. Diese Interpretation folgt dabei wieder der ontologischen und epistemologischen Grundposition des Postpositivismus, der vom Vorhandensein einer einzigen Realität, aber nur begrenzten Möglichkeiten des empirischen Zugangs ausgeht (vgl. Kap. 5.2.1). Den Ergebnisse der empirischen Untersuchung wird demnach kein universeller Gültigkeitsanspruch zugeschrieben. Vielmehr handelt es sich um empirisch begründete Generalisierungen, die auf Basis der untersuchten Fälle ein Verständnis empirischer Zusammenhänge vermitteln, deren Gültigkeit für vergleichbare Fälle aufgrund des erworbenen Wissens als nachvollziehbar erscheint, sich jedoch stets im Einzelfall erweisen muss. Hier wird deutlich, dass Generalisierung in qualitativer Forschung bedeutet, im analytischen Sinne von empirischen Fällen auf theoretische Positionen zu generalisieren und nicht, wie in quantitativen Studien, im statistischen Sinne von einer empirischen Population auf eine universelle Gesamtheit[2]. Die Ergebnisse der durchgeführten qualitativen Studie sollten somit nachvollziehbare Erkenntnisse über die empirische Wirklichkeit mit einem Nützlichkeitsanspruch für die Übertragung in andere Kontexte bieten, ohne hierfür jedoch statistische Gewissheit geben zu können. Insbesondere kann den gewonnenen Ergebnissen eine praktische Relevanz für Manager zugeschrieben

---

[1] „...theories are not (right or wrong) representations of given facts, but versions or perspectives through which the world is seen.“ (Flick 1998, S. 43).

[2] Siehe hierzu Yin 1998.

werden, die vor der Herausforderung des Beziehungsmanagements stehen. Dabei sind die Ergebnisse aber eben nicht als universelle und normative Handlungsanweisungen zu sehen, sondern im Sinne von Leitlinien, die einer Reinterpretation und Anpassung für den jeweiligen Einzelfall bedürfen. Die reichhaltige Präsentation der empirischen Ergebnisse hilft bei der Einschätzung hinsichtlich der Übertragbarkeit.

8.3 Diskussion des Forschungsansatzes und weiterer Forschungsbedarf

Ausgehend von typischer Kritik an qualitativen Forschungsvorhaben kann der gewählte empirische Ansatz aus zwei Richtungen kritisiert werden, was gleichzeitig die Grundlage für die Identifikation weiterer Forschungsideen in direkter Nachfolge der Studie liefert: Der erste Einwand betrifft die Breite der Untersuchung und damit den angesprochenen Generalisierungsaspekt bzw. die Anzahl der untersuchten Fälle, die aus Sicht quantitativer Forschungsvorhaben als nicht repräsentativ anzusehen ist und damit keine statistische Generalisierung auf eine universelle Gesamtheit zulässt. Daher stellt sich die Frage, warum in der Studie nicht, basierend auf einer standardisierten Befragung, eine repräsentative Stichprobe erhoben wurde. Der zweite Einwand betrifft die Tiefe der Untersuchung, da aus Sicht qualitativer Fallstudienforschung die einzelnen Fälle nicht in der für das Thema möglichen Tiefe untersucht wurden. Es stellt sich die Frage, warum sich die Studie nicht auf einen einzelnen Fall konzentriert hat, dessen soziales Netzwerk über einen Zeitraum mehrerer Wochen intensiv durch Beobachtung untersucht wurde, um die tatsächlich vorhandenen sozialen Beziehungen und die Aktionen des Beziehungsmanagements der Organisation zu ergründen.

Hierzu muss gesagt werden, dass die Studie bewusst einen Mittelweg beschritten hat, um einerseits über das qualitative Instrumentarium der Experteninterviews einen reichhaltigen empirischen Zugang zu den zu untersuchenden Aspekten zu bekommen und so das Verstehen der Zusammenhänge im empirischen Kontext zu gewährleisten. Dies war vor allem vor dem Hintergrund mangelnden Vorwissens über die möglichen Zusammenhänge im Vorfeld der Studie notwendig. Andererseits sollte eine ausreichend große empirische Basis mehrerer Fälle untersucht werden, damit Vergleiche gezogen, Kategorisierungen vorgenommen und Regelmäßigkeiten identifiziert werden konnten, was ein Generalisieren im Sinne der Ableitung theoretischer Erkenntnisse zur Rolle von Sozialkapital ermöglichte. Dabei ist ein solches Generalisieren, d. h. die Entwicklung theoretischer Positionen jenseits der direkten empirischen Evidenz, laut MINTZBERG ein hilfreiches Mittel zur Ableitung von Hypothesen für weitergehende quantitative Forschung[1]. Entsprechend der gezeigten Kritik am Forschungsansatz sind weitere empirische Forschungsvorhaben in zwei Richtungen denkbar:

1. Einerseits könnten in tief gehenden Untersuchungen einiger weniger Fälle einzelne Elemente oder Dimensionen des Sozialkapitalkonstrukts untersucht werden, um die Relevanz von Sozialkapital genauer zu ermitteln und weiter zu konkretisieren. Dabei sind die Erkenntnisse des Kontingenzmodells bzw. die identifizierten Kategorien notwendige Voraussetzung für eine sinnvolle Auswahl geeigneter Fälle.
2. Aufbauend auf den Ergebnissen der vorliegenden Arbeit könnten einzelne eng abgegrenzte theoretische Zusammenhänge als Hypothesen einer quantitativen Untersuchung statistisch überprüft werden. Die Interpretation der Ergebnisse einer solchen quantitativen Studie ist dabei erst auf Basis der in dieser Studie gewonnenen qualitativen Erkenntnisse möglich.

Die vorliegende Arbeit kann somit als Meso-Ebenen-Studie gesehen werden, die eine sinnvolle Vorbereitung für Forschungsvorhaben in beide Richtungen darstellt. Ohne die vorliegende Studie ist weder das Entwickeln sinnvoller Hypothesen über die Rolle von Sozialkapital in zwischenbetrieblichen Arrangements möglich, noch die bewusste und gezielte Auswahl geeigneter Fälle für Tiefenstudien. Die vorliegende Arbeit kann aus diesem Grund auch als Teil fortlaufender Forschungsaktivitäten gesehen werden, die sich einerseits den sozialen Implikationen verschiedener (neuartiger) Organisationsformen und andererseits verschiedenen Managementaspekten zwischenbetrieblicher Kooperationsbeziehungen widmen. Sie steht damit in der Nachfolge zweier Forschungszweige, die sich mit Allianzen und zwischenbetrieblichen Arrangements einerseits und Sozialkapital, Vertrauen und anderen sozio-organisatorischen Konstrukten andererseits beschäftigen. Die Arbeit leistet damit einen Beitrag zur besseren Vernetzung dieser Forschungsströmungen und bereitet weitere Forschung in den genannten Bereichen vor.

Aus theoretischer Sicht hat die Arbeit eine Vernetzung ökonomischer und verhaltenswissenschaftlicher Erklärungsansätze vorgenommen. Die Auswahl und Anwendung des Sozialkapitalkonstrukts war dabei nicht ideologisch motiviert, sondern entsprang pragmatischen Überlegungen, da sich die bisher üblichen Erklärungsansätze in der untersuchten Domäne als untersozialisiert herausgestellt haben. In der vorliegenden Anwendung hat sich das Sozialkapitalkonstrukt dabei als sehr hilfreich erwiesen. Dies gibt Anlass für weitere denkbare Anwendungen im interorganisationalen Umfeld. Dabei sollten auch Möglichkeiten der Vernetzung mit der Transakti-

---

[1] „The fact is that there would be no interesting hypothesis to test if no one ever generalized beyond his or her data." (Mintzberg 1979, S. 584).

onskostentheorie untersucht werden. So können soziale Beziehungen bzw. das Sozialkapital aus Sicht der TKT beispielsweise als transaktionskostenreduzierend interpretiert werden. Auch hier ist wiederum Potenzial für weitere Arbeiten zu erkennen.

Insgesamt zeigt die Arbeit, dass die Organisations- und Managementforschung, besonders die Forschung zu interorganisationalen Arrangements, von der Anwendung des Sozialkapitalkonstrukts profitieren kann. Die Erkenntnisse der durchgeführten Studie liefern hierbei einen Forschungsbeitrag in den oben genannten Domänen; sie können zudem als Grundlage weiterer Forschungsarbeiten dienen, unter anderem solcher, die explizit die Anwendung des Sozialkapitalkonstrukts verfolgen. Darüber hinaus sind die Ergebnisse der Arbeit als Anregungen und Hilfsmittel für Manager gedacht, die vor den Herausforderungen zwischenbetrieblicher Kooperationsbeziehungen stehen.

Anhang

Die in dieser Arbeit präsentierten Ergebnisse basieren auf einer zweistufigen Datenanalyse. Zunächst wurde eine fallweise bzw. interviewbasierte Datenanalyse vorgenommen, die zu Erkenntnissen über die einzelnen Fälle geführt hat. Ausgehend davon wurde eine fallübergreifende Datenanalyse vorgenommen. In Anhang A wird eine tabellarische Übersicht des Auswertungsrasters der fallweisen Datenanalyse präsentiert, sowie zwei Tabellen mit den Charakteristika der einzelnen Fälle. Hierzu wurden in den Tabellen für jede einzelne Beziehung die Projektkomplexität, die strategische Relevanz der Beziehung und jeweils die Art und Form von Sozialkapital und damit einhergehende Sozialkapitaleffekte zusammenzutragen. In Anhang B werden die Zwischenergebnisse der fallübergreifenden Analyse präsentiert. Diese diente der Ableitung von Regelmäßigkeiten und bildet die Grundlage des Kontingenzmodells zur Erklärung der Rolle von Sozialkapital.

A Fallweise Datenanalyse

A.1 Auswertungsraster

Kontext des Falles
Unternehmen
Beschreibung des relevanten Unternehmensbereichs Produkte, Marktsituation etc.
Interviewpartner
Rolle des Managers Zuständigkeiten und Kompetenzen
Unternehmensnetzwerk (eigentlicher Fall)
Netzwerk
Beschreibung des externen Unternehmensnetzwerks Verschiedene Partner und deren Rollen Rolle des Unternehmens
Organisationale Beziehungen
Anzahl und Art von Beziehungen, Segmentierung → Auswahl einer/weniger Beziehungen Beziehungscharakteristika der fokussierten Beziehungen: Managementheraus-forderungen Typischer Lebenszyklus Gemeinsame Tätigkeiten, Aufgaben des Partners
Forschungsgegenstand
Sozialkapital in der Beziehung (bzw. im Netzwerk)
Soziale Beziehungen und soziale Interaktionen in der Beziehung Rolle und Relevanz für die Beziehung/das Netzwerk Wirkungen von Sozialkapital: positiv/negativ
Managementmaßnahmen
Managementverhalten Explizite Maßnahmen Beziehungsgestaltung andere Maßnahmen
Quintessenz
Interpretation Haupterkenntnisse Rolle des Falls/des Interviews für die Studie

Tabelle A.1: Auswertungsraster für die Interviewauswertung

A.2 Charakterisierung der einzelnen Beziehungen

Beziehung	Lebenszyklusphase / Episode **Projekt** - Projektkomplexität - Art des Sozialkapitals - Sozialkapital-Effekte	**Routine / Operations** - Strategische Relevanz - Art des Sozialkapitals - Sozialkapital-Effekte
FINANCE – BANK	Komplexe gemeinsame Entwicklungstätigkeit, komplexes Netzwerk	Kernleistung, integriert; hohe strategische Relevanz und Abhängigkeit
	Starke Beziehungen (kognitive Dimension), strukturelle Vernetzung	Vertrauensbeziehung fehlt (kulturelle Distanz)
	Informationszugang, gemeinsames Verständnis, Einfluss im Netzwerk	Abstimmungs- und Flexibilitätsprobleme wegen zu wenig Sozialkapital
FINANCE – WEBCONSULT	Komplexe gemeinsame Entwicklungstätigkeit, komplexes Netzwerk	Keine operative Integration; nur Pflege einer Softwarelösung (Web-GUI)
	Starke Beziehungen (kognitive Dimension), strukturelle Vernetzung im sozialen Netzwerk	Nur noch schwache bilaterale Beziehungen
	Informationszugang, gemeinsames Verständnis, Einfluss im Netzwerk	Potenzialcharakter der Beziehung aus Sicht des Lieferanten
FINANCE – CONTENT	Wenig komplexe, technische Abstimmung, Auftragsarbeit	Regelmäßiges Erbringen einer Leistung mit standardisiertem Prozess. Zusatzleistung geringer Relevanz
	Mehrere schwache Beziehungen, kalkuliertes und Kompetenzvertrauen	Schwache, depersonalisierte Beziehungen ausreichend
	Einschätzbarkeit des Kunden	Potenzialcharakter der Beziehung aus Sicht des Lieferanten
TELCO – CORE PARTNER (INFRANET und WEBCONSULT)	Gemeinsame Entwicklung komplexer technischer Lösungen	Erbringung von Kernleistung hoher Verfügbarkeit. Operationale Einbettung insbesondere im Störungsfall
	Starke Beziehungen (kognitive Dim.)	Starke Beziehungen
	Gemeinsames Verständnis, Motivation zu Kooperation	Problemverständnis, Commitment, Motivation, Flexibilität
TELCO – DEVELOPER	Gemeinsames Softwaredesign, dann getrennte Entwicklung (Auftragsarbeit)	Pflege der entwickelten Softwarelösung
	Mehrere schwache, teils stärkere Beziehungen (kognitive Dimension)	Schwache, bilaterale Beziehung vorhanden und ausreichend
	Gemeinsames Verständnis	Potenzialcharakter der Beziehung
TELCO – E-NEWS	Wenig komplexe, technische Abstimmung, Auftragsarbeit	Automatisierte Erbringung der Leistung, gelegentliche Anpassungen
	Mehrere schwache Beziehungen	Schwache, bilaterale Beziehungen
	Informationszugang, allgemeine Einschätzbarkeit des Kunden	Potenzialcharakter der Beziehung aus Sicht des Lieferanten
LOGISTIK – ALLIANZ	Tiefgehende zwischenbetriebliche Integration von Produkten und Prozessen, gemeinsame Ziele.	Betrieb eines gemeinsamen Geschäfts, tief gehende Integration, Aufbau gemeinsamer Organisation
	Sozialkapital auf Teamebene mit hoher Relevanz kognitiver Dimension	Sozialkapital auf Teamebene besteht weiter; zudem Vernetzung außerhalb des Teams in Mutterorganisationen
	Gemeinsames Verständnis, Motivation, Identifikation, Offenheit Zugang zu Ressourcen und Personen in den Organisationen	Außerhalb des Teams: Durchsetzung von Ideen in Mutterorganisationen; im Team: Konfliktlösung, Offenheit, informelle Koordination
LOGISTIK - KAPAZITÄT	Aufsetzen eines Zuliefergeschäfts geringer Komplexität	Zukauf von Frachtkapazität, standardisierter Prozess
	keine Evidenz aus Interview	Allenfalls schwache Beziehung
	keine Evidenz aus Interview	Sozialkapital ohne Relevanz

Tabelle A.2: Sozialkapital in den Episoden einzelner Beziehungen (Teil 1)

	Lebenszyklusphase / Episode	
Beziehung	**Projekt** - Projektkomplexität - Art des Sozialkapitals - Sozialkapital-Effekte	**Routine / Operations** - Strategische Relevanz - Art des Sozialkapitals - Sozialkapital-Effekte
MOBILTEL – SMS A	Nicht behandelt in Interview: daher keine Erkenntnisse.	Erbringung einer strategisch wichtigen Zusatzleistung
		Eher starke, langjährige Vertrauensbeziehungen
		Fairness, Offenheit, Konfliktvermeidung; Stabilisierung der Beziehung
MOBILTEL – SMS B	Nicht behandelt in Interview: daher keine Erkenntnisse.	Erbringung einer standardisierten, eher unwichtigen Zusatzleistung
		Nur schwache Beziehungen mit kultureller Distanz
		Sozialkapital für Leistungserbringung weitgehend unwichtig
MOBILTEL – AGENTUR	Gemeinsame Software-Entwicklung	Betrieb und kontinuierliche Pflege der Internetlösung durch den Lieferanten; mittelfristige strategische Abhängigkeit
	Mehrere schwache, sowie starke Beziehungen (kognitive Dimension)	Starke und schwache Beziehungen mit gewachsenem Vertrauen
	Gemeinsames Verständnis und Motivation zur Kooperation	Stabilisierung, Commitment, Motivation zu pragmatischen Lösungen, Flexibilität, gemeinsames Verständnis
SYNDICATE VERTRIEBS-PARTNER-NETZWERK	Gemeinsame Leistungsspezifikation, getrennte od. gemeinsame Entwicklung, mittlere Komplexität	Hier andere Situation: Betrachtung eines Netzwerks schwacher Beziehungen zu potenziellen Vertriebspartnern mit denen noch keine Interaktionen durchgeführt wurden
	Eher schwache Beziehungen (nicht explizit in Interview behandelt)	
	Bessere gegenseitige Einschätzbarkeit	Potenzialcharakter des Netzwerks aus Sicht des Vertriebs der SYNDICATE
AIRLINE – REGIO-AIR	Tiefgehende zwischenbetriebliche Integration von Produkten und Prozessen, gemeinsame Ziele	Gemeinsamer Flugbetrieb, tief gehende strategische Integration mit hoher Wechselwirkung
	Sozialkapital auf Teamebene mit hoher Relevanz kognitiver Dimension.	Sozialkapital auf Teamebene (in Gremien) nach wie vor wichtig für Koordination; zudem schwache Beziehungen in Mutterorganisationen
	Gemeinsames Verständnis, Motivation zur Kooperation, Identifikation, Offenheit	Gemeinsames Verständnis, Offenheit, informelle Koordination, Informationsfluss und Durchsetzen der Allianzideen in der Mutterorganisation
AIRLINE – WET-LEASE	Wenig komplexe Abstimmung, Zukauf von Leistungen	Zukauf von Beförderungsleistung auf bestimmten Strecken. Komplettlieferung durch den Lieferanten
	keine Evidenz aus Interview	Schwache bilaterale Beziehung auf Top-Management-Ebene
	keine Evidenz aus Interview	Gewisse Stabilisierung der Beziehung
OUTSOURCE-PROVIDER-NETZWERK	Aufbau eines Leistungsnetzwerks für einen Kunden, Abstimmung und Konfiguration technischer Leistungen	Lieferanten erbringen Leistung für OUTSOURCE-Kunden; hohe Abhängigkeit von Qualität
	Starke Beziehungen, sowie ein Netzwerk schwacher Beziehungen für netzwerkweite Koordination	Starke Beziehungen (auch auf Managementebene), Netzwerk schwacher Beziehungen
	Informationsfluss, Motivation, Offenheit, gemeinsames Verständnis	Informationsfluss, informelle Koordination, Offenheit, kooperative, pragmatische Lösungen; zudem Potenzialcharakter (Beziehungsgeschäft)

Tabelle A.3: Sozialkapital in den Episoden einzelner Beziehungen (Teil 2)

B Fallübergreifende Datenanalyse

B.1 Auswertungsmatrix zur Rolle von Sozialkapital in der Projektphase

PROJEKTPHASE	**FINANCE**		**TELCO**		
PROJEKT	**PROJEKT** [1]	**CONTENT**	**CORE**	**DEVELOP**	**E-NEWS**
Involvierte Personen	**> 100**	4-6		ca. 6	wenige
Komplexität d. Tätigkeit	**Hoch**	Niedrig	**Hoch**	**Mittel/hoch**	niedrig
Symmetrie	nein	nein	nein	nein	nein
Rollenklarheit	**nein**	ja	ja	ja	ja
Räumliche Distanz	Ja, teils	Ja	teilweise	ja	ja
Kulturelle Distanz	teils	nein	teilweise	nein	nein
Teamsetups	**Gemischt**	Getrennt	getrennt	getrennt	getrennt
Interaktionsintensität	**hoch**	niedrig	**hoch**	mittel	niedrig
Kommunikationsmodus	FTF	EL	FTF/EL	EL	EL
SOZIALKAPITAL					
Strukturell					
Bezieh.- /NW-basiert	**Netzwerk**	Bez.-basiert	Bez.-basiert	Bez.-basiert	Bez.-basiert
Starke/schwache Bez.	**beides**	schwach	**stark**	**beides**	schwach
Relational					
Vertrauen		Kompetenz	Erfahrung		
Gruppennormen					
Identifikation	**ja**				
Kognitiv					
Gemeinsame Sprache	ja	ja	ja	ja	
Mentale Modelle	ja		ja		
Wichtigkeit	**hoch**	niedrig	**hoch**	mittel	niedrig
Effekte					
Allokativ	Info.fluss		Info.fluss	Info.fluss	Info.fluss
Adaptiv	**Verständnis** Identifikat.	Einschätzb. Motivation	**Verständnis** Kooperat	**Verständnis**	Einschätzb.
Autoritär	Einfluss				
Wichtigkeit von SK	**hoch**	mittel/niedr.	**hoch**	mittel	niedrig

Anmerkung: Resultierend aus der Art der Untersuchung und der daraus folgenden Durchführung semi-strukturierter Interviews, sowie der Einzigartigkeit des jeweiligen Falles, liegen nicht zu jedem Aspekt und jedem Fall Erkenntnisse vor. Die betroffenen Zellen bleiben in diesem Fall leer. Das Interview zu den Beziehungen von MOBILTEL mit den SMS-

[1] Sowohl die Beziehung zu BANK als auch zu WEBCONSULT sind Teil des umfassenden Start-up-Projekts, in das noch wesentlich mehr Partnerunternehmen involviert waren.

Lieferanten beispielsweise lässt gar keine Schlüsse über die Projektphase zu und fehlt in der Tabelle vollständig.
Abkürzungen: FTF: Face-to-Face; EL: elektronisch; NW: Netzwerkbasiert; Bez.: Beziehung; Einschätzb.: Einschätzbarkeit des Gegenübers; Ress.zug.: Ressourcenzugang

LOGISTIK		**MOBILTEL**	**SYNDICAT**	**AIRLINE**	**OUTSOUR**
ALLIANZ	**KAPAZIT.**[1]	**AGENTUR**	**ENTWICK**	**REGIO**	**NETZWK**
> 30		8-12	versch.	ca. 30	**u.U. viele**
hoch	niedrig	**hoch**	mittel	**hoch**	**hoch**
ja	nein	nein	nein	**ja**	nein
ja	ja	ja	ja	ja	ja
ja	ja	gering	ja	ja	ja
ja		nein	versch.	ja	teilweise
gemischt	getrennt	getrennt	getrennt	**gemischt**	getrennt
hoch	niedrig	**hoch**	mittel	**hoch**	**hoch**
FTF/EL		FTF/EL	FTF/EL	FTF	FTF/EL
NW/Team	Bez.-basiert	Bez.-basiert	Bez.-basiert	**NW/Team**	**Bez. / NW**
stark	schwach	**beides**	schwach	**stark**	**beides**
Erfahrung		Erfahrung	Erfahrung	Erfahrung	Erfahrung
ja				ja	
ja		**ja**		**ja**	
ja		ja	ja	ja	ja
ja				ja	
hoch		mittel		**hoch**	**(hoch)**[2]
Info.fluss Ress.zug.		Info.-fluss		Info.fluss	Info.fluss
Verständnis Kooperat. Motivation Offenheit		**Verständnis** Motivation	Einschätzb.	**Verständnis** Kooperat. Motivation Offenheit	Motivation Offenheit
Einfluss				Einfluss	
essentiell	niedrig	mittel	mittel	**essentiell**	**hoch**

[1] Erkenntnisse zu dieser Beziehung wurden durch eine nachträgliche E-Mail-Kommunikation gewonnen. Diese lässt den Schluss zu, dass Sozialkapital relativ unwichtig im Aufbau dieser Zusammenarbeit ist. Einzelne Erkenntnisse zu bestimmten Sozialkapitalbereichen liegen jedoch nicht vor.

[2] Dieser Aspekt wurde nicht explizit im Interview behandelt. Er kann jedoch aufgrund der Komplexität der gemeinsamen technischen Abstimmung im Projekt erschlossen werden.

B.2 Auswertungsmatrix zur Rolle von Sozialkapital in der Routinephase

ROUTINEPHASE	**FINANCE**[1]			**TELCO**		
BEZIEHUNG	**BANK**	**WEBCON**	**CONT.**	**CORE**	**DEVELOP**	**E-NEWS**
Operative Integration	**hoch**	niedrig	mittel	**hoch**	niedrig	mittel
Art der Leistung	**Kernprodukt**	Maintenance	automatisiert	**Kernleistung**	Maintenance	automatisiert
Symmetrie	nein	nein	nein	nein	nein	nein
Kulturelle Distanz	ja, Problem	Nein	nein	teils	nein	nein
Interaktionsintensität	mittel	niedrig	niedrig	hoch	niedrig	niedrig
Kommunik.modus	FTF/EL	EL	EL	FTF/EL	EL	EL
Strat. Relevanz	**hoch**	niedrig	niedrig	**hoch**	niedrig	niedrig
Initiative geht aus von	**Kunde**	Lieferant	Lieferant	**Kunde**	Lieferant	Lieferant
SOZIALKAPITAL						
Strukturell						
Bezieh.- /NW-basiert	Beziehung	Beziehung	Beziehung	Beziehung	Beziehung	Beziehung
Starke/schw. Bez.	schwach	schwach	schwach	**stark**	schwach	schwach
Relational						
Vertrauen	problematisch	Erfahrung		Erfahrung		
Identifikation, gemeins. Ziele						
Kognitiv						
Tieferes Verständnis wichtig	**ja, aber fehlt**	nein	nein	**ja**	nein	nein
Effekte						
Allokativ		Potenzial neuer Projekte			Potenzial neuer Projekte	Potenzial neuer Projekte
Adaptiv	Flexibilität	nein	Reichhaltigkeit Einschätzbarkeit	Problemverständnis Verlässlichkeit Flexibilität Schnelligkeit	nein	Reichhaltigkeit Einschätzbarkeit
Autoritär						
Wichtigkeit von SK	**eher hoch**	niedrig	niedrig	**hoch**	niedrig	niedrig
Gefahr der Überinvestition genannt	ja			ja		(ja)

[1] In diesem Fall wurde hauptsächlich die Projektphase betrachtet, aus diesem Grund gibt es wenig Erkenntnisse zur operativen Phase. Es wird allerdings deutlich, dass aufgrund kultureller Unterschiede in der Beziehung mit BANK, die in anderen Fällen realisierten Flexibilitätsvorteile sozialkapitalbasierter Koordination nicht vorliegen und somit die formelle, vertragliche Komponente deutlich wichtiger ist.

LOGISTIK		MOBILTEL		
ALLIANZ	**KAPAZ.**	**SMS A**	**SMS B**	**AGENTUR**
sehr hoch	mittel	**mittel/hoch**	niedrig	**hoch**
Gemeinsame L.	Zukauf	Zusatzleistung	Zusatzleistung	SW-Betrieb&Pfl.
ja	nein	nein	nein	nein
ja		nein	ja	nein
intensiv	niedrig	hoch	mittel	hoch
FTF/EL		EL	EL	EL/FTF
sehr hoch	mittel/niedrig	**mittel/hoch**	niedrig	**hoch**
Gemeinsam	Lieferant			**Gemeinsam**
Netzwerk/Team	Beziehung	Beziehung	Beziehung	Beziehung
beides	schwach	**eher stark**	schwach	**stark**
Erfahrung/Ident.		Erfahrung	schwierig	Erfahrung
ja				teils
ja	nein	**eher ja**		**ja**
Zugang zu Personen; Informelle Koordination				Info.fluss
Offenheit Konfliktlösung Motivation		Fairness Offenheit Einschätzbark.' Reichhaltigkeit Konfliktvermeid.	Soziale Beziehungen eher Problem. Deshalb keine Vorteile genannt.	Stabilisierung; Commitment; Motivation; Flexibilität; Pragmatische Lösungen; Verständnis
Durchsetzen v. Allianzideen				Verhandlungen
sehr hoch	niedrig	**mittel**	niedrig	**hoch**
explizit: nein		ja	ja	(ja)

Anmerkung: Resultierend aus der Art der Untersuchung und der daraus folgenden Durchführung semi-strukturierter Interviews, sowie der Einzigartigkeit des jeweiligen Falles, liegen nicht zu jedem Aspekt und jedem Fall Erkenntisse vor. Die betroffenen Zellen bleiben in diesem Fall leer.

ROUTINEPHASE	**SYNDICATE**[1]	**AIRLINE**		**OUTSOURCE**
BEZIEHUNG	**NETZWERK**	**REGIO-AIR**	**WET-LEASE**	**LIEFERANTEN**
Operative Integration	niedrig	**sehr hoch**	mittel	**hoch**
Art der Leistung	Potenzial	**Gemeinsame L.**	Zukauf	**Kernleistung**
Symmetrie	nein	**ja**	nein	nein
Kulturelle Distanz		ja		teils
Interaktionsintensität	niedrig	hoch	niedrig	hoch
Kommunikationsmodus	EL	FTF/EL	EL	EL/FTF
Strategische Relevanz	niedrig	**sehr hoch**	niedrig	**hoch**
Initiative geht aus von	Syndicate	**Gemeinsam**		**Kunde**
SOZIALKAPITAL				
Strukturell				
Bezieh.- /NW-basiert	Beziehung	**Netzwerk/Team**	Beziehung	Beziehung
Starke/schwache Bez.	schwach	**beides**	schwach	**beides**
Relational				
Vertrauen	Grundvertrauen	Erfahrung		Erfahrung
Identifikation, Ziele		**ja**		
Kognitiv				
Verständnis wichtig	nein	**ja**	nein	**ja**
Effekte				
Allokativ	Potenzial neuer Projekte	Info.fluss		Info.fluss, Potenzial
Adaptiv		Verständnis keine Missverst. Offenheit Motivation Informelle Koordination	Stabilisierung	Koop. Verhalten Offenheit Stabilisierung Reichhaltigkeit Pragmatische Lösung
Autoritär		Durchsetzen v. Allianzideen Einfluss		
Wichtigkeit von SK	niedrig (hoch)	**sehr hoch**	niedrig	**hoch**
Gefahr der Überinvestition genannt	ja			ja

[1] In diesem Fall handelt es sich nicht um Beziehungen nach erfolgter Projektphase, sondern um ein von SYNDICATE gepflegtes Netzwerk von Kontakten, das als Potenzial für den Vertrieb und anschließende Projekte dient. Die Rolle des Sozialkapitals ist aber sehr ähnlich dem in losen Kontaktbeziehungen nach vollendeten Projekten.

Literaturverzeichnis

Ackermann, Charles; Parsons, Talcott (1976): Der Begriff 'Sozialsystem' als theoretisches Instrument, in: Jensen, Stefan (Hrsg.), Talcott Parsons - Zur Theorie sozialer Systeme, Opladen: Westdeutscher Verlag, 1976.

Adler, Paul S.; Kwon, Seok-Woo (2000): Social Capital: The Good, the Bad, and the Ugly, in: Lesser, Eric L. (Hrsg.), Knowledge and Social Capital, S. 89-115, Boston: Butterworth Heinemann, 2000.

Adler, Paul S.; Kwon, Seok-Woo (2002): Social Capital: Prospects for a new concept, in: Academy of Management Review, 27 (2002) 1, S. 17-40.

Ahuja, Gautam (2000a): Collaboration Networks, Structural Holes, and Innovation: A Longitudinal Study, in: Administrative Science Quarterly, 45 (2000), S. 425-455.

Ahuja, Gautam (2000b): The duality of collaboration: inducements and opportunities in the formation of interfirm linkages, in: Strategic Management Journal, 21 (2000), S. 317-343.

Alt, Rainer; Fleisch, Elgar; Werle, O. (2000): The Concept of Networkability - How to Make Companies Competitive in Business Networks, in: Hansen, H.R.; Bichler, M.; Mahrer, H. (Hrsg.), Proceedings of the 8th European Conference on Information Systems, S. 405-411, Wien: Wirtschaftsuniversität Wien, 2000.

Alter, Catherine; Hage, Jerald (1993): Organizations Working Together, London: Sage, 1993.

Anand, Vikas; Clark, Mark A.; Zellmer-Bruhn, Mary (2003): Team Knowledge Structures: Matching Task to Information Environment, in: Journal of Managerial Issues, 15 (2003) 1, S. 15-31.

Ancona, Deborah G.; Caldwell, David F. (1992): Bridging the boundary: external activity and performance in organizational teams, in: Administrative Science Quarterly, 37 (1992), S. 634-665.

Anderson, Digby (2003): Das höchste Gut, in: brand eins, 5 (2003) 6, S. 94-97.

Andres, Hayward P. (2002): A comparison of face-to-face and virtual software development teams, in: Team Performance Management: An International Journal, 8 (2002) 1/2, S. 39-48.

Araujo, Luis; Dubois, Anna; Gadde, Lars-Erik (1999): Managing Interfaces with Suppliers, in: Industrial Marketing Management, 28 (1999) 5, S. 497-506.

Araujo, Luis; Easton, Geoff (1999): A Relational Resource Perspective on Social Capital, in: Leenders, Roger Th. A. J.; Gabby, Shaul M. (Hrsg.), Corporate Social Capital and Liability, S. 68-87, Boston: Kluwer Academic Publishers, 1999.

Arias, José Tomás Gómez (1995): Do networks really foster innovation?, in: Management Decision, 33 (1995) 9, S. 52-56.

Arino, Afrika; de la Torre, José; Ring, Peter Smith (2001): Relational Quality: Managing Trust in Corporate Alliances, in: California Management Review, 44 (Fall 2001) 1, S. 109-131.

Arino, A.; Garcia-Pont, Carlos (1998): Strategic Alliances and Blocks: Cooperative Behavior as a Driving Force for their Evolution, in: Hitt, Michael A.; Ricart I Costa, Joan E.; Nixon,

Robert D. (Hrsg.), Managing Strategically in an Interconnected World, S. 281-299, New York: John Wiley & Sons, 1998.

Armstrong, David J.; Cole, Paul (1996): Managing Distances and Differences in Geographically Distributed Work Groups, in: Jackson, Susan E.; Ruderman, Marian N. (Hrsg.), Diversity in Work Teams, S. 187-216, Washington D.C.: American Psychological Association, 1996.

Armstrong, David J.; Cole, Paul (2002): Managing Distances and Differences in Geographically Distributed Work Groups, in: Hinds, Pamela; Kiesler, Sara (Hrsg.), Distributed Work, S. 167-186, Cambridge: MIT Press, 2002.

Arthur D. Little (2001). Partnering. Challenges for the Old and New Economy. Research Study 2001.

Axelrod, Robert (1984): The evolution of cooperation, New York: Basic Books, 1984.

Baker, Wayne E. (1990): Market Networks and Corporate Behavior, in: American Journal of Sociology, 96 (1990) 3, S. 589-625.

Baker, Wayne E. (1992): The Network Organization in Theory and Practice, in: Nohria, Nitin; Eccles, Robert G. (Hrsg.), Networks and Organizations: structure, form, and action, S. 397-429, Boston: Harvard Business School Press, 1992.

Baker, Wayne E. (2000): Achieving Success through Social Capital: Tapping hidden Resources in your Personal and Business Networks, New York: John Wiley & Sons, 2000.

Baker, Wayne E. (2001): Social Capital, in: Executive Excellence, 18 (2001) 8, S. 9.

Barney, Jay B. (1991): Firm resources and sustained competitive advantage, in: Journal of Management, 17 (1991) 1, S. 99-121.

Barney, Jay B. (2001): Resource-based theories of competitive advantage: A ten-year retrospective on the resource-based view, in: Journal of Management, 27 (2001) 6, S. 643-651.

Barringer, Bruce R.; Harrison, Jeffrey S. (2000): Walking a tightrope: Creating value through interorganizational relationships, in: Journal of Management, 26 (2000) 3, S. 367-403.

Belliveau, Maura A.; O`Reilly, Charles A.; Wade, James B. (1996): Social capital at the top: Effects of social similarity and status on CEO compensation, in: Academy of Management Journal, 39 (1996), S. 1568-1593.

Bensaou, M. (1999): Portfolios of Buyer-Supplier Relationships, in: Sloan Management Review, 40 (1999) 4, S. 35-44.

Berg, Bruce L. (1995): Qualitative research methods for the social sciences (2. Auflage), Needham Heights: Allyn & Bacon, 1995.

Bian, Yanjie (2001): Guanxi Capital and Social Eating in Chinese Cities: Theoretical Models and Empirical Analyses, in: Lin, Nan; Cook, Karen; Burt, Ronald S (Hrsg.), Social Capital - Theory and Research, S. 275-295, New York: Walter de Gruyter Inc., 2001.

Biggart, Nicole Woolsey; Castanias, Richard P. (2001): Collateralized social relations: The social in economic calculation, in: American Journal of Economics and Sociology, 60 (2001) 2, S. 471-500.

Bills, David B. (1992): A Survey of Employer Surveys: What we know about Labor Markets from talking to Bosses, in: Research in Social Stratification and Mobility, 11 (1992), S. 3-31.

Birkelbach, Jörg; Behr, Bernd (2004): Süße Versuchung: Was bei der Umstrukturierung der Banken für die Kunden abfällt, in: c't – Magazin für Computertechnik, (2004) 11, S. 94-97.

Blankenburg Holm, Desirée; Eriksson, Kent; Johanson, Jan (1999): Creating Value through mutual commitment to business network relationships, in: Strategic Management Journal, 20 (1999), S. 467-486.

Blau, Peter M. (1964): Exchange and Power in Social Life, New York: Willey, 1964.

Bleeke, Joel; Ernst, David (1991): The Way to Win in Cross-Border Alliances, in: Harvard Business Review, (1991) Nov.-Dez., S. 127-135.

Bleecker, Samuel E. (1994): The Virtual Organization, in: The Futurist, (1994) 2 (März-April), S. 9-14.

Blomqvist, Kirsimarja (1997): The many Faces of Trust, in: Scandinavian Journal of Management, 13 (1997) 3, S. 271-286.

Blyler, Maureen; Coff, Russell W. (2003): Dynamic Capabilities, Social Capital and Rent Appropriation: Ties that split Pies, in: Strategic Management Journal, 24 (2003), S. 677-686.

Boissevain, Jeremy (1974): Friends of Friends - Networks, Manipulators, and Coalitions, Oxford: Basil Blackwell, 1974.

Borgatti, Stephen P.; Jones, Candace; Everett, Martin G. (1997): Network Measures of Social Capital, in: Connections, [http://www.analytictech.com/borgatti/borg_social_capital_measures.htm], 21 (1997) 2. [Zugriff: 02.03.2004].

Bouncken, Ricarda B. (2000): Dem Kern des Erfolges auf der Spur? State of the Art zur Identifikation von Kernkompetenzen, in: ZfB - Zeitung für Betriebswirtschaftslehre, 70 (2000) 7/8, S. 865-885.

Bourdieu, Pierre (1979): Les trios etats du capital culturel, in: Actes e la Recherche en Sciences Sociales, 30 (1979), S. 3-6.

Bourdieu, Pierre (1983): Ökonomisches Kapital, kulturelles Kapital, soziales Kapital, in: Kreckel, Reinhard (Hrsg.), Soziale Ungleichheiten. Soziale Welt (Sonderband Nr. 2/1983), S. 183-198, Göttingen: Schwartz, 1983.

Bourdieu, Pierre (1985): The forms of capital, in: Richardson, J. G. (Hrsg.), Handbook of Theory and Research for the Sociology of Education, S. 241-258, New York: Greenwood, 1985.

Bourdieu, Pierre; Wacquant, Loic J. D. (1992): An invitation to reflexive sociology, Chicago: University of Chicago Press, 1992.

Bowles, Samuel; Gintis, Herbert (1999): The evolution of strong reciprocity, University of Masachusetts, Amherst: Mimeo, 1999.

Boxman, Ed A. W.; De Graaf, Paul M.; Flap, Hendrik D. (1991): The impact of social and human capital on the income attainment of Dutch Managers, in: Social Networks, 13 (1991), S. 51-73.

Brass, Daniel J.; Burkhardt, Marlene E. (1992): Centrality and Power in Organization, in: Nohria, Nitin; Eccles, Robert G. (Hrsg.), Networks and Organizations: structure, form, and action, S. 191-215, Boston: Harvard Business School Press, 1992.

Brass, Daniel J.; Butterfield, Kenneth D.; Skaggs, Bruce C. (1998): Relationships and unethical behaviour: A social network perspective, in: Academy of Management Review, 23 (1998), S. 14-31.

Brehm, John; Rahn, Wendy (1997): Individual-level evidence for the causes and consequences of social capital, in: American Journal of Political Science, 41 (1997), S. 999-1023.

Brennan, Susan E. (1998): The Grounding Problem in Conversations with and through Computers, in: Fussell, Susan R.; Kreuz, Roger J. (Hrsg.), Social and cognitive approaches to interpersonal communication, S. 201-225, Mahwah, NJ: Lawrence Erlbaum Associates, 1998.

Brown, John Seely; Duguid, Paul (2000): Organizing Knowledge, in: Smith, David E. (Hrsg.), Knowledge, Groupware and the Internet, S. 255-280, Boston: Butterworth-Heinemann, 2000.

Bryman, Alan; Bell, Emma (2003): Business Research Methods, Oxford: Oxford University Press, 2003.

Bultje, René; van Wijk, Jacoliene (1998) Taxonomy of Virtual Organisations, based on definitions, characteristics and typology, VoNet Newsletter, 2 (1998) 3, S. 7-21, URL http://www.virtual-organization.net, [Zugriff: 21. Mai 2003].

Burt, Ronald S. (1992): Structural holes: The social structure of competition, Cambridge: Harvard University Press, 1992.

Burt, Ronald S. (1997a): A note on social capital and network content, in: Social Networks, 19 (1997), S. 355-373.

Burt, Ronald S. (1997b): The Contingent Value of Social Capital, in: Administrative Science Quarterly, 42 (1997), S. 339-365.

Burt, Ronald S. (2000): The network structure of social capital, in: Staw, Barry M.; Sutton, Robert I. (Hrsg.), Research in Organizational Behavior - Volume 22, S. 345-423, Amsterdam: JAI - Elsevier, 2000.

Burt, Ronald S. (2001): Structural Holes versus Network Closure as Social Capital, in: Lin, Nan; Cook, Karen; Burt, Ronald S (Hrsg.), Social Capital - Theory and Research, S. 31-55, New York: Walter de Gruyter Inc., 2001.

Burt, Ronald S.; Ronchi, Don (1990): Contested Control in a Large Manufacturing Plant, in: Weesie, J.; Flap, H. D. (Hrsg.), Social Networks through time, S. 121-157, Utrecht: Isor, 1990.

Cannon, Joseph P.; Homburg, Christian (2001): Buyer-Supplier Relationships and Customer Firm Costs, in: Journal of Marketing, 65 (2001) 1, S. 29-43.

Carlin, Barbara A.; Dowling, Michael J.; Roering, William D.; Wyman, John; Kalinoglou, John; Clyburn, Greg (1994): Sleeping with the Enemy: Doing Business with a Competitor, in: Business Horizons, 37 (1994) 5, S. 9-15.

Child, John; Gunther McGrath, Rita (2001): Organizations unfettered: organizational form in an information intensive economy, in: Academy of Management Journal, 44 (2001) 6, S. 1135-1148.

Chung, Seugnwha; Singh, Harbir; Lee, Kyungmook (2000): Complementarity, status similarity and social capital as drivers of alliance formation, in: Strategic Management Journal, 21 (2000), S. 1-22.

Ciborra, Claudio U. (1992). Innovation, Networks and Organizational Learning. In: Antonelli, C. (Hrsg.): The Economics of Information Networks, S. 91-102, Amsterdam, 1992.

Clark, Herbert H.; Brennan, Susan E. (1991): Grounding in Communication, in: Resnick, L. B.; Levine, J. M.; Teasley, S. D. (Hrsg.), Perspectives on Socially Shared Cognition, S. 127-149, American Psychological Association, Washington DC, 1991.

Clark, Herbert H.; Marshall, Catherine R. (1981): Definite reference and mutual knowledge, in: Joshi, A. K.; Webber, B. L.; Sag, I. A. (Hrsg.), Elements of discourse understanding, S. 10-63, New York: Cambridge University Press, 1981.

Cohen, Don; Prusak, Laurence (2001): In Good Company, Boston: Harvard Business School Press, 2001.

Cohen, Wesley M.; Levinthal, Daniel A. (1990): Absorptive Capacity: A new Perspective on Learning and Innovation, in: Administrative Science Quarterly, 35 (1990) 1, S. 128-152.

Coleman, James S. (1987): Free Riders and Zealots, in: Cook, Karen S. (Hrsg.), Social Exchange Theory, S. 59-82, Beverly Hills, Calif.: SAGE Publications, 1987.

Coleman, James S. (1988): Social capital in the creation of human capital, in: American Journal of Sociology, 94 (1988), S. 95-120.

Coleman, James S. (1990): Foundations of social theory, Cambridge, MA: Harvard University Press, 1990.

Contractor, Farok J.; Lorange, Peter (1988) (Hrsg.). Cooperative Strategies in International Business. Lexington, MA: D.C. Heath, 1988.

Cramton, Catherine D. (2001): The mutual knowledge problem and its consequences for dispersed collaboration, in: Organization Science, 12 (2001) 3, S. 346-372.

Cross, Rob; Prusak, Laurence (2002): The People who make Organizations go – or stop, in: HBR - Harvard Business Review (2002) June, S. 5-12.

Dasgupta, Partha; Seralgeldin, Ismail (1999): Social Capital: A multifaceted Perspective, Washington: The World Bank, 1999.

Day, David V. (2001): Leadership Development: A Review in Context, in: Leadership Quarterly, 11 (2001) 4, S. 581-613.

Denzin, Norman K.; Lincoln, Yvonna S. (1994): Handbook of Qualitative Research, Thousand Oaks, London, New Delhi: Sage Publications, 1994.

Dess, Gregory G.; Shaw, Jason D. (2001): Voluntary turnover, social capital, and organizational performance, in: Academy of Management Review, 26 (2001) 3, S. 446-456.

Dickson, Pat H.; Weaver, K. Mark (1997): Environmental Determinants and Individual-Level Moderators of Alliance Use, in: Academy of Management Journal, 40 (1997) 2, S. 404-425.

Donaldson, Thomas; Preston, Lee E. (1995). The stakeholder theory of the corporation: concepts, evidence, and implications, in: Academy of Management Review, 20 (1995) 1, S. 65-91.

Doyle, Ted; Melanson, Judy (2001): B2B Web Exchanges: Easier Hyped Than Done, in: Journal of Business Strategy, (2001) 3, S. 10-13.

Doz, Yves L.; Hamel, Gary (1998): Alliance Advantage, Boston, Massachusetts: Harvard Business School Press, 1998.

Draulans, Johan; de Man, Ard-Pieter; Volberda, Henk (1999): Alliance capability: source of competitive advantage, in: Centre for Global Corporate Positioning, [http://www.cgcpmaps.com/papers/alliancecapability.pdf]. [Zugriff: 21.05.2004].

Dürmüller, Christoph (2002): Checkliste für erfolgreiche Allianzen, in: new management, (2002) 6, S. 35-41.

Dubois, Anna; Håkansson, Håkan (1999): Relationships as Activity Links, in: Ebers, Mark (Hrsg.), The Formation of Inter-Organizational Networks, S. 43-65, Oxford, et al.: Oxford University Press, 1999.

Duysters, Geert; Heimeriks, Koen H.; Jurriens, Jan (2003): Three Levels of Alliance Management, Eindhoven Centre for Innovation Studies, Working Paper 03.20, July 2003.

Duysters, Geert; Kok, Gerard; Vaandrager, Maaike (1999): Crafting Successful Strategic Technology Partnerships, in: R&D Management, 29 (1999) 4, S. 343-351.

Dyer, Jeffrey H.; Cho, Dong Sung; Chu, Wujin (1998): Strategic Supplier Segmentation: The Next "Big Practice" in Supply Chain Management, in: California Management Review Reprint Series, 40 (1998) 2, S. 57-77.

Dyer, Jeffrey H.; Nobeoka, Kentaro (2000): Creating and managing a high-performance knowledge-sharing network: the Toyota case, in: Strategic Management Journal, 21 (2000) 3, S. 345-367.

Dyer, Jeffrey H.; Singh, Harbir (1998): The relational view: Cooperative strategy and sources of interorganizational competitive advantage, in: Academy of Management Review, 23 (1998) 4, S. 660-679.

Dywer, F. Robert; Schurr, Paul H.; Sejo, Oh (1987): Developing Buyer-Seller Relationships, in: Journal of Marketing, 51 (1987) 2, S. 11-27.

Ebers, Mark (1999): Explaining Inter-organizational Network Formation, in: Ebers, Mark (Hrsg.), The Formation of Inter-Organizational Networks, S. 3-40, Oxford, et al.: Oxford University Press, 1999.

Eisenhardt, Kathleen M. (1989): Building Theories from Case Study Research, in: Academy of Management Review, 14 (1989) 4, S. 532-550.

Eisenhardt, Kathleen M.; Schoonhoven, Claudia Bird (1996): Resource-Based View of Strategic Alliance Formation: Strategic and Social Effects in Entrepreneurial Firms, in: Organization Science, 7 (1996) 2, S. 136-150.

Endres, Egon; Wehner, Theo (1995): Störungen zwischenbetrieblicher Kooperation - Eine Fallstudie zum Grenzstellenmanagement in der Automobilindustrie, in: Managementforschung, 5 (1995), S. 1-45.

Erickson, Bonnie H. (2001): Good Networks and good Jobs: The Value of Social Capital to Employers and Employees, in: Lin, Nan; Cook, Karen; Burt, Ronald S (Hrsg.), Social Capital - Theory and Research, S. 127-158, New York: Walter de Gruyter Inc., 2001.

Ericson, Jim (2002): The Partner Channel, in: Line 56 - The E-Business Executive Daily, [http://www.line56.com/articles/default.asp?NewsID=3383], 14 Feb 2002. [Zugriff: 10.06.2002].

Faulkner, David O.; de Rond, Mark (2001): Perspectives on Cooperative Strategy, in: Faulkner, David O.; de Rond, Mark (Hrsg.), Cooperative Strategy - Economic, Business, and Organizational Issues, S. 3-39, Oxford, et al.: Oxford University Press, 2001.

Feldmann, Klaus (2001): Soziologie Kompakt - Eine Einführung, 2. durchgesehene Auflage, Wiesbaden: Westdeutscher Verlag, 2001.

Fernandez, Roberto M.; Castilla, Emilio J.; Moore, Paul (2000): Social capital at work: Networks and employment at a phone center, in: American Journal of Sociology, 105 (2000) 5, S. 1288-1356.

Field, John (2003): Social Capital, London: Routledge, 2003.

Finlay, William; Coverdill, James E. (1999): The search game: organizational conflicts and the use of headhunters, in: Sociological Quarterly, 40 (1999), S. 11-30.

Fischer, Lorenz; Wiswede, Günter (2002): Grundlagen der Sozialpsychologie, 2. überarbeitete und erweiterte Auflage, München, Wien: Oldenbourg, 2002.

Flap, Henk; Boxman Ed (1999): Getting a Job as a manager, in: Leenders, Roger Th. A. J.; Gabby, Shaul M. (Hrsg.), Corporate Social Capital and Liability, S. 197-216, Boston: Kluwer Academic Publishers, 1999.

Flap, Henk; Boxman, Ed (2001): Getting started: The influence of Social Capital on the Start of the Occupational Career, in: Lin, Nan; Cook, Karen; Burt, Ronald S (Hrsg.), Social Capital - Theory and Research, S. 159-181, New York: Walter de Gruyter Inc., 2001.

Flick, Uwe (1998): An Introduction to Qualitative Research, London et al.: SAGE Publications Ltd, 1998.

Ford, David; Berthon, Pierre; Brown, Stephen J.; Gadde, Lars-Erik; Håkansson, Håkan; Naude, Peter; Ritter, Thomas; Snehota, Ivan (2002): The Business Marketing Course: Managing in Complex Networks, New York: John Wiley & Sons, 2002.

Franke, Ulrich (2001): The Concept of Virtual Web Organisations and its Implications on Changing Market Conditions, in: eJoV - Electronic Journal of Organizational Virtualness, 3 (2001) 4, S. 43-64.

Frazier, Gary L.; Spekman, Robert E.; O'Neal, Charles R. (1988): Just-In-Time Exchange Relationships in Industrial Markets, in: Journal of Marketing, 52 (1988) 4, S. 52-67.

Fukuyama, Francis (1995): Trust – the social virtues and the creation of prosperity, New York: Free Press, 1995.

Fukuyama, Francis (1997): Social Capital and the modern capitalist economy: Creating a high trust workplace, in: Stern Business Magazine, 4 (1997) 1.

Gabarro, John J. (1990): The Development of Working Relationships, in: Galegher, Jolene; Kraut, Robert E.; Egido, Carmen (Hrsg.), Intellectual teamwork: social and technological

foundations of cooperative work, S. 79-110, Mahwah, NJ: Lawrence Erlbaum Associates Inc., 1990.
Gabby, Shaul M.; Leenders, Roger Th. A. J. (1999): CSC: The Structure of Advantage and Disadvantage, in: Leenders, Roger Th. A. J.; Gabby, Shaul M. (Hrsg.), Corporate Social Capital and Liability, S. 2-14, Boston: Kluwer Academic Publishers, 1999.
Gabbay, Shaul M.; Leenders, Roger Th. A. J. (2001): Social Capital of Organizations: From Social Structure to the Management of Corporate Social Capital, in: Gabbay, Shaul M.; Leenders, Roger Th. A. J. (Hrsg.), Social Capital of Organizations - Research in the Sociology of Organizations, Vol. 18, S. 1-20, Amsterdam: JAI - Elsevier Science, 2001.
Gabbay, Shaul M.; Talmud, Ilan; Raz, Ornit (2001): Corporate Social Capital and Strategic Isomorphism: The Case of the Israeli Software Industry, in: Gabbay, Shaul M.; Leenders, Roger Th. A. J. (Hrsg.), Social Capital of Organizations - Research in the Sociology of Organizations, Vol. 18, S. 135-150, Amsterdam: JAI - Elsevier Science, 2001.
Gadde, Lars-Erik; Håkansson, Håkan (1997): Supplier Relations, in: Ford, David (Hrsg.), Understanding Business Markets, S. 400-429, London: The Dryden Press, 1997.
Gadde, Lars-Erik; Håkansson, Håkan (2001): Supply Network Strategies, New York: John Wiley & Sons, 2001.
Gall, Meredith G.; Borg, Walter R.; Gall, Joyce P. (1966): Educational Research: An Introduction (6. Auflage), White Plains: Logman, 1966.
Gardner, Howard (1993): Multiple Intelligences: The theory in practice, New York: Basic Books, 1993.
Gargiulo, Martin; Benassi, Mario (2000): Trapped in Your Own Net? Network Cohesion, Structural Holes, and the Adaptation of Social Capital, in: Organization Science, 11 (2000) 2, S. 183-196.
Geletkanycz, Marta A.; Hambrick, Donald C. (1997): The external ties of top executives: implications for strategic choice and performance, in: Administrative Science Quarterly, 42 (1997), S. 654-681.
Gemünden, Hans Georg; Walter, Achim (1995): Der Beziehungspromoter, in: ZfB, 65 (1995) 9, S. 971-986.
Gettler, Leon (2003): Yes, the boss is insane, in: The Age Review, 6. Dezember, S. 8.
Ghoshal, Sumantra; Moran, Peter (1996): Bad for Practice: A Critique of the Transactions Cost Theory, in: Academy of Management Review, 21 (1996) 1, S. 13-47
Giddens, Anthony (1988): Die Konstitution der Gesellschaft. Grundzüge einer Theorie der Strukturierung, Frankfurt a. M., New York 1988 (engl. Original von 1984).
Giger, Helmut (2000): Strategische Allianzen und kooperative Strategien, in: Welge, Martin; Al-Laham, Andreas; Kajüter, Peter (Hrsg.), Praxis des strategischen Managements. Konzepte, Erfahrungen, Perspektiven., S. 191-204, Wiesbaden: Gabler, 2000.
Glaister, Keith W.; Buckley, Peter J. (1996): Strategic Motives for International Alliance Formation, in: Journal of Management Studies, 33 (1996) 3, S. 301-332.
Glaser, Barney G.; Strauss, Anselm L. (1967): The Discovery of Grounded Theory - Strategies for qualitative research, New York: Aldine de Gruyter, 1967.
Goerdeler, Carl D. (2003): Die kleine Allianz für zwischendurch, in: brand eins, 5 (2003) 6, S. 92-93.
Goleman, Daniel (1995): Emotional Intelligence : Why It Can Matter More Than IQ, New York: Bantam Books, 1995.
Goleman, Daniel (1996): Emotionale Intelligenz, New York: Bantam Books, 1996.
Goleman, Daniel; McKee, Annie; Boyatzis, Richard E. (2002): Primal Leadership: Realizing the Power of Emotional Intelligence, Boston: Harvard Business School Press, 2002.
Gomes-Casseres, Benjamin (1994): Group versus Group: How Alliance Networks Compete, in: Harvard Business Review, 4 (1994), S. 62-74.

Granovetter, Mark (1973): The Strength of Weak Ties, in: American Journal of Sociology, 78 (1973) 6, S. 1360-1380.

Granovetter, Mark (1974): Getting a Job, Cambridge, MA: Harvard University Press, 1974.

Granovetter, Mark (1985): Economic Action and Social Structure: The Problem of Embeddedness, in: American Journal of Sociology, 91 (1985) 3, S. 481-510.

Granovetter, Mark (1992): Problems of Explanation in Economic Sociology, in: Nohria, N.; Eccles, R. (Hrsg.), Networks and organizations: structure, form, and action, S. 25-56, Boston: HBS Press, 1992.

Greif, Avner (1989): Reputation and coalition in medieval trade: evidence on the Maghribi traders, in: Journal of Economic History, 49 (1989), S. 857-882.

Greve, Arent; Salaff, Janet W. (2001): The Development of Corporate Social Capital in complex Innovation Processes, in: Gabbay, Shaul M.; Leenders, Roger Th. A. J. (Hrsg.), Social Capital of Organizations - Research in the Sociology of Organizations, Vol. 18, S. 107-134, Amsterdam: JAI - Elsevier Science, 2001.

Grinter, Rebecca E.; Herbsleb, James D.; Perry, Dewayne E. (1999): The Geography of Coordination: Dealing with Distance in R&D Work, in: Proceedings of the International ACM SIGGROUP Conference on Supporting Group Work (GROUP '99), S. 306-315, New York: ACM Press, 1999.

Guba, Egon G.; Lincoln, Yvonna S. (1994): Competing Paradigms in Qualitative Research, in: Denzin, N.K.; Lincoln, Y.S. (Hrsg.), Handbook of Qualitative Research, S. 105-117, Thousand Oaks: Sage, 1994.

Gulati, Ranjay (1995a): Does Familiarity Breed trust? The Implications of Repeated Ties for Contractual Choice in Alliances, in: Academy of Management Journal, 38 (1995) 1, S. 85-112.

Gulati, Ranjay (1995b): Social structure and alliance formation patterns: A longitudinal analysis, in: Adminstrative Science Quarterly, 40 (1995) 4, S. 619-651.

Gulati, Ranjay; Gargiulo, Martin (1999): Where Do Interorganizational Networks Come from?, in: American Journal of Sociology, 104 (1999) 5, S. 177-231.

Håkansson, Håkan (1982): International Marketing and Purchasing of Industrial Goods: An Interaction Approach, Chichester: John Wiley & Sons, 1982.

Håkansson, Håkan; Gadde, Lars-Erik (1997): Supplier Relations, in: Ford, David (Hrsg.), Understanding Business Markets, S. 400-429, London: The Dryden Press, 1997.

Håkansson, Håkan; Snehota, Ivan (1995): Developing Relationships in Business Networks, New York: Routledge, 1995.

Hall, Wendy (1995): Managing Cultures - Making Strategic Relationships Work, Chichester, England: John Wiley & Sons, 1995.

Hamel, Gary; Doz, Yves L.; Prahalad, C. K. (1989): Collaborate with your Competitors - and win, in: Harvard Business Review, 1 (1989), S. 133-139.

Hansen, Morten T.; Podolny, Joel M.; Pfeffer, Jeffrey (2001): So many ties, so little time: A task contingency perspective on Corporate Social Capital in Organizations, in: Gabbay, Shaul M.; Leenders, Roger Th. A. J. (Hrsg.), Social Capital of Organizations - Research in the Sociology of Organizations, Vol. 18, S. 21-57, Amsterdam: JAI - Elsevier Science, 2001.

Hansen, Morten T. (1999): The search-transfer problem: The role of weak ties in sharing knowledge across organization subunits, in: Administrative Science Quarterly, 44 (1999), S. 82-111.

Harland, C. M. (1996): Supply Chain Management: Relationships, Chains and Networks, in: British Journal of Management, 7 (1996) 1, S. 63-80.

Harrington, Brooke (2001): Organizational Performance and Corporate Social Capital: A Contingency Model, in: Gabbay, Shaul M.; Leenders, Roger Th. A. J. (Hrsg.), Social

Capital of Organizations - Research in the Sociology of Organizations, Vol. 18, S. 83-106, Amsterdam: JAI - Elsevier Science, 2001.

Hazleton, Vincent; Kennan, William (2000): Social capital: Reconceptualizing the bottom line, in: Corporate Communications: An International Journal, 5 (2000) 2, S. 81-86.

Herrmann-Pillath, Carsten; Lies, Jan J. (2001): Stakeholderorientierung als Management sozialen Kapitals in unternehmensbezogenen Netzwerken, in: Wittener Diskussionspapiere, Heft Nr. 84, Juli 2001.

Hess, Thomas; Schumann, Matthias (2000): Koordinator im Netzwerk. Ein attraktives Geschäftsmodell?, in: io management, 5 (2000), S. 80-83.

Hirschhorn, Larry; Gilmore, Thomas (1992): The New Boundaries of the "Boundaryless" Company, in: Harvard Business Review, (1992) Mai/Juni, S. 104-115.

Hofacker, Ingo (2000): Unternehmensnetzwerke zur Durchsetzung eines Standards, in: zfbf, 52 (2000) 11, S. 643-660.

Hoyt, James; Huq, Faizul (2000): An evolutionary Process in the Supply Chain: From Arm's length to collaboration, in: Academy of Management Proceedings, 2000, S. 1-5.

Huang, H.; Keser, C.; Leland, J.; Shachat, J. (2003): Trust, the Internet and the digital divide, in: IBM Systems Journal, 42 (2003) 3, S. 507-518.

Hutt, Michael D.; Stafford, Edwin R.; Walker, Beth A.; Reingen, Peter H. (2000): Case study: Defining the social network of a strategic alliance, in: Sloan Management Review, 41 (2000) 2, S. 51-62.

Ireland, R. Duane; Hitt, Michael A.; Vaidyanath, Deepa (2002): Alliance Management as a Source of Competitive Advantage, in: Journal of Management, 28 (2002) 3, S. 413-446.

Jacobs, Jane (1965): The Death and Life of Great American Cities, London: Penguin, 1961.

Jans, Manuel (2003): Sozialkapitalkonzepte und ihre Brauchbarkeit in der Personal- und Organisationsforschung, Diskussionbeiträge aus dem Fachbereich Wirtschaftswissenschaften, Nr. 128, Oktober 2003, Universität Duisburg-Essen, 2003.

Jansen, Dorothea (2002): Netzwerkansätze in der Organisationsforschung, in: Kölner Zeitschrift für Soziologie und Sozialpsychologie, Sonderheft 42 (2002), S. 88-118.

Jarvenpaa, Sirkka L.; Leidner, Dorothy E. (1999): Communication and Trust in Global Virtual Teams, in: Organization Science, 10 (1999) 6, S. 791-815.

Johanson, Jan-Erik (2001): The Balance of Corporate Social Capital, in: Gabbay, Shaul M.; Leenders, Roger Th. A. J. (Hrsg.), Social Capital of Organizations - Research in the Sociology of Organizations, Vol. 18, S. 231-262, Amsterdam: JAI - Elsevier Science, 2001.

Johnson-Laird, Philip N. (1983): Mental models: Towards a cognitive science of language, inference, and consciousness, Cambridge, MA: Harvard University Press, 1983.

Jorgensen, Barbara (2003): The shakeout in B2b exchanges, in: Electronic Business, (2003) 1, S. 30.

Kale, Prashant; Singh, Harbir; Perlmutter, Howard (2000): Learning and protection of proprietary assets in strategic alliances: building relational capital, in: Strategic Management Journal, 21 (2000) 3, S. 217-237.

Kambil, Ajit; Nunes, Paul F.; Wilson, Diane (1999): Transforming the Marketspace with All-in-One Markets, in: International Journal of Electronic Commerce, 3 (1999) 4, S. 11-28.

Kanter, Rosabeth M. (1994): Collaborative Advantage: The Art of Alliances, in: Harvard Business Review, 4 (1994), S. 96-108.

Kanter, Rosabeth M.; Eccles, Robert G. (1992): Making Network Research relevant to Practice, in: Nohria, Nitin; Eccles, Robert G. (Hrsg.), Networks and Organizations: structure, form, and action, S. 521-527, Boston: Harvard Business School Press, 1992.

Kelly, Micheál J.; Schaan, Jean-Louis; Joncas, Hèléne (2000): Managing Alliance Relationships: Key Challenges in the Early Stages of Collaboration, Research Paper, [http://www.admin.uottawa.ca/ResearchPapers/2000/00-05.pdf]. [Zugriff: 02.08.2002].

Kelly, Micheál J.; Schaan, Jean-Louis; Joncas, Hèléne (2002): Managing Alliance Relationships: Key Challenges in the Early Stages of Collaboration, in: R&D Management, 32 (2002) 1, S. 11-22.

Kern, Horst (1998): Lack of trust, surfeit of trust: Some causes of the innovation crisis in German industry, in: Lane, C.; Bachmann, R. (Hrsg.), Trust within and between organizations, S. 203-213, New York: Oxford University Press, 1998.

Kern, Thomas; Willcocks, Leslie P. (2002): Exploring relationships in information technology outsourcing: the interaction approach, in: European Journal of Information Systems, 11 (2002) 1, S. 3-19.

Khanna, Tarun; Gulati, Ranjay; Nohria, Nitin (1998): The Dynamics of Learning Alliances: Competition, Cooperation, and relative Scope, in: Strategic Management Journal, 19 (1998), S. 193-210.

Kiefer, Lutz (2002): Vom E-Procurement zum Supplier Relationship Management, in: procurement Letter, 2 (2002) 5, [http://www.procurementletter.de/archiv/2002/5-2002.html]. [Zugriff 11.05.2004].

Kiesler, Sara; Cummings, Jonathon N. (2002): What do we know about Proximity and Distance in Work Groups? A Legacy of Research, in: Hinds, Pamela; Kiesler, Sara (Hrsg.), Distributed Work, S. 57-80, Cambridge: MIT Press, 2002.

Klein, Stefan (1996a): Interorganisationssysteme und Unternehmensnetzwerke, Wiesbaden: Deutscher Universitäts-Verlag, 1996.

Klein, Stefan (1996b): Management in the Age of Paradox: An Information Management Perspective, [http://www.stud.unisg.ch/~cems/backup/review/klein.html], [Zugriff: 10.06.2004].

Klein, Stefan; Gogolin, Marcel (2002): Von elektronischen Märkten zu Kooperationsplattformen: Perspektiven für die Entwicklung Web-basierter Handelsplattformen, in: Schubert, Sigrid; Reusch, Bernd; Jesse, Norbert (Hrsg.), Informatik bewegt. Proceedings zur Informatik 2002, S. 619-624, Dortmund, 2002.

Klepper, Robert (1995): The management of partnering development in I/S outsourcing, in: Journal of Information Technology, 10 (1995) 4, S. 149-258.

Knoke, David (1988): Incentives in Collective Action Organizations, in: American Sociological Review, 53 (1988) 3, S. 311-329.

Knoke, David (1999): Organizational Networks and Corporate Social Capital, in: Leenders, Roger Th. A. J.; Gabby, Shaul M. (Hrsg.), Corporate Social Capital and Liability, S. 17-42, Boston: Kluwer Academic Publishers, 1999.

Koka, Balaji R.; Prescott, John E. (2002): Strategic Alliances as Social Capital: A multidimensional View, in: Strategic Management Journal, 23 (2002), S. 795-816.

Krackhardt, David (1992): The Strength of strong Ties: The Importance of Philos in Organizations, in: Nohria, Nitin; Eccles, Robert G. (Hrsg.), Networks and Organizations: structure, form, and action, S. 216-239, Boston: Harvard Business School Press, 1992.

Kramer, Roderick M.; Brewer, Marilynn B.; Hanna, Benjamin A. (1996): Collective Trust and Collective Action: The Decision to trust as a Social Decision, in: Kramer, Roderick M.; Tyler, Tom R. (Hrsg.), Trust in Organizations, S. 357-389, Thousand Oaks, London, New Delhi: SAGE Publications, 1996.

Krauss, Robert M.; Fussell, Susan R. (1990): Mutual knowledge and Communicative Effectiveness, in: Galegher, Jolene; Kraut, Robert E.; Egido, Carmen (Hrsg.), Intellectual teamwork: social and technological foundations of cooperative work, S. 111-145, Mahwah, NJ: Lawrence Erlbaum Associates Inc., 1990.

Krauss, Robert M.; Fussell, Susan R. (1991): Constructing shared communicative Environments, in: Resnick, L. B.; Levine, J. M.; Teasley, S. D. (Hrsg.) "Perspectives on Socially

Shared Cognition", S. 172-200, American Psychological Association, Washington DC, 1991.

Kraut, Robert E.; Egido, Carmen; Galegher, Jolene (1990): Patterns of Contact and Communication in Scientific Research Collaboration, in: Galegher, J.; Kraut, R.E.; Egido, C. (Hrsg.), Intellectual Teamwork, S. 149-173, Hillsdale: Lawrence Erlbaum Press, 1990.

Krishna, Anirudh (1999): Creating and harnessing Social Capital, in: Dasgupta, Partha; Seralgeldin, Simail (Hrsg.), Social Capital: A multifaceted Perspective, S. 71-91, Washington: The World Bank, 1999.

Krüger, Rolf; Steven, Marion (2000): Supply Chain Management im Spannungsfeld von Logistik und Management, in: WiSt, 9 (2000), S. 501-507.

Landry, Réjean; Amara, Nabil; Lamari, Moktar (2001): Social Capital, Innovation and Public Policy, in: ISUMA, Spring 2001, S. 73-79.

Langfield-Smith, Kim; Greenwood, Michelle R. (1998): Developing co-operative Buyer-Supplier Relationships: A case study of Toyota, in: Journal of Management Studies, 35 (1998) 3, S. 331-353.

Leana, Carrie R.; van Buren, Harry J. (1999): Organizational Social Capital and Employment Practices, in: Academy of Management Journal, 24 (1999) 3, S. 538-555.

Lee, Jae-Nam; Huynh, Minh Q.; Kwok, Run Chi-Wai; Pi, Shih-Ming (2003): IT outsourcing evolution - Past, present, and future, in: Communications of the ACM, 46 (2003) 5, S. 84-89.

Leenders, Roger Th. A. J.; Gabby, Shaul M.: Corporate Social Capital and Liability, Boston: Kluwer Academic Publishers, 1999.

Leonard, Dorothy; Sensiper, Sylvia (2000): The Role of Tacit Knowledge in Group Innovation, in: Smith, David E. (Hrsg.), Knowledge, Groupware and the Internet, S. 281-301, Boston: Butterworth-Heinemann, 2000.

Lesser, Eric L. (2000): Leveraging Social Capital in Organizations, in: Lesser, Eric L. (Hrsg.), Knowledge and Social Capital, S. 3-16, Boston: Butterworth Heinemann, 2000.

Lesser, Eric L.; Storck, John (2001): Communities of practice and organizational performance, in: IBM Systems Journal, 40 (2001) 4, S. 831-841.

Lester, Scott W.; Ready, Kathryn, J.; Hostager, Todd J.; Bergmann, Marylin (2003): The Human Side Of Group Support Systems: Influences On Satisfaction And Effectiveness, in: Journal of Managerial Issues, 15 (2003) 3, S. 317-337.

Levine, John M., Moreland, Richard L. (1991): Culture and Socialization in Work Groups, Resnick, L. B.; Levine, J. M.; Teasley, S. D. (Hrsg.) "Perspectives on Socially Shared Cognition", S. 257-279, American Psychological Association, Washington DC, 1991.

Levine, S. S. (2003): Knowledge, Performative Ties, and the Theory of the Firm, in: DRUID's Summer 2003 Conference, [http://www.druid.dk/conferences/summer2003/Abstracts/LEVINE.pdf], June 12-14, Copenhagen, Denmark. [Zugriff: 15.04.2004].

Lewicki, Roy J.; Bunker, Barbara Benedict (1996): Developing and Maintaining Trust in Work Relationships, in: Kramer, Roderick M.; Tyler, Tom R. (Hrsg.), Trust in Organizations, S. 114-139, Thousand Oaks, London, New Delhi: SAGE Publications, 1996.

Lewis, J. David; Weigert, Andrew (1985): Trust as a Social Reality, in: Social Forces, 63 (1985) 4, S. 967-985.

Li, Stan X.; Rowley, Tim J. (2000): Popular, Talented and Nice: How Firms Evaluate and Select Interorganizational Partners, [http://www.rotman.utoronto.ca/bicpapers/pdf/2000-16.pdf]. [Zugriff: 02.08.2002].

Liang, Diane Wei; Moreland, Richard L.; Argote, Linda (2003): Group versus Individual Training and Group Performance: The Mediating Role of Transactive Memory, in:

Thompson, Leigh L. (Hrsg.), The social psychology of organisational behaviour, S. 204-215, New York and Hove: Psychology Press, 2003.

Lin, Nan (1982): Social Resources and Instrumental Action, in: Marsden, Peter V.; Lin, Nan (Hrsg.): Social Structure and Network Analysis, Beverly Hills: Sage, 1982.

Lin, Nan (2001): Building a Network Theory of Social Capital, in: Lin, Nan; Cook, Karen; Burt, Ronald S. (Hrsg.), Social Capital - Theory and Research, S. 3-29, New York: Walter de Gruyter Inc., 2001.

Lin, Nan; Ensel, Walter M.; Vaughn, John C. (1981): Social resources and strength of ties: Structural factors in occupational status attainment, in: American Sociological Review, 46 (1981), S. 393-405.

Llewellyn, Nick; Armistead, Colin (2000): Business Process Management: Exploring social capital within processes, in: International Journal of Service Industry Management, 11 (2000) 3, S. 225-243.

Lorenzoni, Gianni; Baden-Fuller, Charles (1995): Creating a Strategic Center to Manage a Web of Partners, in: California Management Review, 37 (1995) 3, S. 146-163.

Lorenzoni, Gianni; Lipparini, Andrea (1999): The leveraging of interfirm relationships as a distinctive organizational capability: a longitudinal study, in: Strategic Management Journal, 20 (1999), S. 317-338.

Loury, Glenn (1977): A Dynamic Theory of Racial Income Differences, in: Wallace, P. A.; LeMund, A. (Hrsg.) Women, Minorities, and Employment Discrimination, Lexington: Lexington Books, 1977.

Loury, Glenn (1992): The economics of discrimination: Getting to the core of the problem, in: Harvard Journal for African American Public Policy, (1992) 1, S. 91-110.

Luhmann, Niklas (1989): Vertrauen: Ein Mechanismus der Reduktion sozialer Komplexität, Stuttgart: Enke, 1989.

Luo, Yadong (2002): Contract, cooperation, and performance in international joint ventures, in: Strategic Management Journal 23 (2002) 10, S. 903-919.

McAllister, David J. (1995): Affect- and cognition-based trust as foundations for interpersonal cooperation in organizations, in: Academy of Management Journal, 38 (1995) 1, S. 24-59.

McAllister, David J. (2003): Affect- and cognition-based trust as foundations for interpersonal cooperation in organizations, in: Thompson, Leigh L. (Hrsg.), The social psychology of organisational behaviour, S. 327-349, New York and Hove: Psychology Press, 2003.

McNaughton, Rod B.; Bell, Jim (2001): Corporate Social Capital: A Framework for Understanding Network-based Export Development Programs, in: Gabbay, Shaul M.; Leenders, Roger Th. A. J. (Hrsg.), Social Capital of Organizations - Research in the Sociology of Organizations, Vol. 18, S. 209-230, Amsterdam: JAI - Elsevier Science, 2001.

Meuser, Michael; Nagel, Ulrike (1991): Experteninterviews – vielfach erprobt, wenig bedacht. Ein Beitrag zur qualitativen Methodendiskussion, in: Garz, D.; Kraimer, K. (Hrsg.), Qualitativ-empirische Sozialforschung. Konzepte, Methoden, Analysen, S. 441–471, Opladen: Westdeutscher Verlag, 1991.

Meyerson, Debra; Weick, Karl E.; Kramer, Roderick M. (1996): Swift Trust and Temporary Groups, in: Kramer, Roderick M.; Tyler, Tom R. (Hrsg.), Trust in Organizations, S. 166-195, Thousand Oaks, London, New Delhi: SAGE Publications, 1996.

Miles, Matthew B.; Huberman, A. Michael (1994): Qualitative Data Analysis – An Expanded Sourcebook (Second Edition), Thousand Oaks et al.: Sage, 1994.

Millman, Tony F. (1996): Global Key Account Management and Systems Selling, in: International Business Review, 5 (1996) 6, S. 631-643.

Mintzberg, Henry (1979): An Emerging Strategy of "Direct" Research, in: Academy of Management Review, 24 (1979) 4, S. 582-589.

Mir, Raza; Watson, Andrew (2000): Strategic Management and the Philosophy of Science: The Case for a Constructivist Methodology, in: Strategic Management Journal, 21 (2000) 9, S. 941-953.

Mitchell, J. Clyde (1969): Social Networks in Urban Situations. Manchester: Manchester University Press, 1969.

Möller, Kristian K.; Halinen, Aino (1999): Business Relationships and Networks: Managerial Challenge of Network Era, in: Industrial Marketing Management, 28 (1999) 5, S. 413-427.

Mohr, Jakki; Spekman, Robert (1994): Characteristics of Partnership Success: Partnership Attributes, Communication Behavior, and Conflict Resolution Techniques, in: Strategic Management Journal, 15 (1994) 2, S. 135-152.

Mohrman, Susan A. (1999): The Contexts for Geographically Dispersed Teams and Networks, in: Cooper, C.L.; Rousseam, D.M. (Hrsg.), Trends in Organizational Behavior. The Virtual Organization, S. 63-80, West Sussey: John Wiley & Sons Ltd., 1999.

Morse, Janice M. (1994): Critical issues in qualitative research methods, Thousand Oaks, London, New Delhi: Sage Publications, 1994.

Mowery, David D.; Oxley, Joanne E.; Silverman, Brian S. (1996): Strategic Alliances and interfirm Knowledge Transfer, in: Strategic Management Journal, 17 (1996) Winter Special Issue, S. 77-91.

Müller, Martin; Seuring, Stefan; Goldbach, Maria (2003): Supply Chain Management - Neues Konzept oder Modetrend, in: DBW, 63 (2003) 4, S. 419-439.

Nahapiet, Janine; Ghoshal, Sumantra (1998): Social capital, intellectual capital, and the organizational advantage, in: Academy of Management Review, 23 (1998), S. 242-266.

Nardi, Bonnie A.; Whittaker, Steve (2002): The Place of Face-to-Face Communication in Distributed Work, in: Hinds, Pamela; Kiesler, Sara (Hrsg.), Distributed Work, S. 83-110, Cambridge: MIT Press, 2002.

Nettesheim, Christoph; Grebe, Michael; Kottmann, Dietmar (2003): Business Process Outsourcing - aber richtig!, in: Information Management & Consulting, 18 (2003) 3, S. 24-30.

Nkomo, Stella M. (1996): Identities and the Complexity of Diversity, in: Jackson, Susan E.; Ruderman, Marian N. (Hrsg.), Diversity in Work Teams, S. 247-253, Washington D.C.: American Psychological Association, 1996.

Nohria, Nitin; Eccles, Robert (1992): Face-to-Face: Making Network Organizations Work, in: Nohria, N.; Eccles, R. (Hrsg.), Networks and organizations: structure, form, and action, S. 288-308, Boston: HBS Press, 1992.

Nonaka, Ikujiro (2000): A Dynamic Theory of Organizational Knowledge Creation, in: Smith, David E. (Hrsg.), Knowledge, Groupware and the Internet, S. 3-42, Boston: Butterworth-Heinemann, 2000.

Nonaka, Ikujiro; Takeuchi, Hirotaka (1995): The Knowledge-Creating Company: How Japanese Companies Create the Dynamics of Innovation, New York: Oxford University Press, 1995.

Noorderhaven, Niels G. (1995): Transaction, interaction, institutionalization: toward a dynamic theory of hybrid governance, in: Scandinavian Journal of Management, 11 (1995) 1, S. 43-55.

Northcraft, Gregory B.; Polzer, Jeffrey T.; Neale, Margaret A.; Kramer, Roderick M. (1996): Diversity, Social Identity, and Performance: Emergent Social Dynamics in Cross-Functional Teams, in: Jackson, Susan E.; Ruderman, Marian N. (Hrsg.), Diversity in Work Teams, S. 69-96, Washington D.C.: American Psychological Association, 1996.

Noteboom, Bart (1999): The Triangle: Roles of the Go-Between, in: Leenders, Roger Th. A. J.; Gabby, Shaul M. (Hrsg.), Corporate Social Capital and Liability, S. 341-355, Boston: Kluwer Academic Publishers, 1999.

Numagami, Tsuyoshi (1998): The Infeasibility of Invariant Laws in Management Studies: A Reflective Dialogue in Defense of Case Studies, in: Organization Science, 9 (1998) 1, S. 1-15.

O'Sullivan, Alan (2003): Dispersed collaboration in a multi-firm, multi-team product-development project, in: Journal of Engineering Technology Management, 20 (2003), S. 93-116.

Oliver, Amalya L. (2001): Strategic Alliances and the Learning Life-cycle of Biotechnology Firms, in: Organization Studies, 22 (2001) 3, S. 467-489.

Olk, Paul; Earley, Christopher P. (2000): Interpersonal Relationships in International Strategic Alliances - Cross-Cultural Exchanges and Contextual Factors, in: Faulkner, David; de Rond, Mark (Hrsg.), Cooperative Strategy, S. 307-323, New York: Oxford University Press, 2000.

Olsen, Rasmus Friis; Ellram, Lisa M. (1997): A Portfolio Approach to Supplier Relationships, in: Industrial Marketing Management, 26 (1997), S. 101-113.

Olson, Gary M.; Olson, Judith S. (2000): Distance Matters, in: Human Computer Interaction, 15 (2000) 2, S. 139-178.

Olson, Judith S.; Teasley, Stephanie; Covi, Lisa; Olson, Gary (2002): The (Currently) Unique Advantages of Collocated Work, in: Hinds, Pamela; Kiesler, Sara (Hrsg.), Distributed Work, S. 113-135, Cambridge: MIT Press, 2002.

Olson, Mancur (1965): The Logic of Collective Action, Cambridge, MA: Harvard University Press, 1965.

Onyeiwu, Steve; Jones, Robert (2003): An institutionalist perception of cooperative behavior, in: Journal of Socio-Economics, 32 (2003), S. 233-248.

Orman, Levent V. (2002): Electronic Markets, Hierarchies, Hubs and Intermediaries, in: Information Systems Frontiers, 4 (2002) 2, S. 213-228.

Parkhe, Arvind (1993): Strategic alliance structuring: a game theoretic and transaction cost examination of interfirm cooperation, in: Academy of Management Journal, 36 (1993) 4, S. 794-829.

Parsons, Talcott (1951): The Social System, Glencoe, IL: The Free Press, 1951.

Pennar, Karen (1997): The ties that lead to prosperity: The ecomomic value of social bonds is only beginning to be measured, in: Business Week, 15. Dez. (1997), S. 153-155.

Pennings, Johannes M.; Lee, Kyungmook (1999): Social Capital of Organizations: Conceptualization, Level of Analysis, and Performance Implications, in: Leenders, Roger Th. A. J.; Gabby, Shaul M. (Hrsg.), Corporate Social Capital and Liability, S. 43-67, Boston: Kluwer Academic Publishers, 1999.

Pfeffer, Jeffrey; Salancik, Gerald (1978): The external control of organizations: A resource dependence perspective. New York: Harper & Row, 1978.

Polanyi, Michael (1966): The Tacit Dimension, Garden City, NY: Doubleday &Company, Inc, 1966.

Poppo, Laura; Zenger, Todd (2002): Do formal Contracts and relational Governance function as Substitutes or Complements?, in: Strategic Management Journal, 23 (2002), S. 707-725.

Porter, Michael E. (1980): Competitive Strategy, New York, NY: The Free Press, 1980.

Porter, Michael E. (1985): Competitive Advantage: Creating and Sustaining Superior Performance, New York: Free Press, 1985.

Portes, Alejandro (1998): Social capital: Its origins and applications in modern sociology, in: Annual Review of Sociology, 24 (1998) 1, S. 1-24.

Portes, Alejandro; Landolt, Patricia (1996): The downside of social capital, in: The American Prospect, (1996) 26, S. 18-22.

Portes, Alejandro; Sensenbrenner, Julia (1993): Embeddeness and immigration: Notes on the social determinants of economic action, in: American Journal of Sociology, 98(1993), S. 1320-1350.

Powell, Walter W. (1987): Hybrid Organizational Arrangements: New Form or Transitional Development?, in: California Management Review, (1987) 30, S. 67-87.

Powell, Walter W. (2000): Learning from Collaboration: Knowledge and Networks in the Biotechnology and Pharmaceutical Industries, in: Smith, David E. (Hrsg.), Knowledge, Groupware and the Internet, S. 65-77, Boston: Butterworth-Heinemann, 2000.

Powell Walter W.; Koput Kenneth W.; Smith-Doerr, Laurel (1996): Interorganizational collaboration and the locus of innovation: networks of learning in biotechnology, in: Administrative Science Quarterly 41 (1996), S. 116–145.

Prahalad, C. K.; Hamel, Gary (1990): The Core Competence of the Corporation (HBS Reprint), in: Harvard Business School (Hrsg.), Competitive Strategy, S. 11-24, Boston: HBS Publishing, 1990.

Prusak, Laurence; Cohen, Don (2001): How to invest in Social Capital, in: Harvard Business Review, 79 (2001) 6, S. 86-93.

Putnam, Robert D. (1993): Making Democracy Work: Civic Traditions in Modern Italy, Princeton: Princeton University Press, 1993.

Putnam, Robert D. (1995): Bowling alone: America's declining social capital, in: Journal of Democracy, 6 (1995) 1, S. 65-78.

Putnam, Robert D.; Goss, Kristin A. (2001): Einleitung, in: Putnam, Robert D. (Hrsg.), Gesellschaft und Gemeinsinn: Sozialkapital im internationalen Vergleich, S. 15-43, Gütersloh: Verlag Bertelsmann Stiftung, 2001.

Quinn, James Brian (1992): Intelligent Enterprise: A Knowledge and Service based Paradigm for Industry, New York: The Free Press, 1992.

Raymond, Martin; Savigar, Tom (2002): Plugging into the Personal, in: Viewpoint, (2002) 12, S. 38-45.

Reagans, Ray; Zuckerman, Ezra W. (2001): Networks, Diversity, and Productivity: The Social Capital of Corporate R&D Teams, in: Organization Science, 12 (2001) 4, S. 502-217.

Resnick, Lauren B.; Levine, John M.; Teasley, Stephanie D. (1991): Perspectives on Socially Shared Cognition, Washington: American Psychological Association, 1991.

Reuer, Jeffrey J.; Zollo, Maurizio; Singh, Harbir (2002): Post-formation Dynamics in Strategic Alliances, in: Strategic Management Journal, 23 (2002), S. 135-151.

Riedl, René; Kepler, Johannes (2003): Begriffliche Grundlagen des Business Process Outsourcing, in: Information Management & Consulting, 18 (2003) 3, S. 6-10.

Riemer, Kai; Klein, Stefan (2001): E-Commerce erfordert Vertrauen, in: WISU, 5 (2001), S. 710-717.

Riemer, Kai; Klein, Stefan (2002): Supplier Relationship Management - Supplier Relationships im Rahmen des Partner Relationship Managements, in: HMD - Praxis der Wirtschaftsinformatik, 39 (2002) 6, S. 5-22.

Riemer, Kai; Klein, Stefan (2003): Challenges of ICT-enabled Virtual Organisations: a Social Capital Perspective, in: Proceedings of the 14th Australasian Conference of Information Systems (ACIS), Perth, Nov 26-28, 2003.

Riemer, Kai; Klein, Stefan (2004): How can Virtual Organisations deliver? Promises, challenges and potential remedies, in: Adelsberger, Heimo H., et al. (Hrsg.), Multikonferenz Wirtschaftsinformatik (MKWI) 2004, Band 1, S. 275-291, Berlin: infix – Akademische Verlagsgesellschaft Aka, 2004.

Riemer, Kai; Klein, Stefan; Gogolin, Marcel (2002): Network Business Model Configuration - New Roles for Dynamic Network Arrangements, in: Stanford-Smith, Brian; Chiozza, Enrica; Edin, Mireille (Hrsg.), Challenges and Achievements in E-business and E-work - Proceedings of e2002 Conference, S. 892-899, Amsterdam et al.: IOS Press, 2002.

Riemer, Kai; Klein, Stefan; Selz, Dorian (2001): Classification of dynamic organizational forms and coordination roles, in: Stanford-Smith, Brian; Chiozza, Enrica (Hrsg.): E-work and E-commerce (Proceedings of the e2001 Conference on E-work and E-business, Venice 2001), S. 825-831, Amsterdam et. al.: IOS Press, 2001.

Ring, Peter Smith; van de Ven, Andrew H. (1992): Structuring Cooperative Relationships between Organizations, in: Strategic Management Journal, 13 (1992), S. 483-498.

Ring, Peter Smith; van de Ven, Andrew H. (1994): Developmental Processes of Cooperative Interorganizational Relationships, in: Academy of Management Review, 19 (1994) 1, S. 90-118.

Ripperger, Tanja (2003): Ökonomik des Vertrauens: Analyse eines Organisationsprinzips (2. Auflage: Studienausgabe – Nachdruck der Ausgabe von 1998), Tübingen: Mohr Siebeck, 2003.

Rocco, Elena (1998): Trust Breaks Down in Electronic Contexts but Can Be Repaired by Some Initial Face-to-Face Contact, in: Proceedings of ACM CHI, 1 (1998), S. 496-502.

Rousseau, Denise M; Sitkin, Sim B.; Burt, Ronald S.; Camerer, Colin (1998): Not So Different After All: A CrossDiscipline View of Trust, in: Academy of Management Review, 23 (1998) 3, S. 393-405.

Runia, Werner (2002): Arbeitsmarkt und soziales Kapital - Eine komprimierte Darstellung theoretischer Grundlagen und empirischer Befunde, in: Duisburger Beitrge zur soziologischen Forschung, [http://soziologie.uni-duisburg.de/PERSONEN/material/dbei1_02.pdf], No. 1, 2002. [Zugriff: 10.04.2004].

Saabeel, W.; Verduijn, T; Hagdorn, L.; Kumar, K. (2002): A model of virtual organisation: a structure and process perspective, in: eJoV - Electronic Journal of Organizational Virtualness, 4 (2002) 1, S. 1-17.

Sandefur, Rebecca L.; Laumann, Edward O. (1998): A Paradigm for Social Capital, in: Rationality and Society, 10 (1998) 4, S. 481-501.

Sandefur, Rebecca L.; Laumann, Edward O. (2000): A Paradigm for Social Capital, in: Lesser, Eric L. (Hrsg.), Knowledge and Social Capital, S. 69-87, Boston: Butterworth Heinemann, 2000.

Sarantakos, Sotirios (1993): Social Research, South Melbourne: Macmillan Education Australia, 1993.

Sauerland, Dirk (2003): Sozialkapital in der Ökonomik: Stand der Forschungs und offene Fragen, in: Sauerland, D.; Boerner, S.; Seeber, G. (Hrsg.): Sozialkapital als Voraussetzung von Lernen und Innovation, S. 2-27, Heft Nr. 4, Schriften der Wissenschaftlichen Hochschule Lahr, 2003.

Schäfers, Bernhard (1995a): Die Grundlagen des Handelns: Sinn, Normen, Werte, in: Korte, Hermann; Schäfers, Bernhard (Hrsg.), Einführung in die Hauptbegriffe der Soziologie, 3. verbesserte Auflage, S. 17-34, Opladen: Leske + Budrich, 1995.

Schäfers, Bernhard (1995b): Die soziale Gruppe, in: Korte, Hermann; Schäfers, Bernhard (Hrsg.), Einführung in die Hauptbegriffe der Soziologie, 3. verbesserte Auflage, S. 79-94, Opladen: Leske + Budrich, 1995.

Schiff, Maurice (1992): Social capital, labor mobility, and welfare: The impact of uniting states, in: Rationality and Society, 10 (1992), S. 481-501.

Schwingel, Markus (1995): Pierre Bourdieu: zur Einführung, Hamburg: Junius, 1995.

Seeley, John R. (1956): Crestwood Heights: A Study of the Culture of the Suburban Life, New York, 1956.

Senn, James A. (2000): Business-to-Business E-Commerce, in: Information Systems Management, Spring 2000, pp. 23-32.

Seralgeldin, Ismail; Grootaert, Christian (1999): Defining Social Capital: an integrating view, in: Dasgupta, Partha; Seralgedin, Simail (Hrsg.), Social Capital: A multifaceted Perspective, S. 40-57, Washington: The World Bank, 1999.

Sheth, Jagdish N.; Sharma, Arun (1997): Supplier Relationships - Emerging Issues and Challenges, in: Industrial Marketing Management, 26 (1997), S. 91-100.

Skocpol, Theda (2001): Das bürgergesellschaftliche Amerika – gestern und heute, in: Putnam, Robert D. (Hrsg.), Gesellschaft und Gemeinsinn: Sozialkapital im internationalen Vergleich, S. 593-654, Gütersloh: Verlag Bertelsmann Stiftung, 2001.

Slowinski, Gene; Eugene, R. Oliva; Lowenstein, Libby J. (1995): Medusa Alliances: Managing Complex Interorganizational Relationships, in: Business Horizons, 38 (1995) 4, S. 48-52.

Smith, Neil V. (1982): Mutual Knowledge, New York: Academic Press, 1982.

Sobrero, Maurizio; Toulan, Omar (2000): Task Partitioning, Communication Activities, and the Performance of Supplier Relations in Product Development, in: Birkinshaw, J.; Hagström, P. (Hrsg.), The flexible Firm. Capability Management in Network Organizations, S. 21-42, Oxford: Oxford University Press, 2000.

Spekman, Robert E.; Lynn, Isabella; MacAvoy, Thomas; Forbes III, T. (1996): Creating Strategic Alliances which endure, in: Long Range Planning, 29 (1996) 3, S. 346-357.

Spekman, Robert E.; Kamauff Jr., John W.; Myhr, Niklas (1998): An empirical investigation into supply chain management, in: International Journal of Physical Distribution & Logistics, 28 (1998) 8, S. 630-650.

Spender, J.-C. (1996): Making Knowledge the Basis of a Dynamic Theory of the Firm, in: Strategic Management Journal, 17 (1996) S2, S. 45-62.

Stake, Robert E. (1994): Case Studies, in: Denzin, Norman K.; Lincoln, Yvonna S. (Hrsg.), Handbook of Qualitative Research, S. 236-247, Thousand Oaks-London-New Delhi: Sage, 1994.

Steinfield, Charles (2003): Explaining the Underutilization of Business to Business E-Commerce in Geographically Defined Business Clusters: The Role of Social Capital, in: C&T 2003, ICTs and Business Clusters Workshop [http://ebusiness.tc.msu.edu/clusters/steinfield-paper.pdf], 2003 [Zugriff: 07.06.2004].

Straus, Susan G.; McGrath, Joseph E. (1994): Does the Medium Matter? The Interaction of Task Type and Technology on Group Performance and Member Reactions, in: Journal of Applied Psychology, 79 (1994) 1, S. 87-97.

Stuart, F. Ian (1997): Supply-chain strategy: Organizational influence through supplier alliances, in: British Journal of Management, 8 (1997) 3, S. 223-236.

Stuart, Toby E.; Podolny, Joel M. (1999): Positional causes and correlates of strategic alliances in the semiconductor industry, in: Andrews, S.; Knoke, D. (Hrsg.), Research in the Sociology of Organizations, S. 161-182, Greenwich: JAI Press, 1999.

Sydow, Jörg; Windeler, Arnold (2000). Steuerung von und in Netzwerken – Perspektiven, Konzepte, vor allem offene Fragen. In: Sydow, J.; Windeler, A. (Hrsg.): Steuerung von Netzwerken, S. 1-24, Opladen, Wiesbaden: Westdeutscher Verlag, 2000.

Szulanski, Gabriel (1996): Exploring Internal Stickiness: Impediments to the Transfer of Best Practice Within the Firm, in: Strategic Management Journal, 17 (1996) S2, S. 27-43.

Talmud, Ilan (1999): Corporate Social Capital and Liability: a Conditional Approach to Three Consequences of Corporate Social Structure, in: Leenders, Roger Th. A. J.; Gabby, Shaul M. (Hrsg.), Corporate Social Capital and Liability, S. 106-117, Boston: Kluwer Academic Publishers, 1999.

Tang, Christopher S. (1999): Supplier Relationship Map, in: International Journal of Logistics: Research & Applications, 2 (1999) 1, S. 39-56.

Tellis, Winston (1997a): Introduction to Case Study, in: The Qualitative Report, [http://www.nova.edu/ssss/QR/QR3-2/tellis1.html], 3 (1997) 2. [Zugriff: 26.04.2004].

Tellis, Winston (1997b): Application of a Case Study Methodology, in: The Qualitative Report, [http://www.nova.edu/ssss/QR/QR3-3/tellis2.html], 3 (1997) 3. [Zugriff: 26.04.2004].

Thomas, Clive Y. (1996): Capital markets, financial markets and social capital, in: Social and Economic Studies, 45 (1996) 2, S. 1-23.

Thorelli, Hans B. (1986): Networks: Between Markets and Hierarchies, in: Strategic Management Journal, 7 (1986) 1, S. 37-51.

Tindale, R. Scott; Meisenhelder, Helen M.; Dykema-Engblade, Amanda A.; Hogg, Michael A. (1991): Shared Cognition in Small Groups, in: Resnick, Lauren B.; Levine, John M.; Teasley, Stephanie D. (Hrsg.), Perspectives on Socially Shared Cognition, S. 1-30, Washington: American Psychological Association, 1991.

Todeva, Emanuela; Knoke, David (2002): Strategische Allianzen und das Sozialkapital von Unternehmen, in: Kölner Zeitschrift für Soziologie und Sozialpsychologie, Sonderheft 42 (2002), S. 345-380.

Treibel, Annette (1997): Einführung in soziologische Theorien der Gegenwart, 4. verbesserte Auflage, Opladen: Leske + Budrich, 1997.

Tsai, Wenpin (2001): Knowledge transfer in intra-organizational networks: Effects of network position and absorptive capacity on business unit innovation and performance, in: Academy of Management Journal, 44 (2001) 5, S. 996-1004.

Tsai, Wenpin; Ghoshal, Sumantra (1998): Social capital and value creation: The role of intrafirm networks, in: Academy of Management Journal, 41 (1998) 4, S. 464-476.

Turnbull, Peter; Oliver, Nick; Wilkinson, B. (1992): Buyer-Supplier Relationships in the UK automotive industry: strategic implications of the Japanese manufacturing model, in: Strategic Management Journal, 13 (1992), S. 159-168.

Tymon, Walter G.; Stumpf, Stephen A. (2003): Social capital in the success of knowledge workers, in: Career Development International, 8 (2003) 1, S. 12-20.

Uzzi, Brian (1996): The Sources and Consequences of Embeddedness for the Economic Performance of Organizations: The Network Effect, in: American Sociological Review, 61 (1996) 4, S. 674-698.

Uzzi, Brian (1997): Social Structure and Competition in Interfirm Networks: The Paradox of Embeddedness, in: Administrative Science Quaterly, 42 (1997), S. 35-67.

Uzzi, Brian; Gillespie, James J. (1999): Corporate Social Capital and the Cost of Financial Capital: An Embeddedness Approach, in: Leenders, Roger Th. A. J.; Gabby, Shaul M. (Hrsg.), Corporate Social Capital and Liability, S. 446-459, Boston: Kluwer Academic Publishers, 1999.

van der Zee, Han T. M.; de Man, Art Pieter; Geurts, Daisy (2000): Competing for Partners, Amsterdam: Pearson Prentice Hall, 2000.

van Dijk, Frans (1997): Social Ties and Economic Performance, Boston: Kluwer Academic Publishers, 1997.

Vanhaverbeke, Wim; Noorderhaven, Niels G. (2001): Competition between Alliance Blocks: The Case of the RISC Microprocessor Technology, in: Organization Studies, 22 (2001) 1, S. 1-30.

von Krogh, Georg; Ichijo, Kazuo; Nonaka, Ikujiro (2000): Enabling Knowledge Creation: How to Unlock the Mystery of Tacit Knowldge and Release the Power of Innovation, New York: Oxford University Press, 2000.

Voß, Andreas (2001): Qualitative Forschungsmethoden – Präsentation im Rahmen des Forschungskolloquiums des Lehrstuhl WI & IOS der Universität Münster, 11.12.2001, [http://www-wi.uni-muenster.de/wi/studieren/foko/ws01-02/QualitativeForschungsmethoden.pdf], [Zugriff: 11.06.2004].

Voß, Andreas; Klein, Stefan (2000): Abstimmung zwischen IT - und Geschäftsstrategie, in: WISU - Das Wirtschaftsstudium, (2000) 11, S. 1521-1528.

Walker, Gordon; Kogut, Bruce; Shan, Weijian (1997): Social Capital, Structural Holes and the Formation of an Industry Network, in: Organization Science, 8 (1997) 2, S. 109-125.

Wallacher, Johannes (2001): Das soziale Kapital, in: Die Stimmen der Zeit, [http://www.hfph.mwn.de/igp/res/Sozialkapital.pdf], 219 (2001) 5, S. 308-316. [Zugriff: 10.04.2004].

Walter, Achim (1999): Relationship Promoters: Driving Forces for Successful Customer Relationships, in: Industrial Marketing Management, 28 (1999) 5, S. 537-551.

Watson, George W.; Papamarcos, Steven D. (2002): Social Capital and Organizational Commitment, in: Journal of Business and Psychology, 16 (2002) 4, S. 537-552.

Werbach, Kevin (2000): Syndication: The Emerging Model for Business in the Internet Era, in: Harvard Business Review, May-June (2000), S. 84-93.

Weick, Karl E. (1995): Sensemaking in Organizations, Thousand Oaks: Sage Publications, 1995.

Wellman, Barry; Frank, Kenneth A. (2001): Network Capital in a Multilevel World: Getting Support from Personal Communities, in: Lin, Nan; Cook, Karen; Burt, Ronald S (Hrsg.), Social Capital - Theory and Research, S. 233-273, New York: Walter de Gruyter Inc., 2001.

Wildemann, Horst (1997): Koordination von Unternehmensnetzweken, in: ZfB, 67 (1997) 4, S. 417-439.

Williamson, Oliver E. (1975): Markets and Hierarchies, New York: Free Press, 1975.

Williamson, Oliver E. (1985): The Economic Institutions of Capitalism; Firms, Markets, Relational Contracting, New York: Free Press, 1985.

Williamson, Oliver E. (1991): "Comparative Economic Organization: The Analysis of dicrete structural Alternatives, in: Administrative Science Quarterly, 36 (1991) 2, S. 269-296.

Williamson, Oliver E. (2000): The New Institutional Economics: Taking Stock, Looking Ahead, in: Journal of Economic Literature, 38 (2000), S. 595-613.

Wilson, David T.; Jantrania, Swati (1997): Understanding the Value of a Relationship, in: Ford, David (Hrsg.), Understanding Business Markets, S. 288-304, London: The Dryden Press, 1997.

Winegardner, Karen E. (2000): The Case Study Method of Scholarly Research, in: The Graduate School of America, [https://cpub.brown.edu:8543/cpubsh/Raymond_Hyatt-SO0105_S02/materialadd2.pdf]. [Zugriff: 23.04.2004].

Wiswede, Günter (1998): Soziologie: Grundlagen und Perspektiven für den wirtschafts- und sozialwissenschaftlichen Bereich (3. neubearb. Aufl.), Landsberg am Lech: mi Verl. Moderne Industrie, 1998.

Woolcock, Michael E. (1998): Social Capital and economic development: Toward a theoretical synthesis and policy framework, in: Theory and Society, 27 (1998), S. 151-208.

Woolcock, Michael E. (2001a): The Place of Social Capital in Understanding Social and Economic Outcomes, in: ISUMA, Spring 2001, S. 11-17.

Woolcock, Michael E. (2001b): The Place of Social Capital in Understanding Social and Economic Outcomes, in: Helliwell, John (Hrsg.), The Role of Human Capital and Social Capital in Economic Growth and Well-Being, S. 65-87, Paris: OECD and Human Resources Development Canada, 2001 (Reprint).

Wrong, Dennis H. (1961): The Oversocialized Conception of Man in Modern Sociology, in: American Sociological Review 26 (1961) 2, S. 183-193.

Yin, Robert K. (1993): Applications of Case Study Research, Newbury Park et al.: Sage Publications, 1993.

Yin, Robert K. (1994): Case Study Research: Design and Methods (2. Auflage), Thousand Oaks, London, New Delhi: SAGE Publications, 1994.

Yin, Robert K. (1998): The abridged version of case study research: design and method, in: Bickman, L.; Rog, D.J. (Hrsg.), Handbook of applied social research methods, S. 229-259, Thousand Oaks: Sage, 1998.

Zaheer, Akbar; McEvily, Bill; Perrone, Vincenzo (1998): Does Trust Matter? Exploring the Effects of Interorganizational and Interpersonal Trust on Performance, in: Organization Science, 9 (1998) 2, S. 141-159.

Zajac, Edward J. (1998): Commentary on 'alliances and networks' by R. Gulati, in: Strategic Management Journal, 19 (1998), S. 319-321.

Zeffane, Rachid (1995): The widening scope of inter-organizational networking: economic, sectoral and social dimensions, in: Leadership & Organization Development Journal, 16 (1995) 4, S. 26-33.

Sachregister